壹卷
YE BOOK

洞 见 人 和 时 代

论世衡史
- 丛书 -

宫闱内外

宋代内臣研究

何冠环 著

四川人民出版社

山西太原市晋祠宋代内臣像

河南巩义市宋英宗永厚陵前内臣像

目 录

绪　言 / 001

第一篇　《全宋文》前十五册所收碑铭之宋初内臣史料初考 / 005
　　一、导言 / 005
　　二、宋初内臣史料初考 / 007
　　三、结论 / 044
　　附　记 / 045

第二篇　两个被遗忘的北宋降辽内臣冯从顺与李知顺事迹考 / 046
　　一、前言 / 046
　　二、冯从顺生平事迹考 / 052
　　三、李知顺生平事迹考 / 057
　　四、余论 / 067
　　附　记 / 071

第三篇　宋初内臣名将秦翰事迹考 / 073

一、导言 / 073

二、戎马西北：秦翰在太宗朝的军旅生涯 / 076

三、马不停蹄：秦翰在真宗前期的战功 / 092

四、老当益壮：秦翰在真宗朝后期的戎马及宫中生涯 / 109

五、结论 / 125

附　记 / 130

第四篇　北宋内臣蓝继宗事迹考 / 131

一、前言 / 131

二、披庭卅载：宋太祖及宋太宗朝的蓝继宗 / 136

三、任劳任怨：宋真宗前期的蓝继宗 / 143

四、旁观者清：天书封禅闹剧中的蓝继宗 / 148

五、九转丹成：宋仁宗朝的蓝继宗 / 171

六、内臣世家：蓝元用事迹考 / 185

七、余论 / 193

附　记 / 197

修订附记 / 197

第五篇　北宋内臣蓝元震事迹考 / 202

一、前言 / 202

二、父兄护荫 / 205

三、"兄终弟及" / 213

四、余论 / 221

修订附记 / 223

第六篇　宋初高级内臣阎承翰事迹考 / 224
　　一、导言 / 224
　　二、阎承翰于太祖及太宗朝事迹 / 226
　　三、阎承翰在咸平到景德年间的事迹 / 235
　　四、阎承翰在大中祥符年间的事迹 / 257
　　五、余论 / 269
　　修订附记 / 273

第七篇　小文臣与大宦官：范仲淹与仁宗朝权阉阎文应之交锋 / 274
　　一、导言 / 274
　　二、大珰与小臣：章献刘太后摄政时期的阎文应与范仲淹 / 276
　　三、正邪不两立：仁宗亲政后范仲淹痛击阎文应 / 284
　　四、余论 / 305
　　修订附记 / 313

第八篇　北宋阎氏内臣世家第三、四代人物阎士良与阎安 / 314
　　一、导言 / 314
　　二、阎士良在仁宗朝后期之事迹 / 315
　　三、阎士良在英宗、神宗朝的事迹 / 334
　　四、阎安在神宗、哲宗朝的事迹 / 362
　　五、阎安在徽宗朝的事迹 / 379
　　六、余论 / 390
　　修订附记 / 392

第九篇　曹勋《松隐集》所收的三篇内臣墓志铭 / 393
　　一、导言 / 393
　　二、董仲永事迹考 / 396
　　三、郑景纯事迹考 / 412
　　四、杨良孺事迹考 / 424
　　五、从曹勋三篇内臣墓志铭看宋代内臣制度 / 429
　　六、曹勋的三篇内臣墓志铭所揭露的徽钦高三朝政事 / 434
　　七、余论：传世的宋代内臣墓志铭为何罕见 / 437
　　附录：刘纲事迹考 / 442
　　修订附记 / 447

第十篇　两宋之际内臣李中立事迹考 / 451
　　一、前言 / 451
　　二、李中立的家世及徽宗、钦宗朝仕宦经历 / 453
　　三、李中立在高宗、孝宗朝之事迹 / 465
　　四、结论：儒臣与内臣 / 484
　　修订附记 / 491

参考书目 / 492
　　一、史源 / 492
　　二、专著及硕博士论文 / 500
　　三、期刊及论文集论文 / 503

后　　记 / 508

新版后记 / 513

绪 言

本书名《宫闱内外：宋代内臣研究》，旨在考论在宋代宫闱内外扮演重要角色，并且在宋代政治、军事、社会、经济、宗教以至文化学术等各个领域均发挥不可低估影响力的内臣。内臣一般称为宦官，按本书所用"内臣"一词，是宋朝官方通用的称呼，例如司马光（1019—1086）所撰的《百官表总序》便说："自建隆以来，文官知杂御史以上，武官阁门使以上，内臣押班以上，迁除黜免，删其烦冗，存其要实，以伦类相从，以先后相次，为《百官公卿表》。"[①]另外，如《宋会要·职官三十六·内侍省》所载录的许多官方诏书，便用上"内臣"一词。[②]宋人也常用"宦者""宦官""内侍""阉人""中官""中贵""中人"等各种称呼。《东都事略》及《宋史》均立《宦者传》，即以"宦者"称之。本书使用"内臣"的称呼，既是行文的方便，也用以表明他们服侍内廷的特殊身份而不带贬义。本书有时也会用"宦官""权阉"称呼

---

① 司马光撰，李文泽、霞绍晖校点整理：《司马光集》卷六五，《序二·百官表总序》，成都：四川大学出版社，2010年，第1362页。
② 徐松辑，刘琳等校点：《宋会要辑稿》第七册，《职官三十六·内侍省》，上海：上海古籍出版社，2014年，第3889、3891—3896、3899页。

这些"刑余之人"。

本书是作者十多年来研究宋代内臣的第一本论文结集,主要以内臣个案研究为取向,以人物为经,以史事为纬,考论从宋太祖(927—976,960—976在位)以迄宋孝宗(1127—1194,1162—1189在位)朝二百余年间,服侍宋廷的四十多名内臣的事迹,特别深入考论其中十四人及其家族的事迹,并探讨他们对宋代政治军事的意义。另本书亦旁及其他数十名地位高低不等的内臣事迹,诸如与秦翰(952—1015)同时的另一内臣武将张崇贵(955—1011),本书也多有着墨。

本书凡十篇,第一篇《〈全宋文〉前十五册所收碑铭之宋初内臣史料初考》根据《全宋文》前十五册所载的宋初内臣碑铭史料,考述地位高低事迹多寡不一的宋初内臣二十七人的生平。第二篇《两个被遗忘的北宋降辽内臣冯从顺与李知顺事迹考》,考述这两名原为宋低级内臣,后在宋辽战争中被俘,然后事辽数十年成为辽高级内臣的传奇事迹。第三篇《宋初内臣名将秦翰事迹考》则考述这名堪称宋初内臣名将的军旅生涯,并探讨宋代"阉将"与"武官"的问题。第四篇《北宋内臣蓝继宗事迹考》及第五篇《北宋内臣蓝元震事迹考》,透过考述父子兄弟相继担任内臣高位的蓝继宗(960—1036)、蓝元用(?—1055)及蓝元震(?—1077)父子兄弟三人的生平事迹,提出宋代内臣存在的内臣世家的问题。第六篇《宋初高级内臣阎承翰事迹考》,第七篇《小文臣与大宦官:范仲淹与仁宗朝权阉阎文应之交锋》及第八篇《北宋阎氏内臣世家第三、四代人物阎士良与阎安》,再透过四代均担任内臣高位的阎承翰(947—1014)、阎文庆(后改名阎文应,?—1039)、阎士良

（？—1079后）及阎安（？—1106后）的个案，进一步阐述宋代内臣世家的现象。第九篇《曹勋〈松隐集〉所收的三篇宋代内臣墓志铭》及第十篇《两宋之际内臣李中立事迹考》，除了考述董仲永（1104—1165）、郑景纯（1091—1137）、杨良孺（1111—1164）及李中立（1087—1164）这四名在两宋之际给事宋宫的内臣的生平事迹外，还探析为何现存的宋人文集里，只有这四人能有墓志铭传世（按《宋史》及《东都事略》都未为四人立传）。

除了探讨内臣世家的问题外，本书也提出宋代内臣依其职分能力，可以粗略分为"文宦"与"武宦"两大类别的看法。至于宋代帝王统驭内臣的手段，朝臣对内臣既巴结又鄙视的矛盾心态，内臣于军事的参与程度及成效，以及内臣与武将的关系，本书也透过具体事例，加以论述。此外，本书也从内臣的角度，透视宫廷政治的险恶，以及文臣党争的本质。

本书所考述的内臣，整体倾向较正面的评价，其中一个原因是有墓志铭传世的六名内臣，因墓铭作者无可避免的隐恶扬善特点，故他们"被选择地"有较好的评价。而笔者选择考述的两名典型武宦秦翰与文宦蓝继宗，宋人已视其为内臣模楷，故也给人较好印象。宋代内臣自然有不少为人切齿之辈，比如为范仲淹（989—1052）舍命攻击而恶名昭彰的阎文应，被包拯（999—1062）等痛劾的阎士良，以及文臣一直严责的蓝元震。而不少宋代内臣，例如本书所考的阎承翰、阎安到蓝元用，虽无什么事功，但也无什么过恶，都安分供职，整体评价均不算太坏。至于本书旁及的多数内臣，因史料不足，多数给人的印象是面目模糊，善恶难知的。不少宋人动辄批评内臣是城狐社鼠，歧视他们是刑余之人，而无视他们所建的功业,刻意贬低他们的治事能力与才干,夸大他们的过失,那自然是以偏概全且不公平的。不过,本书也揭示,也有相当文臣,欣赏个别内臣的文化修养与人品,并因共同的信仰与志趣,乐于与他们交往,而并非一边倒排斥他们。

宋代内臣的直接史料极匮乏,他们的章奏言论散见于《宋史》《宋会要辑稿》《续资治通鉴长编》等书,而收录于宋人文集的内臣墓志铭就仅有上述的四篇。目前已出土的内臣墓志铭,也只有本书第二篇所引述的《冯从顺墓志铭》与《李知顺墓志铭》两篇。要较全面了解宋代内臣,特别是其家庭家族情况,仍要期待更多的内臣墓志铭被发掘出来。本书试图摒除传统士人对内臣的偏见,尽量从内臣自身的角度立场,重建他们的生平事迹,并试图透视他们的内心世界,尤其根据不少内臣笃信佛道来了解其人生态度。

本书各篇原撰于不同时期,现按其年代先后及相近性质重新编排次序。另本书修订时,尽量采用宋代史籍的最新点校本。[①]

作者一向相信,透过更多的内臣个案研究,可以更深入了解宋代内臣的种种问题,希望本书能收到抛砖引玉的效果。

---

① 例如《皇宋通鉴长编纪事本末》有2006年李之亮的点校本,但所用版本欠佳,点校质量也平平,故本书并未采用。

第一篇 《全宋文》前十五册所收碑铭之宋初内臣史料初考

一、导言

宋代的内臣或宦官，虽然在政治上不如汉、唐、明代之内臣那样权倾朝野，但他们在政治、军事以至社会、经济、艺术上的角色，仍是不可轻忽。有关宋代内臣的史料，《东都事略》及《宋史》均有《宦者传》，记载宋代有名内臣之事迹；同样《续资治通鉴长编》《宋会要辑稿》《建炎以来系年要录》《三朝北盟会编》等宋史研究之基本史籍，也有大量的宋代内臣事迹之记载。另外，宋人文集里所收录，以至金石拓片，及近年出土之碑传、志铭、题记，亦大量记载宋代内臣之事迹。由曾枣庄、刘琳两位主编的《全宋文》三百六十册即收录上述各种文献，给研究者使用提供了很大的方便。本文即以《全宋文》所收之碑铭为基本，辅以其他未收之碑铭，考论其中所著录的内臣史料。在考证该等史料的过程，本文主要参照《宋史》《续资治通鉴长编》《宋会要辑稿》等书。因篇幅所限，本文暂只考论《全宋文》前十五册所收载记录宋初三朝，最晚及于仁宗（1010—1063，1022—1063在位）初年的内臣事迹的碑铭文字。他们出现的先后次序，则依《全宋文》之卷册次序。本文所考论之北宋初年内臣二十七人，既有位高权重之大宦官如李神福（947—1010）、刘承规（950—1013）、张景宗（？—1022后）、卫绍钦（952—1007？），亦有许多地位低微，名不见经传的小黄门。至于本文所引用的碑铭题记凡二十三篇，其中属墓志铭的有七篇。

有关宋代宦官的研究一向不多，台北"中研院"历史语言研究所的柳立言在1995年曾发表过《以阉为将：宋初君主与士大夫对宦官角色的认定》的一篇专论，从一个甚有讨论空间的角度去看宋初宦官。①

本文的取向与柳文不同，拟先从内臣之史料考证入手，希望能

---

① 在柳氏之前研究宋代宦官的台湾前辈学者，首推佛光大学的王明荪教授。笔者在宋史座谈会暨东吴大学历史系合办的"宋代墓志史料的文本分析与实证运用"之学术研讨会中宣读本文初稿时，即荣幸由王教授担任评论人。按柳文曾对1995年以前海峡两岸暨香港研究宋代宦官之论者，包括王氏之专论，均加以评介。至于最近期的宋代宦官研究，首推笔者同门好友、唐五代与宋初制度史专家赵雨乐兄发表于1999年底的《宋初宦官制度考析》一文。赵文析论宋初宦官制度在唐、五代之渊源，以及其在宋初之建立与变革之过程。赵文正好补充柳文在这方面未及讨论之处，可以参考。参见王明荪：《谈宋代的宦官》，载氏著：《宋辽金史论文稿》，台北：明文书局，1981年，第179—190页；柳立言：《以阉为将：宋初君主与士大夫对宦官角色的认定》，原载《大陆杂志》1995年第91卷第3期，现收入宋史座谈会编：《宋史研究集》第二十六辑，台北：台湾编译馆，1997年，第249—305页；赵雨乐：《宋初宦官制度考析》，载漆侠、王天顺主编：《宋史研究论文集》，银川：宁夏人民出版社，1999年，第126—140页。本文初稿曾于2003年10月19日在宋史座谈会暨东吴大学历史系合办的"宋代墓志史料的文本分析与实证运用"之学术研讨会中宣读，蒙佛光大学王明荪教授担任本文的评论人。王教授对本文颇有好评，并肯定本文之研究取向。另东吴大学刘静贞教授亦提出宝贵意见。本文除增补了数条史料外，主要论点则维持未变。

从宋代内臣的角度，去探索宋代内臣在政治、军事、社会所扮演的角色。

二、宋初内臣史料初考

（一）李神福（947—1010）

宋人碑铭中提到李神福的有多处，本文引述的计有两篇。第一篇对李神福在宋太宗（939—997，976—997在位）朝的事迹有所裨补；第二篇对他在真宗（968—1022，997—1022在位）朝的经历亦有所补充。

第一篇《大宋楚王故夫人冯氏墓志铭并序》为屯田员外郎、秘阁校理舒雅（？—1009）在宋太宗至道三年（997）正月所撰，文中提及经理其丧事的内臣为李神福。李神福《宋史》有传，是太宗及真宗甚为信任的内臣。他在太宗封晋王时，已给事邸中。太宗即位后，他"给事左右，亲信特异，中禁密务，咸委办之"。他又屡预戎行，在太平兴国四年（979）曾从征北汉，在太原城下之梯冲间，不避危险地传达诏命。到咸平二年（999）八月，当真宗阅兵东郊时，又获委为大内都提举。是年冬，又从真宗驾幸大名府（今河北大名县）。后来真宗东封西祀，他一直随驾，屡任行宫使，并执掌三班多年。他虽然没有专权任事，却是太宗、真宗二朝颇有影响力的内臣。

上述的《冯氏墓志铭》，曾载李神福在至道三年正月所拥有之全部官职差遣，以至阶勋爵邑，可补《宋史》本传所记之阙漏。

考其官历，《宋史》本传只简略记他在淳化四年（993）迁崇仪副使、勾当皇城司。后"属初易黄门之号，转入内黄门都知，俄加宫苑使"。到真宗即位，再迁皇城使。《冯氏墓志铭》则记他在是年正月的官职差遣、阶勋爵邑为"宫苑使、内侍省入内内侍都知、同勾当皇城翰林司、金紫光禄大夫、检校司空、兼御史大夫、上柱国、陇西郡开国侯、食邑一千户"。倘光看《宋史》本传的记载，一般读者实无法想象李神福这么一个宦者，竟然可以封侯赐邑，并挂上柱国之勋，和拥有中高级文官之散官及检校官。另外，他在太宗晚年，是拥有宫禁大权的内臣，既担任入内内侍省的主官，又担任皇城、翰林两司的副主管，是当时炙手可热的内臣王继恩（？—999）之下的第二号人物。《宋史》本传称太宗病重时，李神福朝夕左右，躬侍药膳。《冯氏墓志铭》记他在至道三年正月同勾当负责皇室医药的翰林司，正好为上文记他侍奉太宗药膳添个注脚。值得注意的是，当王继恩在太宗至道元年（995）后，为明德李皇后（960—1004）所用，图谋在太宗死后改立太宗长子楚王元佐（966—1027）的同时，这次为元佐夫人冯氏（965—996）经办丧事的李神福，在同年三月太宗逝世时，却没有追随李皇后及王继恩行动。怪不得他后来深得真宗宠信。研究太宗晚年政治，对于在宋宫举足轻重的李神福之取向，实不宜忽视。王继恩一伙没有借李神福奉命经理楚王夫人冯氏丧事时，将他争取过来。他们后来拥立楚王元佐失败，被宰相吕端（935—1000）轻易击倒，从其不懂争取李神福一事观之，其失败实非偶然。①

---

① 李神福生平最详见于《宋史》，并散见于《续资治通鉴长编》（以下简称《长编》）及《宋会要辑稿》等书。考《金石萃编》记他在端拱元年（988）十月

第二则是宋初的大文豪、翰林学士杨亿（974—1020）在真宗大中祥符二年（1009）十一月为追述在一年前（大中祥符元年，1008）天书初降而撰的《大宋天贶殿碑铭》。碑铭有以下一段话：

> 惟元年仲夏既望之后夕，上复梦神人谕以谆谆之意，期以来月锡符于泰山。……是月之六日也（即大中祥符元年六月六

十八日，以内中高品都知的职位奉太宗之命，送改赐凤翔终南山宫观名额的札子给凤翔道士张守真。这是现存记载李神福在淳化以前的官历。据《长编》及《宋会要辑稿》所记，他死后曾立碑。熙宁十年（1077），神宗（1048—1085，1067—1085在位）特赐李神福的坟寺为褒勤禅院，他的墓碑应在禅院内，惟是否有墓志铭或神道碑铭则不详。考北宋前期，并没有为内臣立神道碑的制度。真宗大中祥符四年（1011）六月，内臣张承素（？—1012后）请求为其亡父（即养父）张崇贵（951—1007）立神道碑时，真宗即表示内臣立碑，恐怕并无体例；不过真宗又说好像李神福或窦神兴（？—980后）曾立碑的就可以撰写神道碑。参见王昶辑：《金石萃编》卷一三三，《宋十一·改赐终南山宫观名额牒》，载《宋代石刻文献全编》第三册，北京：北京图书馆出版社，2003年，第228—229页；曾枣庄、刘琳编：《全宋文》第三册，卷四六，《舒雅·大宋楚宋故夫人冯氏墓志铭并序·至道三年正月》，上海：上海辞书出版社，2006年，第134—136页（此墓志铭原载民国二十六年刊本的《巩县志》卷一八）；脱脱等：《宋史》卷四六六，《宦者一·李神福传》，北京：中华书局点校本，1985年，第13605—13606页；李焘：《续资治通鉴长编》卷四一，至道三年三月壬辰至四月乙未条，北京：中华书局点校本，1979—1995年，第862—863页；四月己未至甲戌条，第865—866页；卷七六，大中祥符四年六月甲子条，第1727页；卷二八六，熙宁十年十二月戊子条，第6998页；徐松辑，刘琳等校点：《宋会要辑稿》第二册，《礼九·大阅讲武》，第662页；第三册，《礼二十九·历代大行丧礼上·太宗》，第1321页；《礼三十一·后丧一·孝章皇后》，第1429页；第七册，《职官三十六·内侍省》，第3890页。据龚延明的研究，李神福的"内侍省入内内侍都知"的职位，全称为"内侍省入内内侍班院都知"，在淳化五年（994），由入内黄门班院改名。到景德三年二月，改为入内内侍省都知，为入内内侍省的主管，可见李神福在内臣地位之高。按《宋会要辑稿》曾记他在至道元年（995）五月，以入内都知的身份"都大监领"太祖孝章宋皇后（952—995）的丧事。在至道三年四月，真宗又命他作为王继恩的副手，出任太宗丧礼的按行副使，此可旁证他在内臣的地位，当时仅次于王继恩。参见龚延明：《宋代官制辞典》，第一编《皇帝制度类·九、宦官门》，"内侍省入内内侍省""入内内侍省都知"条，北京：中华书局，1997年，第48—49页。

日），粤有梓匠，晨诣灵液亭，给升斸之役。草露方渥，人迹罕至，忽得黄素于灌莽之上，其文有"皇帝崇孝育民，寿历遐岁"之言。周章震骇，魂思飞越，亟白引进使曹利用、宣政使李神福。即共捧持，以诣封禅经度制置使臣钦若、臣安仁，缄縢载严，骑置来献。①

在这碑铭所述的李神福，官职已擢为当时内臣班官之极的宣政使。考宣政使是太宗在淳化五年（994）八月为赏王继恩平蜀之功而特置的班官，位在昭宣使之上。据《宋史》《宋会要辑稿》及《长编》综合记载，李神福在真宗即位后不久，加昭宣使。到景德三年（1006）六月前，已升任当年王继恩所特授之班官宣政使。② 李神福在真宗天书封禅的闹剧中，据《宋史》本传所称，当"天书降夕，神福与刘承珪、邓永迁、李神祐、石知颙、张景宗、蓝继宗同直禁中，赐以器币、缗钱。京师酺会，又令神福与白文肇、阎承翰典之。是岁封泰山，与曹利用同经度行宫道路。及车驾进发，

---

① 《全宋文》第十五册，卷二九八，《杨亿十七·大宋天贶殿碑铭并序·大中祥符二年十一月十七日》，第20—24页。按此碑铭原载《武夷新集》卷八附《杨文公逸诗文》，又见《金石萃编》卷一二七、《山左金石志》卷一五及乾隆《泰安县志》卷一一、《泰山志》卷一六。
② 《长编》卷三六，淳化五年八月甲午条，第792页；卷五七，景德元年六月壬午条，第1242页；卷六三，景德三年六月甲午条，第1408页；《宋会要辑稿》第二册，《礼九·大阅讲武》，第662页；《宋史》卷四六六，《宦者传一·李神福》，第13605页。据《宋史·李神福传》所载，李神福在真宗即位后，迁皇城使、内侍省入内内侍都知，领恩州团练使、勾当永熙陵行宫事。不久，他要求罢去都知的职位，真宗因改授他昭宣使、勾当皇城司并赐第宫城侧。据《宋会要辑稿》所载，李神福在景德三年改宣政使。考《长编》在景德三年六月甲午条已记李神福官宣政使，则他在是年六月前已擢为宣政使。

又为行宫使。礼毕，授宣庆使，领昭州防御使"。①考《长编》及《宋会要辑稿》对李神福在大中祥符元年的天书封禅活动角色，均有记载。其中《宋会要辑稿·瑞异·天书》与杨亿这篇碑铭所记吻合，记王钦若（962—1025）在是年六月丁酉（初八）于泰山上奏，报称有木工董祚在六月乙未（初六）在泰山的灵液亭北发现"黄素曳于林木之上，有字而不识"的天书。董祚即对皇城吏王居正报告此事，王居正马上报知曹利用和李神福，然后由王钦若上奏。真宗收到报告后，便对群臣言及他在五月丙子（十七）（即仲夏既望之后夕）梦见神人，说天书会在来月于泰山出现。按杨亿所撰的这篇碑铭，相信是《宋会要辑稿》是条及《长编》卷六九"大中祥符元年六月丁酉"条的来源，而让我们晓得李神福在天书封禅闹剧的开始时，已与真宗宠臣曹利用（971—1029）迎合真宗，积极地参与。同年十二月，真宗赏其功，即特置宣庆使以授之，并领昭州防御使。②

（二）李廷训（？—1010后）

以吏部尚书张齐贤（943—1014）名义，在真宗大中祥符元年（1008）十一月题刻于兖州（山东济宁市兖州区）的《祀文宣王庙题名碑》，曾著录内臣"中贵人、内殿崇班李廷训监肃祀事"。

---

① 《宋史》卷四六六，《宦者一·李神福传》，第13606页。
② 参见《长编》卷六八，大中祥符元年四月辛卯至丙申条，第1530—1531页；卷六九，大中祥符元年六月丁酉至庚戌条，第1549—1550页；卷七〇，大中祥符元年十二月甲辰条，第1581页；《宋会要辑稿》第二册，《礼二十二·封禅》，第1112页；第五册，《瑞异一·天书》，第2612—2613页。按《长编》卷六九是条所记，不如《宋会要辑稿·瑞异·天书》条之详，亦没有提及李神福的角色，却记董祚及王居正后来因赏功而升官之事。

考李廷训《宋史》无传，亦无著录其名，另《长编》亦不见其名，仅《宋会要辑稿·礼二十八·祀汾阴北郊》记在大中祥符三年（1010）八月庚戌（初四），当真宗准备来年祀汾阴（后土所在，今山西万荣县荣河镇西南庙前村北古城）时，所委任的办事人员，就包括李廷训。李当时以内殿承制之职衔［按真宗于大中祥符二年（1009）正月乙丑（初九）置内殿承制，在内殿崇班上，秩视殿中丞］勾当神位祭器。我们倘单独看《宋会要辑稿》这条记载，并不能确知这个官居大使臣之首之内殿承制李廷训，究竟是寻常武官还是像同时获委，与知制诰王曾（978—1038）同制造玉册的入内高品朱允中（？—1033后）一样同属内臣。《祀文宣王庙题名碑》则清楚地告诉我们，这个李廷训是"中贵人"，在大中祥符元年十一月时官内殿崇班。参照《宋会要辑稿·礼二十八·祀汾阴北郊》的记载，他可能在真宗祀孔庙后，获升官一级为内殿承制。在宋初内臣中，李廷训不像李神福地位既高兼有影响力。上述所引的碑铭史料，只是帮助我们确认他的内侍身份，以及知道他在大中祥符元年之官职而已。① 又考僧赞宁（919—1001）所撰的《宋高僧传》卷一八所载，太宗于太平兴国七年（982），敕高品白承睿（？—1007后）重盖泗州（今安徽泗县）普光王塔，令务从高敞，

---

① 《全宋文》第五册，卷一三〇，《张齐贤二·祀文宣王庙题名碑·大中祥符元年十一月》，第388页（按此碑原载于《山左金石志》卷一五）；《宋会要辑稿》第三册，《礼二十八·祀汾阴北郊》，第1288页。考朱允中的"入内高品"职位，全称是"入内内侍省内侍高品"，官正九品。考朱允中是章献刘太后宠信之内臣，他在明道二年（1033）十月，任西京作坊使、内侍押班。宋廷落他押班之职，改授他六宅使，出为天雄军（即大名府）钤辖。参见龚延明：《宋代官制辞典》，第一编《皇帝制度类》，"入内内侍省内侍高品"条，第51页；《长编》卷七一，大中祥符二年正月乙丑条，第1587页；卷一一三，明道二年十月乙巳条，第2639页。

加其累层。八年（983），又遣使别送舍利宝货，同葬于塔基。太宗将欲建浮屠时，有巨木三根，沿淮河而下，至近浮桥而止，于是太宗命将之收为塔心柱，而续敕殿头高品李庭训主之。这个名李庭训的内臣，疑就是李廷训。按太平兴国八年距大中祥符元年二十六年，李廷训从低级的殿头高品迁至相对高级的内殿崇班也算合理。①

（三）阮怀俊（？—983后）、张从训（？—1048后）、夏侯忠（？—984后）

近人所收之孔庙碑文录，其中亦有著录宋初内臣名字的，例如由当时官翰林学士的吕蒙正（944—1011）所撰的《太平兴国八年重修兖州文宣王庙碑》的碑阴，便著录了"内品同监修阮怀俊、内品同监修张从训、高品监修东岳并文宣王庙夏侯忠"等三个内臣的名字（按新版的《全宋文》亦收入此文，然不知何故，却没有收录碑阴的资料。另列名的殿直同监修樊继源暂不确定是否也是内臣）。考其中的内品张从训，与《长编》及《宋史·富弼传》所载，在仁宗庆历八年（1048）二月奉知青州（今山东青州市）富弼（1004—1083）密令往齐州（今山东济南市）告知齐州长吏，平定

---

① 赞宁撰，范祥雍点校：《宋高僧传》下册，卷一八，《感通篇第六之一·唐泗州普光王寺僧伽传·木叉、慧俨、慧岸》，北京：中华书局，1987年，第451页。殿头高品一职，据龚延明的意见，在太宗朝已置，在入内供奉官下，真宗大中祥符二年二月己丑（初三）改为内侍殿头。位在内西头供奉官下，内侍高品、高班上。元丰新制定正九品。至于内殿崇班，高于内东头供奉官，通常授押班。参见《长编》卷七一，大中祥符二年二月己丑条，第1593页；《宋会要辑稿》第七册，《职官三十六·内侍省》，第3889页（按《宋会要·职官三十六》将殿头高品写为殿头高班，当从《长编》所记为是）；龚延明：《宋代官制辞典》，第一编《皇帝制度类》，"内侍省内侍殿头"条，第60页。

暗中投靠据贝州（今河北清河县）起事的王则（？—1048）的叛兵的内侍张从训同名。然太平兴国八年（983）与庆历八年（1048）相距六十五年，在太平兴国八年任内品的张从训，能否活到庆历八年？教人怀疑，疑非同一人。至于碑上留名的夏侯忠，当是《宋会要辑稿·礼二十二·封禅》所记在太平兴国九年（即雍熙元年，984）四月辛丑（廿一），太宗诏命部丁匠七千五百人修泰山官坛的高品夏侯忠。而阮怀俊之生平，笔者目前所见史料未见载。①

（四）刘承规（珪）（950—1013）

东海（今江苏连云港市西南海州镇）人潘平（？—994后）撰于太宗淳化五年六月的《大宋襄州凤山延庆禅院传法惠广大师寿塔碑铭》，曾记这位本名归晓，字信天的惠广大师（923—994后），曾应一位"高品刘供奉"的内臣之问，说了一番耐人寻味的话。碑铭并没有清楚言明二人对话的时间；但这则记载的上文，则提到在太平兴国三年（978），太祖的长婿、"寿州太尉"王承衍（947—998）因心仪惠广之德行，而请宋廷加恩惠广。碑铭的这样写法，照常理应是说这位刘供奉与惠广的对话，当在太平兴国三年前后。

---

① 参见骆承烈汇编：《石头上的儒家文献——曲阜碑文录》，济南：齐鲁书社，2001年，第128—136页；《全宋文》第六册，卷一六〇，《吕蒙正·大宋重修兖州文宣王庙碑铭并序·太平兴国八年十月》，第34—37页；《长编》卷一六三，庆历八年二月丙辰条，第3935页；《宋史》卷三一五，《富弼传》，第10254页；《宋会要辑稿》第二册，《礼二十二·封禅》，第1109页。又张从训的"内品"，与夏侯忠的"高品"，前者是内侍省祗候内品之简称，从九品，视武阶为三班借职。后者为内侍省祗候高品之简称，亦为从九品，地位高于前者，为祗候班地位最高者。参龚延明：《宋代官制辞典》，第一编《皇帝制度类·九、宦官门》，"内侍省祗候班""祗候高品""祗候高班内品"条，第60—61页。

按这篇碑铭记刘供奉问："龙廷金口问，□何对玉机？"而惠广则回答说："凤阁龙楼远，尧云舜日新。"刘供奉很明显是代太宗问休咎的，而惠广为何以尧舜为喻？其中有何深意？是否与太宗当时筹算如何遂传子之愿之心结有关？笔者认为不宜妄猜；不过，笔者倒怀疑这位刘供奉，很有可能就是宋初赫赫有名的内臣刘承规（后改名承珪）。刘承规和前述的李神福一样，《宋史》有传，而其生平事迹亦见于《长编》《东都事略》及《宋会要辑稿》诸书。他的官职，据《宋史》及《东都事略》所载，他在太祖建隆中（约961或962）补内侍高班（即高品），到太宗即位后即超擢为北作坊副使。根据《长编》及《宋会要辑稿》所载，他在太平兴国三年正月已任北作坊副使。笔者以为，刘承规在太宗即位前后，论理应担任内供奉官之职，才有资格被超擢为诸司副使。倘惠广回答这位高品刘供奉之问的时间，确实在太平兴国二年（977）至三年间，则亦颇吻合刘承规当时的官职。刘承规一直深受太宗的信任，并屡获超擢官职，由他去向有道之高僧探问休咎，身份也是适合的。按这则碑铭所揭示有关太宗以至刘承规的史实，仍有待确定。笔者这里只是作一番大胆的假设，为研究刘承规的生平提供一项旁证而已。①

---

① 《全宋文》第七册，卷一四〇，《潘平·大宋襄州凤山延庆禅院传法惠广大师寿塔碑铭并序·淳化五年六月》，第225—229页。按此碑铭原载于《湖北金石志》卷一七，石刻资料新编本，另见《八琼室金石补志》卷八六。另参见《宋史》卷四六六，《宦者传一·刘承规》，第13608—13610页；《长编》卷一九，太平兴国三年正月戊戌条，第420页；《宋会要辑稿》第十六册，《方域十七·水利》，第9611页；王称：《东都事略》，收入赵铁寒主编：《宋史资料萃编》第一辑，卷一二〇，《宦者传·刘承规》，台北：文海出版社，1967年，第2页。按这里所记的"高品"，当是地位较高的内侍省内侍高品的简称，而非前注所提及夏侯忠的祗候高品。至于"供奉"，是专授内臣之内侍省内供

（五）张继勋（？—1010）

张齐贤之次子张宗诲（969—1045）在咸平三年（1000）十月，以朝奉郎、太子中舍的身份，为感德军节度观察留后知定州（今河北定州市）。安守忠（932—1000）撰写的《赠太尉安公墓志铭》，曾提到是年六月奉旨监护丧事的内臣为张继勋。在墓铭中列出张继勋的官职全衔为"内殿崇班、银青光禄大夫、检校国子祭酒兼御史大夫、骑都尉"。考张继勋《宋史》无传，惟在《宋史·侍其曙传》则记他在大中祥符二年以环庆驻泊都监之职，与侍其曙（？—1010后）及知庆州（今甘肃庆城县）孙正辞（？—1010后）率领陕西兵，讨伐作乱的黎州（今四川汉源县北）夷人，所至皆降。张继勋生平事迹，散见于《长编》《宋会要辑稿》《山堂考索》及《玉海》诸书。《宋会要辑稿》记他的事，最早记他在咸平四年（1001）七月，以内殿崇班出任莫州（今河北任丘市北）驻泊都监，做步军副都指挥使、莫州驻泊都部署桑赞（？—1006）的副将。而《长编》大中祥符二年八月癸未及十一月丙寅条，以及《宋会要辑稿》两条，也记录他在大中祥符二年八月征黎州夷人的事，并记张当时之官位为东染院副使，另在附注中说明张继勋之子（养子）张怀信（？—1033后）是内臣，故他亦必为内臣。另也记他卒

奉官的简称，从八品，位次内侍省押班。参龚延明：《宋代官制辞典》，第一编《皇帝制度类·九·宦官门》，"内侍省内东头供奉官""内侍省内西头供奉官""内侍省内侍高品"，第59—60页。附带一谈，数年前有内地学者撰写刘承珪的传记，不过，由于篇幅所限（只有五页），该文并未参考《全宋文》所收有关碑铭资料。参见李鸿渊：《宋初宦官刘承规传论》，《西安电子科技大学学报（社会科学版）》2009年第4期，第100—104页。

于大中祥符三年三月前，因未及得平黎州夷人之赏，故他的儿子（养子）张怀信得到恩恤，录为入内高班。至于《山堂考索》后集卷四二，则记他任职环庆时，曾上言朝廷，说本路军士之阅习，与京师不同，请求真宗许他赴殿前司观看教习之法，然不为真宗所接纳。考安守忠的墓志铭，是目前所见最早记录张继勋官历之文献，它让我们知道这个在真宗朝颇有战功的内臣，早在咸平三年六月，已官至大使臣的内殿崇班，并带有一大串阶与勋。①

（六）李知常（？—1037后）

宋初内臣自行刻下的碑铭为数不多，在《金石萃编》曾收录一

---

① 《全宋文》第十三册，卷二六九，《张宗晦·大宋故推诚翊戴功臣、感德军节度观察留后、光禄大夫、检校太傅、知定州军事充本州马步军都部署管内制置营田使兼御史大夫、上柱国、安定郡开国公、食邑五千八百户食实封六百户、赠太尉安公墓志铭并序·咸平三年十月》，第310—314页（按此墓志铭原载于《北京图书馆藏拓片·墓志三七一四》）；《宋史》卷三二六，《侍其曙传》，第10535页；《长编》卷七二，大中祥符二年八月癸未条，第1626页；十一月丙寅条，第1643页；卷七三，大中祥符三年三月壬辰条，第1659页；卷一一二，明道二年四月癸丑至丙辰条，第2611—2612页；《宋会要辑稿》第十四册，《兵八·出师二·契丹辽》，第8760页；《兵十·出师四·黎泸州蛮夷》，第8793页；第十六册，《蕃夷五·西南蕃》，第9846—9847页；章如愚编撰：《山堂考索》卷四二，《后集》，北京：中华书局影印明正德十六年建阳书林刘洪慎独斋本，1992年，第728页；王应麟：《玉海》卷一九三，《兵捷·黎雅州水陆都巡检使罗泸州夷》，上海：上海书店据清光绪九年浙江书本刊本影印，1988年，第20页下—21页下。据《山堂考索》记载，张继勋在环庆时，曾上言真宗，言本路军士阅习与京师不同，他请令赴殿前司观教之法，但真宗不从其请。又按张怀信的"入内高班"是入内内侍省内侍高班的简称，在大中祥符二年（1009）二月，由入内内侍省殿头高品、殿头高班改置，从九品，位在入内内侍高品之下，入内内侍黄门之上。张怀信在明道二年四月癸丑，因刘太后病逝，仁宗尽罢刘太后所宠的上御药与御药供奉，他就自上御药供奉罢为供备库副使，三天后（丙辰，廿一），更被出为岳州（今湖南岳阳市）都监。参龚延明：《宋代官制辞典》，第一编《皇帝制度类·九·宦官门》，"入内内侍省内侍高品""入内内侍省内侍高班"条，第51—52页。

阙残碑《西岳设醮题记》，曾记大中祥符某年六月，入内内侍省内侍高品李知常因在西岳华山设醮，而刊石为记。全碑字数不多，共七十七字，然不能识别的有十六字，现录如下：

大中祥符□年六月十四日，入内内侍□（当为"省"）内侍高品李知常，奉□□□□恭诣金天王庙及真君□□处，请道士二七人，悟真大师□□□□建灵宝道场三昼夜，散□□□□共七百二十分，刊石为记。①

李知常《宋史》无传，《长编》亦未载其事迹。《宋会要辑稿·职官三十·将作监》有一条资料，记他在真宗天禧二年（1018）正月，以内殿崇班之官衔，管勾提点东八作司。②另外《偃师县志》卷二八所收录的《永定陵修奉采石记》，亦记李知常在乾兴元年（1022）八月，仍以内殿崇班之官衔，"提举山陵逐程排顿及马递铺、管勾采取搬运石段"，有份参与修建真宗永定陵的工作。③此外，民国《巩县志》所收的《修奉园陵之记》，亦记李知常在仁宗景祐四年（1037）正月，以西京左藏库副使充监修章惠杨太后（984—1036）之陵园皇堂。④不过，上述所引的《西岳设醮

---

① 《全宋文》第十三册，卷二七二，《李知常·西岳设醮题记·大中祥符□年六月》，第381页（按此碑记原刊于《金石萃编》卷一二七）。
② 《宋会要辑稿》第六册，《职官三十·将作监·东西八作司》，第3797页。
③ 河南省文物考古研究所编：《北宋皇陵》，《附录一·北宋皇陵碑刻录文》，郑州：中州古籍出版社，1997年，第506—507页，《永定陵修奉采石记》。按此碑记见乾隆《偃师县志》卷二八，亦见《金石萃编》卷一三一。
④ 河南省文物考古研究所编：《北宋皇陵》，《修奉园陵之记》，第510页。按是记原刊于民国《巩县志》卷一八。

题记》，要比《宋会要辑稿》《偃师县志》与《巩县志》更早著录他的名字，且确认他属内臣身份，而非普通的武官。另李知常在碑记称自己"刊石为记"，表明他略通文墨。

按碑记提到的悟真大师，据下一节将要讨论的《韩国长公主设醮题记》所著录，即宋初道教奇士希夷先生陈抟（？—989）的弟子、华山云台观道士贾得升（？—1010后）（按《宋史》作贾德升）。贾得升在大中祥符三年（1010）三月及四月，先后为太宗女韩国长公主（？—1033）设醮及祷谢而立题记两则，考这次李知常在西岳设醮，亦由贾得升主其事，疑亦在大中祥符三年，碑中年份所衍去的，疑即为"三"字。又考李知常的"入内内侍省内侍高品"这一官职，是大中祥符二年二月，自"入内内侍省高品"改，故李知常为韩国长公主设醮之事，不应早于大中祥符二年二月。①

（七）张怀则（？—1035后）

上一节提到的悟真大师贾得升在大中祥符三年三月及四月，为太宗女、真宗妹韩国长公主（？—1033）设醮及祷谢，并刊刻下《韩国长公主设醮题记》及《韩国长公主祷谢题记》两碑记。在这两个碑记中均著录经办其事的内臣，入内内侍省内侍高班张怀则的名字。与上一节的李知常相同。张怀则《宋史》无传，《长编》亦未有著录其事迹，仅有《宋会要辑稿》两处及《元宪集》一条记载

---

① 《全宋文》第十三册，卷二七三，《贾得升·韩国长公主设醮题记·大中祥符三年三月》，第389页；《宋史》卷四五七，《隐逸上·陈抟传》，第13421页。按李知常的入内内侍省内侍高品，官正九品，位次于入内内侍殿头，而高于入内内侍高班。参龚延明：《宋代官制辞典》，第一编《皇帝制度类·九、宦官门》，"入内内侍省内侍高品"条，第51页。

其事迹。因两则碑记均不长,兹录其碑文如下:

> 大中祥符三年,岁在庚戌。三月庚辰朔七日丙戌,入内内侍省内侍高班张怀则,奉宣为韩国长公主消灾祈福于西岳庙。请道士二七人,修建灵宝道场三昼夜。散日设五岳谢恩大醮一座,□刊于石□记。云台观悟真大师贾得升题。(《韩国长公主设醮题记·大中祥符三年三月》)

> 入内内侍省高班张怀则,为韩国长公主疾愈承命再来祷谢岳灵。请道士二七人,开启灵宝道场三昼夜。散日设清醮壹座,行事礼毕而退。时大中祥符三年四月□八日。悟真大师贾得升题记。勾当人员二人,通引官周宝、右都押衙李元吉、虞候傅□。(《韩国长公主祷谢题记·大中祥符三年四月》)①

据《宋会要辑稿》所记,张怀则在仁宗天圣元年(1023)四月,以礼宾副使的身份,奉旨与内殿承制冯仁俊(?—1023后),商量如何改善接待辽国使臣之事宜。他在景祐二年(1035)八月,则以三陵副使的身份,向宋廷分辩皇陵之一的青龙山并未如上书人所言,树木被人任意采伐。至于《元宪集》则记他在景祐二年前后,从如京副使永定陵副使擢为庄宅副使。②

---

① 《全宋文》第十三册,卷二七三,《贾得升·韩国长公主设醮题记·大中祥符三年三月》《韩国长公主祷谢题记·大中祥符三年四月》,第389—390页。按以上两碑记原载《金石萃编》卷一二八,又见北京大学图书馆藏《艺风堂金石拓片》。张怀则的入内内侍省内侍高班,官从九品,在入内内侍省的地位即比上面的李知常低一级。
② 《宋会要辑稿》第三册,《礼三十七·缘陵裁制上》,第1574页;第七册,《职官三十六·内侍省·主管往来国信所》,第3907页;宋庠:《元宪集》卷二〇,

贾得升所撰刊的两道碑记,除给我们提供了张怀则在真宗朝的事迹资料外,也让我们知道韩国长公主在大中祥符三年曾染疾而向西岳祷告设醮得愈的事实。①

(八)王怀珪(?—1016后)

大理寺丞、知华阴县(今陕西华阴市)张绰(?—1016后)在大中祥符九年(1016)六月,为内臣王怀珪篆刻《王怀珪设醮碑》。碑记不长,兹录如下:

> 大中祥符九年六月□□日,入内内侍省内侍高品王怀珪奉宣于岳庙真君观道场□七昼夜,罢散日,设醮一座。续□敕差太府少卿蔡汶□□祝版祭告,同会于□祠。大理寺丞、知县事

《如京副使永定陵副使张怀则庄宅副使》,文渊阁《四库全书》本,第6页;《长编》卷一一四,景祐元年闰六月辛酉条,第2681页;卷一一八,景祐三年二月壬戌条,第2777页;卷一二一,宝元元年正月三月戊戌条,第2866页。考宋庠任知制诰,早在景祐元年(1034)闰六月前,而迄宝元元年(1038)三月擢翰林学士,则他为张怀则写这道制文,最早在景祐元年中,而最晚不迟于宝元元年初。参照《宋会要辑稿·礼三十七》的记载,他在景祐二年八月已任三陵副使。他升为庄宅副使,当在景祐二年八月后,宝元元年三月前。按礼宾副使迁六阶为如京副使,再迁五阶为庄宅副使,这次张怀则算是超擢。考宋庠为宋廷所撰之制词,称许张怀则"以肃给之姿,列禁严之侍。涖更岁次,阶陟使名。比嘉轩闼之劳,出总山园之卫"。

① 考韩国长公主,即《宋史·公主传》的扬国大长公主。她在至道三年五月初封宣慈长公主,咸平五年(1002)五月进封鲁国长公主,下嫁太宗朝枢密使柴禹锡(943—1004)孙子柴宗庆(?—1044)。大中祥符二年正月改封韩国长公主,故在大中祥符三年祷西岳时,贾得升称她为韩国长公主。她在明道二年(1033)七月先柴宗庆卒,最后被追封为扬国大长公主。《宋史》称她性妒,故柴宗庆不敢纳妾而无子,死后只有女儿,而以兄子入继。参见《宋史》卷二四八,《公主传·扬国大长公主》,第8773—8774页;卷四六三,《外戚传上·柴宗庆》,第13555—13556页;《长编》卷一四六,庆历四年二月壬寅条,第3540页;李焘撰,燕永成校正:《皇宋十朝纲要校正》卷二,《太宗·公主七·扬国大长公主》,北京:中华书局,2013年,第51页。

张绰书,长安普济广教大师澄远。①

王怀珪来头不小,据《宋史》和《长编》的记载,他是太宗朝朝权势熏天的内臣王继恩收养的次子。不过在《宋史·王继恩传》中,对他的生平只有"子怀珪,转入内高班"八个字。而《长编》则记因王继恩之子先他而死,故王怀珪得以"养充次男"。另记到元丰三年(1080),王家已家道中落,只有王怀珪之子王仲千(?—1080后)任入内内侍省中地位最低的后苑散品,宋神宗可怜他,将他擢为入内内侍省内侍黄门。上述的碑记稍可补证王怀珪在真宗朝的事迹。考真宗在大中祥符三年,特诏追复王继恩官爵,以白金千两赐其家。王怀珪在大中祥符九年得以入内高班的身份出使岳庙,可旁证《宋史》的记载,亦见真宗对当年试图推翻他的王继恩的宽大。②

(九)杨承政(?—1034后)、萧继元(?—1034后)、任承亮(?—1050后)

翰林学士石中立(972—1049)在仁宗景祐元年(1034)九月

---

① 《全宋文》第十三册,卷二七四,《张绰·王怀珪设醮记·大中祥符九年六月》,第407—408页。按此碑记原刊于《金石萃编》卷一二八,又见《华岳志》卷四。
② 《宋史》卷四六六,《宦者传一·王继恩》,第13605页;《长编》卷三〇九,元丰三年十月癸未条,第7509页。按入内内侍省后苑散品,是入内内侍省祗候班地位最低者,并无品位。至于入内内侍省内侍黄门,官从九品,在大中祥符二年二月,自入内内侍省黄门改,地位次于入内内侍省高班,其下为不入等的入内内侍省小黄门。参见龚延明:《宋代官制辞典》,第一编《皇帝制度类·九、宦官门》,"入内内侍省"条,第47页,"入内内侍省内侍黄门"条,第52页。

所撰的《大宋新修会圣宫碑铭》，曾著录有份经办其事的三名内臣杨承政、萧继元和任承亮。杨承政的头衔是入内内侍省内侍高班、勾当会圣宫、同监修碑楼，而萧继元的头衔则是入内内侍省内西头供奉官、监修碑楼、权勾当会圣宫。萧继元在入内内侍省的地位高于杨承政。任承亮的品级最高，他当时的头衔是礼宾副使、勾当御药院、提点管勾会圣宫。①

考王应麟（1223—1296）《玉海》卷三记仁宗亦在景祐元年派遣内侍任承亮、邓保信（？—1055后）、皇甫继和［疑即皇甫继明（？—1047）］、周惟德等，将历代诸家天文占书，自春秋至五代以来史书采摭撰集，令任承亮等总其事。数月后，在景祐元年七月壬辰（初五）编成，仁宗命名为《景祐乾象新书》，周惟德等均以劳迁秩。②上述的碑记让我们知道任承亮在入修毕《景祐乾象新书》后所迁的官秩及领的差遣即为礼宾副使、勾当御药院、提点管勾会圣宫。

担任勾当御药院的差遣，显然任承亮是仁宗宠信的内臣。两宋之际的周紫芝（1082—？）的《太仓稊米集》卷四九，记述了一则关于仁宗为太子时患疿腮，靠赤小豆方治愈，后来任也靠此方治愈

---

① 《全宋文》第十四册，卷二七七，《石中立·大宋新修会圣宫碑铭·景祐元年九月十三日》，第50—54页。按这篇碑铭原载于《金石萃编》卷一三二，亦见弘治《偃师志》卷三、乾隆《偃师县志》卷二八及见《偃师金石遗文补录》卷八。亦参见《北宋皇陵》，第508—509页。按入内内侍省西头供奉官置于大中祥符二年二月，官从八品，位次于入内东头供奉官，而在入内殿头、内侍高品、内侍高班之上。至于礼宾副使则是诸司副使西班第廿一阶，仅高于最低的供备库副使一阶。参龚延明：《宋代官制辞典》，第一编《皇帝制度类·九、宦官门》，"入内内侍省东头供奉官""入内内侍省西头供奉官""入内内侍省内侍高班"条，第50—52页；第十一编《阶官类·六、武阶官门之二——诸司使副与大小使臣》，"礼宾副使"条，第587页。
② 《玉海》卷三，《天文·天文书下·景祐乾象新书》，第22页下—26页上。

恶疾的有趣故事：

> 仁宗皇帝在东宫时，偶患痄腮，命昭应宫道士赞能治之，取赤小豆四十九粒咒之，杂他药为末傅之而愈。时中贵任承亮在傍见之，后十余岁，承亮自患恶疮频死，尚书郎傅（阙），以药傅之立愈。问其方，乃赤小豆矣。承亮始悟道士之咒，乃神其术也。他日有僧惠文患发背，状如烂瓜，以傅之亦愈。后承亮过豫章，豫章人有患胁疽者，几达五脏，医者治之甚捷，承亮问曰："公何为用小豆耶？"医者大惊，再拜谢曰："吾用此活三十口。"①

从周紫芝上述的记载，可知任承亮在仁宗为太子时已侍候身边，属随龙之人，难怪备受擢用。任承亮后来的官职，以及卒年，据胡宿（995—1067）的《文恭集》卷二一《故洛苑使任承亮可赠正任团练使制》的制文，知道他最后官至诸司正使西班第十四阶的洛苑使。考胡宿担任知制诰，从皇祐二年（1050）十二月甲午（初十）后至皇祐五年（1053）八月甲寅（十八）升任翰林学士前。他为任承亮撰写这篇制文，当在这段期间，而任承亮大概在皇祐二年十二月后，最晚应在皇祐五年八月前已逝世。这篇制文对任的人品劳绩溢美一番，更提到他侍亲尽孝而致陨亡之事：

---

① 周紫芝：《太仓稊米集》卷四九，《杂说十二首·病中杂记》，文渊阁《四库全书》本，第7页。周氏此则传闻，亦为南宋名医张杲（1149—1227）的《医说》所传述。参见张杲：《医说》卷一〇，《善医小儿·治疗恶疮》，文渊阁《四库全书》本，第20页。

敕具官某：褒恤信臣，匪常于邦典；追旌死孝，用笃于人伦。以尔行义修明，材谋敏劭。入祗禁奥，履谨畏而寡尤；外治剧烦，资恪勤而能力。侍承亲疾，逾历旬时。药必务于先尝，目曾无于交睫。因刲其腹，遂陨厥躬。可谓杀身成仁，舍身取义。在竭诚之足感，何与善之可疑！特厚恤章，用嘉纯孝。褒进戎团之秩，申宠圹宵之游。庶几营魂，尚识恩礼。①

任承亮如何侍亲至死，因胡宿的制文写得含蓄，具体经过不详。至于杨承政和萧继元的事迹，尚不见于现存的其他宋代史料。

（十）康廷让（？—1013后）

真宗大中祥符六年（1013）二月，另一名内臣康廷让奉敕移塑安天元圣帝尊像于北岳恒山。康廷让的全衔是入内内侍省内侍殿头、勾当北岳移塑。他以初献官的身份领衔留下这篇《北岳题名》②。

康廷让《宋史》无传，《长编》亦未著录其事迹，只有《宋会要辑稿》曾记他在乾兴元年二月癸亥（廿四），当宋廷办理真宗的

---

① 《长编》卷一六九，皇祐二年十二月甲午条，第4073页；卷一七五，皇祐五年八月甲寅条，第4230页；胡宿：《文恭集》卷二一，《故洛苑使任承亮可赠正任团练使制》，文渊阁《四库全书》本，第2页下—3页上。
② 《全宋文》第十四册，卷二八〇，《康廷让·北岳题名·大中祥符六年二月》，第110—111页。按这篇题名记原载《授堂金石文字续跋》卷八。又担任亚献官的是东头供奉官、知曲阳县兼兵马监押褚省恕。终献官则是定武军节度推官、承奉郎、试大理评事苗用之。至于陪位官有定武节度使幕下和曲阳县一大批幕职文武官十六人。在一众官员中，似乎只有康廷让属内臣。按入内内侍省内侍殿头，亦在大中祥符二年二月自入内内侍省殿头高品改，官正九品，位次于内西头供奉官，而高于入内内侍高品。参龚延明：《宋代官制辞典》第一编，《皇帝制度类·九、宦官门》，"入内内侍省内侍殿头"条，第51页。

丧事时，委派他以入内供奉官的衔头，与判少府监杨嵎（？—1022后）及另一内臣李怀俨（？—1022后）（按李亦为入内供奉官）负责制造凶仗。①

（十一）张茂先（？—1013后）

大中祥符六年十二月，另一名内臣入内内侍省内侍高品张茂先，奉命到北岳庙并真君观各开启道场三昼夜。碑记称：

> 罢散，设醮一座。大中祥符六年十二月二十七日记之。②

考内臣张茂先《宋史》无传，《长编》及《宋会要辑稿》分别有多条记载神宗朝另有张茂先其人，考《长编》第一条记一官职不详的张茂先在元丰七年（1084）十月丁丑（十一），因负责经制变运川峡路常平积剩钱所增息钱二百三十二万缗，获吏部推荐加恩，张与史君俞候改官日各迁一官，并减磨勘年有差。另一条记在元符二年（1099）闰九月丁丑（初八），宋廷诏包括张茂先在内的多名官员各特给冲替处分，坐诉理言涉诋讪。按这一个张茂先当是元丰七年所记的张茂先。惟《长编》这两条所记的张茂先，绝不可能是

---

① 《宋会要辑稿》第三册，《礼二十九·历代大行丧礼上·真宗》，第1329页。按《宋会要辑稿·礼二十九》这里将康廷让写作康延让，当是字形相近而生之笔误。按康廷让在乾兴元年所任的入内供奉官，未详是内东头供奉官抑内西头供奉官，论理在乾兴元年，已距他在大中祥符六年任内侍殿头前后十年，何况又有仁宗初登位之恩典，笔者认为他这时应已擢两级为入内东头供奉官较为合理。

② 《全宋文》第十四册，卷二八〇，《张茂先·建道场题记·大中祥符六年十二月》，第110页。按这篇碑铭原载《国家图书馆藏拓片·各地一二三一至一二三二》。

已距大中祥符六年长达七十一年以上的内臣张茂先。至于《宋会要辑稿·职官二十六》及《宋会要辑稿·食货五十三》所记与《长编》元丰七年十月丁丑条是同一事同一人。而《宋会要辑稿·职官五十五》所载的张茂先却是孝宗乾道八年（1172）的建宁府（即建州，今福建建瓯市）免解进士。至于《宋会要辑稿·职官六十七》所记的与《长编》元符二年闰九月丁丑条相同。①

据此碑铭，我们可以知道宋代至少有三人名张茂先，一为真宗朝内臣，一为神宗、哲宗（1077—1100，1085—1100在位）世的文臣，一为孝宗朝的进士。至于张茂先是否仁宗朝至哲宗朝高级内臣张茂则（1016—1094）的兄弟，就有待新出土的文献勘明。

（十二）杨怀德（？—1033后）

真宗大中祥符八年（1015）三月，内臣杨怀德在兖州仙源（今山东曲阜市东北）的太极观留下题记。因题记不长，兹录如下：

> 奉敕同监修兖州仙源县景灵宫太极观，于大中祥符八年三月一日，奉安圣祖天尊大帝玉石圣像。内侍省内侍殿头杨怀德。②

---

① 《长编》卷三四九，元丰七年十月丁丑条，第8369页；卷五一六，元符二年闰九月丁丑条，第12273页；《宋会要辑稿》第六册，《职官二十六·司农寺》，第3699页；第八册，《职官五十五·进纳补官》，第4525页；《职官六十七·黜降官四》，第4862页；第十二册，《食货五十三·常平仓》，第7207页。
② 《全宋文》第十四册，卷二八一，《杨怀德·曲阜太极观题字·大中祥符八年三月》，第142页。此题记原刊于《山左金石志》卷一五。按宋廷在大中祥符二年二月，将内侍省殿头高品改名为内侍省内侍殿头，简称内侍殿头，元丰改制时定为正九品，元祐改为从九品，至南宋复为正九品。参见龚延明：《宋代职官辞典》，第一编《皇帝制度类·九·宦官门》，"内侍省内侍殿头"条，第60页。

杨怀德《宋史》无传，《宋会要辑稿》也没有任何记载，只《长编》曾记在明道二年（1033）八月庚子（初七），殿中侍御史段少连（994—1039）上言，称"顷岁，上御药杨怀德至涟水军，称诏市民田三十顷给僧寺"。另《长编》记在明道二年二月壬子（十六）记宋廷命上御药杨承德为两川路的分路走马承受公事，四月癸丑（十八）杨承德以上御药被罢为洛苑副使，三天后（丙辰，廿一）再被出为同州（今陕西大荔县）都监。疑杨承德即是杨怀德的讹写。① 据龚延明的研究，"上御药"是差遣名，隶属于御药院，由入内内侍省内臣充。从这里可以知道，杨怀德到了仁宗之世，已从内侍省殿头迁升到入内内侍省，并在明道二年前，以上御药的差遣，往涟水军（今江苏涟水县），买民田给僧寺。按杨怀德在大中祥符八年已任内侍省内侍殿头，他到明道二年，至少应擢至入内内侍省内东头供奉官，惜《长编》未载其官职。

附带一谈，从这条题记，我们知道杨怀德在大中祥符八年，受命奉安那个宋真宗在天书封禅制造出来的赵氏始祖"圣祖天尊大帝"之圣像。考真宗要将他的"始祖"封为属于道教神仙系统的"天尊大帝"，是因真宗笃信道教之故。而杨怀德在明道二年八月前以上御药之差遣往涟水军赐田于佛寺，笔者怀疑是奉当时有病而笃信佛教的章献刘太后（970—1033，1022—1033摄政）之命，以舍田予佛寺的方式为她祈福（按刘太后死于是年三月）。② 真宗笃

---

① 《长编》卷一一二，明道二年二月壬子条，第2606页；四月癸丑至丙辰条，第2611—2612页；卷一一三，明道二年八月庚子条，第2632页。
② 考当刘太后在明道二年三月病重时，宋廷曾下诏"僧道童行系京畿三年、西京南京五年、诸路七年，并与剃度披带"，这与派杨怀德往购民田舍佛寺的用心其实相近。参《长编》卷一一二，明道二年三月庚寅条，第2609页。又刘太后

好道教，而刘太后深信佛教，杨怀德先后为他的两个主子以不同方式祈福，也是有趣而巧合的事。

（十三）张景宗（？—1022后）

杨亿在景德二年（1005）十二月，奉敕为外戚、官拜使相的李继隆（950—1005）撰写墓志铭。另在景德三年十月，再奉敕为早在咸平六年（1003）四月逝世之真宗次子周王（995—1003）撰写墓志铭。在这两篇墓志铭中，均提到监护这两位皇亲贵戚葬事的是内臣张景宗。在《赠中书令谥曰忠武李公墓志铭》中，张景宗的头衔是入内内侍副都知、西京作坊副使，而在《追封周王谥悼献墓志铭》中，他的头衔则为供备库副使、入内内侍副都知。①

张景宗是真宗东宫旧人，当真宗在东宫建学，教他手下的亲信

信佛，宋人笔记颇有言及者。吴曾的《能改斋漫录》曾记载一则有趣的故事，记涟水军人娄道，法名证因大师的人，自幼在涟水军的文殊院出家，居于院旁无屋无庐之地，名为药师庵。他后来名闻京师，曾为太宗召见，赐以偈言并加礼遣还。他在大中祥符中，再被真宗召见，馆于开宝寺造塔道者院。真宗命仁宗见他，证因说仁宗"他日为四十二年太平天子"。真宗又命宫中后妃出见他。据说他闭目端坐，阅数十人，到一人时，他即起而对真宗说："愿善待此人，他日为陛下作得家主。"他所说的人正是刘太后。吴曾继续说淮楚一带多水患，而涟水军与泗州尤其水患严重，赖证因的生前死后之威灵，得以镇服水灾。笔者怀疑刘太后在明道二年前后，派杨怀德往涟水军买民田赐僧寺，就是报答当年证因对真宗夸奖她之话，以及深信这个甚有法力的涟水僧，能替她消灾解难。而杨怀德奉命赠田的寺院，很有可能就是证因所居的药师庵或文殊院。参见吴曾：《能改斋漫录》卷一八，《神仙鬼怪·证因大师》，上海：上海古籍出版社，1979年据中华书局1960年点校本重印，第519—520页。

① 《全宋文》第十五册，卷三〇一，《杨亿二十·宋故推诚翊戴同德功臣、山南东道节度管内观察处置桥道等使、特进、检校太尉、同中书门下平章事、使持节襄州诸军事行襄州刺史判许州军州事、上柱国、陇西郡开国公、食邑一万四百户食实封三千二百户、赠中书令谥曰忠武李公墓志铭》，第76页；卷三〇二，《杨亿二十一·大宋故光禄大夫、检校太保、左卫上将军兼御史大夫、上柱国、信国公、食邑一千户实封二百户、追封周王谥悼献墓志铭》，第88页。按两篇碑文原载《武夷新集》卷一〇及卷一一。

读书识字时，即以张景宗为副学长。①他是真宗一直信任的内臣，于真宗晚年，当李神福、刘承规等相继去世后，他就成为资格最老、地位最高的内臣。在天禧五年（1021）十月更擢为内臣之首的宣政使。据宋人传闻，他的养子张茂实（997—1063，后改名张孜）其实是真宗的私生子，交由他抚养。这可窥见真宗与他亲密的关系。②他在真宗一朝，特别在真宗晚年复杂的宫廷政治中所扮演的角色，实不宜忽视。许多重要的人事更替或政令的传达，都由他以入内都知的身份执行。仁宗立为太子后，真宗在天禧四年（1020）十二月，诏二府大臣往太子读书的资善堂议事，就只令张景宗一人侍候太子，其他人都不许在场。③可惜《宋史·宦者传》

---

① 《长编》卷四七，咸平三年十月辛亥条，第1028页。
② 据《长编》引述《默记》所考，张茂实是悼献太子（即周王）乳母朱氏之子，她带入宫中与周王作伴。周王死后，真宗将他赐给经办周王丧事的张景宗为养子；不过，有开封民众却传言他其实生于宫中，是真宗与朱氏之私生子，分属仁宗之兄。因真宗惧怕刘皇后，就将他交与张景宗作为养子。张茂实后来官至马军副都指挥使并建节，改名张孜。宋人认为他以内臣的养子而能拜管军任节帅，实是异数。他的身世在仁宗至和元年（1054）曾引起一番风波。又据《宋会要辑稿》所记，张景宗在天禧元年八月，请封赠父母，真宗特从其请求，但声明其他的人不得以此为例。真宗对他的恩宠可见一斑。另真宗在天禧四年十二月己亥（廿三）命宰相都大管勾新修的天章阁，亦命张景宗（按《长编》讹写为张景言）及另一内臣入内副都知邓守恩（974—1021）提点。参见王铚撰，朱杰人点校：《默记》卷上，北京：中华书局，1981年，第15页；《长编》卷九六，天禧四年十二月己亥条，第2230页；卷九七，天禧五年十月戊申条，第2255页；卷一一三，明道二年八月丁未条，第2633页；卷一七六，至和元年五月乙丑条，第4260—4261页；《宋会要辑稿》第四册，《仪制十·陈请封赠》，第2506页；《宋史》卷三二四，《张孜传》，第10475—10476页。
③ 例如在天禧四年（1020）十一月，丁谓（966—1037）与李迪（971—1043）相争，齐齐被罢相。后来丁谓自辩无过，说服了真宗，得以复相。真宗即命张景宗以入内都知的身份负责传达丁复相之诏命。到刘太后摄政，亦由张景宗向辅臣传话，只是张景宗不像另一内臣雷允恭（？—1022）弄权，没有借传命之机会干政。参见《宋会要辑稿》第九册，《职官七十八·罢免上》，第5194页；《长编》卷九六，天禧四年十一月戊辰至己巳条，第2224—2225页；十二月庚

未有为他立传，我们只能从《宋史》《长编》及《宋会要辑稿》散见其生平事迹。

杨亿这两篇墓志铭给我们提供了张景宗在景德年间的官职资料。考《长编》最早提到张景宗的，除了上文言及他在太宗晚年任真宗东宫副学长外，就在咸平六年五月；不过，只笼统地称他为"内侍"，没有记其职衔。①从杨亿所撰的两篇墓志铭，我们知道张景宗早在景德二年前后，已出任地位不低而握有实权的入内副都知，而且位列诸司副使，可见他颇受真宗的信任。②据《宋会要辑稿》及《长编》所记，张景宗在大中祥符二年二月升任入内内侍省副都知、西京左藏库使，到大中祥符三年十一月已任左藏库使，到大中祥符六年十二月已擢为洛苑使。天禧元年（1017）八月已任左骐骥使、澄州刺史，并升任为入内都知。他在天禧三年（1019）三月前，已擢为宫苑使，仍任入内都知兼勾当翰林司。是月因翰林司药童挟刀入署杀人，又被降回左骐骥使。到天禧五年三月，则以皇城使、康州团练使、入内都知擢为昭宣使，领嘉州防御使，并都大管勾龙图、天章阁公事。稍后又兼管勾祥源观事。同年十月，再迁宣政使。直至乾兴元年六月前后，他一直任入内都知，长期在入内内侍省掌权。惜他在仁宗朝的事迹不详。③

寅条，第2229页；卷九八，乾兴元年二月庚申条，第2272—2273页；《宋史》卷八，《真宗纪三》，第170页。
① 按真宗在咸平六年五月甲寅（廿五），因宰相吕蒙正上表求罢，乃命张景宗携手札劳问，并赐吕以名药及尊酒。参见《长编》卷五四，咸平六年五月甲寅条，第1194页。
② 按供备库副使序位低于西京作坊副使，论理张景宗在景德三年应官西京作坊副使。考杨亿所撰周王墓志铭，并未有说清楚张景宗的衔头供备库副使是指在咸平六年周王初殡时，还是在景德三年改葬时。
③ 《宋会要辑稿》第一册，《帝系八·公主·荆国大长公主》，第186页；《礼

(十四) 石廷（延）福（？—1013后）

　　杨亿所撰的《赠中书令谥曰忠武李公墓志铭》，亦提到协助经办李继隆丧事的另一内臣、殿头高品石廷福。真宗特命石廷福召名德僧往李府，作佛事四十九日。①

　　石廷福（群书有时作"延"福），《宋史·宦者传》无传，惟《宋史》《长编》及《宋会要辑稿》有多条记载他的事迹。《宋会要辑稿·兵十一·捕贼一》条记他在咸平五年九月丙申（初四），奉真宗命以入内高品之职位，与如京使苗忠（？—1006后）提点河北捕贼。而据《宋史》及《长编》所载，他在咸平六年六月，又佐大将田敏（？—1023后）、张凝（944—1005）率五千骑兵屯北平寨（在定州北九十里，今河北保定市满城区北漕河上），以御入寇的辽军。惟这里没提他的官职。另又记他在大中祥符六年七月，在真宗大搞封祀活动时，他登兖州寿丘，获灵芝一本，贯草而生，又

一·郊祀职事》，第494页；第二册，《礼十三·神御殿》，第717页；第三册，《礼二十八·祀汾阴北郊》，第1291页；《礼二十九·历代大行丧礼·真宗》，第1328页；《礼五十一·徽号一·朝谒太清宫》，第1883页；第四册，《仪制十·陈请封赠》，第2506页；第五册，《职官四·尚书省·行在诸司》，第3116页；第七册，《职官三十六·内侍省》，第3889页；《长编》卷七一，大中祥符二年二月庚寅条，第1593页；卷七四，大中祥符三年七月戊申条，第1682页；卷八五，大中祥符八年八月壬午条，第1943—1944页；卷八九，天禧元年五月己未条，第2061页；卷九四，天禧三年七月壬戌条，第2160页；卷九六，天禧四年十一月壬戌条，第2222页；卷九七，天禧五年三月壬寅条，第2245页；十月戊申条，第2255页。按《宋会要辑稿·礼一·郊祀职事》将张景宗担任祀汾阴修行宫道路差事的日子，错系于景德三年八月。又张景宗曾在大中祥符二年二月因过失，一度被罢副都知之职。他在大中祥符八年八月仍任入内副都知。他在天禧元年五月已任入内都知。

① 《全宋文》第十五册，卷三〇一，《赠中书令谥曰忠武李公墓志铭》，第76页。

旁得三十本，呈献真宗。这里只称他为"内侍"。①

从上述的资料，我们可以知道石廷福是一个能作战的内臣，杨亿所撰的李继隆墓志铭让我们知道，石在景德二年已从入内高品迁升为殿头高品，②并从河北的前线返回京师，担任较轻易的治丧及后来封祀的工作。

（十五）窦神宝（949—1019）

杨亿所撰的《赠中书令谥曰忠武李公墓志铭》，记述李继隆生平事迹时，曾提到李继隆"尝奉诏书，护塞河决。日暮涉水，让舟于梁迥。公与窦神宝乘单舸而渡，溺于中流，得大桑树，依之获免。及迥以舟迎，夜半至岸，比旦视之，树已没矣"。③这里提到与李继隆同乘一舟，几乎溺死的窦神宝，是太宗、真宗两朝颇有战功的内臣，先后转战西北二边，累迁至入内右班副都知，最后官至皇城使。窦神宝《宋史·宦者传》有传，但未载曾与李继隆因治河而覆舟之事。而《宋史·李继隆传》只载窦神宝奉命与李继隆一同治河，但并没有记载窦神宝与李继隆同乘一舟，覆舟后赖抱着枯桑才不致双双溺死之事。④这篇墓志铭可以补充《宋史》漏记有关

---

① 《宋会要辑稿》第十四册，《兵十一·捕贼一》，第8819页；《长编》卷五四，咸平六年六月己未朔条，第1195页；《宋史》卷六三，《五行志二上》，第1391页；卷三二四，《石普传》，第10473页。按《长编》与《宋史》均作石延福。
② 考殿头高品在太宗朝置，景德三年改为内侍省殿头高品。大中祥符二年二月，再改为内侍省内侍殿头，官正九品，地位高于内侍高品及入内高品一级。从咸平五年到景德二年，石廷福只是升了一级。参见龚延明：《宋代官制辞典》，第一编《皇帝制度类·九·宦官门》，"入内内侍省内侍殿头""入内内侍省内侍高品"条，第51页，"内侍省内侍殿头"，第60页。
③ 《全宋文》第十五册，卷三〇一，《赠中书令谥曰忠武李公墓志铭》，第77页。
④ 按《宋史·李继隆传》既没有记事件之年月，也没有载窦神宝在舟上。考《长

窦神宝曾覆舟之事。至于窦神宝在太平兴国三年的官职，群书均没有确切的记载，据其《宋史》本传，他在太平兴国四年从征北汉有功，才"稍迁入内高品"，他当时的官位大概是入内高品之下的入内高班。①

（十六）卫绍钦（952—1007？）

杨亿在景德三年正月奉敕为去世的宰相毕士安（938—1005）撰的《赠太傅中书令谥曰文简毕公墓志铭》中，提到在景德二年十月监护毕士安葬事的内臣，是皇城使、爱州刺史卫绍钦。②

卫绍钦与窦神宝一样，都是太宗及真宗朝颇有战功，而地位权势不低的内臣，并且在《宋史·宦者传》有传。他为毕士安办理丧事，亦见于《宋史·毕士安传》。

据《宋史》本传及《宋会要辑稿》，他在真宗嗣位后，拜宫苑使领爱州刺史，充入内内侍副都知。到景德元年，迁皇城使。根据杨亿这一篇墓志铭，卫绍钦在景德二年十月，仍任皇城使领爱州刺史。然杨亿这篇墓铭却漏记他入内副都知的职位。按杨亿这篇墓

编》则记李继隆等奉命塞河，在太平兴国三年正月，但未记窦神宝有预此役。参见《宋史》卷二五七，《李处耘传附李继隆传》，第8964页；卷四六六，《宦者传一·窦神宝》，第13600—13601页；《长编》卷一九，太平兴国三年正月戊戌条，第420—421页。

① 《宋史》卷四六六，《宦者传一·窦神宝》，第13600页。
② 《全宋文》第十五册，卷三〇二，《杨亿二十一·宋故推忠协谋佐理功臣、金紫光禄大夫行尚书吏部侍郎同中书门下平章事、监修国史、上柱国、太原郡开国公、食邑二千户实封四百户、赠太傅中书令谥曰文简毕公墓志铭》，第83页。按是篇墓志铭原载《武夷新集》卷一一。

铭,并未提供有关卫绍钦的新史料。①

---

① 卫绍钦最大的战功,是在太宗晚年佐王继恩平定四川李顺起义,并处理善后的工作。据《宋会要辑稿·礼二十九》所记,他曾担任安葬太宗的永熙陵使。他在景德元年六月已升任皇城使。《宋史》本传说他在"三年"加昭宣使,而《宋会要辑稿·职官四·尚书省·行在诸司》一条,也记他在景德四年正月已升任昭宣使。考《宋会要辑稿·礼十七·时飨》一条则记他在景德四年四月辛卯(廿五),以皇城使奉真宗命赴郭皇后庙上飨官皇城使,笔者认为《礼十七·时飨》一条所记之皇城使,其实是勾当皇城司之误写,他当如《宋史》所记已于景德三年迁昭宣使。他虽升为昭宣使的班官,但他所领的遥郡,到景德三年,仍为化外的爱州刺史。按群书都没有记载卫绍钦于大中祥符之后的事迹,所有典礼都不见他的名字。《长编》最后提到他的名字。是在卷八四,大中祥符八年五月丁未条,真宗忆述卫绍钦掌仪鸾司时工作认真,然没说他仍健在。《宋史》本传记他卒年五十六,但群书均未载其卒年。他的儿子卫承庆(?—1013后)在大中祥符五年(1012)六月丙寅(三十),以内殿崇班任棣州(今山东滨州市惠民县东南)兵马都监,六年(1013)九月壬寅(十三)以修固棣州河防城垒之功,擢一级为内殿承制。惟《长编》在记卫承庆事时也没有提及卫绍钦的生死。相信他卒于景德四年或大中祥符元年。参见《宋会要辑稿》第二册,《礼十七·宗庙·时飨》,第911页;第三册,《礼二十九·历代大行丧礼上·太宗》,第1321页;第四册,《仪制十三·内侍追赠·赠观察使》,第2570页;第五册,《职官四·尚书省·行在诸司》,第3113页;《长编》卷七八,大中祥符五年六月丙寅条,第1773页;卷八一,大中祥符六年九月壬寅条,第1847页;卷八四,大中祥符八年五月丁未条,第1930—1931页;《宋史》卷四六六,《宦者传一·李神福、卫绍钦》,第13606、13625页。顺带一提,赞宁的《宋高僧传》有两条提及卫绍钦在太平兴国年间的事迹,第一条记他在太平兴国五年(980)奉太宗命,以高品的职位入天台山(今浙江天台县)重建寿昌寺。第二条记他以内殿头高品之职与另一内臣张承贵(当为张崇贵),在太平兴国八年奉太宗命往天台山重建福田寺。这比《长编》在雍熙四年(987)八月己酉(十九)首次提到他以入内西头供奉官回奏太宗关于诸王府侍讲邢昺(932—1010)的工作为早。另外此两条亦旁证前述的"李廷训条"的殿头高品一职,在太宗初年已设。另外,南宋人王栐(?—1227后)的《燕翼诒谋录》卷二也记卫绍钦把一个乞修天台国清寺而愿焚身以报的江东僧,在修成寺后将他烧死。此则传闻与《宋高僧传》所载卫绍钦在太平兴国五年及八年往天台山修寺的事当有关联,似乎这个被烧死的寺僧是福田寺的自询,因他曾"誓断腕然炼,乞重造此寺"。参见《宋史》卷五,《太宗纪二》,第95页;卷二八一,《毕士安传》,第9521页;卷四六六,《宦者传一·王继恩、卫绍钦》,第13603、13624—13625页;《长编》卷二八,雍熙四年八月己酉条,第638—639页;卷三六,淳化五年九月,第795—796页;乙丑条,第798页;卷八四,大中祥符八年五月丁未条,第1930—1931页;《宋会要辑稿》第二册,《礼九·大阅讲武》,第662页;《礼十七·时飨》,第911页;第三册,《礼二十九·历代大行丧礼上·太宗》,第1321、1324页;第五册,《职官

(十七)杨永贵（？—1012后）

真宗大中祥符五年（1012）闰十月，内臣杨永贵在北岳刻下题名碑。碑文不长，兹引录如下：

> 大中祥符五年十月二十四日，圣祖九天司命天尊大帝降延恩殿，宣差入内内侍高品杨永贵于安天元圣帝庙并真君观，请道士二七人，僧二七人起建道场，各三昼夜，于闰十月七日开启，至二十三日罢散，故记之。①

杨永贵之生平事迹，不载于《宋史》等书。虽然他的官位不高，仅为入内高品，但从他能刻下题名之事观之，他是粗通文墨的。

(十八)王从政（？—1020后）

真宗天禧四年三月，内臣、入内内侍省内西头供奉官王从政往越州（今浙江绍兴市）的阳明洞天射的潭设醮。他在该处留下碑记。兹录如下：

四·尚书省·行在诸司》，第3113页；《宋高僧传》上册，卷七，《义解篇第二之四·大宋天台山螺溪传教院义寂传》，第163页；卷二七，《兴福篇第九之二·唐天台山福田寺普岸传·全亮、惟约》，第682页；王栐撰，诚刚点校：《燕翼诒谋录》卷二，北京：中华书局，1981年，第18—19页。

① 《全宋文》第十五册，卷三〇五，《杨永贵·北岳题名·大中祥符五年闰十月》，第127页。按此碑文原载《授堂金石文字续跋》卷八。

皇宋三叶□东封之一十二年，□（有）事于南郊。大礼云毕，□明年季春，始命入内内侍省内西头供奉官王从政赍持金龙玉简，□阳明洞天射的潭设醮，恭谢休征，为民祈福也。……判军州事牛昭俭，观察推官、试大理评事江白。谨书石壁，以□能事。天禧四年三月二十三日记。会稽主簿汤楷，玉清宫智贤大师□文成。①

考真宗与仁宗朝至少有三人名王从政，除了刻下这道碑文的内臣王从政外，据《宋史》所载，真宗朝殿前副都指挥使王汉忠（949—1002）之次子亦名王从政（？—1058），还有在皇祐四年（1052）九月被广源蛮侬智高（？—1055）击杀于馆门驿的宋将东头供奉官閤门祗候亦名王从政。②

《全宋文》这一篇的校点者刁忠民氏本是宋代政治制度史的专家，不知何故，他在撰写内臣王从政的生平简介时，竟将欧阳修

---

① 《全宋文》第十五册，卷三〇五，《王从政·阳明洞投龙简记·天禧四年三月》，第136页。按此碑原载清道光刻本《越中金石记》卷二。
② 《宋史》卷二七九，《王汉忠传》，第9477页；卷三〇〇，《杨畋传》，第9964—9965页；卷四六六，《忠义传一·王从政》，第13155页；《长编》卷一七三，皇祐四年九月庚申条，第4173—4174页；卷一七四，皇祐五年六月己卯条，第4213页；卷二八三，熙宁十年六月壬辰条，第6924页；杜大珪：《新刊名臣碑传琬琰之集》下，卷一四，《王荆公安石传》（实录），文渊阁《四库全书》本，第6页下。考李焘已考证王从政实死于昭州馆门驿，但《宋史》仍沿袭宋国史之误，作太平场。又考《名臣碑传琬琰之集下》卷一四所收录的《王荆公安石传》曾载，在熙宁十年（1076）赍诏往江宁府（今江苏南京市）慰劳王安石（1021—1086）的内臣亦名王从政。然据《长编》所载，在是年六月壬辰（十四）前往江宁安抚王安石的内臣，其实是在哲宗朝位居内臣之首的入内内侍省都知的梁从政（？—1106后），而不是王从政。按天禧四年距熙宁十年达五十七年，那个在真宗晚年出使越州的入内西头供奉官王从政，绝不会是在熙宁十年往江宁安抚王安石的"王从政"。《新刊名臣碑传琬琰之集》下集显然错将梁从政讹写为"王从政"。

(1007—1072)、胡宿（995—1067）、宋庠（996—1066）及王珪（1019—1085）等人的文集中所提到历任诸司使臣，然后官拜马军都虞候的武臣王从政，当成刻题这篇碑记的同一个人，却不考宋代内臣绝不可能担任禁军军职，更不可能成为三衙管军。①

在这道碑刻上题名的内臣王从政，据笔者以为，当是《长编》卷八二所记，在大中祥符七年（1017）五月丙午（廿一）担任同勾当修内司的王从政。据龚延明教授的研究，修内司在北宋前期隶提举在京诸司库务司，掌理皇城内宫殿垣宇及太庙修缮之事，该司置勾当官三人，在真宗朝由内侍省、入内内侍省内侍充任。在时间及身份上，虽然《长编》是条没有记下这个王从政的官职，但从他担任同勾当修内司之差遣来看，他当是内臣无疑。而从时间来看，他应该就是在天禧四年往越州设醮的入内西头供奉官王从政。②

顺带一谈，刁忠民所疑与碑上题名同系一人的马军都虞候王从政，据笔者所考，当是史称"好读书，颇能诗，喜儒士，待宾佐有礼"，"慕贾岛、李洞为诗，居常读书，手不释卷，名称甚茂"的名将王汉忠次子。按《宋史·王汉忠传》只简略记载王汉忠在咸平五年七月暴得疾卒后，宋廷恩恤其三子，其中王从政以次子授

---

① 《全宋文》卷三〇五，《王从政·阳明洞投龙简记·天禧四年三月》，第136页。按刁忠民氏曾撰有《两宋御史中丞考》（成都：巴蜀书社，1995年）及《宋代台谏制度研究》（成都：巴蜀书社，1999年）两专著，是宋代政治制度史专家。
② 《长编》卷八二，大中祥符七年五月丙午条，第1876页；《宋代职官辞典》，第五编《元丰正名后中枢机构类之二·十三·将作监门》，"修内司"条，第369页。据《长编》所载，内臣王从政在是月被东上阁门使魏昭亮（？—1017后）告发，指他与勾当引见司焦守节（？—1028后）、勾当修内司李知信（？—1017后）、勾当事材场贾继勋（？—1017后）等假公济私，私下借军匠为枢密院副承旨尹德润（？—1017后）治第，结果五人均被削一任。又龚延明讨论修内司的编制，亦引用《长编》是条。

左侍禁，惟王从政以后的事迹则没有记载。据胡宿及王珪先后为马军都虞候王从政所撰之敕书与制文所描述，王从政是"世济勋劳，材推果壮"和"起于旧门，服诗书之略"，那正吻合王汉忠儿子的身份。另一篇由范祖禹（1041—1098）在元祐九年（即绍圣元年，1094）二月所撰的《赠曹州观察使妻安康县君王氏墓志铭》，而没有为刁忠民所引用之碑铭，即明确指出这位王氏之祖眉州防御使、赠司徒王从政，乃是籍属开封的保静军节度使王汉忠之子。而据《宋会要辑稿》所载，这位名将之子的王从政，最后正是官至殿前都虞候、眉州防御使，而卒于仁宗嘉祐三年（1058）二月。①

---

① 据《长编》所记，王汉忠子王从政在庆历元年（1041）十月以供备库使、带御器械之官职往河东相度修复宁远寨（今陕西府谷县西南）。宋庠所撰制敕，称王从政为诸司使副陕西缘边都监知州。正如前文所考，宋庠任知制诰，早在景祐元年（1034）闰六月前，而迄宝元元年（1038）三月擢翰林学士，则他写这道制文，亦当在景祐元年中至宝元元年初。据此，我们可以知道王从政在景祐年间担任诸司使副及陕西缘边都监之职位，他到庆历元年前则擢为诸司正使之供备库使。又王珪曾撰王从政自崇仪使贺州刺史擢六宅使制文，而欧阳修又曾撰《左藏库使泾原钤辖王从政可西上阁门使益州钤辖》制文。以上两制文所撰写的时间，应在王从政在庆历元年任供备库使之后。按欧阳修在庆历三年（1043）十二月任知制诰，四年（1044）四月放外任，他写这道制文当在庆历三年底至四年初。至于王珪任知制诰之年月不详，但他在至和二年（1055）十月前仍任知制诰，疑他亦在庆历年间撰写这篇制文。又据《景定建康志》所收之《马军司题名记》所载，王从政于至和元年二月除马军都虞候，五月改差（升殿前都虞候），嘉祐三年二月卒于殿前都虞候任上，而宋廷追赠建武军节度观察留后。以上当是可考之王从政仕历。据范祖禹这篇墓志铭所载，安康县君王氏（1044—1093）之父为王道恭（？—1077后），他是王从政之子，官至庆州团练使，赠明州观察使。而《长编》所记，王道恭在熙宁十年（1077）官至知雄州（今河北雄县）、四方馆使。开封王氏可说是三代为将。至于安康县君王氏本人则嫁宗室济阴侯、赠曹州观察使赵世统，卒于元祐八年（1093）五月，年五十。又据《长编》所记，王从政之幼弟王从益（？—1039后）以右侍禁出仕后，在宝元元年（1038）八月，曾以西染院副使兼阁门通事舍人的身份出使辽国，翌年（宝元二年，1039）八月，又以同样的官职，出任益利路体量安抚使韩琦（1008—1075）的副手，出使四川赈恤当地的旱灾。参见《宋史》卷二七九，《王汉忠传》，第9477页；《长编》卷五二，咸平五年七月己亥条，第1141—1142页；卷一二二，宝元元年八月庚辰条，第2877—2878页；

正如前文所考，另一位在皇祐四年九月于昭州（今广西平乐县西南）被侬智高所杀的宋将开封人王从政，遇难时的官位是东头供奉官、阁门祗候。宋廷后来追赠他信州刺史，录其孙二人，其女赐冠帔，另封其妻郭氏为县君。①从相距的年份（按相距有三十二年）到职位，加上有妻有女有孙，这个在皇祐四年阵亡的宋将王从政，肯定不是天禧四年往越州设醮的内臣王从政。

（十九）康从政（？—1025后）、江德用（？—1031后）

仁宗天圣三年（1025）四月，江宁府（今江苏南京市）茅山崇

卷一二四，宝元二年八月丁丑条，第2922—2923页；卷一三四，庆历元年十月庚辰条，第3187页；卷二八四，熙宁十年八月丙申条，第6954页；胡宿：《文恭集》卷二六，《赐侍卫亲军步军都虞候王从政敕书二》，第6页下；王珪：《华阳集》卷三八，《步军都虞候王从政可马军都虞候、捧日天武四厢都指挥使王兴可步军都虞候制》，文渊阁《四库全书》本，第7页下—8页上；卷四〇，《崇仪使贺州刺史王从政可六宅使制》，第7页下；《宋会要辑稿》第四册，《仪制十一·武臣追赠·军职防御使》，第2541页；欧阳修撰，李逸安点校：《欧阳修全集》卷八〇，《左藏库使泾原钤辖王从政可西上阁门使益州钤辖》，北京：中华书局点校本，2001年，第1161页；宋庠：《元宪集》卷二二，《诸司使副陕西缘边都监知州葛宗古王从政米吉张世昌并转官制》，第7页下—8页上；马光祖编、周应合纂，王晓波校点：《景定建康志》，收入王晓波、李勇先、张保见、庄剑点校：《宋元珍稀地方志丛刊》甲编第二册，卷二六，《官守志三·郭倪·侍卫马军司题名记》，成都：四川大学出版社，第1243页；严杰：《欧阳修年谱》，南京：南京出版社，1993年，第112—122页；《全宋文》第九十九册，卷二一六〇，《范祖禹四十六·赠曹州观察使妻安康县君王氏墓志铭·元祐九年二月》（按即绍圣元年，是年四月改元绍圣），第114—115页。按《四库全书》本的《范太史集》所载的同一篇墓志铭，提到墓主王氏祖父的名字，在"政"字之上原阙一字，《全宋文》这一卷的点校者刘琳据《宋史》卷三七九，《王汉忠传》补上"从"字。参见范祖禹：《范太史集》卷四九，《赠曹州观察使妻安康县君王氏墓志铭》，文渊阁《四库全书》本，第7页。

① 《长编》卷一七三，皇祐四年九月庚申条，第4172—4173页；卷一七四，皇祐五年六月己卯条，第4213页；蔡襄撰，吴以宁点校：《蔡忠惠集》卷一三，《制诰四·故东头供奉官阁门祗候王从政妻郭氏可县君制》，《蔡襄集》，上海：上海古籍出版社，第240页。

禧观的道士上清大洞宗师朱自英（977—1029），因章献刘太后在此处开建上清黄坛预启玉箓道场七昼夜，而奉命撰写《宋天圣皇太后受上清箓记》。在这篇碑记中，提到两名负责此件差事的内臣，分别为入内内侍省西头供奉官康从政和入内内侍省内侍殿头、勾当御药院江德用。①

康从政之名，不见录于《宋史》各书，《长编》曾记在熙宁六年（1073）二月丙申（廿二），看守宣祖安陵的内臣名康为政。这个康为政与四十八年前出使江宁府崇禧观的内臣有何关系？因史料不足，暂难确定。②

至于江德用，据《宋会要辑稿》所记，他在天圣七年（1029）七月，因玉清昭应宫失火，他以入内供奉官之官职，被责追一任勒停。到了天圣九年（1031）闰十一月，他则以供奉之官职带上御药的差遣，与另一内臣罗崇勋（？—1033后），奉命协助三司使晏殊（991—1055）从京师迎太祖、太宗及真宗的神像，奉安到永安县紫玉山建成的凤台山宫。大概他在天圣九年前已官复原职。③据《长编》卷一一二所记，在明道二年四月癸丑（十八），当刘太后死后，仁宗尽罢刘太后所宠的上御药及上御药供奉，他就自上御药罢为供备库使。④以后的事迹不详。

康从政与江德用先后任入内内侍供奉官，地位属于中级的内

---

① 《全宋文》第十五册，卷三一七，《朱自英·宋天圣皇太后受上清箓记·天圣三年四月》，第333—335页。按是篇碑记原载正统道藏本《茅山志》卷三三。
② 《长编》卷二四二，熙宁六年二月丙申条，第5904页。
③ 《宋会要辑稿》第二册，《礼五·祠宫观·凤台山宫》，第563页；《礼十三·神御殿》，第717页；第八册，《职官六十四·黜降官一》，第4782页。
④ 《长编》卷一一二，明道二年四月癸丑条，第2611页。

臣，他们并无特别事功，这篇碑记倒让我们知道江德用在任入内供奉官前，曾经历低一级的入内内侍殿头，而他从天圣三年四月前后，至九年闰十一月，长期获委御药院的差遣。至于江德用与刘太后宠信的内臣、官至入内副都知的江德明（？—1033后）是否兄弟关系，则暂不可考。①

（二十）孙可久（？—1027后）、张怀彬（？—1016后）、李怀凝（？—1016后）

真宗大中祥符九年正月，内臣、入内高班孙可久在华阴县的西岳祠留下一篇碑记，除了提到他本人外，还提到在场的另外两个内臣——入内供奉官张怀彬与入内高品、前泾原走马承受李怀凝。当时的知华阴县是同年六月当王怀珪来此地的大理寺丞张绰。碑记不长，兹引录如下：

> 天书九载孟春十日，入内供奉张怀彬道场于岳祠，入内高班孙可久投龙于仙谷，偶会入内高品李怀凝自泾原承受解秩归阙，时与知县、大理寺丞张绰同焚香于金天顺圣帝，致诚而退。孙题。②

---

① 江德明在明道二年（1033）十月，官至左藏库使领普州团练使、入内副都知、并代路钤辖。宋廷以他在刘太后死后仍未知检点，就将他落入内副都知职；不过，补偿地加他果州防御使，改授潞州（今山西长治市）钤辖。参《长编》卷一一三，明道二年十月乙巳条，第2639页。
② 《全宋文》第十五册，卷三一七，《孙可久·张怀彬等题名·大中祥符九年一月》，第341—342页。按这篇碑记原载于《金石萃编》卷一二八。关于张绰的资料，可参本篇第八节"王怀珪"。

张怀彬与李怀凝，生平事迹不载于《宋史》各书，至于孙可久，据《全宋文》这条的点校者祝尚书的考索，《宋会要辑稿》及《青箱杂记》曾著录他的一些事迹。《宋会要辑稿》曾记他在天圣五年（1027）七月以玉津园监官的身份，上奏称：

> 养象苋草，逐年府县和买园苑种莳，甚费钱本，及骚扰人民。今玉津园颇有旷土可种，约岁用外，别为储廥，准备阙乏及斥卖，以钱入官，充人牛工价。

宋廷听从他的建议。①至于吴处厚（？—1089后）的《青箱杂记》，则对他的生平事迹有较详细的记载。记他"赋性恬淡，年逾五十，即乞致仕"。又载他在京师有居第，宅的堂北有一个小园，另在城南有别墅。每逢良辰美景，他就以小车载酒，优游小园与别墅间。仁宗朝的文人雅士如石延年（994—1041）、柳永（约987—约1054）均曾为他的宅园题诗。据吴处厚说，孙可久好吟咏，尤其仰慕中唐大诗人白居易（772—846）。当他任陕西驻泊（当为监押）时，就在郡城大阜之顶为白居易建构祠堂，堂中绘上白的画像，另在旧墉遍写白居易的平生诗赋及警策之句。孙本人写诗，则效法白的风格。晚年著有诗文集《归休集》行于世，得年七十余。②

---

① 《宋会要辑稿》第十五册，《方域三·园·玉津园》，第9304页。
② 吴处厚撰，李裕民点校：《青箱杂记》卷一〇，北京：中华书局点校本，1985年，第109页。按《宋朝事实类苑》亦载录此条。参见江少虞：《宋朝事实类苑》卷三八，《诗歌赋咏·赠孙可久诗》，上海：上海古籍出版社，1981年，第492页。又《两宋名贤小集》之《石曼卿集》所收石延年赠孙可久的一首诗，文字与《青箱杂记》及《宋朝事实类苑》所录的略有出入。参见陈思编、陈

我们参照上述的记载，可以看到孙可久是颇有气派、文武兼修的内臣。他通文墨，故不必劳烦知县张绰，自己就撰下这篇碑记。不像半年后另一内臣王怀珪要由张绰动笔。这篇碑记可旁证吴处厚的说法，孙是一个颇有文化修养的内臣。在这篇碑记中，题名的三个内臣均属入内内侍省，地位最高是入内供奉官张怀彬，然后到李怀凝的入内高品，最低是孙可久的入内高班。按李怀凝以入内高品担任泾原走马承受的差遣，而一般武臣委为走马承受，多半由本官是三班使臣，特别是殿直这一级出任。这篇篇幅不长的碑记，在这方面亦可以帮助我们了解多一点宋初的宦官与武臣之迁转制度。

三、结论

因篇幅所限，本文的宋初内臣事迹的考索就暂止于《全宋文》的前十五册，按本文所引述的二十七名内臣，大部可以从《宋史》《长编》及《宋会要辑稿》以及一些宋人文集或笔记找到他们生平事迹的相关记载。碑铭上的内臣史料，根据本文的初步考索，可以得出有以下几种用途：

第一，补充了《宋史》等书未记之事实，例如个别内臣在某年月之官职差遣以及所担任的临时职务。

第二，帮助研究宋史的人确知在《宋史》等书中，看似是一般武臣的人，其实是内臣。

第三，给研究宋代宦官制度提供有用之史料，例如宋代高级的

世隆补：《两宋名贤小集》卷七九，《石曼卿集》，《过内官孙可久别业赋赠》，文渊阁《四库全书》本，第6页。

内臣一样可以赐邑封侯，以及拥有文臣武将所带的阶与勋。另外，也提供宋初三朝内臣迁转制度的实例。

第四，为研究曾牵涉重大政治事件的个别内臣如李神福，提供重要甚至关键的线索。另考订同姓名的人如王从政，哪一个是内臣，哪一个是武臣。

附　记

本文原刊于《东吴历史学报》2004年第11期，第29—58页。是笔者首篇研究宋代内臣的论著。当年旧版《全宋文》只出版至第五十册。本文现采用新版的《全宋文》，故初稿的册卷页数也作了相应调整。另也改用最新的点校本《宋会要辑稿》及《皇宋十朝纲要》。此外，也在题目上略加修改，以表明本文所考的只限于《全宋文》前十五册，并且增补一些初稿上没有引用的史料。

第二篇　两个被遗忘的北宋降辽内臣冯从顺与李知顺事迹考

一、前言

《辽史》以简陋著称,它的《宦官传》仅收王继恩(？—1034后)及赵安仁(？—1040后)二传。王是棣州(今山东惠民县东南)人,赵是深州乐寿(今河北献县)人,二人均是在辽圣宗(971—1031,982—1031在位)时,在幼年被辽军南侵时所俘阉为内臣,王累迁内谒者、内侍左厢押班、尚衣库使、左承宣、监门卫大将军、灵州观察使、内库都提点。赵安仁亦累官内侍省押班、御院通进、左承宣、监门卫大将军、契丹汉人渤海内侍都知兼都提点。他们后来的结局及卒年,《辽史》的编者均作"后不知所终"。按王传只有一百三十九字,而赵传则只有二百四十六字。[①]考王、赵二人之生平不见其他辽代文献,宋人叶隆礼(？—1260

---

① 脱脱等撰,刘浦江等修订：《辽史》卷一九〇,《宦官传·王继恩、赵安仁》,北京：中华书局点校修订本,2016年,第1630—1632页。

后)所撰的《契丹国志》则有两条相关记载,记二人在重熙三年(1034)获辽兴宗(1016—1055,1031—1055在位)委以监南北蕃汉臣僚之职。①而值得注意的是,明景泰二年(1451)年朝鲜史臣郑麟趾(1396—1478)所编纂的《高丽史》卷六《世家·靖宗》曾记赵安仁在高丽靖宗六年(庚辰,1040,即辽兴宗重熙九年、宋仁宗康定元年)七月,以夏州观察使奉使高丽来贺靖宗(1018—1046,1034—1046在位)生辰。此条是现存史籍中赵安仁事迹的最后记载。②

有关辽代内臣的研究,由于史料的缺乏,专题研究目前仅有吉林大学王茜2012年的一篇硕士论文《辽金宦官研究》,该文第二章《辽代宦官》及第四章《辽金宦官的特点》所引述的辽代内臣事例,仍只及王继恩与赵安仁二人,作者并没有参考辽代出土文献所

---

① 考《契丹国志》记辽兴宗在重熙三年与殿前都点检耶律喜孙、护位太保耶律刘三发动政变,逐走企图废立他的生母法天太后(即钦哀皇后,?—1057),并将她送往庆州(今内蒙古自治区巴林右旗索博日嘎镇)守圣宗陵。兴宗又大杀太后亲信永兴宫都总管高常哥及内侍数十族,而命时任灵州节度使内库都提点王继恩、内侍都知监门卫大将军赵安仁监南北面蕃汉臣僚,命二人具奏不便军民三十余事,并立改之。按《契丹国志》此两条所记之事与《辽史》所记略有出入。考王继恩官至灵州观察使,而非节度使。另《辽史·王继恩传》未载兴宗幽废法天太后之后,王继恩获授监南北蕃汉臣僚之职。参见叶隆礼撰,贾敬颜、林荣贵点校:《契丹国志》卷八,《兴宗文成皇帝》,北京:中华书局,2014年,第87页;卷一三,《后妃传·圣宗萧皇后》,第164—165页;《辽史》卷一八,《兴宗纪一》,第244页;卷七一,《后妃传·圣宗钦哀皇后萧氏》,第1324—1325页;卷一九〇,《宦官传·王继恩、赵安仁》,第1630—1632页。又按《契丹国志》点校本,不知何故,将兴宗发动政变的甲戌年(景祐元年)误作重熙二年(以下重熙各年均与所系之干支及仁宗各年号不符)。考《四库全书》本《钦定重定契丹国志》卷八及卷一二,均作重熙三年,而非重熙二年。不知点校本为何有此失。

② 郑麟趾等撰,孙晓主编:《高丽史》册一,卷六,《世家·靖宗一》,六年(庚辰)七月条,重庆:西南师范大学出版社,2014年据韩国奎章阁藏光海君覆刻乙亥字本及明景泰二年(1451)朝鲜乙亥铜活字本等标点校勘本,第164页。

著录的内臣史料。①

本文所考论的两名辽内臣冯从顺(967—1023)和李知顺(975—1028),与王继恩及赵安仁一样原为宋人。只是他们早在太宗朝已仕于宋廷,在真宗朝初年的宋辽战争中先后被俘降辽,然后长期仕于辽廷,最后擢至节度使而卒。与王、赵不同,冯、李二人的生平事迹,既见于辽的出土墓志,又见于宋人的文献。而李知顺和赵安仁一样,其事迹更见于域外的《高丽史》。

冯、李二人是目前仅见有墓志传世的辽代内臣,墓志均在近代出土,现收入陈述(1911—1992)辑校的《全辽文》[亦收录于向南(杨森,1937—2012)主编的《辽代石刻文编》]的内臣墓志,分别是《冯从顺墓志·太平三年·宋复圭》及《李知顺墓志·太平八年·向载言》。李知顺属内臣身份,学者均能确认;但冯从顺也为内臣,不少学者却未确认,因不少辽史学者没有留意宋人对冯的相关记载。②从二人的墓志,我们得知冯从顺和李知顺二

---

① 王茜:《辽金宦官研究》,吉林大学史学硕士论文,第6—19、31—37页。
② 陈述辑校:《全辽文》卷六,《冯从顺墓志·太平三年·宋复圭》,北京:中华书局,1982年,第123—125页;《李知顺墓志·太平八年·向载言》,第139—141页;向南主编:《辽代石刻文编》,《圣宗编》《冯从顺墓志·太平三年》,石家庄:河北教育出版社,1995年,第169—172页;《李知顺墓志·太平八年》,第187—190页;李逸友:《辽李知顺墓志铭跋》,《内蒙古文物考古》(创刊号),1981年10月,第84—86页;盖之庸编著:《内蒙古辽代石刻文研究》上编,《李知顺墓志·太平八年》,呼和浩特:内蒙古大学出版社,2002年,第144—151页。按盖之庸书附有李知顺墓志拓本。本文现采用《全辽文》版本。有关李知顺的资料蒙西北大学王善军教授赐示,谨此致谢。而李逸友一文蒙台湾"中研院"何汉威学长寄赠,亦谨致谢忱。又近读辽史及契丹文字大家刘凤翥教授新作《契丹寻踪——我的拓碑之路》,北京:商务印书馆,2016年,刘教授言及他早在1977年11月往内蒙古呼和浩特市的内蒙古自治区博物馆文物工作队拓制辽碑时,在文物仓库内便就地拓制了宁城县出土,当时尚未发表的辽代汉文《李知顺墓志》(第96页),可见此碑文早受辽史学者的重视。

人原均是宋的低级内臣，先后在宋真宗咸平二年（999）及景德元年（1004）于河北战场被辽军所俘却不死，然后均得到辽圣宗的重用，最后官至辽的高级内臣，于太平三年（即天圣元年，1023）及太平八年（即天圣六年，1028）分别在辽的上京临潢府（今内蒙古巴林左旗林东镇南侧）和中京大定府（今内蒙古宁城县西）病逝。

关于冯从顺，《宋史·郑文宝传》记他在太宗淳化五年（994）或至道元年（995），以内侍身份，奉宋廷之命，向当时的陕西转运使郑文宝（953—1013）询问营建在清远军（今甘肃环县甜水堡）西北八十里的古威州的问题。而《宋史·田绍斌传》又记在至道二年（996）三月，勇将知灵州（今宁夏灵武市西南，一说在宁夏吴忠市南金积乡附近）兼兵马部署田绍斌（933—1009），在浦洛河（今宁夏吴忠市南山水河）之役后，不失一人，并在清远军救起宋的败将残兵，安返灵州。他随即"遣内侍马从顺驿闻，太宗益嘉之，优诏褒奖"。很明显，《宋史·田绍斌传》所记的这个内侍"马从顺"，就是冯从顺的讹写。[1]而《宋会要辑稿·兵十四》又

---

[1] 关于宋廷派冯从顺往访郑文宝询其对营筑古威州的意见的具体年月，《宋史·郑文宝传》未有清楚记载。考郑文宝本传先记他向宋廷建议禁蕃商货盐以困李继迁，宋遣通判制诰钱若水（960—1003）驰传视之，议悉除其禁。然后再记宋廷派冯从顺问筑古威州城之事于郑。据《长编》卷三二所载，郑文宝在淳化二年（991）闰二月任陕西转运使（按《宋史》作转运副使），而据《宋史·太宗纪二》所记，他在至道元年十月己丑（十六）（按原文作"乙丑"，惟是月无乙丑，疑为"己丑"之讹写）才被罢为蓝田（今陕西蓝田县）令，《宋史·郑文宝传》作蓝山令（今湖南蓝山县）。考《宋史·夏国传上》记郑文宝议禁盐池之事在淳化四年（993），而钱若水在淳化二年十二月辛卯（廿六）前已为知制诰，到淳化四年五月丁未（二十）已自知制诰擢为翰林学士，则钱若水出使陕西当在淳化四年正月至五月前。据此，则宋廷命冯从顺往访文宝当在淳化四年中到至道元年十月前。又据《宋史·田绍斌传》所记，"会郑文宝议城席鸡城砦为清远军，绍斌与文宝领其役。城毕，以文宝之请命为知军事。至道元年拜会州观察使仍判解州"。参照《宋史》各传的记载，笔者以

有一条记冯在太宗至道三年（997）二月癸卯（初八），以内品的职位奉西征大将李继隆（950—1005）之命，向太宗奏报征讨李继迁（963—1004）军情并获赏之事。①他后来的事迹，宋人就再没有记载。而李知顺的情况就更令人注目，考《续资治通鉴长编》（以下简称《长编》）卷五九，记宋廷在景德二年（1005）正月戊午（初九），追赠在景德之役死难之文武官员，其中"赠受事河朔而没者，殿直刘超为供备库使，入内高班内品李知顺为六宅副使，奉职胡度等三人为内殿崇班，仍各录其子及赒恤其家"。宋廷认定刘超、李知顺及胡度等人已死于王事，因上封者请求优加恩典，以劝忠臣，乃有是命，而且再命有司录赠官制及录用诸子事，布告天下（按《宋史》卷三八〇《张旦传》所记相同）。②依宋官方记载，当时任入内高班内品而可能任河北走马承受的李知顺已战殁

为冯从顺出使，在淳化五年（994）的可能性最大。参见《宋史》卷五，《太宗纪二》，第98页；卷二七七，《卢之翰、郑文宝传》，第9424、9426—9428页；卷二八〇，《田绍斌传》，第2496—2497页；卷四四五，《外国传一·夏国上》，第13987页；《续资治通鉴长编》卷三二，淳化二年闰二月条，1979—1995年，第712页；十二月辛卯条，第727页；卷三四，淳化四年三月壬子条，第748页；五月丁未条，第749页。考笔者多年前考论田绍斌事迹及浦洛河一役始末时，并未察知内侍"马从顺"即冯从顺。参见何冠环：《论宋太宗朝武将之党争》，载氏著：《北宋武将研究》，香港：中华书局，2003年，第126—128页。又本文一位匿名审查人指出清代吴广成（？—1825后）的《西夏书事》卷六，引述《宋史·田绍斌传》时，已将"马从顺"考正为冯从顺。本文初稿时未有参考此书，不知清人早已校出马从顺即冯从顺。参见吴广成撰，龚世俊等校证：《西夏书事校证》卷六，兰州：甘肃文化出版社，1995年，第67页。

① 《宋会要辑稿》第十五册，《兵十四·兵捷》，第8887页。考《宋会要辑稿·兵十四》原将冯从顺入奏之事系于咸平三年二月八日条，校点者据《太平治迹统类》卷二及《宋史·太宗纪二》及《宋史·李继隆传》《宋史·夏国传》考得此事当在至道三年二月（按二书均没有记载李继隆派冯从顺入奏之事）。校点者若知悉冯从顺早在咸平二年十月随康保裔兵败被俘一事，就更能确定《宋会要辑稿》所记冯在咸平三年（1000）二月丙辰（初八）入奏之事实在不可能。

② 《长编》卷五九，景德二年正月戊午条，第1311页；《宋史》卷三八〇，《张旦传》，第10149页。

沙场。①

　　冯、李二人的事迹，现存宋人的记录，就仅有上述《宋会要辑稿》及《长编》两条以及元人所编纂的《宋史》三条。宋廷史臣大概对名不见经传的小小内品冯从顺的生死并不关注，另以官不过入内高班内品的李知顺早已殁于王事，故不再对二人的生死查证。于是从《长编》《宋会要辑稿》到《宋史》，我们就没有找到有关二人事迹的记载。同样在《辽史》也找不到任何有关二人的记载。然教人喜出望外，这两个早被宋人遗忘而《辽史》从未提及的内臣墓志，竟分别在1949年前及1956年，在辽宁朝阳市朝阳县及内蒙古自治区赤峰市宁城县天义镇南约六公里的石桥子村北出土。②

　　这两篇出土墓志，除了大大补充了我们对辽代内臣的认识，包括辽代内臣制度及圣宗使用内臣之政策外，我们还可以借此特别的案例，体会研究宋辽史时，仔细参照宋辽史料以至域外史料，常有意外的收获。

　　本文据宋辽等史料，先考论冯从顺的生平事迹，再考论李知顺的生平事迹。然后再讨论宋辽内臣的相关问题。

---

① 据龚延明的考证，入内高班内品在雍熙三年（986）于入内高品班院置，景德三年（1006）前隶入内高品班院、入内班院、入内黄门班院、内侍省入内班院，景德三年后隶入内内侍省，到大中祥符二年（1009）正月，改为入内内侍省黄门高品，二月又改为内侍高班。参见龚延明：《宋代官制辞典》，第一编《皇帝制度类·九、宦官门》，北京：中华书局，1997年，第49页。
② 关于冯从顺及李知顺墓发现的情况，可参见李逸友：《辽李知顺墓志铭跋》，第84页；盖之庸编著：《内蒙古辽代石刻文研究》上编，《李知顺墓志·太平八年》，第147页；附录一《内蒙古辽代石刻文发现大事记》，第441页；附录二《其他地区辽代石刻文概况》，第448页。

二、冯从顺生平事迹考

据陈述的记述，冯从顺墓志的志文依罗振玉（1866—1940）的《满洲金石志补遗》所录，志盖篆书"信都冯氏墓志之铭"八字。文前有"大契丹国故上京户部使归义军节度管内观察处置等使金紫崇禄大夫检校太尉使持节沙州诸军事沙州刺史兼御史大夫上柱国信都郡开国侯食邑一千户实封一百户冯公墓志铭并序"七十六字，又有"中京留守推官守太子中舍宋复圭撰"十五字。而据向南及盖之庸的记载，冯从顺的墓志在1949年前出土于辽宁朝阳县。志石方形，边长约一百一十七厘米，志文三十一行，每行三十四字，正书。志文共一千零五十四字。①

据冯的墓志所记，他在太平三年（1023）卒，得年五十七，上推他的生年，当生于太祖乾德五年（967）。冯字德柔，本为宋冀州信都（今河北衡水市冀州区）人，先世居于汾（今山西）。至于他如何"入官仕宋"，墓志却只空话一句"载书世德，备志先茔"。他为何成为内臣？大概讳莫如深。墓志称他"生禀粹灵，长为奇杰。卓尔古贤之操，凛然君子之风"，又说他"本是荐庙之用；乐称大护，终为治世之音。故宋主擢入内庭，遂縻好爵。曳绶鸾跄于兵旅，峨冠鹗立于紫闱。君上委临，权豪钦惮"。墓志作者说了一大堆废话，才交代了冯从顺被召入内廷侍候太宗，后来

---

① 陈述辑校：《全辽文》卷六，《冯从顺墓志·太平三年·宋复圭》，第124—125页；向南编：《辽代石刻文编》，《圣宗编》《冯从顺墓志·太平三年》，第169页。盖之庸编著：《内蒙古辽代石刻文研究》，附录二《其他地区辽代石刻文概况》，第448页。按盖之庸以冯墓边长116厘米。

又委以兵职之事。①幸而有本文前言所引《宋史·郑文宝传》《宋史·田绍斌传》及《宋会要辑稿》的三条记载，才知道冯从顺入仕后的一点情况，知悉他在淳化五年到至道三年二月，先奉宋廷之命往西边，向陕西转运使郑文宝查询筑城古威州之事，然后两度奉西边大将田绍斌及李继隆之命，以内品之官位回朝向太宗奏报西边军情，并获赏赐束带、锦袄子及绢三十匹。②

冯从顺被俘降辽的始末，墓志说得详细，记在统和十七年九月，承天萧太后（953—1009）御驾亲征，直扑黄河。这时宋主（真宗）"以公素负令器，□□宸聪。爰委重权，可属大事。遂与瀛州兵马都统康保裔同驱军旅，来御王师。十万兵溃而见擒，一千载圣而合契。遂卜入燕之计，始坚事汉之心"。考《辽史·圣宗纪五》则记在是年十月癸酉（廿四）辽军在瀛州（今河北河间市），"与宋军战，擒其将康昭裔、宋顺，获兵仗器甲无算"。陈述认为康昭裔即康保裔，宋顺即冯从顺。③不过，《长编》记高阳关兵马都部署康保裔（？—1001后）覆师后，宋廷以为康力战阵亡，在咸平三年（1000）正月除给康以很高恤典外，又给其将校官属死事者十三人全部优其赠典，惜《长编》没有记下这十三人的名字。冯从顺很有可能就在宋廷认为战死的十三人中。④讽刺的是，康保裔

---

① 《全辽文》卷六，《冯从顺墓志·太平三年·宋复圭》，第124页。
② 《宋会要辑稿》第十五册，《兵十四·兵捷》，第8887页。另参见本文前言。冯从顺在至道三年二月所任之内品，暂难确考是否为真宗大中祥符八年前已置的内侍省高班内品一类从九品之低级内臣。参见龚延明：《宋代官制辞典》，第一编《皇帝制度类·九、宦官门》，第61页。
③ 《全辽文》卷六，《冯从顺墓志·太平三年·宋复圭》，第124—125页；《辽史》卷一四，《圣宗纪五》，第169—170页。
④ 《长编》卷四六，咸平三年正月甲申条，第985—986页；《宋史》卷四四六，《忠义传一·康保裔》，第13150—13151页。

和冯从顺等其实都没有战死,而是归降辽国。康保裔在统和十九年(即咸平四年,1001)六月乙巳(初五)还被辽授予昭顺军节度使。①

冯从顺兵败被俘降辽,正值年三十余岁精壮强悍之时。据墓志所载,冯从顺入见圣宗,帝"一见风仪,有同勋□,置之左右,副以对扬。出则守宫闱,监帑藏。剸繁剧于两京。入则系行阙,从鸣銮,恒扈随于二圣"。②为何圣宗如此宠信冯从顺?笔者以为一方面冯有相当的治事才干,熟悉宫闱事务,包括理财、扈驾礼仪,以至好像前述的宦者王继恩一样充当宋使的翻译,这均是辽官所缺的人才。更重要的是,萧太后及圣宗可以在他的身上,探知许多宋方的情报,包括宋真宗的个性喜好,宋廷文武臣僚的才具,宋廷对辽和战的态度。辽人授康保裔以高职,后来更重用在咸平六年(1003)四月兵败望都(今河北望都县)而被俘的宋将王继忠(?—1023后),③以及在景德元年十月被俘的另一内臣李知顺,大概是同一原因。

冯从顺后来又获委与显陵节度使郝德寿、楚州节度使王仁赟并列朝官,共承宠命,侍圣宗于朝堂。他也获赐"车乘服玩、台馆园林",而仆从之"臧获之徒,皆国家所给"。他也知道安分,"规

---

① 《辽史》卷一四,《圣宗纪五》,第170页。《辽史》此条亦称以所俘宋将康昭裔为昭顺军节度使,可证在统和十七年十月擒获的宋将康昭裔即康保裔。
② 《全辽文》卷六,《冯从顺墓志·太平三年·宋复圭》,第124页。黄为放认为冯从顺担任敦睦宫汉儿渤海都部署时,也负责监察本宫的库藏,"出则守宫闱,监帑藏"一番话是描述他任行宫都部署的工作。参见黄为放:《诸行宫都部署院初探》,《黑河学院学报》2010年第3期,第96页。
③ 《长编》卷五四,咸平六年四月丙子条,第1190页;《辽史》卷一四,《圣宗纪五》,第172页;卷一九〇,《宦官传·王继恩》,第1630—1631页。

于名达，孰谓等伦"。他得到圣宗的宠信，自然"事主忠勤，在公廉直。事无巨细，威慑搢绅"。①

冯的墓志没有具体记载他仕辽的事功，至于他的仕历，也没有记载其迁官任职的年月，只记"其历官自西头供奉，至颁给副使、颁给武德、皇城等使。两任知内承宣事、中上两京内省使。延州观察使、敦睦宫汉儿渤海都部署、归义军节度、管内观察处置等使、上京户部使。阶自银青至金紫，勋自武骑至上柱国。散官自国子祭酒、工部尚书至司空、太傅、太尉。爵自男至开国侯。封至一千户实封一百户"。②正如刘浦江教授（1961—2015）所论，冯这段仕履"既有实职（如敦睦宫汉儿、渤海都部署、上京户部使），也有虚衔（如延州观察使、归义军节度、管内观察处置等使），却统称为官，而不是像宋朝那样有寄禄官和差遣的区分"。刘氏认为元人修《辽史》时对辽代制度已不甚了了，故有此失。③若与另一内臣李知顺的仕历比较，冯与李降辽时，均同授西头供奉官，然后迁颁给副使，再授主管内侍的知内承宣使，以及担任主管中上两京的内省使。④他们后来都获授北宋内臣罕得的节度使，且获授侯伯之爵

---

① 《全辽文》卷六，《冯从顺墓志·太平三年·宋复圭》，第124页。考郝德寿及王仁赟的事迹不载于《辽史》，其事迹待考。
② 《全辽文》卷六，《冯从顺墓志·太平三年·宋复圭》，第124页。据张国庆的考证，冯从顺所任的敦睦宫汉儿渤海都部署，敦睦宫乃孝文皇太弟、圣宗弟耶律隆庆（973—1016）的宫卫。参见张国庆、王家会：《石刻所见辽代行政系统职官考——〈辽史·百官志〉补遗之五》，《辽宁省博物馆馆刊》，2011年，第105页。
③ 刘浦江：《〈金朝军制〉平议——兼评王曾瑜先生的辽金史研究》，《历史研究》2000年第6期，第170页。
④ 《全辽文》卷六，《冯从顺墓志·太平三年·宋复圭》，第124页；《李知顺墓志·太平八年·向载言》，第140页。关于辽代西头供奉官一职，孙伟祥曾有专文考证，他亦引用李知顺一例，认为辽代曾选拔才能出众的汉族俘虏为供奉

位及食邑之封。①

冯从顺在太平三年染病，圣宗得报，即派翰林名医往中京诊视，又派掖庭近侍传抚谕之辞。惟到是年十月前，冯卒于上京之公署，得年五十七。圣宗命上京副留守邢某定发引之仪，令中京度支副使李某备墓穴之礼。又特别从京师差派修墓穴之工匠，至于赙赠之资又优于常品。据辽史学者的研究，辽主派人料理臣下丧事，冯从顺是目前所见最早一例。在冯妻清河郡夫人张氏及其子冯知玄的扶持下，他的灵柩于是年十月癸酉（十三）归葬于中京东冯氏别墅，冯家并请得中京留守推官守太子中舍宋复圭为撰写墓志铭。②

官。参见孙伟祥：《辽朝供奉官考》，景爱主编：《地域性辽金史研究》（第一辑），北京：中国社会科学出版社，2014年，第157—165页。关于冯从顺与李知顺获授知内承宣事的差遣，据张国庆所考，为辽代中央内侍省属官。《辽史·百官志三》的《南面朝官·内侍省》所列属官有左承宣使及右承宣使，未见有"知内承宣事"。张氏认为冯知顺和李知顺的墓志所记他们任知内承宣事之差遣，当等同承宣使。另林鹄的《辽史百官志考订》在左右承宣使条的考证，亦引用冯、李的墓志考订。参见张国庆：《石刻所见辽代中央行政系统职官考——〈辽史·百官志〉补遗之六》，《黑龙江民族丛刊》（双月刊）2012年第1期（总126期），第100页；林鹄：《辽史百官志考订》，北京：中华书局，2015年，第228—230页；又颁给副使等职，究是何官，《辽史·百官志》未载。向南曾作考证但未得其实。参向南编：《辽代石刻文编》，《圣宗编》《冯从顺墓志·太平三年》，第171页。

① 台湾学者叶国良注意到碑志作者宋复圭称冯从顺为"太师公"，然冯从顺的散官并未授太师一阶，他认为辽金的太师除了是散官外，亦是节度使的俗称。冯从顺遥领归义军节度使，故宋复圭尊称他为太师。此说可取。参见叶国良：《辽金碑志考释十则》，《台大中文学报》1999年第11期，第5—6页。

② 《全辽文》卷六，《冯从顺墓志·太平三年·宋复圭》，第124—125页。按冯从顺墓志记他病重在□月十五日，刚好脱掉月份，故不知冯氏是何月十五日病卒。据谷丽芬的研究，目前所见的辽代碑志，最早明确记载辽派官员料理臣下丧事的，是冯从顺太平三年的丧事，可见冯所受的荣宠。又考张国庆曾以冯从顺之例子，阐述辽代帝王为臣下治丧时派人督营造监凿茔穴之做法。而孙伟祥也以冯从顺之例子，推论辽在圣宗时已有专门营建墓穴的机构及专职的匠人。参见谷丽芬：《碑志所见辽代高官丧葬述略》，《辽金历史与考古》（第五辑），沈阳：辽宁教育出版社，2014年，第314页；张国庆：《辽代丧葬礼俗补遗——皇帝为臣下遣使治丧》，《辽宁大学学报（哲学社会科学版）》2008

冯从顺被俘降辽，侍辽邦凡二十四载，他从宋朝一个寂寂无闻、生死不载于宋人史籍的低级内臣，竟能擢至辽朝的显宦，而且能有墓志铭传世纪其生平大略，实在是一个异数。而这一番异数，还再次出现在比他稍晚的另一内臣李知顺身上。

三、李知顺生平事迹考

李知顺的生平详记于传世的李知顺墓志。据李逸友（1930—2002）、向南及盖之庸（志勇）等所记，内蒙古文物工作组在1956年在赤峰市宁城县天义镇南约六公里的石桥子村北，发现了一座在1949年解放前夕被盗的辽墓，该墓原为石砌八角形墓室，周壁有柏木护墙板，出土的陶瓷器等随葬品早已散失，此墓仅存墓志一合，即为《李知顺墓志》。墓志用绿沙石镌刻，志盖上阴刻十二生肖像，已毁。志石碎成四块，长七十八厘米，宽七十七厘米，共刻志文三十八行，每行最多四十五字，共一千四百一十一字。志文阴刻楷书，现藏内蒙古博物馆。该墓志原题由辽征事郎试大理司直守大定府司录武骑尉向载言（？—1028后）所撰。辽史学者李逸友首先在1981年于《内蒙古文物考古》（1981年创刊号）撰写《辽李知顺墓志铭跋》，介绍此墓志，并据墓志考订相关的辽史问题，如辽中京的城市布局。然后陈述、向南均对此墓志略加注释。盖之庸在2002年就曾以四页的篇幅对之作较详细的考释。[①]李知顺墓志出土

年第6期，第92页；孙伟祥：《试论辽代帝王陵寝的营造》，《内蒙古社会科学》2013年第4期，第73页。
① 参见李逸友：《辽李知顺墓志铭跋》，第84—86页；李宇峰：《〈辽代石刻档案研究〉补正》，《辽金历史与考古》（第三辑），沈阳：辽宁教育出版社，

的赤峰市,是辽的中京大定府。①而这篇出土墓铭,告诉我们一个惊人的事实:这个早被宋人遗忘的小内臣李知顺,不但没有死于景德之役,还在被俘降辽后,受到辽主政的承天萧太后及辽圣宗的宠信,步步高升,最后在景德之役后廿四年,于辽圣宗太平八年(即天圣六年,1028),官至扬州节度使、金紫崇禄大夫、检校太傅、知中京内省司、提点内库、陕西县开国伯、食邑九百户的高位而卒于辽中京大定府。②

据李知顺的墓志所载,他卒于太平八年五月辛巳(廿九),得年五十四,则他当生于太祖开宝八年(975)。墓志说"公姓李,字知顺。陇西郡人也。祖宗职列,族望源流,更不复书,宋朝备矣。公生于并汾,长于汴洛,幼侍内庭",当指他原籍太原,然后在开封及洛阳被李姓的内臣养为阉子。他早年的仕历不详,有可

2011年,第340页;彭善国:《辽庆陵相关问题刍议》,《考古与文物》2008年第4期,第77—78页;项春松:《辽代历史与考古》,第二章第四节《陪都(中后期首都)中京大定府》,呼和浩特:内蒙古人民出版社,1996年,第55页;陈述辑校:《全辽文》卷六,《李知顺墓志·太平八年·向载言》,第139—141页;向南编:《辽代石刻文编》,《圣宗编》《李知顺墓志·太平八年》,第147页;附录一《内蒙古辽代石刻文发现大事记》,第441—442页。据李逸友所记,他曾到墓地调查。而李知顺墓位于宁城县大明公社(现大明镇)辽中京城址东南约十六公里,李氏以墓志称"葬于中京东南地约三十之茔","约三十"应为"约三十里"的省文,与中京城址的方位里程相符。他又根据1956年春出土的辽夏蕴石棺上的铭文"迁葬于中都南十里田庄之北原"一句,考定大明城即辽中京城址。李氏在1981年刊出此文时,宁城县尚属内蒙古自治区昭乌达盟。又按向南记李知顺志石长七十四厘米,宽七十六厘米,与李逸友及盖之庸等所记略有出入。

① 宁城县天义镇铁匠营子村是辽代中京大定府所在,辽在统和二十五年(1007)将之建为中京,李知顺之墓即在大定府附近。关于中京大定府的考古材料、历史沿革、山川地理、中京城的营建、中京城的规模和现况、中京城的建筑和布局,可参阅项春松:《辽代历史与考古》,第二章第四节《陪都(中后期首都)中京大定府》,第55—70页。关于辽中京的研究,亦可参阅乌成荫:《漫话辽中京》,赤峰:内蒙古科学技术出版社,1997年。
② 《全辽文》卷六,《李知顺墓志·太平八年·向载言》,第139—140页。

能原为北汉人，太宗平北汉时被俘至开封而成为小黄门。他的内臣养父不详，他在太宗一朝及真宗初年事迹也不详。到景德元年（1004）在河北被俘时，他已年三十，官入内高班内品。《长编》及《宋史》记他在河朔战没，没有记他在什么地方被俘。墓志则记："时属我朝方兴甲马，匡整师徒。遇崆峒大举之秋，是寰海横行之日。未逢大阵，俄捷偏师。俘公而来，远诣行阙之下。英文睿武圣母承天皇太后服而舍之，体而察之。今皇上见而奇之，委而任之。"是知他是在辽军击败宋之偏师时被俘，而被送到辽军行营诣见承天萧太后及辽圣宗，但他在哪处被俘则不详。①值得一提的是，众多的辽史学者包括考释李知顺墓志最详的盖之庸，不知何故，却没有查考《长编》及《宋史》，而不知李知顺降辽前的入内高班内品的官位，以及宋人以为他已死而给予追封六宅副使的事实。而盖之庸也不知除了李知顺外，现存辽宦官传世的墓志还有他提过的冯从顺。他还以为"李知顺是迄今发现唯一一方辽宦官而入仕的墓志"。②

辽主为何对李知顺俘而不杀？可能他谙契丹语而应对得体，辽主从他口中获知不少有用的情报，故赐服而不杀。宋辽议和后，他没有被释回宋廷，而是随辽主返辽廷。宋人还以为他已死，在景德二年正月追赠他六宅副使。统和二十四年（景德三年，1006）辽圣宗擢他为西头供奉官，信任有加。不久，又授以中京宫苑副使。墓志作者称美李知顺有多样才能兼用心办事，说他"忠勤奉职，

---

① 《全辽文》卷六，《李知顺墓志·太平八年·向载言》，第139—140页；《长编》卷五九，景德二年正月戊午条，第1311页。
② 盖之庸编著：《内蒙古辽代石刻文研究》上编，《李知顺墓志·太平八年》，第148—149页。

清白立身。历试诸难，颇谙星岁，虹玉抱礼天之用，雅乐含荐庙之音"，似乎李知顺在宋内廷历练得的本事，在辽廷大派用场。①

统和二十七年（大中祥符二年，1009）十二月辛卯（十一），辽承天萧太后病逝于行宫。②萧太后对李知顺同样宠信有加，据墓志所载，李知顺降辽后，太后以皇甫殿直之女配与李为妻。皇甫氏"幼承后意，长在内庭，具六礼以纳"，按皇甫氏当是侍候萧太后的宫女。③

李知顺在开泰初年（即大中祥符五、六年，1012—1013），再获授颁给大使，墓志作者称美他"藏器于身，待时而动。九苞丹凤，非惟阁上之祯。五色神蛟，不是池中之物"。值得注意的是，在开泰二年（1013）正月，同为被俘而降辽的王继忠被授为中京留守、检校太师④，王与李二人有否接触交往？则史所不载。

---

① 《全辽文》卷六，《李知顺墓志·太平八年·向载言》，第139页；《长编》卷五九，景德二年正月戊午条，第1311页。墓志作者说李知顺"德由世济，才为时生"，又努张地将任用李知顺比为"光武之用邓禹，克集元勋；先主之得孔明，须成霸业"，实在过分抬举了小小一个内臣李知顺。关于中京宫苑副使一职，据盖之庸的考释，宫苑使不载《辽史·百官志》，惟五代的梁及宋金均有宫苑使之职，他认为李知顺墓志可以补充《辽史》所记，辽亦有宫苑使一职。另张国庆也同样指出《辽史·百官志》未载有此一职，惟李知顺墓志及其他文献则有记载，特别是李知顺墓志记他先后担任中京宫苑副使及知宫苑司事。张氏以此职为辽代宫苑畋游服务类职官之名，职掌宫苑内诸事，承仿唐、五代及宋之制而置。张氏认为从李知顺一职推断，辽中京以外的四京当亦设有相同的职位。参见盖之庸编著：《内蒙古辽代石刻文研究》上编，《李知顺墓志·太平八年》，第149页；张国庆：《石刻所见辽宫廷服务系统职官考——〈辽史百官志〉补遗之四》，《辽宁工程技术大学学报（社会科学版）》2010年第6期，第563—564页。
② 《辽史》卷一四，《圣宗纪五》，第178—179页。
③ 盖之庸认为辽廷以李知顺宦官而娶皇甫氏宫女，也非孤例。《全辽文》卷六，《李知顺墓志·太平八年·向载言》，第140页；参见盖之庸编著：《内蒙古辽代石刻文研究》上编，《李知顺墓志·太平八年》，第149页。
④ 《全辽文》卷六，《冯从顺墓志铭·太平三年·宋复圭》，第124页；《李知顺墓志·太平八年·向载言》，第139页；《辽史》卷一五，《圣宗纪六》，第188页。

辽早在统和二十八年（大中祥符三年，1010）五月丙午（廿八），以高丽西京留守康肇弑其主王诵（穆宗，980—1009，997—1009在位），擅立其从兄王询（显宗，992—1031，1009—1031在位），而诏诸道兵缮甲兵，准备第二度征高丽。八月丁卯（廿一）圣宗御驾亲征。十一月乙酉（初十）辽大军渡鸭渌江，大破康肇军。王询在是月辛卯（十六）遣使上表请朝，圣宗许之。辽军在庚子（廿五）攻破高丽的开京（今朝鲜开城），王询遁走。圣宗在二十九年正月乙亥（初一）班师，但所降诸城后叛。①

开泰元年（大中祥符五年，1012）四月庚子（初三），高丽遣使请称臣如旧，惟圣宗要王询亲朝。八月己未（廿四），王询遣使称病不能朝。圣宗就诏取回六州（兴化、通州、龙州、铁州、郭州、龟州）旧地，以此为借口出兵，迫高丽就范。高丽不从，最后二国更兵戎相见。圣宗于开泰四年（大中祥符八年，1015）正月壬寅（廿一）下诏东征高丽。四月甲寅（初五），萧敌烈（？—1015后）等却无功而还。五月辛巳（初二），再命刘晟、耶律世良、萧屈烈总兵再讨高丽。五年（大中祥符九年，1016）正月庚戌（初五），辽将耶律世良（？—1016）、萧屈烈再与高丽战于郭州西，大破之，斩首数万级，尽获其辎重。惟辽主将耶律世良却在是月乙卯（初十）卒于军中。辽高丽战事未休，六年（天禧元年，1017）

---

① 《辽史》卷一五，《圣宗纪六》，第184页；卷一一五，《二国外纪·高丽》，第1672—1673页。辽圣宗早在统和十一年（993）八月已首次征伐高丽，据陈俊达及李艺的近期研究，辽圣宗兴师动众，一为了他亲政后建功立威，二为了与宋争夺高丽的宗主权。参见陈俊达：《辽对高丽的第一次征伐新探》，《邢台学院学报》2014年第3期，第104—107页；李艺：《圣宗时期辽与高丽的战争》，《辽宁教育行政学院学报》2015年4月，第11—15页。

圣宗再诏国舅详稳萧隗洼率本部兵东征高丽。五月戊戌（初一）再命枢密使萧合卓（？—1025）为都统，以汉人行宫都部署王继忠为副，殿前都点检萧屈烈为都监伐高丽。惟辽军出师不利，九月乙卯（二十），萧合卓等攻高丽兴化军不克还师。圣宗不罢休，于七年（天禧二年，1018）十月丙辰（廿七），再命东平郡王、北府宰相知西南面招讨使萧排押（？—1023）等统军伐高丽，至开京，高丽军奔溃，辽军纵兵俘掠而还。惟十二月辽军再度进军时，大概轻敌，而在茶、陀二河被高丽军击败，辽将阿果达等多人阵亡，天云、右皮室二军没溺者众。萧排押弃甲仗遁走，被免官。八年（天禧三年，1019）八月庚寅（初六），辽再命郎君曷不吕率诸部兵大会讨高丽。高丽王王询见辽军不罢休，是年十二月辛亥（廿九）遣使请和。到九年（天禧四年，1019）五月庚午（二十），高丽请称藩纳贡，圣宗得以体面下台，才结束了前后维时五年的战争。①

关于圣宗朝三次征高丽之事，韩国学者金渭显早在1981年出版的专著《契丹的东北政策——契丹与高丽女真关系之研究》，从高丽的角度做了相当详尽的分析。②另一位韩国学者卢启铉再在1994

---

① 辽于开泰二年六月辛酉（初一）遣御史中丞耶律资忠（即耶律行平，？—1031后）使高丽，议取六州旧地。是月己丑（十九），耶律资忠使还。十月丙寅（初八），圣宗问详稳张马留关于进攻高丽之方略。到三年二月甲子（初八），圣宗再遣已擢为上京留守的耶律资忠使高丽取六州旧地。是年夏，圣宗诏国舅详稳萧敌烈、东京留守耶律团石等讨高丽，造浮梁于鸭渌江，城保、宣义、定远等州。参见《辽史》卷一五，《圣宗纪六》，第189—191页。萧排押，字韩隐，亦名曷宁，伐宋攻高丽屡立战功，尚卫国公主，《辽史》有传。其弟萧恒德（？—996）亦尚主。他的世系及族人的事迹，可参见史风春：《辽朝后族诸问题研究》，第二章第六节《萧排押之世系》，北京：人民出版社，2017年，第176—184页。
② 参见金渭显：《契丹的东北政策——契丹与高丽女真关系之研究》，第四章

年于其《高丽外交史》用三章的篇幅分别阐述圣宗三次征高丽的始末。①内地学者魏志江于2006年出版的《中韩关系史研究》也有一章讨论。②而台湾的辽史学者王民信（1928—2005）在2010年所刊出他的遗作手稿《高丽与契丹关系研究》长文，也以颇大篇幅考论辽与高丽这场战争。③另张国庆教授在2013年的专文《辽与高丽关系演变中的使职差遣》也析论辽圣宗三度征高丽的始末。另两位内地年轻学者陈俊达与李艺，在2014及2015年也发表过前述的两篇短文。④值得注意的是，李知顺的墓志记载了他曾参与这场辽丽战争，称"时有高丽一路，方萌小丑，大挠洪慈。命公以直抵鸡林，远临鸭水。断舡桥而真同拉朽，破车阵而不异摧枯。符阴阳不测之神，助覆载无私之化。寻时纳款，依旧输诚。特加颁给库使"。⑤

① 《圣宗的东北政策》，第二节《经略高丽》，台北：华世出版社，1981年，第75—114页。参见卢启铉撰，紫荆、金荣国译：《高丽外交史》，第一章《契丹的第一次入侵与徐熙的外交》，延吉：延边大学出版社，2002年，第42—66页；第四章《第二次丽辽战争》，第67—85页；第五章《第三次丽辽战争》，第86—108页。
② 魏志江：《中韩关系史研究》，第一章《辽丽关系的展开与辽圣宗对高丽的征伐》，广州：中山大学出版社，2006年，第13—27页。
③ 王民信：《高丽与契丹关系研究》，收入氏著：《王民信高丽史研究论文集》台北：台大出版中心，2010年，第79—190页，有关辽圣宗三度伐高丽的考论，见第105—132页。
④ 张国庆：《辽与高丽关系演变中的使职差遣》，《辽金历史与考古》（第四辑），2013年，第150—163页。陈俊达及李艺的相关文章资料参本书第61页注2。
⑤ 《全辽文》卷六，《李知顺墓志·太平八年·向载言》，第139—140页；向南编：《辽代石刻文编》，《圣宗编》，《李知顺墓志·太平八年》，第190页注7；盖之庸编著：《内蒙古辽代石刻文研究》上编，《李知顺墓志·太平八年》，第149—150页。按向南及盖之庸亦认为李知顺墓志所记他从征高丽之时，当在开泰四年至五年时，而考证鸡林即朝鲜之别称。不过，盖之庸认为李知顺也是征高丽统帅，就欠证据，而他误将王继忠讹为宦官王继恩，作为宦官可为征高丽副帅之证则大误。

惟墓志并没有具体记载李知顺过鸭绿江破高丽军之年月。考《辽史·圣宗纪六》记辽在开泰三年夏，"诏国舅详稳萧敌烈、东京留守耶律团石等讨高丽，造浮桥于鸭渌江，城保、宣义、定远等州"。而金渭显引《高丽史》卷四《世家·显宗一》的记载，则称辽军在显宗六年（开泰四年）"正月，契丹作桥于鸭渌江，夹桥筑东西城，遣将攻破，不克"。魏志江认为《辽史》及《高丽史》所记其实同为一事，只是《辽史》将此事误记于开泰三年。①证诸上述《辽史》及《高丽史》所记，李知顺墓志所记辽军大破高丽军于鸭绿江当指开泰四年春一事，只是墓志对辽军的战果大概夸大了一点。按李知顺当年曾奉使河北，而可能任走马承受之职，他对戎事当有一定认识，圣宗委他予征高丽之任，亦在情理之中。

李知顺在高丽立功归来后，一直随侍圣宗左右。墓志说他"优游帝座，出入宸居。恒亲咫赤之颜，不怠凤宵之志"。圣宗对他宠信之余，在开泰五年，改授他金紫崇禄大夫、检校太保、千牛卫大将军、知内承宣事兼御史大夫、上柱国、陇西县开国伯、食邑七百户的官职。他以宋降臣而得此高位，墓志撰写人就评说他"纪纲二国，羽翼一时。在魏参席上之珍，居晋为幄中之造。汉皇两手，不暂舍于斯须；殷相一心，更何分于彼此"。②

---

① 《辽史》卷一五，《圣宗纪六》，第191页；郑麟趾：《高丽史》卷四，《世家·显宗一》，六年（乙卯）正月条，第100页；金渭显：《契丹的东北政策——契丹与高丽女真关系之研究》，第四章《圣宗的东北政策》，第94页；魏志江：《中韩关系史研究》，第一章《辽丽关系的展开与辽圣宗对高丽的征伐》，第24页。
② 《全辽文》卷六，《李知顺墓志·太平八年·向载言》，第140页。按墓志所云"在魏参席上之珍，居晋为幄中之造"，蒙丁义珏博士见告，典出于《晋书·王沈传》史臣之赞语。按《晋书·王沈传》所引的第二句原为"幄中之士"，以王沈（？—266）先仕魏再仕晋，喻李知顺先仕宋再仕辽之事实。至于

开泰七年（天禧二年，1018）李知顺再获擢为中京内省使知宫苑司事，并加食邑九百户，再加检校太傅。他在担任知宫苑司事任内，墓志又称许他"吴虎蜀龙，已彰其誉；燕珉赵璧，方显其才。桑弘羊心计出入，钱世仪精神满腹"，可见他当有治事理财的能力。稍后，圣宗再晋其为扬州节度使、金紫崇禄大夫、检校太傅兼御史大夫、上柱国、陇西县开国伯、食邑九百户之官。这是李知顺最后的官位。①

圣宗与高丽休战言和后，互派使者来聘。据《高丽史》卷五《世家·显宗二》所载，在太平六年（高丽显宗十七年，1026），"二月癸亥，契丹遣太傅李知顺来聘"。②这是墓志铭没有记载但是李知顺仕历中一件重要的事。李以检校太傅的官位出使高丽，敦睦辽与高丽的邦交，大概圣宗以他曾参与征高丽之战役，较熟悉高丽情况而派他出使。③

"汉皇两手"等句，指汉武帝（前156—前87）重用霍光（？—前68）与金日䃅（前134—前86），犹如两手。作者借汉武帝恭维辽圣宗，称其用人不分畛域，以李知顺比作金日䃅，以金为敌国降人而备受宠信，遭遇与李知顺相同。"不暂舍于斯须"，相信暗用《汉书·金日䃅传》"出则奉车，入侍左右，出入禁闼二十余年，小心谨慎，未尝有过，甚见亲信"后句"殷相一心"，把李知顺比作箕子，箕子被囚，周武王释之，经历又与李知顺相似。箕子朝周，怀故国之思。作者就以此称颂李知顺能以对故国的忠诚。报效新主，亦善颂善祷。参见房玄龄等：《晋书》卷三九，《王沈传》，北京：中华书局点校本，1974年，第1163页。

① 《全辽文》卷六，《李知顺墓志·太平八年·向载言》，第140页。
② 郑麟趾：《高丽史》卷五，《世家·显宗二》，十七年（丙寅）二月癸亥条，第126页；张国庆：《辽与高丽关系演变中的使职差遣》，第155页。考韩国学者金渭显所编的《高丽史中中韩关系史料汇编》在"高丽与契丹关系"部分辑录李知顺使高丽这条资料，但他并不清楚李知顺原是宋内臣而降辽的。参见金渭显：《高丽史中中韩关系史料汇编》上册，台北：食货出版社，1983年，第127页。
③ 陈俊达称从统和十二年（994）至重熙七年（1038）的辽丽关系是和战磨合阶段，而从开泰九年（1020）以后，辽丽之间即恢复友好往来的关系。辽于太平

李知顺出使高丽后两年，在太平八年（1028）五月癸亥（廿九）病逝于中京贵德坊之私第，得年五十四。其妻皇甫氏、养子李希言、媳赵氏、孙男张五、十一等家人百余口于是年八月甲申（廿二），"地卜高原，躬亲葬事"，将他葬于中京东南地约三十里之茔，并请得征事郎大定府司录向载言撰写墓志铭。①

李知顺官居要职，故"庄宅田园，奴仆人户，牛驼车马等，卒不能知其数。至如黄金白玉，珠犀佩带，器合衣物，玩好之具，又何复暇算也"？但李知顺虽富贵而不奢华，"以荣为惧，受宠若惊"。墓志作者称他"讷言敏行，尚素黜华"，这一概看出李知顺行事之谨慎，他以宋之降臣而仕于辽，以一内臣之卑微而擢高位，自然得格外小心。墓志又记他皈依佛教，"归仰空门，钦崇佛事。外含淳古，内蕴融明。长者之德，君□之风"。②大概这和辽人信佛的风尚相合，这又是李知顺能在辽廷立足之另一有利条件。

李知顺以小小一个被俘宋内臣，居然能在辽廷获辽圣宗宠信，除被委以中京内廷事务外，又被委以征高丽及使高丽的任务，最后功名令终，并能有墓志传世，他和冯从顺一样，实是宋代及辽代内臣的一个异数。

二年（1022）遣使册封高丽国王，次年再遣使册封高丽太子，并于太平三年（1023）至太平九年（1029）的每年七月遣使来贺显宗生辰。李知顺的出使，就是在此一辽丽和好的时期。参见陈俊达：《试析辽朝遣使高丽前期的阶段性特点（公元922—1038年）》，《齐齐哈尔大学学报（哲学社会科学版）》2015年第4期，第76—78页。
① 《全辽文》卷六，《李知顺墓志·太平八年·向载言》，第140页。
② 《全辽文》卷六，《李知顺墓志·太平八年·向载言》，第140页。

四、余论

笔者过去研究宋代内臣,以人物生平作微观个案为取向。在旧作《现存的三篇宋代内臣墓志铭》误以为现存宋代内臣墓志仅有三篇,而辽代内臣墓志仅得李知顺一篇。①其后蒙北大丁义珏博士在2014年1月赐告,始知孙觌(1081—1169)的《鸿庆居士集》尚收有第四篇宋代内臣墓志《宋故武功大夫李公墓志铭》。笔者在2015年11月参加在杭州举行的南宋史研究会,即据此墓志撰写了《两宋之际内臣李中立事迹考》一文考论此内臣的生平。当笔者开始撰写在景德之役被俘降辽的北宋内臣李知顺的事迹时,因仔细阅读另一降辽宋将冯从顺墓志及相关史料过程中,即发现冯从顺其实亦为内臣。故此,现存辽代内臣墓志实共有两篇,笔者前说当修正。

冯从顺及李知顺墓志的价值,首先让研究宋辽战争的学者知道,在至道三年二月以后消失于宋人史籍的内臣内品冯从顺,原来在咸平二年十月,随大将康保裔与辽军大战于瀛州,他与主将其实并非像宋官方所记殁于王事,而是被俘降辽,他还得到辽圣宗的宠信,累官至节度使,至天圣元年(太平三年)才卒于上京。而宋官方在景德二年正月所追赠以为战殁的内臣入内高班内品李知顺,其实一样未死,被俘降辽后被圣宗及承天萧太后宠用,亦官至节度使,并且后来参与征高丽之役。值得注意的是,《高丽史》还保存了他出使高丽的记载:他的生平事迹竟然分别见载于宋、辽及高丽

---

① 参见何冠环:《现存的三篇宋代内臣墓志铭》,《中国文化研究所学报》2011年第52期,第33—63页。

的史籍及出土文献。这让我们多一番体会，治宋史的人不宜疏忽辽代的史料，特别新出土的碑铭史料；同样，治辽史的同道，也不宜楚河汉界地丢开宋人的记载不观。

今日不少辽史学者已参照冯、李二人墓志铭提供的史料，用以考论辽代的官制，以及相关的人事及地理问题，特别是辽代的宦官制度（虽然仍有不少辽史学者未能确认冯从顺是内臣）。笔者认为二人从宋入辽，仕于辽廷的特别经历，实有不少空间让我们研究宋辽内臣的遭遇，以及相关的宋辽关系。首先，从二人的墓志，我们看到他们和现存的四个宋内臣墓志所见一样，容许娶妻及收养子孙，冯李二人入辽所娶之妻张氏及皇甫氏，据载都是萧太后宫中之人及出身名门，而似乎不是其他内臣之家人。另一方面，辽廷上下似乎没有歧视这些宋俘内臣，一方面辽主擢以显官要职至节度使、太傅、太尉，另一方面辽的儒臣也乐于为他们撰写墓志。与宋廷文臣一直反对给予内臣节度使头衔，以及不肯为内臣撰写墓志大为不同。[①]故比例上，出土的辽内臣墓志其实要比宋内臣多，事实上，目前尚不见有北宋内臣墓志铭出土。而冯李二人的墓志均写于仁宗（1010—1063，1022—1063在位）之世，远早于现存的四篇写于南宋的内臣墓志铭。

另一个值得思考的问题，为何辽圣宗及萧太后等如此优宠冯、

---

① 宋真宗朝深受宠信的高级内臣刘承规（950—1013）在病笃求为节度使，但因宰相王旦（957—1017）极力反对而作罢。北宋内臣获授节度使要到徽宗（1082—1135，1100—1126在位）时，但朝臣均以为非。参见《宋史》卷二八二，《王旦传》，第9549页。关于宋代文臣对撰写内臣墓志的态度，可参见何冠环：《现存的三篇宋代内臣墓志铭》，第33—63页。该文经修订后现收入本书第九篇《曹勋〈松隐集〉所收的三篇宋代内臣墓志铭》。

李两个俘自战场的小小内臣？笔者上面曾指出，也许二人确颇有才干，又知情识趣，通晓世故，所以能取得帝后的信任，委以要职，甚至出使高丽。然笔者以为，圣宗及萧后等辽当国者，更需要在这些宋朝降人中，探取重要的情报，作为辽对宋是战抑和的参考。冯从顺、李知顺和康保裔及王继忠等一样，被俘于辽宋大决战的景德之役及订立澶渊之盟前，他们所提供有关真宗君臣的个性、才具资料，以及宋军前线将领统军的优劣、宋军的战斗防御能力状况，均是萧太后决定南侵以及最终与宋议和的重要情报。当然，冯、李二人的地位身份与康、王两大将大为悬殊，他们所能提供的情报的层次也无法与康、王相比，特别不能与真宗心腹王继忠促成宋辽议和之功相比[①]；不过，他们所能提供的情报，无论是关于宋宫中或地方的，对辽人来说却是多多益善。

宋辽议和后，冯、李二人侍候辽帝后之旁，他们是否有王继忠那种沟通宋辽两国的作用？他们的墓志语焉不详。他们与同为宋降臣的康保裔、王继忠的关系如何也不见记载[②]，也许他们知道利害，不会主动往来而招疑忌，但他们曾否暗中互通消息？宋辽议和

---

① 《辽史》卷一四，《圣宗纪五》，第174页。王继忠先仕宋再仕辽的传奇一生，王瑞来教授的近作最值得参考。参阅王瑞来：《知人论世：宋代人物考述》，《超越：一个"贰臣"的贡献——索隐历史尘埃中的细节》，太原：山西教育出版社，2015年，第65—105页。
② 考康保裔的事迹在统和十九年以后就不见载，疑他不久便死于辽邦。王继忠就一直获得辽人重用，他先在统和二十二年加上武卫上将军，开泰二年正月授中京留守检校太师，六年五月以汉人行宫都部署为副都统，统军伐高丽，再在开泰八年二月以汉人行宫都部署擢南院枢密使，征高丽师还，拜枢密使，赐国姓累封楚王，于太平三年致仕，卒。王继忠在《辽史》有传，他入辽后娶妻生子，其子王怀玉仕至防御使。参见《辽史》卷一五，《圣宗纪六》，第188、196页；卷一六，《圣宗纪七》，第206页；卷四七，《百官志三》，第881页；卷八一，《王继忠传》，第1416—1417页。

后，宋辽双方每年均遣使报聘，通晓契丹语的冯、李二人，本来最合适担任招待宋使臣的职务，但现存宋人文集及其他文献中，不载宋使臣提及他们的事迹及行踪。是宋使臣不知他们尚在人间，还是他们避嫌不通音问？这都是值得思考的。宋人文集笔记对王继忠降辽后的事迹谈得不少[①]，而对冯、李二人却只字不提。一方面大概因为王是宋人认可的忠臣以及促成议和的功臣，另一方面是王的儿孙家人尚多在宋；但冯、李二人却是刑余之人，兼多半已无家人在宋，就是宋人知道他们未死，也不愿提起。这可能亦是宋朝臣士大夫对内臣的偏见。

宋辽内臣可资讨论的甚多，独惜史料缺乏，目前我们只能尽力搜寻相关的内臣史料，以管窥宋辽内臣的面貌。

最后顺带一谈的是，近年学界流行所谓"问题意识"。倘有问本文考证这两个前半生仕宋，后半生仕辽至高位的内臣事迹的问题意识何在时，笔者以为历史考证之价值，一在发现为人所不知的史实，二在辨明记载有分歧的史事。本文或可让治宋辽史的同道，增多一点有关宋辽内臣事迹的认识，特别是《辽史·宦官传》仅收二传，而宋辽文献现存的内臣直接史料墓志仅得六方，而这六名有墓志传世的宋辽内臣，却没有《宋史》及《辽史》的编者为之立传。另一方面，本文也许可以给年轻的朋友分享一点史料搜集的经验：治辽史的碰上有关人物与宋有渊源的，宜好好寻索宋人文献；而治宋史的，也不要忽略辽金以至高丽、越南的域外史料。就如李知顺与冯从顺二人，大概人们从宋人的史料去看，他们不过是地位低微

[①] 参见王瑞来：《知人论世：宋代人物考述》，《超越：一个"贰臣"的贡献——索隐历史尘埃中的细节》，第89—105页。

的内臣，与康保裔及王继忠位高望崇的大将不可同日而语，故不会有兴趣深究二人的下落（宋人还以为李知顺早已战死）；却不知近现代出土的二人墓志告诉我们，早被宋朝史臣遗忘的二人，原来被俘不死，还在辽邦另创一番事业，这就是治史的趣味所在。

附　记

本文原刊于《新亚学报》2017年第34卷，第195—226页。本文除改用近期出版的《辽史》修订本外，另补充少量资料，主要观点不变。

图2-1 《李知顺墓志》志文（拓本）

第三篇　宋初内臣名将秦翰事迹考

一、导言

过去研究宋代内臣的学者，最感兴趣的课题之一，就是宋代内臣参与军事的角色，以及宋室君臣在任用内臣主兵之余，如何防范唐代宦祸的重演。大概因宋代内臣史料不足，相关的研究以综论式或宏观式的居多，具代表性的宋代内臣个案研究则绝无仅有。[①]笔者最近几年开始从内臣个案研究的方向，重新检视宋代内臣的问题。[②]本篇即循此方向，继续探究北宋前期内臣参与军事的种种

---

① 对宋代内臣作宏观综论式的研究，近年最值得参考的是张邦炜《宋代政治文化史论》（北京：人民出版社，2005年）一书中的两篇论文：《北宋宦官问题辨析》，第47—77页；《南宋宦官权势的削弱》，第78—97页。
② 笔者过去几年发表了三篇相关的著作：《北宋内臣蓝元震事迹考》，载张希清主编：《邓广铭教授百年诞辰纪念论文集》，北京：中华书局，2008年，第502—512页；《北宋内臣蓝继宗事迹考》，《中国文化研究所学报》2010年第50期，第1—40页；《现存的三篇宋代内臣墓志铭》，《中国文化研究所学报》2011年第52期，第33—63页。该三文现收入本书第四篇《北宋内臣蓝继宗事迹考》、第五篇《北宋内臣蓝元震事迹考》、第九篇《曹勋〈松隐集〉所收的三篇宋代内臣墓志铭》。

问题。

北宋前期高级内臣中,论军功卓著,人品高尚,首推真宗(968—1022,997—1022在位)朝高级内臣昭宣使、入内内侍省都都知秦翰(952—1015)。比他稍晚的僧文莹(?—1060后)便评说:"若太尉秦翰者,左珰之名将,累立战功。"①值得注意的是,当代研究北宋内臣参与军事的几位学者,均重视秦翰的作用和地位。如柴德赓(1908—1970)的开创之作《宋宦官参预军事考》,在综述北宋各朝的领兵大将事迹时,便特别称许秦翰为内臣中"一代之冠冕"②;而柳立言也称秦翰为"一代阉将",并引述真宗与王旦(957—1017)的对话,以及名臣杨亿(974—1020)为他撰写追赠节度使的碑文一事,肯定秦翰的地位。③另罗煜以秦翰的事迹为例证,阐述北宋内臣在宋夏关系担当的重要角色。他同样称许"参与宋夏关系之宦官,有如鱼龙,如窦神宝、秦翰辈建功立业者有之"。而田杰也注意到秦翰在宋人笔下的十分正面的评价。④当然,考诸史实,秦翰的军旅生涯,还包括他参与多场宋辽

---

① 文莹撰,郑世刚、杨立扬点校:《湘山野录》卷下,北京:中华书局,1984年,第57页。
② 柴德赓认为:"宋代宦官领兵,最收成效者,当推真宗之世,如张崇贵、阎承翰、秦翰之流,皆立边功。翰尤倜傥有武力,以方略自任,史称其前后战斗,身被四十九创,此则一代之冠冕,然如翰者亦已鲜矣。"参见柴德赓:《宋宦官参预军事考》,原刊《辅仁学志》1941年第10卷第1、2合期。收入柴德赓:《史学丛考》,北京:中华书局,1982年,第50—93页(评述秦翰功业的部分见第54—55页)。
③ 参见柳立言:《以阉为将:宋初君主与士大夫对宦官角色的认定》,原刊《大陆杂志》1998年第91卷第12期,收入宋史座谈会编:《宋史研究集》第26辑,台北:台湾编译馆,1997年,第281—284页。
④ 罗煜认为秦翰在出使西夏,担任伐夏军事任务,以及巡察宋夏边事三方面均有相当贡献。而田杰在其论述北宋宦官群体的硕士论文中,也注意北宋宦官中亦不乏尽职而有守的人,其中最突出的就是秦翰。参见罗煜:《北宋与西

浴血大战及平定内部叛乱的战斗。从他不寻常的军旅生涯，我们可以看到，在北宋前期，宋室君臣授予内臣的各种军事权力与任务，包括对外征戍、对内平叛等军事行动的指挥与监控，以及他们对地方驻军的掌管与监察，还有内外军事情报的刺探。

笔者《北宋内臣蓝继宗事迹考》一文尝指出，蓝继宗（960—1036）属于宋初高级内臣中具有多种治事能力，长期在宫廷办事的"文宦"。至于与蓝继宗同时、本文的论述对象秦翰，则是典型能征惯战、一生戎马沙场的"武宦"。笔者相信透过秦翰这类武宦的个案研究，可以更进一步认识宋代内臣参与军事的角色，和宋室君臣委用他们同时所施行的种种制约手段，以及其成效。①

---

① 夏关系史中的宦官群体浅析》，《湖南第一师范学院学报》2007年第3期，第98—101、154页；田杰：《北宋宦官群体研究》，第三章第三节《宦官自身原因》，西北大学硕士论文，2009年，第55页。
柳立言在前引文的结论，指出宋室君臣在使用宦官参军时，一直贯彻"利用""控制"和"防范"三种手段，以免重蹈唐代宦官的覆辙。柳氏认为"太祖留给后人的，是一批能征惯战的宦官，他开启了'利用'的大门和方向，但没有在'控制'和'防范'两方面有较多的答案"。柳氏又进一步论说太宗因对辽夏战争的逆转，被迫在西北两边长期驻兵，而需要"利用宦官来掌控各种军事状况，使他们临时性的调遣变成了长久性的常规工作。为方便和划一管理，乃逐步调任正式的军职，由业余变为正规的军人，也成为枢密院的从属，即由阉官系统的武人变成了将官系统下的阉人"。柳氏所论的宋廷使用内臣三大手段大体无误，也正确地指出从太宗开始，即以行动和言语表示，阉将只能治兵，不能治民（笔者按：内臣也有治民出任知州军的例子，好像太宗朝的内臣张崇贵便曾与石霸同守绥州，张继能也与西京作坊副使张延洲同知清远军事），更不能插手庙堂之政。而到真宗，"加强了枢密院对宦官的整体管理，严守内职和外职之分野，而在军事系统中，也以小其名而重其权和少其兵而久其任的方法裁抑阉将。结果，当代的阉将在西北二边屡立战功，既保卫了家园，也赢得士大夫的好评"。值得注意的是，柳氏在该文曾多处引用秦翰的事例，来论证他以上的看法。笔者大致同意柳氏的看法，但他似乎对宋代宦官制度认识不足，不知道宋代宦官的两省（内侍省和入内内侍省）独立于枢密院之外，许多带武阶官或武选官而没授予"兵职"的内臣，本职是两省官，从小黄门、高品至押班、都知。他们遥领的武阶官只是加官，不少人一辈子极少参与军事，跟蓝继宗一样，其实属于文宦，完全谈不上是"阉将"。另外，柳氏似

二、戎马西北：秦翰在太宗朝的军旅生涯

秦翰字仲文，真定获鹿（今河北石家庄市鹿泉区）人，《东都事略》及《宋史》均有传。他卒于真宗大中祥符八年（1015）闰六月，得年六十四，上推其生年，当生于后周太祖广顺二年（952）。史称秦翰十三岁（即太祖乾德二年，964）成为内臣最低一阶的黄门。① 他究竟是自小育于宫中，成为内臣的养子，还是在

亦未认识到宋代武臣所授的官职，有"军职"与"兵职"之别。整个宋代，内臣担任钤辖、都监、监押、巡检到走马承受一类的兵职颇为普遍，却从没担任执掌禁军的任何"军职"，从最高级的三衙管军（按宋人所谓"将"，严格的定义是仅指三衙管军，其他的武阶官不能称为"将"）到各军的都指挥使到都虞候。这与唐代内臣执掌神策军中尉有本质上的不同。可见柳氏的"以阉为将"说颇有值得商榷之处。参见柳立言：《以阉为将：宋初君主与士大夫对宦官角色的认定》，第267—268、276—281、283—285、287—289页。

① 秦翰初入仕的内臣职位，应该是"小黄门"。据龚延明引用《宋会要辑稿》的研究，宋代"凡内侍初补曰小黄门"，"隶入内省者，称入内内侍省小黄门。遇郊祀、大赦或节庆，登位恩赐，可迁补为内侍黄门。属等外无品宦官"。参见龚延明：《宋代官制辞典》，第52页，"入内内侍省小黄门"条。另见《宋会要辑稿》第七册，《职官三十六·内侍省》，第3887、3889页。宋初几个与秦翰同时的内臣如窦神宝（949—1019）、张继能（957—1021）、邓守恩（974—1021）（邓以十岁之冲龄以黄门事太宗）在太祖朝初入仕都任"黄门"，相信和秦翰一样，其实都是"小黄门"。参见《宋史》卷四六六，《宦者传一·窦神宝、张继能、邓守恩》，第13600、13620、13627页；王称：《东都事略》卷一二〇，《宦者传·秦翰》，第1851—1852页。顺带一谈，僧文莹对于秦翰的出身，有一则目前尚无法验证的说法。他说在真宗大中祥符之前，中贵人尽都带"将仕郎"阶，好像秦翰也是如此，开始时也以将仕郎内侍省内府承局出身。笔者遍阅有关宋代内臣制度的书刊资料，也查考不出文莹说法的根据。《宋代官制辞典》也没有收"内侍省内府承局"条，而"将仕郎"是文阶官最低一阶，不可想象内臣会带此阶。另外文莹又说秦翰后来建节为彰国军节度使，然也并非事实。又文莹这则说法，又为王之道（1093—1169）的《相山集》所因袭，然王之道全抄文莹之文而无进一步解释。参见文莹：《湘山野录》卷下，第57—58页；栾贵明辑：《四库辑本别集拾遗》上册，北京：中华书局，1983年；王之道：《相山集》卷三〇，《将仕郎》，第218页。按是条辑自《永乐大典》卷七三二四"郎"字韵，第4页上引"王之道相山集"。

十三岁那年才入宫成为黄门？他的亲生父母及养父是什么人？因杨亿为他所撰的赠官碑文不传，而迄今也没有发现他的墓志铭一类的史料，其身世就暂不可考。①

秦翰在太祖一朝的事迹史籍所记很少，只知他在开宝中迁高品。②按"开宝中"当指太祖开宝四年（971）至开宝六年（973）这三年，太祖于开宝四年十二月己巳（初七）举行南郊大典，内外文武官都得以递进官爵。③相信秦翰正在这时迁官为高品，他要七年才迁官一级，这年他二十岁。

值得一提的是，除了秦翰外，宋初几员颇有军功的内臣，包括阎承翰（947—1014）、张崇贵（955—1011）和石知颙（951—1019），都原籍真定。除了阎承翰"虽无武勇，然莅事勤恪"外，秦翰"倜傥有武力"，"以善战闻"；张崇贵"以善射选为御带"，石知颙也"形貌甚伟"。似乎秦翰的武勇，与真定的民风颇有关系。④值得注意的是他后来的军旅伙伴名将曹玮（973—1030），也是他的真定同乡。

---

① 《宋史》卷四六六，《宦者传一·秦翰》，第13614页。
② 秦翰在开宝中所迁授的"高品"，应该即是"入内高品""内班高品"或"内中高品"。和他同时的窦神宝便是由黄门迁入内高品；张继能由黄门先迁内品，再迁高品；卫绍钦则由中黄门迁入内高品。王继恩（？—999）在后周显德中所任的"内班高品"，李神福在太宗初年所迁授的"入内高品"，张崇贵在太祖时所任的"内中高品"，以及石知颙在建隆中所授的"内中高品"，都是和秦翰所授的"高品"同样官职。高品位次于入内内侍殿头，高于入内内侍高班，官正九品。参见《宋史》卷四六六，《宦者传一·窦神宝、王继恩、李神福、秦翰、张崇贵、张继能、卫绍钦》，第13600、13602、13605、13612、13617、13620、13624—13625页；龚延明：《宋代官制辞典》，"入内内侍省内侍高品"条，第51页。
③ 《宋史》卷二，《太祖纪二》，第34页。
④ 《宋史》卷四六六，《宦者传一·阎承翰、秦翰、张崇贵、石知颙》，第13610—13614、13617、13625页。

然而秦翰虽有武力，却要到太宗继位后才有用武之地。太平兴国四年（979），宋辽两国大动干戈，先后在石岭关之战（三月）、高梁河之战（六月至七月）及满城之战（九月至十月）三度交锋，宋军两胜一负。加上宋军在是年四月至五月平北汉的太原之战，宋军一年合共大战四场。其中太宗御驾亲征太原和幽州（今北京市），而石岭关之战则是由郭进（？—979）指挥，击退准备援救太原的辽军。满城之战则是高梁河之战后，由宋将刘廷翰（923—992）、崔彦进（922—988）等指挥，抵御来犯的辽军。在这四场战役中，太宗大量任用内臣担任各种军务，从传递军情到参与战斗。秦翰就是其中被委用的内臣之一。

《宋史·秦翰传》云："太平兴国四年，崔彦进领众数万击契丹，翰为都监，以善战闻。太宗因加赏异，谓可属任。"①从上文的记载，参照《宋史》及《续资治通鉴长编》等书的相关记载，这里所说崔彦进率军数万击辽，而秦翰任其都监，当是指满城之战。崔彦进先率部参与攻太原，北汉平定后，移师攻幽州。高梁河战败后，奉命率本部屯关南（太平兴国七年二月改高阳关，治所瀛州，今河北河间市），最后协同刘廷翰军，在长城口夹击辽军。②

崔彦进的部队在太平兴国四年三度出师，而在满城之战担任崔部都监的秦翰，是否也在前两次战斗中担任都监之职？因没有其他史料佐证，笔者以常识判断，秦翰应该在崔彦进部奉命进攻太原时已获太宗任为崔部之都监，而参与是年平太原、征幽州、战满城三场大战。

---

① 《宋史》卷四六六，《宦者传一·秦翰》，第13612页。
② 《宋史》卷二五九，《崔彦进传》，第9006—9007页。

秦翰在太平兴国四年已年二十八，担任宿将河阳三城节度使崔彦进麾下的兵马都监，官仍为高品。是年正月，太宗不理辽国的反对，决意亲征北汉。是月庚寅（初十），崔彦进被委担任主攻北汉都城太原城东面。①崔的副将是郢州防御使尹勋（？—979后），部将除秦翰外，还有尹勋的儿子、后来在端拱二年（989）七月徐河（即徐水，今称漕河，在河北省。源出河北易县五回岭，东南流，经河北保定市安新县注入白洋淀）之役击败辽国百胜将军耶律休哥（938？—998）、有"黑面大王"之称的尹继伦（947—996），以及在端拱元年（988）十一月唐河（亦名滱河，源出今河北唐县北，南流经唐县城东，至今河北定州市北）之役立下奇功的袁继忠（938—992）②，崔麾下可说猛将如云。太宗在四月庚午（廿二）抵太原，翌日（辛未，廿三）抵城下，壬申（廿四）晚上开始攻城。五月甲申（初六），北汉主刘继元（？—991）以外援断绝，力不能支而投降。史称崔彦进在城东督战甚急，得到太宗的嘉奖。③从征北汉的内臣而事迹可考的计有窦神宝（949—1019）、

---

① 《长编》卷二〇，太平兴国四年正月丁亥至庚寅条，第442—443页。
② 《宋史》卷四，《太宗纪一》，第61—62页；卷二五九，《袁继忠传》《崔彦进传》，第9004、9006页；卷二七五，《尹继伦传》，第9375—9376页；《长编》卷二〇，太平兴国四年三月庚辰条，第446页。关于尹继伦及袁继忠在唐河、徐河两役的战功及表现，可参阅何冠环：《宋辽唐河、徐河之战新考》，原载《中国文化研究所学报》2003年第43期，第109—116页，修订后现收入氏著：《攀龙附凤：北宋潞州上党李氏外戚研究》，附录一《宋辽唐河、徐河之战新考》，香港：中华书局，2013年，第400—419页。
③ 《宋史》卷四，《太宗纪一》，第61—62页；《长编》卷二〇，太平兴国四年四月甲子条，第448—449页。尹勋在是年三月庚辰（初一）以郢州刺史奉命进攻北汉依险筑城的隆州（今山西祁县）。四月甲子（十六）袁继忠等先登破隆州。尹勋以功后擢郢州防御使。关于太宗北伐北汉的始末，可参阅曾瑞龙：《经略幽燕：宋辽战争军事灾难的战略分析》，第三章《以北汉问题为核心的宋辽军事冲突》，香港：香港中文大学出版社，2003年，第69—97页。

李神福（947—1010）、李神祐（？—1016）、周绍忠、张崇贵、卫绍钦（952—1007？）、韩守英（？—1033）、蓝继宗及蔡守恩（？—979后）。秦翰在这次攻北汉之役的战功不载。①

太宗平北汉后，随即进军幽州。六月壬申（廿五），宋军部署攻城，崔彦进一军负责攻幽州城北。崔军麾下的内臣，除了秦翰外，还有内供奉官江守钧（？—982后）。翌日，太宗到城北，亲督崔彦进麾下诸将攻城。相信太宗亲眼看到了秦翰的勇略。②因为太宗轻敌，用兵无方，宋军在七月癸未（初六）被辽将耶律休哥等击败于高梁河。③崔彦进一军在高梁河之役战绩如何，没有详细的记载，似乎损失不是太严重。从征幽州的内臣而事迹可考的，有阎承翰、李神祐、刘承珪（即刘承规，950—1013）。④至于秦翰在这一役的表现，也是史所不载。

---

① 参见本书第四篇《北宋内臣蓝继宗事迹考》；《宋史》卷二七五，《孔守正传》，第9370页。内侍蔡守恩与日骑东西班指挥使孔守正（939—1004）负责攻太原城西。孔守正领步兵大呼先登，而蔡守恩等率骑兵力战，北汉守军于是兵溃败北。
② 《长编》卷二〇，太平兴国四年五月丁未至六月癸酉条，第453—456页；卷二一，太平兴国五年十月甲午条，第480页；《宋史》卷二五九，《崔彦进传》，第9006—9007页；卷四六六，《宦官传一·秦翰》，第13612页；《宋会要辑稿》第十六册，《蕃夷一·辽上》，第9714页。江守钧在太平兴国五年十月已迁为仪鸾副使。
③ 《宋史》卷四，《太宗纪一》，第62—63页；《长编》卷二〇，太平兴国四年七月庚辰至丙辰条，第456—457页。关于宋辽高梁河之役，宋军惨败的原因，近期最有深度的研究，当为曾瑞龙的《经略幽燕：宋辽战争军事灾难的战略分析》，参阅该书第五章《僵化军事信念指导下的高梁河战役（979）》，第141—164页。
④ 阎承翰是年七月太宗败还时，向在金台驿的太宗急奏宋大军队伍不整、南向而溃的情况。至于李神祐在幽州之役，太宗命他与刘廷翰统领精骑为大阵之援。太宗败还，同年九月，又令他以南作坊副使与另外一员内臣北作坊副使刘承珪率兵屯定州以备辽军。参见《宋史》卷二八〇，《钱守俊传》，第9503页；卷四六六，《宦者传一·李神祐、刘承规》，第13607页；《长编》卷二〇，太平兴国四年七月丙戌条，第457页；九月乙酉条，第461页；《宋会要辑稿》第十六册，《蕃夷一·辽上》，第9714页。

七月庚寅（十三），太宗在离开定州（今河北定州市）返回开封前，委派诸将率兵屯守各要塞，崔彦进一军奉命屯关南，许便宜行事。①九月丙午（三十），宋军在满城（今河北保定市满城区）打了一场漂亮的胜仗，重挫辽军。崔彦进一军数万人，与在满城和辽军正面交锋的宋军主力协同作战，崔的大军从关南潜出黑卢堤北，沿着长城口，衔枚疾走，切入辽军侧后。当辽军在满城败绩，被宋军追击于遂城（今河北保定市徐水区遂城镇）时，崔军即与刘廷翰、崔翰（930—992）各军夹击，大破辽军，共斩首一万三百级，俘虏数万人。②这次从征的还有内臣张继能，他以高品任高阳关、镇、定路先锋都监，从崔彦进战于长城口，多所俘获。③

　　太宗在翌年（太平兴国五年，980）十一月己酉（初十）下诏巡边。癸丑（十四），关南上奏称破契丹万余众，斩首三千余级。太宗即以崔彦进为关南兵马都部署。满城之战后，秦翰行踪不载，笔者认为他应该仍留在崔彦进关南大军中。用人之际，崔彦进当不会让善战的秦翰离开。④太平兴国六年（981）十月甲申（二十），

---

① 《长编》卷二〇，太平兴国四年七月庚寅条，第458页；《宋史》卷四，《太宗纪一》，第63、67页；卷二五九，《崔彦进传》，第9007页。按太宗又命西上閤门副使薛继兴、閤门祗候李守斌率部佐崔彦进守关南。
② 《宋史》卷四，《太宗纪一》，第63页；卷四六六，《宦官传一·张继能》，第13620页；《长编》卷二〇，太平兴国四年九月丙午至十月庚午条，第462—463页。考《宋史·太宗纪一》记太平兴国四年十一月辛卯，"关南言破契丹，斩首万余级"，应是指崔彦进关南部所奏在满城之战的战果，而不是另一场胜仗。关于满城之战的过程，以及宋军战胜辽军的分析，可参阅曾瑞龙：《经略幽燕：宋辽战争军事灾难的战略分析》，第六章《弹性战略防御的构建与满城会战（979）》，第165—197页。
③ 《宋史》卷四六六，《宦者传一·张继能》，第13620页。
④ 《长编》卷二一，太平兴国五年十月戊寅条，第479页；十一月己酉至癸丑条，第481页；《宋史》卷四，《太宗纪一》，第65页；卷二五九，《崔彦进传》，

太宗再任崔彦进为关南都部署，其时秦翰多半仍在他麾下。①翌年（太平兴国七年，982）五月辛丑（初十），辽军三路入寇。进攻高阳关的辽军，被崔彦进军败于唐兴口②，宋军斩首二千级，获兵器羊马数万。立功的内臣，清楚记载于史籍的，是同样能征善战的张继能，他后来以功自高品迁殿头高品。秦翰这次有否参战，暂不可考。③这场战役发生时，宋廷发生巨变：在太宗及复相的赵普（922—992）主导下，皇弟秦王廷美（947—984）及宰相卢多逊（934—985）被指控谋反。狱成，二人遭重谴。太宗除去威胁其传子意图的亲弟廷美，赵普也排除了宿敌卢多逊。廷美及卢多逊的亲信及被牵连的文武臣僚多人均受到贬黜。④当然，秦翰在朝与否不重要，因其地位卑微，并没有受到什么影响。

从太平兴国七年到雍熙初年（982—985），秦翰的事迹均不见载。笔者认为他在太平兴国七年以后，多半已奉召回朝。按地位比他高的内臣南作坊副使李神祐在太平兴国七年辽军入寇时，奉命领兵戍守瀛州，很有可能代替秦的职务。另值得一提的是，同在崔彦进麾下的内臣仪鸾副使江守钧，在太平兴国七年八月，被人告发擅自向崔彦进及威塞军节度使曹翰（924—992）索借金银。宋廷

第9007页。是年十月初八，太宗为增强关南的兵力，特命莱州刺史杨重进、沂州刺史毛继美率部屯关南。
① 《长编》卷二二，太平兴国六年十月甲申条，第503页；《宋史》卷四，《太宗纪一》，第66—67页。
② 唐兴口在定州与高阳关之间，即今河北保定市安新县的赵北口镇，北邻保定市雄县，南界任丘市。唐及五代为唐兴县所辖，称唐兴口。宋代筑堡屯戍于此，称赵堡口，后称赵北口。
③ 《宋史》卷四，《太宗纪一》，第68页；卷二五九，《崔彦进传》，第9007页；卷四五六，《宦者传一·张继能》，第13620页；《长编》卷二三，太平兴国七年五月庚申条，第521页。
④ 《长编》卷二三，太平兴国七年三月癸巳至五月癸丑条，第514—520页。

审查得实，将江决杖并贬降为高品。他与秦翰同为崔麃下的内臣，贤与不肖具见。① 大概秦翰在宫中地位低微，行事又谨慎，宋廷内部的人事变故，包括太平兴国八年（983）正月枢密使曹彬（931—999）被诬罢职，以及雍熙二年（985）九月太宗长子楚王元佐（966—1027）纵火焚宫，导致太宗把他废为庶人的大事，对秦翰都没有什么影响。②《宋史》本传记他在"雍熙中出为瀛州驻泊，仍管先锋事"。这里称他"出"为瀛州驻泊（都监），当是指他由京师差派出守瀛州。同书同卷《王继恩传》记地位比秦翰高很多的内臣宫苑使、河州刺史王继恩，也是"雍熙中，王师克云、朔，命继恩率师屯易州，又为天雄军驻泊都监。自岐沟关、君子馆败绩之后，河朔诸路为契丹所扰，城垒多圮。四年，诏继恩与翟守素、田仁朗、郭延濬分路按行增筑之"。③ 结合两段文字，秦翰和王继恩所谓"雍熙中"，应该都是指在雍熙三年分别被任为瀛州及天雄军（即大名府，今河北大名县）驻泊都监。关于二人何时被委为驻泊都监，将在下文考述。

雍熙三年（986）初，太宗已计划再度攻辽，收复幽燕。正月庚寅（廿一），太宗点将，委任天平军节度使曹彬、马军都指挥使米信（928—994）、步军都指挥使田重进（929—997）分别为幽州道行营前军马步水陆都部署、幽州西北道行营马步军都部署和定州路行营马步军都部署。二月壬子（十三），再命忠武军节度使潘美

---

① 《长编》，太平兴国七年八月癸亥条，第525页；《宋史》卷四五六，《宦者传一·李神祐》，第13607页。
② 《长编》卷二四，太平兴国八年正月戊辰至己亥条，第537—538页；卷二六，雍熙二年九月庚戌条，第597—599页。
③ 《宋史》卷四六六，《宦者传一·王继恩、秦翰》，第13602、13612页。

(925—991)为云、应、朔州行营都部署。秦翰以前的主帅河阳节度使崔彦进,则担任曹彬一路的副帅。至于获委任为州级驻泊都监的,除了前述王继恩和秦翰外,还有太宗的宠臣西上閤门使王㒞(?—994)和右监门卫将军侯莫陈利用(?—988),二人俱获任为并州驻泊都监。王继恩在是年五月,当曹彬军溃于岐沟关(今河北涿州市西南)后,"自易州驰骑至",向太宗禀告兵败之事。王继恩本传记他"率师屯易州,又为天雄军驻泊",显然他任天雄军驻泊在是年五月后;不过,他在易州(今河北易县)的职位,其实也当是驻泊都监,只是《宋史》的编者没有清楚写出来。因此笔者认为秦翰出为瀛州驻泊都监,相信是在这年的正月至二月间,太宗决定出师攻辽的前后,而和王继恩出驻易州,王㒞及侯莫陈利用任并州同时。所谓"仍管先锋事",当是指秦翰担任等同曹彬麾下的文思使薛继昭(?—987后)所任的"前军先锋都监"一职。①

瀛州在岐沟关之战并非主战场,是故秦翰的战绩不显。瀛州为高阳关路的治所,秦翰在雍熙三年初的上司是谁不详。在是年底,太宗将原知雄州(今河北雄县)的宿将刘廷让(929—987)调为瀛州都部署。十二月,辽军数万人在耶律休哥率领下大举入寇瀛州。宋军守将瀛州都部署刘廷让与辽军大战于君子馆(今河北河间市北君子馆村),不幸天大寒,宋军不能架弓弩防御,沧州都部署

---

① 钱若水修,范学辉校注:《宋太宗皇帝实录校注》中册,卷三五,北京:中华书局,2012年,第421—436页;卷四一,第471页;《长编》卷二七,雍熙三年五月丙子条,第614页。雍熙四年六月戊戌(初七),太宗以太祖长婿彰国军节度使驸马都尉王承衍(947—998)充贝、冀州兵马都部署,宣徽北院使郭守文(935—989)及郓州团练使田钦祚(?—986)为北面排阵使,王继恩为北面排阵都监。王继恩担任天雄军驻泊都监应在此任命之前。

李继隆（950—1005）所率精兵也失约不来救援，结果宋军惨败，刘廷让仅以身免。刘的部将桑赞（？—1006）力战而遁，贺令图（948—986）及杨重进（922—986）则陷没。①时任瀛州驻泊都监的秦翰在这场大战中担任什么角色？教人不解的是，他的本传一字不提。一个可能是，早在大战爆发前，他已调离瀛州。另一个可能是他留守瀛州，没有参加这场战斗。因文献无征，故难以确定。

从雍熙三年到淳化四年（993）前，《宋史》秦翰本传只简略记载他"迁入内殿头高品、镇、定、高阳关三路排阵都监"。与秦翰地位相当的窦神宝也同在"雍熙中"之后，同样由入内高品，在"淳化中"之前"俄转殿头高品"。另一内臣张继能则在"端拱初，迁入内殿头"。②综合以上三条资料，很有可能，秦翰、窦神宝和张继能一样，因端拱元年正月以南郊兼改元的恩典，文武官员在二月丁未（二十）均获得晋升，而从入内高品迁一级为入内殿头高品。③附带一提，宋宫中内臣地位最高、秦翰等人的主管入内都知、洛苑副使王仁睿（？—987）在雍熙四年六月丁巳（廿六）

---

① 《长编》卷二七，雍熙二年六月戊戌条，第618—619页；雍熙三年十二月乙未条，第625—626页；《宋太宗皇帝实录校注》卷四二，第509—513页。关于君子馆之战，曾瑞龙《经略幽燕》有很精辟的论述，可参阅曾瑞龙：《经略幽燕：宋辽战争军事灾难的战略分析》，第八章《向战略防御的过渡：陈家谷与君子馆战役（986—987）》，第254—282页。
② 《宋史》卷四五六，《宦者传一·窦神宝、秦翰、张继能》，第13600、13612、13620页。
③ 《长编》卷二九，端拱元年正月乙亥至丙子条，第646页；《宋史》卷五，《太宗纪二》，第81—82页；《宋太宗皇帝实录校注》卷四三，第531—543、553—562页。入内殿头高品，简称入内殿头，是太平兴国四年入内高品班院三等内臣之一，高于入内殿头小底，次于入内殿头高班。参见龚延明：《宋代官制辞典》，"入内殿头高品"条，第48页。

卒，太宗特赠他内侍省内常侍。①王死后，宋宫地位最高的是太宗极宠信的皇城使、河州团练使王继恩。他在端拱初年，担任镇、定、高阳关三路排阵钤辖。②秦翰在端拱初年担任镇、定、高阳关三路排阵都监，相信就是充当王继恩的副手。

宋军在端拱元年十一月及二年七月在唐河及徐河两番击败辽师后，北疆的形势稳定下来③；不过，在西疆的党项李继捧（962—1004）及其弟李继迁（963—1004）却叛服不常。淳化二年（991）七月，李继迁闻知太宗命翟守素（922—992）率军来讨，假意奉表归顺。同月丙午（初九）太宗授李继迁银州（今陕西榆林市横山区党岔镇，在无定河与榆溪河交汇处的西南岸，城居毛乌素沙漠与黄土高原的分界线上，无定河在其东北2公里处接纳榆溪河）观察使，赐名赵保吉。早已归顺的李继捧（赐名赵保忠）又荐其亲弟李继冲，太宗纳之，赐名赵保宁，授绥州（今陕西绥德县）团练使。④

据真宗后来对王旦所述，秦翰出使李继迁，与李继迁亲近，常常出入帐中，李继迁对他毫无防范。秦翰曾对太宗建议："臣一内官不足惜，愿手刺此贼，死无所恨。"太宗深深嘉许他的忠诚，却

---

① 《宋太宗皇帝实录校注》卷四一，第484页。
② 《宋史》卷五，《太宗纪二》，第82—83页；卷四六六，《宦者传一·王继恩》，第13602页；《长编》卷三〇，端拱二年十一月辛丑条，第691页。端拱元年闰五月至九月，太宗任命洺州防御使刘福（？—991）为高阳关兵马都部署，宣徽南院使郭守文为镇州路都部署，马军都指挥使李继隆为定州都部署。端拱二年十一月辛丑（廿四），郭守文卒于镇州任上，太宗命殿前都指挥使刘廷翰接任。这两年宋廷并没有委任统率三路的都部署。
③ 参见本书第79页注②。
④ 《长编》卷三二，淳化二年七月己亥至丙午条，第718页。

不允他当刺客的建议。①据此推论,秦翰当在淳化二年七月前后,多次奉命出使夏台,借封赏招抚李继捧、李继迁兄弟之名,刺探党项各部的情况。

淳化四年(993),秦翰得到太宗超擢,补入内押班的高职②,成为入内内班院(入内内侍省的前身)的省官(主司官员),位次副都知及都知。他立了什么功勋而膺此厚赏,值得琢磨,可惜史所不载。

淳化五年(994)正月,蜀民李顺(?—1017)起事,并攻陷成都。同时,在西疆的李继迁又攻略灵州(今宁夏灵武市西南)及附近的通远军(即环州,淳化五年改)。太宗得报大怒,乃在同月癸酉(二十),派宠信的外戚、马军都指挥使李继隆任河西兵马都部署,统领大军讨伐。秦翰及另一内臣、内班右班押班、管勾廊延屯兵张崇贵从征。秦翰担任李继隆大军的监军,而张崇贵以延州兵掎角进讨。当年随崔彦进征太原的勇将、徐河之役的英雄尹继伦担任都监,首席内臣昭宣使(昭宣使置于淳化四年二月己未初一)王继恩为西川招安使,率兵征讨(从征的内臣还有内殿崇班石知颙)。是年三月,李继捧闻知宋军来讨李继迁,就先将家人及

---

① 《宋史》卷四六八,《宦者传一·秦翰》,第13614页;《长编》卷八五,大中祥符八年闰六月戊戌条,第1939页;《东都事略》卷一二〇,《宦者传·秦翰》,第1852页。
② 《宋史》卷四六八,《宦者传一·李神福、秦翰、卫绍钦》,第13605、13612、13624页;《东都事略》卷一二〇,《宦者传·秦翰》,第1851—1852页。据龚延明的考证,"入内押班"即"内中高品押班",别称"入内高品押班",全称"内中高品班院押班",是宋初内中高品班院的副总管,位次于都知。淳化五年改名"入内内班押班",简称"入内押班"。宋初高级内臣中,李神福便早于太平兴国六年获擢为入内高品押班。除了秦翰外,卫绍钦也在淳化中(可能是淳化三年)以补修皇城之功,授入内押班。参见龚延明:《宋代官制辞典》,"入内内班押班"条,第47页,"内中高品押班"条,第48页。

吏卒置于夏州（即定难军节度，今陕西榆林市靖边县以北55公里白城子）城外，然后上言宋廷，称已与李继迁解仇，并贡马五十匹，请太宗罢兵。太宗怒李继捧首鼠两端，命中使诏李继隆先移兵往夏州击李继捧。李继隆大军抵延州（今陕西延安市）后，秦翰向李进言，为免李继捧逃走，主张由他先驰往夏州，假传太宗诏旨，安抚李继捧一番，以为缓兵之计。李继隆听从此议。秦翰抵夏州前，李继捧却给李继迁偷袭，因损失城外的资财器用，被迫返回城中。他一回城，就给暗中向宋廷输诚的部下赵光嗣所执，献给先至的秦翰。同月丁丑（廿五），李继隆大军入夏州，将李继捧拘拿槛送京师，并收取李继捧的牛羊、铠甲数十万。李继迁见宋军至，就引众遁去。四月甲申（初三），太宗收到李继捧就擒的捷报，除了升赏赵光嗣等人外，又与宰臣商议夏州今后的存废问题。宰相吕蒙正（944—1011）主张废夏州，免给豪强据之以为患。乙酉（初四），太宗下诏废夏州故城，迁其民于绥州、银州等地。从征的张崇贵奉命与石霸留守绥州，徙夏州民以实之。李继隆得旨后，极力反对，并派亲弟洛苑使李继和（963—1008）与秦翰入奏，力陈夏州乃朔方古镇，是敌人觊觎之地，保之可以依托御敌。他又建议在银州及夏州之间南界山中增置保成，以扼其要冲，协助防守夏州。这些据点既可为内属蕃部的屏障，又可截断敌军粮运。李继隆的主张显然是秦翰认同的，可惜太宗没有接受[①]；不过，太宗仍给秦翰

---

① 《长编》卷三五，淳化五年正月甲寅至癸酉条，第766—767页；三月戊辰至丁丑条，第775—776页；四月甲申至乙酉条，第777—778页；五月己巳条，第786页；《宋史》卷五，《太宗纪二》，第91—93页；卷二五七，《李处耘传附李继隆传》，第8967页；卷三九〇，《王延德传》，第10153—10154页；卷四六三，《外戚传上·杜彦钧》，第13539页；卷四六六，《宦者传一·王继

赏功,加官为崇仪副使,位列诸司副使。①

因黄门右班押班、内殿崇班张崇贵及勇将田敏(?—1023后)稍后率熟仓族乩遇在灵州橐驼口双埚西击破李继迁军,杀伤敌二千,狡狯的李继迁不敢再轻举妄动,在是年七月乙亥(廿五),又派牙校赵光祚、张浦往绥州见张崇贵,请求纳款。张崇贵会见赵、张二人于石堡寨(今陕西志丹县北境),以牛酒款待,赠予锦袍银带。二人献良马、橐驼给太宗。②太宗得报,倒没有对西边的防务弛懈,八月戊戌(十九),太宗将通远军改为环州,并增置清远军(今甘肃环县甜水堡)。也许有见及此,同月癸卯(廿四),李继迁又派其弟李廷信奉表请罪,将先前反叛之事归罪于

恩、秦翰、张崇贵·石知颙》,第13602—13603、13612、13617、13626页。《宋史》秦翰本传及《长编》所引《国史·秦翰传》均说秦翰到夏州后,讽说李继捧以地主之礼出夏州郊迎接李继隆大军,李继捧听从,于是被李继隆轻易擒获。李焘已考证此说实误,盖李继捧为李继迁所袭,走返夏州城内,即为赵光嗣所执,没可能再随秦翰出城。另《宋史·太宗纪》也说李继捧为赵光嗣所执。疑《宋史·秦翰传》夸大了秦翰的功劳。关于李继隆取夏州的始末,可参阅何冠环《宋太宗朝外戚名将李继隆(950—1005)》,《东吴历史学报》2008年第20期,第130—134页,修订后现收入氏著:《攀龙附凤:北宋潞州上党李氏外戚研究》,第二章《功比卫霍:宋太宗朝外戚名将李继隆》,第151—157页。昭宣使最初除授不限内臣,太宗在淳化四年二月,以当时的皇城使王延德(938—1001)、杜彦钧及王继恩当进秩,但使额已满,于是增置昭宣使一阶以授三人。王延德是太宗藩邸心腹,而杜彦钧(?—1007)是太宗表弟,并非内臣。昭宣使后来成为内臣班官迁转之初阶。

① 《东都事略》卷一二〇,《宦者传·秦翰》,第1852页;《宋史》卷四六六,《宦者传一·秦翰》,第13612页。《东都事略》记秦翰加官为崇仪使,《宋史》则作崇仪副使。按是年八月,窦神宝由崇仪副使内班左都知擢为庄宅使兼黄门左班都知,李焘据《宋会要辑稿》,称内官领诸司使臣由窦开始。据此,秦翰以入内押班所领的官位,应该是崇仪副使较为合理。而且窦神宝的内班左都知也比秦翰的入内押班为高,秦翰纵立功升赏,也不应超过窦而径任诸司正使的崇仪使。

② 《宋史》卷四六六,《宦者传一·张崇贵》,第13617—13618页;《长编》卷三六,淳化五年癸卯条,第793页。

李继捧。太宗召见李廷信，慰抚一番，并厚赏以遣，包括力及一石六斗的劲弓三张。当时知延州王显（932—1007）便上疏提醒太宗，指出："戎狄之性本无常，所宜谨屯戍，固城垒，积刍粮，然后妙择才勇，付之边任，纵有缓急变覆，则御备有素，又奚能为患哉？"。①为太宗看重的秦翰，即在此时受到重用。

《宋史·秦翰传》记秦翰在"至道初，为灵、环、庆州、清远军四路都监"。究竟秦翰是在何年何月及何种环境任此职？据群书所记，在至道二年（996）至三年（997）太宗经略西边，援救灵州一役中，太宗一如既往，任用内臣为监军，除秦翰外，还有张崇贵、李神祐和张继能三人。据《宋史·张崇贵传》所载，至道二年，太宗令李继隆率大军讨李继迁。当时灵州被围危急，是守是弃，太宗未能决定，于是命张崇贵与冯讷乘传往议其事。及后太宗决定增兵固守灵州，张崇贵"就命为灵、环、庆州、清远路监军，又为排阵都监"。而据《宋史·李神祐传》所载，官居洛苑使的另一内臣李神祐在"至道初，西鄙不宁，命为灵、环排阵都监，率众至乌、白池而还"。此外，《宋史·张继能传》也记另一内臣内供奉官张继能，也在相同时间任"灵、环、庆州、清远军后阵都监"。据载他亦与李继迁军战斗，将他击退。参照张崇贵、李神祐及张继能传三条相关记载，秦翰很有可能也在约略同时，被太宗委为灵、环、庆、清远军都监。②至道二年四月甲戌（初四），太宗

---

① 《长编》卷三六，淳化五年七月乙亥条，第790页；八月丁酉至乙巳条，第793—794页；卷三七，至道元年三月己巳条，第810页；《宋史》卷五，《太宗纪二》，第95页。
② 《宋史》卷四六六，《宦者传一·李神祐、秦翰、张崇贵、张继能》，第13607、13612、13618、13620页。

命李继隆统率大军征讨再度叛宋入寇的李继迁，以解灵州之围。六月，李继隆派护军冯讷（疑即冯讷）入奏，诬告先前在浦洛河一役有功的勇将田绍斌（933—1009）诸事。据此，冯讷与张崇贵出使，当在是年六月前后。而王超（950—1012）与范廷召（927—1001）军攻乌池（今宁夏盐池县与陕西定边县交界处盐场堡）及白池（今内蒙古鄂托克前旗北大池东南隅）在至道二年九月，则张、秦、李被委为灵、环、庆州、清远军四路都监及灵、环排阵都监也当在至道二年六月前后。秦翰在第一次灵州之役，因宋军这次五路伐夏最终无功，故也没有记载他立下什么战功。①

太宗在至道三年三月癸巳（廿九）逝世。除了护送军粮入灵州的部队留下外，西征军相继班师回朝。秦翰也暂时离开西疆，返回京师。②

秦翰在太宗朝大部分时间都在西北两边：前期在北边御辽，后期两番在西边讨伐李继捧及李继迁兄弟。他鲜有在内廷供职，和窦神宝、张崇贵、李神祐、张继能等可说是典型的武宦阉将。也为此故，虽然他两度追随李继隆西征，但他并没有牵涉入李的妹妹明德

---

① 关于至道二年第一次灵州之役始末的分析，可参阅何冠环《攀龙附凤：北宋潞州上党李氏外戚研究》，第二章《功比卫霍：宋太宗朝外戚名将李继隆》，第160—175页。该役唯一立功的内臣，是灵州驻泊都监窦神宝。李继迁在至道初再入寇灵州时，窦遣人间道至京师告急。敌兵围困灵州年余，而灵州地震达二百日，城中粮尽。他暗中命人出河外购买粮食，夜间运入城中。乘间又引兵出击，击败敌军，以功拜西京作坊副使。窦神宝又奉命于浦洛河和清远军转运军粮，与杨允恭（944—999）商议仿造诸葛亮（181—234）的木牛小车三千，运粮至环州。至道三年，迁西京左藏库副使。后再出使灵州，使还奏对称旨，即擢为供备库使。参见《宋史》卷四六六，《宦者传一·窦神宝》，第13600—13601页；《长编》卷四二，至道三年九月丙子条，第880页。
② 《宋太宗皇帝实录校注》下册，卷八〇，第800—803页。

李皇后（960—1004）与王继恩等在太宗晚年废立真宗的图谋。①真宗继位时，秦翰正当盛年的四十六岁，官入内押班、崇仪副使，已位居高级内臣之列。秦翰继续获得重用，没有像王继恩那样受到重谴。

顺便一谈的是，秦翰在太宗晚年，经历了宋廷内臣机构的改组：太宗在淳化五年八月癸巳（十四），开始重整内臣的管理机构，改内班为黄门，以崇仪副使兼内班左都知窦神兴充庄宅使兼黄门左班都知。翌日（甲午，十五），太宗特设宣政使一职，以酬庸平定李顺的内臣王继恩。九月己未（初十），太宗诏改黄门院为内侍省，以黄门班院为内侍省内侍班院，入内黄门班院为内侍省入内侍班院。宋代内臣的两省制渐次形成。②

三、马不停蹄：秦翰在真宗前期的战功

真宗继位后，在至道三年四月丁未（十三），诏中外群臣均进秩一等。秦翰当在这时加官为洛苑使，而内职从入内押班晋为入内副都知。③五月甲戌（十一），首席内臣宣政使王继恩以阴谋废立

---

① 关于李皇后与王继恩及其一党图谋废立真宗、拥立太宗长子元佐的分析与讨论，可参阅何冠环：《宋初朋党与太平兴国三年进士》（修订本），上海：中西书局，2008年，第31—52页。
② 《长编》卷三六，淳化五年八月癸巳至乙巳条，第791—793页；九月癸卯条，第796页；《宋史》卷五，《太宗纪二》，第95页。宰相原本建议授王继恩以宣徽使，但太宗认为宣徽使乃执政之渐，怎可以授内臣而令他们有权干预政事？太宗于是在昭宣使之上，特设宣政使一职以授王继恩，并加王顺州防御使。宣政使成为当时内臣的最高官位。昭宣使、宣政使及后来增置的宣庆使、景福殿使及延福宫使成为专授高级内臣的班官。另当时担任窦神兴副手的内侍（黄门）押班分别是张崇贵和卫绍钦。
③ 《宋史》卷六，《真宗纪一》，第104页；卷四六六，《宦者传一·秦翰》，

真宗，被重谴为右监门卫将军，均州（今湖北丹江口市）安置。原来位居王之下的内侍省入内内侍都知、宫苑使李神福，迁皇城使并擢领恩州团练使，成为秦翰的直属长官。①

真宗对应否放弃灵州没有定见，廷臣如勾当审官院田锡（940—1003）、参知政事李至（947—1001）、刑部郎中知扬州王禹偁（954—1001）均主张放弃，以集中力量对付北边辽国的威胁。同年十二月，李继迁又遣使修贡，愿臣服称藩。真宗于是再赐他姓名为赵保吉，授他为定难军节度使，赐夏州、银州、宥州（今陕西靖边县东）、绥州及静州（今宁夏永宁县望洪镇）五州，命已擢为内侍右班都知的张崇贵赍诏前往银州赐之，并遣还李的心腹张浦。②

真宗在翌年（998）正月改元咸平。三月辛巳（廿二），真宗以李继迁归顺，遣使谕陕西路守臣，让绥州、银州流民还乡，每家

第13612页。秦翰所担任的"入内副都知"是入内都知司的副长官，是景德三年二月改制后的人内内侍省副都知的前身。至于洛苑使是北宋前期诸司正使西班第四等的第二阶，在内园使下，在如京使及崇仪使之上。秦翰在淳化五年四月以平李继捧功擢诸司副使的崇仪副使，只需三年而迁洛苑使，可说是官运亨通。

① 《长编》卷四一，至道三年五月甲戌条，第865—866页；《宋史》卷四六六，《宦者传一·李神福》，第13605页。与王继恩同贬的大臣，还有原参知政事李昌龄（937—1008）和知制诰胡旦（955?—1034?）。二人均涉及王继恩废立之谋。至道三年正月，李神福奉委护理太宗长子楚王元佐夫人冯氏（965—996）丧事时，所领的官职全衔是宫苑使、内侍省入内内侍都知、同勾当皇城翰林司、金紫光禄大夫、检校司空兼御史大夫、上柱国、陇西郡开国侯、食邑一千户。参见本书第一篇《〈全宋文〉前十五册所收碑铭之宋初内臣史料初考》第一节。

② 《长编》卷四二，至道三年十一月己巳条，第889—892页；十二月辛丑至甲寅条，第893—900页；《宋史》卷六，《真宗纪一》，第106页。李继迁其实是玩弄两面手法，他在至道三年十月入寇灵州，被合河都部署杨琼击走后，又遣使修贡。

给米一斛。四月壬寅（十四），李继迁遣其弟李继瑗入谢。①秦翰在这期间，似乎留在内廷供职，没有被派出使西夏。九月己未（初三），真宗乳母秦国延寿保圣夫人刘氏（？—998）逝世，真宗即时临丧，废朝三日。担任入内副都知的秦翰被委护理丧事。②

西疆方才稍宁，北疆很快又传来烽火，秦翰又有用武之地。咸平二年（999）七月甲申（初四），真宗点将抵御辽军入寇，名位最高的马步军都虞候傅潜（939—1017）为镇、定、高阳关行营都部署，西上阁门使、富州刺史张昭允（？—1008）为都钤辖，秦翰则以洛苑使、入内内侍副都知为排阵都监。另莱州防御使田绍斌为先锋，崇仪使石普（961—1035）同押先锋，单州防御使杨琼（？—1000后）为策先锋。己丑（初九），真宗召知镇州（今河北正定县）、横海军节度使王显入朝接替刚在六月戊午（初七）病逝的曹彬以枢密使职。癸卯（廿三），宋大军开赴定州。③九月初，宋军在田绍斌、石普及知保州杨嗣（934—1014）并力作战下，取得廉良河（约在今河北保定市西北新城区）之役的小胜。此役秦翰似乎没有参与。④

---

① 《宋史》卷六，《真宗纪一》，第107页。
② 《宋会要辑稿》第一册，《后妃三·妃嫔·乳母》，第318页；《长编》卷四一，至道三年八月己酉条，第876页；卷四三，咸平元年九月己未条，第915—916页。刘氏在至道三年八月己酉（十七），自齐国夫人封为秦国延寿保圣夫人。咸平元年九月己未（初三）卒。
③ 《长编》卷四四，咸平元年六月戊午条，第946页；卷四五，咸平二年七月壬午至己丑条，第955—956页。
④ 《长编》卷四五，咸平二年九月壬寅至癸卯条，第963—964页；《宋史》卷六，《真宗纪一》，第109页。宋军在此役报称斩首二千级，获马五百匹及兵仗铠甲。关于宋辽廉良河之役，据高扬最近期的研究，因辽名将耶律休哥在咸平元年（辽统和十六年）十二月病逝，代其南京留守之任的梁国王耶律隆庆（973—1016）为了立功，改变耶律休哥对宋和平的政策，主动发兵攻宋。此说可取。高

真宗在是年十一月乙未（十六），接受以宰相张齐贤（943—1014）为首的群臣建议，决定在十二月御驾北征。他再次点将：宣徽北院使周莹（951—1016）为随驾前军都部署，外戚邕州观察使刘知信（943—1005）副之；内侍都知杨永遵（？—1003后）为排阵都监，驸马都尉、保平节度使石保吉（954—1010）为北面行营先锋都部署，磁州防御使康廷翰（？—1000后）副之，洺州团练使上官正（933—1007）为钤辖。同月戊申（廿九），再命驸马都尉魏咸信（949—1017）为贝冀行营都部署。①

十二月甲子（十五），真宗在枢密使王显、副使宋湜（950—1000）随驾下抵达大名府，但北面行营先锋都部署石保吉抵大名府后，却迟迟不进军。真宗遣使催促，他部行至贝州，辽军已退却。真宗将石召还，另命滨州防御使王荣（947—1016）为贝冀行营副都部署。懦怯不敢进军的宋将不止石保吉一人，最教人不满的是宋军前军主帅傅潜，他统率八万大军屯于定州，诸军均配置各式武备，准备战斗。但他不管缘边城堡飞书告急，仍下令大军闭门不出。将校有请战的都以丑言责备，偏偏枢密使王显与他同出太宗藩邸，处处包庇，甚至压下河北转运使裴庄（938—1018）的告急奏报。傅潜怯战，使辽军如入无人之境：辽军继攻破狼山诸寨，又引兵攻威虏军（后改广信军，今河北保定市徐水区遂城镇）、宁边军

氏据《读史方舆纪要》"河间府河间县廉良镇"及天一阁藏明代《保定郡志》的相关记载，考定这里的廉良河，当是在保州附近旧有廉颇庙，本名"廉梁"的地方，而不是瀛州城北的廉良镇。据高氏的考证，宋军在此役的战绩是杀伤敌二千人，斩首五百人，俘虏一百四十余人，获战马五百余匹。参见高扬：《宋辽瀛州莫州之战研究》（未刊稿），第1—5页，特别是第4页注5及注6的考证

① 《长编》卷四五，咸平二年十一月乙未条，第969页；《宋史》卷六，《真宗纪一》，第110页。

（今河北蠡县），入祁州（今河北无极县，景德四年迁今河北安国市）、赵州（今河北赵县）大肆劫掠，游骑出邢州（今河北邢台市）、洺州（今河北邯郸市永年区东南）间，百姓惊恐，扶老携幼入城郭逃避，镇、定路不通者逾月。真宗屡次派人间道促傅潜率定州大军出师，与诸路军合击辽军。身为三路大军都监的秦翰与定州行营都部署范廷召、大将桑赞等屡次促傅出军，但他仍不为所动。范廷召忍无可忍，骂傅潜性怯妇人不如。傅潜不能回答。都钤辖张昭允也进言，但傅反说辽军势大，与之角斗，会挫伤宋军锐气云云。秦翰等听到这番话，无不扼腕。最后傅潜经不起范的催迫，勉强分兵步骑一万给范廷召，令他于高阳关逆击辽军，并允出军为援。范、秦、桑等与辽军血战，而傅军始终不至。到真宗命石保吉、上官正从大名府领军赴镇、定，与傅军合击时，傅仍然按兵不动。①

傅潜如此触犯众怒的愚昧行径，自然引起宋廷文臣的严厉指责与弹劾。集贤学士钱若水（960—1003）、起居舍人李宗谔（965—1013）、右司谏孙何（961—1004）、右正言赵安仁（958—1018）、右司谏梁颢（963—1004）相继痛劾傅潜的劣迹②，相信秦翰以监军的身份已向真宗奏报，傅被重谴已是指日可待的事。

北边未宁之际，西川又出乱子。是年十二月底，因益州钤辖符昭寿（？—1000）治军无方，知益州牛冕（945—1008）宽弛不能治政事，驻益州的神卫军卒赵延顺（？—1000）率众图谋作乱。咸平三年（1000）正月己卯（初一），赵延顺攻杀符昭寿，驱逐牛

---

① 《长编》卷四五，咸平二年十二月甲子条至丁卯条，第971—972页；《宋史》卷二七九，《傅潜传》，第9473—9474页。
② 《长编》卷四五，咸平二年十二月丙子条，第972—980页。

冕,推本军都虞候王均(?—1000)起事。①

宋军在咸平三年正月对辽之战一胜一败。首先是在癸未(初五),高阳关都部署、马军都虞候康保裔(?—1001后)率部应援范廷召于瀛州西南裴村,然范部失约遁走,结果康军被辽军包围而覆师,康与部将内臣冯从顺(967—1023)被俘后降辽。然后在丁亥(初九),范廷召率军追击辽军,至莫州(今河北任丘市北)东三十里,大破辽军,报称斩首万余,夺所俘老幼数千,以及鞍马甲仗无数。此役秦翰立下功勋,他与桑赞从定州率军来援范廷召。当晚夜二鼓,辽军再至。范廷召麾下勇将荆嗣(?—1014)认为辽军不利夜战,愿意乘夜率军先攻破其寨,以配合范的大军合击。范同意,荆部于是与秦翰和桑赞合军,令所部向敌军多有炬火之处并力攻击,至晨旦击走辽军至瀛州。真宗收到范的捷报,作"喜捷诗"题行宫壁,诏褒奖范以下将校:范加检校太傅,余将校赏赐不等。按荆嗣加澄州团练使,秦翰加何官不载,惟他不久徙为定州行营钤辖。庸将之尤的傅潜及其副手张昭允在是月乙酉(初七)均被重责,宋廷文臣仍以真宗不将傅处以极刑而扼腕。②

真宗在正月甲午(十六)从大名府返京时,收到王均在西川叛乱的消息,即任命在镇压李顺有功的户部使、工部侍郎雷有终

---

① 《长编》,丙子至甲子条,第980页;卷四六,咸平三年正月己卯条,第983页。
② 按宋廷还以为康保裔战死,事后恩恤康家甚厚。其实康与部将冯从顺均被俘而降辽,后来还被辽所重用。个中曲折可参阅本书第二篇《两个被遗忘的北宋降辽内臣冯从顺与李知顺事迹考》,第47—73页。又据《宋史·秦翰传》所载,莫州东之役宋军斩首"数万",疑是宋人夸大之辞。即便此役所谓斩首万级,也有夸大之嫌。参见《长编》卷四六,咸平三年正月甲申至庚寅条,第984—988页;《宋史》卷六,《真宗纪一》,第111页;卷二七二,《荆罕儒传附荆嗣传》,第9313—9314页;卷四六六,《宦者传一·秦翰》,第13612页。

（947—1005）为泸州观察使、知益州、兼提举川峡两路军马招安巡检捉贼转运公事，委以全权镇压王均。麾下将校包括御厨使李惠（？—1000）、洛苑使石普、供备库副使李守伦（？—1000），率步骑八千往讨之。另再从北疆调派洺州团练使上官正为东川都钤辖，西京作坊使李继宣（950—1013）为峡路都钤辖，崇仪副使高继勋（959—1036）、王阮并为益州兵马都监，供奉官阁门祗候孙正辞（？—1013后）为诸州都巡检使。①秦翰这时大概随驾返京。雷有终讨王均之战并没有预期中的顺利，二月丁卯（十九），重夺成都的王均设下圈套，诈开成都城门，雷有终不听李继宣的劝告率军入城，却为所败，被迫退保汉州（今四川广汉市），副将李惠及李守伦均战死。②雷有终等苦战半年，到是年八月终于进军至成都外，率众军合围。叛军首领赵延顺及丁重万先后被官军射杀，但官军遇上连绵大雨，城滑难攀，而叛军守城有力，加上盛暑天气，官军多染疾。真宗于是派秦翰以入内副都知为两路捉贼招安使，率生力军协助平乱。秦翰抵成都城下，与雷有终计议，于城北鱼桥别筑土山，居高临下，控扼成都。八月底，官军攻克城北的羊马城，随即构设雁翅敌棚，覆盖攻城的洞车，向成都的罗城进逼。但叛军仍作困兽斗，特别在王均的谋主张锴指挥下，竭力守城，多为药箭杀伤官军。九月甲午（二十），雷有终募死士穴城分两路以进，几经辛苦，终于攻陷成都。翌日（乙未，廿一）早上，雷有终与秦翰登上门楼，并下令焚杀涉嫌附逆者数百人，史书称"颇为冤酷"。秦

---

① 《长编》卷四六，咸平三年正月甲午条，第989页；《宋史》卷六，《真宗纪一》，第111页。
② 《长编》卷四六，咸平三年二月癸丑至丁卯条，第991—994页；卷四七，咸平三年四月甲寅条，第1010—1011页；《宋史》卷六，《真宗纪一》，第112页。

翰没有制止雷有终近于滥杀的暴行，实为失德。①

雷有终收复成都后，随即派部将杨怀忠（951—1024）及石普领军追击突围奔富顺监（今四川富顺县）的王均，然后全军往援。十月初，杨怀忠率先攻入富顺监，王均自杀，蜀乱平定。同月乙丑（廿二），宋廷赏功，雷有终加保信军留后，秦翰等九人均迁秩，秦翰迁一阶为内园使，领恩州刺史。秦翰在这次平定王均之乱的战事，多有功劳，首先是他化解了诸将的纷争。他率军到来成都后，碰上上官正与石普不协，担心生变，即以言辞化解二人之争。及至上官正以疾返回东川，问题即化解于无形。据王旦后来所说，不只上官正与石普武将间不和，文臣主帅雷有终与这两员武臣悍将也不协，也是凭秦翰从中调解，才不出乱子。然后是他立下戎马之功。攻成都之役，秦翰亲自督师击敌，中流矢而不退；高继勋攻城受伤，战马中矢死时，秦翰又及时率兵来援，迫叛军退保子城。秦部

---

① 《长编》卷四六，咸平三年正月甲午条，第989页；卷四七，咸平三年八月癸酉至九月丁酉条，第1024—1026页；《宋会要辑稿》第十册，《兵十·出师四·王均》，第8798—8799页；《宋史》卷六，《真宗纪一》，第113页；卷二七八，《雷德骧传附雷有终传》，第9456—9462页。考淳化五年李顺起事时，雷有终受命与裴庄为峡路随军转运使、同知兵马事，从峡路进军。曾在广安军（今四川广安市）击破李军，以功授右谏议大夫知益州，后改知许州（今河南许昌市）。1973年陕西渭南市合阳县同家庄镇南太册村出土雷有终墓志铭，撰墓铭的是寇準（961—1023）女婿著作佐郎王曙（963—1034）。据墓志铭所记，雷奉命平王均之职衔为"泸州观察使知成都军府事兼兵马钤辖"，与《长编》所载略有不同。不过墓志铭对平定王均之役所记甚为简略，并无记载苦战的经过，也不载秦翰在此役中的事迹。雷有终后来出为并代都部署。景德之役，他奉命率军至澶州。宋辽议和后，他以功授宣徽北院使检校太保留京师。景德二年七月壬戌（十六）卒于京师崇仁坊私第，得年五十九。参见王曙：《大宋故宣徽北院使起复云麾将军检校太保兼御史大夫上柱国夏阳郡开国侯食邑一千八百户食实封六百户赠侍中雷公墓志铭》，载中国文物研究所、陕西省古籍整理办公室编：《新中国出土墓志·陕西（壹）》，北京：文物出版社，2000年，第143页。

五战五捷，最终攻克成都。真宗接到捷报，即手札劳问。秦翰又继石普后率部追击王均，从广都（今四川成都市华阳街道一带）进至陵州（即仙井监，今四川仁寿县），斩首千余级，获马数千匹。他的功劳不少，故后来颇有宋人为他仅迁一阶而不平。①附带一谈，除了秦翰外，真宗还委任另一内臣崇仪使张继能同为川、峡两路招安巡检使，但战功不详。收复成都后，张继能被委为利州（今四川

---

① 秦翰自洛苑使仅迁一阶为内园使，不算得上是超擢，却首度领刺史。嘉祐五年（1060）十一月，殿中侍御史吕海（1014—1071）针对当时内臣王保信等四人竟获领遥郡团练使及刺史，便引述秦翰在咸平三年平定王均有功，才迁内园使领恩州刺史的例子，痛言他们四人凭什么可授此官。吕海此言似也为秦翰这次赏薄而不平。另在徽宗政和八年（1118，即重和元年）五月戊申（廿七），布衣安尧臣上书反对出兵燕云时，谈到祖宗不随便授官内臣，即引述秦翰平定王均有大功，才不过遥领恩州刺史。又击杀王均之役，杨怀忠功最大，据新在陕西出土的杨怀忠墓志铭所记，杨字国臣，原籍庐州。其父杨捷原仕南唐，降宋后授阶州刺史。杨怀忠在太宗初年已出仕授三班使臣。平定王均，起初宋廷所赏不厚，只授他供备库副使，他上言诉功，真宗召他入朝，他申诉成功，自供备库副使超擢为崇仪使领恩州刺史。他后来再充西川兵马钤辖四年，代还后，升任横班的西上阁门使，经真宗东封西祀的恩典，他累迁至引进使，后以疾请归私第，真宗授他左羽林大将军致仕，特别表扬他追击王均余部于富顺监全殄之功。惟墓志没有言及雷有终及秦翰在平王均之役的事功。参见《长编》卷四七，咸平三年十月甲辰至乙丑条，第1027—1029页；卷八五，大中祥符八年闰六月戊戌条，第1939页；卷一九二，嘉祐五年十一月辛卯条，第4649—4650页；《宋史》卷二八九，《高琼传附高继勋传》，第9694页；卷四四六，《宦者传一·秦翰》，第13612—13613页；《宋会要辑稿》第十册，《兵十·出师四·王均》，第8798—8799页；《全宋文》第一百一十册，卷二三八八，《李之纯·宋穆武高楚王绘像记·元祐三年》，第208页；王珪：《华阳集》卷四九，《赠太师兼中书令穆武高康王（高继勋）神道碑铭》，文渊阁《四库全书》本，第11页下；徐梦莘：《三朝北盟会编》卷二，《安尧臣·乞寝燕云兵事书·政和八年五月二十七日》，上海：上海古籍出版社，1987年，第6页下—第7页上；王明清撰，汪新森、朱菊如校点：《玉照新志》卷一，上海：上海古籍出版社，1991年，第16页。按杨怀忠的墓志铭由职方员外郎、监永兴军盐税呼延遘（？—1024后）撰写，僧惠□书，沙门赐紫德携篆盖。参见郭茂育、刘继保编著：《宋代墓志辑释》，第五十一篇《皇宋故金紫光禄大夫检校刑部尚书左羽林大将军致仕兼御史大夫轻车都尉洪□□□□□□户杨府君（怀忠）墓志铭并序》，郑州：中州古籍出版社，第124—125页。亦载《大宋金石录》，http://blog.sina.com.cn/s/blog_de5296c70101pabk.html。

广元市）招安巡检。不久召归。①

咸平四年正月辛巳（初八），曾与秦翰多次并肩作战的宿将殿前都指挥使、河西节度使范廷召病卒。②因范的墓志铭没有传世，不知道真宗有否差遣秦翰为范护丧。三月甲申（十二），并州、代州（今山西代县）都部署、步军都指挥使高琼来朝，庚寅（十八），真宗以他代为殿前都指挥使，留在京中执掌殿前军。秦翰在平定王均之战援救过高琼长子高继勋，二人现在又同于朝中供职。③

七月己卯（初十），边臣奏报辽军又将入寇。真宗又命将迎敌：名位最高的山南东道节度使同平章事王显为主帅，任镇、定、高阳关三路都部署，军职最高的马步军都虞候、天平军节度使王超为副帅充三路副都部署。二人之副将计有殿前副都指挥使王汉忠（949—1002）和殿前都虞候云州观察使王继忠（？—1023后）；王汉忠为都排阵使，王继忠为都钤辖。稍后真宗又命步军都指挥使、河西军节度使桑赞为莫州驻泊都部署。真宗这次委任七员内臣从征，秦翰又榜上有名，以入内副都知与四员勇将保州团练使杨嗣（934—1014）、莫州团练使杨延朗（即杨延昭，958—1014）、西上閤门使李继宣、赵州刺史张凝（944—1005）并为前锋（《宋史》作"前阵"）钤辖，后徙后阵钤辖。另六名从征的内臣是入内都知宫苑使韩守英，入内副都知阎承翰，供备库使杨永遵，西京作坊使、带御器械石知颙，内殿崇班张继勋（？—1010）及内殿崇班

---

① 《宋史》卷四六六，《宦者传一·张继能》，第13620页。
② 《长编》卷四八，咸平四年正月辛巳条，第1043页。
③ 《长编》卷四八，咸平四年三月甲申条，第1053页；《宋史》卷六，《真宗纪一》，第114页。

岑保正（？—1027后）。韩守英任排阵钤辖兼高阳关后阵钤辖，石知颙任高阳关驻泊行营钤辖，岑保正任押先锋，杨永遵与张继勋同任莫州路都监，而阎承翰则负责传报军情。①

宋廷方才全力应付北边威胁，西疆仍是不宁，表面归顺的李继迁却继续抄劫缘边部落。为此，真宗在同年八月辛丑（初二）命前任宰相有武干的兵部尚书张齐贤为泾原等十三州军的安抚经略使，佐以知制诰梁颢，即日驰骑往西边，统筹西边防务。是月丙寅（廿七），当张齐贤尚在路上，李继迁已开始攻击清远军。九月乙亥（初七），清远军失陷。十月，为了应付西边的战事，真宗将在北边的镇、定、高阳关前阵钤辖张凝徙为邠、宁、环、灵、庆等州副都部署，取代被召入朝待罪的杨琼等。值得注意的是，身为内臣监军的灵、环、清远十州军都监崇仪使张继能，因劝止主帅杨琼全力应援，而留军庆州，当清远军失守，他即负有不可推卸的责任，而

---

① 按咸平二年十一月，杨永遵以内侍都知随真宗北征，出任驾前都监。《宋会要辑稿》不记他内侍都知的职位，不知是否已罢内职。这次随王显、王超从征的将领，包括出任钤辖的西上阁门使韩崇训（952—1007）、担任押先锋的如京副使高素，担任押策先锋的冀州团练使石普及他的副手六宅副使王德钧（？—1003后）。至于莫州一路从征的将领，除了内臣杨永遵及张继勋外，还有并为北平寨（今河北保定市满城区北漕河上）驻泊的马步军都军头荆嗣、供备库副使赵彬（？—1005后）、步军都军头刘光世。真宗又命宪州刺史沧州驻泊副部署陈兴兼雄霸路缘界河海口都巡检使，内殿崇班阁门祗候王汀同之，而以供奉官阁门祗候冯若拙、侍禁阁门祗候刘知训并为都监。又以霸州防御使李福（？—1003后）为镇州副部署，作为兼任镇州都部署王超的副手及祁州团练使刘用（？—1004后）为高阳关副都部署，作为兼任高阳关都部署王汉忠的副手；以德州团练使张斌为定州副部署，作为兼定州都部署王显的副手。另外，再以南作坊使昭州刺史张旻（后改名张耆，974—1048）为镇州钤辖，顺州刺史蔚昭敏及供备库使带御器械白守素（？—1012）并为定州钤辖，西京左藏库使刘廷伟为高阳关钤辖。参见《长编》卷四九，咸平四年七月己卯条，第1066—1067页；《宋会要辑稿》第十四册，《兵八：出师二·契丹辽》，第8759—8760页；《宋史》卷六，《真宗纪一》，第115页；卷四六六，《宦者传一·秦翰、石知颙》，第13613、13626页；卷四六七，《宦者传二·韩守英》，第13632页。

被真宗重谴长流儋州（今海南儋州市西北），至景德二年（1005）才遇赦还。①

这年十月底，宋军在威虏军附近的羊山，在杨嗣、杨延朗、李继宣及秦翰的协同作战下，击败辽军。报称斩首二万人，获其大王、统军、铁林、相公等十五人首级并甲马甚众。此役秦翰与李继宣打后阵，接应前阵的二杨。秦翰与李继宣分为左右二队，先壁于齐罗（《宋史·李继宣传》作"赤虏"）。待二杨与辽军大战于羊山，秦翰就与李继宣合军向辽军发动攻击，从羊山一直追击辽军至牟山谷。真宗收到捷报，与宰臣商议行赏时，宰相吕蒙正却说宋军主力仍在定州，秦翰等前阵先锋已至威虏军，说"秦翰等闻寇在西山，勇于先登，率兵而出，遇戎首偕来，杀戮虽多，然违陛下本旨"，奏请暂缓赏典。观乎吕蒙正之言，秦翰等似乎伤亡不少，所以吕蒙正怪责他们轻进。不过难得打胜，真宗表示"见寇不俟大阵，前驱陷敌，亦可赏也"。真宗并且诏北面阵亡将士，官府为收瘗，并厚恤其家。秦翰等获得什么升赏，史所未载。该役李继宣战功最大，激战中曾易战马三次。又《宋史·秦翰传》记他生平战斗曾负伤四十九创，这次羊山血战，从上面宋军伤亡不少的记载来看，恐怕他也有负创。②

---

① 《长编》卷四九，咸平四年八月庚子至辛丑条，第1068页；八月丙寅条，第1071页；九月庚午至己丑条，第1072—1073页；十月丙午条，第1075页；卷五〇，闰十二月戊辰至丁丑条，第1100—1101页；《宋史》卷四六六，《宦者传一·张继能》，第13620—13621页。

② 《长编》卷四九，咸平四年十月甲寅、辛酉条，第1078—1079页；卷五〇，咸平四年十一月丙子条至戊寅条，第1082—1084页；《宋史》卷六，《真宗纪一》，第116页；卷三八〇，《李继宣传》，第10146—10147页；卷四六六，《宦者传一·秦翰》，第13613页。这次战役发生于十月哪一天，记载不详，李焘曾有所考辨，但仍无法确定。此战与北面前阵铃辖张斌在十月甲寅（十六）所奏的长城口之捷是否同一事，亦未能确定。

是年十二月戊戌（初一），真宗召镇定高阳关三路副都部署兼镇州都部署王超回朝，准备派他西征并援救灵州，其遗缺由莫州都部署桑赞替代。秦翰也跟着回朝，不久却又马不停蹄，赶赴西边。闰十二月甲午（廿七），真宗命王超为西面行营都部署，以环庆路驻泊部署张凝副之，而秦翰则任钤辖，统步骑六万以援灵州。①

咸平五年（1002）三月丁酉（初一），王超、秦翰援军抵达环州时，李继迁大军已攻陷灵州，苦守危城两年的知州、客省使裴济（？—1002）战死。真宗为了防范李继迁入寇，将西征军派驻缘边各地，并调动一批守臣：王超及石普徙为永兴军（即长安，今陕西西安市）驻泊都部署及副都部署；原永兴军驻泊钤辖康继英（？—1030后）徙为庆州驻泊钤辖，秦翰任为环庆、泾原两路钤辖兼安抚都监，与早在二月己丑（廿三）徙为邠宁环庆、仪渭州镇戎军两路都部署的王汉忠及钤辖李允正（960—1011）共事。秦翰到任后，在往后的两年，率所部按行山外，并召集戎落的酋帅，谕以宋廷恩信。秦翰曾与知镇戎军（今宁夏固原市）许均（？—1007）领兵入蕃界，除斩敌外，又获生口，并招降部众甚多，据称共有三千余帐相率内附。②

---

① 《长编》卷五〇，咸平四年闰十二月戊辰条，第1100页；甲午条，第1102—1103页；《宋会要辑稿》第十四册，《兵八·出师二·契丹辽》，第8760页；曾公亮编：《武经总要》，《后集》卷三，《方略》，北京：解放军出版社据明金陵书林唐富春刻本影印，1994年，第1269页；《宋史》卷三八〇，《张煦传》，第10149页。真宗出兵援灵州，又派邠宁环庆路钤辖兼巡检安抚都监张煦（948—1020）为西路行营都监。然而张煦率兵至镇戎军时，灵州已陷落，于是复还本任。

② 与秦翰在西边共事的王汉忠与李允正都很快离开：王汉忠在咸平五年七月己亥（初六），被真宗的藩邸旧人殿直安守忠等奏劾他于西征违诏，以致无功而还，宋廷罢他军职及兵职，责为左屯卫上将军，王不久病卒；李允正则在咸平六年四月前已改任并州兵马钤辖，当在咸平五年底前离开西边。参见《长编》

咸平六年（1003）四月丙子（十七），宋军在北边又兵败于望都（今河北望都县），定州行营副都部署王继忠力战被俘，统领镇、定、高阳关三路兵马的王超救援不及。①六月，真宗与宰臣李沆（947—1004）商议北边防务，真宗认为时任三路排阵都钤辖的内臣入内都知韩守英素无执守，主张由"虽无武干，然亦勤于奉公"的内侍右班副都知阎承翰取代。秦翰若非远在西边，真宗也许会考虑由他出任此职的。

　　真宗在翌年（1004）改元景德。就在这年正月底，西疆传来好消息，归顺宋廷的六谷部主潘罗支（？—1004）在西凉府（今甘肃武威市）袭杀真宗君臣的心腹大患李继迁。真宗随即命熟悉西边军情的内臣鄜延钤辖张崇贵招降李继迁子李德明（981—1031）。②至于戍守西边的秦翰，在这年的前半年两度在西边立功，虽然击败的只是不驯服宋廷的蕃部。二月己巳（十五），秦翰与泾原部署陈兴（？—1011后）、知镇戎军许均率军攻击盘踞萧关（今宁夏海原县高崖乡草场古城），与大虫、巉诸族相为唇齿，常抄掠宋军储的康奴族。宋军深入其巢穴，斩级数千，焚其庐帐，俘其老幼，获器畜甚众。真宗得到捷报，赐诏书褒奖。③八月乙卯（初三），秦

卷五一，咸平五年二月丁亥至己丑条，第1116—1117页；三月甲辰至己酉条，第1118页；卷五二，咸平五年七月己亥条，第1141—1142页；卷五四，咸平六年四月己丑至五月庚寅条，第1191页；卷五六，景德元年四月甲寅条，第1233页；《宋史》卷六，《真宗纪一》，第117页；卷四六六，《宦者传一·秦翰》，第13613页；《宋会要辑稿》第十五册，《兵二十七·备边一》，第9184页。

① 《长编》卷五四，咸平六年四月丙子至丁酉条，第1190—1193页。
② 《长编》卷五六，景德元年正月丙戌条，第1224页；正月壬子至二月戊午条，第1228—1229页；《宋史》卷七，《真宗纪二》，第123—124页。附带一谈，当年与李继迁狼狈为奸的李继捧也在同年六月庚午（十七）卒。
③ 《长编》卷五六，景德元年二月己巳条，第1230页；四月甲寅条，第1233页；《宋史》卷四六六，《宦者传一·秦翰》，第13613页。

翰又与泾原部署陈兴及秦的真定同乡、知镇戎军的曹玮,率兵与熟户折密桑等族,掩击万子军主族帐于镇戎军西北的武延咸泊川,擒俘三百余人,斩首二百五十三级,虏获牛马、器仗三万一千。敌军败走,秦翰等尽焚其庐帐。回军时又俘斩敌军残部,再获其甚多资畜。真宗诏书嘉奖,赐锦袍、金带、白金五百两、帛五百疋予秦翰等人。①

就在秦翰再次立功之时,因宰相李沆于七月丙戌(初四)病逝,真宗于八月己未(初七)就擢用藩邸旧臣毕士安(938—1005)为首相,具有文武才能任大事的寇準为次相,王继英(946—1006)为枢密使,积极备战,应付辽军的可能大举入侵。寇準就任不久,已提出真宗御驾亲征至澶州(今河南濮阳市)的构思。②

真宗如以往一般,委派心腹内臣参与这次军事行动。闰九月丁卯(十六),真宗命内侍左班副都知阎承翰同制置河北东、西路缘边事,与莫州部署石普合军。③能征惯战的秦翰自然是真宗所倚重的,十月癸未(初三),真宗召他回朝,其泾原路钤辖的职位就由环庆路钤辖张煦(948—1020)代替。秦翰抵京后,同月壬寅(廿二),真宗又命他乘传往澶州、天雄军等处裁制兵要,许他

---

① 《长编》卷五六,景德元年四月乙卯条,第1233页;卷五七,景德元年八月乙卯条,第1251页;《宋史》卷七,《真宗纪二》,第124页;卷二五八,《曹彬传附曹玮传》,第8985页;卷二七九,《陈兴传》,第9484页;卷四六六,《宦者传一·秦翰》,第13613页。考《宋史》秦翰本传及陈兴本传所记的蕃部名称为"章埋",而非"万子";曹玮本传所记又没有提及与陈兴同时出军,对此李焘已提出疑问,待考。又曹玮在二月辛巳(廿七)已调知镇戎军。
② 《宋史》卷七,《真宗纪二》,第124页;《长编》卷五六,景德元年七月丙戌至庚寅条,第1243—1245页;卷五七,景德元年八月己未条,第1251—1252页;八月丁酉条,第1256—1257页。
③ 《长编》卷五七,景德元年闰九月丁卯条,第1262页;癸酉条,第1266页;《宋史》卷四六六,《宦者传一·阎承翰》,第13611页。

便宜行事；再命他充任驾前西面邢洺路钤辖，隶邢洺路都部署葛霸（934—1008）麾下，与邢州路部署刘用等统本部与王超的大军会合于德清军（今河南清丰县），以张掎角之势。①早在十月丙戌（初六），辽军已入寇，在辽圣宗（971—1031，982—1031在位）及承天萧太后（953—1009，982—1009摄政）亲自督战下，大举进攻瀛州。幸而守将李延渥（？—1017）并力拒守，击退辽军，宋军初战得胜。②

十一月戊辰（十八），真宗御驾亲征，以外戚、山南东道节度使李继隆为驾前东面排阵使，马军都指挥使葛霸为副使，西上阁门使孙全照（952—1011）为都钤辖，南作坊使张旻（后改名张耆，974—1048）为钤辖。另以外戚、武宁节度使、同平章事石保吉为驾前西面排阵使，步军都虞候王隐（？—1008后）为副使，而秦翰就以入内副都知调为驾前西面排阵钤辖并管勾大阵。秦翰受命后，在澶州督促守军将环城的沟洫疏浚以阻拒辽军战马轻易越过。防御工事刚竣工，辽骑即出现。据称秦翰在此役不解甲凡七十余日，可谓克尽厥职。③

---

① 《长编》卷五七，景德元年闰九月庚申条，第1261页；闰九月丙子，第1269页；卷五八，景德元年十月癸未条，第1274、1278页；《宋史》卷四六六，《宦者传一·秦翰》，第13613页。
② 《长编》卷五八，景德元年十月丙戌至十一月辛亥条，第1279—1280页。
③ 《长编》景德元年十一月戊辰条，第1282—1283页；《宋史》卷四六六，《宦者传一·秦翰》，第13613页。据《续湘山野录》所载，秦翰与曹玮受命为澶州驻泊都监，真宗诏许他们便宜行事，不用中覆。据说二人商议，认为真宗除非不过河，若渡河过桥，澶州北城素不设备，会很危险。于是二人督促士卒，将护城河渠开深开阔，又用枯草覆盖渠面，不让辽军知道护城河渠的深浅。史载曹玮并未参与澶州之役。不过，这里记秦翰令军士开深开阔澶州北城护城河的细节，应该可信。参见文莹撰，郑世刚、杨立扬点校：《续湘山野录》，北京：中华书局，1984年，第70页。

真宗北征，随驾的高级内臣除秦翰外，还有内园使李神祐担任随驾壕寨使，皇城使入内副都知卫绍钦担任车驾前后行宫四面都巡检，抵澶州后，领扈驾兵守河桥。①众内臣中以秦翰表现最为突出，他一直在澶州的最前线统率部队抵御辽军，最值得一提的是，是年十一月甲戌（廿四），宋澶州北城守军、由内臣高品周文质（？—1026后）及威虎军头张瓌所率领的小部队，以床子弩伏弩射杀出阵巡视的辽帅萧挞览（？—1004），大挫辽军的锐气。据宋人所记，周文质守北寨的西面，宋使张皓（？—1008后）从辽回来，密报辽军第二天会来袭澶州北城。周文质马上禀告秦翰和李继隆做好准备。在李、秦二人的许可及谋划下，周文质与张瓌率本部布置伏弩，结果一举立下奇功。②射杀萧挞览，功劳最大自然是执行任务的张瓌和周文质，而张皓提供机密情报，也有功劳。作为主帅的李继隆和秦翰能果断地作出猎杀辽军主帅的行动，自然是功不可没。仁宗时大臣胡宿上奏谈河北防务，回顾了景德之役，当谈到内臣参与其事，就只提到"内臣则秦翰，皆数经战阵"。这当是对秦

---

① 《宋史》卷四六六，《宦者传一·李神祐、阎承翰、卫绍钦、邓守恩》，第13607、13611、13625、13627页。李神祐等无甚战功，其中阎承翰先在澶州北城，奏辽军在近，请真宗不要渡河。在寇準的坚持下，真宗还是过河到北城去，并命阎马上架设浮桥。阎给人怯懦无能的感觉。至于从征的低级内臣，除了立下大功的高品周文质外（见下文），还有入内高班邓守恩，被任为澶濮都巡检，在秦翰的麾下。
② 《宋史》卷七，《真宗纪二》，第126页；《长编》卷五九，景德元年十一月甲戌条，第1286—1287页；十二月壬午条，第1290页；卷五九，景德二年正月甲戌条，第1313—1314页；沈括：《长兴集》卷一三，《张中允墓志铭》，文渊阁《四库全书》本，第3页。究竟张皓的情报来自何处？据孟宪玉的研究，很有可能是被俘而降辽的真宗心腹王继忠，秘密向张皓透露萧挞览的行踪，让宋军射杀萧，以报家仇国恨。此说虽无有力的佐证，但也不无可能。参见孟宪玉：《萧挞览之死深探》，《乐山师范学院学报》2004年第9期，第90—92页。

翰功劳的肯定。①

宋辽双方在景德元年十二月庚辰（初一）议和，订立澶渊之盟后，真宗在同月戊戌（十九）返抵京师。景德二年正月己巳（二十），真宗继封赏李继隆、石保吉、葛霸及王隐等主将之后，再给次一级的孙全照、张旻及秦翰等以战守之功，加检校官及封邑。秦翰超擢为宫苑使，并升任入内都知，成为省职最高的内臣之一。秦翰奉命率本部留驻澶州，以防有变。二月戊戌（二十），真宗诏秦翰在澶州所领之兵，除留下步军三指挥外，都随秦翰还朝。秦翰还朝后，于四月底，又向真宗举荐贝州骁捷军都指挥使王赞，称他壮勇可用。真宗召见王赞后，升授他御前忠佐马步军副都军头。②

景德之役后，宋辽再没有交锋，北疆宁靖。秦翰在后一段戎马生涯再转到西疆，最后被召入朝，供奉内廷至寿终。

四、老当益壮：秦翰在真宗朝后期的戎马及宫中生涯

秦翰在景德二年擢升入内都知时已年五十四，仍然奔驰疆场，转往西疆效命。大概在景德二年五月前后，他又出为泾原仪渭都钤

---

① 胡宿：《文恭集》卷八，《论河北边备事宜奏》，第6页。又周文质以功为真宗特别召见，并加殿头高品。
② 《长编》卷五八，景德元年十二月庚辰至戊子条，第1288—1293页；十二月戊戌条，第1297页；卷五九，景德二年正月丙寅、己巳条，第1312—1313页；二月戊戌条，第1318页；四月乙巳条，第1330页；《宋史》卷四六六，《宦者传一·秦翰》，第13613页。宫苑使是诸司正使西班之首，地位仅次于东班之首的皇城使。秦翰自内园使迁宫苑使，连跳十阶，算得上是超擢。又入内都知同时可有数人。当时秦翰在内臣的地位仍在李神福、张崇贵、卫绍钦、韩守英及刘承珪等之下。

辖,与长期戍守西边担任鄜延都钤辖的张崇贵,同隶前宰相、鄜延都部署向敏中(949—1020)麾下,为西疆战区的最高兵职的内臣武将。秦到任后,以西边藩篱不固,规度各地要害,开凿巨堑,计工三十万。他动用役卒而没有使用民力,数年功成。①

景德三年(1006)二月丁酉(廿四),真宗重整内臣的机构,正式建立入内内侍省和内侍省。秦翰的内职自此确定为入内内侍省都知。②然而在翌日(戊戌,廿五),景德之役有大功的宰相寇準却被真宗罢相,再加上景德二年十月乙酉(初十)、景德三年二月丁亥(十四)首相毕士安和枢密使王继英先后病逝,宋廷中枢大换班。③真宗随即以参政王旦继任宰相,并擢升寇準的政敌王钦若(962—1025)及陈尧叟(961—1017)为知枢密院事。秦翰一方面长期出戍西北,与朝中文臣的权争无涉,另一方面他是真宗信任的人,这次中枢人事变故,对他似乎并无影响。

五月辛亥(初十),知府州(今陕西府谷县)折惟昌(978—1014)向宋廷上奏,兀泥族大首领得到其从父的密报,称李德明外托修贡之名,暗中点阅兵马,准备劫掠边界。这时秦翰和知镇戎军曹玮也请求出兵讨伐李德明。曹玮更指出趁李德明国危子弱,出兵

---

① 《长编》卷六〇,景德二年五月癸丑条,第1338页;卷六一,景德二年九月丁未条,第1360—1361页;《宋史》卷四六六,《宦者传一·秦翰、张崇贵》,第13613、13618—13619页;卷四六七,《宦者传二·韩守英》,第13632页。秦翰出守泾原仪渭都钤辖年月不详,据《长编》卷六〇,景德二年五月癸丑条,当在景德二年五月前后。又鄜延路都钤辖原为昭宣使韩守英,他徙并代路后,其缺由张崇贵补上。
② 《长编》卷六二,景德三年二月丁酉条,第1388—1389页。据景德三年二月丁酉(廿四)诏,内东门都知司、内侍省入内内侍班院并为入内内侍省,内侍班院改为内侍省。
③ 《长编》卷六一,景德二年十月乙酉条,第1369—1370页;卷六二,景德三年二月丁亥、戊戌条,第1387—1390页。

将他擒捕，收复河外失土，实机不可失。可惜真宗没有听从。曹玮得到秦翰的支持，为了防止李德明坐大，同月己巳（廿八），亲自率领骑兵，从镇戎军出石门堡（即塔子嘴，今宁夏固原市黄铎堡镇西寺口子），直登天都山（今宁夏海原县境内），驻宿数天，将拟归附宋廷的妙娥、延家、熟嵬等三族三千余帐共万七余人及牛马数万尽行内徙。秦翰以曹玮的上司身份上奏论其功，真宗即颁诏嘉奖曹玮，并遣使慰劳来投的蕃部，赐以袍带茶彩，又授折平族首领撒通格为顺州刺史，充本族都军主。六月戊戌（廿八），又有叶市、潘、保、薛四族来投镇戎军。秦翰即出兵应援曹玮，接收这批蕃部。李德明再次失掉这批蕃部，于是上书向宋廷投诉。秦翰复奏真宗，称这四族原本是归附宋朝的熟户，今次只是返回故居，并非新近招纳，李德明投诉的并无理据。真宗接受秦翰的解释，且命秦翰与张崇贵移牒回复李德明，指其申诉无理，并且警诫他不要再侵扰境外。这两次宋廷在蕃部争夺战中取得胜利，曹玮自然功劳最大，秦翰也功不可没。[①]

李德明自然心有不甘。七月初，宋廷收到情报，李德明集结诸族兵马，打算攻掠在府州及麟州（今陕西神木市北）的内属蕃部。鄜延都部署向敏中向朝廷报告此事。真宗以秦翰等所辖的泾原路最为重要，屯兵又多，以往只有钤辖和都监二员，实在不足应付，于是在七月壬戌（廿二），增置驻泊钤辖一员，命六宅使、封州刺史李重诲为之。因向敏中和鄜延副都部署石普的连番上奏，指李德明有所图谋，真宗即命秦翰、李重诲和曹玮一同商议军情，防范李德

[①] 《长编》卷六三，景德三年五月辛亥、己巳条，第1401—1402、1404页；六月戊戌条，第1409页。

明入寇。真宗特命转运使一员，专责供应泾原路的军需；另一方面，又命秦翰负责向西凉府首领、潘罗支弟厮铎督（？—1015后）谕旨，命他申戒所属蕃部认真派遣斥候以防备李德明入寇。①

李德明大概知道暂时无法得逞，透过向敏中和张崇贵，多次上表请归顺。张崇贵与秦翰对李德明的态度似乎不同，张主招抚，秦主防范。九月癸卯（初四），真宗最后仍是采纳向、张二人的意见，接受李德明的纳款。庚戌（十一），曹玮再次上言，请出兵接应来投的蕃部伊普才迭三族时，真宗只肯接受秦翰当日的条件：如系旧熟户，则依例安置，其余概不发兵接受。②

十月庚午（初一），真宗授李德明为定难军节度使封西平王，给俸如内地。辛未（初二），真宗以张崇贵招降李德明有功，将他自六宅使、奖州刺史、内侍省右班都知超擢为皇城使、诚州团练使、内侍省左右班都知。丁丑（初八），再命他为李德明的旌节官告使，封赏李德明。十一月庚戌（十一），真宗以西事告一段落，将知永兴军、永清节度使周莹徙为邠宁环庆都部署，将镇守镇戎军有功的曹玮召回京师，加以晋用。真宗没有忘记久在西边，"宣力勤苶"的秦翰，五天后（乙卯，十六），特加秦翰皇城使、入内内侍省都知。"入内内侍省都都知"一职是为他特置的。秦翰上表辞让，但真宗不许。③值得注意的是，真宗给他所信任的两员内臣

---

① 《长编》，景德三年七月壬戌条，第1413页；《宋会要辑稿》第十六册，《方域二十一·边州·西凉府》，第9708页。
② 《长编》卷六四，景德三年九月癸卯至癸丑条，第1424—1425页。
③ 《长编》卷六四，景德三年九月丁卯至十月丁丑条，第1427—1429页；十一月庚戌条、乙卯条，第1433—1434页；《宋史》卷四六六，《宦者传一·李神福、李神祐、秦翰、张崇贵》，第13605—13607、13613、13619页；卷四六七，《宦者传二·韩守英》，第13632页；李攸：《宋朝事实》卷九，《国学基本丛

张崇贵及秦翰,授以内臣两省的最高职位"内侍省左右班都知"和"入内内侍省内侍都都知",以充任位仅次于都部署的鄜延路都钤辖及泾原环庆路都钤辖的兵职高位,其宠任之重可见一斑。

秦翰不以李德明请和而有半点松懈,继续在招纳蕃部的事上用力。十二月丙戌(十八),他上奏宋廷,称当宗族的蕃部叶额实客通来投,请依龛谷、懒家族首领便嘱等先例,月赐俸钱。但真宗认为他无功不当受禄,而命秦翰自今条具有立功的蕃部以闻,然后给予俸钱。①

景德四年(1007)正月甲子(廿六),真宗往巩县(今河南巩义市)祭陵,二月戊辰(初一),抵西京洛阳。壬申(初五),大概因内侍史崇贵(?—1012后)从嘉州(今四川乐山市)使还,奏劾知县王氏贪浊,而盛称佐官昭度廉干,请擢为知县。真宗有感而发,对王旦表示,内臣出使,能访查善恶,固然可奖;但内臣始终服侍宫禁,不宜议论赏罚。然后又郑重地指出:"前代内臣恃恩恣横,蠹政害物,朕常深以为戒。至于班秩赐与,不使过分,有罪未尝矜贷,此辈常亦畏惧。"从真宗这番话可以看出,他虽然委用众多内臣,包括李神福、刘承珪、张崇贵以及秦翰等担任要职,但

书》本,上海:商务印书馆,1935年,第154页。据《宋朝事实》所记,真宗为秦翰特置的职位是入内内侍省都都知。《长编》讹作"都知",脱"都"字。事实上秦翰之前,早有内臣如李神福、李신祐及韩守英等担任"内侍省入内内侍都知""入内都知""入内内侍都知"的职位。秦翰所担任的,就是新置的"都都知"。至于他所加的皇城使,则是诸司正使之首,再迁官便是昭宣使。又《事物纪原》卷五,"都知"条引《宋会要辑稿》的说法,称"国初有内中高品都知、押班,今置都都知、副都知,并在景德三年五月云尔。然则其官自宋始也"。按《事物纪原》将都都知之置系于景德三年五月,疑有误。当从《长编》及《宋朝事实》。参见高承撰,金圆、许沛藻点校:《事物纪原》卷五,北京:中华书局,1989年,第283、342页。

① 《长编》卷六四,景德三年十二月丙戌条,第1437页。

他还是很有分寸，好像太宗一样常常警惕内臣权位不能过高。①三月壬寅（初五），真宗便让秦翰碰钉子，教他懂得内臣的权力须受约制。事缘秦翰请真宗准许他麾下泾原路的内臣走马承受、入内高班王克让前往镇戎军后可以同预兵事。真宗收到奏章后，即批示不准，指出走马承受只当担任奏事，不应预闻兵政，并下诏缘边的走马承受使臣，不许受部署及钤辖差领军马，以图功赏。②此诏显然针对秦翰推荐王克让而下。秦翰大概以为王克让才堪任用，却未想到真宗不希望主要由内臣充任的走马承受有过大的权力。

秦翰对李德明始终心怀疑虑，不因他不断入贡而止。三月癸丑（十六），秦翰又命人将六谷部的蕃书翻译后呈上真宗，奏告六谷部不断为李德明所侵，略无宁日，现时只好集兵警备。真宗也明白六谷部潘罗支当日射杀李继迁，李德明当然志切复仇，阻绝六谷部与缘边属户往来，最终加以并吞。真宗体会秦的苦心，即命知枢密院事王钦若，将六谷部蕃书抄送一直主管夏人事务的鄜延张崇贵，令他晓谕李德明。③

曹玮在三月乙丑（廿八）以捍边之功，从西上閤门副使径升西上閤门使。六月辛亥（十七），真宗即以曹玮出任邠宁环庆都钤辖，取代庸懦不晓事理的周莹。因为向敏中和石普调离鄜延，秦、曹二人加上张崇贵，便又再成为西边的最高军政长官。④

---

① 《长编》卷六五，景德四年正月甲子至二月壬申条，第1443—1445页。
② 《长编》卷六五，景德四年三月壬寅条，第1447页。
③ 《长编》卷六五，景德四年三月癸丑条，第1448—1449页。
④ 《长编》卷六五，景德四年三月乙丑条，第1449—1450页；六月辛亥至癸丑、庚申条，第1463—1465页。除了周莹调职外，鄜延路副都部署石普也在六月癸丑（十九）徙为并代副都部署，稍后鄜延路都部署、知延州向敏中也调知河南府（即洛阳）。

据《群书考索》和《玉海》的记载，秦翰在景德四年四月至十一月期间一度返京述职。真宗在十月曾命他查阅军器库，点算各样武备的数目，以决定要否继续打造。①

秦翰重返西疆后，又再积极处理蕃部归顺的问题。他虽然一直主张招纳蕃部以控扼李德明；不过，他也清楚蕃部中不少人首鼠两端。十二月丙申（初四），他上奏真宗，指出镇戎军纳质院以前有奸猾蕃部以族属为人质的，因依照真宗前诏都已释放，但有人质名伊特古者，族望最大而凶狠多谋，释放他只怕后患无穷。秦翰请求将伊特古及其亲属部送京师，并将他们安置远处军籍。真宗考虑需要取信于蕃部，就取折中的办法，同意将伊特古安置内地的温州。为了安抚他，赐行装钱二万，到温州后就月给粮钱。至于其家属，就许回到镇戎军，授给田地与粮食，不用同往温州。②

真宗翌年（1008）改元大中祥符，在王钦若、丁谓（966—1037）等主导下，开始了长达十五年的东封西祀的天书闹剧。真宗决定是年十月往泰山封禅。四月乙未（初五），真宗命知枢密院事

---

① 曾巩撰，陈杏珍、晁继周点校：《曾巩集》卷四九，《本朝政要策·兵器》，北京：中华书局，1984年，第656页；章如愚：《山堂先生群书考索》，《后集》卷四三，《兵器》，文渊阁《四库全书》本，第15页下—16页上；王应麟：《玉海》卷一五一，《兵制·开宝弓弩院》，上海：上海书店据清光绪九年浙江书本刊本影印，1988年，第2780—2781页。秦翰查察军器库的年月，据曾巩所记，是在"景德中"，章若愚则记在"景德四年"，而王应麟则明确记在"景德四年十月"。秦翰在是年三月前及十二月后均在西疆上奏，他应不在京师。
② 《长编》卷六七，景德四年十二月丙申条，第1510页。关于北宋西北边疆纳质院的研究，以及宋政府对蕃部征人质的原因，可参阅任树民：《北宋西北边疆质院、御书院略考》，《西北民族研究》1997年第2期，第114—118页；及陈金生：《北宋向吐蕃征质及其原因探析》，《西藏民族学院学报（哲学社会科学版）》2008年第2期，第26—29页。

王钦若、参知政事赵安仁并为封禅经度制置使，首席内臣宣政使李神福相度行营道路，筹备东封事宜。戊戌（初八），又委亲信内臣皇城使刘承珪与龙图阁待制戚纶（954—1021）、崇仪副使谢德权（？—1010后）计度封禅发运事。丙午（十六），再命刘承珪及入内副都知蓝继宗在皇城西北天波门外建造昭应宫以奉天书。①扰攘多月，到九月己巳（十二），真宗在出发前，又特委殿头高品周文质提举陕西贼盗事，并谕他便宜控制关右或乘机起事的惰民，还准许他有警急时，可以调用鄜延及凤翔守兵。这时秦翰请求扈从真宗东封泰山，但真宗不许，并下手诏谕以西边委任之重。十月庚戌（廿三），真宗登泰山封禅。随驾的高级内臣计有李神福、李神祐和蓝继宗等。十二月癸卯（十七），东封事毕，群臣升迁。甲辰（十八），真宗又特增宣庆使一职以酬奖随驾有功的宣政使李神福。其他有功的内臣，刘承珪、张崇贵及秦翰均自皇城使迁昭宣使，稍次一级的张继能加东染院使，蓝继宗加供备库使。②总之，真宗这次东封，动用大小内臣多人，不论随驾与否，均覃恩受赏，人人升官，比起秦翰等当年血战沙场，功劳要来得容易多了。

大中祥符二年（1009）二月己丑（初三），真宗进一步确定中下级内臣的职称：入内内侍省内供奉官为内东、西头供奉官，殿头高品为内侍殿头，高品为内侍高品，高班内品为内侍高班，黄门为

---

① 《长编》卷六八，大中祥符元年四月辛卯至戊戌条，第1530—1532页；四月丙午条，第1534页。
② 《长编》卷七〇，大中祥符元年九月己巳条，第1562页；十二月癸卯至甲辰条，第1581页；卷七一，大中祥符二年正月己卯条，第1590页；《宋史》卷四六六，《宦者传一·李神福、李神祐、刘承规、秦翰、张崇贵、张继能》，第13606—13608，13613，13622页；卷四六七，《宦者传二·蓝继宗》，第13633页；《宋会要辑稿》第二册，《礼二十二·封禅》，第1124—1128页。

内侍黄门,共六等,并冠上本省之号。初补职的称小黄门,经恩迁补的为黄门。内侍省的供奉官、殿头、高品、高班、黄门都依照入内内侍省的制度。就在内臣制度确定的翌日(庚寅,初四),宋宫的内臣管理层却来一次大换班:入内内侍省都知李神祐和石知颙,入内副都知张景宗及蓝继宗四人罢职。肇因东封覃恩,内臣不论扈从登山或不登山及不在从祀之列的,真宗命李神祐等按其劳绩而迁叙。入内供奉官范守逊、史崇贵、皇甫文、张廷训初时并迁内常侍,但他们却多次向真宗泣诉李神祐等论功不公。真宗大怒,将四人停官,也尽罢李神祐等四人都知、副都知职,改任先前佐曹利用(971—1029)平定宜州(今广西河池市宜州区)之乱有功的张继能为入内内侍省副都知,代掌省事。①眼见内臣的管理层出现人事问题,真宗大概这时已开始考虑召还在外的两省都知包括秦翰及张崇贵等回朝掌管省务。本来张崇贵在是年上言,以离乡日久,请归葬父母。真宗于是将他自鄜延召还。张崇贵返京师后,表示愿意留在京师供职;但真宗权衡利害得失,觉得继续由熟悉边事的张崇贵镇守鄜延较好。十二月丙申(十六),张以昭宣使、诚州团练使、内侍左右班都知担任鄜延路都钤辖并提举榷场。真宗又许他每年来京师奏事,别赐公用钱二百万以宠之。②

---

① 《长编》卷七一,大中祥符二年二月己丑至庚寅条,第1593页;《宋史》卷四六六,《宦者传一·李神祐、张继能、石知颙》,第13607、13621—13623、13626页。张继能在王均之乱被重谴流儋州,景德二年遇赦还京。景德四年,宜州军校陈进作乱,真宗命曹利用率兵平乱,张继能从征立功。
② 《长编》卷七二,大中祥符二年十二月丙申条,第1644—1645页;卷七四,大中祥符三年七月乙未条,第1681页;《宋史》卷四六六,《宦者传一·张崇贵》,第13619页。据《长编》所载,大中祥符三年七月担任鄜延路都钤辖的还有宿将李继昌(948—1019)。

真宗留张崇贵在西疆，就召秦翰回朝执掌入内内侍省。大概真宗考虑有曹玮在环庆一路，就放心调回秦翰。秦翰回朝的年月不详。首席内臣宣庆使李神福在大中祥符三年（1010）四月逝世，真宗很有可能就在此时召还秦翰，执掌宫中事务，兼任群牧副使。四月辛亥（初二），驸马都尉石保吉卒于京师丰义坊私第，真宗派遣秦翰半夜出宫，护理石的丧事。①

这年八月戊申（初二），真宗继东封后，又准备西祀汾阴（后土所在，今山西万荣县荣河镇庙前村）。他命知枢密院事陈尧叟主其事，参与其事的内臣有昭宣使刘承珪、西京左藏库使张景宗（？—1022后）及供备库使蓝继宗：刘承珪负责计度转运事，张景宗与蓝继宗负责修建行宫及道路。有鉴于李德明又率部出大里河筑栅，而苍耳、平兴、永平界蕃部又相劫杀，恐怕西边不宁，真宗在戊午（十二）将之前徙往镇定路的曹玮调回泾原路。再因张崇贵的上奏，真宗同意在鄜延、环庆及泾原路增加兵马，确保西祀汾阴时西疆不出乱子。真宗仍然放心不下，因夏州属户扰乱边境，他在八月乙丑（十九）再派秦翰赍诏书及茶药往汾阴慰劳陈尧叟等后，顺道前往西边巡察。秦翰获得调兵全权，真宗诏命鄜延、环庆、泾原路部署司配合，得到秦翰移文便立即发兵接应。戊辰（廿二），真宗命秦翰为河西兵马钤辖，前往河西视察。秦翰抵达后，见蕃落安

---

① 《长编》卷七三，大中祥符三年三月癸卯条，第1660页；四月壬子条，第1662页；《宋史》卷四六六，《宦者传一·李神福、秦翰》，第13613页；《宋会要辑稿》第四册，《仪制十三·内侍追赠·赠观察使》，第2570页；《全宋文》第十册，卷一九九，《李宗谔二·石保吉神道碑》，第72—73页。秦翰当时的全衔为昭宣使、入内内侍省内侍都知、恩州刺史。又曹玮担任环庆路钤辖，直至大中祥符三年三月才徙往镇定路。

堵如旧，乃令各路宋军不必出师。任务完成后，秦翰随即驰驿赶返汾阴行在，以迎接真宗到来。十二月戊辰（廿四），真宗命签署枢密院事马知节（955—1019）为行宫都部署，客省使曹利用及秦翰以及入内都知邓永迁（？—1014）等并为行宫使。①

大中祥符四年（1011）正月癸巳（十九），秦翰从西边抵行在，真宗即命他都大提举行在御厨、翰林、仪鸾司。凡行在诸司细务，真宗悉令秦翰裁决，不须覆奏。丁酉（廿三），真宗从京师出发赴汾阴。二月癸丑（初九）抵河中府（今山西永济市西），辛酉（十七）抵汾阴祀后土。壬戌（十八）以大礼成，大赦天下，文武百官俱获升迁。四月甲辰（初一），真宗一行返抵京师。壬申（廿三），真宗行正月壬戌（十二）赦书之赏，秦翰加领平州团练使。②

五月戊戌（二十），真宗命内客省使曹利用为鄜延部署，取代老病的李允正。八月，久守西边的内臣张崇贵卒于鄜延路都钤辖任上。③这次真宗大概以曹玮及曹利用均在西边，就没有再调动年已

---

① 《长编》卷七四，大中祥符三年八月戊申条，第1682页；八月戊午、癸亥条，第1684页；八月己丑条，第1686页；《宋会要辑稿》第三册，《礼二十八·祀汾阴北郊》，第1289、1291页；第五册，《职官四·尚书省·行在诸司》，第3115页。秦翰任行宫使所带职衔仍为入内都都知，位在邓永迁之上。
② 《宋史》卷八，《真宗纪三》，第147—148页；《宋史》卷四六六，《宦者传一·秦翰》，第13613页；《长编》卷七五，大中祥符四年四月甲子至丙寅条，第1720页；《宋会要辑稿》第三册，《礼二十八·祀汾阴北郊》，第1292页；第五册，《职官四·尚书省·行在诸司》，第3116页。按《宋会要·职官四·尚书省·行在诸司》记秦翰在正月己丑（十五）都大提举各行在诸司。
③ 《长编》卷七五，大中祥符四年正月甲午条，第1708页；五月癸巳条，第1722页；卷七六，大中祥符四年六月甲子条，第1727页；《宋会要辑稿》第四册，《仪制十三·内侍追赠·赠观察使》，第2570页；《宋史》卷四六六，《宦者传一·张崇贵》，第13619页。考《宋史·张崇贵传》《宋会要·仪制十三》及《长编》卷七五大中祥符四年正月甲午条注均以张崇贵殁于大中祥符四年八

花甲的秦翰出守西边,代替张崇贵。

大中祥符五年(1012)宋宫最大的两宗盛事,首先是真宗最宠爱的刘修仪(即章献刘太后,970—1033,1022—1033摄政)在五月戊寅(十一)被册为德妃。九月,真宗咨询宰执大臣的意见后,于十二月丁亥(廿四)正式册刘德妃为皇后。①另一件大事为十月壬寅(初八),真宗君臣又称梦见神人传玉皇之旨。同月戊午(廿四),所谓赵氏始祖的圣祖"九天司命上卿保生天尊"降于延恩殿,并授真宗天书。己未(廿五),真宗大赦天下。闰十月丁卯(初三),真宗命王旦等五名宰执大臣往太庙躬谢祖宗,展开第二轮东封西祀的序幕。②在这两宗宫廷大典中,身为入内内侍省主管的秦翰,没有记载他有何特别的表现,大概只是依真宗之意办事,没有得到特别的嘉奖。相较之下,最得真宗宠信的首席内臣宣政使、应州观察使刘承珪,在这年十二月甲子(初一),因修玉清昭应宫有功,获真宗恩授特置的景福殿使,并加官为新州观察使。③

这里值得一谈的,是秦翰担任入内内侍省都都知的管理成绩。从下面几件事情看来,他驭下似乎恩多而威少。好像在大中祥符五年二月,他便为手下求恩转官职。以他为首的入内内侍省上言,请将前行费逊依从陈莹的前例转职。真宗表示陈莹是太宗任开封

月。但不知为何,《长编》卷七五,大中祥符四年六月甲子条,却记张崇贵子张承素向真宗请求为其亡父立碑,似乎将张崇贵逝世系于是年六月。

① 《长编》卷七七,大中祥符五年五月戊寅条,第1765页;卷七八,大中祥符五年九月戊子条,第1786—1787页;卷七九,大中祥符五年十二月丁亥条,第1810页。
② 《长编》卷七九,大中祥符五年十月戊午、闰十月丁卯、己巳条,第1797—1800页。
③ 《长编》卷七九,大中祥符五年十二月甲子条,第1806—1807页。

府尹时的日宅库前行，故此特补为殿直，费逊不应援引此例。真宗还申诫，入内内侍省只有前后行曹司名目，以后不得别置勾押官。秦翰这次为手下求升迁，没想到会遭到拒绝。①秦翰驭下不严，这一年的后半年他的手下连续发生几宗违法被责事件：首先是九月壬申（初七），高班朱咸因违制与富民饮食，被杖责并发配为西京内品。十一月辛丑（初八），内侍杨怀恩被指妄言家婢搬弄谗言，弄至父母有意分居。真宗以他生事，将他责配唐州（今河南唐河县）。稍后，又有人投诉入内内侍省遣亲事卒伺察仓廪，乘机向管事者索取财物。真宗得报即下令开封府捕劾，予以严惩。②

秦翰作为入内内侍省最高的主管，手下内臣犯法，他实难辞管治不严的责任。大概有见他治军较治省事称职，真宗在大中祥符六年（1013）三月甲辰（十三），亲撰《内侍箴》一篇赐两省长官阎承翰及秦翰等。阎承翰上表请刻石本省，相信秦翰也会在入内内侍省内照办。③

这年七月，真宗宠信的首席内臣景福殿使刘承珪病卒④，秦翰成为名位最高的内臣。同月丁巳（廿七），真宗接受群臣请求，同意不日驾幸亳州谒太清宫。八月庚申（初一），真宗下诏来春亲谒亳州太清宫，祭祀老子以下道教诸仙。辛酉（初二），真宗以参政

---

① 《长编》卷七七，大中祥符五年二月丙寅条，第1758页。
② 《长编》卷七八，大中祥符五年九月壬申条，第1784页；卷七九，大中祥符五年十一月辛丑至癸卯条，第1804页。
③ 《长编》卷八〇，大中祥符六年三月甲辰条，第1820页。
④ 《长编》卷八一，大中祥符六年七月丙申条，第1839页；《宋史》卷四六六，《宦者传一·刘承规》，第13609页；《宋会要辑稿》第四册，《仪制十三·内侍追赠·内侍赠两官》，第2569页。按七月丙申（初六）刘承珪以病求罢，同月卒，惟卒日不详。真宗赠刘镇江军节度使，谥忠肃。

丁谓为奉祀经度制置使，翰林学士陈彭年（961—1017）副之；另仿效祭汾阴之制，差派各使负责各种准备工作。①刘承珪故世，由内臣负责的祭祀太清宫的工作，就落在秦翰的肩上。《宋史·秦翰传》轻轻一句"奉祀亳州，掌如汾阴"②，容易教人忽视这其实是一件不易为的苦差。

十月甲戌（十六），龙图阁待制孙奭（962—1033）上疏反对真宗再祠太清宫，但改变不了真宗的决定。十二月丙寅（初九），真宗任命出巡后京师及大内的留守职务：兵部尚书寇準权东京留守，位次于秦翰的内侍都知阎承翰为都大管勾大内公事。己巳（十二），真宗再委出扈从的官员名单，内臣扈驾的除秦翰外，还有入内都知邓永迁，二人并为行宫使。此外，洛苑使张景宗、内侍右班副都知窦神宝负责整肃行在禁卫，另外入内副都知张继能也命为天书扶侍都监。真宗又特命秦翰与昭宣使赵承煦与枢密院诸房副承旨尹德润（？—1017后）提举往来顿递事。③

---

① 《长编》卷八一，大中祥符六年七月丁巳条，第1843页；八月庚申至辛酉条，第1844页。
② 《宋史》卷四六六，《宦者传一·秦翰》，第13613页。
③ 《长编》卷八一，大中祥符六年十月甲戌条，第1850—1851页；十二月丙寅条，第1854页；卷八三，大中祥符八年七月丁丑条，第1893页；《宋会要辑稿》第三册，《礼五十一·徽号·朝谒太清宫》，第1882页；第五册，《职官四·尚书省·行在诸司》，第3116页；《宋史》卷四六六，《宦者传一·阎承翰、张继能》，第13611—13612，13623页；卷四六七，《宦者传二·蓝继宗》，第13633页。考《宋会要辑稿·礼五十一·徽号·朝谒太清宫》条详细记录寇準以下文武官员留守的名单，又记阎承翰的官职为内侍都知，而非《长编》祥符六年十二月甲寅条所记的入内都知。（《长编》大中祥符八月丁丑仍以阎承翰为内侍都知）。按《宋史·阎承翰传》记阎授入内都知在大中祥符七年以后，而《宋会要辑稿》记他在七年十一月卒时官入内都知，可知阎在七年八月后曾迁入内都知，并非《长编》卷八一所记在六年十二月已迁官。另真宗还委任内臣崇仪使蓝继宗、入内押班周怀政、内殿崇班周文质同管勾大内公事，为阎承翰之佐。

大中祥符七年（1014）正月壬寅（十五），真宗与以宰相王旦为首的群臣从京师出发，庚戌（廿三）抵亳州，甲寅（廿七）从亳州启程返京，二月丙寅（初十）返抵京师，历时前后近两个月。三月戊戌（十三），真宗以奉祀之劳给丁谓以下进秩，但未载秦翰等升迁的情况。①

　　六月乙亥（廿一），枢密使王钦若、陈尧叟因在平蛮有功的内臣王怀信（？—1025后）赏功事上与枢密副使马知节在真宗前争执，三人全被罢免。真宗复用寇準为枢密使，并召回知镇州王嗣宗（942—1019）、鄜延都部署曹利用回朝担任枢密副使，徙泾原仪渭镇戎军路钤辖张继能为鄜延都钤辖，代替曹利用。当张崇贵卒，秦翰召入，张继能成为真宗信任守西边的内臣。②

　　这年十一月，秦翰手下两员入内都知阎承翰和邓永迁先后逝世。③秦在入内内侍省最得力的助手是真宗日渐宠信的入内押班周怀政（979？—1020），许多与天书奉祀有关的差使，真宗都委他办理。④

---

① 《长编》卷八二，大中祥符七年正月壬寅至二月辛酉条，第1862—1865页；三月戊戌条，第1867页。
② 《长编》卷八二，大中祥符七年六月乙亥条，第1882—1883页；卷八三，大中祥符七年十一月乙未条，第1902页；《宋史》卷四六六，《宦者传一·张继能》，第13623页。
③ 《宋会要辑稿》第四册，《仪制十三·内侍追赠·赠观察使·赠防御使》，第2570—2571页。考邓永迁在七年十一月以皇城使入内内侍省内侍都知、恩州团练使卒，宋廷追赠宣州观察使。阎承翰亦在同月以南作坊使、奖州团练使、入内内侍省内侍都知上卒，追赠怀州防御使。
④ 《宋史》卷四六六，《宦者传一·周怀政》，第13615页；《长编》卷八三，大中祥符七年十二月壬戌条，第1906页；卷八四，大中祥符八年正月丁酉条，第1914页。

大中祥符八年（1015）正月壬午（初一），真宗率群臣往复修的玉清昭应宫拜祀，并大赦天下，诏内外文武官任职满三年者，有司考课以闻。①这次是秦翰参与的最后一次大典。

四月壬戌（十三），寇準再被罢枢密使，而寇的政敌王钦若及陈尧叟随即复任枢密使。②这里值得一谈的是，文臣之间的斗争，秦翰都能置身事外，不像刘承珪那样与王钦若及丁谓等狼狈为奸，被时人称为"五鬼"。③是月壬申（廿三），真宗幼弟荣王元俨（985—1044）宫失火，延烧至大内多处。真宗即命丁谓为大内修葺使，而以殿前都指挥使曹璨（950—1019）、马军副都指挥使张旻及秦翰，并为同管勾修葺公事。秦翰在忙于修葺大内工作之余，仍不忘本省的事务，特别是为手下争取恩典。五月庚辰（初一），他又上奏请权赐内臣端午节的时服，请求得到真宗批准。④辛勤工作一月多，至六月壬子（初四），丁谓奏上真宗，大内诸殿修葺毕功。真宗还未赏功，秦翰却在闰六月戊戌（二十），在内庭之廨所暴卒，似乎是中风，得年六十四。秦翰卒时最高的官位是昭宣使、平州团练使、入内内侍省都都知。⑤

---

① 《长编》卷八四，大中祥符八年正月壬午条，第1911页。
② 《长编》卷八四，大中祥符八年四月壬戌条，第1922—1925页。
③ 《长编》卷七八，大中祥符五年九月戊子条，第1788页。
④ 《长编》卷八四，大中祥符八年四月壬申条，第1927页；五月辛巳条，第1928页；《宋会要辑稿》第五册，《瑞异二·火灾》，第2640—2641页；第十五册，《方域一·东京杂录》，第9273页；《宋史》卷四六六，《宦者传一·秦翰》，第13613—13614页。
⑤ 《长编》卷八四，大中祥符八年六月壬子条，第1931页；卷八五，大中祥符八年闰六月戊戌条，第1939页；卷一三二，庆历元年五月壬戌条，第3124页；《宋史》卷四六六，《宦者传一·秦翰》，第13614页。宋廷在仁宗庆历元年五月壬戌（十四），将入内内侍省都都知的班次比景福殿使。秦翰在世时，他仍位在带景福殿使如刘承珪之下。

真宗闻知其死讯,甚为悼惜,为之泣下,特赠他贝州观察使,赙襚加等。大内修竣完全毕功,真宗又赐秦翰家人袭衣和金带。大中祥符九年(1016)正月己未(十四),再加赠他彰国军节度使。真宗又命翰林学士杨亿为秦翰撰写碑文,可惜碑文未有传世。①

秦翰有内臣养子一人,名秦怀志(?—1023后),官至内殿崇班。怀志生平事迹不详,《宋会要辑稿》录有他两条事迹,其一是记在乾兴元年(1022)十一月,宗正寺上言当时官入内供奉官的秦怀志自陈,先前奉差勾当后庙兼充本庙宫闱令。秩满,就请酬奖。诏特与迁一资。大概秦怀志这时迁官内殿崇班。其二是记在天圣元年(1023)七月丙戌(廿四),秦怀志以内殿崇班,与白仲达奉命修筑京师的新旧城墙。②

五、结论

被视为宋初内臣楷模的秦翰,从太平兴国四年参与对辽满城之战,到大中祥符三年被召回京师执掌禁省,除了数次短暂奉召回朝外,前后在西北两边三十多年。他身经百战,屡立战功,不愧为宋初的内臣名将。秦翰自入宋廷以来,即得到太宗,特别是真宗的

---

① 《长编》卷八五,大中祥符八年闰六月戊戌条,第1939页;《宋会要辑稿》第四册,《仪制十二·再赠官》,第2564页;《仪制十三·内侍追赠·赠观察使》,第2570页。

② 《宋史》卷四六六,《宦者传一·秦翰传》,第13614页;《宋会要辑稿》第六册,《职官二十·宗正寺》,第3565页;第十五册,《方域一·东京杂录》,第9273页。

赏识，死时真宗且为之泣下。真宗对宰相王旦公开表扬秦翰，称许他许多优点，包括"尽忠国家，不害人，亦不妄誉人"，所以秦翰每有陈奏，都得真宗重视。真宗又对王旦言及秦翰在太宗朝，曾自荐舍命前往刺杀李继迁，故太宗已甚欣赏其忠。真宗又提到秦翰守边，边臣有骄傲自任，难与人谋事的，秦翰都能驯服，因他对人推诚坦直，言无枝叶，所以众人都愿意听从他的意见。真宗尤其欣赏他的为人，当刘承珪死时，秦翰为刘说话，指出因为刘做事不避众怨，故此与他不和的人，就会在他死后加以谤言，他请真宗不要听信这些不实言词。本来真宗就深深宠信刘承珪，听了秦翰为刘辩解的话，就更加嘉许秦是不可及的长者。[①]

王旦也对秦翰有很高的评价，却不是为了附和讨好真宗。王旦的看法大概可以代表当时士大夫对秦翰的评价。王旦称许秦翰"廉谨谦下，人多推其长者"，又指当年雷有终在西川平定王均时，与上官正和石普不和，全赖秦翰为之调解，不然就会出事。王旦的至交杨亿对秦的态度，也反映当时文臣对秦翰的敬佩。当杨奉命为秦翰撰写碑文，就以秦翰廉洁，不蓄家财，而不收取应得的笔金，以表尊敬。[②]仁宗庆历元年（1041）五月，秦翰死后二十六年，左正言孙沔（996—1066）因论内侍别立主司的问题，而谈到真宗当年立"内臣箴"的意义。孙特别引述"是以先朝秦翰等数人履行端谨，节义深厚，心皆好善，意不害人，出则总边方之寄，归则守内庭之职，俾之兼领，亦不侵官，止守使名，终无殊命"。在孙沔的

---

① 《长编》卷八五，大中祥符八年闰六月戊戌条，第1939页。
② 《长编》卷八五，大中祥符八年闰六月戊戌条，第1939页。杨亿拟辞却秦翰家所赠笔金时，真宗不许，仍要杨亿接受，时论都称美杨亿。

眼中，秦翰无疑就是文臣心目中的内臣典范。①

秦翰在武人当中也享有很高的评价。一方面秦翰倜傥有武功、有方略。他一生战斗勇猛，负创四十九处，群帅都推崇他勇敢。另一方面，如上面所引真宗和王旦对他的看法，他个性温良谦谨，待人以诚，从来不以钦差中使监军的身份欺压诸将，故此群帅有刚狠不和如上官正、石普等，秦翰都得到他们的信任及欢心，而听取他的调解。更重要的是，秦翰善待部下，轻财好施，所得俸赐多均给将士外，又能与将士同甘苦，故此能得众心，乐为所用。据称他逝世时，禁旅有泣下的。②

秦翰与内臣关系也很好，除了上文提到他为刘承珪辩谤外，他长期担任入内内侍省的长官，一直都为属下谋求恩典。当然，他的管理不无宽松之嫌。

从君相、文臣、武臣以至内臣眼中去看，秦翰无疑是教人敬佩的模范内臣。他能文能武，在沙场奋勇杀敌，负伤累累；在内廷办事，克尽厥职，而本人轻财好施，廉谨奉公，并保护同僚，照顾下属。更重要的是，他虽然身居高位，却像比他资历稍次的内臣蓝继

---

① 《长编》卷一三二，庆历元年五月壬戌条，第3125—3126页；赵汝愚编，北京大学中国中古史研究中心校点整理：《宋朝诸臣奏议》卷六一，《百官门·内侍上》，《孙沔·上仁宗论者知押班不可升于閤门引进之上·庆历元年上》，上海：上海古籍出版社，1999年，第668页。
② 《长编》卷八五，大中祥符八年闰六月戊戌条，第1939页；《宋史》卷四六六，《宦者传一·秦翰传》，第13614页；《东都事略》卷一二〇，《宦者传·秦翰》，第1852页。本文初刊时的一位匿名审稿人提出，好像秦翰这样的内臣之成为名将，当有其特殊性，例如他可以调和诸将之间的矛盾等，也许出于他这样特别的身份的作用。审稿人建议笔者应进一步探究。笔者同意审稿人之意见，事实上秦翰以内臣而从征，无论他带都监或钤辖的职衔，实际上都有钦差、监军的身份，这都是诸将所认识的，只是秦翰从没有摆出钦差或监军的架子而已。

宗一样，明智地从不介入文臣间的权争。当然，这也由于他长期镇守边疆，可以置身事外。

宋元以后，士大夫对秦翰的评价基本是沿袭《宋史》的意见。明末毛一公（？—1620后）撰《历代内侍考》，即云：

> 论曰：宋沿唐制，以内侍监军督战，以其勇略自雄者，特亦有之。若夫和辑群帅，恩结众心，而家不蓄财，惟秦翰独尔。翰其内侍中之曹武穆哉！一时将士，生而乐为之用，殁而泣下，以足以知翰也。①

明人能对秦翰有如此正面的评价，将之比作内臣中的曹玮，是十分难得的。其他统兵作战的宋代内臣，就没有获得像秦翰的评价。

过去学术界讨论宋代内臣参与军事的问题时，已提出宋室君臣殷鉴唐代的教训，而对内臣采既使用又防范的策略。秦翰的个案让我们看到真宗君臣的具体做法：内臣可以带兵，甚至出任都钤辖的高级兵职，但绝不委以禁军任何军职。正如孙泂所说，他们"出则总边方之寄，归则守内庭之职"。另外真宗也不会让内臣独揽一方兵权，不像乃父一样，委任王继恩作为平叛的主帅。在真宗一朝，秦翰、张崇贵、韩守英、阎承翰、张继能等都被任为西北各路的都钤辖；但真宗同时委任其他武将为本路的都部署、副都部署、部署以分其权。这在制度上保证内臣统兵不会尾大不掉。南宋人林駉

---

① 毛一公：《历代内侍考》卷一一，载《续修四库全书》第517册，《史部·传记类》，上海：上海古籍出版社据浙江图书馆藏清抄本影印，2002年，第111—112页。

（？—1232）在评论本朝宦官制度时，便说："国朝惩五季阉宦横肆之弊，不典兵，不预政，子孙守之永为家法。旧制内臣于外不预公事，此不使预政也。旧制宦官专任本职，不得典卫，此不使之典兵也。"①而在人事上，真宗君臣所用的统兵内臣，除有武干外，还多是安分守法的人，即孙沔所谓"履行端谨，节义深厚，心皆好善，意不害人"的人。为此，真宗也就用人不疑，比如秦翰和张崇贵等，便被长期委任镇守西疆，拥有处理对西夏李德明及蕃部的剿抚事宜的大权。从内臣参与军事的效果来说，真宗一朝大体上是成功的，秦翰、张崇贵、周文质等人在对辽夏战争屡建功业的事例即为明证。

制度与人事是我们评估宋代内臣参与军事成效的两大要素。值得注意的是，宋代内臣两省制度在真宗一朝正式确立，真宗本人并亲撰《内臣箴》，加强内臣的管理。在良好的内臣管理制度之下，加上真宗君臣谨慎选任两省主管人选，宋初就不乏秦翰这些德才兼备的良阉。宋初没有重蹈唐代覆辙，一方面与宋初君臣任用内臣带兵时，能清醒地加以控制与防范有莫大的关系；另一方面，宋初君臣有意识地树立以秦翰等为代表的内臣模范，也产生良好的作用。宋初建功立业的阉将颇不乏人，宜乎多作个案研究加以阐发。②

最后，笔者也拟就秦翰的个案，对宋代内臣的"文宦"与"武

---

① 林駉：《古今源流至论续集》卷八，《宦官下》，第6页下。
② 关于笔者所提出在真宗一朝，建立了良好的内臣管理制度，从而选拔了如秦翰这样的"内臣模楷"的论点，本文初刊时的一位匿名审稿人建议笔者"略增加一些关于反面例证的说明"。笔者完全同意，未来当会选择与秦翰不同的反面例证加以论述。

宦"的界定作一点补充。诚如上文所引孙沔的说法，像秦翰这类"武宦"是"出则总边方之寄，归则守内庭之职"。即是说，他们在外时，会被委以一方的兵职；返回朝廷时，就会重掌原本所带两省的职责如都知、押班一类。前者只是临时差遣，后者才是本职。至于"文宦"，他们的本职一样是"守内庭之职"。他们有别于"武宦"的地方，则是在宫廷外的临时差遣，多是修建陵墓、监修书刊、营造殿堂以至监临地方酒税这一类非军事任务。另外，这些"文宦"多半较有文才而少有武干。

附　记

本文原载《中国文化研究所学报》2012年第55期，第23—57页。除了改用新版的《全宋文》、新校点本的《宋会要辑稿》及新校注本的《宋太宗皇帝实录》，以及增补一两条注释，特别增补了秦翰部将杨怀忠新近出土的墓志铭外，论文观点未有更改。

第四篇　北宋内臣蓝继宗事迹考

一、前言

名列《宋史·宦者传》的宋初内臣蓝继宗（960—1036）是值得注意的人物。一方面他与两个养子蓝元用（？—1055）和蓝元震（？—1077），从太祖开宝四年（971）至神宗熙宁九年（1076），父子兄弟相继服侍内廷逾百年，官至内臣最高职位的入内内侍省都知及副都知，从而参与了许多宋廷大大小小的政事，发挥着或明或暗的影响力①；另一方面，透过蓝元震的转述和司马光（1019—1086）的笔录，蓝继宗也是宋代最重要笔记小说《涑水记闻》的重要史源提供者。②虽然，还有其他内臣曾向司马光提供宫

---

① 《宋史》卷四六七，《宦者传二·蓝继宗附蓝元震》，第13633—13644页。又清人梁廷枏（1796—1861）所撰的《南汉书》，将蓝继宗列于该书的《宦者传二》。梁氏所撰的《蓝继宗传》本于《宋史·蓝继宗传》，没有增加什么内容，却将蓝继宗入宋廷的年龄，从原本的十二岁误写为二十岁。参见梁廷枏著，林梓宗校点：《南汉书》卷一六，《宦官传二·蓝继宗》，广州：广东人民出版社，1981年，第89页。
② 考《涑水记闻》卷一，"符彦卿不可复委以兵柄"（44条）、卷六，"朱能得

廷掌故，但及不上蓝继宗数量之多。①

笔者在2007年3月，尝试以个案研究的取向，考述蓝继宗父子三人的事迹。其后拙稿屡有修订，期间虽然能增添补充的史料有限，但笔者在网上及书店却发现内地宋史学者李之亮近期所撰的历史小说《赵宋王朝》与《烽戎底定》，其中颇多章节都有蓝继宗的

天书"（167条）、"孙奭谏西祀"（168条）、"驳幸金陵与蜀"（169条）、"高琼请幸北城"（170条）、"寇准在澶渊"（171条）、"王钦若潜寇准"（172条）、"王旦举代"（173条）、"出李迪而留丁谓"（174条）等九条，据司马光所述，乃"蓝元震云""皆蓝元震云""元震及李子仪云""直省吏亲为元震言之"。至于蓝元震从何得知这些掌故，司马光即补充说明"前数事皆元震闻其先人所言也，元震先人为内侍省都知"。蓝元震的先人，据邓广铭教授（1907—1998）的考证，就是仁宗朝官至景福殿使、入内内侍省都知的蓝继宗。参见司马光撰，邓广铭、张希清校注：《涑水记闻》卷一，第44条，"符彦卿不可复委以兵柄"，北京：中华书局点校本，1989年，第20页；卷六，第167条，"朱能得天书"，第113—118页。司马光这几则得自蓝元震的传闻，均为李焘《续资治通鉴长编》所采用，其长短李焘亦有所辨正。李裕民怀疑《涑水记闻》第167条及168条，即孙奭上疏两条，很有可能因传抄时掉落了本来传述者的名字，故给人错觉，以为这两条和后面六条都是蓝元震所传述。不过，笔者以为孙奭上疏之事与天书封祀关系密切，而蓝继宗一直参与天书封祀，他将强烈反对天书的孙奭的言行记下，也在情理之中。在没有确实的版本证据前，笔者暂仍将此两则传闻视为蓝元震所述。参见《长编》卷四，乾德元年二月丙戌条，第83—84页；卷五七，景德元年闰九月乙亥条，第1267—1268页；卷五八，景德元年十月丙子条，第1287页；十二月丁亥条，第1292—1293页；十二月戊戌条，第1298页；卷六二，景德三年二月丁酉条，第1398页；卷七四，大中祥符三年十二月癸酉条，第1698—1702页；卷八四，大中祥符八年四月壬戌条，第1922—1925页；卷九三，天禧三年三月乙酉条，第2141—2143页。卷九六，天禧四年八月辛巳条，第2211页；十一月乙丑至己巳条，第2223—2226页。

① 源出于内臣口述的传闻，《涑水记闻》除收录蓝元震所传的九则掌故外，还收有仁宗朝内臣邓保吉（？—1067）及阎士良（？—1079后）所传的两则掌故。邓保吉在仁宗晚年已位至内侍省都知，至神宗朝官至延福宫使、入内内侍省都都知、武康军节度观察留后，谥僖温，治平四年（1067）十月赠镇宁军节度使守太尉，位尚在蓝继宗之上。参见司马光：《涑水记闻》卷八，第214条，"邓保吉云·马知节为人质直"，第144页；卷一〇，第284条，"阎士良云·仁宗欲纳陈子城女成后"，第183页；《宋会要辑稿》第四册，《礼五十八·谥·群臣谥》，第2062页；《仪制十三·内侍追赠·内侍赠二官》，第2569页。

角色。在《赵宋王朝·宋仁宗》里，开首第一回第二页便点上"大内都总管"蓝继宗的名字，且在这回里频频出场。虽然在小说里，他不过是一个小配角，事迹又都几乎出于杜撰，但他能受宋史研究同道的青睐，也是值得欣慰的事。①

蓝继宗的生平事迹主要见于《宋史·宦者传》以及《续资治通鉴长编》《宋会要辑稿》有关章节，在宋人文集所收的碑记、墓志铭也有零星的记载，最可惜的是迄今未见他们父子的墓志铭出土。②这对重建他的生平事迹有文献不足征之叹。然而，本文仍尝试在有限的史料下，从蓝继宗服役内廷经年，旁观暗看宋宫的角度切入，以探究宋初，尤其真宗及仁宗（1010—1063，1022—1063在位）朝政海波涛的侧面。另一方面，本文亦试以蓝继宗的个案，探索北宋内臣的不同类型，以补充过去对内臣所作的宏观研究有可能漏略的观点。而通过考索蓝继宗的生平经历，即可以帮助我们进一步了解本书第131页脚注②提及《涑水记闻》那几则掌故之背景，以及蓝继宗对有关政治人物的爱憎态度。

比起蓝继宗，蓝元用的事迹著录于史籍的更少，只附载在《宋史·蓝继宗传》之后。本文亦据宋人文集碑铭等记载，附考其在蓝元用过世后的生平事迹。

---

① 李之亮：《赵宋王朝》，《仁宗皇帝》第2，南京：江苏文艺出版社，2007年，第11—12页。
② 宋代内臣墓志铭极少传世，整个北宋尚未见有内臣的墓志铭著录，在两宋之际的内臣墓志铭仅有曹勋的《松隐集》所收的三通内臣墓志铭，以及孙觌《鸿庆居士集》所收的一篇内臣墓志铭。另外，20世纪在内蒙古及东北出土了两通原为宋内臣后降辽的内臣墓志铭。有关研究可参阅本书第二篇《两个被遗忘的北宋降辽内臣冯从顺与李知顺事迹考》、第九篇《曹勋〈松隐集〉所收的三篇宋代内臣墓志铭》、第十篇《两宋之际内臣李中立事迹考》。

蓝继宗父子兄弟相继出任内臣高职的事实，也让我们看到宋代内臣的官僚系统内出现"内臣世家"的现象，与主流官僚系统内的文臣武将情况并无不同。① 简而言之，从蓝氏父子兄弟的一生经历中，我们可以从一个侧面窥见北宋内臣在政治上的角色。

　　有关北宋内臣的研究，过去以通论性的著作较多，十多年前张邦炜教授撰有专文《北宋宦官问题辨析》。② 另外游彪教授（1965—2024）与刘春悦女士在2001年也合撰一篇专题研究《宋代宦官养子及荫补制度》，也值得参考。③ 至于研究宋代内臣制度的就更多。④ 王曾瑜教授及汪圣铎教授近几年以徽宗（1082—1135，1100—1126在位）朝的内臣作整体研究，是宋代内臣研究的新方

---

① 北宋内臣父子兄弟继任高职的例子很多，除蓝继宗父子外，窦神兴（？—980后）、窦神宝（949—1019）兄弟，李神福（947—1010）、李神祐（？—1016）、李舜举（？—1082）兄弟祖孙，刘承珪（950—1013）、刘从愿（？—1048）父子，石知颙（951—1019）、石全彬（？—1070）祖孙，张惟吉（？—1054）、张若水（？—1077）父子，王承勋（？—1035后）、王守忠（？—1054）、王守规（1011—1077）父子兄弟皆是。考日本学者藤本猛曾撰文考述李神福内臣家族的历史，该文是外国学者少数注意内臣家族的文章，值得参考。参见《宋史》卷四六六，《宦者传一·窦神宝、李神福、李神祐、刘承珪、石知颙、石全彬》，第13600—13601、13605—13610、13625—13627页；卷四六七，《宦者传二·张惟吉、张若水、王守规、李舜举》，第13634—13636、13638、13644—13645页；藤本猛：《北宋时代における宦官世族——开封李氏の例を中心に——》，载《清泉女子大学人文科学研究纪要》，2017年第38号，第23—46页。

② 参见张邦炜：《北宋宦官问题辨析》，《宋代政治文化史论》，第47—77页。张氏另撰有《南宋宦官权势的削弱》一文，见同书，第78—97页。

③ 参见游彪、刘春悦：《宋代宦官养子及荫补制度》，《中国史研究》2001年第2期，第107—118页。又游彪的专著，其中一章内容与该文大致相同。参见游彪：《宋代荫补制度研究》，第九章《宋代宦官及荫补制度》，北京：中国社会科学出版社，2001年，第248—268页。

④ 例如，程民生教授近年便研究御药院，丁义珏博士的论文便研究北宋前期内臣制度。丁氏近期也进一步研究御药院，成果即将发表。参见丁义珏：《北宋前期的宦官：立足于制度史的考察》，北京大学博士论文，2013年；程民生：《宋代御药院探秘》，《文史哲》2014年第6期，第80—96页。

向。最近即有硕士论文，整体地初探神宗与哲宗朝的内臣。①不过，北宋个别内臣的个案研究，似乎尚不多见，有国内学者写过一篇刘承珪传记的短文，惟深度不足。②而北宋中后期最重要的内臣如李宪（1042—1092）、童贯（1054—1126）及梁师成（？—1126），目前尚未见有分量的相关研究面世。③若论对北宋政治及军事的影响力，平心而论，本文及下一章所论述的蓝继宗父子，也许比不上李宪与童贯等；不过，以蓝氏父子的个案作为研究宋代内臣世家的起点，或许能起抛砖引玉的效果。

---

① 参见王曾瑜：《宋徽宗时的宦官群》，中国社会科学院历史所隋唐宋辽金元史研究室编：《隋唐辽宋金元史论丛》第五辑，上海：上海古籍出版社，2015年，第141—186页；汪圣铎：《北宋灭亡与宦官——驳北宋无"阉祸"论》，《铜仁学院学报》2016年第1期，第115—126页；许玲：《宦官与宋神宗哲宗两朝政治研究》，山东大学硕士论文，2016年。
② 参见李鸿渊：《宋初宦官刘承规传论》，《西安电子科技大学学报（社会科学版）》2009年第4期，第100—104页。
③ 多年前陈守忠教授（1921—2019）曾写过一篇有关李宪取兰会的专文，香港大学一位本科生聂丽娜也写过一篇短文，但水平不高。笔者正在撰写李宪的传记，不日将会发表。而较近期的童贯研究，除了全建平一篇学术札记外，还有张云筝一篇短文。另外美国学者唐·怀亚特（Don J.Wyatt）在一篇讨论宋代尚武精神的体现时，除以柳开（948—1001）及范仲淹为例外，也以十五页（包括注释）的篇幅论析童贯的军旅生涯。不过，该文以议论为主，并没有（也不能）详考童贯的生平事迹。参见陈守忠：《李宪取兰会及相关城寨遗址考》，《西北史地》1986年第1期，第85—90页。该文后收入氏著：《河陇史地考述》，兰州：甘肃人民出版社，2007年，第129—136页；聂丽娜：《北宋中期宦官官僚化一例：论李宪的拓边御夏》，载蔡崇禧等编：《研宋三集》，香港：香港研宋学会，2016年，第25—45页；全建平：《童贯曾任宣抚使而非宣徽使》，《晋阳学刊》2005年3期，第121页；张云筝：《童贯——北宋末年对外政策的思想者与执行者》，《北京教育学院学报》2011年第5期，第65—68页；Nicola Di Cosmo（ed.）, *Military Culture in Imperial China*, Cambridge, Massachusetts: Harvard University Press, 2009, Chapter 8, "Unsung Men of War: Acculturated Embodiments of the Martial Ethos in the Song Dynasty", "Compromised Embodiments: Tong Guan" (by Don J. Wyatt), pp.207—218, 364—366.

二、掖庭卅载：宋太祖及宋太宗朝的蓝继宗

据《宋史·蓝继宗传》及《长编》所载，蓝继宗字承祖，广州南海（今广东广州市）人。①他自幼即为南汉后主刘铱（943—980）朝廷的小黄门，开宝四年（971）二月，宋太祖灭南汉，蓝继宗在同年四月即随刘铱入宋廷，入宋宫当差，当时他只得十二岁。②蓝继宗入宋廷后三个月即七月，太祖下诏，重申只有年满三十无养父的内臣，才许养子。蓝继宗可能在这时给人收为养子。他名"继宗"，字"承祖"，似乎有养父扶持，可惜其生父及养父之姓名均失载。③

---

① 《宋史》卷四六七，《宦者传二·蓝继宗》，第13633页；《长编》卷六八，大中祥符元年四月丙午条，第1534页。又梁廷枏的《南汉书》将蓝继宗的籍贯作咸宁。据梁氏所撰的《南汉书考异》，并参照《太平寰宇记》及《元丰九域志》所记，南汉时曾将南海县析分为咸宁及常康二县，到太祖开宝五年（972）（按《太平寰宇记》作开宝六年），又将咸宁、常康、番禺及四会四县并入南海县，故蓝继宗的籍贯在南汉时属咸宁，入宋后则系南海。又南海本来一直是广州的属县，1992年升为南海市，但2002年又成为佛山市辖的南海区。为免造成混乱，故本文以蓝继宗的原籍为今日的广州市。参见《南汉书》附《南汉书考异》卷一六，《潘崇彻传考异》，第182页；乐史撰，王文楚等点校：《太平寰宇记》卷一五七，《岭南道一·广州·南海县》，北京：中华书局，2007年，第3012页；王存撰，王文楚、魏嵩山点校：《元丰九域志》卷九，《广南东路·广州》，北京：中华书局，1984年，第408页。
② 宋太祖将刘铱几个作恶多端且地位又高的内臣龚澄枢、李托、薛崇誉斩于千秋门，而留下其他归降的南汉内臣。除了蓝继宗外，出身南汉的内臣可考的有苏利涉（1019—1082）的祖父苏保迁。另仁宗朝之内臣高居简（？—1081），史称其"世本番禺人，以父任为入内黄门"，其父亦可能是出身南汉的内臣。参见《宋史》卷四六七，《宦者传二·蓝继宗》，第13633页；卷四六八，《宦者传三·高居简、苏利涉》，第13652、13654页；《长编》卷一二，开宝四年二月辛未条，第260—261页；五月乙未朔条，第264页。
③ 《宋会要辑稿》第四册，《仪制十·陈请封赠》，第2507页；第七册，《职官三十六·内侍省》，第3887—3888页；《长编》卷七，乾德四年六月丙午条，

蓝继宗来自宦官势力熏天的南汉，南汉权阉龚澄枢（？—971）正是他的南海同乡。史称龚澄枢未得势时"性廉谨，不妄交游"，但当权后就变得凶暴残民，最后国亡身诛。①蓝继宗即使没有目睹龚澄枢、李托（？—971）及薛崇誉（？—971）几个南汉权阉入宋廷后被太祖下令押出都门斩杀的一幕，大概也会从乡里或其他内臣知晓这事。龚澄枢等人的下场对年轻的蓝继宗当有深刻的警惕：任龚澄枢在南汉权倾一时，一旦失势，就落得身首异处的下场。蓝继宗一生谦谨的性情，很可能从小就养成。禁宫险恶，一下子不慎，随时会横死。当然，有专长而能做事，讨得主子欢喜的内臣就有生存的空间。据载太祖曾挑选数十个来自南汉的聪慧内臣，命他们在教坊习乐，名曰"箫韶部"，后改名为"云韶部"，当宫廷内宴时就命他们演奏以娱。蓝继宗有否被选入教坊，就未

第172页；卷一二，开宝四年七月癸丑条，第269页；卷三六，淳化五年十一月丁巳，第801页；《宋史》卷四六六，《宦者传一·王仁睿》，第13602页。太祖在乾德四年（966）六月丙午（十三）原规定：内侍到三十岁以上才许养一子，以充继嗣，士庶不得以童男养为宦者。但许多内臣却滥收小儿为养子，而且常为争财而起讼。故此，太祖在开宝四年七月癸丑（二十），下诏自该年满三十无养父的，始可养子，并令将其名字申报宣徽院，违者准前诏判死罪。关于蓝继宗的养父姓名，考太宗朝有一个颇有文采，曾为南唐陪臣，后拜参政的张洎（934—997）所极力奉承的内供奉官蓝敏贞（？—994后）（《长编》作蓝敏正，当系避仁宗讳改），未知他与蓝继宗可有关系？宋廷在景祐二年（1035）正月庚寅（初五），特诏封赠蓝继宗的父母，惟不载他们的姓名，不知受封赠的蓝氏父母是亲生父母，抑或是养父母。参见《宋太宗皇帝实录校注》卷八〇，第786页；《长编》卷三六，淳化五年十一月丁巳条，第801页。至于宋代宦官养子的制度，可参阅游彪、刘春悦：《宋代宦官养子及荫补制度》，《中国史研究》2001年第2期，第107—118页。

① 龚澄枢等在南汉的官位崇高，据潘美（925—991）向太祖的报告，他们是"玉清宫使、左龙虎军观军容使、内太师龚澄枢，列圣宫使、六亲观军容使、内太师李托，内门使、骠骑大将军、内侍郎薛崇誉等，朋助刘𬬮，旅拒王师，既就生擒，合同俘献"。参见《宋史》卷四八一，《世家传四·南汉刘氏·龚澄枢传》，第13929—13930页；《全宋文》第三册，卷四二，《潘美·岭南道行营擒刘𬬮露布·开宝四年》，第56—57页。

可考。①

《涑水记闻》卷一"符彦卿不可复委以兵柄"的一则传闻，据司马光所记，是蓝继宗告诉其子蓝元震的一则年代最早的宋代史事。②此事发生于乾德元年（963）二月，那时蓝继宗尚未入宋宫。他在什么情况下，以及从何渠道听闻此事，值得注意。开宝六年八月甲辰（廿三），独相十年，深受太祖信任的赵普（922—992）忽被罢相，导致他失宠的背后政治力量，正是符彦卿的女婿、皇弟太宗。③此一政局巨变，禁中内臣难免暗中议论纷纷。蓝继宗很可能在这时从他的养父或其他内臣，听到有关赵普与太宗的权争。另一个可能，就是在开宝八年（975）六月符彦卿在洛阳病逝，引起蓝继宗的注意，从而打探到符彦卿当年不获委兵柄的旧事。④蓝继宗在太祖一朝尚未成年，没有什么可记的事迹。

太宗在开宝九年（976）十月癸丑（二十）继位，蓝继宗时年十七。他大概在这时迁为中黄门。⑤太平兴国四年（979）四月，太宗亲征北汉，蓝继宗从征，时年二十。他的故主刘铱在太宗出征前的宴会上讨好太宗，无非是求保命。⑥不晓得蓝继宗有否目睹故主委曲求全的一幕？蓝继宗在太原城下，奉命传诏于营阵之间，史称他"多称旨"。《宋史》本传说他射术高明。不过，在太原之战及

---

① 王辟之撰，吕友仁点校：《渑水燕谈录》卷八，北京：中华书局，1981年，第96页。
② 司马光：《涑水记闻》卷一，第44条，"符彦卿不可复委以兵柄"，第20页。
③ 《长编》卷一四，开宝六年八月甲辰至九月壬申条，第306—308页。
④ 《长编》卷一六，开宝八年六月辛酉条，第342页。
⑤ 中黄门是宋初低级的内臣，与蓝继宗同时的内臣卫绍钦（？—1010后）也"始以中黄门给事晋邸"。参见龚延明：《宋代官制辞典》，"中黄门"条，第48页；《宋史》卷四六六，《宦者传一·卫绍钦传》，第13624页。
⑥ 《长编》卷二〇，太平兴国四年正月乙未条，第443—444页。

续后之幽州（今北京市）之役，却未载他参与作战。①

刘铩卒于太平兴国五年（980）三月戊子（十五），年三十九。② 蓝继宗对这位不得永年的故主，似乎没有什么感情，大概他在南汉宫中既年幼，地位又太卑微。从太平兴国五年至淳化五年（994）前后十五年，即蓝继宗从二十一岁到三十五岁这段期间，史书没有他事迹的记载，而这段日子却是蓝继宗的成长时期。《宋史》本传所记载他的下一件事迹，已是太宗晚年。史称他大概在至道元年（995）到至道二年（996）间，曾奉命出使秦州（今甘肃天水市），按视应否悉徙原居渭河之南，特别是盛产良木的大洛门（今甘肃武山县鸳鸯镇）、小洛门寨（今甘肃武山县洛门镇）的羌人往渭北。他回奏秦州在前任知州温仲舒（944—1010）管治下，"得地甚利"，而"二寨据要害，产良木，不可弃"。太宗本来对温仲舒以恩威并济的手段，教蕃部"献地内属，既而悉徙其部落于渭北，立堡寨以限之"的做法很有保留，觉得他生事，担心蕃部离

---

① 除蓝继宗外，从征太原的内臣，可考的计有窦神宝、李神福、李神祐、周绍忠、张崇贵（951—1001）、卫绍钦及韩守英。其中李神福和蓝继宗一样，"从征太原，攻城之际，往来梯冲间宣传诏命"。他后以功，"即在行在所迁殿头"。至于战功最高的是李神祐和卫绍钦，史称李神祐"再征太原，领工徒千人随驾，以备缮完甲兵。刘继元表纳降款，太宗陈仪卫城北台以受之，继元移时未至，神祐驰单骑入城。俄顷，引继元至。及北伐燕蓟，命与刘廷翰统精骑为大阵之援。车驾还，又令率兵屯定州以备契丹"。而卫绍钦则"从征太原，命督诸将攻城，刘继元降，命领骁卒先入城，烧其营栅，迁殿头高品"。另窦神宝也"从征太原，擐甲登城，中流矢"。故此稍后得以迁入内高品。韩守英"从征河东，数奉诏至石岭关督战，取隆州，迁殿头"。张崇贵则"从崔彦进、李汉琼先路视水草"。周绍忠"从征河东，得怀政于乱尸间"，相信也曾参与战斗。参见《宋史》卷四六六，〈宦者传一·窦神宝、李神福、李神祐、周怀政、张崇贵、卫绍钦〉，第13600、13605—13607、13614页；《长编》卷二〇，太平兴国四年四月己西至五月丁酉条，第448—453页。
② 《长编》卷二一，太平兴国五年三月戊子条，第473页；《宋史》卷四八一，《世家传四·南汉刘氏》，第13928—13929页。

开原居地渭南，徙到渭北后，长吏若有闪失，就会造成骚动，而加添关右的不安［按太宗当时已因西夏李继迁（963—1004）侵扰西边头疼不已］。因此，太宗在淳化五年十月将温仲舒调离秦州，改知凤翔府（今陕西宝鸡市凤翔区）。当他听到蓝继宗对温有利的报告后，就对温的印象大为改观，即派遣蓝继宗到江陵府（今湖北荆州市）慰劳赏赐温仲舒一番。太宗很快便将温召回朝，在至道二年十月乙卯（十八），先将他自给事中擢拜户部侍郎，到至道三年（997）正月丙子（十一）更擢升他为参知政事，甚至打算稍后命他为相，代替年迈的吕端（935—1000）。因为蓝继宗的报告，太宗决定恢复温的政策，大小洛门寨后来成为宋朝的内地，带给宋廷每年巨木之利。二十多年后，秦州的蕃部上言，也证明蓝继宗当年所奏属实，没有偏袒温仲舒。①

---

① 蓝继宗出使秦州的年月不详。《宋史·蓝继宗传》记温仲舒在"雍熙中"出守秦州时劝谕羌人献原居之大洛门、小洛门寨地，而徙居渭北，但《宋史·太宗纪二》《宋史·温仲舒传》和《长编》则记温在淳化四年十月辛未（十七）罢同知枢密院事，然后出知秦州。据李之亮考证，温仲舒知秦州在淳化四年底至五年十月，并非在雍熙中。而据《宋史·温仲舒传》及《宋太宗实录》所记，他后来迭知凤翔府、兴元府（今陕西汉中市东）及江陵府（今湖北荆州市），然后召还。至道二年十月擢户部侍郎，至道三年正月以户部侍郎拜参政。蓝继宗出使秦州还，温仲舒即从江陵府召还升官，以此推之，蓝继宗出使秦州，最早当在至道元年底，而最有可能在至道二年中。蓝继宗出使秦州后二十年，在大中祥符八年（1015）七月，秦州伏羌城（今甘肃甘谷县）寨户文禹来到开封，击登闻鼓，上言当年温仲舒拓疆界于陇路口大洛口，置城守把的做法，使当地安宁，证明温的做法正确，而蓝的回奏也没有隐瞒真相。按温仲舒是太平兴国二年（977）吕蒙正（944—1011）榜的第二人，他在端拱二年（989）正月，应太宗诏，首先奏上备边御戎之策，得到太宗的赏识。淳化二年四月辛巳（十二），温仲舒与交好的寇準（961—1023）同被擢为枢密副使。淳化四年（993）六月，寇準被知枢密院事张逊（940—995）挟嫌诬告，说有人"迎准马首呼万岁"。寇準引温仲舒作证，说他与温仲舒同行，一齐给人呼万岁。张逊与寇準在太宗前互发其私，结果两败俱伤。寇被罢枢副，而张被降职。温仲舒从出任正言到擢任枢密副使、同知枢密院事，都与寇準同进，时人称为"温寇"，二人关系亲密，人所共知。他似乎也因被狂人呼万岁的事失欢于太宗，

蓝继宗出使秦州，为温仲舒说了好话，使他重新得到太宗的宠信，回到权力中枢，这事看似寻常，所带来的影响却不可忽视。温仲舒在太宗晚年的宫廷权力斗争中，处于微妙的位置。当他的好友、大力支持真宗（当时为太子）的参政寇準（961—1023）在至道二年（996）七月丙寅（廿八）被罢政后，温的政治取向对当时的权力天平有举足轻重的影响，他没有加入以明德李皇后（960—1004）、参政李昌龄（937—1008）、内臣宣政使王继恩（？—999）及知制诰胡旦（955—1034）为首的后党，阴谋废立真宗。他显然站在吕端的一方，支持太子真宗。至道三年三月癸巳（廿九）太宗逝世，吕端即安排他宣读遗制，奉真宗在柩前继位。[①]温仲舒在淳化四年失宠被贬，在短短一两年间再得到太宗之宠信，复入中枢，无非得力于蓝继宗进言。这番影响深远的结果，也许是蓝继宗

于同年十月被罢枢副之职。温仲舒出知秦州后，政敌可能揣摩到太宗对他仍有意见，就上言劾奏温生事，太宗因此将温调离秦州。见《宋史》卷五，《太宗纪二》，第92页；卷二六四，《薛居正传附薛惟吉》，第9112页；卷二六六，《温仲舒传》，第9182—9183页；卷四六七，《宦者传二·蓝继宗》，第13633页；《长编》卷三〇，端拱二年正月癸巳条，第666页；卷三二，淳化二年四月辛巳条，第714页；卷三四，淳化四年六月壬申条，第750页；十月辛未条，第754页；卷四一，至道三年正月丙子条，第860页；《宋太宗皇帝实录校注》下册，卷七九，第777页；卷八〇，第783页；李之亮：《宋川陕大郡守臣易替考》，《秦州》，成都：巴蜀书社，2001年，第454页；李之亮：《宋两湖大郡守臣易替考》，《荆南府　江陵府》，成都：巴蜀书社，2001年，第5页。又有关秦州的开发，大小洛门寨盛产木材及宋人之经营的状况，可参阅陈守忠：《北宋时期分布于秦陇地区的吐蕃各民族及其地考》，载氏著：《宋史论略》，兰州：甘肃文化出版社，2002年，第134—137页；前田正名、陈俊谋译：《河西历史地理学研究》，北京：中国藏学出版社，1993年，第361—367页。

① 《长编》卷四〇，至道二年七月丙寅条，第846—848页；卷四一，至道三年三月癸酉条，第862页；五月甲戌条，第865—866页。关于太宗晚年皇子皇位之争，可参阅何冠环：《宋初朋党与太平兴国三年进士》（修订本），第五章《暗通宫闱：党争与继位之争》，第31—52页。

当时所料不到的。究竟蓝继宗的进言，背后有否党争的玄机？暂时我们没有足够证据作出推论。

在太宗一朝，蓝继宗官位从低微的中黄门，一直擢升至位列诸司副使的西京作坊副使，而他在内廷的差遣，则为勾当内东门。[①]按，西京作坊副使是北宋前期西班诸司副使的第五阶，在诸司副使中位次较低；至于勾当内东门，据龚延明的诠释，"是内东门司的主管官，并掌管监察宫内人与物是否按法式出入，周知其人之名分，其物之数目"，品位次于勾当御药院。[②]太宗晚年内臣官职与地位最高的，是宣政使、顺州防御使王继恩。其次是宫苑使、内侍省入内内侍都知、同勾当皇城、翰林司李神福。再次是六宅使、同签书提点枢密宣徽诸房公事的刘承珪（950—1013）。然后是李神福弟、洛苑使、灵州（今宁夏灵武市西南，一说在宁夏吴忠市南金积镇附近）、环州（今甘肃环县）排阵都监李神祐。再次是西京作坊使、勾当三班院韩守英（？—1033），以及供备库使窦神宝。[③]地位略比蓝继宗高的，计为崇仪副使、灵州、环州、庆州（今甘肃庆城县）、清远军（今甘肃环县甜水堡）四路都监的秦翰（952—1015），崇仪副使、内侍右班副都知、灵环庆州、清远军

[①] 《宋史》卷四六七，第13633页。
[②] 参见龚延明：《宋代官制辞典》，"勾当内东门司"条，第65—66页；"诸司副使"条，第584页；"西京作坊副使"条，第587页。此书以勾当内东门司置于真宗景德三年二月，不过从蓝继宗的事例来看，似乎早在太宗朝已置。
[③] 雍熙四年六月前，内臣中地位最高的除了王继恩外，还有原为太宗晋邸旧人入内都知、洛苑副使王仁睿（945—987）。王仁睿卒于雍熙四年六月丁巳（廿六），太宗特赠他内侍省内常侍。他在《宋史·宦者传》列名第二，可见其地位之高。参见《宋史》卷四六六，《宦者传一·窦神宝、王仁睿、王继恩、李神福、李神祐、刘承规》，第13600—13610页；卷四六七，《宦者传二·韩守英传》，第13632—13633页；本书第一篇《〈全宋文〉前十五册所收碑铭之宋初内臣史料初考》，"李神福"条。

路都监的张崇贵（951—1007），以及崇仪副使、同领招安捉贼事卫绍钦（952—1007？）和皇城使邓永迁（？—1014）。①与他地位相当的，则同为西京作坊副使、右金吾都监兼街仗司事的阎承翰（947—1014）和西京作坊副使石知颙（951—1019）。②蓝继宗在太宗朝，论名位论权势，大概在第十人或以外，并不算是前列高级的内臣。他要到真宗朝才进一步获得擢升，以及担任更重要的差遣。值得注意的是，《涑水记闻》中源出蓝继宗的其他八则传闻，并未有涉及太宗朝的政事，包括太宗朝牵涉到赵普的多番政争和他死亡的种种传闻，以及太宗晚年与王继恩有关的继位之争。本来以蓝继宗身居禁宫的地位，应该耳闻目睹不少有关的传闻，他最后没有透过儿子蓝元震留下什么记录，原因值得深思。一个可能的解释，是一生谨慎自持的蓝继宗，对极为敏感的宫闱隐事讳莫如深，以免惹来自身或后人不测之祸。

三、任劳任怨：宋真宗前期的蓝继宗

真宗在至道三年三月继位，五月，在太宗朝权倾一时的内臣王继恩，因被指控谋废立真宗，而被重谴远贬，两年后即死于贬所。③对蓝继宗来说，这应当是另一次深刻的教训：介入宫廷之争，多无好下场。真宗在位的前期，从至道三年到景德四年

---

① 《宋史》卷四六六，《宦者传一·秦翰、张崇贵、卫绍钦》，第13612、13618、13624页。
② 《宋史》卷四六六，《宦者传一·阎承翰、石知颙》，第13610、13626页。
③ 《长编》卷四一，至道三年三月壬辰条，第862页；五月甲戌条，第865—866页。

(1007)前后十载,蓝继宗虽不算投闲置散,但并未如同辈内臣一样,被委以军旅重任,从而建功立业。教人惋惜的是,他虽身负上乘的射术,当宋廷面对西北二敌交侵,亟需用人之际,他却得不到真宗的赏识,效命沙场。当刘承珪、秦翰、张崇贵、李神祐、阎承翰、张继能(957—1021)、卫绍钦、石知颙及韩守英等与他资历相当的内臣,纷纷在疆场以战功获得升迁时,蓝继宗却默默在山野做修建陵园的苦差。他除了在咸平初年出使镇江外[①],在这十年当中,较重要的差遣,是担任修建真宗两位母亲元德李太后(944—977)和明德李太后,以及真宗的章穆郭皇后(976—1007)的陵园,兼任宋室祖陵营建及维修的工作。修陵是责任非轻又吃力不讨好的工作,稍有差池,必遭严谴。蓝继宗素性谨慎,事后证明他是胜任这项工作的。另外,置身陵区山野,也许不违他不爱与同列交往的性情,也得以避开人事的纷扰。[②]

蓝继宗首先在咸平二年(999)四月乙亥(廿三),奉诏担任真宗生母、被追尊为元德李太后的按行园陵使,负责修建祔葬于太宗永熙陵的李太后陵墓。[③]然后在五年后,即景德元年(1004)三月己亥(十五),当明德李太后病逝时,真宗在同月丙午(廿二),除了命宫苑使刘承珪(规)为园陵按行使、入内副都知邓永迁为副使外,又命蓝继宗与刘、邓两人同议。到景德二年正月丙寅

---

① 据元人《至顺镇江志》的记载,在咸平初年,润州丹徒县(今江苏镇江市丹徒区)的金山泽心寺僧幼聪献山图,真宗命蓝继宗赐他《大藏经》。蓝可能奉命出使过镇江。见俞希鲁编纂,杨积庆等点校:《至顺镇江志》卷九,《僧寺·丹徒县·龙游寺》,南京:江苏古籍出版社,1990年,第368页。
② 《宋史》卷四六七,《宦者传二·蓝继宗》,第13634页。
③ 《宋会要辑稿》第三册,《礼三十一·后妃一·元德皇后》,第1432—1433页。

（十七），真宗干脆任命蓝继宗修奉园陵。翌日（丁卯，十八），又命他将从保州（今河北保定市）迎到的顺祖、翼祖神柩，以一品礼葬于河南府河南县（今河南洛阳市），而罢修康陵与定陵。他虽然担任这等闲职，但也做得认真。六月乙酉（初九），他上奏真宗，报告永熙陵的神御物，素来没有登录册籍，请月具账上于三司。真宗即命令他以后神御物岁终具账上报宗正司。①

景德四年正月己未（廿一），真宗离开京师（今河南开封市），往朝谒在巩县（今河南巩义市）的宋诸陵。接近陵园的地方一向缺水，熟悉陵区环境的蓝继宗，命人在陵下汲取泉水，供随驾的百司从官使用。②真宗在三月己亥（初二）从西京（即洛阳）返抵京师。四月辛巳（十五），章穆郭皇后病逝。蓝继宗以入内副都知之职，再一次出任园陵按行副使，担任内侍左班副都知阎承翰的副手。甲午（廿八），真宗任命蓝继宗与内臣内殿崇班张继能等四人同监修园陵，六月竣工，郭皇后下葬于太宗永熙陵之西北。③

---

① 《长编》卷五六，景德元年三月己亥条，第1232页；《宋会要辑稿》第三册，《礼三十一·后丧·明德皇后》，第1436—1437、1443页；《礼三十七·帝陵·宋宣祖安陵》，第1556页；《礼三十七·缘陵裁制上》，第1572页；《礼三十八·修陵》，第1605页；《礼三十九·改卜陵之二十》，第1617—1618页。咸平三年六月开始，真宗议修太祖曾祖父（顺祖）赵珽及祖父（翼祖）赵敬的康陵和定陵，并将其神柩从保州移葬皇陵。景德元年七月，真宗征问臣下之意见，中书门下覆奏反对建陵。真宗考虑再三后，在景德二年正月丁卯（十八），命蓝继宗罢修康定二陵。关于真宗修建祖陵问题，可参阅王畅：《赵匡胤祖籍与上世陵寝问题辩证》，《河南教育学院学报（哲学社会科学版）》2003年第4期，第86—90页。
② 《长编》卷六五，景德四年正月己未至丁卯条，第1443—1444页；《宋史》卷四六七，《宦者传二·蓝继宗》，第13633页。真宗往朝陵时，命亲信内臣刘承珪勾当皇城大内公事，刘当时的官职已是皇城使、胜州刺史，远高于在陵园给事的蓝继宗。
③ 《宋会要辑稿》第三册，《礼三十一·后丧·章穆皇后》，第1445—1447页；《礼三十七·后陵·章穆皇后陵》，第1588页；《长编》卷六五，景德四年三月己

蓝继宗在这期间另一重要差遣，就是当辽军大举南侵，真宗于景德元年十一月亲征澶州（今河南濮阳市）时，奉命勾当留司皇城司。当时除首相毕士安（938—1005）以疾留在京师外，担任东京留守的是真宗弟雍王元份（969—1005），而盐铁副使林特（？—1026）、户部副使崔端则同判留司三司，卫州防御使李重贵则担任大内都部署。后来元份得疾，景德元年十二月甲辰（廿五），真宗改派随驾的参政王旦（957—1017）权东京留守。①当时地位比蓝继宗高的内臣，除了地位最高的入内都知、昭宣使李神福及内侍右班副都知窦神宝总领内省没有随驾外，入内副都知皇城使卫绍钦、宫苑使勾当皇城司刘承珪、内园使李神祐均随驾，而其他高级内臣如内侍省右班都知、六宅使张崇贵正在西边与知永兴军（今陕西西安市）向敏中（949—1020）招抚西夏李德明（981—1031），内侍左班副都知阎承翰奉命同制置河北东、西路缘边事，昭宣使韩守英担任麟府路都钤辖，扼守西边，防备辽军从岢岚军（今山西岢岚县）、宁化军（今山西宁武县西南）入寇，而奋战北边多年，多有战功的入内副都知秦翰则往来北边前线各要地处置兵机，后来更在澶州率军护驾，担任驾前西面钤辖。②

亥条，第1447页；四月己卯条，第1452页；六月乙卯条，第1464页。一同监修郭皇后陵的，还有三陵都监康仁遇（？—1007后）和高品阎文庆（后改名阎文应，？—1039）。至于出任园陵使的，就是宰相王旦（957—1017）。是年六月乙卯（廿一），郭皇后下葬于太宗永熙陵之西北。蓝继宗擢入内副都知的年月不详，最早载于史籍是景德四年四月丁亥（廿一）。至于他的官阶是否已擢为供备库使，未能确定。

① 《宋史》卷四六七，《宦者传二·蓝继宗》，第13633页；《长编》卷五八，景德元年十月丁末、己酉条，第1279页；十二月癸巳条，第1295页。
② 《长编》卷五六，景德元年五月甲申朔条，第1236页；卷五七，景德元年闰九月丁卯条，第1262页；卷五八，景德元年十月甲申、戊子、壬寅条，第1274、1278、1278页；十一月戊辰条，第1282—1283页；卷五九，景德二年正月丁

虽然担任勾当留司皇城司，属于重要差遣，但相信蓝继宗宁愿扈从真宗亲征，亲自见证本朝这一大事。

值得一提的是，源出于蓝继宗，由蓝元震转述，收录于《涑水记闻》的三则有关景德元年澶州之役传闻，即卷六"驳幸金陵与蜀"（169条）、"高琼请幸北城"（170条）、"寇準在澶渊"（171条），以蓝继宗当时不在澶州的事实而论，都只是蓝继宗事后从宫外宫内不同渠道听闻回来的。至于景德三年的"王钦若潜寇準"（172条）一事，因王钦若（962—1025）进言的地点在宫中，蓝继宗就较有可能亲闻目睹。这四则传闻给人一个鲜明的印象：寇準与高琼（935—1006）是有担当，勇于任事的忠臣良将；而王钦若、陈尧叟（961—1017）及冯拯（958—1023）之流，却是贪生怕死又险诈的小人懦夫。蓝继宗这四则带有强烈褒贬色彩的传述，与发生于大中祥符与天禧年间的另外四则传述，即卷六"朱能得天书"（167条）、"孙奭谏西祀"（168条）、"王旦举代"（173条），爱憎立场是前后一致的。

巳、己巳、甲戌条，第1310、1313—1314页；卷六〇，景德二年六月辛卯、甲午条，第1346—1347页；卷六四，景德三年十月庚午条，第1428页；卷六五，景德四年五月癸丑条，第1457页；《宋史》卷四六六，《宦者传一·窦神宝、李神福、李神祐、阎承翰、秦翰、张崇贵、卫绍钦》，第13601、13605、13607、13611、13613、13618—13619、13625页；卷四六七《宦者传二·韩守英》，第13632页。《宋史·秦翰传》称秦翰在是年十一月受命为驾前西面钤辖后，立刻督众将兵环澶州城浚沟洫以拒辽军马。工事刚完毕，辽军便突至。据称他不解甲胄凡七十余日。宋澶州守军伏弩射杀辽大将萧挞览（？—1004）一役，他有功焉。他后来以战守之功加爵邑。韩守英后调任并代都钤辖，一直留在西边。至于卫绍钦在真宗亲征时，受命为车驾前后行宫四面都巡检，到达澶州，又奉命领扈驾兵守河桥。

四、旁观者清：天书封禅闹剧中的蓝继宗

真宗统治的后半期，即大中祥符元年（1008）至乾兴元年（1022）的十五年间，真宗君臣均自欺欺人地陷入所谓东封西祀的天书闹剧活动。被宋人视为奸恶小人的"五鬼"王钦若、丁谓（966—1037）、陈彭年（961—1017）、林特（？—1026）及内臣刘承珪固然大力推动天书闹剧[①]；就是宋人视为正人君子的寇準、王旦也只能附和真宗胡闹。蓝继宗等一众内臣，在天书封禅的各样典礼中，除了奉诏当差外，也将群臣各式各样的投机嘴脸看在眼里。

大中祥符元年正月乙丑（初三），所谓天书降于内廷，即展开真宗十多年天书封禅闹剧的序幕。四月辛卯（初一），真宗君臣作态一番后，即决定往泰山封禅。总领内臣的宣政使李神福，即负责相度行营道路。丙午（十六），真宗为了供奉天书，下令在皇城西北的天波门外建造昭应宫，亲信皇城使刘承珪负责监督这桩差役，而蓝继宗以入内副都知之职做刘的副手。[②]真宗往泰山封禅，神圣的天书当然要伴随，拍马逢迎的臣下于是上言"天书出京日，创新几褥置玉辂中，备仪仗道从，七百五十人前后部鼓吹，中使二员夹

---

① "五鬼"的说法，始于王曾回奏仁宗在天圣七年三月之询问。仁宗对辅臣说："王钦若久在政府，察其所为，真奸邪也！"王曾回奏说："钦若与丁谓、林特、陈彭年、刘承珪时号五鬼，其奸邪险诐之迹，诚如圣谕。"仁宗金口所批，从此宋人都称他们五人为"五鬼"。参见《长编》卷一七〇，天圣七年三月戊寅条，第2503页。
② 《长编》卷六八，大中祥符元年正月乙丑条，第1518—1519页；四月辛卯、丙午、戊午条，第1530—1534，1536—1537页。

侍,仍命官充使"。结果,五月戊子(廿九),真宗又命宰相王旦为天书仪仗使,知枢密院事王钦若、参政赵安仁(958—1018)为副使,三司使丁谓为扶侍使,蓝继宗为扶侍都监。至于扶侍天书的两员内臣,就选上了入内高品周怀政(979?—1020)和入内高班内品皇甫继明(?—1047)。①

这回泰山封禅,于同年十一月丁丑(二十)以真宗返回京师告终,十二月辛丑(十五)开始,真宗给群臣加官晋爵,特别将内臣之首的李神福自宣政使、恩州团练使擢宣庆使领昭州防御使。本来宣政使是内臣领使之极,真宗特别设宣庆使一职来酬庸封禅有功的李神福。蓝继宗大概也是在这时迁供备库使,进入诸司正使的行列。不过,翌年(大中祥符二年,1009)二月庚寅(初四),因内臣范守逊(?—1009后)四人申诉入内都知李神祐等赏罚不公,真宗大怒,将入内都知李神祐、石知颙及副都知张景宗(?—1022后)、蓝继宗等四员入内内侍省最高职位的内臣罢职。壬寅(十六),入内副都知邓永迁补授入内都知,另平宜州(今广西河池市宜州区)叛军有功的东染院使张继能擢入内副都知。②

① 《长编》卷六九,大中祥符元年五月癸未条,第1546页;《宋会要辑稿》第二册,《礼二十二·封禅》,第1119—1120页;第五册,《瑞异一·天书》,第2613页。
② 《长编》卷七〇,大中祥符元年十一月丁丑条,第1577页;十二月辛丑、癸卯、甲辰条,第1580—1581页;卷七一,大中祥符二年二月庚寅条,第1593页;《宋会要辑稿》第七册,《职官三十六·内侍省》,第3889页;《宋史》卷四六六,《宦者传一·李神祐传、张继能传》,第13607、13623页。当时李神祐官南作坊使,石知颙官内园使,张景宗官西京左藏库使,蓝继宗官供备库使。他们都勒令守本官罢都知职。众人中以蓝继宗官位最低。张景宗是真宗藩邸旧人,故升迁高于蓝继宗。李神祐被解职后,后来掌御厨七年,大概在大中祥符六年(1013)卒,再没有复内侍省及入内内侍省的都知。关于大中祥符元年宋廷高级内臣之位序,《宋史·宦者传一·李神福传》有一节记述:"大中

不过在四月己亥（十四），蓝继宗便被起用修建耗费多、规模宏大的昭应宫。一力促成其事的三司使丁谓为修昭应宫使，翰林学士李宗谔（965—1013）为同修宫使，皇城使刘承珪为副使，至于蓝继宗仍以供备库使任都监之职。①

十二月辛卯（十一），辽国母承天萧太后（953—1009）病逝。翌年（大中祥符三年，1010）正月丁巳（初七），边臣奏报辽国相韩德让（941—1011）离世〔按韩德让其实要到大中祥符四年（1011）三月己卯（初六）才逝世〕。②真宗君臣以辽圣宗（971—1031，982—1031在位）懦弱，不足为患，于是又开展了祀汾阴（后土所在，今山西万荣县荣河镇庙前村）的活动。参与其事的官员中，蓝继宗再次榜上有名。八月戊申（初二），真宗以知枢密院事陈尧叟为祀汾阴经度制置使，翰林学士李宗谔副之。陈权判汾阴所在的河中府（今山西永济市西），李权同知府事。枢密直学士戚纶（954—1021）与昭宣使刘承珪为计度转运使。后来戚出知杭州（今浙江杭州市），由龙图阁待制王曙（963—1034）代其职。蓝继宗仍以供备库使，与在澶渊之盟后备受真宗宠信的客省使曹利用（971—1029），以及真宗亲信、位在蓝继宗之上的西京左藏库使

祥符初，天书降夕，（李）神福与刘承珪、邓永迁、李神祐、石知颙、张景宗、蓝继宗同直禁中，赐以器币、缗钱。京师酺会，又令神福与白文豪、阎承翰典之。"可证蓝继宗在内臣的地位，大概在第十一位。除了这一节所述京中比他高的六人外，在外的内臣地位在他之上的尚有卫绍钦、秦翰、韩守英和张崇贵四人。参见《宋史》卷四六六，《宦者传一·李神福传》，第13606页。

① 《长编》卷七一，大中祥符二年四月己亥条，第1602页。《长编》这条将蓝继宗讹写为蓝继忠。
② 《辽史》卷一四，《圣宗纪五》，第178—179页；卷一五，《圣宗纪六》，第185页；《长编》卷七二，大中祥符二年十二月癸卯条，第1645—1646页；卷七三，大中祥符三年正月丁巳条，第1650页。考《长编》将承天萧太后之死系于十二月癸卯（廿三），当是指收到消息的日子。

张景宗一同负责修建行宫和道路。这趟差使只有刘承珪和蓝继宗是留用的旧人。顺带一提，地位最高的内臣宣庆使、昭州防御使勾当皇城司李神福在是年四月病逝，入内都都知昭宣使秦翰、昭宣使领诚州团练使内侍省左右班都都知张崇贵、昭宣使鄜延路都钤辖韩守英，以及昭宣使刘承珪成为内臣之首。①

年底，真宗西祀汾阴准备就绪。十二月丁卯（廿三），他命签署枢密院事马知节（955—1019）为行宫都部署。另一方面，他留下亲信内臣昭宣使刘承珪管勾皇城大内公事，另任入内副都知张继能掌大内兼旧城内巡检钤辖。真宗君臣西祀汾阴闹剧的事，龙图阁待制孙奭（962—1033）终于忍受不了。是月，他以岁旱和京师近郡谷价暴涨为由，上言真宗批评东封西祀的不妥和天书的无稽。他的敢言震动朝野，大概以此之故，蓝继宗后来将他所听闻的此事原委，告诉儿子蓝元震，而由司马光记录下来。②

---

① 《长编》卷七四，大中祥符三年七月丙申条，第1681页；八月戊申、乙丑条，第1682、1686页。附带一提，在太宗朝与蓝继宗有一段渊源的户部尚书温仲舒，投闲多年后，在这年七月丙申（十九）病逝。刘承珪在大中祥符元年即以议封禅泰山，而掌发运使得以迁昭宣使领长州防御使。至于张崇贵早在景德三年十月，即自六宅使、奖州刺史、内侍省右班都擢为皇城使、诚州团练使、内侍省左右班都知。担任泾原路都钤辖的秦翰，亦早在景德三年十一月自宫苑使、恩州刺史拜皇城使、入内内侍省都都知。至于原昭宣使卫绍钦，大概在景德四年或大中祥符元年卒。参见《宋史》卷四六六，《宦者传一·李神福、刘承规、秦翰、张崇贵、卫绍钦》，第13606、13609、13612—13613、13624页；卷四六七，《宦者传二·韩守英》，第13632页；《宋会要辑稿》第一册，《礼一·郊祀职事》，第494页；第三册，《礼二十八·郊祀五使》，第1310页；第四册，《仪制十三·内侍追赠·赠观察使》，第2570页；《长编》卷六四，景德三年十月庚午、丁巳条，第1428—1429页；十一月乙卯条，第1434页；卷六五，景德四年三月壬寅条，第1447页；五月癸丑条，第1457页。
② 《长编》卷七四，大中祥符三年十二月丁卯、癸酉条，第1698—1702页；《宋史》卷四六六，《宦者传一·张继能传》，第13623页。

真宗东封西祀的兴头正高，自然不会接受孙奭的劝谏。他在大中祥符四年正月丁酉（廿三），带同天书往祀汾阴，直至四月甲辰（初一）才返回京师，完成他的西祀大典。在这次西祀汾阴的差使中，蓝继宗和上回东封泰山一样，除了负责修治行宫和道路外，担任天书扶侍都监之职。真宗事后大赏群臣，蓝也自供备库使迁三资为东染院使。①值得一提的是，蓝继宗的前辈，久在西边招抚李德明有功的昭宣使张崇贵在这年八月逝于延州（今陕西延安市）任上，真宗优赠他丰州观察使。②

真宗才西祀汾阴毕，九月辛卯（廿一），命刑部尚书向敏中为首的众大臣为四岳奉册使，故意命反对天书的孙奭为东岳奉册副使。蓝继宗因为要赶修玉清昭应宫，不用出差。十月戊辰（廿九），真宗慰劳修建昭应宫的臣下，诏丁谓、李宗谔、刘承珪及蓝继宗等四人检视昭应宫的内殿功德以及御书，然后赐宴丁、李二人，另赐刘、蓝二人在别厅酒食。这回蓝继宗又沾了天书的光。③

真宗君臣对于以天书为中心的神道设教把戏乐此不疲，主意层出不穷。大中祥符五年十月，真宗又称梦见所谓赵宋王室始祖"九

---

① 《长编》卷七五，大中祥符四年正月丁酉条、四月甲辰、甲子、丙寅条，第1708、1718、1720页；《宋史》卷一四〇，《礼志七》，第2534—2535页；卷四六七，《宦者传二·蓝继宗》，第13633页。

② 《宋史》卷四六六，《宦者传一·张崇贵传》，第13619页；《长编》卷七五，大中祥符四年正月甲午条，第1708页；卷七六，大中祥符四年六月甲子条，第1727页；《宋会要辑稿》第四册，《仪制十三·内侍追赠·赠观察使》，第2570页。《宋史·张崇贵传》《宋会要·仪制十三》及《长编》卷七五大中祥符四年正月甲午条注均以张崇贵殁于大中祥符四年八月，但不知为何，《长编》卷七五大中祥符四年六月甲子条，却记张崇贵子张承素向真宗请求为其亡父立碑，似乎将张崇贵逝世系于是年六月。

③ 《长编》卷七六，大中祥符四年九月辛卯条，第1726页；十月戊辰条，第1738页。

天司命上卿保生天尊",并再授给他天书。真宗召辅臣至延恩殿,观看所谓天尊降临之所。时任修玉清昭应宫都监的蓝继宗,这次又第一时间与李宗谔和刘承珪瞻仰天尊的"圣迹",也算得上是圣眷方隆了。当然天书是真是假,他心中有数。①天书再降,真宗于闰十月丁卯(初三),命首相王旦等宰执五人为躬谢太庙大礼使,开展一连串的祀奉"圣祖"(即司命天尊)的活动。②真宗照例给文武百官加官晋爵,真宗所宠信的内臣,修建昭应宫有劳的宣政使、应州观察使刘承珪,特置景福殿使以授,另迁新州观察使,仍领修玉清昭应宫副使。作为刘承珪副手的蓝继宗,大概也在此时领会州刺史,进崇仪使。当刘承珪在家养病时,蓝继宗除了协助刘承珪修建昭应宫外,也勾当皇城司,分担刘的工作。③十二月丁亥(廿四),真宗宠爱的德妃刘氏(970—1033,1022—1033摄政)册为皇后,谁都看得出,野心勃勃的刘皇后,将会成为权力的中心。

大中祥符六年(1013)上半年没有天书封禅的活动,只有在三月由昭应宫正副使丁谓、李宗谔往建安军(即真州,今江苏仪征市)奉迎所铸的玉皇、圣祖、太祖、太宗尊像。这回蓝继宗不用出

---

① 《长编》卷七九,大中祥符五年十月戊午条,第1797—1798页。
② 《长编》卷七九,大中祥符五年闰十月丁卯至乙亥条,第1799—1801页。
③ 《长编》卷七九,大中祥符五年十一月丙午条,第1804—1805页;十二月甲子条,第1806—1807页;卷八一,大中祥符六年七月丙申条,第1839页;《宋史》卷四六六,《宦者传·刘承规》,第13609页;卷四六七,《宦者传二·蓝继宗》,第13633页。刘承珪在大中祥符四年四月西祀礼成后拜宣政使领应州观察使。祥符五年以疾求致仕。他的死党、参政、修昭应宫使丁谓请真宗挽留,于是真宗特置景福殿使一职以授,班在客省使上。刘所领的五岳观、内藏库和皇城司,真宗仍命他管勾,其他兼职就由别人代领。实际上皇城司的常务,止印内藏库有创制,真宗才与他商量,让他在家养病。刘承珪又请纳还观察使月俸。真宗诏许,又定景福殿使俸如内客省使,而给予实钱,还亲自作歌赐之。刘承珪是北宋第一个获授景福殿使的内臣。

使。因刘承珪多病，内臣中执事的是内园使内侍省左班都知阎承翰和昭宣使韩守英。是年三月，真宗作《内侍箴》赐阎承翰等。真宗在这篇箴言说出了他要内臣安分守己的话：

> 内怀祗谨，乃可事君，其或轻率，必当陷刑辟而失身。苟能靖专，无或放佚，朕之望也。监治军戎，唯在甘苦一同，临莅之务兼济。奉使于外，本自无威，苟假朝廷之威，人之奉尔，盖为朝廷。或不矜伐，掌守礼度，不自专辄，常禀法制，则外人见，仍加钦重。复命入对，勿希旨，勿附辨，但存公平之道，常持正直。节俭忠直，不为奢侈之事，切忌矫伪，勿思迟迟。尔有勤劳，国家必以官报尔，不求自至也。①

对真宗这番告诫，蓝继宗自然心领神会。在众多内臣中，他不像张景宗那样是真宗的藩邸旧人，也不像刘承珪那样劳绩卓著，深得真宗信任，而且有王钦若一伙奥援。他也不像秦翰、张崇贵以至卫绍钦、韩守英、阎承翰等有显赫的军功。他惟有安分守己，奉公当差，循资而上。《长编》和《宋史》本传称他"事四朝，谦谨持，每领职未久，辄请罢。家有园池，退朝即亟归，同列或留之，

---

① 《长编》卷八〇，大中祥符六年三月甲辰、乙卯条，第1820—1821页；六月辛巳条，第1831页；《宋会要辑稿》第七册，《职官三十六·内侍省》，第3891页；《宋史》卷四六六，《宦者传一·阎承翰》，第13611页；王应麟：《玉海》卷三一，《圣文·祥符赐内侍箴》，第28页；《全宋文》第十三册，卷二六二，《宋真宗五十一·内侍箴·大中祥符六年三月甲戌》，第149页。真宗赐箴，《宋会要辑稿·职官三十六》原系于大中祥符六年二月，点校本《宋会要辑稿》已据《长编》改正。又韩守英于是年六月与翰林学士王曾勾当三班院。

继宗曰：'我欲归种花卉，弄游鱼为乐尔。'"①

七月，总领内臣的景福殿使刘承珪卒。当他病笃求罢时，曾使人向真宗请求授节度使。真宗征求首相王旦的意见，王旦反对，最后真宗改授他安远军节度观察留后、左骁卫上将军致仕。他病卒后，才追赠他镇江军节度使，谥曰忠肃。王旦反对授将死的刘承珪为节度使，除了以祖宗之制所无为理由外，相信是他内心对这个权重一时的内臣不满的反映。虽然刘承珪对真宗忠心耿耿，任事勤奋，劳绩卓著，但他性沉毅，"尤好伺察，人多畏之"。当他奉真宗之命修祠祀，饰宫观，特别是玉清昭应宫时，他伙同丁谓等人，极为耗费地营建，因其权势而"有司不敢计其费"。王旦看在眼里，虽感不满，但碍于真宗的面子，不能说什么，最后只能在授官事上报复这个权阉。②

刘承珪死后，他遗下的修玉清昭应宫副使由丁谓的死党、权三司使林特接任，蓝继宗就在丁、林二人手下继续修建工程浩大的昭应宫。林特是巧宦一名，"勤于吏职，善承上接下，每见宫使丁谓必拜，一日三见，亦三拜之。与吏卒语，煦煦惟恐伤人"。作风与前任"人皆畏之"的刘承珪很不同。结果"人皆尽力，事无不集"。③

---

① 《宋史》卷四六七，《宦者传二·蓝继宗》，第13632页；《长编》卷一一五，景祐元年十二月己卯条，第2709页。
② 《长编》卷八一，大中祥符六年七月丙申条，第1839页；《宋会要辑稿》第四册，《仪制十三·内侍追赠·内侍赠二官》，第2569页；《宋史》卷四六六，《宦者传一·刘承规》，第13609—13610页。刘承珪病笃时，真宗取道家的方法，替他改名为"承规"，希望能让他病愈。玉清昭应宫建成后，真宗又追念前功，追赠他侍中。
③ 《长编》卷八一，大中祥符六年七月丙申条，第1840页。

七月丁巳（廿七），真宗又接受一大班拍马奉迎的文武群臣之建议，在八月庚申（初一）下诏第二年春天往亳州拜谒太清宫。丁谓及其死党翰林学士陈彭年分别担任奉祀经度制置使和副使，仪注一如祀汾阴，真宗这回又要劳师动众了。①

大中祥符七年（1014）正月壬寅（十五），真宗再次奉天书从开封出发往亳州祀太清宫，二月丙寅（初十）返京。途中经过应天府（今河南商丘市），真宗诏将之升为南京。这次南巡，蓝继宗没有随行，天书扶侍都监改由入内副都知张继能担任。蓝继宗以崇仪使之职，奉命与内侍都知阎承翰管勾留司大内公事，兼提举在京诸司库务，并勾当三班院。②

五月辛丑（十六），真宗令模刻天书奉安于玉清昭应宫，王旦、王钦若分领天书刻玉使及同刻玉使，丁谓任副使，赵安仁与陈彭年为同刻玉副使。蓝继宗意外地没有差事，而由资历比他浅，开始受真宗信任的入内押班周怀政任天书刻玉都监。③

六月辛巳（廿七），天书的作俑者王钦若因与枢密副使马知节

---

① 《长编》卷八一，大中祥符六年七月丁巳条、八月庚申朔条，第1843—1844页；《宋史》卷一四〇，《礼志四》，第2537页。
② 《长编》卷八二，大中祥符七年正月壬寅至二月辛酉条，第1862—1865页；《宋史》卷一四〇，《礼志四》，第2557—2558页；卷四六七，《宦者传二·蓝继宗》，第13633页；《宋会要辑稿》第三册，《礼五十一·徽号·朝谒太清宫》，第1882页。入内押班周怀政与内殿崇班周文质，同时被任命为同管勾大内公事。至于随真宗前往的内臣，有入内都都知秦翰、都知邓永迁、洛苑使张景宗及内侍右班副都知窦神宝。
③ 《长编》卷八二，大中祥符七年五月乙未条，第1875页。《宋史》卷四六六，《宦者传一·周怀政》，第13614—13615页。周怀政在刘承规卒后，擢为内殿崇班入内押班，并勾当皇城司。他的地位尚低于蓝继宗，但已与蓝一样担任勾当皇城司之要职。到真宗朝谒亳州太清宫，他又与内侍都知阎承翰等同管勾大内事。他一下子成为内臣的明日之星。

争执，真宗盛怒之下，将二人以及另一枢密使陈尧叟罢职，并接受王旦之建议，复用王钦若的政敌寇準为枢密使，并召回知镇州（今河北正定县）王嗣宗（942—1019）、鄜延都部署曹利用回朝担任枢密副使。①八月甲子（十一），真宗下令在兖州（今山东济宁市兖州区）修景灵宫，以次相向敏中为景灵宫使，丁谓与林特为修景灵宫使及副使，蓝继宗又再被委为都监。②

十月甲子（十一），修建了足七年的玉清昭应宫终于落成，真宗下令全国大宴庆祝，又封赏有功臣僚。十一月己丑（初七），蓝继宗即以功迁洛苑使、高州团练使。丁谓则加工部尚书，林特真除三司使。丁谓并充玉清昭应宫副使，而真宗宠信的内臣内殿承制、入内押班周怀政，与蓝继宗并充都监。③

十一月，入内内侍省两员都知，皇城使、恩州团练使、入内都知邓永迁，及南作坊使、奖州团练使、入内都知阎承翰先后逝世，昭宣使、平州团练使、入内都都知秦翰成为领省的唯一都知。④内臣老辈一个一个离世，比蓝继宗资历稍高或相等的，还有韩守英、张景宗、石知颙及张继能等数人。年轻的周怀政则步步高升，有后

---

① 《长编》卷八二，大中祥符七年六月癸酉至乙亥条，第1881—1883页；卷八三，大中祥符七年七月甲辰条，第1889页。
② 《长编》卷八三，大中祥符七年八月甲寅、丙辰、甲子条，第1890页；《宋史》卷四六六，《宦者传一·张继能》，第13623页。入内副都知张继能早于是年初以疾求解职，真宗不允，只将他外放为泾原路钤辖，八月改鄜延路钤辖，故他未获任修景灵宫都监。
③ 《长编》卷八三，大中祥符七年十月甲子至丙寅条，第1899页；十一月己丑、己酉条，第1901—1903页；《宋史》卷四六七，《宦者传二·蓝继宗》，第13633页。
④ 《宋会要辑稿》第四册，《仪制十三·内侍追赠·赠观察使、赠防御使》，第2570—2571页；《宋史》卷四六六，《宦者传一·阎承翰、秦翰》，第13612—13614页；《长编》卷八四，大中祥符八年四月壬申条，第1927页。

来居上之势。大中祥符八年（1015）正月，周怀政擢如京副使，又负责刊刻玉皇圣号册文。①

大中祥符八年四月壬戌（十三），枢密使寇準攻击深受真宗宠信的三司使林特不成，反而惹得真宗讨厌，再遭罢职。真宗复用王钦若与陈尧叟为枢密使。六月，真宗又委派蓝继宗料理亡妻章怀潘皇后（968—989）外家的家资财产分配，务求潘家族人都得到均济。②教蓝继宗伤感的是，一个月后，即闰六月戊戌（二十），战功卓著而正直的入内都都知秦翰暴卒，朝内宫内正直的人顿有凋零之感。③

蓝继宗一向谦谨自持，对于权倾一时的王钦若、丁谓、林特一伙敬而远之，没有显露一点不同的意见。不过在七月，蓝继宗却两度与丁谓、林特等交锋。第一次交锋是关于三司与在京诸司库务的职权问题。本来依旧制，库务司就是三司使都不得知其总数。丁谓担任三司使后，上言凡于计度须得见实数，故真宗许他过问，惟得

---

① 《长编》卷八四，大中祥符八年正月丁酉至戊戌条，第1914页；卷八五，大中祥符八年闰七月庚戌条，第1940页。石知颙在祥符八年闰七月，以庄宅使长州刺史都大管勾亲王诸宫事，他与蓝继宗的地位相当。
② 《宋会要辑稿》第十册，《选举三十二·怜悯旧族》，第5869页；《长编》卷八五，大中祥符八年四月壬戌条，第1922—1925页；六月壬午条，第1943—1944页；《宋史》卷二四二，《后妃传上·真宗章怀潘皇后》，第8611页。潘皇后是太祖功臣潘美第八女，真宗为韩王时初娶之妻子，她在端拱二年五月卒，真宗继位后追册为皇后。早在景德年间，当潘夫子潘惟正卒时，真宗即诏内臣刘承珪等掌其家财，令赡给潘氏诸房，凡吉凶庆吊，悉令条列。于是十余年中尚有余羡，其后尽以物产给付其家，惟不许他们出卖家宅田地。是年六月，潘美的孙卫尉寺丞潘宗上言，请求以京中潘氏拥有的邸舍田园所得之利，均分其族人。因原来负责此事的刘承珪已于大中祥符六年卒，真宗改派蓝继宗料理其事，并命入内副都知张景宗同勾当长公主宅及郡县主诸院公事。
③ 《长编》卷八四，大中祥符八年四月壬戌条，第1922—1925页；闰六月戊戌条，第1939页；卷八五，大中祥符八年八月壬午条，第1943页。

由他亲自书写取阅状，始得索取实封收掌数字，三司副使以下，均不得预闻。丁谓等并指责诸司库务的使臣在提供数字之程序不当。真宗即在闰六月下诏严旨申戒。身为提举在京诸司库务官的蓝继宗，在七月因应此诏，作出回应。他上言："准诏，每到库务点检不便事件，合行条约改更，并与三司同议以闻，自后皆依诏施行，切缘有至不便事，及三司元规画不当，失于拘检官物者，更难与三司议，望许臣等上殿敷奏。若常程不便事，即与三司同议。"真宗接受他的建议，这回他打胜了一仗。另外，他又上言都监院现为提举库务都大提点仓场所提辖，请求并归一处。真宗也接纳他的意见。①第二次交锋是在同月底，蓝以提举诸司库务的身份，向真宗进言，反对由丁谓和林特主导的茶法改革博易新法，屡言其非便。丁谓反驳他的质疑，向真宗表示愿与蓝继宗答辩。真宗于是召蓝继宗与丁谓对质，蓝入对，丁谓"询其始末"，蓝"悉不能对"。丁谓第二天向真宗回奏后，真宗就没有否决实行博易法。真宗倒没有为此事怀疑蓝继宗的忠诚。十二月，仍委蓝继宗专门负责将三司所蓄的炭十万秤，减价出售以济贫民。因为蓝继宗的廉洁奉公，以往蓄薪炭之家无以坐致厚利，而小民就得以获益。蓝继宗这差使，倒是令丁谓等三司官员得不到便宜。对于先前茶法改革的争议，蓝继

---

① 《宋会要辑稿》第六册，《职官二十七·太府寺·提举在京诸司库务司》，第3732页。提举在京诸司库务司设于真宗景德二年，迄神宗熙宁八年（1075），用以统辖在京诸司库务的大小事务，在统一制度，减少弊端方面颇有成效。关于北宋在京诸司库务的管辖范围、提举诸司库务司的职权变化及其作用，以及它与三司的权力关系，可参阅李伟国：《论北宋的提举诸司库务司》，原载《中国史研究》1986年第3期，现收入氏著：《宋代财政与文献考论》，上海：上海古籍出版社，2007年，第43—61页。李文也指出提举司初创时，由朝臣戚纶及内臣刘承珪任提举司长官，刘死后由蓝继宗接其任提举官，是"宦官中地位极高的人物"。提举官可以过问在内库务，这是与三司有别的。

宗仍锲而不舍，大概在大中祥符九年（1016）二月，他再以榷货务去年引钱收一百五十万缗，比新额亏少十万缗为由，再次反对新茶法，但丁谓之反驳，加上王旦的支持，最终真宗仍采纳丁的意见。①

丁、林所推行的茶法改革，好坏一时尚难定论。问题是为何一向谦谨，与人无过节的蓝继宗忽然发难，向正受真宗宠信的丁、林二人质询他们精通的业务？本文不具名的审稿人认为这很可能是出于他对丁谓等干预其主管的库务司事务发泄不满，此论固是。不过，笔者以为这也是蓝继宗对丁谓等人自天书封禅闹剧开始以来的行径所作的间接抗议，虽然他明知无法摇撼真宗对丁、林等人的宠信。

对丁谓等人行径的抗议，在这一年，先有寇準四月如轰雷似的狂击林特，可惜他低估了林特的力量，而又不懂得与王旦合作，结果以被罢告终。然后是蓝继宗以茶法之弊作为突破口以摇撼丁、林二人。可惜蓝在茶法业务上不如丁谓精通，又得不到王旦的支持。最后是这年八月癸未（初六），寇準生平知己、深受真宗尊重的治蜀名臣知陈州（今河南周口市淮阳区）张詠（946—1015）临终进言。可惜的是，虽然张詠说出大快人心的话，指责"不当造宫观，竭天下之财，伤生民之命。此皆贼臣丁谓诳惑陛下，乞斩谓头置国

---

① 《长编》卷八五，大中祥符八年七月乙亥条、八月戊寅条，第1942—1943页；卷八六，大中祥符九年二月庚辰条，第1971页；《宋会要辑稿》第十一册，《食货三十六·榷易》，第6791页；《食货三十七·市易》，第6808页。关于丁谓及林特二人主导的茶法改革及其得失优劣，近期的研究，可参阅黄纯艳：《论北宋林特茶法改革》，《上海师范大学学报（社会科学版）》2000年第1期，第18—24页；虞文霞：《丁谓与真宗时期的茶法改革》，《农业考古》2001年第2期，第261—265页。

门以谢天下,然后斩詠头置丁氏之门以谢谓",但丝毫改变不了真宗的心,林特照样升官。在张詠进遗奏的十多天后,真宗又加林特户部侍郎、同玉清昭应宫副使,班在翰林学士之上。①

蓝继宗一直都获委派与天书封禅有关的差使,张詠所痛言的地方,他比任何人都清楚。他与刘承珪不同之处,是他没有与王钦若一伙朋比为奸,本传说他"退朝即亟归",同列或留他,就说要回家种花养鱼。只怕这是他避开与同列(特别是与他共事的丁谓与林特)的借口。他对丁、林主导的茶法改革,不理同列之谊,向真宗检举。以他的世故,本来不应做这注定徒劳无功反会招祸之事。他这样做,大概除了不满丁、林二人以此敛财外,也是对他们推动天书封禅和造宫观之恶的抗议。

大中祥符九年二月壬辰(十七),位于兖州的景灵宫及太极观落成,真宗命修景灵宫副使林特往二处设醮。真宗嘉奖以入内押班周怀政为首的监修内臣,并赐工卒缗钱。甲午(十九),真宗在京师元符观南筑资善堂,作为寿春郡王(即仁宗)就学之处。周怀政被委为都监,入内供奉官杨怀玉为仁宗伴读。比蓝继宗年轻近二十岁的周怀政成为内臣中炙手可热的人物,半年后还取代蓝继宗担任玉清昭应宫都监。②

---

① 《长编》卷八五,大中祥符八年八月癸未、乙未条,第1944、1946页。
② 《宋高僧传》上册,卷三,《译经篇第一之三·唐京师满月传·智慧轮》,第58页;夏竦:《文庄集》卷二六,《碑铭·传法院碑铭》,文渊阁《四库全书》本,第1页上—2页下;《长编》卷二二,太平兴国六年十二月壬辰条,第508页;卷二八,雍熙四年八月辛巳条,第640页;卷七○,大中祥符元年十二月壬子条,第1582—1583页;卷七二,大中祥符二年九月壬子朔条,第1632页;卷八六,大中祥符九年二月壬辰至甲午条,第1973页;卷八七,大中祥符九年八月丙子条,第2003页;《宋会要辑稿》第八册,《职官五十四·宫观使》,第4456页;第十四册,《兵十一·捕贼一》,第8818页;第十五册,《方域

这次蓝继宗不但没有被委以重任，还在四月己卯（初六），因九年前所修的章穆郭皇后陵的隧道塌陷，被责降为如京使。不过，翌月他又以景灵宫修成，以修宫都监之功，复迁官为南作坊使。①

　　真宗在这月又命王旦等为恭上宝册南郊恭谢大礼使，准备不

三·园·瑞圣园》，第9305页；第十六册，《道释二·释院·传法院》，第9999页；《玉海》卷一七一，《宫室·太平兴国含芳园、祥符瑞圣园》，第23页；《宋史》卷五，《太宗纪二》，第96页；卷四六六，《宦者传一·王继恩、周怀政》，13603—13604、13615。周怀政稍后自如京副使超擢为崇仪使。八月丙子（初五），周怀政任昭应宫都监，西京左藏库副使带御器械王承勋为同都监，以周勾当公事常在禁中，故增置一员以递宿而委王为同都监。另任周怀政之弟供备库副使周怀信为景灵宫都监，另一员内臣、东染院使邓守恩（974—1021）为会灵观都监。王承勋是太宗朝内臣王文寿（？—994）子。王文寿在太平兴国五年，以高品奉太宗命与使臣刘素监护成立译经院（后改名传法院），开始翻译收集回来的佛经。太宗命王文寿监译。六年十二月壬辰（廿九），他以殿头高品身份，与赞善大夫韦务升（？—985后）建议选取南唐降卒堪充军旅的并家属部送赴京。八年十月，以高品之职奉太宗命从京师童行五百人中选得惟净等十人，送译经院就学。雍熙四年十月前，他奉命监督史馆修《神医普救方》，他气焰甚盛，馆中学士日夕往谒。不过，他的行事作风令他不得善终，淳化五年（994）十月庚辰（初二），他以高品之职奉王继恩命率虎翼军二千往遂州路追击李顺余党，但他御下严急，士卒皆怨。一夕他卧帐中，指挥使张嶙遣卒数人排闼持刀入帐，斩王文寿首而出，率众五百人投敌帅张余。王承勋大概以父死难之恩恤而获出仕，大中祥符元年十二月壬子（廿六）以入内高品负责接待来贺正旦的辽使。他在翌年（大中祥符二年）九月壬子二月朔（初一）已擢为入内供奉官，奉命往沧州塞漳河水。他曾请授本州权推官祖百世正任，以奖他工作勤尽，但真宗以他为内臣不应论请州县官。但真宗仍对他宠信有加，大中祥符三年又命他为瑞圣园（在景阳门外道东，太平兴国二年初名含芳园）监官。他上言以泰山天书至京，奉安于此处，请加崇饰，于是改名瑞圣园。六年后他已擢为西京左藏库副使、带御器械。

① 《长编》卷八六，大中祥符九年四月己卯条，第1981页；卷八七，大中祥符九年五月庚申、丁卯条，第1991、1993页；八月丁酉条，第2007页；《宋会要辑稿》第三册，《礼三十七·缘陵裁制上》，第1574页；《宋史》，卷四六七《宦者传二·蓝继宗》，第1991页。蓝继宗原官洛苑使，是诸司正使西班第四阶第二资，如京使是第四阶第三资，蓝继宗只是降一资，算是薄责。曾经参与修陵的入内副都知张继能在是年八月，自东染院使降一资为西染院使。至于蓝继宗所擢之南作坊使，属第三阶第一资，蓝继宗比任洛苑使时升了六资。五月丁卯（廿四），真宗以修宫观之劳，擢北作坊使李溥（？—1022后）为宫苑使，另擢升其他有关臣僚，疑蓝继宗也在此时受赏迁南作坊使。

久举行南郊大典，另又谒景灵宫，大宴从臣。真宗本来是高高兴兴的，谁料六月京师却发生蝗灾，大扫真宗的兴。虽然一意奉迎真宗的佞臣如河北转运使李士衡（959—1032）及知陈州冯拯都虚报蝗灾不大，但发生在天子脚下的地方的偌大蝗灾，却是纸包不了火，隐瞒不了。什么太平盛世，天书圣祖保佑，都不过是自欺欺人的笑话。①

从八月丙戌（十五）开始，宋廷的中枢人事连续发生变化，首先是枢密使陈尧叟以疾求罢，真宗命其出判河阳（即孟州，今河南孟州市）。然后是参政丁谓在九月甲辰（初三）自请罢知昇州（今江苏南京市）。因补二人之缺，真宗在同月丙午（初五），任翰林学士陈彭年、王曾（978—1038），以及权御史中丞张知白（956—1028）并为参知政事，而以枢密直学士任中正（961—1026）为枢密副使。②陈尧叟与丁谓都是积极推动天书封禅的人，他们罢职后，虽然死党陈彭年继任参政，但新擢为执政的其他三人都属王旦集团。而且十月，导演当年所谓司命真君圣祖降临的术士王中正（？—1016）去世，对于真宗天书梦的觉醒本来是一好机会。③可惜十一月，王钦若借故牵起大狱，将主张罢天下醮设，节省经费以充国用的河西军节度使、知许州（今河南许昌市）石普（961—1035）拿京问罪。由知杂御史吕夷简（979—1044）及入内押班周

---

① 《长编》卷八七，大中祥符九年五月乙丑至丙寅条，第1992页；六月甲申、癸巳、丁酉条，第1995—1997页；七月辛亥至癸丑条、乙卯至丙寅条，第1998—2001页。
② 《长编》卷八七，大中祥符九年八月丙戌条，第2005—2006页；卷八八，大中祥符九年九月甲辰、丙午条，第2011—2012页。
③ 《长编》卷八八，大中祥符九年十月丙子条，第2021页。王中正死后，真宗赠他镇海节度使，塑像景灵宫，命入内押班周怀政护丧。

怀政主审，石普被定罪，降授太子左清道率府副率，房州（今湖北房县）安置，石普得免一死，大概是王旦所救。①

真宗翌年（1017）改元天禧，正月乙卯（十五）行宣读天书之礼。王钦若任宣读天书礼仪使。参加这次典礼之高级内臣包括入内副都知张景宗和张继能，蓝继宗似乎没有参与。据《宋史》本传所载，他曾负责修会灵观和祥源观。②

王钦若的死党陈彭年好不容易才攀上参政之位，但二月己亥（三十）就在朝见天书后暴疾而死。一个多月后的四月庚辰（十二），王钦若的老搭档、久疾的陈尧叟亦卒。③在各种自然灾害一齐发生，灾情日渐严重情况下，首相王旦一再请辞，终于在五月戊申（十一），获真宗许他罢相。次相向敏中在七月本来也请罢相，但真宗不许。八月庚午（初五），无视王旦多方反对，真宗最后仍拜他宠信的王钦若继任首相，而向敏中则留任次相。九月癸卯（初八），反对天书的参政王曾为王钦若攻倒罢职，真宗改任翰林学士李迪（971—1047）为参政。出乎王钦若意料，真宗竟复任王钦若的对头马知节为知枢密院事，除了曹利用和任中正留任外，又委任亲善王旦、寇準的枢密直学士周起为同知枢密院事。④王钦若

---

① 《长编》卷八八，大中祥符十一月戊申条，第2027—2028页。
② 《长编》卷八九，天禧元年正月丙午至壬子条，第2036—2037页；卷九二，天禧二年九月甲申条，第2127页；《宋史》卷四六六，《宦者传一·窦神宝》，第13601页；卷六七《宦者传二·蓝继宗》，第13633页；《宋会要辑稿》第四册，《仪制十三·内侍追赠·赠团练使》，第2571页。祥源观在天禧二年九月甲申（廿五）修成，但据《长编》，监修的内臣是西染院使邓守恩，而非蓝继宗。另比张景宗资历高的内臣中，原内侍右班副都知、西京左藏库使窦神宝早在天禧元年以皇城使罢内职，并在天禧三年九月卒，赠冀州团练使。
③ 《长编》卷八九，天禧元年二月丁酉至己亥条，第2046—2047页；四月庚辰条，第2055页。
④ 《长编》卷八九，天禧元年四月辛巳至丙申条，五月戊戌至丙辰条，第2055—

虽然乐见他所痛恨的王旦在九月己酉（十四）因内疚神明病卒①；但新的两府宰执中，依附他的没有几个。他没有料到的是，他最厉害的对手，竟是内臣中的大红人周怀政。②

相比之下，蓝继宗没有像周怀政那样"日侍内廷，权任尤盛，于是附会者颇众"，只是做好分内的工作，而且小心避嫌。他过去担任勾当皇城司时，一直将家属安顿在皇城司内，后来为免别人说话，将家属徙居于外舍。天禧二年（1018）二月，他以勾当皇城司的身份上言，请与同为勾当皇城司的周怀政，以及马军都虞候刘美（962—1021）轮宿于皇城司本司内。不过，真宗下诏命他从今以后只居于本司内，不用徙居外舍。有了真宗的旨意，他就可免别人，特别是周怀政的闲话。③

四月己巳（初六），他又以提举诸司库务的身份上言，指出诸司官健本额是47966人，现在所管的是36388人。他现挑选得23921人继续充役，请将2954人停役，另513人减衣粢之半。从他尽量节省朝廷钱粮开支的做法，我们可以推知，他对于王钦若之辈，假借天书封禅虚耗国库民力的行径，是不会苟同的。④

八月庚戌（二十），真宗册立仁宗为太子，任参政李迪为太子

2061页；七月己未条，第2074页；八月庚午、壬申条，第2075页；九月癸卯条，第2078—2079页。王钦若罢相同日，真宗的亲信枢密副使张旻被罢为河阳三城节度使，相信这是他反对天书之故。
① 《长编》卷九〇，天禧元年九月己酉条，第2080—2081页。
② 周怀政在天禧元年正月大礼中，又任修奉宝册都监，加领长州刺史，是冬迁洛苑使。二年春，迁左藏库使，位在蓝继宗的南作坊使之上。参见《宋史》卷四六六，《宦者传一·周怀政传》，第13615页。
③ 《宋会要辑稿》第七册，《职官三十四·皇城司》，第3860页。
④ 《长编》卷九一，天禧二年四月己巳条，第2107页；《宋会要辑稿》第六册，《职官二十七·太府寺·提举在京诸司库务司》，第3733页。

宾客,又擢升周怀政为左骐骥使、入内副都知兼管勾左右春坊事,周怀政顿时成为太子的大管家。这时周怀政的权势,就好像太宗晚年的王继恩一样。周性识平庸,却酷信妖妄,结果被后来造天书的朱能(？—1020)迷惑,援引他至御药使、阶州刺史。周怀政又贪婪成性,常将中外帑币擅取入其家。考蓝继宗在《涑水记闻》的"朱能得天书"条,曾记述当日朱能伪造天书的妖妄。从各方面去看,蓝继宗与周怀政是道不同不相为谋的人,而他很可能就是周得势后,"同列位望居右者,必排抑之"的人。⑤

十二月辛丑(十三),王钦若逼走了与他不合的参政张知白,但对头寇準的女婿、枢密直学士王曙,早在十月壬寅(十三)从益州(今四川成都市)回朝,任太子宾客。⑥在权力的平衡上王并不占有太多的优势。最致命的地方,是他弄虚作怪的造天书本领已被周怀政所亲信的永兴军巡检朱能后来居上。朱能在终南山伪

---

⑤ 《长编》卷九一,天禧二年闰四月癸卯条,第2110页;卷九二,天禧二年六月乙未条,第2118页;八月丁酉、甲辰、乙巳、庚戌、乙卯条,第2121—2124页;卷九三,天禧三年三月乙酉条,第2141—2142页;《宋史》卷四六六,《宦者传一·周怀政、张继能、石知颙》,第13615、13623—13624、13626页;《涑水记闻》卷六,第167条,"朱能得天书",第113页。天禧二年闰四月癸卯(十一),知枢密院事马知节以足疾罢。六月乙未(初四),真宗以曹利用继任知院事。除了蓝继宗外,在八月乙卯(廿六)被罢入内副都知,出为邠宁环庆路钤辖的张继能,亦有可能是周怀政所排的"同列"。按张继能与太子左庶子乐黄目(966—1021)同时被责,他们都被真宗亲信群牧副使杨崇勋(976—1045)告发,杨与周原来是一伙,二人为周所排的机会颇大。张继能后来自陈不愿外任,真宗乃委他掌瑞圣园,其后再掌领往来国信所。他在天禧三年,复为西京左藏库使,后任为内侍右班副都知。不久,再迁崇仪使,但他以衰老求解职,乃转内园使,掌琼林苑。笔者怀疑张继能一直被周怀政排挤,乃借故退居闲职。附带一提,另一员资深的内臣石知颙,在大中祥符末年本来复掌群牧司、三班院和亲王诸宫事,但在天禧二年却被出为并代州钤辖管勾麟府路军马事。他在天禧三年卒。
⑥ 《长编》卷九二,天禧二年十月壬寅条,第2127页;十二月辛丑条,第2131页。

造天书，并且打动了一辈子不信天书的知永兴军寇準。天禧三年（1019）三月底，为了回朝重掌权力，寇準做了一生最为错误的政治赌博。为了重获真宗的欢心，在周怀政及朱能的策动下，他从永兴军上奏，称天书降于永兴军所属的乾祐山中。虽然人尽皆知所谓乾祐天书的妖妄，但精神上已有问题的真宗却深信不疑，且在四月辛卯（初四），下令备仪仗至琼林苑迎导天书入大内。另外，他在同月己亥（十二）重召寇準和王钦若闹翻的丁谓回朝。不过，在五月己未（初三），刘皇后已迫不及待将她的亲信夏守恩（？—1037）和刘美擢为殿前都虞候和马军都虞候，牢牢地掌握禁军。[①]寇準和王钦若固然不是她的对手，遑论自以为大权在手的小小内臣周怀政。

六月甲午（初九），早已失宠的王钦若因受赇事发，加上受到周怀政的攻击，被罢相出判杭州。甲辰（十三），回朝的寇準和丁谓分别拜相及参政。寇準所厌恶的林特，却受丁谓之荐，升任尚书左丞，宠信不衰。[②]

七月壬戌（初七），皇宫发生一件翰林司药童挟刀入本署，杀死另一药童的事故。有关司署的臣僚都受到降职的处分，其中内臣中地位最高的勾当翰林司、入内都知、宫苑使张景宗，被责降为左骐骥使。真宗藩邸旧人的皇城使王遵度（？—1019后）降为翰林使。明德李皇后亲侄李昭庆（即李昭亮，993—1063）自崇仪使降为西京左藏库使。另外勾当皇城司的三名内臣邓守恩、周怀

---

① 《长编》卷九三，天禧三年三月乙酉条，四月辛卯、己亥、己未条，第2141—2145页；五月甲申条、六月戊子条，第2148页。
② 《长编》卷九三，天禧三年六月甲午条，第2149—2150页；六月戊戌、丁未条，第2152—2153页。

政及蓝继宗并罚金,充职如故。蓝继宗排名尚在周怀政之后。戊辰(十三),真宗下诏在十一月辛未(十九)举行南郊大典,内臣中,又是由入内副都知的周怀政任天书扶侍都监。①

十二月辛卯(初九),真宗又以南郊大典,加恩臣下,他宠信的周怀政加英州团练使,进昭宣使。②翌年(天禧四年,1020)正月乙丑(十三),真宗委在西边有功的曹玮为签署枢密院事,用以平衡枢密院各派的力量;但在三月己卯(廿八),首相向敏中病逝,寇準失却一个有力的盟友。六月丙申(十六),在刘皇后的支持下,丁谓、曹利用,以及刘皇后的姻亲翰林学士钱惟演(977—1034)合力斗垮了寇準。支持寇準复相的周怀政在后党的打压下,在七月甲戌(廿五)坠入了刘皇后等人布置的陷阱。刘皇后亲信杨崇勋首告周怀政密谋发动政变,结果周被拘捕。在后党的枢密使曹利用主审下,周被判谋反有据而被诛,同党朱能稍后以拒捕被杀,周父、弟及亲信以及内臣多人均被重责。丁谓乘机将寇準及其亲信牵连在内,将他们远贬。周怀政以为挟真宗之宠信,就可以作威作福,却没有记取前辈王继恩的教训,以一员内臣介入宫廷权力斗争以及文臣党争,结果成为权力的牺牲品。据说其父周绍忠及弟周怀信曾力劝他安分,但他不听,终招致杀身之祸。③

---

① 《长编》卷九四,天禧三年七月壬戌、戊戌条,第2160—2161页。
② 《长编》卷九四,天禧三年十二月辛卯条,第2173页;《宋史》卷四六六,《宦者传一·周怀政》,第13614页。
③ 《长编》卷九五,天禧四年正月乙丑条,第2178页;三月己亥条,第2186页;六月丙申条,第2196—2198页;卷九六,天禧四年七月甲戌、丁丑条;八月辛巳、壬寅、癸卯、甲辰、丙午条,第2208—2214页;卷一四〇,景祐元年三月辛酉条,第2860页。被牵连责降的内臣,除周怀政之父内殿承制周绍忠、其弟礼宾副使周怀信外,还有供奉官杨怀玉、入内供奉官谭元吉、高品王德信、高班胡允则、黄门杨允文、入内押班郑志诚、入内供奉官石承庆。被贬内臣中,

这次大狱以寇党一败涂地，丁谓一党大胜告终。周怀政被杀，他的入内副都知职由邓守恩替补。而他的昭宣使之缺，就由入内都知、皇城使张景宗取得。至于太子宫都监，先由入内副都知邓守恩继任。到天禧五年（1021）三月，邓病逝，四月丁未（初二），就由曾举报周怀政天书妖妄事，深受刘皇后宠信的内殿崇班雷允恭（？—1022）继任。雷允恭亦同管勾资善堂、左右春坊司事，替刘皇后监视太子宫的动静。① 在周怀政之狱中，蓝继宗没有受到株

郑志诚被削官流房州而死。景祐元年三月辛酉（初一），仁宗为周怀政平反，并追复郑为入内押班，赠和州防御使。这里附带考论钱惟演的生年及寿数。按《宋史·钱惟演传》没有记他的生卒年及寿数，而据《隆平集·钱惟演传》及《东都事略·钱惟演传》所记，钱享年五十八。按钱于景祐元年（1034）七月乙巳（十八）卒，则以此上推，他应生于太平兴国二年（977），这亦是多数人认为的钱惟演生卒年。然王德毅教授却引《全宋词》卷一的记载，称钱生于建隆三年（962），故后得年七十三。笔者查阅《全宋词》，惟未见载钱生于建隆三年及得年七十三的根据，最近从网上的《大宋金石录》，找到钱惟演长子钱暧的墓志铭（按《宋史·钱惟演传》没有附钱暧传），该铭记钱暧卒于庆历七年（1047）七月辛卯（十八），得年五十六。以此上推，钱暧当生于淳化三年（992）。若钱惟演生于太平兴国二年，则他在十六岁便生钱暧，在古代是可能的事。若他生于建隆三年，他就是到三十一岁才生长子钱暧，就有点不合理了。故笔者仍认为《隆平集·钱惟演传》及《东都事略·钱惟演传》的记载较合理。参见《长编》卷一一五，景祐元年七月乙巳条，第2690页；曾巩撰，王瑞来校证：《隆平集校证》下册，卷一二，《伪国·吴越·钱俶传附钱惟演》，北京：中华书局，2012年，第346—347页；王称：《东都事略》卷二四《钱俶传附钱惟演》，第2页下—3页下；《宋史》卷三一七，《钱惟演传附钱彦远》，第10340—10342，10345—10346页；王德毅、昌彼得等编：《宋人传记资料索引》第五册，"钱惟演"条，台北：鼎文书局，1975年，第4082页；钱彦远：《宋故彭城钱府君墓志铭》，《新出吴越钱氏墓志》，网址：http://blog.sina.com.cn/s/blog_de5296c70101pabk.html。

① 《长编》卷九六，天禧四年十一月壬戌至己巳条，第2222—2225页；十二月丁酉条，第2230页；卷九七，天禧五年三月壬寅条，四月丁未条，第2244—2245页；卷九七，十月癸卯条，第2255页；《宋会要辑稿》第四册，《仪制十三·内侍追赠·赠防御使》，第2571页；《宋史》卷四六六，《宦者传一·邓守恩》，第13628页。丁谓的政敌次相李迪及回朝的王钦若亦在同年十一月和十二月被丁谓以计攻倒。李迪被丁谓攻倒的事，蓝元震及李子仪所传述的一则故事曾有记载。至于张景宗则在天禧五年三月壬寅（廿七），以天章阁落

连，那正因他小心谨慎，不依附权势所致。

四月，另一名资深的内臣内园使、并代铃辖、管勾麟府路军马事张继能亦病逝。在论资排辈的情况下，与他资历相当的人或死或出外，与世无争的蓝继宗乃得以继任为入内都知，位仅次于昭宣使张景宗和韩守英。五月，蓝继宗得到一份优差，以入内都知的身份被派往西夏充李德明的加恩使，得以暂时离开是非地的宫廷。据载他抵达西夏后，李德明要和他较射。蓝虽然已六十二岁，但精力未衰，每发必中。李德明赞叹之余，将他所乘的名马相赠。这个表面爱种花养鱼的内臣，原来武功深藏不露。①

十月戊申（初六），祥源观修成，真宗以劳擢升昭宣使、入内都知、管勾祥源观事张景宗为宣政使，雷允恭和刘承珪之子刘从愿（？—1048）为内殿承制，另擢昭宣使韩守英为宣庆使。雷允恭仗恃刘皇后的宠信，开始邀权侵利。他原属入内内侍省，在蓝继宗管辖之下，但他已目中无人，俨然是另一个周怀政。②

翌年（1022）正月，真宗改元乾兴，当人人都以为真宗久病

成迁昭宣使，并自康州团练使迁嘉州防御使，另任都大管勾龙图及天章阁。雷允恭亦同管勾资善堂、左右春坊司事，替刘皇后监视太子宫的动静。

① 《长编》卷九七，天禧五年五月辛丑条，第2247页；《宋史》卷四六六，《宦者传一·张继能》，第13624页；卷四六七，《宦者传二·蓝继宗》，第13634页；《宋会要辑稿》第四册，《仪制十三·内侍追赠·赠团练使》，第2571页。《宋史》蓝继宗本传记他先迁入内侍省右班都知，再迁入内都知。他迁右班都知的年月不详。按，原内侍右班副都知张继能在天禧三年后以疾求解职，有可能由蓝继宗接他内侍省右班副都知的职务，蓝再迁右班都知，最后升任入内都知。

② 《长编》卷九七，天禧五年十月戊申条，第2255—2256页；《宋史》卷一二二，《礼志二十五》，第2851页；卷四六八，《宦者传三·雷允恭》，第13654页。雷允恭初为入内殿头，因告发周怀政有功，超擢为内殿崇班充皇太子宫都监，至是以修祥源观有劳迁内殿承制。另韩守英在乾兴元年二月已为宣庆使，他当在天禧五年底或乾兴元年正月初擢宣庆使。

的身体有好转时，二月戊午（十九），真宗却突然逝世。①随着真宗的去世，扰攘前后十五年的天书封禅闹剧终于结束。蓝继宗在这十五年中，作为旁观者，可说看尽朝中群臣的炎凉百态，为了权位，不仅王钦若、丁谓之流大力迎合真宗荒唐自欺的行径，就是被视为正人的寇準与王旦，也被迫妥协，只有极少数的直臣如孙奭和张詠敢上言抗争。在蓝继宗所传述的四则掌故，即"朱能得天书"（167条）、"孙奭谏西祀"（168条）、"王旦举代"（173条）、"出李迪而留丁谓"（174条），蓝继宗传达一个鲜明的讯息：天书封禅是荒唐的，乾祐天书是假的，可惜只有一士谔谔的孙奭敢说出真话。另外，在许多人心中，包括蓝继宗自己，一向不信天书的寇準是力挽狂澜的希望所在。可惜，寇準晚年的作为让多数人失望了。教人惋惜的是，老实的李迪最终斗不过奸狡的丁谓。

五、九转丹成：宋仁宗朝的蓝继宗

仁宗继位后，刘太后以皇帝年幼为由临朝听政。首相丁谓为了固权，甘心听刘太后的摆布，并勾结刘太后宠信的雷允恭，单独为自己传旨。丁谓独断独行，将其他宰执排除在外。他又进一步逼害政敌寇準和李迪，要将他们置诸死地，并将他们的同情者或亲信远贬。②

---

① 《长编》卷九八，乾兴元年正月辛未、癸未、丁亥条，二月庚子至戊午条，第2268—2271页。
② 《长编》卷九八，乾兴元年二月戊午至戊辰条，第2271—2276页。本文匿名审稿人不同意笔者的看法，即丁谓为了固权，甘心听刘太后的摆布。并引述王瑞来的近著，提出丁谓担任首相后，逐渐不大把刘太后放在眼中，并干涉刘太后

乾兴元年二月庚申（廿一），刘太后任丁谓为山陵使，营造真宗的陵墓，步军副都指挥使夏守恩为山陵修奉部署。年已六十三且素有修陵经验的蓝继宗则以入内都知、勾当皇城司任山陵按行使，内侍押班王承勋（？—1035后）为按行副使。本来已优迁为入内押班、西京作坊使、普州刺史的雷允恭并未获委派修陵，为了可以趁机立功兼发财，雷苦苦哀求刘太后派他这个差使。刘太后也考虑他"少而宠幸，不历外任，今官品已高，近下差遣难以使汝。若近上名目，汝不知法禁，妄有举动，适为汝累"。但经不起他的苦求，就特命他与张景宗同管勾山陵一行诸司事。①

的行动，限制内廷经费，使二人的关系变得紧张。后来他失欢于刘太后，即肇因于此。其实王瑞来只引用了《长编》乾兴元年六月癸亥条的描述，没有进一步分析丁谓的问题，亦因该文主要谈的是王钦若，故对丁谓的问题并没有深入探究，不足为凭。有关这问题，有兴趣的读者也可以参阅笔者旧作：《曹利用之死》的相关章节（该文未被王文引用）。笔者认为丁谓能打倒寇准、李迪，升任首相，靠的是刘太后姻家钱惟演举荐（按丁的女儿嫁给钱的长子钱暖，可参本书第168页注③中《宋故彭城钱府君墓志铭》提及的网址），以及同属太后一党，寇准和李迪的死敌的曹利用撑腰，他本身并无强固的权力基础和主流廷臣的支持。他对这点是很清楚的，故此，他勾结刘太后宠信的内臣雷允恭，却不敢改变刘太后垂帘听政的权力格局。他只想独揽相权，从不敢与刘太后争锋。王瑞来的说法笔者认为值得商榷。参见王瑞来：《佞臣如何左右皇权：以北宋"瘿相"王钦若为例》，《中国文化研究所学报》2008年第48期，第81—122页，后收入氏著《宰相故事：士大夫政治下的权力场》（北京：中华书局，2010年），第四章《佞臣如何左右皇权：以北宋"瘿相"王钦若为例》，第129—189页（有关丁谓与刘太后的关系，参该书第180页）；何冠环：《曹利用之死》，载氏著《北宋武将研究》，香港：中华书局，2003年，第242—254页。

① 《长编》卷九八，乾兴元年二月庚申条，第2272页；六月庚申条，第2283页；《宋史》卷四六七，《宦者传二·蓝继宗》，第13634页；卷四六八，《宦者传三·雷允恭》，第13655页；《宋会要辑稿》第三册，《礼二十九·历代大行丧礼上·真宗》，第1328页；《礼三十七·帝陵·真宗永定陵》，第1558—1559页；《全宋文》第十九册，卷三九三，《乐辅国·永定陵修奉采石记·乾兴元年八月》，第124—129页。蓝继宗在仁宗继位后，迁左骐骥使、忠州防御使。参与修永定陵的内臣计有内殿崇班李知常（？—1037后）、入内供奉官毛昌达等人。李知常的事迹可参本书第一篇《〈全宋文〉前十五册所收碑铭之宋初内臣史料初考》。

二月己巳（三十），雷允恭来到陵区。三月乙酉（十六），蓝继宗向刘太后上奏，称据司天监所定永安县东北六里曰卧龙冈，堪充山陵。刘太后命雷允恭覆按以闻。判司天监邢中和却向雷允恭建议将陵址上移百步，说该处的墓穴地形像子孙众多的秦王廷美（947—984）汝州（今河南汝州市）坟，若能改为那样的陵址，就可以令仁宗和秦王一样多子多孙。他惟一的担心就是穴下可能有石，石下可能有地下水。少不更事又狂妄自大的雷允恭闻言大喜，马上下令依邢所言，改变陵墓的位置。他虽然入禀刘太后，但又欺骗刘太后他已得到丁谓的同意。其实丁谓也觉得不妥，只是不敢开罪这个太后跟前最宠信的奴才，就不置可否，唯唯而已。聪明一世的丁谓，就错在没有阻止这个无知黄门的胡作非为。丁谓和当年寇準一样，犯了不应该犯的错误，听任无知的内臣胡搅，而给对手以千载难得的反击机会。①

邢中和担心的事最终发生。五月辛卯（廿三），雷允恭所开的新墓穴下面果真有石，挖开石块，下面有大量的水涌出，结果施工甚为艰难。修奉山陵部署夏守恩估计这样下去，无法建好陵墓，于是将实情上奏，等待朝廷之旨意。丁谓包庇雷允恭，仍希望照雷允恭的意思，在原地将陵墓建好。他覆奏虽掘见泉水，缘已及元料，请便修筑地基。癸巳（廿五），入内供奉官毛昌达从陵园回京，具奏其事。刘太后立即派人向丁谓查问究竟。丁谓才请刘太后再派原来的修陵按行使蓝继宗和副使内侍押班王承勋及司天监前往陵园参

---

① 《长编》卷九八，乾兴元年六月庚申条，第2283页；《宋史》卷一二二，《礼志二十五》，第2852页；《宋会要辑稿》第三册，《礼二十九·历代大行丧礼上·真宗》，第1330—1331页；《礼三十七·帝陵·真宗永定陵》，第1558—1559页。

定。两天后（乙未，廿七），刘太后再派内侍押班杨怀玉与蓝继宗等回报实情。翌日（丙申，廿八），刘太后再派入内供奉官罗崇勋（？—1033后）、右侍禁阁门祗候李惟新往陵园所在的巩县，将雷允恭的罪状参劾上奏。雷允恭慌了，要求携带所画的山陵图入奏，但刘太后不许。六月辛丑（初三），刘太后再派内殿承制马仁俊一同审问雷允恭。两天后（癸卯，初五），又派龙图阁直学士权知开封府吕夷简、龙图阁直学士兼侍讲鲁宗道（966—1029）、入内押班岑保正（？—1027后）、入内供奉官任守忠（990—1068）覆视皇堂。众人一致请复用旧穴。刘太后令张景宗召辅臣冯拯、曹利用等到丁谓宅商议。她仍不放心，第二天再命参政王曾前往巩县覆视，并祭告祖宗天地。丁谓请求俟王曾回来，商议妥当，才恢复工役。刘太后等不了，下令马上复役，只是皇堂须议定才修筑。王曾回来后，依从众议复用旧穴。对于胡作非为的雷允恭，刘太后这回毫不留情。雷允恭以擅移皇堂，以及盗取库金银、锦帛及珍珠宝物以万计之罪，及他与丁谓交构贿赂之迹，在六月庚申（廿二），被杖杀于巩县。雷允恭弟允中配郴州，邢中和配沙门岛（今山东烟台市西北庙岛），另牵连决配者七十人。王曾利用这难得机会，设下巧计，骗丁谓让他单独面见刘太后，然后在刘太后帘前严劾丁谓包庇雷允恭，指他包藏祸心，以改动陵穴来破坏赵氏皇室的龙脉。刘太后早已不满丁谓，加上丁得罪太多人，对刘太后争取朝臣支持，已无利用价值，就痛下杀手将他重谴。丁谓罢相之余，不久更被远贬崖州（今海南三亚市）。丁谓一生聪明，却想不到被少不更事的雷允恭连累而垮台。①

丁谓被罢，次相冯拯继为首相。六月甲子（廿六），冯被任为山陵使，接手营建真宗的山陵。七月戊寅（初十），冯拯建议真宗的陵名为"永定"，刘太后诏可。②蓝继宗早在六月甲寅（十六），被任为山陵修奉钤辖。在夏守恩和他的督工下，永定陵于同年八月丁未（初十）建成。刘太后早在七月丁酉（廿九）命新授入内副都知的麦守恩充永定陵使，内园副使岑守素（？—1045）充都监，负责守护修好的皇陵。河南府缑氏县主簿、管勾采取搬运山陵石段的乐辅国奉旨写了一篇《永定陵修奉采石记》，称许夏、蓝"二公荷先朝拔擢之恩，副当宁选抡之寄，同心勠力，夙夜在公。仗钺而来，得以便宜从事。募诸道兵士、工匠，来赴力役，表请文武官僚使命分掌其事。虽钦承治命，以俭约而处先；而遵法古仪，在坚固以为事"。又说二人"屡宣宸慈，抚恤士伍，饵以医

---

① 《长编》卷九八，乾兴元年六月庚申条，第2283—2287页；卷九九，七月己卯条，第2293—2294页；《宋会要辑稿》第三册，《礼二十九·历代大行丧礼上·真宗》，第1328、1331页；《礼三十七·帝陵·真宗永定陵》，第1558—1559页。七月己卯（十一），丁谓以引荐之女道士刘德妙得罪，再被冯拯借口远贬崖州。王瑞来教授在前引书《宰相故事》第五章，对丁谓的生平事迹有一番很精彩的论述，他评说丁谓是罔上弄权的宋代权相第一人。他对王曾以巧计打倒丁谓的手段，认为并不过分，盖对付丁谓这一个"曾把寇準、李迪、王钦若等所有政敌都打得落花流水的狡猾而凶狠的敌人，王曾不讲究策略，不利用偶发事件，不借助皇权，是无法将之打倒的。"参见王瑞来：《宰相故事：士大夫政治下的权力场》，第五章《宋代权相第一人。"罔上弄权"的丁谓》，第191—248页。有关王曾利用真宗山陵事斗倒丁谓的始末的论述，参看第239—246页。

② 《长编》卷九八，乾兴元年六月甲子条，第2287页；卷九九，七月辛未至戊寅条，第2291—2293页。王曾在七月辛未（初三）擢任次相，吕夷简及鲁宗道同日拜参政，本属丁谓一党的曹利用则留任为首枢。翌日（壬申，初四），以林特为首的一大批丁谓同党均被责降。丙子（初八），刘太后的亲信钱惟演自枢副擢枢密使。

药,赍以物帛。群情感激,罔不尽心。"①虽然文章有溢美之嫌;不过,永定陵造得坚固,而且不太耗费,应该是事实,这也是蓝继宗一贯的做事作风。今日我们在巩义市所见的宋永定陵仍见规模(见图4-1)。十月己酉(十三),真宗下葬永定陵,蓝继宗的任务完成。真宗后半生迷恋的天书,在王曾和吕夷简的建议下,陪葬永定陵。天书封禅的闹剧,终于结束。②

翌年(1023)正月仁宗改元天圣,首相冯拯此时患病不能视事,上章求罢。刘太后在是月丁丑(十二),遣新任入内副都知的周文质持诏慰抚,不允所请。③九月丙寅(初五),冯拯终以疾罢相,而不得人望的王钦若却回朝拜相。教人安慰的是,从王曾以下,都并不惟王之命是从,王已没有当年挟宠专权的威风。④闰九月戊戌(初七),寇準卒于雷州(今广东雷州市)。翌日(己亥,初八),冯拯亦卒于京师。刘太后命蓝继宗致奠。刘太后本来已在癸卯(十二)内徙寇为衡州(今湖南衡阳市)司马,但寇準不及接到诏旨已去世。宋廷许寇妻的请求,让寇準归葬洛阳。据载寇準棺椁北还,百姓都在路上设祭。⑤

王钦若回朝后还不够两年,便在天圣三年(1025)七月因牵涉

---

① 《全宋文》第十九册,卷三九三,《乐辅国·永定陵修奉采石记·乾兴元年八月》,第124—129页;《宋会要辑稿》第三册,《礼二十九·历代大行丧礼上·真宗》,第1331、1333页;《礼三十七·帝陵·真宗永定陵》,第1559页。
② 《长编》卷九九,乾兴元年九月己卯条、十月己酉条,第2297—2298页。
③ 《长编》卷一〇〇,天圣元年正月庚午条,第2310页。
④ 《长编》卷九九,乾兴元年十一月丁卯条,第2299页;卷一一〇,天圣元年八月甲寅至九月丙寅条,第2331—2333页。乾兴元年十一月,刘太后在群臣的反对下,被迫罢她亲信钱惟演之枢使职务。到天圣元年八月,钱自河阳来朝,谋取代冯拯的相位,但在群臣的极力反对下,也没有成功。
⑤ 《长编》卷一一〇,天圣元年闰九月乙未至己亥条,第2336页。

受贿之事失宠成疾,延至十一月戊申(三十)卒。①蓝继宗对于王钦若之死,大概不会动容。他在意的,是他手下两员素有战功的高级内臣、入内副都知、泾原路都钤辖周文质和内侍押班、泾原路钤辖王怀信(?—1025后),都在同年九月以擅杀泾州(今甘肃泾川县)蕃部,致环州诸族叛,拥兵玩寇之过,受到重责。他们本来都是内臣中后起之秀。取而代之的,是刘太后宠信的内侍押班洛苑副使江德明(?—1037)和上御药罗崇勋。顺便一提,与蓝继宗同辈的入内都知、宣政使张景宗在天圣元年以后的事迹不详,他在天圣元年已逝世。蓝继宗在天圣以后,地位仅在韩守英之下。②

值得注意的是,天圣四年(1026),蓝继宗已年六十七,两个养子蓝元用及蓝元震已在内廷供职(蓝元用、元震生年不详,倘蓝继宗在年三十后收养蓝元用,然后才收养蓝元震,则蓝元用这年当已超过三十岁,而蓝元震大概二十岁)。与蓝继宗同辈的内臣第二代,除了刘承珪之儿子刘从愿外,阎承翰的儿子阎文应(?—1039)也早出仕。据《宋天圣二年隋书刊本原跋》所载,蓝元用早在天圣二年(1024)五月丁酉(十一),以入内供奉官任职上御药供奉,他奉旨将禁中的一部《隋书》付崇文院刊刻。天圣四年二月戊申(初一),宋廷别置上御药供奉四人,品秩比内殿崇班,因父

---

① 《长编》卷一三〇,天圣三年七月辛巳条,第2384页;十一月庚子至戊申条,第2393页。
② 《长编》卷一三〇,天圣三年六月丙寅条,第2383页;七月辛卯条,第2385页;八月乙亥条,第2387—2388页;九月庚寅条,第2389页;卷一四〇,天圣四年六月癸巳条,第2411页。周文质自泾原路都钤辖、左骐骥使、惠州团练使、入内副都知贬为右率府率,衢州安置,后再责除名,白州(今广西博白县)编管。王怀信自泾原路钤辖、内园使荣州刺史除名,连州(今广东连州市)编管。另一员与王钦若亲善的内臣张怀德亦被贬。

荫之故，蓝元用获授此职而品秩也得到晋升。三月辛巳（初四），宋廷又特许蓝元用封赠父母妻子。天圣六年（1028）二月，宋廷诏蓝元用、张怀德（？—1033后）及罗崇勋等三员上御药供奉，改名为上御药，成为刘太后近身之内臣。至于蓝元震任职内廷的年月，《宋史》只记他以"兄荫补入内黄门，转高班，给事明肃太后。禁中夜火，后拥仁宗登西华门，左右未集，元震独传呼宿卫，以功迁高品"。蓝元震这时地位虽远低于其兄，但是刘太后近侍的人，这看得出刘太后对其父蓝继宗的信任。①

刘太后的权力得到巩固后，开始清除大臣中违逆她意者。天圣七年（1029）正月癸卯（十三），权倾一时的枢密使曹利用因其侄曹汭被指谋逆，受到牵连而被罢枢判邓州（今河南邓州市）。丙辰（廿六），刘太后再将他贬为左千牛卫将军知随州。二月底，刘太后罗织其他罪名，将他远贬。他失宠于刘太后在先，被内臣贵戚集团诬陷于后，而文臣集团则来个落井下石。他垮台的远因，盖他本是丁谓的同党，深为同情寇準及李迪的文臣集团所痛恨，乐见其败。至于近因，就是当他掌权时，一直严厉约束刘太后倚为耳目的一大班内臣，既不让他们轻易升官受赏，有时甚至当众羞辱这班狐假虎威的奴才，包括甚受刘太后宠信，被人认为与曹利用一齐"窃

---

① 魏征、令狐德棻撰：《隋书》，《宋天圣三年隋书刊本原跋》，北京：中华书局，1973年，第1904页；《长编》卷一四〇，天圣四年二月戊申条，第2401页；三月辛巳条，第2403页；卷一五〇，天圣五年七月丁巳条，第2444页；卷一六〇，天圣六年二月丁丑条，第2465页；卷一七〇，天圣七年闰二月丙申条，第2499页；《宋史》卷四六六，《宦者传一·阎承翰》，第13612页；卷四六七，《宦者传二·蓝元震》，第13634页；卷四六八，《宦者传三·阎文应》，第13655页；《宋会要辑稿》第六册，《职官十九·御药院》，第3553页。阎文应在天圣五年七月丁巳（十九），已官礼宾副使；七年闰二月已迁左藏库使、沧州钤辖。

弄威权"的罗崇勋。结果罗崇勋趁奉旨审讯曹汭的机会，公报私仇，诬陷曹利用不轨。这批憎恶曹利用的宦者，就在刘太后的默许下，于是年闰二月辛卯（初二），由负责押放曹利用至贬所的内臣杨怀敏（？—1050），在途中将曹谋杀于襄阳驿。①

除了罗崇勋外，另一员上御药张怀德相信也参与打击曹利用的活动。②至于同为上御药的蓝元用态度如何，史所不载。笔者怀疑蓝继宗鉴于周怀政之覆辙，当不会让儿子介入宫廷权争。不过，对于挟刘太后宠信的那一群野心勃勃，窃弄威权的少壮派内臣，蓝继宗虽为入内都知，看来也只能独善其身。

六月丁未（二十），玉清昭应宫被大雷电击中，酿成火灾，大部分遭焚毁。早就不为刘太后所喜的首相王曾以此原因被罢，由次相吕夷简继为首相。蓝继宗因不领昭应宫职事，没有被责。不过，蓝元用与其他多名内臣，以失职之故，经御史府鞫问后，七月乙丑（初八）被责降。蓝元用只受到追一任勒停的处分，算是薄惩了。③

蓝继宗在真宗朝曾担任修国史院，蓝元用也在仁宗朝和罗崇勋及皇甫继明几个得宠内臣一同得到这份优差，担任国史院承受之

---

① 《长编》卷一七〇，天圣七年正月癸卯至丙辰条，第2491—2494页；二月戊辰至甲戌条，第2496—2498页；闰二月辛卯条，第2498—2499页；卷一八〇，天圣七年十二月辛亥条，第2529页。曹利用未败死时，龙图阁待制孔道辅（986—1039）已表示："利用及上御药罗崇勋窃弄威权，宜早斥去，以清朝廷。"曹利用被杀的始末，可参阅何冠环：《曹利用之死》，第203—282页。

② 《长编》卷一八〇，天圣七年五月甲辰条，第2514页。李迪的至交范讽（？—1041后）交结刘太后宠信的上御药张怀德，获荐于太后。范原知广德军（今安徽广德县），后以疾监舒州（今安徽潜山市）灵仙观。召还，即向刘太后进言，主张除去曹利用。笔者怀疑张怀德也是憎恶曹利用的内臣之一。

③ 《长编》卷一八〇，天圣七年六月丁未、甲寅条，第2515—2518页；《宋会要辑稿》第八册，《职官六十四·黜降官一》，第4782页。

差事。天圣八年（1030）六月癸巳（十一），宰相吕夷简上新修国史，除修史的文臣受赏外，宣庆使管勾内臣韩守英，以及蓝元用、罗崇勋及皇甫继明三人并获迁官。①根据天圣九年（1031）由吕夷简、陈尧佐（963—1044）、王曙领衔所修的《昭明文选李善注本》之进呈执事名单，蓝元用在天圣九年已迁官为供备库副使。在这份传世的文献中，蓝元用的全部阶勋爵邑官职差遣如下：

> 管勾雕造供备库副使银青光禄大夫检校太子宾客兼御史大夫同管勾景灵宫公事并奉真殿兼同勾当三馆秘阁公事翰林司上骑都尉中山县开国子食邑五百户臣蓝元用。②

天圣九年六月己亥（廿三），辽圣宗逝世。这自然是宋廷上下关注的大事。③不过，教刘太后悲伤的是，情同儿子的知相州（今河南安阳市）刘从德（1008—1031）在十一月病卒，她因此得病。④翌年（1032，按是年十一月改元明道）二月庚戌（初九），

---

① 《长编》卷一九〇，天圣九年六月癸巳至甲午条，第2540页；《宋史》卷四六七，《宦者传二·蓝继宗》，第13633页。
② 皇甫继明也在这执事名单内，官位和蓝元用一样，同是供备库副使，不同之处在他加带御器械，另爵封保定郡开国侯，而且执事挂名也比蓝元用高。此份执事名单刊于《秀州州学刊本》，源出韩国所藏的《奎章阁所藏六臣注文选》，现有韩国古活字本刊行。参见屈守元：《〈文选六臣注〉跋》，《文学遗产》2000年第1期，第40—47页。
③ 《长编》卷一一〇，天圣九年六月己亥条，第2563—2564页；八月丁丑条，第2565页。附带一提，在是年八月丁丑（初二），吕夷简的妻父、寇準的同年马亮（959—1031），以太子少保致仕的官职卒。在蓝继宗所传述的一则记闻"王旦举代"（173条）中，马亮是真宗曾点名可继王旦相位的人。
④ 《长编》卷一一〇，天圣九年十一月乙未条，第2571页。刘从德是刘太后前夫刘美的儿子，她们二人的真实关系待考。

刘太后给大臣加官，其中首相吕夷简授中书侍郎兼兵部尚书。吕夷简固辞兵部尚书，刘太后仍命学士院贴麻，为了表示恩宠，就特别派已年七十三的入内都知蓝继宗到阁门赐这幅诏书给吕夷简。①

明道元年八月壬戌（廿三），文德殿修成，但当晚禁中失火，火势蔓延，将崇德、长春、滋福、会庆、延庆、崇徽、天和、承明八殿烧毁。幸而后擢至入内都都知的王守忠（？—1054）弟小黄门王守规（1011—1077）发现得早，众内臣奉帝后至安全地方。禁中起火时，刘太后拥持着仁宗登西华门躲避，左右侍从一时未集。蓝继宗幼子、随侍在侧的蓝元震立即走下城楼，传召寻找宿卫护驾。九月庚午（初二），宋廷赏灭火护驾之功，首席内臣景福殿使、雅州防御使、入内都知韩守英迁内侍都知，月俸增三万。大概稍后再加新置的延福宫使以宠之。蓝继宗则自宫苑使、忠州防御使、入内都知迁昭宣使。入内押班、西京作坊使、文州刺史江德明则擢如京使迁入内副都知，入内押班、礼宾使卢守懃（？—1040后）领昌州刺史。其他内臣自上御药至内品十五人均获升迁，其中王守规超擢为入内殿头，而蓝元震也稍迁为入内高品。至于蓝元用有否受赏，就未见载。稍后阁文应和刘从愿再获擢升，他们是准备接韩守英及蓝继宗的职位的。②

---

① 《长编》卷一一一，明道元年二月庚戌条，第2576页。
② 《长编》卷一一一，明道元年八月壬戌条，第2587页；九月庚午条，第2588—2589页；十一月戊子至庚寅条，第2592页；卷一一六，景祐二年二月癸亥条，第2720—2721页；《宋史》卷一〇，《仁宗纪二》，第194页；卷六三，《五行志二上》，第1377页；卷四六七，《宦者传二·蓝元震、王守规》，第13634、13638页；《宋会要辑稿》第四册，《礼五十八·谥·群臣谥》，第2067页；第八册，《职官五十二·诸使杂录》，第4455页；宋敏求撰，诚刚点校：《春明

明道二年（1033）三月甲午（廿九），刘太后久病辞世，仁宗亲政。还不到一个月，刘太后所宠信的"权宠颇盛"，任以"访外事"，"以此势倾中外"，以入内副都知江德明、东染院使罗崇勋、张怀德为首的内臣多人，分别在四月丙辰（廿一）及五月己巳（初五）被逐出朝廷。五月，首席内臣入内都知、延福宫使韩守英卒，已擢为宣庆使的蓝继宗终于成为地位最高的内臣，是年他已七十四岁。仁宗大概看在蓝继宗的面上，允许当年同为刘太后身边的上御药蓝元用留在宋廷，另擢升阎文应为入内副都知，做蓝继宗的副手。十一月，仁宗在为寇準平反的同时，也为曾任他太子府都监的周怀政平反，另复任其弟周怀吉为礼宾副使。这个当年自取灭亡的内臣，总算恢复名誉。①十二月，宋宫牵起一场大风波，仁宗

退朝录》卷上，"内臣谥"条，北京：中华书局，1980年，第9页；高承撰，金圆、许沛藻点校：《事物纪原》卷六，"延福宫使"条，北京：中华书局，1989年，第293页。据《事物纪原》与《宋会要·职官五十二》的说法，班官的最高职位延福宫使（从五品）置于明道元年，韩守英则是首位授延福宫使的内臣，疑他是在明道元年九月赏灭火之功而授。王守规是蓝继宗当年修真宗陵的副手王承勋（勋）的幼子，入内都知王守忠弟。王承勋在景祐二年二月任群牧都监，其后事迹及卒年不详，他最后官至宣庆使赠宁国军节度使谥"安简"。王守规后来擢至宣庆使、内侍右班副都知。刘太后在是年十一月再擢江德明为文思使、普州团练使，左藏库副使、内侍右班都知阎文应为洛苑使、开州刺史，刘从愿自左藏库使为洛苑使。

① 《长编》卷一一二，明道二年三月甲午、四月戊申、癸丑、丙辰至己未条，第2609—2613页；五月戊辰至癸酉条，第2616—2617页；七月辛巳条，第2622页；卷一一三，明道二年九月乙酉条，第2636—2637页；十月乙巳条，第2639页；十一月辛未至甲戌条，第2643页；《宋会要辑稿》第四册，《仪制十三·内侍追赠·赠留后》，第2570页。按明道二年七月辛巳（十八），张怀德为有司发其奸状，被除名配隶广南。九月乙酉（廿三），再以修仁宗生母章懿太后（987—1032）之陵有过，罚铜三十斤，再徙远处。十月乙巳（十三），江德明给言者劾他在外仍不检点，夺入内副都知之职。另一内臣朱允中也落内侍押班之职。江德明在景祐四年（1037）二月前，以左藏库使、果州防御使之职卒。这里附带一谈，《涑水记闻》卷一〇称"章献太后临朝，内侍省都知江德元权倾天下"，而其弟江德明也恃势欺人。检《长编》及《宋史》，并未见

将他不喜的郭皇后（1012—1035）废为净妃。鼓动仁宗废后的，除复相的吕夷简外，尚有右谏议大夫范讽以及入内副都知阎文应。已露角头的右司谏范仲淹（989—1052）领头抗争，一大群少壮的言官起来反对废后，并将矛头指向当年被视为直臣的吕夷简，结果范仲淹等被贬责。身为内臣之首的蓝继宗，在这事上似乎是置身事外。①

仁宗在翌年（1034）改元景祐，这是蓝继宗担任入内都知最后的一年。人间恩怨，世道是非，在这年教人看遍。首先在是年三月及四月，仁宗先后为在乾祐天书一案中被株连的内侍郑志诚及翰林学士杨亿平反，然后在八月，因周怀政弟、入内押班周怀信的申诉，仁宗再将刘太后的亲信杨崇勋落使相贬知寿州（今安徽六安市寿县），并将杨的同党、杨怀吉之弟侄多人贬黜，算是替忠心于他的周怀政出了一口气。②七月至八月，钱惟演和他的政敌、枢密使王曙相继逝世。而本来是吕夷简知交，后来因争权而反目的王曾，因王曙之死而得以回朝复任枢密使。王曾回朝不久，蓝继宗又目睹另一场宫廷闹剧，那就是好色的仁宗，因沉溺美人窝而几乎病重不起，最后由章惠杨太后（984—1036）下旨，并由已升任入内

载所谓内侍省都知江德元权倾天下之事。李焘在有关条下也注引《涑水记闻》这则异说，并指出此说为其所不取。参见《涑水记闻》卷一○，第306条，"李及不阿权贵"，第195页；《长编》卷一六○，天圣六年五月丁巳条，第2473页。

① 《长编》卷一一三，十二月甲寅至丙辰条，第2648—2654页；卷一一五，景祐元年七月乙未条，第2689页。关于郭皇后被废事，近期的研究可参阅杨果、刘广丰：《宋仁宗郭皇后被废案探议》，《史学集刊》2008年第1期，第56—60页。笔者在考论阎文应在仁宗朝的恶行时，也论及他在鼓动仁宗废后的角色，可参阅本书第七篇《小文臣与大宦官：范仲淹与仁宗朝权阉阎文应之交锋》。
② 《长编》卷一一四，景祐元年三月辛酉条，第2670页；四月甲午条，第2672—2673页；卷一一五，八月辛酉条，第2692—2693页。

都知的阎文应执行,逐去仁宗迷恋的两个宫嫔,才中止了仁宗的荒唐行径。在这事上,身为首席内臣的蓝继宗究竟何所作为?笔者怀疑他其实在背后主持,才化解了这场可大可小的危机。①九月,仁宗总算康复过来,在杨太后的决定,吕夷简等的支持下,仁宗立开国元勋曹彬(931—999)的孙女为后(即慈圣光献曹皇后,1016—1079)。这是蓝继宗致仕前所恭逢的最后一次宫廷大典。②十二月己卯(廿三),已届七十五高龄的蓝继宗,以老疾自请罢都知之职。仁宗允许,特别擢他景福殿使,并迁邕州观察使,让他荣宠地在家退休。③宋廷在翌年(景祐二年,1035)正月庚寅(初五)特诏封赠蓝继宗的父母,但蓝继宗在同月卒,年七十六,宋廷追赠他安德军节度使,谥"僖靖"。④

蓝继宗在仁宗继位后的十四年中,经历了刘太后的摄政和仁宗的亲政,目睹了宋廷众多的人事升沉变幻,也看到养子蓝元用及蓝元震出仕,而他自己也在同辈先后过世,毫无争议下升任宋宫的首席内臣,最后以高寿功名令终。他一生历事四朝,谨慎自持,位高而不弄权,虽无显赫战功或卓著功业,但以任劳任怨的劳绩,不介入朝臣宫闱斗争的明智,而得到帝后的信任,并能度过无数的风波,得以安享晚年,且荫及后人。教人可惜的是,以他所处的内廷

---

① 《长编》卷一一五,景祐元年七月辛巳条,第2690页;八月癸亥、庚午、辛未条,第2693—2696页。
② 《长编》卷一一五,景祐元年九月壬午、辛丑、甲辰、乙巳条,第2698,2700—2701页。
③ 《长编》卷一一五,景祐元年十二月己卯条,第2709页。
④ 《宋会要辑稿》第四册,《礼五十八·谥·群臣谥》,第2062页;《仪制十·陈请封赠》,第2507页;《仪制十三·内侍追赠·赠节度使》,第2569页;《宋史》卷四六七,《宦者传二·蓝继宗》,第13634页。群书只载蓝继宗在景祐二年正月卒,日期不详。

高位,却没有留下与这十四年有关的政海掌故给后人细细玩味。

六、内臣世家:蓝元用事迹考

蓝元用在父亲过世时,大概以恩荫再获擢升。景祐二年十一月戊子(初八),被废的郭皇后暴卒,继蓝继宗任首席内臣的昭宣使、入内都都知阎文应及其子勾当御药院阎士良,涉嫌加害郭皇后,在以范仲淹为首的群臣的攻击下,这个"专恣,事多矫旨付外,执政不敢违"的权阉,与其子俱被罢职贬外。景祐三年(1036)正月壬辰(十三),仁宗命知制诰丁度(990—1053)以及已擢为内侍省内侍押班的蓝元用同护葬事,建陵台于奉先院之东北隅。①

五月,宋廷又起纷争,打倒阎文应的英雄,一向敢言的天章阁待制、权知开封府范仲淹,因开罪首相吕夷简,被落职贬知饶州(今江西鄱阳县),同情范仲淹的人被指为朋党,名臣欧阳修

---

① 《长编》卷一一七,景祐二年十一月戊子条,第2762页;十二月辛亥条,第2764—2765页;卷一一八,景祐三年正月壬辰条,第2774页;《宋会要辑稿》第三册,《礼三十二·后丧一·郭皇后》,第1466—1467页;《礼三十七·后陵·郭皇后陵》,第1592页;第四册,《仪制十三·内侍追赠·赠观察使》,第2570—2571页。关于郭皇后之死,所有人都指阎文应嫌疑最大,但仁宗却奇怪地不愿追究。笔者认为个中还有别情,疑章惠杨太后其实是指使阎文应下手杀害郭皇后的幕后黑手。可参阅本书第七篇《小文臣与大宦官:范仲淹与仁宗朝权阉阎文应之交锋》。按阎文应被贬出朝后,在宝元二年(1039)九月前,于昭宣使、嘉州防御使、相州铃辖任上卒。又据司马光所记,阎士良曾对孙器之(即孙珪,?—1080后)言及郭皇后被废后,仁宗一度想立京师富民陈子城之女为后,但他以陈的出身低微,力劝仁宗收回成命。这显然是阎士良为自己所作的恶事辩护之辞。参见司马光:《涑水记闻》卷一〇,第284条,"仁宗欲纳陈子城女为后",第183页。关于阎士良反对陈氏女为皇后的事,可参阅本书第八篇《北宋阎氏内臣世家第三、四代人物阎士良与阎安》的考论。

（1007—1072）及余靖（1000—1064）均被贬。① 值得注意的是，这时的蓝元用与亡父一样，没有介入朝臣之党争。

阎文应被贬后，宋廷地位最高的内臣，计为崇仪使、贵州团练使、入内副都知张永和（？—1045后），以及皇城使、雅州刺史、内侍副都知王守忠。蓝元用在十月获得升迁，自供备库使、忠州刺史、内侍押班迁为西京左藏库使。两个月后，他和皇甫继明等，并以管勾三馆、秘阁上新校四库书的功劳，在十二月辛未（廿七），再擢为入内副都知，迁洛苑使。② 比起亡父，蓝元用升迁便快得多。

景祐四年（1037）四月，蓝继宗生前最看不起的天书封禅罪首丁谓卒于光州（今河南潢川县）。丁之死，除了引起复相的王曾一番感慨外，并未对宋廷内外有何震动。反而在十二月，范仲淹的政敌继续散布范等结朋党外，又以其他事诬告他，仁宗几乎要将他远贬岭南，幸而参政程琳（988—1056）为之辩护，仁宗才收回成命。③

翌年（1038）仁宗改元宝元，当宋廷的文臣仍为范仲淹是否结党展开争论时，西夏主元昊（1003—1048，1032—1048在位）已

---

① 《长编》卷一一八，景祐三年五月丙戌至戊戌条，第2783—2787页。
② 《长编》卷一一九，景祐三年八月辛未条，第2800页；十月癸亥条，第2809页；十二月辛未条，第2813页；卷一二二，宝元元年八月丁亥条，第2878—2879页。在蓝元用晋升西京左藏库使的同时，王守忠自仪鸾使迁皇城使，刘承珪之子刘从愿自左藏库使、嘉州刺史、入内押班迁内藏库使；西京左藏库使、韶州刺史、内侍押班史崇信迁文思使；崇仪使、内侍押班任文庆迁六宅使。又皇甫继明亦以功，自西京左藏库使、端州刺史、入内副都知加文思使。蓝元用在景祐三年十月仍为入内押班，相信是在十二月擢升入内副都知。宝元元年八月丁亥（廿三），张永和再以南郊恩典擢为入内都知，成为蓝元用之上司。
③ 《长编》卷一二〇，景祐四年四月己亥条，第2830页；十二月壬辰条，第2843—2845页。

开始部署侵宋。①十月甲戌（十一），元昊称帝。十一月乙卯（廿三），深受宋廷上下尊重的王曾在郓州（今山东东平县州城镇）病逝，宋廷失去了一个可以镇住大局的元老重臣。②面对元昊可能的进攻，宋廷被迫作出种种部署，包括试图利用西蕃唃厮啰（997—1065）对付元昊，以及削除元昊的官爵，停止所有赏赐以慑服他。另外也加强陕西各路的防御。宝元二年（1039）十一月辛亥（廿四），西夏终于发动攻击。翌年（康定元年，1040）正月，宋军在三川口（约今陕西延安市西20公里处，即今延安市安塞区、延安市境的西川河汇入延河处）之战惨败。③这次宋军失利，部分原因是内侍都监黄德和（？—1040）不肯应援，以及内臣钤辖卢守懃作战不力所致，但仁宗在二月，仍然派入内副都知王守忠领梓州观察使，任陕西都钤辖，出任俨如监军之职。知谏院富弼（1004—1083）极力反对此项任命，但仁宗不听。不过，在群臣之反对下，仁宗在五月终罢王守忠都钤辖职，而且在无人可用的情况下，任韩琦（1008—1075）和范仲淹为陕西经略副使，收拾残局。④

---

① 《长编》卷一二一，宝元元年正月癸卯至丙辰条，第2849—2856页。
② 《长编》卷一二二，宝元元年十月甲戌条，第2882—2883页；十一月戊午条，第2886页。
③ 《长编》卷一二五，宝元二年十一月甲辰至十二月乙丑条，第2944—2945页；卷一二六，康定元年正月癸酉至二月丙戌条，第2965—2971页；《宋史》卷一○，《仁宗纪二》，第204—206页。
④ 《长编》卷一二六，康定元年二月己丑条，第2972页；三月戊寅条，第2989—2992页；卷一二七，康定元年五月戊寅至己卯条，第3013—3014页；卷一三二，庆历元年六月辛丑条，第3145页。又据《宋会要·仪制十三》，在庆历元年（1041）六月辛丑（廿四）病卒的，是其子名王崇吉的入内副都知、右骐骥使、象州防御使王惟忠（按《宋会要辑稿》记其职为入内都知）。而《长编》却将他讹写为王"守"忠。考王惟忠在景祐元年（1034）十月癸亥（初七）以入内押班往视河决。到康定元年八月癸未朔（初一），即以右骐骥使象州防御使入内都知的身份奉命赍手诏至永兴军与等议边事。参见《长编》卷

九月己卯（廿七），因范仲淹的请求，仁宗再命翰林学士丁度、西上阁门使李端愿（？—1091），以及转任内侍押班的蓝元用，共同试验三班院、殿前马步军司之将校士兵中自荐有武艺、胆勇敢战和谋略出众者。蓝元用被委以此任，看来他与其父一样颇有武略。结果，他们三人将受试的人分为五等，中选者凡一百八十人。①

翌年（1041）仁宗再改元庆历。二月，由于韩琦轻率出兵，宋军再次惨败于好水川（今宁夏西吉县境内之什字路河川）。②宋廷这时又祸不单行，碰上汴河流不通。三月己巳（廿六），蓝元用以内侍押班奉命祭灵津庙。③一波未平，一波又起，辽国趁着宋军两度覆师，在庆历二年（1042）三月，遣使来索取关南地。四月，宋廷派富弼使辽交涉，经历半年反复交涉，九月，宋辽重订新约结束纷争。但翌月，宋军又三度覆师于泾原路的定川寨（今宁夏固原市中河乡大营村硝河西北岸黄嘴古城）。④十月甲寅（十四），宋廷收到宋军覆师的报告后，面对西线再起烽烟，即差派翰林学士兼龙图阁学士王尧臣（1003—1058）为泾原路安抚使，而以当时任洛苑使、英州团练使、内侍副都知的蓝元用作其副手。庆历三年

一一五，景祐元年十月癸亥条，第2703页；卷一二八，康定元年八月癸未朔条，第3031页；卷一三二，庆历元年六月辛丑条，第3145页；《宋会要辑稿》第四册，《仪制十三·内侍追赠·赠节度使》，第2569页。

① 《宋会要辑稿》第九册，《选举十七·武举》，第5587—5588页；《长编》卷一二八，康定元年九月甲戌条，第3044页。
② 《长编》卷一三一，庆历元年二月己丑至丁酉条，第3100—3103页。
③ 《长编》卷一三一，庆历元年三月乙亥条，第3113页。宋廷同时派知制诰聂冠卿（988—1042）祭河渎庙。
④ 《长编》卷一三五，庆历二年三月己巳至辛未条，第3229—3231页；四月庚辰条，第3224—3226页；卷一三七，庆历二年七月壬戌至癸亥条，第3282—3287页；九月癸亥至乙丑条，第3291—3294页；闰九月癸巳条，第3300—3303页。

（1043）正月，王尧臣向仁宗覆奏，提出许多抵御西夏进攻的建议，请仁宗交范仲淹及韩琦相度施行，仁宗依其奏请。当中有多少是蓝元用的意见，史所不载，无法确考。值得一提的是，蓝元用这次副王尧臣出使，在庆历壬午（二年）仲冬五日途中参奉金天帝祠留下传世的石刻题名（见图4-4）。①

庆历四年（1044）初，蓝元用以疾请罢内侍副都知职。仁宗允许，授他眉州防御使，并命知制诰欧阳修撰写制文。欧阳修在制文中对蓝元用称誉备至，称许他"既明而敏，慎密一心，不见过失，屡更器任，实简于怀"。又说"惟尔之旧予所嘉，惟尔之劳予所录"。就在这时，蓝元用弟蓝元震忽然发难，在仁宗前指控庆历三年七月回朝任参政，主持史称"庆历变法"的范仲淹私结朋党。欧阳修虽然随即奏上他有名的《朋党论》辩护，但并没有化解仁宗的怀疑，最后范仲淹于是年六月自请解政而罢。究竟蓝元用在这事件上有无参与其间？蓝元用生平行事，颇类其父，"慎密一心"，从不介入文臣的党争。他在这时正以疾请罢内侍副都知，论理他应当没有兴趣介入范的政敌夏竦（985—1051）与韩、范的党争。而且欧阳修曾为他撰写极好的制文，并未结怨于他。以此推论，蓝元震上奏不像受其兄授意，也许是他自己投靠夏竦一党，而做出此事来。②

---

① 国家图书馆善本金石组编：《宋代石刻文献全编》第三册，《王尧臣蓝元用题名》，北京：北京图书馆出版社，2003，第119页；《长编》卷一三八，庆历二年十月癸卯、癸丑、甲寅条，第3309，3314—3315页；卷一三九，庆历三年正月丙子条，第3338—3341页。蓝元用在上述与王尧臣的题名中，署名"大梁蓝元用"，与其养父蓝继宗系籍南海不同，大概蓝元用原籍开封（即大梁），为蓝继宗收养。

② 欧阳修撰，李逸安点校：《欧阳修全集》卷四一，《外制集序》，北京：中华

蓝元用罢都知后，内臣中居首的是庆历五年（1045）三月擢宣庆使的入内都知张永和、擢昭宣使的内侍都知王守忠、擢皇城使的入内副都知刘从愿，以及蓝元用的老搭档皇城使、入内副都知皇甫继明。①三年后，即庆历八年（1048）正月，以平贝州（后改名恩州，今河北清河县）之乱有功的入内副都知麦允言（？—1050）擢昭宣使，八月入内都知王守忠自宣政使超擢为景福殿使，那是蓝元用无法比拟的。蓝元用大概在庆历八年复任为入内副都知，填补在这年三月逝世的刘从愿遗缺，而位在入内都知张惟吉（？—1054）之下。十二月庚辰（十六），仁宗命翰林侍读学士郭劝（981—1052）与蓝元用出使，命与河北及京东转运使再行相度修复黄河故道利害以闻。翌年（皇祐元年，1049）正月己亥（初六），他再被派往澶州经度治河工费。②

书局，2001年，第595—596页；卷八一，《洛苑使英州团练使内侍省内侍右班副都知蓝元用可眉州防御使罢副都知制》，第1175页。欧阳修在庆历三年十二月拜知制诰，四年八月出为河北转运使，为蓝元用写制文当在这时。考蓝元震攻击范仲淹等结党在四年四月，疑蓝元用在是年三月前罢，这时欧阳修与蓝氏兄弟尚无芥蒂，故愿为蓝元用写一篇很正面的制文。

① 皇甫继明在庆历七年十二月前，以皇城使、象州防御使、入内副都知卒于任上。参见《长编》卷一五五，庆历五年三月乙亥条，第3760—3761页；《宋会要辑稿》第四册，《仪制十三·内侍追赠·赠节度使》，第2569页。

② 《宋会要辑稿》第四册，《仪制十三·内侍追赠·赠节度使》，第2569页；第十六册，《方域十四·治河上》，第9561页；《长编》卷一六五，庆历八年闰正月戊申条，第3907页；八月壬申条，第3960页；十一月癸丑条，第3974页；十二月庚辰条，第3977—3978页；卷一六六，皇祐元年正月己亥条，第3981页；卷一六七，皇祐元年九月乙卯条，第4015页；卷一六九，皇祐二年八月乙丑条，第4057页；九月辛亥条，第4061页；十月癸亥条，第4063页。按《长编》庆历八年十二月庚辰条，将蓝元用之省职作入内内侍省都知，当是衍了"副"字。按蓝元用在皇祐二年仍是洛苑使、眉州防御使、入内副都知。而麦允言卒于皇祐二年八月时，已官至宣庆使、入内都知、遂州观察使。王守忠在皇祐二年十月，更擢为延福宫使、入内都知，在众入内都知之上。又刘从愿在庆历八年三月前，以昭宣使、眉州防御使、内侍右班副都知任上卒。

蓝元用最后一项见载于史籍的任务，是在皇祐二年（1050）正月丙辰（廿八），他再被委派与御史中丞郭劝和入内都知张惟吉，一起检校黄河故道工料。①张惟吉在至和元年（1054）底逝世不久，蓝元用也在至和二年（1055）三月卒，他最后的官位是左藏库使、梓州观察使、入内内侍省副都知。宋廷优赠他司徒、保大军节度使，谥"荣恪"。仁宗在这月优迁高级内臣多人，蓝元用可能沾了光，乃得以优迁为观察使。②他得年多少，史所不载，若以他在景祐三年任内侍押班及入内副都知当为五十岁，他卒年可能为七十岁。③

蓝元用余生的最后六年，即皇祐二年到至和二年，值得一书的大事，首先在皇祐四年（1052）四月，广源侬智高（？—1055）叛宋，另朋党争议之主角范仲淹则在五月辞世。④宋廷为平定侬智高之乱，曾考虑委入内都知任守忠任大将狄青（1008—1057）之副，最后因群臣之反对而作罢；不过，入内押班石全彬（？—1070）仍

---

① 《长编》卷一六八，皇祐二年正月丙辰条，第4033页。
② 《宋会要辑稿》第四册，《礼五十八·谥·群臣谥》，第2063页；《仪制十三·内臣追赠·内侍赠二官》，第2569页；《长编》卷一七九，至和二年三月丙子条，第4323页。张惟吉早在至和元年十二月前，即以京使、果州团练使、入内都知任上卒。至和二年二月，仁宗超擢两员入内副都知任守忠和邓保吉，自宫苑使及昭宣使并为宣政使。另一员入内副都知史志聪（？—1058后）则加领忠州团练使，而擢内侍押班石全彬为入内副都知；又擢内侍押班武继隆（？—1058后）及邓保信（？—1055后）并为内侍副都知。内侍押班王从善（？—1056后）、邓宣言（？—1056后）及于德源（？—1055后）均加北作坊使及洛苑使。疑蓝元用亦在此时得到最后一次加官。
③ 据《长编》所记，两省都知及押班，并选年五十以上及有边功者参用。蓝元用在景祐三年初已为内侍押班，年底擢入内副都知。倘是年他五十岁，到至和二年，他当为七十岁。参见《长编》卷一九六，嘉祐七年正月己酉条，第4737页。
④ 《长编》卷一七二，皇祐四年四月丙戌条，第4142页；五月丁卯条，第4146—4147页。

被任为副将。石全彬是石知颙之孙,他和蓝元用兄弟一样,也继承父业,开始在仕途上出头,他以从征之功,战后获得擢升,也更得仁宗的信任。在这场仁宗后期的大征战中,蓝元用兄弟并未被委以任何任务,也许在仁宗君臣眼中,蓝氏兄弟之武干不著。①

仁宗在皇祐五年(1052)九月,打破成规地任他藩邸旧人、早已擢为入内都都知、延福宫使、武信军留后王守忠为入内内侍省、内侍省都知,总管入内及内侍两省。然后又在翌年(至和元年,1054)正月,因王守忠以老疾罢延福宫使,真除他武信军留后。十一月,仁宗又因石全彬经理仁宗宠爱的张贵妃(即温成张皇后,1024—1054)丧事之劳,超擢石全彬为宫苑使、利州观察使,数天后再擢他为入内副都知。虽然知制诰刘敞(1019—1068)极力反对,但三个月后仁宗仍委石为入内副都知,替补在至和元年十二月病逝的入内都知张惟吉之缺。至和二年三月,蓝元用逝世的同月,仁宗又超擢本来资历比蓝浅的任守忠和邓保吉(?—1067)为宣政使。②相比之下,仁宗对蓝元用的宠信,是比较一般的。他至死仍无法像亡父一样成为地位最高的内臣。

蓝元用病逝,其弟蓝元震倒是获其遗荫升官。他大概在至和二年中自供备库副使擢为文思副使。由知制诰王珪(1019—1085)所

---

① 《长编》卷一七三,皇祐四年八月辛卯条,第4168页;九月癸亥至庚午条,第4174页;卷一七四,皇祐五年二月乙酉条,第4199页;《宋史》卷四六六,《宦者传一·石全彬》,第13626—13627页。
② 《长编》卷一七五,皇祐五年九月壬辰条,第4234页;卷一七六,至和元年正月癸巳条,第4251—4252页;卷一七七,至和元年十一月戊寅、壬午条,第4291—4292页;十二月己酉条,第4295页;卷一七九,至和二年三月丙子条,第4323页;卷一八四,嘉祐元年九月丁未条,第4449页;卷一八五,嘉祐二年五月辛巳条,第4478页。考石全彬升官最快,他到嘉祐元年(1056)九月,已擢为宣庆使、武信军留后。另武继隆也在嘉祐二年(1057)擢至宣政使。

撰的制文云：

> 敕某：维尔兄元用事朕左右，小心一德，今夫往来聘好之事，朕所剧委也。乃引年以辞，愿泽其天伦之亲。矧历载之劳，庸勿褒庠？进尔优秩，以眷中侍之厚。可。①

以上的制文虽是写给蓝元震，但算得上是仁宗对蓝元用服侍内廷一生的评价。

七、余论

蓝继宗在宋初高级内臣中是毫不起眼的一个，他既没有王继恩、周怀政等权势熏天，积极介入政治权力斗争的劣迹；也不像秦翰、张崇贵等有卓著的军功。蓝继宗属默默耕耘，任劳任怨，行事小心谨慎，不卷入凶险的宫廷政治的人。他从太祖开宝四年自南汉入宋廷服役始，到仁宗景祐元年以七十六高龄，善终于景福殿使、入内都知任上，历事太祖、太宗、真宗、仁宗四朝。他的两个儿子蓝元用和蓝元震，后来又相继担任入内副都知的内臣高位，俨然是内臣世家。蓝元震于神宗熙宁十年（1077）卒于入内副都知任上，算起来他们父子兄弟前后历侍六主凡一百零七年，在北宋前中期，

---

① 王珪：《华阳集》卷四〇，《供备库副使蓝元震可文思副使制》，文渊阁《四库全书》本，第9页。王珪任知制诰年月不详，据《长编》所记，他于至和二年十月前已任知制诰，而至嘉祐四年（1059）十一月前已改任翰林学士。疑此篇制文撰于至和二年三月蓝元用卒后。参见《长编》卷一八一，至和二年十月己酉条，第4380—4381页；卷一九〇，嘉祐四年十一月丙申条，第4597页。

这可能是一个空前的纪录，也许只有本文引述的王文寿、王承勋、王守忠及王守规的王氏内臣世家可以比拟。[①]而值得我们注意的是，因他们父子长期担任内臣高位，其特殊的身份位置让他们得以耳闻目睹多如山积的宋廷内外秘闻轶事。本来他们正是活的历史，可惜的是，同是内臣，他们却没有像太史公司马迁（前145或135—前90）或明代著名内臣刘若愚（1584—1641后）那样，留下珍贵的史乘给后人阅览。我们今天只能透过蓝元震的口述，司马光的笔录，才得窥宋初政治冰山的一小角，那是教人惋惜的。

诚如许多学者所指出，因前代负面历史经验的鉴戒，以及文官集团力量相对的强大，宋代内臣在政治上的影响力有限，甚至担任配角的分量也不足。不过，宋代君主仍喜欢使用他们宠信的内臣担任朝廷内外各样事务，从出使外国，到统军出征、戍守边地、守护皇城、修建皇陵、营造宫室、审治刑狱、管理仓库、治理河道、察访民情、祭祀天地、刻印典籍，几乎是无事不预。他们固然有乘机弄权敛财、勾结官员、滥权渎职者，但亦有不少表现出非凡才具、任事称职的。宋代内臣的出身背景、个人性格，以及对政治权力的

---

① 本文所引述，与蓝继宗父子兄弟约莫同时的王文寿、王承勋、王守忠、王守规祖孙三代，也是一个值得注意的内臣世家。按王文寿在太平兴国五年已出仕，与蓝继宗同时，不过他并未任内臣高职便为乱兵所杀，而其子王承勋资历次于蓝继宗，曾任蓝的修陵副手，后来官至宣庆使，大概曾任两省都知。他的长子王守忠与蓝元用同时，官至首席内臣的延福宫使入内都知，比蓝元用为高。其幼子王守规与蓝元震同时，官至宣庆使，比蓝元震地位稍高。王承勋与两子均任高级内臣，与蓝氏父子相仿。从王文寿在太平兴国五年（980）已出仕计起，到王守规卒于熙宁十年（1077），王氏祖孙三代前后任宋廷近百年，若计算王文寿在太祖朝的仕历，可能与蓝氏世家相近，甚至更长。惟王氏内臣祖孙三代并没有特别的事功，没有教人注意的问题，另与他们有关，可资进一步研究的资料也不算太多。有志研究北宋内臣世家的同道，也不妨探讨此一内臣世家，或许有新的发现。

野心，均影响他们在政治上的参与和作为。我们今天所看到关于宋代内臣事迹的纪录，大多数是宋廷士大夫戴着有色眼镜，带着浓厚的偏见写成的，与事实和真相可能有很大的距离。本文尝试从蓝氏父子兄弟自身的角度来写他们所处之时代和他们的事迹，但限于史料的缺乏（特别是欠缺他们自己所留下的材料，例如他们的诗文、信札、日记），恐怕仍然不大能成功地重建以内臣为中心的历史个案。

就本文的观察，蓝继宗父子兄弟，代表宋代干才类型的内臣。他们多才多艺，任劳任怨，对于君相交下的任务，无论是修陵造宫，还是治河修道、刻书灭火、理财掌库，多数时候都做得称职。虽然他们都没有被委以军旅之任（蓝氏父子其实武艺不差），从而建立军功[1]，但他们在宫内宫外的劳绩，加上帝王的赏识，已足够他们被擢为内臣之首领，担任入内都知的职务。

蓝继宗与蓝元用父子行事小心谨慎，知所进退。特别是蓝继宗，由于早年的经历，让他对宫廷权争的险恶有很深刻的认识，是故他选择不与同列往来，而以种花养鱼作为避祸之道，最后得以安享天年，功名令终，且荫及二子。[2]当然，他对朝政的休戚好坏，

---

[1] 柳立言认为宋初君主与士大夫对内臣角色是"以阉为将"，似乎未有检视像蓝继宗父子这样从来不曾为将的内臣个案。见柳立言：《以阉为将：宋初君主与士大夫对宦官角色的认定》，原刊《大陆杂志》1995年第91卷第3期，后收入宋史座谈会主编：《宋史研究集》第26辑，台北：台湾编译馆，1997年，第249—305页。

[2] 考明末毛一公（？—1620后）的《历代内侍考》对蓝继宗和稍后的张惟吉（？—1054）与甘昭吉（？—1063后）有较好的评价，说他们能知足安分。他说："自世昧之中人也，士虽高明者时犹染指，重名节而轻爵禄，代不数人，况阉官日侍禁闼，耳目之所睹闻，靡非富贵，容也谓宜濡染不能自拔，而继宗屡辞权任，托与园池。惟昕欣就薄选，昭吉愿奉股寝，皆庶几知止足之义矣。"毛一公看出蓝继宗托名园池是为避权任，惟毛一公没有深究蓝继宗为何有此智慧的选择。参见毛一公：《历代内侍考》卷一一，第118页。

殊非置若罔闻。真宗朝澶渊之盟之订立,以及天书封禅的闹剧,始末曲折他都洞若观火。他后来透过儿子蓝元震的口,将他的看法以及对人物的爱憎月旦间接地表达出来。这位历事四朝,以谨慎自持,而又不对权贵奉迎的内臣长者,其独特的处世行事是值得注意的。

蓝继宗父子的个案研究,严格而言,是给读者提供一个由内臣的视角去检视北宋前期的政治状况。另一方面,也让我们得以一窥宋代内臣在宋宫生存之道,以及他们的自我价值取向,而不纯像传统史家那样,只从士大夫或统治者的立场角度看这班"刑余之人"。笔者所感到不足的是,目前我们所能找到有关蓝氏父子生平事迹的史料仍相当有限。例如有关他们父子信仰方面的记载便阙如,希望他日能在这方面有所补足。史学界对宋代内臣的研究,在许多领域,例如宦官制度方面,已有很不错的成绩。不过,由于史料相对匮乏,宋代内臣在宋代政治、军事、社会、宗教等方面所扮演的角色,以及他们所带来的影响,我们目前所能看到的仅是一点点、一片片。本文在论说蓝氏父子生平事迹时,提及众多宋廷高级内臣的名字。关于宋代高级内臣,即两省押班、副都知、都知、都都知,以及专授以高级内臣的班官,从昭宣使、宣政使、宣庆使、景福殿使、延福宫使的拜罢情况,目前尚未有学者加以全面整理研究。而宋代高级内臣之间的权力问题,也尚未有专门的研究。此外,过去的研究虽已较为注意文臣与内臣的关系,但深度仍嫌不足。我们若能多做一些内臣个案研究,尤其是较有代表性的宋代内臣个案,像蓝氏父子兄弟这样的"内臣世家",相信会增加我们对这个处女研究领域的认识。

附　记

本文初稿名为《北宋内臣蓝继宗（960—1036）、蓝元用（？—1055）、蓝元震（？—1077）事迹考》，在2007年3月16日至18日在北京大学中国古代史研究中心主办的"邓广铭教授百年诞辰纪念国际学术研讨会"宣读，蒙家师陶晋生院士阅览指正，又蒙李裕民教授及葛金芳教授在会上赐予宝贵意见，据之修改。因初稿逾五万字，远超纪念论文集所许可的字数，会议后蒙纪念论文集主编张希清教授俯允，许笔者先将初稿之蓝元震部分的一万五千字修订后发表。该文题为《北宋内臣蓝元震事迹考》，载张希清主编：《邓广铭教授百年诞辰纪念论文集》，北京：中华书局，2008年，第502—512页。

修订附记

本文原刊《中国文化研究所学报》2010年第50期，第1—40页。现除改用最新的《宋会要辑稿》《全宋文》《宋太宗皇帝实录校注》版本外，并增补了一些新资料，及加强了一些观点，特别是增补了可与蓝氏内臣世家比较的王氏内臣世家的论述。

图4-1　蓝继宗负责修建的河南巩义市宋真宗永定陵

图4-2　宋太祖所诛之内臣，蓝继宗早年上司，南汉著名权阉，玉清宫使、德陵使、龙德宫使、开府仪同三司、行内侍监、上柱国龚澄枢（？—971）于南汉刘鋹大宝六年（即乾德元年，963）与邓氏三十二娘（疑为其妻）五月壬子（初一）于广州光孝寺千佛铁塔所题之铭文

图4-3 龚澄枢监造的广州光孝寺千佛铁塔

图4-4 庆历壬午（二年，1042）仲冬五日，蓝元用以内侍副都知随王尧臣谒金天帝祠题名

第五篇　北宋内臣蓝元震事迹考

一、前言

不少研究北宋朋党之争，特别是仁宗朝庆历党争的论著，都注意到欧阳修（1007—1072）在庆历四年（1044）撰写有名的《朋党论》，以回应仁宗的质疑，肇因一个名蓝元震（一作蓝元振，？—1077）的内臣向仁宗奏告范仲淹（989—1052）等结朋党。后来范仲淹等因顶不住反对改革的势力而相继离开宋廷，令改革中途而废，转折点正是蓝元震的发难。①

---

① 有关的著作可参阅周祚绍：《论黄庭坚和北宋党争》，《九江师专学报（哲学社会科学版）》1996年第2期，第57页；沈松勤：《北宋文人与党争——中国士大夫群体研究之一》，第二章第一节《君子小人之辨与朋党论》，北京：人民出版社，1998年，第47—57页；罗家祥：《朋党之争与北宋政治》，武汉：华中师范大学出版社，2002年，第1—17页；吴淑钿：《馆下谈诗探析》，《复旦大学学报（社会科学版）》2002年第6期，第120页；黄洁琼：《蔡襄与宋代的改革》，《哈尔滨学院学报》2004年第6期，第105页；程安庸：《晏殊评说》，《求索》2005年第4期，第150页。以上各文均引述蓝元震这番攻击范仲淹的话，又关于蓝元震进言的月日，应在欧阳修撰《朋党论》前，抑在其后？《欧阳修全集》卷一七所收录的《朋党论》题下，称撰于他在谏院时。按欧阳修在景祐元年十二月拜知制诰，是时蓝元震尚未上疏。又《长编》在该条下之小注云："此一节恐

蓝元震何许人也，《宋史·宦者传二·蓝继宗》有他的不足一百三十字的附传。他的养父蓝继宗（960—1036）及兄长蓝元用（？—1055）先后担任内臣最高职位的入内内侍省都知和副都知，而他本人在神宗朝也累官至入内副都知，位列高级内臣。① 值得我们注意的是，邓广铭教授（1907—1998）与张希清教授合校的宋代最重要笔记小说《涑水记闻》，其中卷一"符彦卿不可复委以兵柄"（44条）、卷六"朱能得天书"（167条）、"孙奭谏西祀"（168条）、"驳幸金陵与蜀"（169条）、"高琼请幸北城"（170条）、"寇準在澶渊"（171条）、"王钦若谮寇準"（172条）、"王旦举代"（173条）、"出李迪而留丁谓"（174条）等九条，据司马光所述，乃"蓝元震云""皆蓝元震云""元震及李子仪云""直省吏亲为元震言之"，司马光并补充说明"前数事皆元震闻其先人所言也，元震先人为内侍省都知"。②

    在修进论前，更详之。"李焘也未能确定。至于本于《长编》而编的《皇朝编年纲目备要》，则记欧阳修上论在前，而蓝元震进言在后。笔者认为欧阳修上奏应如李焘所言，在蓝元震上疏之后较为合理。参见《长编》卷一四八，庆历四年戊戌条，第3580—3582页；陈均编，许沛藻、金圆等点校：《皇朝编年纲目备要》卷一二，北京：中华书局，2006年，第265页；《欧阳修全集》第二册，《居士集》卷一七，《论七首·朋党论·在谏院进》，第297—298页。

① 《宋史》卷四六七，《宦者传二·蓝继宗附蓝元震》，第13634页。
② 参见《涑水记闻》卷一，第44条，"符彦卿不可复委以兵柄"，第20页；卷六，第167条，"朱能得天书"，第113—118页。司马光这几则得自蓝元震的传闻，均为李焘《长编》所采用，其长短李焘亦有所辨正。参见《长编》卷四，乾德元年二月丙戌条，第83—84页；卷五七，景德元年九月乙亥条，第1267—1268页；卷五八，景德元年十月丙子条，第1287页；十二月丁亥条，第1292—1293页；十二月戊戌条，第1298页；卷六二，景德三年二月丁酉条，第1398页；卷七四，大中祥符三年十二月癸酉条，第1698—1702页；卷八四，大中祥符八年四月壬戌条，第1922—1925页；卷九三，天禧三年三月乙酉条，第2141—2143页；卷九六，天禧四年八月辛巳条，第2211页；十一月乙丑至己巳条，第2223—2226页。又与蓝元震一同传述"出李迪而留丁谓"一则传闻的"李子仪"，可能是仁宗至神宗时人李絪（？—1073后）。据王德毅教授的

教人玩味的是，司马光在其《司马光日记》里，曾引述熙宁初年任参知政事、反对王安石（1021—1086）新法的治蜀名臣赵抃（1008—1084）的说法，指称王安石曾暗中交结及厚贿蓝元震及另一神宗信任的内臣张若水（？—1077），当神宗命蓝、张二人往开封府界察视青苗法施行的状况时，二人就给青苗法说了好话，而令神宗支持王安石继续推行此法。①这个表面看来似乎无甚显赫事

考证，李綖字子仪，在嘉祐元年（1056）七月癸巳（十三）及三年（1058）八月庚戌（十二）以秘阁校理考试国子监举人，至五年（1060）四月庚申（初二），已任权同判尚书刑部。熙宁三年（1070）出知苏州，到熙宁五年（1072）四月乙卯（初六），以刑部郎中、秘阁校理同判太常寺。到熙宁六年（1073）十月壬辰（廿三）见知明州（今浙江宁波市），累官太常少卿。《全宋诗》收他所作诗一首，另附其小传。而司马光集中也收有给他的一封书启及一封序。不过，笔者怀疑这里所引的"李子仪"可能是"李公仪"的讹写。考李迪从子李肃之（1006—1089），字公仪，据苏颂（1020—1101）为他所撰的墓志铭记载，李肃之"少有至行，年十四，时从文定公南迁衡阳，至复相不离左右"。李迪给丁谓以计攻倒并罢相的经过，与他不离左右的侄子李肃之应知之最详。司马光曾和他有书信往来，也曾赠诗及序于其兄李柬之（？—1073）及弟李及之、李揆之，司马光和他几兄弟都有交情，故李肃之把丁谓构害叔父的始末相告，是很有可能的。参见《长编》卷一九一，嘉祐五年四月庚申条，第4620页；卷二三二，熙宁五年四月乙卯条，第5630页；卷二四七，熙宁六年十月壬辰条，第6030页；《宋会要辑稿》第十册，《选举十九·试官一》，第5627页；王德毅、昌彼得（1921—2011）等编：《宋人传记资料索引》第二册"李綖条"，第897页；傅璇琮等编：《全宋诗》第十一册，卷六六〇《李綖·送程给事知越州》，北京：北京大学出版社，1993年，第7740页；苏颂撰，王同策等点校：《苏魏公集》下册，卷六一，《墓志·龙图阁直学士致仕李公墓志铭》，北京：中华书局，1988年，第929—934页；《司马光集》卷九，《律诗四·送李学士之字公远使北》，第317页；卷一〇，《律诗五·喜李侍郎柬之得西京留台》，第337页；《送李侍郎柬之得西京留台》，第339—340页；卷五八，《书启一·答谢公仪启、与李子仪书》，第1225—1226、1229—1230页；卷六四，《序一·送李揆之推官序、送李子仪序》，第1327—1328、1330—1331页；卷六五，《序二·送李公明序》，第1343—1344页。

① 司马光：《涑水记闻》，附录二《温公日记》，第8条，第350页（按此条辑自《三朝名臣言行录》卷五之二），另见司马光撰，李裕民校注：《司马光日记校注》，《日记佚闻》，第56条，北京：中国社会科学出版社，1994年，第162页。

功,而其实至少两度介入宋廷文臣党争的内臣,其对北宋中叶政局的影响力不宜低估。而蓝元震以内臣的身份,传述北宋前期九则重要政治掌故,虽非绝无仅有的事例,但也是研究宋代政治史的学者值得注意的地方。①笔者前撰《北宋内臣蓝继宗事迹考》一文(见本书第四篇),考述其父兄的生平事迹。本文据现存史料,考述蓝氏内臣世家的第三名重要人物蓝元震的生平事迹。

二、父兄护荫

蓝元震的籍贯不载,按他的长兄蓝元用系籍大梁(即开封)②,他应当也是开封人而为蓝继宗收养。至于他开始任职内廷的年月亦不载。《宋史》本传只记他"以兄荫补入内黄门,转高班,给事明肃太后"。③他在天圣年间的事迹不详,可能因为地位低微,不像父兄担任要职。他时来运转,要到仁宗改元明道(1032)后。是年八月壬戌(廿三),文德殿修成,但当晚禁中失火,火势蔓延,将崇德、长春、滋福、会庆、延庆、崇徽、天

---

① 源出于内臣口述的传闻,《涑水记闻》除收录蓝元震所传的九则掌故外,还收有仁宗朝内臣邓保吉(?—1067)及阎士良(?—1079后)所传的两则掌故。邓保吉在仁宗晚年已位至入内侍省都知,至神宗朝官至延福宫使、入内内侍省都都知、武康军节度观察留后,谥"僖温",到治平四年(1067)十月赠镇宁军节度使守太尉。参见司马光:《涑水记闻》卷八,第214条,"邓保吉云·马知节为人质直",第144页;卷一〇,第284条,"阎士良云·仁宗欲纳陈子城女成后",第183页;《宋会要辑稿》第四册,《礼五十八·谥·群臣谥》,第2062页;《仪制十三·内侍追赠·内侍赠二官》,第2569页。
② 参见本书第四篇《北宋内臣蓝继宗事迹考》。
③ 《宋史》卷四六七,《宦者传二·蓝继宗附蓝元震》,第13634页。考蓝元用在刘太后临朝时的地位尚不高,可能《宋史》将"父荫"讹写成"兄荫",蓝元震补入内黄门,当是其养父的恩荫。

和、承明八殿烧毁。幸而小黄门王守规（1011—1077）发现得早，众内臣奉帝后至安全地方。据载禁中起火时，章献刘太后（970—1033，1022—1033摄政）拥持着仁宗登西华门躲避，左右侍从一时未集，年纪轻轻而随侍在侧的蓝元震立即走下城楼，传召寻找宿卫护驾。九月庚午（初二），宋廷赏灭火护驾之功，其父蓝继宗自宫苑使、忠州防御使、入内都知迁昭宣使。而他也稍迁为入内高品，他在这一役大概给仁宗留下深刻印象。①

明道二年（1033）三月甲午（廿九），刘太后病逝，仁宗亲政，并随即逐去一大批刘太后亲信的内臣，五月，名位最高的内臣入内都知、延福宫使韩守英（？—1033）卒，蓝元震父、资历最老的蓝继宗就顺理成章继为首席内臣。蓝元震长兄蓝元用虽曾侍刘太后为上御药，但仁宗大概看在其父份上，将他留在宋廷。②

蓝元震也在其父护荫下慢慢升迁，大概在蓝继宗的严加管束下，他兄弟二人并没有牵涉入从明道二年十二月发生的废郭皇后（1012—1035）风波和随之而来的宰相吕夷简（979—1044）与以范仲淹为首的少壮派言官的朝臣党争。已升为入内副都知、权势几乎凌驾蓝继宗的阎文应（？—1039）在废后事上成为众矢之的，惟蓝氏兄弟似乎不是其党羽。蓝继宗在翌年（景祐元年，1034）十二月己卯（廿三）以疾告老，仁宗许之并特授他景福殿使致仕。一个

---

① 《长编》卷一一〇，明道元年八月壬戌条，第2587页；九月庚午条，第2588—2589页；《宋史》卷一〇，《仁宗纪二》，第194页；卷六三，《五行志二》，第1377页；卷四六七，《宦者传二·蓝元震、王守规》，第13634、13638页。
② 《长编》卷一一二，明道二年三月甲午、四月戊申、癸丑、丙辰至己未条，第2609—2613页；五月戊辰至癸酉条，第2616—2617页；七月辛巳条，第2622页；卷一一三，明道二年九月乙酉条，第2636—2637页；十月乙巳条，第2639页；《宋会要辑稿》第四册，《仪制十三·内侍追赠·赠留后》，第2570页。

多月后（景祐二年正月，1035），蓝继宗卒。蓝氏兄弟以父遗荫获得擢升。景祐三年（1036）正月前，蓝元用已获擢为内侍押班，十二月辛未（廿七）再升任入内副都知迁洛苑使，继亡父后担任内臣两省高职。蓝元震此后就在兄荫下以及仁宗的赏识下进一步升迁。①

从宝元元年（1038）至庆历二年（1042），宋军先被反宋称帝的西夏主元昊三番挫败，然后又被辽国趁机在关南问题上勒索，一度陷入西北两边震动的国防危机。庆历三年（1043）三月乙酉（十八），老病的宰相吕夷简告老获准，戊子（廿一），仁宗却由不孚众望的章得象（978—1048）、晏殊（991—1055）与夏竦（985—1051）分别升任首相、次相和枢密使，贾昌朝（998—1065）升参知政事。本来仁宗也擢使辽有功、甚敬重范仲淹的富弼（1004—1083）为枢密副使，但富坚辞。辛卯（廿四），原枢密副使驸马都尉王贻永（986—1056）及杜衍（978—1057）加秩留任。四月甲辰（初七），在西边立功、众望所归的少壮派领袖韩琦（1008—1075）与范仲淹双双被仁宗召还升任枢密副使，支持二人的枢密副使杜衍拜枢密使，夏竦则被言官攻击他暗中交结入内副都知刘从愿（？—1048），被仁宗罢归忠武军（许州，今河南许昌市）本镇。另外，与韩、范、杜等友好的蔡襄（1012—1067）、王素（1007—1073）、余靖（1000—1064）和欧阳修四人先后被擢为知谏院，在言官中有很大影响力。在他们的协力下，开展了史称"庆历变法"的序幕。然而是月底，不识大体的太子中允、国子监

---

① 参见本书第四篇《北宋内臣蓝继宗事迹考》。

直讲石介（1005—1045）却在是月撰《庆历圣德诗》，其中所云的"进贤退奸"明显冲着夏而来，引起夏竦等人的痛恨，认为石是受到了范等的授意，于是种下稍后史称"庆历党争"的祸根。①

七月丙子（十一），仁宗罢为言官所攻的参政王举正（991—1060），翌日（丁丑，十二）拜范仲淹为参政，擢富弼为枢密副使。范一度坚辞，到八月丁未（十三）终于接受。虽然范、韩、富等之上还有章得象、晏殊、贾昌朝等人，但仁宗信任范仲淹等开始推行新政，变法之议高唱入云。九月丁卯（初三），仁宗开天章阁，诏辅臣及知杂御史以上朝臣议政，范仲淹等即提出有名的"十事疏"的温和改革纲领。然而这时支持范仲淹的言官欧阳修却继续攻击已罢的吕夷简，引起了其他被罢的旧臣的不安。②

庆历四年初，蓝元用以疾请辞内侍副都知。仁宗准许，授他眉州防御使，并命刚升任知制诰的欧阳修撰写制文。欧阳修在制文中对蓝元用称誉备至。不过，欧阳修言事常不留余地，而先前石介的狂言也引起反对韩范新政的人不满，结果以夏竦为首的人进行反扑，散播谣言，指杜衍、欧阳修及范仲淹等结朋党。他们不知透过什么门路，居然找到仁宗亲信的内臣蓝元震出头，向仁宗上疏，危言耸听地指控：

---

① 《宋史》卷一〇，《仁宗纪二》，第203—209页；卷一一，《仁宗纪四》，第211—219页；《长编》卷一四〇，庆历三年三月乙酉至辛卯条，第3358—3359页；四月甲辰至乙巳条、戊申条、乙丑条，第3363—3365页；壬戌至乙丑条，第3367—3370页。

② 《长编》卷一四二，庆历三年七月己巳、丙子至丁丑条，第3396—3399页；八月丁未条，第3417页；卷一四三，庆历三年九月丁卯条，第3430—3446页。

范仲淹、欧阳修、尹洙、余靖，前日蔡襄谓之四贤。斥去未几，复还京师。四贤得时，遂引蔡襄以为同列。以国家爵禄为私惠，胶固朋党，苟以报谢当时歌咏之德。今一人私党，止作十数，合五六人，门下党与已无虑五六十人。使此五六十人递相提挈，不过三二年，布满要路，则误朝迷国，谁敢有言？挟恨报仇，何施不可？九重至深，万几至重，何以察知？①

蓝元用似乎不是授意其弟发难的人，欧阳修为他撰写甚好的制文，而他一向不介入文臣党争，加上已退下来，没有理由或动机教弟弟上疏。这次蓝元震进言，笔者以为他为了向仁宗表忠，愿为仁宗刺探外事，故做出这等文臣不齿的投机行为。观乎他后来交结王安石与司马光，他这次交结章得象及夏竦等，为他们上言攻击范仲淹等，就并不出奇。他与父兄的处世态度明显不同。②

蓝元震的上疏触动了仁宗心底的忌讳，他早年耳闻目睹文臣寇準、王旦与王钦若、丁谓之争，亲政后又经历了吕夷简与王曾、李迪之争，吕夷简与范仲淹之争。虽然其父真宗的"异论相搅，不敢为非"的帝王术，教他有时刻意玩弄用人的平衡术，默许朝臣结党然后分而治之；但若臣下私下瞒着他结党，他就不会容忍。他宠信

---

① 《长编》卷一四八，庆历四年四月戊戌条，第3580—3582页。夏竦是否透过与他有交情的入内副都知刘从愿影响蓝元震，因文献无征，难以确定。关于欧阳修为蓝元用撰写加官制文的情况，可参阅本书第四篇《北宋内臣蓝继宗事迹考》。

② 南宋人姚勉（1216—1262）在宝祐元年（癸丑，1253）廷对评论此事时，也接受李焘的说法，认为是夏竦交结蓝元震，由他出手攻击范仲淹，也说仁宗虽没有完全相信蓝的话，但范等最后也被迫相继离任。参见姚勉撰，曹诣珍、陈伟文校点：《姚勉集》卷七，《策·癸丑廷对》，上海：上海古籍出版社，2012年，第64页。

的内臣如蓝元震辈正是他刺探臣下动静的耳目。

仁宗当然不会只听信蓝元震一面之词，然他也为此询问范仲淹，君子与小人是否都有朋党？范仲淹是当事人，难于启齿自辩，只勉强解释说："臣在边时，见好战者自为党，而怯战者亦自为党，其在朝廷，邪正之党亦然，惟圣心所察尔。苟朋而为善，于国家何害也！"可一直有帮倒忙之嫌的欧阳修却随即奏上他有名的《朋党论》，提出：

> 臣闻朋党之说自古有之，惟幸人君辨其君子小人而已。大凡君子与君子以同道为朋，小人与小人以同利为朋，此自然之理也。然臣谓小人无朋，惟君子则有之，其故何哉？小人所好者利禄也，所贪者财货也。当其同利之时，暂相党引以为朋者，伪也。及其见利而争先，或利尽而交疏，则反相贼害，虽兄弟亲戚不能相保。故臣谓小人无朋，其暂为朋者，伪也。君子则不然，所守者道义，所行者忠信，所惜者名节。以之修身，则同道而相益，以之事国，则同心而共济，始终如一。此君子之朋也。故为人君者，但当退小人之伪朋，用君子之真朋，则天下治矣。①

欧阳修以为他的伟论理直气壮，却不知是越描越黑，等于承认他们的"君子"确结成一帮。谁是君子，谁是小人？是很主观的认知。

---

① 《欧阳修全集》第二册，《居士集》卷一七，《论七首·朋党论·在谏院进》，第297—298页；《长编》卷一四八，庆历四年四月戊戌条，第3580—3582页。关于欧阳修进《朋党论》在蓝元震上疏前抑后的考论，可参第202页注释①。

在仁宗眼中，许多自诩为君子的朝臣，其行事其实也与所谓小人无异。

范仲淹在蓝元震上疏后，一直处于权争的被动，是年六月壬子（廿二），因承受不了反对变法的各样明枪暗箭，加上意识到仁宗对他没有全力支持，就自请出外。仁宗顺水推舟，命他为陕西、河东宣抚使。八月甲午（初五）及癸卯（十四），富弼与欧阳修也先后出为河北宣抚使及河北都转运按察使。十一月，反对新政的人以御史中丞王拱辰（1012—1085）为首，又挑起所谓"奏邸之狱"，以打击欧阳修好友兼宰相杜衍婿的苏舜钦（1008—1049），及范仲淹所荐的王益柔（1015—1086）为突破口，志在扳倒仍在位的改革派大将杜衍及牵连范仲淹。若非仁宗仍信任枢密副使韩琦的进言，株连更大。庆历五年（1045）正月乙酉（廿八），仁宗听信章得象的谗言，认为范仲淹先前的辞位，不过是要君结党，于是将本已离开朝廷的范仲淹、富弼罢免，翌日（丙戌，廿九），再将仍在朝的杜衍罢相出知兖州（今山东济宁市兖州区）。由蓝元震发难的庆历党争，以范仲淹等失败告终。①

蓝元震兄蓝元用大概在庆历八年（1048）复任为入内副都知，大概是填补是年三月逝世的刘从愿遗缺，位在入内都知张惟吉（？—1054）下。②蓝元震在上疏攻击范仲淹以后的事迹不详。大

---

① 当时协助王拱辰打击苏舜钦等，除了与范等政见不合的章得象和贾昌朝外，尚有朝臣中颇有令誉的宋祁（998—1061）和张方平（1007—1091）。参见《长编》卷一五〇，庆历四年六月壬子条，第3636—3638页；卷一五一，庆历四年八月甲午、癸卯条，第3674、3684页；卷一五三，庆历四年十一月甲子条，第3715—3716页；卷一五四，庆历五年正月乙酉至丙戌条，第3740—3741页。

② 《宋会要辑稿》第四册，《仪制十三·内臣追赠·赠节度使》，第2569页；《长编》卷一六五，庆历八年十二月庚辰条，第3977—3978页。刘从愿在庆历八

概在皇祐元年十一月,当仁宗置三陵使时,一方面仁宗对他信任,另一方面也许受其兄之恩荫,被委为三陵都监,辅助昭宣使、领梓州观察使、三陵副使杨怀敏(?—1050)。《宋史》本传称他"条列防守法,其后诸陵以为式"。他的亡父蓝继宗是修陵及管理陵园的专家,他大概在父亲身上学到有用的管理知识。①

蓝元用在至和二年(1055)三月卒,仁宗优赠司徒、保大军节度使,谥"荣恪"。蓝元震大概因兄丧恩恤,在是年中自供备库副使擢为文思副使。由知制诰王珪(1019—1085)撰写制文,这是现存蓝元震唯一的迁官制文:

> 敕某:维尔兄元用事朕左右,小心一德,今夫往来聘好之事,朕所剧委也。乃引年以辞,愿泽其天伦之亲。矧历载之劳,庸勿襃摩?进尔优秩,以眷中侍之厚。可。②

年三月前,于昭宣使、眉州防御使、内侍右班副都知任上卒,宋廷赠大同军节度使。按《长编》是条将蓝元用之省职作"入内内侍省都知",当是衍了"副"字。

① 《长编》卷一六七,皇祐元年十一月庚子至戊午条,第4021—4022页;《宋史》卷四六七,《宦者传二·蓝元震》,第13634页。蓝元震任三陵都监年月不详,疑在杨怀敏任三陵副使的同时。杨在十一月庚子(十一)本来获授内侍副都知,但因被言官所劾,到同月戊午(廿九)被罢副都知职,仁宗只加他梓州观察使以补偿之。

② 《宋会要辑稿》第四册,《礼五十八·谥·群臣谥》,第2063页;《仪制十三·内臣追赠·内侍赠二官》,第2569页;王珪:《华阳集》卷四〇,《供备库副使蓝元震可文思副使制》,第9页下;《长编》卷一八一,至和二年十月己酉条,第4380—4381页;卷一九〇,嘉祐四年十一月丙申条,第4597页。王珪任知制诰年月不详,据《长编》所记,他于至和二年十月前已任知制诰,而至嘉祐四年(1059)十一月前已改任翰林学士。疑此篇制文撰于至和二年三月蓝元用卒后。

三、"兄终弟及"

蓝元震在兄长逝世，没有护荫的情况下，升迁就要凭本身的本事及运气。他在仁宗晚年至英宗（1032—1067，1063—1067在位）年间的事迹不详，《宋史》本传记他"历群牧都监，监三馆秘阁，积官皇城使"。①惟他担任这两项差遣及升任皇城使的具体年月不详。关于监三馆秘阁差遣的问题，仁宗后期朝臣胡宿的《文恭集》收有一篇《论差三馆都监不合辟》的奏状中称：

> 臣伏以三馆图书之府，朝廷育材之地。用内臣为都监，典领事务，自来差除，或许判官及馆职自举。其人贵得谨良，以接英俊。近差下三陵都监任从礼充其任，近已身亡，朝廷尚未除人。窃缘判馆之职，罕与内臣相接，纵有所举，亦未周知其履行。今后三馆都监有缺，欲乞朝廷精择其人以充。取进止。②

据胡宿所言，以内臣为三馆都监，是仁宗朝的常惯做法，而差三陵都监充任，也有任从礼的先例，惜任从礼生平不可考。按胡宿这状似撰于嘉祐以后。蓝元震监三馆大概在嘉祐年间。

据目前所见的史料，蓝元震到熙宁二年（1069）七月甲戌（初十），即以皇城使、昭州团练使、入内押班的身份，担任是日逝世

---

① 《宋史》卷四六七，《宦者传二·蓝元震》，第13634页。
② 胡宿：《文恭集》卷七，《论差三馆都监不合辟》，第10页。

的东平郡王赵允弼（1008—1070）的丧礼。①那即是说，蓝元震在至和二年到熙宁二年这十五年间，已从诸司副使西班第十二阶的文思副使超擢为诸司使西班之首的皇城使，领昭州团练使，并担任入内押班的省职，继其亡兄成为高级内臣。而据《长编》所载，神宗在熙宁五年（1072）十月甲辰（廿九）批示，"元震自擢领近职，忠勤谨畏，由内侍押班除入内押班，今已五年有余"。据此，大概可以推知蓝元震在治平四年四月后从内侍押班迁入内押班，到熙宁五年十月就足有五年余。至于他在哪年月擢皇城使和内侍押班，暂难考定。从至和二年到治平四年这十多年中，未载他曾立下什么军功或有什么重要劳绩，他能擢皇城使内侍押班，算得上是官运亨通。又按照宋朝的常例，没有重大军功的内臣，需要年过五十才可擢升押班，则蓝元震在治平四年前应当已至少五十岁。当然，他获得擢升，也拜仁宗、英宗先后逝世，及英宗与神宗先后登基之赐，新君继位，一方面清除前朝的高级内臣，而给较年轻及信任的内臣晋升押班都知；另一方面，三朝君主的更代所赐的各种恩典，也让蓝元震有更多加官晋爵的机会。②

---

① 王珪：《华阳集》卷五七，《东平郡王食邑一万七千一百户食实封四千八百户赠太师尚书令兼中书令追封相王谥孝定墓志铭》，第3页；《宋会要辑稿》第一册，《帝系三·宗室封建·元偓一子·相王允弼》，第75页；《宋史》卷一四，《神宗纪一》，第271页。按四库本《华阳集》卷五七，将允弼逝世的年月讹写为熙宁三年七月，证诸群书，应为熙宁二年七月。

② 例如仁宗在嘉祐八年（1063）三月病逝后，英宗继位时，便着手清理他不属意的高级内臣。当时除了已升任景福殿使的石全彬（？—1070）外，入内内侍省的都知共有五人，分别是任守忠（990—1068）、邓保吉（？—1067）、甘昭吉（？—1063后）、李允恭（？—1063后）和石全育（？—1071）。原都知的史志聪（？—1063后）早被罢职外，英宗陆续换去任守忠等人。是年十月甲午（廿七），英宗不理司马光等言官的反对，便提前擢用未到五十的皇城使张茂则（1016—1094）为内侍押班，到＿年（1065）八月又将他迁入内押班。另英

蓝元震在熙宁三年（1070）三月前后又牵涉入一宗历史公案中。据《司马光日记》《宋会要辑稿》《苕溪渔隐丛话后集》《宋宰辅编年录》及《宋史》等书所载，当王安石在熙宁二年九月推行青苗法时，以当时判大名府的韩琦为首的元老重臣于熙宁三年二月壬戌（初一）极力反对。神宗早前派入内副都知张若水（？—1077）（按张若水是张惟吉子）和入内押班蓝元震暗中往开封府界查看民情。他们回奏百姓都自愿贷青苗钱，而非反对的人所说的由官府抑配。当时枢密使文彦博（1006—1097）一再言青苗法不便，神宗回答说："吾令中使二人亲问民间，皆云甚便。"文彦博回奏："韩琦三朝宰相不信，而信二阉乎？"据司马光引赵抃的说法，王安石其实暗中交结厚贿二人，每逢他们到来宣召及赐予，所赠之物必倍于旧例，让他们向神宗作出对青苗法有利的报告，而令神宗坚信王安石青苗法之议。[①]究竟王安石有否暗中交结蓝元震与

    宗在治平元年（1064）八月丙辰（廿三），便拿他深恶痛绝的宣政使入内都知任守忠开刀，将他重谴为保信节度副使，蕲州（今湖北蕲春县）安置。参见《长编》卷一九八，嘉祐八年五月癸卯条，第4806页；卷一九九，嘉祐八年十月甲午条，第4829页；卷二二〇，治平元年八月丙辰条，第4897页；卷二六〇，治平二年八月辛卯条，第4984页；卷二三九，熙宁五年十月甲辰条，第5822页。

① 蓝元震与张若水哪年月奉命往开封府界查探青苗法实行状况？考群书没有清楚记载，按南宋人徐自明（？—1220）所编的《宋宰辅编年录》卷七所引的记载称来自《长编》，并系于熙宁二年。按今本《长编》缺治平四年四月至熙宁三年四月前的纪录，无法查证徐自明所记是否属实。按韩琦上奏在熙宁三年二月，很有可能神宗早在熙宁二年底已派蓝元震二人出访。又《皇宋通鉴长编纪事本末》卷六八《青苗法上》录有熙宁三年二月初一韩琦的上奏。而《长编》卷二一〇，熙宁三年四月戊辰条，也载录了因韩琦上奏所引发的一连串的风波。此外，后出的《宋史·食货志》也记录了青苗法推出的始末，包括载录了韩琦反对的奏章，以及源出司马光有关王安石交结蓝元震之说法。另外，南宋人胡仔（1110—1170）编纂于孝宗乾道三年（1167）的《苕溪渔隐丛话后集》卷二五，也引述此条原载于《司马光日记》的传闻，只是没有说那是赵抃说的。关于韩琦反对青苗法的原因，以及王安石的反应，暨南大学2000年届张尧

张若水，让他们为他作出有利的报告？《宋会要辑稿》及《宋史》的说法相信源出《司马光日记》。司马光是反对青苗法以及新法最烈的人，他所收录的时人说法，很难不带有偏见。他所引述在熙宁初年任参政、反对王安石新法的赵抃之言，只能是孤证。可惜《长编》偏偏缺了熙宁二年至三年这两年的记载，我们看不到李焘对这说法的考辨。从南宋以降，不少以王安石变法为非的人接受了王安石交结蓝元震的说法，明人甚至将王安石交结蓝元震比作商鞅（约前390—前338）交结秦孝公（前381—前338）内侍景监而得进用。①而当代研究王安石变法的学者，似乎对王安石交结内侍的指控，尚没有作过相应的考辨。②

均的硕士论文《韩琦研究》有关章节有相当不错的论析。参见《宋会要辑稿》第十册，《食货四·青苗上》，第6041—6048、6055页；司马光：《涑水记闻》，附录二《温公日记》，第8条，第350页（按此条辑自《三朝名臣言行录》卷五之二）；司马光撰，李裕民校注：《司马光日记校注》《日记佚闻》，第56条，第162页；《长编》卷二一○，熙宁三年四月戊辰条，第5095—5099页；杨仲良：《皇宋通鉴长编纪事本末》，收入赵铁寒主编：《宋史资料萃编》第二辑，卷六八，《青苗法上》，台北：文海出版社，1967年，第2161—2172页；胡仔纂集，廖德明校点：《苕溪渔隐丛话后集》卷二五，《半山老人》，北京：人民出版社，1981年，第184页；徐自明撰，王瑞来校补：《宋宰辅编年录校补》卷七，北京：中华书局，1986年，第391页；《宋史》卷一七六，《食货志上四》，第4285页；张其凡主编：《北宋中后期政治探索》卷二，《韩琦研究》（张尧均撰），第五章《韩琦与熙宁变法》，香港：华夏文化艺术出版社，2005年，第130—150页。

① 参见杨慎：《升庵集》卷五一，《宋人议论不公不明》，文渊阁《四库全书》本，第8页；杨慎：《丹铅摘录》卷二，文渊阁《四库全书》本，第6页；冯琦：《经济类编》卷三六，文渊阁《四库全书》本，第17—19页。关于赵抃的生平事迹，特别是他在熙宁初年对王安石变法，尤其对青苗法"争而不力"的情况，张邦炜教授有专文讨论。可参见张邦炜：《关于赵抃治蜀》，载北京大学中国古代史研究中心主编：《邓广铭教授百年诞辰纪念论文集》，北京：中华书局，2008年，第477—492页。

② 例如邓广铭教授及漆侠教授（1923—2001）的专著内关于青苗法的讨论，并没有考辨王安石此则负面的说法。至于李华瑞教授所撰《王安石变法研究史》，有关宋人笔记小说中的王安石形象一章，似乎也没有谈及《涑水记闻》

后人对王安石交结蓝元震的说法没有太大的质疑，一方面蓝元震在仁宗朝有交结朝臣的前科，另一方面王安石也不见得真的清介自守地不交结神宗信任的内臣。令人细味的是，蓝元震在仁宗朝为夏竦等利用，上奏攻击以韩范为首的温和改革派。到神宗初年，他转过头来为激烈改革派的王安石效力。另一方面，他又与后来反对变法的司马光交情匪浅，愿意将亡父的深宫掌故倾囊尽告。他一方面善于迎合君主，懂得投机固宠，另一方面又不避交结朝臣，在这一点来看，他与亡父亡兄不与朝臣往来，洁身自守是很不同的。

从熙宁三年十月开始，宋廷三员高级内臣先后去世，首先是延福宫使石全彬卒，然后是宣庆使石全育（？—1071），以及宣庆使、入内副都知李继和（？—1072）在熙宁四年（1071）十二月及熙宁五年五月逝世，一下子多出了高级内臣空缺，这对于蓝元震的进一步升迁，都很有利。而王安石在熙宁三年十月拜相，对蓝元震都是有利无弊的。①

这一则说法。参见邓广铭：《北宋政治改革家王安石》，北京：人民出版社，1997年，第143—152页；漆侠：《王安石变法》（增订本），石家庄：河北人民出版社，2001年，第170—179页；李华瑞：《王安石变法研究史》，第六章《宋代笔记小说中的王安石形象》，北京：人民出版社，2004年，第166—199页。附带一谈，王安石贿赂蓝元震的说法，甚至被近代历史小说家采纳，写进历史演义小说里。参见蔡东藩：《宋史演义》第三十七回，沈阳：辽宁出版集团图书部，2002年，第124页。

① 《长编》卷二一六，熙宁三年十月戊辰条，第5255页；卷二一八，熙宁三年十二月丁卯条，5301；卷二二一，熙宁四年三月癸巳条，第5375页；卷二二八，熙宁四年十二月甲申、甲辰条，第5542、5544页；卷二二九，熙宁五年正月丁酉条，第5569—5570页；卷二三三，熙宁五年五月己亥条，第5664页。按蓝元震的上司张若水在熙宁四年三月，已为宣政使、陵州团练使，十一月再加领嘉州防御使，大概是补石全彬的缺。至于王安石拜相的作用，按宋代宰相对内臣之升迁有发言权，例如在熙宁五年正月，王安石便对内侍押班李若愚（？—1072后）解职事，有决定性的意见。设若蓝元震与王安石果有往来，当会促成他的升迁。

熙宁五年六月癸酉（廿五），蓝元震又和他的老搭档入内副都知张若水上言，请求罢辽夏使臣来京后，例所赐管勾国信所及都亭西驿所官的银绢，宋廷允其奏请。①八月甲申（初八），在庆历年间曾与蓝元震在朋党问题上交锋的欧阳修卒于颍州（今安徽阜阳市）。对蓝元震而言，他与欧阳修的恩怨大概已是事过境迁。②九月，宣政使入内副都知张茂则擢为宣庆使、入内都知。十月甲辰（廿九），蓝元震援引是年三月内侍押班邓德诚获升内侍右班副都知的先例得到升迁，再自入内押班迁入内副都知。神宗对他的晋升的批语说："元震自擢领近职，忠勤谨畏，由内侍押班除入内押班，今已五年有余，可与减残零岁月特迁之也。"③他终于得到亡兄入内副都知的地位，而神宗对他的信任有加。十一月戊辰（廿三），参知政事冯京（1021—1094）向神宗反映皇城司最近差探事人过多，以致人情颇不安。神宗对负责皇城司的蓝元震的信任并未动摇，反而为他辩护，说皇城司的人数没有增加，所探的事亦不多，并坚称"蓝元震又小心，缘都不敢乞取，故诸司不安"。④

熙宁六年（1073）七月丁未（初六），内侍押班苏利涉（1019—1082），援引"两省押班，五年无阙，并除副都知"的先

---

① 《宋会要辑稿》第七册，《职官三十六·内侍省·主管往来国信所》，第3909页。
② 《长编》卷二三七，熙宁五年八月甲申条，第5765页。
③ 《长编》卷二三一，熙宁五年三月辛丑条，第5618页；卷二三八，熙宁五年九月己酉条，第5793页；卷二三九，熙宁五年十月甲辰条，第5822页；《宋会要辑稿》第十册，《食货四·青苗上》，第6055页。考在熙宁五年三月，如京使内侍押班邓德诚迁内侍右班副都知。王安石亲自过问邓的擢升，王以邓押班已七年，已超过旧制押班五年即迁副都知之例，而且入内内侍省定员四人，内侍省并无定员，故他同意邓之擢升。神宗同意王安石的意见，沿用旧制，内臣任押班五年即可迁副都知，不另立条例，后来蓝元震即受惠得到升迁。
④ 《长编》卷二四○，熙宁五年十一月戊辰条，第5837页。

例,擢为内侍右班副都知。值得一提,苏利涉的祖父苏保迁与蓝继宗一样来自南汉,与蓝元震有特别的渊源。①

蓝元震大概已年老,在熙宁六年以后,没有再出使或任其他宫外的职务。这时内臣的明日之星,就是北宋内臣中极有武干的李宪(1042—1092)。在熙宁七年(1074)五月庚子(初三),因平西蕃木征(1036—1077)的战功,自入内供奉官超授寄昭宣使、嘉州防御使。熙宁八年(1075)五月甲戌(十四),因入内副都知张若水久病,神宗就将李超擢为入内押班,赏他在洮西的战功。②那是没有战功的内臣所不能比拟的擢升。六月乙卯(廿五),张若水以疾罢入内副都知,戊午(廿八),三朝元老的韩琦亦去世。而与他们同辈的蓝元震,亦步入暮年。③

熙宁九年(1076)六月癸巳(初九),蓝元震的搭档宣政使张若水卒,而一向依附王安石以治河著名的内臣程昉(?—1076)也在九月丙寅(十三)离世。至于王安石本人也在十月丙午(廿三),因种种压力及打击请罢相并获准。④蓝元震也在四个月后离世。蓝元震对宋廷最后一次的贡献,是在熙宁十年(1077)二月戊

---

① 《长编》卷二四六,熙宁六年七月丁未条,第5977页;《宋史》卷四六八,《宦者传三·苏利涉》,第13654页。
② 《长编》卷二五三,熙宁七年五月庚子、甲辰条,第6189、6192页;卷二六四,熙宁八年五月甲戌条,第6465页;卷二七三,熙宁九年三月庚辰条,第6695页;卷二七九,熙宁九年十一月癸酉条,第6822页。在熙宁后期获得晋升的另一内臣,是与李宪同样有战功的王中正(1026—1099)。他也在熙宁八年五月甲戌(十四)擢领嘉州团练使。到熙宁九年三月庚辰(廿五),他与另一内臣高居简(?—1081)并擢为内侍押班,并勾当皇城司。到九年十一月癸酉(廿一),他更以平茂州(今四川茂县)蛮之功擢为昭宣使、内侍副都知。
③ 《长编》卷二六五,熙宁八年六月乙卯、戊午条,第6516—6517页。
④ 《长编》卷二七六,熙宁九年六月癸巳条,第6747页;卷二七七,熙宁九年八月丙寅条,第6782页;卷二七八,熙宁九年十月丙午条,第6803—6804页。

申（廿七），当禁中仙韶院起火时，蓝元震即与苏利涉奋身救火，火赖以救熄，神宗因诏褒奖蓝、苏二人及景福殿使、入内都知张茂则，各赐袭衣金带。①

蓝元震灭火有功，但不及一个月，便于三月甲寅（初四）前卒。他最后的官位是皇城使、入内内侍省副都知、忠州防御使。宋廷在是日优赠刚逝世的宣庆使、康州防御使、内侍右班副都知王守规为昭武军节度观察留后时，又诏优赠他。宋廷对他的评语是"检身清修，奉上勤谨，十年左右，始终不渝"。四月，优赠他镇海军节度观察留后。值得一提的是，王守规是蓝元震四十五年前一同救宫火有功的内臣子弟，他们最后都官至副都知，而差不多同时卒于任，可说是巧合。蓝元震有养子五人，但并不蓄阉子。故此，哲宗及徽宗朝的高级内臣蓝从熙（？—1113后）相信不是他的养子。②

蓝元震得年多少，也是史所不载。倘他在治平四年前已任内侍押班，则他当时应逾五十岁。他在熙宁十年卒时应逾六十岁。相比其兄蓝元用，其官位相若；不过，他在仁宗朝首上朋党之论。到神宗朝，又被指与王安石勾结，前后二事均牵涉文臣之党争，加上司马光《涑水记闻》笔录了他所口述的九则重要宋初掌故，因此

---

① 《宋史》卷四六七，《宦者传二·蓝元震》，第13634页；卷四六八，《宦者传三·苏利涉》，第13654页；《长编》卷二八〇，熙宁十年二月戊申条，第6874页。
② 《宋会要辑稿》第四册，《仪制十三·内侍追赠·赠留后》，第2570页；《长编》卷二八一，熙宁十年三月甲寅条，第6881页；《宋史》卷四六七，《宦者传二·蓝元震、王守规》，第13634、13638页；卷四六九，《宦者传四·蓝珪、蓝安石》，第13668—13669页。南宋蓝姓的内臣，著名还有高宗所宠信，逃过建炎三年（1129）三月苗刘之变一劫而官至内侍都知的蓝珪（？—1142后），以及官至景福殿使、湖州观察使的内侍副都知蓝安石（？—1139）。他们与北宋蓝氏内臣世家的关系，却文献无征。

他的名字较其兄更为人所知。至于他在什么年月和环境下,将那九则掌故告诉司马光,可惜司马光没有加以说明。而司马光的文集也没有记述与蓝元震的任何交往。宋廷在徽宗及高宗时,先后两度将他列为其子孙可以录用的勋臣之一,以他内臣年份而论,可算是一特例。①

四、余论

蓝元震与历代不少受帝后宠信的内臣一样,与朝臣往来之余,还介入他们的党争。他在仁宗至神宗朝,为人所触目的事,其一为夏竦等出头,以结朋党的罪名攻击范仲淹为首的改革派朝臣。其二则被反对新法的廷臣指控,说他与另一内臣张若水接受王安石贿赂,为王安石推动青苗法作出有利王安石的报告。另外,他与旧党领袖的司马光往来同时,将源出其父蓝继宗的九则宋初政治掌故相告,成为《涑水记闻》其中的史源。因史料的相对不足,我们对蓝元震的生平事迹,了解仍很有限,像从仁宗至和二年以至神宗熙宁二年的十五年,蓝元震的事迹仅有在其《宋史》本传的寥寥数句,而语焉不详。

蓝元震被蓝继宗收为养子后,在父兄的护荫下,仕途顺利,

---

① 李心传编撰,胡坤点校:《建炎以来系年要录》卷六七,绍兴三年七月丁卯条,北京:中华书局,2013年,第1308—1309页;王应麟:《玉海》卷一三五,《官制·褒功绍封·绍兴录用六朝勋臣》,第43页。高宗在绍兴三年(1133)七月丁卯(十四)下诏,录用太祖、太宗、真宗、仁宗、英宗和神宗以来六朝勋臣,指名由曹彬(931—999)至蓝元振三百二十人子孙。《建炎以来系年要录》又附载,早在徽宗政和三年(1113),已下诏录用之功臣子弟,增加范质(911—964)至蓝元振一百十六人。

最后擢至兄长一级的入内副都知高位,并得以善终,获宋廷追赠留后。在许多人眼中,他行事作风不像其父兄安分自持,反而接近宋代多数趋炎附势、奉迎君相以邀宠固位的内臣,他的人品似无足道;不过,由于欠缺他的直接史料,包括其诗文、日记、信札与自述,我们无从窥见他的内心世界,特别是他对朝臣的真正看法。蓝元震官至入内副都知,以他所处的特别位置,本来能耳闻目睹的宋廷内外秘闻轶事应相当多,教人惋惜的是,他透过司马光传述的,只是其父耳闻目睹的前代事,他并没有将自身经历的事,以任何方式传述下来。从这一点来看,他学到父兄的谨慎世故。他给人负面的印象,多出于对内臣存有偏见的文臣之手。客观而论,从有限的材料显示,蓝元震和父兄一样,其实是具有多样的才干,故受到帝后的信任重用。神宗两番称许蓝元震"自擢领近职,忠勤谨畏","检身清修,奉上勤谨,十年左右,始终不渝",后来徽宗、高宗又顾念其功而录用其后人。蓝元震若非有过人之才,单靠逢迎君主,是不可能获得如此嘉许的。

宋代的内臣类型甚多,若粗略地以文武区分,蓝元震当属于文宦。他一生从没有参与军旅,没有担任监押、走马承受、都监、钤辖、都钤辖等兵职,没有出使西北,虽然一度担任群牧都监,勉强与马政有一点关系,但事迹不详。他与文臣关系密切,与武臣却似乎从没有往来。他虽然长期带着一大堆武选官的官职,以及遥领着团练使、防御使的头衔,但他与"武将"二字其实沾不上边。

蓝元震身故后,蓝氏内臣世家第三代有否传人?其兄蓝元用有无内臣养子绍继其业?虽然哲宗以后到南宋,内臣中不乏蓝姓的,但目前的史料暂未能确定这些蓝姓内臣是否蓝元用及蓝元震兄弟的后人。洪迈（1123—1202）曾记一个蓝姓内臣供奉官在淳熙中（1178—1179）的事迹，洪氏说"蓝氏自国朝以来，世为内侍"。这个在庆元初年（1195—1196）逝世的蓝氏内臣很有可能是蓝继宗之后人。①希望能有新出土的史料对蓝氏内臣世家在北宋后期的事迹有所补充。

修订附记

本文原刊于北京大学中国古代史研究中心主编：《邓广铭教授百年诞辰纪念论文集》，北京：中华书局，2008年，第502—512页。因部分内容与本书第四篇《北宋内臣蓝继宗事迹考》有所重复，故修订本文时，尽量将重复的地方删去。另除了改用最新点校本的宋史古籍外，也增补了不少资料，以及改正初稿失考的地方。

---

① 洪迈撰，李昌宪整理：《夷坚志·支庚》卷二，"蓝供奉"条，戴建国主编：《全宋笔记》第九编第六册，郑州：大象出版社，2018年，第21—22页。

第六篇 宋初高级内臣阎承翰事迹考

一、导言

本文主角阎承翰（947—1014）是北宋前期高级内臣，从真宗（968—1022，997—1022在位）继位开始，先擢内侍省左班副都知，迁内侍省都知，最后官至入内内侍省都知，担任内侍两省主管长达十七年。他深得真宗信任，宫内宫外大小事务都委他经度办理。他是北宋阎氏内臣世家的起家人，其养子阎文庆（后改名阎文应，？—1039），养孙阎士良（？—1079后）在仁宗朝（1010—1063，1022—1063在位）均擢至高级内臣，且一度权势熏天。养曾孙阎安（？—1106后）在哲宗朝（1077—1100，1085—1100在位）担任内侍省押班，到徽宗朝（1082—1135，1100—1126在位）官至入内内侍省押班，阎氏四代均任高级内臣，俨然是内臣世家，是北宋内臣中一个特例。笔者先前撰文考论阎文庆（应）的事迹，现续论阎承翰的事迹①，读者可以比较阎氏父子二人才具、行事和性格的异同。

阎承翰在《宋史·宦者传》有传。②他在太宗及真宗朝屡任兵职，职至诸路都钤辖，从他的职位及担任的主要事务而言，他当属于内臣中的"武宦"。虽然诚如真宗对宰相李沆（947—1004）所言，他"虽无武干，然亦勤于奉公"③；但他在治河、营田、马政、对辽夏交聘等事务均颇有建树。另外，他行事安分守己，虽然被人批评"性刚强，所至过于检察，乏和懿之誉"。但并没有弄权作恶的纪录，算得上是正派的内臣。真宗在大中祥符六年（1013）三月曾赐他《内侍箴》，也间接肯定他的人品。④过去研究宋代内臣的学者，少有从个别内臣的事迹入手，而阎承翰一方面没有重大的事功，另一方面也没有严重的过恶，故此，除了研究北宋营田、国信所及宋夏关系的学者，略为提及他在这方面的事功外，他的生平事迹，特别是由他起家的阎氏内臣世家的案例就没有太多人注意。苏州大学丁义珏副教授在他的研究北宋前期宦官的博士论文虽然评说"刘承规和阎承翰，却正是真宗朝最得力的吏干型宦官"，惟他考论刘承规（即刘承珪，950—1013）的生平事功之余，却没有同时考述阎承翰的事迹。⑤笔者过去曾对与阎承翰同时的两员高

---

① 参见本书第七篇《小文臣与大宦官：范仲淹与仁宗朝权阉阎文应之交锋》。
② 《宋史》卷四六六，《宦者传一·阎承翰》，第13610—13612页。
③ 《长编》卷五四，咸平六年六月己未朔条，第1196页。
④ 《宋史》卷四六六，《宦者传一·阎承翰》，第13611—13612页。
⑤ 吴晓萍在她的《宋代国信所考论》一文及稍后撰成的《宋代外交制度研究》专书中，便提到阎承翰在成立国信所的角色及他对都亭驿的管理；而研究北宋与西夏关系史的内臣群体问题的罗煜，便以阎承翰为例，说明北宋内臣活跃于宋夏关系以及军事色彩浓厚。而程龙在2012年出版论北宋在华北战区粮食筹措与边防的专著，也提到阎承翰主张在定州地区从唐河引水至边吴泊以接纳漕运粮

级内臣秦翰（952—1015）及蓝继宗（960—1036）的生平事迹作过研究①，本研究正可让我们进一步了解真宗朝高级内臣的面貌，以及真宗君臣使用和驾驭内臣的手段。

二、阎承翰于太祖及太宗朝事迹

据《宋史》及《宋会要辑稿》的记载，阎承翰卒于大中祥符七年（1014）十一月，得年六十八。②以此上推，他当生于后汉高祖（895—948，947—948在位）天福十二年（947）。据《长编》及《宋史》所载，他原籍河北真定人（即镇州或真定府，今河北正定县），与他同时及稍后的四员高级内臣秦翰、张崇贵（955—1011）、石知颙（951—1019）、王守忠（？—1054）属同乡。③据他的本传所记，他在周世宗（921—959，954—959在位）显德

食的谋议。丁义珏仅在讨论群牧司的设置的章节，提及阎承翰曾任群牧都监，另在讨论宦官在北宋前期河政体系的位置一节中，略谈到阎的治河事迹。参见吴晓萍：《宋代国信所考论》，《南京大学学报（哲学·人文科学·社会科学）》2005年第2期，第135页；吴晓萍：《宋代外交制度研究》，第一章《宋代的外事制度和外交机构》，合肥：安徽人民出版社，2006年，第47—57页；罗煜：《北宋与西夏关系史中的宦官群体浅析》，《湖南第一师范学院学报》2007年第3期，第99—100页；程龙：《北宋粮食筹措与边防——以华北战区为例》，第五章《北宋华北战区粮食调拨地理》，北京：商务印书馆，2012年，第130—132页；丁义珏：《北宋前期的宦官：立足于制度史的考察》，北京大学博士论文，2013年，第54、102—105、127—132页。

① 参见本书第三篇《宋初内臣名将秦翰事迹考》；第四篇《北宋内臣蓝继宗事迹考》。按在秦翰一文，笔者亦论述了另一立功西北的高级内臣张崇贵（955—1011）的事迹。
② 《宋史》卷四六六，《宦者传一·阎承翰》，第13612页；《宋会要辑稿》第四册，《仪制十三·内侍追赠·赠防御使》，第2571页。
③ 《宋史》卷四六六，《宦者传一·阎承翰、秦翰、张崇贵、石知颙》，第13610、13612、13617、13625页；卷四六七，《宦者传二·王守规》，第13638页；《长编》卷六，乾德三年十一月庚午条，第159页。

中（约956—958），在十岁至十二岁时已入宫为内侍。他的养父是谁，惜没有记载。入宋后他侍太祖为小黄门，史称他"以谨愿称"；不过，他在乾德三年（965）十一月庚午（初四），已年十九之时，却以隐瞒太祖孝明王皇后（942—963）亲弟、权侍卫步军司事王继勋（？—977）纵部下掠人子女的不法事，而被太祖杖责数十。①

阎承翰在太祖朝的事迹，就只有上述一条。终太祖之世，他似乎不大受到重用。太宗即位后，他才开始受到重用，先擢为殿头高品，②太平兴国三年（978）二月辛未（十六），他以殿头高班副

---

① 《长编》卷六，乾德三年十一月庚午条，第159页；《宋会要辑稿》第十四册，《刑法七·军制》，第8575页；《宋史》卷一八七，《兵志一·禁军上》，第4571页。在这次事件中，太祖怒斩王继勋麾下的雄武卒百余人，阎承翰以知而不奏被责，至于罪魁祸首的王继勋却以王皇后之故获释不罪。关于太祖纵容妻舅的缘由始末及王继勋的下场，可参阅何冠环：《宋太祖朝的外戚武将》，载氏著：《北宋武将研究》，"宋太祖妻族的外戚武将"，香港：中华书局，2003年，第73—77页。

② 据《宋会要·职官三十六·内侍省》所记，内侍省属官有东西头供奉官，殿头、高品、高班及黄门六等，掌分番入值宿、出使之事。据此，宋初内侍省似没有"殿头高品"一等。而《长编》卷七一"大中祥符二年二月己丑条"则记："改入内内侍省内侍供奉官为内东、西头供奉官，殿头高品为内侍殿头，高品为内侍高品，高班内品为内侍高班，黄门为内侍黄门，凡六等，并冠本省之号。其初补者曰小黄门，经恩迁补则为黄门。其内侍省供奉官、殿头、高品、高班、黄门，准此。"亦证明"殿头高品"一职置于入内内侍省，而不为内侍省所署。龚延明先生又据《职官分纪》卷二六，考证殿头高品当为"入内殿头高品"，为宋初宦官职名，景德三年（1006）前先后隶入内高品班院、入内内班院、入内黄门班院、入内内侍省。在太平兴国四年为入内高品班院三等宦官之一，高于入内殿头小底，次于入内殿头高班。此职到大中祥符二年（1009）二月改为内侍殿头（按龚氏错写作"内侍高品"）。故根据上述的考证，阎承翰在太宗即位后自最低级的小黄门，历黄门而迁至的"殿头高品"，当为入内殿头高品。参见龚延明：《宋代官制辞典》，第一编《皇帝制度类·九·宦官门》，"入内殿头高品"条，第48页；《长编》卷七一，大中祥符二年二月己丑条，第1593页；《宋会要辑稿》第七册，《职官三十六·内侍省》，第3887页。

四方馆使梁迥（928—986）携汤药往扬州迎接来朝的吴越国王钱俶（929—988）。三月初抵扬州，是月乙巳（廿一），梁、阎二人陪同钱俶抵开封，完成太宗交付的任务。①

太宗在翌年（太平兴国四年，979）二月亲征北汉，五月甲申（初六）克太原，北汉投降。太宗随即挥军进攻幽州（今北京市）。然于七月癸未（初六），却兵败于高梁河。②在这两役中，阎承翰以入内供奉官之职从征。不过，他大概武干有限，并没有像其他有份从征的内臣如窦神宝（949—1019）、李神福（947—1010）、李神祐（？—1016）、秦翰、张继能（957—1021）、卫绍钦（952—1007？）那样亲冒矢石上阵作战，而只是负责传达军令。当太宗在七月丙戌（初九）败回涿州（今河北涿州市）南的金台驿（今河北保定市）时，阎承翰飞马驰奏太宗，称败走的宋大军不整，向南溃散。太宗马上命殿前都虞候崔翰（930—992）率卫兵千人制止宋兵溃散。崔翰请单骑前往安抚败军，败军在他晓谕下安

---

① 《长编》卷一九，太平兴国三年二月辛未条，第423页；三月己丑、癸卯至己酉条，第424—425页；卷三六，淳化五年八月癸巳条，第791—792页。钱俨（937—1003）：《吴越备史》，文渊阁《四库全书》本，《补遗》，第11页上；吴任臣编：《十国春秋》卷八二，文渊阁《四库全书》本，第11页下；《宋史》卷四，《太宗纪一》，第58页。按《吴越备史》及《十国春秋》以梁迥为阁门使，《长编》作高一阶的四方馆使。梁、阎在二月辛未（十六）奉命往淮西，在三月何日抵扬州迎接钱俶不详，当、三月初。又宋廷在三月己丑（初五），派钱俶子钱惟濬到宋州（今河南商丘市）迎接。同月乙巳（廿一）钱俶抵开封近郊。己酉（廿五）钱俶即入见太宗于崇德殿。又《吴越备要》及《十国春秋》二书均记阎承翰的官职为"内班"。考"内班"可以是内侍省的"黄门"。按太宗在淳化五年（994）八月癸巳（十四），诏改内班为黄门，而以崇仪副使兼内班左都知窦神兴充庄宅使、兼黄门左班都知。不过，阎承翰当时的官职应是比入内殿头高品高一阶的入内殿头高班。参见龚延明：《宋代官制辞典》，第一编《皇帝制度类·九·宦官门》，"入内殿头高品"条，第48页。

② 《宋史》卷四，《太宗纪一》，第60—63页。

定下来。在这次事件中，自然以崔翰功劳最大，而阎承翰能及早奏报太宗紧急军情，也功不可没。①

高梁河之役以后，到端拱二年（989）前后十三年的多场宋辽大战，都没载阎承翰曾经参与，大概太宗认为他没有武干，没有委任他担任什么兵职。他倒在其他地方显露出他的治事才干。他大概在太平兴国七年（982），以八作司出纳的积弊，建议于都城开仁坊西置场，治材而后授八作司。据称世以为便。阎承翰大概被委监领。②

太平兴国九年（即雍熙元年，984）四月辛丑（廿一），太宗准备东封泰山，命驾部员外郎刘蟠、监察御史索湘（？—1001）为泰山路转运使，阎承翰与仪鸾副使康仁宝、高品夏侯忠（？—984

---

① 《长编》卷三，太平兴国四年七月丙戌条，第457页；卷七一，大中祥符二年二月己丑条，第1593页；《宋史》卷四六六，《宦者传一·窦神宝、李神福、李神祐、阎承翰、秦翰、张继能、卫绍钦》，第13600、13605—13607、13610、13612、13620、13624页。按《宋史》称阎的迁官为"内侍供奉官"，当为入内侍省的内侍东头或西头供奉官。据龚延明的考证，官从八品，在入内东头供奉官之下，入内内侍殿头（即入内殿头高品）之上。推想阎承翰由入内殿头高班迁入内内侍供奉官，当是低一级的入内内侍西头供奉官可能性较高。参见《宋代官制辞典》，第一编《皇帝制度类·九、宦官门》，"入内内侍省内西头供奉官"条，第51页。

② 阎承翰改革八作司的积弊，建事材场之事，《隆平集》记在太祖建隆间。王瑞来据《宋史》卷一六五《职官志》的考证，以"事材场，掌计度财物，前期朴斲，以给内外营造之用"，但他没有怀疑阎承翰提出改革八作司的年月。按《宋史》阎承翰本传将此事系于太宗朝。而乔迅翔据《宋会要辑稿》，考证事材场及退材场同置于太平兴国七年。按阎承翰在太祖建隆初年只有十五六岁，从历练及官位不可能提出兴利除弊的建议，《隆平集》所记有误。考事材场置后，以诸司副使、閤门祗候及内侍四人监领，领匠一千六百五十三人，杂役三百四人。参见曾巩撰，王瑞来校证：《隆平集校证》卷一，《官司》，北京：中华书局，2012年，第24、26页（校证一）；《宋史》卷四六六，《宦者传一·阎承翰》，第13610页；《宋会要辑稿》第十二册，《食货五十四·事材场》，第7245页；乔迅翔：《宋代将作监构成考述》，《华中建筑》2010年第10期，第161—162页。

后）等六员内臣就部丁匠七千五百人负责修官坛及作石碱。①

雍熙二年底，阎承翰又奉诏乘传前往广州与知广州、枢密直学士徐休复（？—991后）、转运副使李琯一同按劾广南转运使王延范（？—985）谋反大狱。王延范伏罪，与参与谋叛的卜者刘昴、前戎城主簿田辨、掌市舶陆坦俱被斩于广州，王延范家被籍没。被牵涉在内的朝臣左拾遗韦务升除名配商州（今陕西商洛市），广州掌务殿直赵延贵、将作监丞雷说等均抵罪，告发王延范的怀勇军小将张霸获赐钱十万，而王的姻亲、宰相宋琪（917—996）在十二月丙辰（十七）也被牵连而罢相，被指知情不报的枢密副使柴禹锡（934—1004）也被罢。据《宋史·徐休复传》所载，徐休复无他能，却好聚财殖货，履行也不见称于搢绅。晚年在潞州（今山西长治市）苦病，疡生于脑，病重时却隐隐见到王延范的鬼魂，徐但号呼称死罪，数日后徐病死。据此观之，王延范一案很有可能是徐休复挟怨诬告的冤狱，王延范交结术士可能是真，但众人的供词可能是刑求之下自诬之辞。考《宋史·阎承翰传》即记王延范被逮捕下狱后，阎"就鞫之，考掠过苦，延范遂坐诛"。②阎承翰大概只是奉太宗先

---

① 《宋会要辑稿》第二册，《礼二十二·封禅》，第1109页。此条所记的阎承翰的官职，与夏侯忠同为"高品"，然阎在太平兴国四年已官内供奉官，到此时不应为低于内供奉官的"高品"或"入内殿头高品"或"入内高品"。

② 阎承翰在雍熙二年何月前往广州按劾王延范谋反之狱不详。相信是在是年十二月十七日宋琪被罢之前。据《宋史·徐休复传》，阎承翰前往广州所带之官职为"内侍"，而《宋史·王延范传》则作"高品"。阎承翰早已擢为内供奉官，不应是殿头"高品"，《宋史·王延范传》所记有误。王延范谋反一事，除上述《宋史》两传外，《宋太宗实录》《长编》《皇宋十朝纲要》《宋会要辑稿》均没有记载。而《长编》在雍熙二年十二月条也没有记宋琪及柴禹锡罢职及原因。《宋太宗实录》虽收有宋、柴二人被罢之制书，但没有解释二人被罢与王延范之狱的关系。据范学辉（1970—2019）的考证，《宋史全文》卷三《宋太宗》则有详记宋、柴二人之罢与王延范谋逆有关。据载太宗将遣使（即

入之见办事，来个杀鸡儆猴，借杀王延范以警告十国旧部遗属。从他获太宗委任按治这一场大狱来看，太宗对他显然信任有加。

他的官职直到淳化四年（993）仍是内供奉官。他在这年三月壬子（廿四），才获委较重要的职务，担任制置河北缘边屯田使、六宅使、潘州刺史何承矩（946—1006）的副手。何征发诸州镇兵

> 阎承翰）往广州按劾前，刚巧二人入对，太宗就问王延范是什么样的人，宋琪不知徐休复已密告王谋反之事，就回奏王彊明忠干。柴禹锡与宋琪素来相结，也在旁附和。当王延范被定罪后，太宗就将二人罢免，只是没有公开他们交结王延范的罪名。据群书所记，王延范是江陵人，是荆南高氏之疏属及旧部，又是宋琪的姻亲。他生得形貌奇伟，任侠而家富于财，性豪率尚气，偏好术数而爱交结左道之人。他随高氏入觐后，自大理寺丞累迁司门员外郎，历任秦州（今甘肃天水市）、梓州（今四川三台县）通判、江南转运使。太平兴国九年（即雍熙元年，984）任广南转运使，却与知广州的徐休复不协。他通判梓州时，有以左道惑众的杜先生对他说：＂汝意有所之，我常阴为之助。＂太平兴国六年（981）九月他以江南转运使兼知吉州（今江西吉安市）时，有卜者刘昴对王说他＂公当偏霸一方＂，又有术士佘肇为他推算命相，说＂君侯大贵不可言，当如江南国主＂。前戎城主簿田辨自言善相，说王＂有威德，猛烈富贵之相也，即日当乘四门辇＂。有一次有豹闯入其公宇，咬伤数人，从者惧而不敢前，王独拔戟上前刺杀豹，于是越加自负。他又与部属赵延贵、雷说会宿，夜观天象。赵、雷二人都说天象＂火星入南斗，天子下殿走＂。王延范于是日夕与掌市舶陆坦议起事。会陆坦代归，王就托他寄书给友好左拾遗韦务升，以隐语侦察朝廷机密事。然王延范素来奴视僚属，会怀勇小将张霸给事转运司，王延范因事杖之。张霸知道徐休复与王延范不睦，就去徐处告发王将谋不轨及诸多不法事。徐休复马上密奏太宗，奏称王延范＂私养术士，厚待过客，抚部下吏有恩，发书予故人韦务升作隐语，侦朝廷事，反状已具＂。王延范被指的种种作为，正犯了太宗的大忌，于是立命阎承翰乘传按劾。按近期一篇谈论宋琪与太宗朝政治的文章，失察王延范案引致宋琪的失宠罢相。参见《宋太宗皇帝实录校注》中册，卷三四，雍熙二年九月壬寅朔条，第364页；十二月丙辰条，第403—406页；《长编》卷二〇，太平兴国四年八月壬子条，第459页；卷二六，雍熙二年十二月，第600页；《皇宋十朝纲要校正》卷二，《太宗》，第72页；《宋会要辑稿》第十二册，《食货四十九·转运司》，第7096页；佚名编，汪圣铎校点：《宋史全文》卷三，《宋太宗一》，雍熙二年十二月丙辰条，北京：中华书局，2016年，第129—130页；《宋史》卷五，《太宗纪二》，第77页；卷二七六，《徐休复传》，第9399—9400页；卷二八〇，《王延范传》，第9510—9511页；卷四六六，《宦者传一·阎承翰》，第13610页；廖寅：《宋琪与宋太宗朝政治散论》，《北方论坛》2011年第4期，第62—67页。

万八千人,在雄州(今河北雄县)、莫州(今河北任丘市北)、霸州(今河北霸州市)、平戎军(即保定军,今河北文安县)、破虏军(即信安军,今河北霸州市信安镇)、顺安军(今河北高阳县东旧城),兴建长堰六百里,并置斗门,从霸州界引滹沱水灌溉,利用河北地区因连年霖雨造成的陂塘,兴办水田,种植水稻,既解决河水泛滥成陂塘之患,又补助河北屯兵之粮饷。在何承矩、阎承翰及水田专家、原沧州临津令(今河北沧州市)后充制置屯田判官黄懋等半年努力的经营下,是年八月,何派人运载河北新水田所产的稻穗数车部送京师,于是反对开河北水田之议平息。据载此后河北诸州军之水田的"苇蒲、蠃蛤之饶,民赖其利"。①

就在这年十月,河决澶州(今河南濮阳市)北城,"城堞颓圮,舟梁荡绝"。太宗命太祖驸马、彰德军节度使魏咸信(949—1017)再知濮州,又亲谕他治郡修河之方略。太宗同时命已擢为内殿崇班的阎承翰负责修治濮州河桥。阎承翰与魏咸信对于整治河

---

① 按开河北水田之议发自何承矩,然后原籍福建泉州,熟谙以缘山道泉种植水田的黄懋亦上言支持此议。太宗于是派何承矩往河北诸州军实地按视,复奏如黄懋之议,于是任命何承矩等人充职。阎承翰的职衔为同提点制置河北缘边屯田事,担任何承矩副手还有殿直张从古(?—999后)[按《长编》作段从古,考张从古在咸平二年(999)官至内殿崇班阁门祗候知宜州]。起初反对何承矩开水田的人不少,而河北诸州军的武臣和守臣又耻于营茸佃作,加上开始时所种的稻因天气问题未如期成熟,就招来更大的反对声音,太宗差一点令罢其事。参见《长编》卷三四,淳化四年三月辛亥至壬子条,第747页;卷四五,咸平二年九月乙巳条,第964页;《宋会要辑稿》第十册,《食货四·屯田杂录》,第6029页;《宋史》卷九五,《河渠志五·塘泺》,第2364—2365页;有关宋代屯田的研究,最早期的论著可参看台湾学者赵振绩:《宋代屯田与边防重要性》,原载《中国文化复兴月刊》第3卷11期,后收入宋史座谈会编辑:《宋史研究集》第六辑,台北:中华丛书编辑委员会,1971年,第487—496页。按赵氏一文第一节《北宋屯田与边防重要性》(第487—488页)即引述是年何承矩等开河北水田之事。

患的意见分歧：魏咸信请在流水未下时赶造舟桥，但阎承翰却"惑于舆论，执其所议"，认为时已入冬，"岁暮风劲"，"结冰聚凌如山，水势涌急"，难以施工，请暂罢其役，以俟来春。没想到魏咸信在他入京奏报后，已在短时间内纠集诸工，自乘小舟，冲着巨浪，排层冰建好浮桥。魏更派快差入奏太宗已建成舟桥。这时阎承翰方向太宗陈奏舟桥难成，没想到魏的奏报已至。据载太宗对阎的上司入内内侍都知李神福说："朕选魏某，果能集事。"①这次阎承翰在太宗面前大失面子，幸而太宗对他的宠信仍不替。

淳化四年十二月，蜀民王小波（？—993）起事于四川，是月戊申（廿五），与西川都巡检使张玘（？—993）战于江原县（今四川崇州市江源镇），张阵亡，但王小波也中流矢死，众人推李顺为首领。翌年（淳化五年，994）正月戊午（初五），李顺攻下

---

① 《魏咸信墓志铭》及1985年3月在洛阳白马寺附近重新发现的《魏咸信神道碑》所记魏咸信修造澶州舟桥的事均系于淳化元年（990）后。惟群书均未载淳化元年冬澶州河决，据《稽古录》及《皇宋十朝纲要》所记，在淳化四年（993）十月，"河决澶州，西北流入永济渠（《皇宋十朝纲要》作"御河"），浸大名府"，而《宋史·太宗纪二》也记在淳化四年九月，黄河及长江均泛滥成灾，"河水溢，坏澶州；江溢，陷涪州"。太宗于是下诏："溺死者给敛具，澶人千钱，涪人铁钱三千，仍发廪以振。"十月，河决澶州，西北流入御河。正与《宋史·魏咸信传》所记吻合。又阎承翰在淳化元年官职尚为内供奉官，并非内殿崇班。而据《宋史·太宗纪二》的记载，内殿崇班一职要到淳化二年（991）正月乙酉（十四）始置。据此，魏咸信受命再知澶州，阎承翰奉命修桥，不可能在淳化元年。而当在淳化四年十月河决澶州时。另《魏咸信神道碑》记魏咸信修桥事较《魏咸信墓志铭》详细，可以参考比较。参见司马光著，王亦令点校：《稽古录》卷一七，北京：中国友谊出版公司，1987年，第687页；《皇宋十朝纲要》卷二，《太宗》，第81页；《宋史》卷五，《太宗纪二》，第86，92页；卷二四九，《魏仁浦传附魏咸信》，第8805—8806页；夏竦：《文庄集》卷二九，《故保平军节度使同中书门下平章事驸马都尉赠中书令魏公墓志铭》，文渊阁《四库全书》本，第5—6页；赵振华：《洛阳古代铭刻文献研究》，第六编《五代宋金元碑志研究篇》，西安：三秦出版社，2009年，第673—679页。

汉州（今四川广汉市）。己未（初六）下彭州（今四川彭州市）。到己巳（十六）更攻下四川首府成都。太宗在是月甲戌（廿一），命首席内臣昭宣使王继恩（？—999）为剑南两川招安使，率兵讨伐李顺。而以崇仪副使、入内押班卫绍钦同领招安捉贼事，担任王继恩的副手。另以入内押班韩守英（？—1033）任王继恩的先锋。阎承翰也获委为川峡招安都监，其他有份从征的较低级内臣还有黄门邓守恩（974—1021）和高品王文寿（？—994）（按王文寿在十月被叛兵所杀）。十一月，蜀乱才完全平定。卫绍钦和韩守英都在平定李顺之乱颇有战功。韩守英以功迁西京作坊使、剑门都监，卫绍钦也"深被褒劳"，而阎承翰也以劳绩从内殿崇班迁西京作坊副使，进入诸司副使行列，不过他在平定蜀乱中立了什么具体战功并不见载。①

太宗在翌年改元至道元年（995），是年八月，太宗又委阎承翰以京城治安之任。太宗以京城地面浩大，奸豪所集。新招募的公人二千，以四营处之，而总辖于左右金吾司。惟当时判左右金吾街仗事的魏丕（918—999）与赵延进（927—999）均年迈，太宗以这年既有郊禋大典，是月壬辰（十八）真宗又将册为太子，仗卫至繁，恐怕二人办不好差事，于是命阎承翰以西京作坊副使及内殿

---

① 《宋史》卷五，《太宗纪二》，第92—96页；卷四六六，《宦者传一·王继恩、阎承翰、卫绍钦、邓守恩》，第13602—13604、13610、13624—13625、13627页；卷四六七，《宦者传二·韩守英》，第13632页。王继恩作为平蜀之主帅，虽然军纪不佳，但太宗仍以其功特授宣政使进顺州防御使。又王文寿隶王继恩麾下，王命他领虎翼军二千往遂州路（今四川遂宁市）进讨李顺军。但王御下严急，士卒皆怨，一夕他卧帐中，被西川行营指挥使张嶙（？—994）派数人排闼持刀入帐斩杀，并斩其首投降李顺手下的嘉州帅张余。按王文寿被杀的事，《宋史·太宗纪二》系于淳化五年十月庚辰（初二）。

崇班刘承蕴分别充左右金吾都监勾当本街事以佐之。不过，稍后又罢之。①

阎承翰在各种职务中，仍以治河为其擅长。至道三年（997）正月，他向太宗上"力"水、溧水（源出河南新密市西南大騩山，向东注入颍水）二水图，他又请求停京师所属的鄢陵县修汴河民夫之役，量事而行，并筑堤塘。太宗接纳他的意见。②

三、阎承翰在咸平到景德年间的事迹

太宗于至道三年三月癸巳（廿九）病逝，真宗继位。阎承翰继续受到真宗的信任，并从西京作坊副使超擢为西京作坊使，进入诸司正使的行列。因首席内臣宣政使、桂州观察使王继恩涉嫌废立真宗而被重贬为右监门卫将军，安置均州（今湖北丹江口市），皇城使、入内都知李神福继为内臣之首，而阎承翰也依次获补为内侍左班副都

---

① 据《群书考索》及《玉海》所记，太宗以京师地面浩大，街司循警用禁军，非旧制，特命左右街各置千人，优以廪给，使传呼备盗，并分营管理，太宗命判左右金吾街仗魏丕召募新卒以充其数。淳化五年八月，魏丕以新募金吾卒千余人引对崇政殿。太宗亲选得五百七十人。其中取身品优者为三等，分四营。每营设五都，每都有员僚节级，如禁军之制。太宗命大将田重进（929—997）之子田守信（？—1019后）知右街事。至道元年，魏丕已年七十八，赵延进已年六十九，故命阎承翰二人佐之。参见《宋会要辑稿》第六册，《职官二十二·卫尉寺·金吾街仗司》，第3621—3622页；《宋史》卷五，《太宗纪二》，第98页；章如愚：《山堂考索》后集，卷四〇，《兵门》，第713页；王应麟：《玉海》卷一三九，《兵制四·淳化金吾四营》，第11页；《宋史》卷四六六，《宦者传一·阎承翰传》，第13610页。

② 《宋会要辑稿》第十六册，《方域十七·水利》，第9611页。考开封附近并无"力水"，疑《宋会要辑稿》讹写。又溧水可能是潩水之讹写，鄢陵县有潩水，发源于河南新郑市辛店镇西大隗山凤后岭北，东南流经长葛市、许昌市、临颍县和鄢陵县，于鄢陵县南部赵庄闸以下2公里处注入颍河。参见王存撰，王文楚、魏嵩山点校：《元丰九域志》卷一，《四京·东京·鄢陵县》，第3页。

知,是年他已五十一岁,终于跻身于高级内臣之列。除了李神福外,当时地位在阎承翰之上的高级内臣,还有李神祐、刘承珪、秦翰、张崇贵、卫绍钦、韩守英、杨永遵(?—1002后)等人。①

大概真宗认定阎承翰没有武干,故在咸平初年的对辽夏各场征战均没有委他以任何兵职。就是在咸平二年(999)十二月甲子(十五)驾临大名府(今河北大名县),多名高级内臣从征,阎却没有被委以任何职务。②咸平三年(1000)正月己卯(初一),四川发生叛军王均(?—1000)之乱。但真宗并未委曾在淳化五年有份参与平定蜀乱的阎承翰以四川平乱之任。③

阎承翰仍是做他的治河老本行出色,五月甲辰(廿八),河决郓州(今山东东平县州城镇)王陵埽,从钜野(今山东巨野县)入淮河和泗州,水势激悍,侵迫沿途的州城。真宗命步军都虞候张进(?—1000后)和时任内侍副都知的阎承翰率诸州丁夫三万人往塞河决(按《宋会要辑稿》作二万人)。因河决水灌济水[济水发源于河南省济源市区西北,俗称大清河。济水在古时独流入海,

---

① 《宋史》卷五,《太宗纪二》,第101页;卷四六六,《宦者传一·王继恩、李神福、阎承翰、秦翰、张崇贵、卫绍钦》,第13604—13605、13610、13612、13618、13624页;卷四六七,《宦者传二·韩守英》,第13632页;《长编》卷四一,至道三年壬辰至癸巳条,第862—863页;四月辛酉条,第865页;五月甲戌条,第865—866页;卷四五,咸平二年十一月乙未条,第969页。
② 《长编》卷四五,咸平二年十一月乙未至十二月甲子条,第969—971页;《宋史》卷四六六,《宦者传一·李神福、李神祐、石知顒》,第13605、13607、13626页。扈从真宗亲征的高级内臣,计有昭宣使入内都知充行宫使李神福、内侍都知充排阵都监的杨永遵、内园使充天雄军(即大名府)都监、子城内巡检李神祐和西京作坊使充天雄军、澶州巡检使的石知顒。
③ 《长编》卷四六,咸平三年正月己卯朔至辛巳条,第983—984页;甲午条,第989页。真宗命户部使工部侍郎雷有终(947—1005)率石普(961—1035)、上官正(933—1007)、李继昌(948—1019)诸将平乱。

与江水（长江）、河水（黄河）、淮水（淮河）并称华夏四渎］和泗水，郓州城中常苦水患。这时偏又逢连月大雨，城中积水益甚。朝议以徙郓州州治以避河患。真宗再诏阎承翰与工部郎中陈若拙（955—1018）乘传经度徙城事宜，陈若拙及阎承翰查察后，请将郓州州治徙于旧治的东南五十里汶阳乡的高原。真宗诏可。十一月丙子（初三）［按《宋史·真宗纪一》作乙亥（初二）］，张进及阎承翰上奏真宗，报告郓州决河已堵塞成功。①

咸平四年（1001）七月己卯（初十），边臣言辽军将入寇。宋廷即以武臣中名位最高的前枢密使、山南东道节度使同平章事王显（932—1007）为镇州（今河北正定县）、定州（今河北定州市）、高阳关（宋初为关南，在瓦桥关、益津关、淤口关之南，今河北保定市高阳县东旧城）三路都部署，作为全军主帅，率领马步军都虞候天平军节度使王超（951—1012）、殿前副都指挥使保静军节度使王汉忠（949—1002）、殿前都虞候云州观察使王继忠（？—1023后）及西上阁门使韩崇训（952—1007）诸将御敌。②

---

① 真宗又遣使存恤灾民，给以口粮。知郓州马襄及通判孔勖免官，巡堤、左藏库使李继元配隶许州（今河南许昌市）。又张进为曲阜人，咸平二年十二月辛酉（十二），真宗驾幸大名府时，他以权殿前都虞候为先锋大阵往来都提点，任殿前都指挥使王超（951—1012）的副手。咸平三年五月张迁一级为步军都虞候。参见司马光：《稽古录》卷一八，第701页；《长编》卷四五，咸平二年十二月辛酉条，第970—971页；卷四七，咸平三年五月甲辰至辛酉条，第1018—1019页；十一月丙子条，第1031页；《宋会要辑稿》第十六册，《方域十四·治河上》，第9552—9553页；《宋史》卷六，《真宗纪一》，第112—113页；卷二六一，《陈思让传附陈若拙》，第9040—9041页；卷四六六，《宦者传一·阎承翰》，第13610页。
② 《长编》卷四九，咸平四年七月己卯条，第1066—1067页。按王超出任三路副都部署，王汉忠任都排阵使，王汉忠任都钤辖，而韩崇训为钤辖。王显仍兼定州都部署，王超兼镇州都部署，王汉忠兼高阳关都部署。

十月己未（廿一），真宗见大战在即，再诏高阳关三路增兵二万为前锋，又命将五人，各领骑三千阵于先锋之前。另外又命步军副都指挥使、莫州（今河北任丘市北）驻泊都部署桑赞（？—1006）领兵万人，居顺安军（今河北高阳县东旧城）和莫州，作为奇兵以邀击辽军。再命马步军都军头、北平寨驻泊部署荆嗣（？—1014）领兵万人以断西山（即太行山）之路。真宗将他这个精心设计的作战方案，绘成作战图，特命阎承翰亲赴定州出示王显等，也许真宗对自己闭门设计的阵图也信心有限，就命阎承翰传谕：“设有未便，当极言以闻，无得有所隐也。”①阎承翰在这场一触即发的大战，又是担任传令的角色，而不像入内副都知秦翰那样血战沙场。②

咸平五年（1002）正月甲寅（十八），为了将位于宋辽边界东南角的乾宁军（今河北青县）的军储粮食运往沿边地区，顺安军兵马都监马济上言，请在静戎军（即安肃军，今河北保定市徐水区）东决鲍河开渠入顺安军，又从顺安军之西引水入威虏军（即广信军，今河北保定市徐水区西遂城镇），以助漕运。马济又建议在渠侧置水陆营田以阻隔辽骑。真宗对此建议表示同意，说：“此渠若成，亦有所济，可从其请而徐图之也。”他即命正在河北宣旨的阎承翰往顺安军经度规划，并命冀州（今河北衡水市冀州区）部署石

---

① 《长编》卷四九，咸平四年十月己未至癸亥条，第1079—1080页。真宗在十月癸亥（廿五），又以前阵昨经力战，诏桑赞分部下万人屯于宁边军（即永宁军，今河北蠡县），令北面前阵兵居其后。这次传诏，可能也由阎承翰负责。
② 《长编》卷五〇，咸平四年十一月丙子条，第1083页；《宋会要辑稿》第十四册，《兵八·出师二·契丹辽》，第8760页。关于此役有份从征的宋军将领（包括内臣）以及秦翰的战功，可参阅本书第三篇《宋初内臣名将秦翰事迹考》。

普护其役。阎承翰对这项任命,自是驾轻就熟。这项在河北开渠营田的工程,历时一年又九月毕功。真宗对这项工程的军事成效很满意,说:"(石)普引军壁马村以西,开凿深广,足以张大军势,若边城壕沟悉如此,则辽人仓卒难驰突而易追袭矣。"①

阎承翰才往河北规度开渠营田毕,三月,他返京不久,又奉诏审讯真宗宠臣、新授参知政事王钦若(962—1025)涉嫌在咸平三年任知贡举时纳举人任懿贿一宗大案。本来任懿已在御史台审理时招供,承认透过王钦若相熟的僧惠秦向王妻李氏纳贿,再由王的仆人祁睿将任懿的名字暗中告诉已在贡院的王,因而获得录取。

---

① 据《宋史·河渠志五》所载,其实早在咸平四年,知静戎军王能(?—1019)已请自姜女庙东决鲍河水,北入阎白淀,另在静戎军之东,引水北注三台、小李村,使其水溢入长城口而南,又壅使之北流而东入于雄州。不过,那么复杂的工程不为真宗所接纳。当马济在咸平五年正月提出这个新方案时,就为真宗所接纳,只是嫌方案中的盐台淀位置稍高,若从此处决河引水恐不便,要他修改方案。石普等在咸平六年(1003)上言,报告开浚静戎军及顺安军营田河道已毕功。真宗诏奖石普等,并赐预役的将士缗帛有差。按咸平五年三月甲辰(初八),河北转运使耿望(?—1002后)上奏,称他依诏开镇州常州镇南河水入洨河至赵州(今河北赵县)已毕功,有诏褒之。可见开渠运粮之议是河北边臣的共识。又西京左藏库使舒知白曾在咸平三年三月,提出一个大胆的建议:请于泥沽海口及章口复置海作务造舟,令民人入海捕鱼,乘机窥察平州(今河北卢龙县)。他日宋军征讨辽国,就可以从这里进兵,以分敌势。不过,真宗没有接纳此议。又裴海燕将阎承翰这次开渠营田工程,连同阎在咸平三年塞郓州河决的工程,均视为宦官参预经济活动的例证,然她不知阎承翰早在太宗淳化四年已参预营田的工作,而且这项工程的军事意义大于经济意义。关于北宋河北边臣以水路包括开渠以运军储的讨论,可参阅程龙的前引著作;不过,程龙没有引用《宋会要辑稿》的相关资料,不知道阎承翰在此项工程上的角色。参见《长编》卷五一,咸平五年正月寅条,第1111页;三月甲辰条,第1117—1118页;《宋会要辑稿》第十册,《食货二·营田杂录一》,第5981—5982页;第十三册,《食货六十三·营田杂录》,第7648—7649页;《宋史》卷九五,《河渠志五》,第2365页;卷三二四,《石普传》,第10473页;裴海燕:《北宋宦官参预经济活动述略》,《河北大学学报(哲学社会科学版)》1998年第4期,第55页;程龙:《北宋粮食筹措与边防——以华北战区为例》,第五章《北宋华北战区粮食调拨地理》,第131页。

当工部尚书御史中丞赵昌言（945—1009）拿着任懿的供辞，请将王钦若下狱审理时，真宗却一意维护王钦若说："朕待钦若至厚，钦若欲银，当就朕求之，何苦受举人贿耶？且钦若才登政府，岂可遽令下狱乎？"赵昌言虽然一再力争，但真宗仍不肯让步，而诏翰林侍读学士邢昺（932—1010）、内侍副都知阎承翰，并驿召知曹州（今山东曹县西北）工部郎中边肃（？—1012后）及知许州（今河南许昌市）虞部员外郎毋宾古就太常寺重审此案。四人中，边肃和毋宾古是王钦若的旧僚，邢昺则是真宗东宫旧人，并一意向真宗邀宠的投机分子，而阎承翰就像当年审讯王延范一案那样，依从帝王意旨办事。在四人的主持下，任懿翻供，改称接受他行贿的人是同知贡举、比部员外郎直史馆洪湛（963—1003），在重审期间，证人不是遁去不获，就是已死。结果王钦若脱罪，后来证明无辜的洪湛却顶罪。同月庚戌（十四）洪湛除名流儋州（今海南儋州市西北），而力主严治王钦若的御史中丞赵昌言被指"操意崄险，诬陷大臣"，削一任重贬为安远军（即安州，今湖北安陆市）行军司马。他的副手膳部郎中兼侍御史知杂事范正辞（936—1010）也削一任贬为滁州团练副使。御史台推直官殿中丞高鼎、主簿王化并削两任，分别被贬为蕲州（今湖北蕲春县）别驾及黄州（今湖北黄冈市黄州区）参军。可怜洪湛在翌年（咸平六年，1003）六月，虽获赦北返，却死于化州（今广东化州市）调马驿，遗下随行幼子洪鼎。王钦若良心有愧，就奏上真宗，赐钱二万，并命官护丧还本籍。①

① 司马光撰，邓广铭、张希清校注：《涑水记闻》卷二，第24—25页；卷七，第137页；文莹著，郑世刚、杨立扬点校：《湘山野录》卷中，第23页；《长编》卷二六，雍熙二年三月己未至癸亥条，第595页；卷四二，至道三年十一月丙寅条，第888—889页；卷五一，咸平五年三月庚戌条，第1118—1120页；卷五五，咸平六年六月丁卯条，第1202页；卷五六，景德元年六月丙辰条，第1238—1239页；卷七三，大中祥符三年六月辛未条，第1675页；卷九〇，天禧元年六月甲申条，第2070页；《宋会要辑稿》第八册，《职官六十四·黜降官一》，第4773页；《宋史》卷二八三，《王钦若传》，第9559—9560页；卷三一〇，《边肃传》，第9983—9984页；卷三一〇，《范正辞传》，第10060—10061页；卷四三一，《儒林传一·邢昺》，第12801页；卷四四一，《文苑传三·洪湛》，第13057—13059页；王瑞来：《宰相故事：士大夫政治下的权力场》，第四章《佞臣如何左右皇权》："瘿相"王钦若》，北京：中华书局，2010年，第137—138页。此案之始末源自司马光《涑水记闻》两则记载，而为《长编》《宋史》等书采用。群书均言王钦若受贿是真，真宗包庇属实，而洪湛最无辜。考真宗委任重审此案的毋宾古是王钦若在三司的旧僚，他在至道三年十一月向王钦若提出打算向真宗建议免除天下的逃赋。王钦若当晚命属吏计算出数目，翌日向真宗上奏，真宗惊问太宗知否有这样大的逃赋？王巧言说太宗其实知道，只是有心留给真宗去行此一善政以收人心。真宗于是下旨免除天下的逃赋，时人都归功于王钦若。王钦若于是得以进一步受知于真宗。王瑞来认为王钦若将毋宾古的良好建议据为己有，抢先向真宗上奏以邀功，是王一向贪功归己，诿过于人的毛病。不过，笔者认为，毋宾古在三司的地位比王钦若低，他向王提出意见，王代为上奏，并没有夺他功劳之意。王钦若大概也会向真宗提出原议人是毋宾古。后来真宗特别委任毋宾古审讯王钦若的案件，当是晓得王、毋二人交好。若毋宾古怨王钦若夺其上奏之功，他后来怎会维护王钦若？王瑞来大概没有注意毋宾古在审判王钦若一案的角色。又边肃是太平兴国五年（980）进士，与赵昌言婿王旦（957—1017）是同年进士，他在出知曹州前，长期任职三司户部判官判开拆司，也与王钦若份属旧僚。他既有理财之能，又颇有武干，曾坚守邢州（今河北邢台市），击退来犯的辽军大有功劳，深得真宗的赏识。景德元年（1004）六月，真宗密采群臣中有闻望者，边肃就在被选中的二十四人中居首。他官至给事中枢密直学士。后来却为人劾奏贪墨不法而被贬职多年。他的同年次相向敏中（949—1020）在大中祥符末年向首相王旦请求将他复职，王旦坚决不肯，以他身为近臣而坐赃实不可恕。并说向敏中要复用他，要他死后才成。边肃要到天禧元年（1017）六月王旦罢相后，才为向敏中复用知光州（今河南潢川县）。笔者怀疑王旦之所以对边肃至死不谅，可能是边肃当年处理王钦若受贿一案不公。至于邢昺原是经学家，在真宗尚在东宫时讲论诸经。以洪湛作为王钦若的替罪羊都是邢昺的主张，故此王钦若甚为感激他。邢昺后来甚得真宗宠信，亦是王钦若投桃报李加以推荐之故。邢在大中祥符三年（1010）六月病卒，获赠左仆射，三子皆获进秩，都是王钦若的保奏。他的妻子每至王钦若家，王都迎拜甚恭。他的儿子邢仲宝贪狠不

关于这宗案件，王瑞来认为"恰好王钦若被任命为参知政事，这个任命等于救了王钦若。因为不仅真宗碍于面子不可能收回成命，宰相大臣也不愿背上失察之名"。王氏认为："执政大臣的任命，几乎不可能由皇帝或是某个大臣独自裁决，必须经过皇帝与执政集团共同协商，至少是得到宰相的首肯之后才能决定。由于有这样的过程，就决定了对王钦若只能保，不能弃。"王氏的分析合理，这解释当时首相李沆为何在这事上没有支持赵昌言的立场。王氏说得对，真宗回答赵昌言的一番话一方面表明他不相信王钦若会受贿，另一方面是执政大臣不能受审。他委任邢昺等四人审讯此案，邢昺等就只许按照保王钦若的方向进行调查。①果然，那个枉称经学大师、熟谙圣贤经典的邢昺就迎合真宗，作出对王钦若有利的判决，而边肃及毋宾古自然亦步亦趋。阎承翰不过是真宗的奴才，他在审理这宗案件的角色，无非是担任真宗与邢昺间之传话人，每天向真宗奏报审讯的过程，并向邢昺传达真宗的意旨。我们自难期望他会主持公道，不枉法徇私。顺带一谈，真宗其实也对王钦若这次是否受贿心中有数。十七年后，在天禧三年（1019）六月，时任首相的王钦若已失宠，他再被指控受赃。他在真宗前自辩，请下御史台覆实。真宗当时很不悦，就翻王的老账说："国家

才，王钦若却仍用他为三司判官。王钦若心中明白，这次不是邢昺枉法徇私，开脱自己受贿之罪，就没有后来的富贵，故此大大报答邢昺。至于含冤而死的洪湛，原是雍熙二年（985）榜第三人，美风仪，俊辩有才干，真宗原有意擢用。他为官清廉，家无余财，查搜他家时，实在无他物，邢昺等却以雍熙二年状元、洪的同年好友梁颢（963—1004）借洪的白金器作为赃物指证他受贿。洪湛死后，他的孤子洪鼎却很上进，后来在大中祥符四年（1011）进士登第，至度支员外郎、直史馆、盐铁判官。据《涑水记闻》所载，王钦若以擢用他来赎前罪。

① 王瑞来：《宰相故事：士大夫政治下的权力场》，第四章《佞臣如何左右皇权："瘿相"王钦若》，第174—175页。

置御史台，固欲为人辨虚实耶？"王钦若当然听出真宗的弦外之音，就识趣地自请罢相出守大藩。①

咸平六年（1003）四月丙子（十七），辽军又入寇。翌日（丁丑，十八），定州行营副部署、殿前都虞候王继忠部兵败于定州东北六十里之望都（今河北望都县），王继忠被俘。宋军主帅王超只好引兵还定州，并驰奏真宗。真宗于辛巳（廿二）诏发河东广锐兵一万五千增援。幸而辽军在五月辛卯（初二）退兵，真宗除抚恤望都阵亡将士外，又派内臣宫苑使刘承珪及供备库副使李允则（953—1028）驰驿按问失律将帅，癸丑（廿四），镇州副部署李福坐罪削籍流封州（今广东封开县东南），拱圣都指挥使王昇决杖配隶琼州（今海南海口市）。②因望都之战失利，真宗每日都向群臣询问御敌之策。六月己未朔（初一），真宗御便殿，出他所撰之阵图以示辅臣，提出在何处该派何人守御。当他回答首相李沆（947—1004）的评论时，又特别点出三路都钤辖的内臣入内都知韩守英"素无执守"，主张以阎承翰代之。他说阎"虽无武干，然亦勤于奉公"。李沆对真宗改用阎承翰取代韩守英并无异议。丙戌（廿八），阎承翰便以内侍右班副都知出任定州路钤辖，取代韩守英，首次担任北边重要的兵职。咸平五年正月和他搭档在顺安军营田开渠的石普，也自永兴军（今陕西西安市）副部署徙为莫州部署。③

---

① 《长编》卷九三，天禧三年六月甲午条，第2149页。
② 《长编》卷五四，咸平六年四月丙子至辛巳条，第1190页；五月辛卯至癸丑条，第1191—1194页。
③ 《长编》卷五四，咸平六年六月己未朔条，第1195—1197页；卷五五，咸平六年六月丙戌条，第1204页；《宋史》卷四六六，《宦者传一·阎承翰》，第13610—13611页。

值得注意的是，阎承翰的养子阎文庆已出仕[①]，八月甲戌（十七），真宗因应石普及阎承翰等在一年前于静戎军及顺安军营田开渠之工程进度，诏遣阎文庆与知静戎军王能（？—1019后）及知顺安军马济共督其事，又徙莫州路部署石普率兵屯顺安军之西，与威虏军的魏能、保州的杨延朗（即杨延昭，958—1014）及北平寨的田敏（？—1023后）互为犄角。[②]阎文庆被委用，很有可能是真宗看上他具有治河的"家学"。

九月庚子（十三），阎文庆出使近一月后，石普就上奏静戎军、顺安军的营田河道工程已毕功。真宗诏奖将士缗帛。[③]十月甲子（初八），知静戎军王能上奏在军城东新河之北开田，广袤相去皆五尺许，深七尺，东西至顺安军及威虏军界，声称纵使敌骑入寇，亦易于防卫。王能并附上地图。真宗召见宰相李沆等，示以王能所上之图及奏章。李沆等这时都认同这项开水田的政策。是日，即诏静戎军、顺安军、威虏军界并置方田，凿河以阻遏敌骑。庚辰（廿四），知保州赵彬也奏请决鸡距泉，自州西至满城县，又分徐河水南流以注运渠，置水陆屯田。真宗诏保州兵马都监王昭逊与赵彬协力共成其事。按鸡距泉在保州南，东流入边吴泊，每岁漕运粮粟以给军食，然地峻而水浅，役夫甚苦之。这项工程开成后，就舟

[①] 宋制内臣许养一子。阎文庆似乎是阎承翰惟一的养子。他在咸平六年出使河北时的具体官职不详，相信是黄门一级。因他得年多少不详，无从推知他在咸平六年的确实年岁，不过相信至少应有二十岁左右。参见《长编》卷五二，咸平五年五月甲辰条，第1131页；卷五五，咸平六年八月甲戌条，第1210—1211页。

[②] 《长编》卷五五，咸平六年八月甲戌条，第1210—1211页。关于阎文庆即阎文应的考证，及他早年的事迹，可参看本书第六篇《小文臣与大宦官：范仲淹与仁宗朝权阉阎文应之交锋》。

[③] 《长编》卷五五，咸平六年九月庚子条，第1212—1213页。

行无滞。是见阎承翰年前所经办的水田工程，初步收到成效，得到宋廷的认可。①

真宗翌年（1004）改元景德。正月丙申（十一），威虏军及莫州的守臣并上奏，称辽军四万已抵涿州，声言修平塞军（即易州，今河北易县）及故城容城。真宗下令边臣严斥候，指示倘辽军果然修建三城，就并力城建望都，以大军夹守唐河，并命令威虏军、静戎军、顺安军、北平寨及保州严兵应援，同时继续开方田以拒辽骑。若辽军行动未止，就以修新寨为名，在定州储备木瓦。②对于宋军的相应防御措施，身为北面都钤辖的阎承翰就在壬子（廿七）上言宋廷，提出另一项将定州附近的水泊与河流连接起来的水利工程。他奏称定州屯大军，每岁役使河朔民夫辇运，甚为劳苦。而定州北唐河，可自嘉山东引至定州计三十三里，自定州开渠至蒲阴县（今河北安国市，景德元年为祁州州治）东约六十二里入沙河，东经边吴泊入界河，足以行舟楫，不但容易运粮，又可在渠旁引水灌溉，播种水田，以助军粮，而且于此设险可以阻限辽骑。有静戎、顺安军开方田的成功先例，加上当时在定州的屯兵甚众，过往以陆路运粮艰难，宋廷就接受阎的建议。四月丁卯（十四），阎上奏自嘉山引唐河水经定州东入沙河，其新开河北沟渠已开田种稻。他又请在旁的隙地募人耕垦。宋廷从之。真宗对此工程的进展，甚为关注。辛未（十八），真宗以保州屯田已渐见成效，若然继续开辟必有大成。他以开田的兵士多为转运司移易他使，未能集中使用。于是下诏保州专制屯田兵籍，不许转运司从他处移用。真宗又对李沆

————————
① 《长编》卷五五，咸平六年十月甲子至庚辰条，第1214—1215页。
② 《长编》卷五六，景德元年正月丙申条，第1226页。

第六篇　宋初高级内臣阎承翰事迹考　245

等说，他阅读顺安军和静戎军所上《营田河道图》，参验前后的奏牍，多有异同。他说顺安军界筑堰聚水，到现时仍未到达静戎军，他怀疑该处地形高仰，恐怕劳而无功。他以王能最近上奏，唐河之北有古河道，从静戎军抵顺安军，每年多雨时，亦可行舟楫，同意改在这处开渠。李沆于此并无异议，于是宋廷派阁门祗候郭盛（？—1012后）等乘传与静戎及顺安等州军之长吏经度以闻。郭盛等后来回奏称可，于是真宗诏改用新的方案开渠。在真宗亲自关注下，最后渠开成，人以为便，真宗优诏褒奖阎承翰等。六月丁丑（廿四），真宗对李沆等高度评价这项工程，称"顺安、静戎军先开河道屯田，道治沟洫，以为险阻。盖欲保庇边民，俾其耕殖"，他又肯定"自迄役以来，边民得遂耕种，颇亦安堵"。为了固护河渠，真宗即时令莫州部署移兵马裴村西，而以宁边军部署杨延朗建城壁于静戎军之东。①

据杨玮燕的研究，这条新开的水道，从定州中部起，经定州、祁州（今河北无极县，景德四年迁今河北安国市）、宁边军、顺安军、雄州、霸州、信安军等地，连接河北路北部边境与近边诸重镇，而唐河又与深州（今河北深州市）、河间府（即瀛州，今河

---

① 《长编》卷五六，景德元年正月壬子条，第1228页；四月辛未至壬午条，第1234—1235页；六月丁丑条，第1241页；《宋会要辑稿》第十册，《食货七水利上》，第6117页；第十六册，《方域十七·水利》，第9612页；《宋史》卷七，《真宗纪二》，第123页；卷九五，《河渠志五》，第2365—2366页；卷四六六，《宦者传一·阎承翰》，第13611页。按四月壬午（廿九），知雄州何承矩又上奏请开乾宁军西北之古河渠以通雄州，认为如此漕运就可不经界河，又可免去辽人邀击之患，他预算浚治的役工凡二千万。但真宗以工程甚大且又非其时，没有采纳他的建议。真宗又在同日诏在北平寨筑堤道河水灌才良淀的工程暂停，因真宗有见北面工役繁重，而渐至炎夏，担忧长吏不能优恤士卒。而他从地图看到才良淀地势极卑下，到夏秋积水，不须用人力开通。

北河间市）等地的河流相连，这些地区的粮食物资也可以从此条水道运抵前线。①而程龙也指出，"通过沿边地区塘泊与河流所组成的水网，宋军完成了将军粮在沿边地区最后的分配，被运至御河乾宁军的粮食得以调往西部太行山前的重要兵力集结地"定州与镇州。②

宋廷加强北边的粮运设施的同时，西边在二月丁巳（初三）传来好消息，西夏主李继迁（963—1004）在攻击西凉府（今甘肃武威市）时，被西凉六谷部首领潘罗支（？—1004）设伏挫败，李中流矢而死。其子李德明（982—1032）继位后向宋廷输诚。另李继迁族兄李继捧（即赵保忠，962—1004）亦于六月庚午（十七）卒。③当首相李沆在七月丙戌（初四）逝世后，真宗就在八月己未（初七）擢用才兼文武的三司使寇準（961—1023）为相，积极备战，应付辽军可能之进犯。④在寇準的主持下，宋廷陆续调整北边守臣的兵职。宋廷为防止河北州军的奸民乘辽军入寇威胁的骚动，劫掠人户。就在闰九月甲子（十三），下诏缘边都巡检及捉贼使臣常领部军马往来巡察，严惩犯事者。并委修河工程已毕的阎承翰在丁卯（十六），仍以内侍左班副都知同制置河北东、西路缘边事，

---

① 杨玮燕：《宋辽对峙时期河北路水运的开发》，《文博》2010年第5期，第58—59页。
② 程龙：《北宋粮食筹措与边防——以华北战区为例》，第五章《北宋华北战区粮食调拨地理》，第132页。
③ 《长编》卷五六，景德元年二月丁巳至戊午条，第1228—1229页；《宋史》卷七，《真宗纪二》，第123—124页。
④ 《长编》卷五六，景德元年七月丙戌条，第1243—1245页；卷五七，景德元年八月己未条，第1251—1252页；《宋史》卷七，《真宗纪二》，第124页。真宗擢用寇準之前，先擢用他的藩邸心腹、行事稳重的毕士安（938—1005）为参知政事，然后在八月己未（初七）再擢毕为首相，寇準为次相。

总领其事。①

辽军已在承天萧太后（953—1009）及辽圣宗（971—1031，982—1031在位）亲自率领下，于闰九月举国入寇。癸酉（廿二），辽军先锋大将顺国王萧挞览（？—1004）引兵掠威虏军、顺安军、北平寨及保州。石普、魏能及田敏诸将率兵抵御，虽取得小胜，但辽军主力合攻定州，偏偏宋军主帅王超列大阵于唐河，却按兵不出战，而令辽军声势益炽。就在边庭形势告急时，在京师主持战守大局的寇凖即向真宗奏上他有名的战守方略《论澶渊事宜》。他在这份作战计划中两度提到阎承翰。他请"先发天雄军步骑万人驻贝州，令周莹、杜彦钧、孙全照部分，或不足则止发五千人，专委孙全照。如敌在近，仰求便掩击；仍令间道约石普、阎承翰相应讨杀"；另外他又建议"募强壮入敌境，焚毁族帐，讨荡生聚，多遣探伺，以敌动静上闻，兼报天雄军。一安人心，二张军势以疑敌谋，三以振石普、阎承翰军威，四与邢、洺相望，足为犄角之用"。②

在这场宋辽大战中，据《宋史·阎承翰传》所记，阎承翰首先奉诏征发雄州和霸州的精兵，与荆嗣和张延同筑垒御敌。真宗在十一月戊辰（十八）御驾亲征时，阎承翰已先至澶州北城随驾。他奏辽兵在近，请真宗不要渡河。但真宗在寇凖及大将殿前都指挥

---

① 《长编》卷五七，景德元年闰九月丁卯条，第1262页；《宋会要辑稿》第十五册，《兵二十七·备边一》，第9186页。

② 王得臣撰，俞宗宪点校：《麈史》卷上《国政》，上海：上海古籍出版社，1986年，第2—3页；《长编》卷五七，景德元年闰九月癸酉条，第1265—1267页；赵汝愚编，北京大学中国中古史研究中心校点整理：《宋朝诸臣奏议》卷一三〇，《边防门·辽夏二》《寇凖·上真宗议澶渊事宜》，第1443—1444页；《宋史》卷七，《真宗纪二》，第125页。

使高琼（935—1006）力请下，终于勉强渡河到达澶州北城，并在城楼张黄盖激励宋军将士。真宗抵达澶州前，辽军积极主战的萧挞览刚被宋军伏弩射杀，辽军士气大受挫折。在降辽的原真宗心腹爱将王继忠斡旋下，真宗派曹利用（971—1029）往辽营议和。宋辽双方终于达成和议。十二月庚辰朔（初一），辽方派左飞龙使韩杞到澶州北城行宫呈递盟书。韩杞入见真宗于行宫前殿，跪授辽国书于宋之阁门使，使捧之以升殿，而由阎承翰受而启封，再交由宰相寇準宣读。然后韩杞上殿参见真宗，传达辽主的问候及请求。真宗回答辽使之问后，授以答书并赐韩杞袭衣金带等物。阎承翰亲身见证这次宋辽订盟的一幕。①丁亥（初八），真宗班师在即，阎承翰又被派往德清军（今河南清丰县）规度修城，重修被辽军破坏的旧垒。②

这次景德之役，有份从征的高级内臣除了阎承翰和入内副都知秦翰外，尚有内园使李神祐任随驾壕寨使，以及皇城使入内副都知卫绍钦担任车驾前后行宫四面都巡检。阎承翰虽然没有秦翰奋战

---

① 《长编》卷五八，景德元年十一月戊辰至十二月庚辰朔条，第1282—1288页；《宋史》卷七，《真宗纪二》，第126页；卷四六六，《宦者传一·阎承翰》，第13611页。
② 《长编》卷五八，景德元年十一月丁巳条，第1280—1281页；十一月壬申条，第1284页；十二月丁亥条，第1293页；十二月甲辰条，第1300页；《宋史》卷四六六，《宦者传一·阎承翰》，第13611页。按宋廷考虑到德清军处于澶州和大名府间，一向军垒不修而屯兵又少，于是在十一月丁巳（初七）下诏德清军长吏，如辽军入寇，就不须固守，率城中军民齐赴澶州，并派驾前排阵使分兵接应。惜德清军最后在壬申（廿二）仍被辽军攻下，知军、尚食使张旦等十四人阵亡。考《长编》记阎承翰往德清军规度修城，在德清军被辽军攻破而澶渊之盟订立后。惟《宋史》则记阎承翰前往德清军规度修城，是德清军尚未被攻破之时，当有误，现从《长编》之记。

沙场那样功勋卓著①,但他从战前开渠漕粮、屯田耕植,到护兵守边,然后扈从真宗于澶州,战后又负责规度修复德清军,均功不可没,尤其是军事后勤工作做得出色。

景德二年(1005)正月,宋辽议和后宋廷赏功,阎承翰获加廉州刺史,并召回内廷任职。②三月甲寅(初六),真宗亲御崇政殿试礼部奏名举人,得进士李迪以下二百四十六人,以及特奏名五举以上一百十一人、九经以下五百七十人及特奏名诸科三礼以下七十五人,均赐予及第、出身及同出身。③真宗这科取士之多,已十分恩待举子;不过,仍发生举子作弊的事。权三司使、枢密直学士刘师道(?—1010后)之弟刘几道举进士,本已获得殿试的资格。任考官的右正言知制诰陈尧咨(970—1034)大概想讨好刘师道,因新例以糊名考较,陈就教刘几道于卷中使刺针眼以密加识别。刘顺利擢第后,却事泄,被人揭发作弊。真宗查明事实后,刘几道落名籍,永不得预举。真宗本来不想再追究刘师道的责任,但刘不识趣,坚持要弄个明白。于是真宗又命阎承翰会同新贵、刚超擢为东上阁门使的曹利用,以及阎上次治狱的搭档兵部郎中边肃一同往御史台审理。审讯的结果是刘师道坐"论奏诬罔"。四月丁酉(二十)刘师道责为忠武军(即许州)行军司马,陈尧咨责为单

---

① 关于秦翰、李神祐及卫绍钦等高级内臣在景德之役的职务及军功,可参阅本书第三篇《宋初内臣名将秦翰事迹考》。
② 《宋史》卷四六六,《宦者传一·阎承翰》,第13611页;《长编》卷五九,景德二年正月己巳至甲戌条,第1313—1314页;按秦翰及周文质(?—1026后)等均获赏功,秦翰擢入内都知加宫苑使,周文质以射杀萧挞览之功自高品擢殿头高品。
③ 《长编》卷五九,景德二年三月甲寅条,第1321—1323页。

州（今山东单县东南）团练副使。①阎承翰这次也和前两宗案件一样，只是奉命审理。不同的是，今次真宗本来没有打算追究刘师道失察弟弟作弊之罪，只是刘本人不知为何自取其辱。据宋人笔记所载，刘师道与王钦若交好，陈尧咨则是签署枢密院事陈尧叟（961—1017）弟，而王、陈二人均是寇準的政敌，今次刘、陈二人遭重贬，可能有党争的因素。②

五月，因辽使多次到来，真宗命翰林司、御厨司及仪鸾司沿路供帐，并完饬都亭驿及所经的州县官舍。真宗以供馈与程式未定，命阎承翰专责经办礼信事宜。有人提出以汉衣冠赐辽使，但阎回奏："南北异宜，各从其土俗可也。"真宗就依阎的意见而行。为免辽使生疑，阎又请徙在京师的渤海、契丹诸营于外。真宗以"南北通好，重劳人也，遽此烦扰，则非吾意"。没有接受阎的意见。③

---

① 《长编》卷五九，景德二年四月丁酉条，第1328页；《宋会要辑稿》第八册，《职官六十四·黜降官一》，第4775页；《宋史》卷七，《真宗纪二》，第128页；卷二八四，《陈尧佐传附陈尧咨》，第9588页；卷三四〇，《刘师道传》，第10064—10065页。
② 据《能改斋漫录》所载，在澶渊之役，寇準欲因事而诛王钦若，赖时任随军三司使的刘师道在真宗前力为解救始免。刘师道因其弟作弊而被贬。到王钦若秉政后乃得复职。本来王钦若还要进用他，但刘不久病卒而不果。又按王钦若在刘师道被黜后两天，自知斗不过刚立大功而权势迫人的寇準，就自请罢参政。寇準要打压他，就特别将真宗新授他资政殿学士的班位定在翰林学士之下，侍读学士之上。刘师道受重谴，可能也是寇準打击王钦若的手段。又边肃是寇準的同年进士，这次很有可能借此巴结权势正盛的寇準，而曹利用方获得擢升，大概也见风转舵，依从寇準之意办事。参见《长编》卷五九，景德二年四月己亥条，第1329页；吴曾：《能改斋漫录》卷一三，《记事·刘师道解王文穆罪文穆复师道职》，上海：上海古籍出版社，1979年，第388页。
③ 据王曾（978—1038）所记，在景德之初，辽使来聘者凡百，宋廷赐予礼信均由阎承翰所定，王曾称许阎承翰办事"质直强干"。又《宋会要辑稿·职官》将此事系于景德三年五月，疑误记。参见王曾撰，张剑光、孙励整理：《王文正公笔录》，朱易安、戴建国等编：《全宋笔记》第一编第三册，郑州：大象出

七月己酉（初三），真宗改勾当制置群牧司事为群牧副使，又命能者多劳的阎承翰以内侍左班副都知充任，阎又兼管马政，他在任上多条上马政。至于制置群牧使就相应改为群牧使。①

景德三年（1006）正月壬子（初九），阎承翰又有新的差事。因诸陵侧地形洼下积水，朝议加以修塞之。真宗于是命太宗驸马、武胜军节度使吴元扆（962—1011）为监修诸陵涧道都部署，阎承翰仍以内侍左班副都知任副都部署。真宗先派工部尚书王化基（944—1010）往诸陵奏告，然后命吴、阎督工。吴元扆请禁止陵旁的民众开掘近陵地，并令本镇增植嘉木，其北域内的民居及官廨，徙置于三百步外。在吴、阎的督工下，工程历时三月完成。真宗即遣使告三陵及嵩岳。②

版社，2003年，第263页；《长编》卷六〇，景德二年五月乙亥条，第1343页；《宋会要辑稿》第七册，《职官三十六·主管往来国信所》，第3905页；《宋史》卷四六六，《宦者传一·阎承翰》，第13611页；关于宋廷赐予外国使节的礼品的讨论，最近期的研究可参阅王艳：《宋代的章服赏赐》，《史学月刊》2012年第5期，第58页。

① 《长编》卷四七，咸平三年九月庚寅条，第1025页；十月乙卯条，第1028页；卷六〇，景德二年七月己酉至丙辰条，第1349—1350页；十一月乙丑条，第1373页；《宋会要辑稿》第六册，《职官二十三·群牧司》，第3647页；孙逢吉：《职官分纪》卷一九，《群牧副使、群牧判官》，文渊阁《四库全书》本，第27页；《玉海》卷一四九，《兵制·马政下·咸平群牧司》，第21页；《宋史》卷六，《真宗纪一》，第114—115页；卷二八四，《陈尧佐传附陈尧叟》，第9586页；卷四六六，《宦者传一·阎承翰》，第13611页。考《宋会要辑稿·职官》及《职官分纪》均载阎承翰在景德三年七月任群牧副使。疑有误，现从《长编》及《玉海》所记。又陈尧叟在咸平三年九月庚寅（十六）在宋廷始置群牧司时，陈尧叟以枢密直学士为制置群牧使，内外厩牧之事，自骐骥院以下都听命于群牧司。他在咸平四年三月擢同知枢密院事时就罢其任。阎承翰任新职时，担任群牧判官的是寇準女婿曹作佐郎王曙（963—1034），据《职官分纪》所载，王曙在景德二年即任此职，惟确实月日不详。

② 《长编》卷六二，景德三年正月壬子条，第1383页；《宋会要辑稿》第三册，《礼三十七·缘陵裁制上》，第1572页；《宋史》卷二五七，《吴廷祚传附吴元扆传》，第8951页。

就在阎承翰忙于修整诸陵时，真宗于二月丁酉（廿四）正式将内臣的机构确定为入内内侍省和内侍省。阎承翰长期担任的内侍班院即更名为内侍省。①另外，在真宗下诏改革内臣制度的翌日（戊戌，廿五），在澶渊之盟立下大功的宰相寇準却被罢相，他的同年参政王旦继任相位，而他的政敌王钦若、陈尧叟则任知枢密院事。值得一提的是，没有记载阎承翰与这两派文臣有什么交往。②

八月癸未（十三），因有司在起居日所赐军校茶酒或失诸检校，真宗便诏阎承翰差派使臣监领省视，另在崇政殿赐蕃部酒食的事宜，也命监殿门使臣督领其事。大概阎一向做事干练，故此宫内宫外事务真宗都委他办理。③

十月辛未（初二），阎承翰的顶头上司张崇贵以招抚西夏李德明之功，以六宅使、奖州刺史、内侍省右班都知擢升为皇城使、诚州团练使、内侍省左右班都知，成为内侍省最高的长官。④

十一月丙午（初七），真宗在改派太子中允、直集贤院孙仅（969—1017）为接伴契丹贺正旦使时，又考虑到入辽使者的从人

---

① 由于入内内侍班院的职务重复累赘，真宗在二月丁酉（廿四）下诏，以昔日入内内侍班院分遣使臣于内东门等处勾当处置，名目细而甚详，很多可以省去。决定从此内东门取索司并入内东门司，其余的入都知司。而内东门都知司及内侍省入内内侍班院合并为入内内侍省，以前所领的事务都隶之。稍后又诏改内侍班院为内侍省。参见《长编》卷六二，景德三年二月丁酉条，第1388—1389页。
② 首相毕士安在景德二年十月乙酉（初十）病逝，首枢王继英也于景德三年二月丁亥（十四）病卒。寇準失了两个有力的政治盟友后，为王钦若中伤而失宠罢相。参见《长编》卷六一，景德二年十月乙酉条，第1369—1370页；卷六二，景德三年二月丁亥至己亥条，第1387—1390页。
③ 《宋会要辑稿》第四册，《仪制二·常参起居》，第2320页。
④ 《长编》卷六四，景德三年十月辛未条，第1428页；十一月乙卯条，第1434页。功勋卓著的内臣宫苑使、恩州刺史秦翰也在十一月乙卯（十六）特擢为皇城使、入内内侍省都都知，成为入内内侍省的最高长官。

问题。掌管对辽交聘事务的阎承翰这时上奏,提到现时派遣辽国的使者,其副使与随从兵士近百人,已差马军员寮一人管辖,他请求再派使臣共同管勾。但真宗认为再差使臣管辖,恐怕在礼制上辽国难以接受,只同意增加军员管辖。①

景德四年(1007)正月己未(廿一),真宗从京师出发前往巩县(今河南巩义市)朝谒诸陵。二月戊辰朔(初一)抵西京洛阳。甲戌(初七),真宗特赐酺三日,随驾的阎承翰奉命与首席内臣宣政使李神福及西上阁门副使曹玮(973—1030)共治其事。真宗在洛阳停留一月后,三月己亥(初二)返抵京师。②

真宗返抵京师不久,章穆郭皇后(976—1007)因爱子周悼献王玄祐(995—1003)在一年前之丧而悲痛成疾,四月辛巳(十五)终于病逝。真宗再命阎承翰为园陵按行使,入内副都知蓝继宗为副使,勘查可作郭皇后陵之地。经过二人的查察,阎承翰上奏在永安县陵台侧有地三两处,惟司天监言皆地位不广,却已无可选择。真宗命令郭皇后陵祔于真宗生母元德皇太后(944—977)陵安葬。辛卯(廿五),真宗将郭皇后殡于万安宫之西阶,命蓝继宗及内臣内殿崇班张继能、三陵都监康仁遇及阎承翰子高品阎文庆同监修园陵,又令步军都虞候郑诚(?—1011)为都钤辖,文思副使孙正辞(?—1013后)副之。六月乙卯(廿一)郭皇后葬于永熙陵

---

① 《长编》卷六四,景德三年十一月丙午条,第1432—1433页;《宋会要辑稿》第七册,《职官三十六·主管往来国信所》,第3905—3906页。《宋会要辑稿》将阎承翰上奏系于九月。
② 《长编》卷六五,景德四年正月己未至二月甲戌条,第1443—1445页;三月己亥条,第1447页;《宋会要辑稿》第四册,《礼六十·赐酺之一》,第2097页。

西北。在办理郭皇后的丧礼中，阎承翰父子又颇有劳绩。[①]

就在郭皇后入土同日，因知宜州（今广西河池市宜州区）刘永规驭下严酷，激起兵变。刘永规及兵马监押国均被军校陈进所杀，判官卢成均被推为帅，据城而叛。七月甲戌（初十）宋廷收到奏报，真宗即命曹利用统军南征。为了鼓舞军心，当曹利用大军抵桂州（今广西桂林市），真宗便在八月乙未（初二），派使臣犒赏将校军士。这次获选为使臣的是阎承翰子阎文庆。真宗对阎氏父子圣眷甚隆，五天后（庚子，初七），因与辽修好，真宗特置管勾往来国信司，命阎承翰及供备库使、带御器械綦政敏主之，并令每年依时申举遵守施行。宋辽修好而每岁需遣使交聘，真宗一直命阎承翰专领其事，并设排办礼信所，现在将礼信所升为国信司，置局铸印，就顺理成章由阎承翰出掌，他在管勾国信司任上多所规置。[②]

当阎承翰领新职时，真宗因知枢密院事陈尧叟奏上《群牧议》，力主"群牧之设，国家巨防"，不能因宋辽罢兵之后，以牧马为不急之务。真宗同意他的远见，就在八月乙巳（十二）置群牧制置使，令陈尧叟兼领之。陈尧叟起初不愿意兼领此职，他自陈担

[①] 《长编》卷六五，景德四年四月己卯条，第1452—1453页；六月乙卯条，第1464页；《宋会要辑稿》第三册，《礼三十一·后丧一·章穆皇后》，第1446—1447页；《礼三十七·后陵·章穆皇后陵》，第1588页。按《宋会要辑稿》记同监修园陵的内臣高品为阎文度，惟检索《宋史》《长编》，找不到有任何关于内臣"阎文度"的记载，而在《宋会要辑稿》中，也只有这两条提到阎文度其人。笔者怀疑这个阎文度，其实是阎文庆的讹写。

[②] 《长编》卷六六，景德四年七月壬申至甲戌条，第1472页；八月乙未至己亥条，第1478页；《宋会要辑稿》第七册，《职官三十六·内侍省·主管往来国信所之三十三》，第3905—3906页；《玉海》卷一五三，《朝贡·外夷来朝·景德国信门》，第34页；《宋史》卷四六六，《宦者传一·阎承翰》，第13611页。据《玉海》所记，在景德三年十二月戊子（二十），因雄州上奏，诏改机宜司为国信司。

任枢密院要职,而与内臣阎承翰一同办事,会招物议。但真宗以"国马戎事之本,宜得大臣总领,不可避也"。陈尧叟仍以枢密院事多,请只署检,日常的帖牒文书就委副使阎承翰及判官印署施行。真宗从之,稍后又增置判官一员协助阎承翰。①真宗一定要由陈尧叟统领群牧司,笔者以为真宗一方面怕阎承翰管事太多,应付不来;另一方面也是真宗驾驭内臣的手段,他不容马政之权掌于内臣之手,即使阎承翰一直忠心勤奋办事。②

三天后(戊申,十五),真宗因阎承翰先前面奏,以官廨梁折,要求更换的事,于是下诏改革营造物料的供应制度。真宗大概根据阎承翰的意见,重新订定各部门提取物料的程序制度,防止滥用及浪费。③

---

① 《长编》卷六六,景德四年八月甲辰至乙巳条,第1479—1480页;《玉海》卷一四九,《兵制·马政下·景德群牧故事》,第23页;《职官分纪》卷一九,《群牧制置使》,第24—25页;《宋会要辑稿》第六册,《职官二十三·太仆寺之五·群牧司》,第3647页。
② 据《群书考索》引《真宗宝训》所记,真宗在景德四年曾对近臣说:"今国马蕃息,当命内侍二人分掌左右监牧。"他称许朱巽(?—1023后)和阎承翰近来"专领此职,颇为干举;然思得大臣总制,以集其事",于是命陈尧叟领之。当陈推辞时,真宗就说:"国事,戎马之本,系于枢司,机要之运;然当别置使名,卿勿辞也。"将马政纳入枢密院,不让它独立运作,可见真宗的用心。参见《群书考索后集》卷四四,《兵门·马政类》,第737—738页。又有关北宋马政的研究,特别是群牧司的研究,可以参阅江天健:《北宋市马之研究》,第二章《孳牧与农业冲突》,台北:台湾编译馆,1995年,第43—48页;张显运:《浅析北宋前期官营牧马业的兴盛及原因》,《东北师大学报(哲学社会科学版)》2010年第1期,第86—92页。
③ 真宗在诏中表示他曾以在京的廨舍营字所费的木材,一直无条约制度管理,甚至三司都不能尽察,于是命令事材场、八作司每日具支用件状向他奏报。他说阎承翰知道有这样的新规定,所以上奏要求依条约更换官廨的梁木,不敢妄费。阎承翰在太宗朝曾建议改革事材场及八作司的弊病,他熟知此事的弊病何在。真宗的改革,当出于阎的意见。参见《长编》卷六六,景德四年八月戊申条,第1481页;《宋会要辑稿》第十四册,《刑法二·禁约八》,第8285页。

四、阎承翰在大中祥符年间的事迹

真宗在王钦若的诱导下，早在景德四年十一月底便决定制造天书，并劝服了宰相王旦妥协接受，且在往后数年举行一连串的东封泰山，西祀后土活动的闹剧，以"神道设教"的方式，一厢情愿地以为可以借此提高他的威望。真宗在翌年（1008）正月乙丑（初三）就自编自导自演地弄了一幕天降天书的把戏。自王旦、王钦若以下群臣配合地齐齐歌功颂德。戊辰（初六），真宗大赦天下，并改元大中祥符，文武官都获加恩。①是年阎承翰已六十有二，作为高级内臣，他自然获派有关迎接天书以及稍后封禅泰山的差使。京师举行酺会，以庆祝天书之降，真宗便命他与另一内臣白文肇辅佐宣政使李神福操办此事。另外其子阎文庆可能亦派有差使。②

五月丙子（十七），真宗出发赴泰山前，即命阎承翰与另外两员内臣宫苑使勾当皇城司邓永迁（？—1014）及西京左藏库副

---

① 《长编》卷六七，景德四年十一月庚辰至辛巳条，第1506—1507页；卷六八，大中祥符元年正月乙丑至戊辰条，第1518—1520页。
② 据《长编》所记，在大中祥符元年八月丙申（初八），"内侍邓文庆监泰山道场，于制置使席上言词轻率，诏特勒停"。这个邓文庆是否阎文庆的讹写？据《长编》卷九六的记载，入内供奉官邓文庆与卢守明，在天禧四年（1020）七月甲戌（廿五）奉真宗命驰驿往永兴军，拘捕已被诛的入内副都知昭宣使周怀政（？—1020）的同党朱能等。考《宋会要辑稿》没有记载邓文庆任何事迹，而《长编》卷九六以后也没有邓文庆的其他记载，《宋史·周怀政传》所仅见提到邓文庆的，与《长编》卷九六所记相同。暂时难以确定这个邓文庆即是阎文庆，还是另有其人。参见《长编》卷六九，大中祥符元年八月丙申条，第1555页；卷九六，天禧四年七月甲戌条，第2209页；《宋史》卷四六六，《宦者传一·李神福、周怀政》，第13606，13616页。

使赵守伦（？—1012后）整肃随驾禁卫，并命特铸印信给之。① 九月己未（初二），真宗诏告太庙，展示天书及各种瑞物于六室。翌日（庚申，初三），真宗任命兵部侍郎向敏中为权东京留守同时，又命阎承翰仍以西京作坊使、内侍副都知与两员武臣担任都大提点顿递，负责封禅队伍的道路安排工作。② 十月辛卯（初四），真宗从京师出发前往泰山，壬子（廿五）封禅泰山。翌日（癸丑，廿六），大赦天下，文武官员皆进秩。丙辰（廿九）抵兖州（今山东济宁市兖州区）。十一月戊午（初一）到曲阜谒孔庙，丁丑（二十），真宗一行返抵京师，历时个半月多的泰山封禅大典完成。十二月辛丑（十五），自王旦以下均依次加官。首席内臣李神福在甲辰（十八）以宣政使、恩州团练使特授新置的宣庆使领昭州防御使。阎承翰大概也在这时沾恩而迁官一阶为西京左藏库使。③

大中祥符二年（1009）二月，阎承翰方甫从真宗返京不久，真宗又命他处理一起与群牧有关之事宜。真宗早前闻知诸州群牧坊监各有提点使臣，惟独京师监牧本司官员却无暇纠察。与王钦若等商议后，真宗差使臣二人提点坊监，仍隶本司统辖。时任群牧制置使的陈尧叟上言，指出提点坊监使臣相度同州（今陕西大荔县）沙苑

---

① 《宋会要辑稿》第二册，《礼二十二·封禅》，第1119—1120页。
② 《长编》卷七〇，大中祥符元年九月己未至庚申条，第1560页；《宋会要辑稿》第五册，《职官四·尚书省·行在诸司》，第3114页。除了阎承翰外，担任同一职务的还有枢密院诸房副承旨、左领军卫将军尹德润、仪鸾副使贾宗（？—1019后）。
③ 《长编》卷七〇，大中祥符元年十二月辛丑至甲辰条，第1581页；《宋史》卷七，《真宗纪二》，第137—139页；卷四六六，《宦者传一·阎承翰》，第13611页。按《宋史》记阎承翰在"大中祥符初，西京左藏库使"，考他在大中祥符元年九月仍带西京作坊使之官甍从真宗封禅泰山，他迁官为西京左藏库使当在十二月百官加恩后。按西京左藏库使比西京作坊使高一阶，均属西班诸司正使。

监后，发现该监以前只牧养牝马，现请改充孳生监，因该处无四时草地，初冬即须还厩，与河北诸监不同。另外之前亡失马数甚多，生驹皆不壮健。陈尧叟请派阎承翰等相度处置，若找到有可四时放牧的草地，即向朝廷上奏。倘需要初冬还厩，即罢经度。真宗依从陈之建议，命阎承翰依议执行。①

二月己丑（初三），真宗进一步更定内臣两省中下级官称：入内内侍省内侍供奉官为内东、西头供奉官，殿头高品为内侍殿头，高品为内侍高品，高班内品为内侍高班，黄门为内侍黄门，凡六等，并冠本省之号。初补者曰小黄门，经恩迁补则为黄门。其内侍省供奉官、殿头、高品、高班及黄门均依此改。翌日（庚寅，初四），真宗又诏内臣任诸司副使，有子隶入内内侍省而未经恩迁的，并未特迁补一人。然在同日，入内内侍省的四员主管官员包括入内内侍省都知南作坊使李神祐、内园使石知颙；副都知西京左藏库使张景宗（？—1022后）、供备库使蓝继宗却被真宗同时罢职。事缘东封泰山庆典，内臣有扈从登山或不登山，或不及从祀的，真宗命李神祐等按照他们的劳效而叙迁之。入内供奉官范守逊（？—1009后）、皇甫文、史崇贵（？—1012后）、张廷训等四人均曾犯事遭谴，他们这次就向真宗陈述劳效，并泣诉李神祐这次叙功不公平。虽然真宗已不许他们投诉，但他们还不识好歹继续多次向真宗申诉。真宗大怒，四人本来已恩授内常侍，结果被真宗罢官。真宗盛怒之下，又将李神祐四人一并罢职。因入内内侍省都知秦翰尚在西边，于是真宗擢升东染院使张继能为入内内侍省副都知，管理

---

① 《宋会要辑稿》第十五册，《兵二十一·马政·诸州监牧》，第9052页。

本省事务。①在这次风波中，阎承翰所领的内侍省没有波及，也见到他驾驭下属的本领。

十二月辛卯（十一），辽承天萧太后病逝。阎承翰大概在这时奉命出使西夏充李德明的加恩官告使。翌年（大中祥符三年，1010）正月己巳（十九），阎从夏州（今陕西靖边县以北55公里白城子）使还。他奏报宋廷，李德明于绥州（今陕西绥德县）及夏州各建馆舍以待宋使。为了投桃报李，他请求于浦洛峡也置驿以款待夏使。但真宗以其地荒芜，役守困难而否决其议。②除了西夏使臣接待的问题外，阎承翰又以管勾国信的身份，多次向真宗奏请更定出使辽国的礼节制度，以及于沿路修建驿馆以款待辽使。真宗在是月底即向枢密院表示"应副契丹使事例，多有增损不同，事系长久，可尽取看详，或有过当，于理不便者，并改正之，咸令遵守。

---

① 《长编》卷七一，大中祥符二年二月己丑至庚寅条，第1593页；卷七二，大中祥符二年九月丁丑条，第1635页；《宋史》卷四六六，《宦者传一·李神祐、张继能、秦翰、石知颙》，第13607、13613、13623、13626页；卷四六七，《宦者传二·蓝继宗》，第13633页。

② 《长编》卷七二，大中祥符二年十二月癸卯条，第1645—1646页；卷七三，大中祥符三年正月丁巳、己巳条，第1650—1651页；《宋会要辑稿》第十六册，《方域十·道路·驿传杂录》，第9469页；《宋史》卷七，《真宗纪二》，第142页；卷四六六，《宦者传一·阎承翰》，第13611页；《辽史》卷一四，《圣宗纪五》，第178—179页；卷一五，《圣宗纪六》，第183、185页；卷八二，《耶律隆运传》，第1422—1423页。据《辽史》所记，承天萧太后卒于辽圣宗统和二十七年（即真宗大中祥符二年）十二月辛卯（十一）。翌日（壬辰，十二），遣使报于宋、夏及高丽。辽特遣使耶律信宁驰骑来告，由涿州先牒告雄州，雄州守臣急奏宋廷。按《宋史·真宗纪》系此事于十二月甲辰（廿四），而《长编》系此事于十二月癸卯（廿三），而记在翌日（甲辰，廿四）真宗诏废朝七日以志哀。相信宋廷是在十二月廿三日才收到此消息。又宋边臣曾误传萧太后的宠臣、辽大丞相韩德让（后赐名耶律隆运，941—1011）于大中祥符三年正月初也逝世。惟据《辽史·圣宗纪六》及《辽史·耶律隆运传》所载，韩德让其实要到统和二十九年（即大中祥符四年）三月己卯（初六）才逝世。

缘路修馆舍，排当次第，已曾画一指挥，不至劳烦，可降宣命，悉令仍旧"。对于阎承翰的建议，真宗持审慎的态度，没有完全接纳。①

四月癸亥（十四），后宫李氏（即后来追尊为章懿李太后，987—1032）诞下皇子（即后来的仁宗）。真宗中年再得子，自是喜不自胜。②对于此一宫中的头等大事，作为内侍省主管的阎承翰对育养小皇子的事宜自然不敢怠慢。值得一提的是，宋宫中地位最高的内臣、宣庆使、昭州防御使、勾当皇城司李神福在四月病逝，卒年六十四。③

五月辛丑（廿三），因京师大雨平地数尺，真宗以诸军营壁及民舍多毁坏，命阎承翰与八作司官吏按视并加以修葺，又给压死之民家以金帛。④总之，阎是能者多劳。

八月丁巳（十一），阎承翰又要为养马的事操心。因骐骥院及坊监向宋廷报告，经过年终的查考比较，喂养马所用之草料比例，

---

① 《长编》卷六八，大中祥符元年三月乙酉条；卷七三，大中祥符三年正月丁丑条，第1653页；《宋会要辑稿》第七册，《职官三十六·内侍省·主管往来国信所》，第3905—3906页。辽朝早在大中祥符元年三月，在辽境内的拒马河北建馆舍招待宋使。是故宋廷也礼尚往来，在宋境内营建接待辽使的驿馆。
② 《长编》卷七三，大中祥符三年四月癸亥条，第1666—1667页。
③ 《宋会要辑稿》第四册，《仪制十三·内侍追赠·赠观察使》，第2570页；《宋史》卷四六六，《宦者传一·李神福、卫绍钦》，第13606、13625页。李神福卒后，宋宫中地位最高的内臣依次是昭宣使刘承珪、内侍左右班都知张崇贵和入内内侍都都知秦翰。又原本位在李神福下的昭宣使卫绍钦于大中祥符之后各种典礼都不见他的名字，按《宋史》本传记卫绍钦得年五十六，但他的卒年不载。相信他卒于景德四年或大中祥符元年。关于卫绍钦的卒年及其事迹的考述，可参阅本书第一篇〈《全宋文》前十五册所收碑铭之宋初内臣史料初考〉，"卫绍钦"条。
④ 《长编》卷七三，大中祥符三年五月辛丑条，第1672页；《宋会要辑稿》第十四册，《兵六·营垒》，第8723页。

是喂熟料者病死的多。宋廷于是又命阎承翰裁定该用之草料比例。阎经过查考，上奏先前已差派内侍高品王守文往府州（今陕西府谷县）押送省马百匹往京师，沿路依常给草料分数秣生秣饲，这批马送抵京师的坊监别槽喂养，草料如在路上的分数，一年下来，只丧四马，乃知喂养生料甚便。他请求在饲料的比例上应从以前的六分加到七分。真宗接受他的意见。①

十一月丙子（初一），阎承翰又为国信之事上奏。他向真宗报告，每年伴辽使至，朝廷遣使传宣抚问人使汤药等，请每年五至七次，由他所管辖的内侍省差人押赐。真宗诏由内侍省负责五次，其他由入内内侍省负责，将差事由两省均匀处理。丙戌（十一），朝臣上言都亭驿每年接待辽使，所差殿侍甚多。真宗即命阎承翰等查究，并定出今后应委的实际人数以闻。②

大中祥符四年（1011）正月乙酉（十一），已多有历练的阎文庆与阎门祗候郭盛（？—1012后）获真宗委派，协助枢密直学士周起（971—1028）编排贡奉纪录。③阎承翰是月获迁四阶为内园使，并晋升为内侍省左班都知。他在咸平初已任左班副都知，一任十四年，至此才擢左班都知。己丑（十五），真宗出发往河中府（今山西永济市西）祀汾阴前，差入内内侍省都都知、行宫使秦翰都大提举行在翰林、仪鸾、御厨司，另又派已授沿路都大提点排顿公事的

---

① 《宋会要辑稿》第十五册，《兵二十四·马政四·杂录》，第9113—9114页。
② 《宋会要辑稿》第七册，《职官三十六·内侍省·主管往来国信所》，第3906页。
③ 《长编》卷七五，大中祥符四年正月乙酉条，第1707页；二月乙巳朔条，第1709页。周起稍后上奏，指出不少人以进奉为名，私染御服缯帛及制乘舆服用之物，并饰以龙凤，请令禁止。真宗在二月乙巳（初一）下诏，从周起之议，禁止这种做法。

阎承翰，西上阁门使魏昭亮（？—1018）、枢密诸房副都承旨尹德润（？—1014后）与三员内臣史崇贵、郝昭信、赵履信同管勾驾前修整桥梁道路行宫。丁酉（廿三）真宗离开京师，开始为期两月多的西祀汾阴的典礼。阎承翰与魏昭亮、尹德润受命充自京至汾阴往来提点排顿公事。二月壬戌（十八），真宗御朝觐坛，受群臣朝贺，大赦天下，恩赐如东封泰山之例。四月甲辰朔（初一），真宗一行返抵京师。①名位最高的内臣刘承珪以劳擢宣政使、应州观察使。阎承翰大概亦以西祀汾阴的恩典，七月庚辰（初九）自廉州刺史迁奖州团练使。②

就在众人覃恩迁官不久，阎承翰却与他的姻家及群牧司同僚西京左藏库副使、勾当估马司赵守伦，因在工作上互不相得，竟各自诉讼对方于朝廷，结果二人均被交付御史台审问。七月甲申（十三），御史台裁决：阎承翰坐擅用公钱，需赎金三十斤；赵守伦坐违制移估马司，当免所居官，其典吏当杖刑。真宗知道这只是因二人不和而互揭工作之短的小问题，翌日（乙酉，十四）就诏宽

---

① 《长编》卷七五，大中祥符四年正月丁酉至四月甲辰朔条，第1708—1718页；《宋史》卷四六八，《宦者传一·阎承翰》，第13611页；《宋会要辑稿》第五册，《职官四·尚书省·行在诸司》，第3115—3116页。
② 《长编》卷七五，大中祥符四年四月丙寅条，第1720页；卷七六，大中祥符四年七月庚辰条，第1728页；《宋史》卷四六八，《宦者传一·刘承规、阎承翰》，第13609、13611页。按在四年四月丙寅（廿三），群臣本来用壬戌赦书以次迁秩，但真宗在七月庚辰（初九）又对辅臣说，觉得较早前中外官员以覃恩而得迁官，但对入内侍省和内侍省官来说，依例迁官，就分辨不出勤惰和劳逸。于是真宗命辅臣取两省官员姓名，较其入仕久近、干事繁简，而加以升降。真宗即下诏从祀至雕上、河中府及入仕已十年者，至西京入仕及十五年者，留司掌事入仕及十七年者，并与改官。将命在外者，一体视之。至于请长假及事故入仕未满限的，就量增俸给。另内诸司使有子者，恩例外更特与改转官一人。本来真宗这次较公平的赏典针对的主要是两省中下级内臣，不过，也许阎承翰加领奖州团练使亦受益于这次加恩。

其责：阎承翰罚赎金十斤，赵守伦赎二十斤，其典吏亦降免从杖。至于群牧都监张继能、群牧判官陈越、田谷、勾当骐骥院杨保用、估马杨继凝并释罪。而他们的上司制置使陈尧叟也特免按问，所用公钱均予豁免。①

八月，阎承翰的上司、昭宣使、诚州团练使、内侍省左右班都知张崇贵卒。得年五十七。②阎承翰成为内侍省最高的主管官员。

十月丁卯（廿八），白波（今河南洛阳市孟津区东北）发运判官、大理寺丞史莹（？—1012后），上奏言及孟州汜水县（今河南荥阳市汜水镇）孤柏岭下沿南岸山址，可以开通引道黄河水入汴河，甚为便利。真宗览奏后颇有保留，他以史莹所附奏及图所请开口处，地形甚高，若河势正注而来，下面分泄不及，就会为溢流所害，实在可虑。但史莹论列甚坚定，就诏使者带同史的奏表及图予

---

① 《长编》卷二〇，太平兴国四年十一月辛丑条，第465页；卷三六，淳化五年十二月戊寅朔条，第802—803页；卷六三，景德三年七月丁卯条，第1414页；卷七六，大中祥符四年七月甲申至乙酉条，第1729页；卷七八，大中祥符五年八月戊戌条，第1777—1778页；《宋会要辑稿》第十六册，《蕃夷一·辽上》，第9714页；《宋史》卷四六八，《宦者传一·阎承翰》，第13611页。赵守伦久典厩牧，又掌估马司，大概是不能接受阎对他的管控。他们是怎样的姻家，群书没有说得清楚，是否阎文庆娶赵的女儿，因阎承翰父子的墓志铭并未传世而暂未能确知。又据《长编》及《宋会要辑稿》所载，赵守伦与阎承翰同是内臣，赵守伦早在太宗朝已有购买民间私马及牧养官马的丰富经验。而赵也在景德三年七月建议自京东分广济河由定陶至徐州入清河，以达江湖之漕运，不过工役成后，真宗派人覆验，觉得通漕的效益不高而罢之。赵与阎承翰一样，也懂得修河治水。赵守伦在大中祥符五年（1114）八月以方宅副使上言，以河东广锐军士善骑而武艺不习，他请自京师简取队长，精加训练。真宗接受其议。赵以后的事迹不详，亦不详是否留任群牧司。
② 《长编》卷七六，大中祥符四年六月甲子条，第1727页；《宋会要辑稿》第四册，《仪制十三·内侍追赠·赠观察使》，第2570页；《宋史》卷四六八，《宦者传一·张崇贵》，第13619页。考《长编》记在是年六月，张崇贵子张承素请为其父立神道碑。然据《宋史·张崇贵传》及《宋会要辑稿》，张崇贵实卒于八月。《长编》此节系月疑有误。

内臣勾当汴口杨守遵（？—1011后），命杨守遵与史莹一同前往经度。杨守遵回奏工役大而流水悍急猛大，非人力可以抵御。史莹却称杨守遵为已邀功，请求别委官员经度。真宗得奏，于是命阎承翰前往覆视，承翰表示河流并依南岸，若就开汴口取黄河水东注以达京师，亦可忧虑。他请在汴水下流疏浚减水四渠，以防溃溢。真宗接纳其议，就罢史莹之议而改行开四渠的水利工程。①

阎承翰可说是通天老倌，京师大小事务都委他经度。大中祥符五年（1012）七月乙亥（初九），真宗因视察汴河上诸新桥，批评京城通津门外新置的汴河浮桥，未及半年就已破损。公私船只经过之时，人皆忧惧。真宗于是又命阎承翰规度利害。阎承翰查看后，以拆废之为便。真宗就依其议行。②值得注意的是，真宗在是年底议立皇后，他属意刘德妃（即章献刘太后，970—1033，1022—1033摄政）。而朝臣中王钦若、丁谓（966—1037）、陈彭年（961—1017）及林特（？—1026）一党，加上内臣名位最高的宣政使应州观察使刘承珪则在背后支持。五人秘密交通，被时人称为"五鬼"。不过，十二月甲子朔（初一），刘承珪却以疾求退，丁谓等当然不想他退下来，向真宗力陈挽留他。于是真宗特置景福殿使以授之，真宗以景福殿使班在客省使上，俸如内客省使，又许

---

① 《长编》卷七六，大中祥符四年十月丁卯条，第1738页；卷七八，大中祥符五年六月丙寅条，第1773页；八月戊申条，第1780页；《宋会要辑稿》第十六册，《方域十六·诸渠·汴河》，第9588页；《玉海》卷二二，《地理·河渠·宋朝四渠四河》，第24页。史莹在上奏时还附有唐玄宗开元十五年（727）二月十五日碑，言及唐洛州长史李杰在这里筑堰凿山随山道水的情况，以说服真宗接受他的方案。他在大中祥符五年六月，又获内殿崇班閤门祗候郭盛及知滨州孙冲（？—1014后）荐其知水事，任棣州（今山东滨州市惠民县东南）通判。但同年八月，他因主张徙州治，与孙冲意见不合，被孙奏劾而罢职。

② 《宋会要辑稿》第十六册，《方域十三·桥梁》，第9543页。

减去他许多繁务,只令他仍旧管勾五岳观、内藏库、皇城司。阎承翰的情况很像刘承珪,因得到真宗的信任而兼领许多职务,不过,他似乎没有与朝臣朋比的记载。①丙子(十三),兼任管勾国信的阎承翰与张继能却被劾怠慢辽使,为驿馆供应有缺而令辽使怒而归去。真宗特宥二人之罪,其余官员就分别加以惩处。朝臣似乎没有为二人说情。丁亥(廿四),真宗终于册立刘德妃为皇后。阎承翰又得加倍小心谨慎侍候这位厉害的女主子了。②

大中祥符六年(1013)三月甲辰(十三),真宗亲撰《内侍箴》并附注赐阎承翰等两省主管内臣。据《玉海》所载,其大旨云:

> 内怀祗谨,乃可事君。其或轻率,必当陷刑辟而失身。苟能靖专,无或放佚,朕之望也。监治军戎,惟在甘苦一同。临莅之务兼济,奉使之外,本自无咸。苟假朝廷之咸,人之奉尔,盖为朝廷。或不矜伐,掌守礼度,不自专辄,常禀法制,则外人见,仍加钦重。

真宗再命阎承翰入对,再训示他"勿希旨,勿附辨,但存公平之道,常持正直节俭忠直,不为奢侈之事,切忌矫伪,勿思迟迟"。真宗又称许阎"尔有勤劳,国家必以官报,尔不求自至也"。阎得到真宗的嘉许后,即上表请求将真宗的箴言刻石于本

---

① 《长编》卷七九,大中祥符五年九月戊子条,第1786—1788页;十一月丙午条,第1805页;十二月甲子朔条,第1806—1807页;《宋史》卷四六六,《宦者传一·刘承规》,第13609页。

② 《长编》卷七九,大中祥符五年十二月丙子至丁亥条,第1809—1810页。

省。真宗自然准奏。①值得注意的是，七月丁酉（初七），名位最高的内臣景福殿使、安远留后左骁卫上将军致仕刘承规（即刘承珪）卒。②名位比阎承翰高的内臣只有秦翰、韩守英及入内都知皇城使邓永迁（？—1014）等数人。

十月乙丑（初七），真宗又下诏将前往亳州，奉天书以朝谒太清宫。龙图阁待制孙奭（962—1033）虽然在甲戌（十六）上书极力反对此一劳师动众之举，但真宗仍执迷不悟。十二月丙寅（初九）真宗命兵部尚书寇準权东京留守，而以阎承翰及入内押班勾当皇城司周怀政（979？—1020）都大管勾大内公事。③这次阎承翰没有扈从真宗前往亳州。

大中祥符七年（1014）正月壬寅（十五），真宗一行离京出发，四天后（丙午，十九）抵亳州，己酉（廿二）朝谒太清宫。

---

① 《长编》卷八〇，大中祥符六年三月甲辰条，第1820页；《宋会要辑稿》第七册，《职官三十六·内侍省》，第3891页；《玉海》卷三一，《圣文·祥符赐内侍箴》，第28页；《群书考索前集》卷一七，《正史门·赐内侍箴》，第127页；《宋史》卷四六六，《宦者传一·阎承翰》，第13611页。
② 《长编》卷八一，大中祥符六年七月丙申条，第1839页；《宋会要辑稿》第四册，《仪制十三·内侍追赠·内侍赠两官》，第2569页。刘承珪因久病，真宗取道家易名度厄之方法，将他改名为刘承规。当他病重，许他回私第休养。他上表求罢，本来想求节度使之职致仕，但宰相王旦不同意，于是真宗改授低一级的安远军留后及左骁卫上将军致仕。刘承规死后，真宗乃赠他镇江军节度使，谥"忠肃"。
③ 《长编》卷八一，大中祥符六年十月乙丑至甲戌条，第1849—1851页；十二月丙寅条，第1854页；卷八三，大中祥符七年八月丁丑条，第1893页；《宋会要辑稿》第三册，《礼五十一·徽号·朝谒太清宫之四》，第1882页；《宋史》卷四六六，《宦者传一·阎承翰、周怀政》，第13611、13614—13615页。考阎承翰的官职，《长编》记他在六年十二月已任入内都知，但于大中祥符七年八丁丑条则仍作内侍都知。而《宋会要·礼五十一》这条记他在祥符六年十二月之官职仍是内侍都知。《宋史》本传记他在大中祥符七年八月以劳迁入内都知。疑《长编》在祥符六年十二月甲戌条所记阎之官职有误。又与阎承翰留守京师的内臣还有崇仪使蓝继宗、入内押班周怀政及内殿崇班周文质。

乙卯（廿八）车驾经过应天府（今河南商丘市）。丙辰（廿九），诏升应天府为南京。并建鸿庆宫。二月辛酉（初五），真宗返抵京师。①三月庚寅（初五），真宗以奉祀礼成，大宴于含元殿。癸巳（初八），真宗诏文武群臣曾事太祖朝的，赐一子恩。翌日（甲午，初九）群臣以次加恩。②阎承翰大概在此次大典中也得到恩典。他在太祖朝已出仕，相信其子阎文庆沾了他的光而获升迁。

六月乙亥（廿一），阎承翰在群牧司的上司枢密使陈尧叟，因另一枢使王钦若与枢密副使马知节（955—1019）相争而一齐被罢职，而半年前与阎一同留守京师的前宰相寇準，因宰相王旦的极力推荐，复任为枢密使。③王钦若等垮台，与其政敌寇準复任，明显是朝中两派文臣的权争。身处其间的阎承翰却似乎置身事外，没有依附哪一派，这是他谨慎而高明之处。

八月丁丑（廿四），真宗以御制的《朝谒太清宫颂》《明道宫碑》及《圣祖殿等铭》出示群臣，并回味他在年初南巡之大典外也不忘祀祭亡伯与亡父。同日，他派阎承翰以内侍都知与内侍杨怀古前往应天府，奉安太祖、太宗圣像于南京鸿庆宫归德殿。④阎承翰使毕返京，真宗以劳擢升他为南作坊使、入内都知。这是阎承翰最后一次出使。他在十一月病卒，年六十八，真宗追赠他为怀州防御

---

① 《长编》卷八二，大中祥符七年正月壬寅至二月辛酉条，第1862—1865页。
② 《长编》卷八二，大中祥符七年三月庚寅至甲午条，第1867页。
③ 《长编》卷八二，大中祥符七年六月乙亥条，第1882—1883页。
④ 《长编》卷八三，大中祥符七年八月丁丑条，第1893页；《宋会要辑稿》第二册，《礼五·祠宫观·鸿庆宫》，第563页；《礼十三·神御殿》，第717页；《玉海》卷一〇〇，《郊祀·祠宫（观附）·祥符南京鸿庆宫二圣殿》，第21—22页；《宋史》卷八，《真宗纪三》，第156页；卷四六六，《宦者传一·阎承翰》，第13612页。彭百川《太平治迹统类》卷四，《真宗祥符》，扬州：江苏广陵古籍刻印社影印适园丛书本，1990年，第14页。

使。他的儿子阎文庆大概因他的恤典而迁官。①

五、余论

笔者在论蓝继宗和秦翰事迹两文中，均提到宋代内臣从其职能去看，宜有文宦及武宦之别。与阎承翰同时的高级内臣，军功卓著的秦翰当然是典型的武宦，而从《宋史·宦者传一》所列的窦神宝、王继恩、李神祐、张崇贵、张继能、卫绍钦、石知颙、邓守恩到《宋史·宦者传二》所列的杨守珍（？—1030后）、韩守英等人，按其事功经历均可入于武宦之列。而从《宋史·宦者传一》所列的王仁睿（945—987）、周怀政到《宋史·宦者传二》所列的蓝继宗均可区分为文宦。至于李神福与刘承珪则介乎二者之间。然则阎承翰应当列为文宦抑或武宦？阎承翰虽被真宗评为欠缺武干，但他既曾参与平李顺之乱，任川峡路招安都监，又曾任金吾卫都监，并出守北边，担任北边三路都钤辖的重要兵职，还在景德之役扈驾北征。他虽无在沙场杀敌的显赫战功，但他在开渠屯田输送军粮，以及修筑军垒、传达军情方面均甚有建树，而在马政管理方面更是贡献良多。②在今日中国的军事编制下，以阎承翰的资历及专长，

---

① 《宋史》卷四六六，《宦者传一·阎承翰》，第13612页；《宋会要辑稿》第四册，《仪制十三·内侍追赠·赠观察使、赠防御使》，第2570—2571页。按南作坊使即东作坊使改，阎承翰从内园使迁南作坊使，共升五阶。又地位比阎承翰稍高的另一员高级内臣皇城使、入内都知、恩州团练使邓永迁亦卒于同月，惟不知谁离世略早。

② 考北宋真宗朝著名边将李允则（953—1028）在阎承翰卒后数年镇守雄州时，便在阎承翰在雄州所开的屯田基础上构筑完整的防御系统。宋人对阎承翰的贡献加以肯定。参见《隆平集校证》卷一六，《武臣·李允则》，第477页；《长编》卷九三，天禧三年六月丁酉条，第2150—2151页；王称：《东都事略》卷

大概可担任总后勤部或总装备部的高级职位。将他归类为武宦应当没有太大的争议的。当然，阎承翰绝非目不识丁的武夫，他长期担任主管两省的高级内臣，至少是粗通文墨的，他常常上章奏事，又多次奉命参与按狱，没有相当文化学识是不成的。他的儿子名"文庆"，他的孙子名"士良"，又隐约看到他尚文的倾向。故此，本文将他归类为"武宦"，只是从他的仕历专长而论，而非论列他"无文"。阎承翰具有多样的办事能力，而其中最为人所触目的，就是他治水开渠的专长。他治河的才具，不但在北宋的内臣中首屈一指，就是与朝臣相较，也不遑多让。若以现代的职称制度，他绝对评得上国家一级水利工程师。值得注意的是，他的儿子阎文庆和孙子阎士良均继承他治水的本事，治水开渠成为阎氏内臣世家的家学。阎承翰的名字有"承"字，显然其养父对他有所期盼。可惜他的养父姓名及事迹不载，未能推知阎承翰治河以至牧马之本领是否承自其父。宋代内臣的办事能力是如何培养出来的，实是值得我们注意的课题。

阎承翰和蓝继宗等同样是有多方面才干的内臣，用现代的说话，他们可算得上"通天老倌""万能博士"。宋宫内外大小事务，上至修建陵墓，下至勘察桥梁，他们几乎是无一不预，而多数时候他们做得比负责的文臣还要出色。抛开对他们"专权任事"的偏见，我们应看到他们其实是文武臣僚系统以外另一支生力军和预备队。我们可不要小看这些被视为帝王奴才及刑余之人，特别是像阎承翰这些在千百内臣中经千锤百炼，才得以擢至两省主管的高级

二九，《李谦溥传附李允则》，第476页；《宋史》卷三二四，《李允则传》，第10480页。

内臣。他们的才具能力，比之在科场上脱颖而出且在仕途中久经历练才兼文武的文臣也不遑多让。只是过去我们受传统史家的影响，对宋代内臣或存偏见，才低估他们的能力和他们对朝政的贡献。阎承翰的例子，或可让我们对北宋内臣的能力及贡献有多一点的认识。

宋人对阎承翰的批评是他"性刚强，所至过于检察，乏和懿之誉"①；不过，这只是针对他办事的态度。阎曾多次奉旨参与审讯朝臣的案件，而这几宗案件背后均有文臣党争的阴霾。然而我们所见到的，是阎完全奉帝王的意旨行事，绝不介入朝臣的权力斗争。阎和比他资历稍浅的蓝继宗一样，都是行事小心谨慎，安分守己的人。也许他早年为外戚王继勋犯错而连累被太祖杖责之教训，令他始终头脑清醒，他始终是帝王的奴才。真宗赐他《内臣箴》，并表扬他"尔有勤劳，国家必以官报，尔不求自至也"。这正是他心领神会真宗对内臣的要求的间接反映。②可惜他的宝贝儿子阎文庆及孙子阎士良却学不到他这方面的本领。③

---

① 《宋史》卷四六六，《宦者传一·阎承翰》，第13612页。
② 明末毛一公编《历代内侍考》，评及阎承翰、卫绍钦、石全彬、张崇贵、张继能及刘承规时，他说："宋自太宗以来，时取典兵，核狱察吏，观风之任，委之阉人，而其谓，亦每每足以集事。然阎承翰名在五鬼，绍钦苛愎少恩，全彬用治丧故，骤得美选，崇贵、继能直因私憾，横肆评诋，知而不问，出而听其自陈刑赏，不几顿乎。呜呼！秉让徇公如刘承规，犹以伺察使人畏，其余不足，尤以所幸主皆英明，故不大至于决裂耳。"毛一公误将刘承规被列名五鬼之事，当作阎承翰。他对阎承翰以下诸内臣一方面承认他们都有办事能力，但整体评价都不高，而认为幸而太宗及真宗都是英主，才不至败事。他的评论自然不脱对内臣的偏见。参见毛一公撰：《历代内侍考》卷一〇，第110页。
③ 阎文庆官至入内内侍省都知，名位尚在乃父之上。他同样具有多方面的才干，但弄权作恶，与权臣勾结，为正直士大夫所不齿。他的行为为人，可参看本书第七篇《小文臣与大宦官：范仲淹与仁宗朝权阉阎文应之交锋》。至于阎

阎承翰的案例还有一点值得我们注意的是他与同属内臣的赵守伦联姻。因文献无征，我们暂时不知道是阎承翰的养子或养女婚配赵守伦的养子女，还是阎承翰的兄弟家人与赵之家人联姻？宋代内臣联姻，并非罕有的事。笔者年前所考论的三个在两宋之交的内臣董仲永（1104—1165）、郑景纯（1091—1137）及杨良孺（1111—1164），他们的女婿便多是内臣。① 不过，阎承翰与赵守伦之内臣联姻，却是目前记载最早的例子。

从阎承翰的案例，我们又可以看到真宗驾驭内臣的手段。真宗基本上能做到任人惟才和知人善任。阎承翰虽然没有杀敌沙场的武干，但他做事勤奋而尽忠职守，故真宗仍委以军旅以外的重任。真宗对臣下宽大，对内臣的控驭却十分在意，他御撰赐阎承翰的《内臣箴》正明确地宣示他的旨意。真宗一朝的内臣，除了刘承珪暗中党同王钦若等外，就只有在真宗晚年神志不清时得宠的周怀政曾介入文臣之党争，到周怀政被指控谋叛，真宗也没有饶过他一命。② 其他的高级内臣，都像阎承翰等安分守己，没有做出招权纳贿的事。据此而论，真宗使用和驾驭内臣的手段算得上是成功的。

士良既有其父之恶行，亦颇有治事之才干，尤精于治河。他的生平事迹，可参看本书第八篇《北宋阎氏内臣世家第三、四代人物阎士良与阎安》。

① 参见本书第九篇《曹勋〈松隐集〉所收的三篇宋代内臣墓志铭》。
② 《宋史》卷四六六，《宦者传一·周怀政》，第13614—13617页。周怀政受到大中祥符六年才擢入内押班，进入内臣主管的行列。仁宗立为皇太子，他再擢为入内副都知、管勾左右春坊，担任东宫的事务总管，而权势日大。他亲善寇準而不喜王钦若，在天禧年间，他参与揭发王钦若受贿之事而致王罢相，又帮助寇準用伪造天书的手段取悦真宗而得复相。他最后却败在刘皇后、曹利用、丁谓的手上而被诛。

修订附记

本文原载《中国文化研究所学报》2015年第61期,第69—99页。现除了改用新点校本的宋史文献外,只补充少许资料及改正一些错别字,主要观点不变。

第七篇　小文臣与大宦官：范仲淹与仁宗朝权阉阎文应之交锋

一、导言

北宋名臣范仲淹（989—1052）一生正色立朝，不像一些文武臣僚，为了固权邀宠而交结内臣。他对那些得帝后宠信而权势逼人的内臣毫不畏惧，屡与交锋。正因如此，他在庆历年间回朝主持改革时，憎厌他的权阉，就挟旧怨而跟与他有嫌隙的朝臣合谋，由仁宗宠信的内臣蓝元震（？—1077）出手，攻击范仲淹等私结朋党。范仲淹见仁宗半信半疑，事无可为，决定自请出守河东。[①]

范仲淹早在仁宗亲政初期任言官之时，即与权阉交锋。当时他官职低微，职不过是天章阁待制，官只是礼部员外郎，勉强入于侍

---

① 本文初稿曾在中国范仲淹研究会、北京大学历史文化研究所主办之第四届中国范仲淹国际学术论坛（2012年12月21—23日）席上宣读。笔者数年前曾撰文考论蓝元震的家世及其事迹，以及他攻击范仲淹的动机与背景。见何冠环：《北宋内臣蓝元震事迹考》，载张希清主编：《邓广铭教授百年诞辰纪念论文集》，第502—512页。该文现收入本书第五篇。

从之列,却敢于挑战与宰相吕夷简(979—1044)朋比、内臣地位最高的入内内侍省都都知阎文应(?—1039)。阎文应不只在郭皇后(1012—1035)于明道二年(1033)十二月被废事上推波助澜,后来更在景祐二年(1035)十一月嫌疑谋害郭皇后。范仲淹首先联同台谏言官,反对仁宗废后,后来更不惜冒死为郭后雪冤,对阎文应穷追猛打,结果虽然不能将他绳之以法,但仍迫使仁宗将阎逐出朝廷,贬死于外。

范仲淹与阎文应的交锋,可以说是北宋前中期一场甚具意义的小文臣与大宦官之争。仁宗偏袒阎文应,首相吕夷简又予以包庇,范仲淹本来胜算不高。然而他凭着一股正气,拼了性命不顾,锲而不舍地进行抗争,又得到元老宰相王曾(978—1038)的暗中支持,在众多言官的支持下,才将这个权势熏天的权阉及其养子上御药阎士良(?—1079后)逐出朝廷。这是范仲淹政海沉浮中打的一场大恶仗,为朝臣重挫内臣的气焰,值得大书特书。①

关于范仲淹与吕夷简的生平事迹、功业和从政的操守,以及二人在仁宗废后一事上的交锋和积怨,王德毅(1934—2024)四十年前的专论已详细论述。王文也指出吕夷简一方面对仁宗声称不交结内臣,实际上却与阎文应朋比,打击异己,间接助长阎文应干出伤天害理的事。②

---

① 最近期由诸葛忆兵所撰的《范仲淹传》论及此事时,认为仁宗对阎文应仍有相当地眷顾,故阎文应的官位没有贬降,但"无论如何,阎文应是被驱赶出朝廷,范仲淹这次冒死进谏,对肃清朝政发挥了相当好的作用"。见诸葛忆兵:《范仲淹传》,北京:中华书局,2012年,第58页。
② 参见王德毅:《吕夷简与范仲淹》,原载《史学汇刊》1972年第4期;收入王德毅:《宋史研究论集》第二辑,台北:新文丰出版股份有限公司,2008年,第137—210页,关于吕范之争及阎文应的恶行论述,见第142—147、151—152、182—202页。

本文除了考述范仲淹在景祐年间痛击阎文应事件的始末外，另一重点为考论阎文应这一个较不为人留意的权阉的家世背景与生平事迹，从而探讨内臣在仁宗朝敢于作恶弄权的原委和环境，特别是阎文应的内臣"贵二代"或"阉二代"背景。另外，郭皇后被废及后来含冤而死的个中曲折，笔者亦稍抒己见，猜测背后的隐衷。笔者近年从事宋代内臣个案研究，不过以前所写的多是较正面、有事功而人品端正的内臣。①本文所论的却是负面、为宋廷文臣所不齿的权阉阎文应，正好与前篇比较。

二、大珰与小臣：章献刘太后摄政时期的阎文应与范仲淹

阎文应及其养父阎承翰（947—1014）在《宋史·宦者传》各自有传，《东都事略·宦者传》则有阎文应传。阎承翰原籍真定（今河北正定县），阎文应里籍则是开封，他大概是阎承翰在开封收养的阉子。②阎承翰早在后周世宗（921—959，954—959在位）时已入宫为内侍，经历太祖、太宗、真宗三朝，他侍上"以谨愿称"，惟个性刚强，治事过于检察，"乏和懿之誉"。他在太宗、真宗两朝，于西北两边，诚如真宗对宰相所说："虽无武勇，

---

① 笔者过去先后考论过北宋内臣蓝继宗（960—1036）、秦翰（952—1015）以及两宋之交的内臣董仲永（1104—1165）、郑景纯（1091—1137）、杨良孺（1111—1164）的事迹。诸人均形象正面，颇有事功。见本书第三篇《宋初内臣名将秦翰事迹考》、第四篇《北宋内臣蓝继宗事迹考》、第九篇《曹勋〈松隐集〉的三篇内臣墓志铭》。

② 王称：《东都事略》卷一二〇，《宦者传·阎文应》1967年，第4页上—5页上；《宋史》卷四六六，《宦者传一·阎承翰》，第13610—13612页；卷四六八，《宦者传三·阎文应》，第13655页。

然莅事勤恪。"总的来说,阎承翰作为宋初的高级内臣,功大于过,一生并没有重大恶行。他最后官至入内都知、南作坊使,得年六十八。①

阎文应的早年事迹,《东都事略》和《宋史》本传所记不详,只载他"给事掖庭"。他大概以父荫入仕。据《长编》《宋会要辑稿》《宋史》等的记载,疑他原名文庆,在仁宗初年因避章献刘太后(970—1033,1022—1033摄政)祖刘延庆讳而改名文应。他早年的事迹,是在咸平六年(1003)八月甲戌(十七),奉命与知静戎军(后改安肃军,今河北保定市徐水区)王能(?—1019)和知顺安军(今河北高阳县东旧城)马济共同督办营田河道事宜,以控扼黑卢口、三台、小李路,并可以通漕边地。《长编》《宋会要辑稿》《宋史》称他为"内侍"而不记其职位,相信他当时只是低级内臣。九月戊戌(十一),莫州部署石普(961—1035)上奏,称静戎军和顺安军营田河道毕功,真宗诏奖石普等。阎文应大概也在这时获得奖赏晋升。②

景德四年(1007)四月辛巳(十五)章穆郭皇后(976—1007)因爱子周悼献王玄祐(995—1003)在一年前之丧而悲痛成疾,终于在是日病逝。真宗命阎文庆父阎承翰为园陵按行使,入内

---

① 《宋史》卷四六六,《宦者传一·阎承翰》,第13610—13612页。阎承翰事迹参见本书第六篇。
② 《长编》卷五五,咸平六年八月甲戌条,第1210页;九月戊戌条,第1212—1213页;十月甲子条,第1214页;卷九九,乾兴元年十月己酉条,第2299页;卷一〇〇,天圣元年五月庚午条,第2322页;《宋会要辑稿》第十五册,《兵二十七·备边一》,第9185页;《宋史》卷三二四,《石普传》,第10473页。考《长编》咸平六年八月甲戌条、《宋会要辑稿》及《宋史·石普传》所记之"内侍阎文庆",笔者疑即为阎文应本名。仁宗即位后,于乾兴元年(1022)十月及在天圣元年(1023)五月,两度下诏臣下避刘太后祖讳。

副都知蓝继宗（960—1036）为副使，勘查可作郭皇后陵之地。经过二人的查察，阎承翰上奏在永安县陵台侧有地三两处，惟司天监言皆地位不广，却已无可选择。真宗命令郭皇后陵祔于真宗生母元德李太后（944—977）陵安葬。辛卯（廿五），真宗将郭皇后殡于万安宫之西阶，命蓝继宗及内臣内殿崇班张继能（957—1021）、三陵都监康仁遇及时官高品的阎文庆同监修园陵，又令步军都虞候郑诚（？—1011）为都钤辖，文思副使孙正辞（？—1013后）副之。六月乙卯（廿一）郭皇后葬于永熙陵西北。在办理郭皇后的丧礼中，阎文应得到随其父效命的机会。①

八月乙未（初二），阎文应又马不停蹄，奉命至桂州（今广西桂林市），宴犒南征宜州（今广西河池市宜州区）叛军陈进（？—1007）的东上阁门使曹利用（971—1029）及其麾下之使臣和军校，鼓励他们奋勇作战。阎的养父阎承翰这时正以西京作坊使、廉州刺史、内侍左班副都知的职位，出任新置的管勾往来国信司，负责管理与辽交聘事宜。②

四年后，即大中祥符四年（1011）正月乙酉（十一），真宗命阎文应与枢密直学士周起（971—1028）、阁门祗候郭盛（？—1011后）编次贡奉资料。《长编》在这一条首次记载他的官职为入

---

① 《长编》卷六五，景德四年四月己卯条，第1452—1453页；六月乙卯条，第1464页；《宋会要辑稿》第三册，《礼三十一·后丧一·章穆皇后》，第1446—1447页；《礼三十七·后陵·章穆皇后陵》，第1588页。按《宋会要辑稿》记同监修园陵的内臣高品为阎文度，惟检索《宋史》《长编》，找不到有任何关于内臣"阎文度"的记载，而在《宋会要辑稿》中，也只有这两条提到阎文度其人。笔者怀疑这个阎文度，其实是阎文庆的讹写。
② 《长编》卷六六，景德四年八月乙未至庚子条，第1478页。关于曹利用平定宜州之叛的始末，可参阅何冠环：《曹利用之死》，载氏著：《北宋武将研究》，第216—227页。

内殿头。①

阎文应一直为真宗信任。大中祥符八年（1015）四月壬申（廿三），真宗幼弟荣王元俨（985—1044）宫发生大火，火势蔓延至整个大内，几至不可收拾，焚毁屋舍两千余间，死者千五百人。癸酉（廿四），大火救熄。甲戌（廿五），真宗下诏令各人勘查大火遗迹，又特命阎文应及内臣岑守素（？—1045）查勘起火原因。阎文应等查出，荣王府的掌茶酒宫人韩小姐及亲事官孟贵私通，又偷盗宝器，被荣王乳母发觉，二人为了毁灭证据而纵火，不意酿成巨灾。二人及知情不报的琵琶伎人王木赛被处以极刑，荣王降为端王。阎文应大概因查案有功而晋升为内殿崇班。②

天禧三年（1019）六月乙未（初十），黄河先决于滑州（今河南滑县）城西北天台山旁，稍后复溃于城西南。岸摧七百步，水侵溢州城，州民多漂没。大水历澶州（今河南濮阳市）、濮州（今山东鄄城县）、郓州（今山东东平县州城镇）、济州（今山东巨野县南）而注入梁山泊，又汇合了清水、古汴水，向东入于淮河，军士溺死者千余人，州郡被患者三十二。真宗派遣内臣抚恤溺者，赐其家缗钱；又派近臣祭决河，命御史严劾负责官吏之罪。此外，又派遣马步军都军头、兴州刺史崔銮领宣武卒四百人巡护河堤，命光禄卿薛颜（？—1032）、西上阁门使张昭远（983—1034）乘传与京

---

① 《长编》卷七五，大中祥符四年正月乙酉条，第1707页。
② 陶宗仪编：《说郛》卷四四下，《荣王宫火》，文渊阁《四库全书》本，第21页上—23页上；《长编》卷八四，大中祥符八年四月壬申至五月壬午条，第1927—1928页。《长编》没有记载真宗委派阎文应二人查勘起火原因，只记载在五月辛巳（初一），由侍御史知杂事王随（973—1039）奏报查案结果。本来有司建议处罪多至数百人，赖宰相王旦（957—1017）极力劝止，罪犯才获免死罪。

东、河北转运使计度会议，并遣使具舟以济行者。癸卯（十八），命虢州团练使郝荣为滑州修河部署，供奉官阁门祗候薛贻廓为都监。七月丙寅（十一），薛颜上奏称滑州大雨不止，河水上涨，大水从北岸已逼近州城。请徙甲仗钱帛于通利军（今河南浚县东北），军民听从其愿迁徙他州。朝廷准许薛颜便宜行事。同月戊辰（十三），步军都虞候英州防御使冯守信（？—1021）自言本为滑州人，颇习堤防之事，真宗即命他为修河都部署兼知滑州，而以内臣崇仪使入内押班邓守恩（974—1021）为修河钤辖，内殿崇班杨怀吉（？—1034后）为都监。阎文应在这次修河的大差事上也获得任用。因修河都监薛贻廓上言修河物料不足，请朝廷派差官提点支纳，并差派木、石匠各百人应援。大概是邓守恩的推荐，朝廷派阎文应以内殿崇班之职，与屯田员外郎崔立（969—1043）押送物质及匠人前往滑州。据韩琦（1008—1075）为其妻父撰的《崔立行状》所载，阎文应在治河时"方为小官"，所为举措颇有违法，当时与他共事的屯田员外郎崔立极力规正。阎总算从善如流，才不至犯错。①

---

① 《长编》卷九三，天禧三年六月乙未条，第2150页；辛丑至癸卯条，第2152—2153页；卷九四，天禧三年七月丙寅条，第2160页；《宋会要辑稿》第十六册，《方域十四·治河上》，第9559页（按校注本的《宋会要辑稿》据《长编》，将阎的迁官原文的"京"字删掉。笔者却以阎实迁官为稍低的西京左藏库使，而非较高阶的左藏库使，考证参看本书第282页注①）；韩琦撰，李之亮、徐正英笺注：《安阳集编年笺注》卷五〇，《故尚书工部侍郎致仕赠工部尚书崔公行状》，成都：巴蜀书社，2000年，第1578—1587页，笺注见第1583页《塞决河》条及第1586页《东郡之督薪刍》及《阎文应》条。考《宋会要辑稿》所记阎文应在天禧三年以内殿崇班使滑州时仍名"阎文庆"。李之亮将阎文应与崔立共事，错系于天圣五年当崔立"代还，会东郡塞决河，命公提举受纳梢草"，而失察《宋会要辑稿》所记二人其实在天禧三年七月共事。天圣五年阎文应已迁为礼宾副使，不算是小官。据韩琦所记，阎文应后来得志，官拜

仁宗继位后，阎文应一再升迁，据《长编》所记，直至天圣五年（1027）七月丙辰（十八），他已累迁为诸司副使的礼宾副使。丁巳（十九），黄河再决于滑州，朝廷命阎为修河都监，担任修河都部署、马军副都指挥使彭睿（？—1028）的副手。十月丙申（三十），修河工作告竣。十一月己亥（初三），朝廷赏治河之功，自彭睿以下参与督役的官员都获得迁官。① 阎文应大概自诸司副使的礼宾副使，优迁为诸司正使的西京左藏库使。阎文应治河任务完成后，被委为沧州钤辖，初次获委北边的重要兵职。就在阎文应出守沧州时，首相王曾授意御史中丞晏殊（991—1055）推荐本为他的门客的范仲淹出任馆职。天圣六年（1028）十二月甲子（初四），范仲淹自大理评事授秘阁校理，在朝中初露头角。翌年（天圣七年，1029）闰二月丙申（初七），阎文应兼雄州（今河北雄县）、霸州（今河北霸州市）沿界河同巡检、河北屯田司事，朝廷许他每年在秋冬入朝奏事。阎没有受到是年正月枢密使曹利用及其一党被章献刘太后清洗的影响，因他本来就是刘太后宠信的

入内都知，"权倾中外"，想起崔立当日规谏教诲之恩，设法相见，但素与其婿韩琦及范仲淹交好的崔立很自重，严加拒绝。

① 《长编》卷一五〇，天圣五年七月丙辰至庚申条，八月戊辰条，第2443—2444页；十月辛未至丙申条，十一月丁酉朔至壬戌条，第2451—2456页；卷一六〇，天圣六年正月丁酉朔条，第2461页；《宋会要辑稿》第三册，《礼四十一·管军节度使》，第1665页。考奉命修河的内臣还有内侍押班岑保正（？—1027后），他出任修河钤辖。而与阎同任修河都监的还有供备库副使、滑州钤辖张君平（？—1027）。宋廷发丁夫三万八千、兵卒二万一千、缗钱五十万，塞滑州的决河。此后一再赐修河役卒缗钱，又派知制诰徐奭（987—1030）往滑州祭河。修河成功，修河都部署彭睿加武昌军节度使，负责后勤的权三司使右谏议大夫范雍（979—1046）加龙图阁直学士，知滑州右谏议大夫寇瑊（？—1031）加枢密直学士。原修河都监张君平在赏功前卒于任上，朝廷就恩恤他三子。彭睿也在翌年（天圣六年）正月丁酉朔（初一）卒。

内臣。①

十一月癸亥（初九）冬至，仁宗率百官上章献刘太后寿于会庆殿，然后于天安殿受朝。当时任秘阁校理小官的范仲淹上奏，认为仁宗不应与百官向刘太后朝拜，认为"天子有事亲之道，无为臣之礼；有南面之位，无北面之仪"。仁宗内心虽然欣赏范的忠忱，碍于刘太后淫威，就疏入不报。晏殊知此事后，召范责问一番；但范不少屈，晏殊自知理亏，反而向他愧谢。范仲淹在翌年（天圣八年，1030）又奏疏请刘太后还政仁宗，仁宗自然不报。最后范请求补外职，仁宗允其请，授以河中府（今山西永济市西）通判。②

十二月壬子（廿八），范仲淹离京不久，朝廷据都大巡护澶、滑河堤高继密（？—1029后）的奏请，命刚好入朝奏事的阎文应，与龙图阁待制韩亿（972—1044）、内殿崇班阁门祇候康德舆（？—1055后），同往河北，与本路转运使相度黄河北岸自澶州鬼

---

① 天圣五年十一月，阎文应以治河功成所迁之官，群书不载。检《长编》天圣七年闰二月丙申条，他任沧州钤辖时所带之官为左藏库使。左藏库使是北宋前期诸司正使西班第二等第六阶。阎文应即使治河有功，也不应从诸司副使第五等第四阶的礼宾副使（仅高于诸司副使最低阶的供备库副使），才一年多便迁至左藏库使。而且他在天圣十年十一月以修复大内之功所迁之洛苑使，是西班第四等第二阶，远低于左藏库使。检《宋会要辑稿》，阎文应官衔为"京左藏库使"，《长编》则仍作"左藏库使"。据《宋史》所载，阎文应曾官西京左藏库使。笔者认为，《长编》所记阎文应的官职有误，阎在天圣七年十二月出使河北所带之官，当是西班第四等第五阶的西京左藏库使。见《长编》卷一六〇，天圣六年十二月甲子条，第2485页；卷一七〇，天圣七年正月癸卯至闰二月丙申条，第2491—2499页；卷一一一，天圣十年八月壬戌至甲子条，第2587页；《宋会要辑稿》第十六册，《方域十四·治河上》，第9559页。

② 范仲淹撰，李勇先、王蓉贵校点：《范仲淹全集》中册，《范文正公集续补》卷一，《奏疏·谏仁宗率百官上皇太后寿奏·天圣七年十一月》《乞太后还政奏·天圣八年》，成都：四川大学出版社，2002年，第752—753页；《长编》卷一八〇，天圣七年十一月癸亥条，第2526—2527页。检《范文正公集续补》所收引自《续湘山野录》的范仲淹天圣七年上奏，文字与《长编》所载略有出入。

固埽下接大堤东北,就高阜筑遥堤以备御的可能。①范、阎二人似乎在这时缘悭一面。范仲淹是否认识阎文应,暂难确定;惟笔者相信,范仲淹连番上疏之事,当在宫中广为流传,而为阎文应所知晓。

阎文应出使河北后,大概被召还京师。他深得刘太后的宠信,官运亨通,两年间已擢至内侍省右班副都知,担任内臣的两省主管官。

天圣十年(1032)八月壬戌(廿三),皇宫发生大火,波及崇德、长春等八殿。两天后(廿五)帝后御朝,命宰相吕夷简为修葺大内使,枢密副使杨崇勋(976—1045)副之,另委殿前副都指挥使夏守赟(977—1042)为都大管勾修葺。阎文应以内侍省右班副都知,与入内押班江德明(？—1037)管勾修葺。②十一月甲戌(初六),仁宗以大内修复,于天安殿恭谢天地,并谒太庙,然后大赦天下,改元明道。百官以改元恩典皆进官一等,修复大内的有功臣僚更加官进爵。同月戊子(二十),阎文应自西京左藏库使、内侍省右班副都知迁三阶为洛苑使,加领开州刺史。③

---

① 《宋会要辑稿》第十六册,《方域十四·治河上》,第9559页;《长编》卷一八〇,天圣七年十二月壬子条,第2529页;《宋史》卷四六六,《宦者传一·阎承翰》,第13612页。
② 《长编》卷一一一,天圣十年八月壬戌至甲子条,第2587页;《宋会要辑稿》第五册,《瑞异二·火灾》,第2641页。按是年十一月甲戌(初六)改元明道。
③ 《长编》卷一一一,明道元年十一月甲戌至戊子条,第2591—2592页。与阎文应同管勾的如京使、文州刺史入内副都知江德明,也以功迁三阶为文思使、并升领普州团练使。《长编》记阎文应的官职有误,他当为西京左藏库使、右班副都知,而非"左藏库副使、右班都知"。阎文应在天圣七年早任西京左藏库使,并未擢为右班都知。

三、正邪不两立：仁宗亲政后范仲淹痛击阎文应

明道二年（1033）三月庚寅（廿五），摄政十二年的刘太后病重，延至甲午（廿九）驾崩。翌日（乙未，三十），仁宗命首相吕夷简为山陵使，翰林学士盛度（970—1040）为礼仪使，翰林学士章得象（978—1048）为仪仗使，权御史中丞蔡齐（986—1037）为卤簿使，权知开封府程琳（988—1056）为桥道顿递使，经办丧事。阎文应与入内内侍押班卢守懃（？—1040后）奉委为山陵按行使，内臣东染院使、干当皇城司岑守素（？—1045）奉委为山陵修奉都监，马军副都指挥使高继勋（959—1036）为山陵一行都部署。①

仁宗潜忍十二年，终于取回权力，亲政后马上起用心腹臣僚。四月庚子（初五），命前宰相及他的宫僚、工部尚书李迪为资政殿大学士、判尚书都省。仁宗本来不知自己身世，但刘太后故世后，很快便从左右口中知道刘太后并非生母。他即于壬寅（初七）追尊生母李宸妃为皇太后。癸卯（初八），诏葬李太后于真宗永定陵。仁宗甚至怀疑李太后死于非命，丧不成礼。幸而经亲舅礼宾副使李用和（989—1050）检视李太后梓宫后，知道指控非实，才没有追

---

① 《长编》卷一一二，明道二年三月庚寅至乙未条，第2609—2610页；《宋史》卷一〇，《仁宗纪二》，第195页；《宋会要辑稿》第三册，《礼三十七·章献明肃皇后陵》，第1589页；《全宋文》卷二七七六，李回：《言委官按行章献明肃太后山陵奏·绍兴元年四月十九日》，第261页。按《宋会要辑稿》载刘太后卒于明道二年三月廿七日，误。

究刘太后及其家族。①

一朝天子一朝臣，当年反对刘太后专政而被贬出外的，都得到召还。四月庚戌（十五）仁宗赦还流于岭南的平民林献可，并特授三班奉职。同月癸丑（十八），将知应天府（即宋州，今河南商丘市）龙图阁学士刑部侍郎宋绶（991—1040），与通判陈州（今河南周口市淮阳区）、太常博士、秘阁校理范仲淹二人召还京师。②仁宗同时将刘太后的朝中及宫中心腹亲信逐出朝廷：癸丑（十八），将刘太后的姻家亲信钱惟演（977—1034）自景灵宫使、泰宁军节度使、同平章事徙判河南府（今河南洛阳市）。丙辰（二十一），接受参知政事薛奎（967—1034）的奏劾，将刘太后宠信的内臣入内副都知江德明、三陵副使罗崇勋（？—1033后）、洛苑使杨余懿（？—1033后）、杨承德（？—1033后）、供备库副使张怀信（？—1033后）、杨安节（？—1033后）、武继隆（？—1033后）、任守忠（990—1068）逐出朝廷。七月辛巳（十八），杨安节及张怀德奸事揭发，再被除名，配隶广南。获委经办刘太后丧事包括阎文应、卢守懃及岑守素的三名内臣，则仍受仁宗重用，没被贬黜。③

同月己未（廿四），仁宗撤换二府宰执大臣，被视为刘太后心腹的，自首相吕夷简以下，枢密使张耆（974—1048），参知政事陈尧佐（963—1044）、晏殊，枢密副使夏竦（985—1051）、范雍（979—1046）、赵稹（963—1038）均遭罢免并授州郡外职。

---
① 《长编》卷一一二，明道二年四月庚子至甲辰条，第2610页。
② 《长编》卷一一二，明道二年四月庚子至甲辰条，癸丑条，第2611页。
③ 《长编》卷一一二，明道二年四月，癸丑至丙辰条，第2611—2612页，七月辛巳条，第2622页。

群书所记，仁宗本来没有打算将吕夷简罢黜，前一日还与吕夷简拟定除目。仁宗当晚回宫将他的"快意事"告诉郭皇后，郭后却提醒他其实吕夷简就是刘太后最宠信的人。于是仁宗临时将吕夷简列入除目，罢相出外。翌日，吕夷简押班，宣读制书，始知自己也被罢免。后来，与他亲厚的阎文应告诉他郭皇后进言的秘密。吕夷简怀恨在心，于是种下后来郭皇后被废的根由。阎文应勾结宰相，泄漏"禁中语"，理应受到谴责。①究竟阎文应如何听到仁宗与郭皇后的对话？是帝后在后宫谈话时他随侍在侧？还是仁宗私下告诉他？抑或是他从仁宗近侍的内臣如任勾当御药的儿子阎士良口中得知？我们无从稽考。不过，可以肯定的是，阎是仁宗的心腹内臣。②

罢免吕夷简后，仁宗擢用他的宫僚张士逊（964—1049）为首相，李迪为次相，翰林侍读学士王随（973—1039）为参政，枢密直学士、权三司使李谘（982—1036）为枢密副使，步军副都指挥使王德用（980—1058）为签署枢密院事。另委权御史中丞蔡齐为权三司使事，天章阁待制范讽（？—1041后）为权御史中丞。范仲淹也被擢为右司谏，成为言官。范仲淹初就任，便上疏反对刚获册封的杨太后（984—

---

① 见《涑水记闻》卷五，"吕夷简罢相"条，第84页；赵与时撰，齐治平点校：《宾退录》卷四，上海：上海古籍出版社，1983年，第48—49页；《长编》卷一一二，明道二年四月己未条，第2612—2613页；《宋史》卷四六八，《宦者传三·阎文应》，第13655页。
② 本文初稿宣读时，陕西师范大学的李裕民教授提出另一可能：罢免吕夷简其实是仁宗本意，所谓郭皇后揭破吕夷简依附刘太后之事，其实子虚乌有，是阎文应杜撰以图掩饰仁宗罢免吕夷简的真相。李氏的看法可备一说。这里需要说明，从太宗晚年设立的御药院，在此处任事的勾当御药院、御药的内臣，都是帝王特别宠信的人，阎文应将儿子阎士良放在御药院，显然是以他为耳目。关于御药院的多样职能，以及宋室帝王使用它的目的，程民生教授有精辟的论述。参见程民生：《宋代御药院探秘》，《文史哲》2014年第6期，第80—96页。

1036）有"参决军国事"之权。另言者为迎合仁宗，批评刘太后垂帘之事时，他又持平地指出应该"宜掩其小故以全大德"。仁宗接受他的忠言，在五月癸酉（初九）下诏，不许臣下再议论刘太后。①

仁宗特别看重范仲淹，屡委以重任。六月癸卯（初十），命范与权御史中丞范讽、天章阁待制王鬷（978—1041）会同审刑院和大理寺详定天下当配隶罪人刑名。②七月甲申（廿一），又因范的奏请，命他安抚受灾严重的江淮。范仲淹所至之处，开仓廪，赈饥乏，毁淫祠。他又奏免庐州（今安徽合肥市）及舒州（今安徽潜山市）的折役茶，以及江东的丁口盐钱。他进呈饥民所食的乌昧草，请仁宗给六宫贵戚看，以戒他们奢侈之心。范上疏陈奏六事，评论朝政得失。仁宗"嘉纳之"。此外，他又上奏司封员外郎知崇州（即通州，今江苏南通市）吴遵路（988—1043）的救灾之法值得诸州效法。由于他的推荐，吴先擢为开封府推官，稍后又擢盐铁判官。吴后来成为范的至交，官至龙图阁直学士。③

---

① 欧阳修撰，李逸安点校：《欧阳修全集》第二册，卷二一，《碑铭三首·资政殿学士户部侍郎文正范公神道碑》，第333页；《长编》卷一一二，明道二年四月己未条，第2613—2615页；五月癸酉条，第2616—2617页；《宋史》卷一〇，《仁宗纪二》，第195页。
② 《长编》卷一一二，明道二年六月癸卯条，第2619页。
③ 同上注，七月癸未至甲申条，第2623—2626页；卷一一三，明道二年十月辛亥条，第2639页；卷一一六，景祐二年四月戊辰条，第2728页。吴遵路后升兵部郎中、权知开封府，最后迁龙图阁直学士知永兴军兼经略安抚使，卒于庆历三年（1043）九月，卒年五十六，《隆平集》有传。范仲淹与他交好，有祭文云："与兄相知，积有年矣，行可师法，言皆名理，日重一日，人望公起。忧国忧民，早衰而死。"另外，范又上奏朝廷，请陕西转运使多差公人兵士，护送吴遵路之子及其他家眷至京师。参见《范仲淹全集》上册，《范文正公文集》卷一一，《祭文·祭吴龙图文》，第270页；中册，《范文正公政府奏议》卷下，《奏乞差人部送吴遵路家属》，第647—648页；曾巩撰，王瑞来校证：《隆平集校证》卷一四，《侍从·吴淑传附吴遵路传》，第420—421页。

范仲淹圣眷方隆时，在宫中的阎文应也宠眷不衰。早在是年六月己未（初七），他奉命与权知开封府程琳度地营建新庙，以安放供奉章献刘太后和章懿李太后的神主。①九月乙酉（廿三），内侍押班、昌州刺史卢守懃以护葬仁宗生母章懿太后陵有过，被解除押班之职出为永兴军（今陕西西安市）钤辖。②十月乙巳（十三），入内副都知、并代路钤辖江德明再被解除副都知之职，徙降为潞州（今山西长治市）钤辖。而另一内侍押班朱允中（？—1036后）也落押班，徙为天雄军（即大名府，今河北大名县）钤辖。③三人先后解除都知、押班职，阎文应在宫中的地位益发巩固。更重要的是，与阎文应朋比的吕夷简在是月戊午（廿六）回朝，重新担任首相，接替不孚仁宗意的张士逊。同时，仁宗召他的宫僚王曙（963—1034）从河南府回朝出任枢密使，接替被罢的杨崇勋。吕夷简得以回朝重登相位，阎文应很有可能曾在仁宗面前为他说项。④

十二月初，宋宫又发生废后的大风波。阎文应是挑拨仁宗废郭皇后的祸首，而范仲淹先是入对力陈不可，再在仁宗下诏废后后，与在十一月癸亥（初一）代替程琳出任权御史中丞的孔道辅（986—1039）为首，与其他台谏官八人往垂拱殿门，伏奏皇后不可废。这本来是宫中的小事。据司马光（1019—1086）引述好友王

---

① 《长编》卷一一二，明道二年六月戊午至己未条，第2620页。
② 《长编》卷一一三，明道二年九月乙酉条，第2636页。
③ 《长编》卷一一三，明道二年十月乙巳条，第2639页。
④ 这次二府人事变动中，次相李迪留任，端明殿学士宋绶拜参政，权三司使蔡齐擢枢密副使，武臣王德用升一级为枢密副使留任。另外，权知开封府程琳擢为御史中丞，原权御史中丞范讽则权三司使。十一月癸亥（初一），原参政薛奎以疾罢政。见《长编》卷一一三，明道二年十月戊午至己未条，第2640—2641页；十一月癸亥朔条，第2642页。

陶（1020—1080）之说，郭皇后是刘太后所立，恃宠生骄。刘太后死后，仁宗不受管束，宠幸尚美人（？—1050）和杨美人（？—1050后），郭皇后妒恨二女，偏偏尚美人又不知轻重，竟在仁宗前对她出言不逊。郭皇后忍无可忍，出手要打尚美人，仁宗因救护尚氏，结果被郭后误伤头颈。仁宗盛怒之下，声言要废掉他素来不喜的郭后。此时在场的阎文应不但没有调解帝后的纷争，反而怂恿仁宗召见宰执大臣，出示伤痕，作为废后的理据。权三司使范讽问仁宗的伤痕因何而来，仁宗直言因郭后所致。据《宋朝事实》所记，吕夷简因前次罢相之事深恨郭后，称废后之事"古亦有之"，并引述"光武，汉之明主，郭后止以怨怼废，况伤乘舆乎"？这时依附他的范讽又提出，郭后立后九年无子，当废。惟仁宗也知废后的理据不足，犹豫不定。范仲淹听闻此事，请对力陈不可，并说"宜早息此议，不可使闻于外也"。又上奏说："后者，所以掌阴教而母万国，不宜以过失轻废之。且人孰无过？陛下当谕后失，置之别馆，择嫔妃老者劝道之，俟其悔而复宫。"可惜仁宗不纳忠言，竟于十二月乙卯（廿三），下诏称郭皇后以无子，自愿入道。因封为净妃，赐号玉京冲妙仙师，赐名清悟，别居长宁宫。吕夷简一早料到范仲淹等会上奏反对，下令阁门不得接受台谏奏疏。他没想到这样横霸的做法激起公愤，在范仲淹、孔道辅的率领下，知谏院孙祖德（？—1044后）、侍御史蒋堂（980—1054）、郭劝（？—1039后）、杨偕（980—1049）、马绛（974—1048）、殿中侍御史段少连（994—1039）、左正言宋郊（即宋庠，996—1066）、右正言刘涣（998—1078）合共十人一齐往殿门抗争。仁宗无奈，令吕夷简召众人到中书谕旨，但范仲淹等不服，与吕夷简抗辩，双方针锋相对。吕夷简使诈，骗众人离开中书后，在翌日下旨，将范仲淹及孔道辅二人贬出朝廷：范仲淹贬知睦州（今浙江建德市），孔道辅贬知泰州，其余众人各罚铜二十斤。言官并不屈服于吕夷简的淫威，段少连及将作监丞富弼（1004—1083）再上疏抗争，可惜仁宗恼羞成怒，不听忠言。① 仁宗及吕夷简不得人心的做法，并没有消除争

---

① 王陶字乐道，与王尧臣（1003—1058）同是天圣五年进士，是司马光好友，《宋史》卷三二九有传。据《涑水记闻》所载，王陶的父亲曾与刘太后心腹张耆同任真宗藩邸的襄王宫指使，熟知刘太后事，包括刘太后立郭皇后一事始末。至于仁宗废郭后的诏书见载于《宋大诏令集》，不知出自哪位翰林学士手笔，居然饰说郭皇后自愿入道："皇后郭氏，省所奏为无子愿入道者，事具悉。"接着表扬郭"皇后生忠义之门，禀柔和之德，凤表石符之庆，早升兰殿之尊，四教具宣，六宫是式。而乃秉心专静，抗志希微，慕丹台绛阙之游，猒金珇瑶堵之贵。陈请累至，敦谕再三，言必践而是期，意益坚而难夺"。见不著撰人编，司义祖点校：《宋大诏令集》卷二〇，《皇后下·废黜·皇后郭氏封净妃玉京冲妙仙师诏·明道二年十二月乙卯》，北京：中华书局，1962年，第95页；《涑水记闻》卷五，第137条，"废郭后"，第84—86页；卷六，第163条，"宫美与刘后"，第109页；卷八，第232条，"郭后之废"，第157页；李攸：《宋朝事实》卷一，第16页；《长编》卷一一三，明道二年十一月癸亥朔条，第2642页；十二月甲寅至丙辰条，第2648—2654页；卷一一五，景祐元年七月乙未条，第2689页；《东都事略》卷七〇，《王尧臣传》，第1页下；《宋史》卷二四二，《后妃传上·仁宗郭皇后》，第8619页；卷二九九，《孙祖德传》，第9928页；卷三一一，《吕夷简传》，第10208—10209页；卷四六八，《宦者传三·阎文应》，第13655—13656页。协助吕夷简谋废郭皇后的范讽是投机小人，以为依附吕夷简就可晋身二府。吕夷简深知范讽反复无常，不肯举荐。范讽因建议朝廷择能臣，代替不称职的大臣。吕夷简深恶之，范只权三司使半年就被罢。范讽屡出恶言，又攻击参政王随。吕夷简在景祐元年七月就将他黜知兖州（今山东济宁市兖州区）。欧阳修为王尧臣撰写墓志铭时，即认定"方后废时，宦者阎文应有力"。见《欧阳修全集》第二册，卷三三，《墓志五首·尚书户部侍郎参知政事赠右仆射文安王公墓志铭》，第482—483页。关于郭皇后被废的原因及背景，近期的研究可参阅杨果、刘广丰：《宋仁宗郭皇后被废案探议》，《史学集刊》2008年第1期，第56—60页。与范仲淹一同抗争的段少连，官至工部郎中、龙图阁直学士，卒于宝元二年（1039）八月癸亥（初四）知广州任上，得年四十六。范仲淹与他交好，在皇祐二年（1050）春段少连下葬时，范仲淹特为其撰写墓表。其中提到段少连当年与他及孔道辅等"伏阁论事，见端人之风焉"。只是不明说那是为郭后被废而抗争的事。另外，范仲淹与郭劝也交好，曾致书贺他知谏院，感谢"递中得兄金玉之问，情致雅远，如见古人"，又称许郭劝"恭惟迁谏司，奉衮职，忘

端，祸患反而加剧。

翌年仁宗改元景祐。四月丁酉（初八），直接导致郭皇后被废的尚美人，居然遣内侍称教旨免工人市租。幸而殿中侍御史庞籍（988—1063）不畏权势，奏上仁宗，表示祖宗以来，未有美人这一等宫嫔可以称教旨下府的。仁宗也知不能在这不法事上包庇尚美人，就下诏切责尚氏，并杖责传话的内侍。仁宗又下诏有司自今宫中传命，不得不察而受。然而尚美人宠眷未衰，三天后，仁宗又授尚美人父尚继斌为右侍禁，从父继恩、继能为右班殿直。①

五月，监察御史孙沔（996—1066）眼见朝廷降制要选立新后，并称取冬至日奉册皇后，遂上表反对，以章献刘太后的丧礼未过大祥而立新后，结果会"哀乐相参，切恐不可"。孙沔反对仁宗马上再立新后，动机相信是同情郭后之被废。②

八月甲子（初七），吕夷简等上表请立皇后。吕的目的很明显，是为了阻止郭皇后复位。据宋人的说法，仁宗为人任性而念旧，废郭后不久即有悔意，随时有可能复立郭后。③仁宗对吕夷简等的请求尚未有回复前，已因宠幸尚、杨二美人，纵欲无度，招致

雷霆之恐以报主，蹈汤火之急以救时，端人之言，固有中矣"。见《范仲淹全集》上册，《范文正公文集》卷一五，《墓志·龙图阁直学士工部郎中段君墓表》，第375—377页；中册，《范文正公尺牍》卷下，《谏院郭舍人》，第685页；《范文正公集续补》卷一，《谏废郭后奏·明道二年十二月》，第758页；《附录一·传记》，富弼：《范文正公仲淹墓志铭》，第819页。

① 《长编》卷一一四，景祐元年四月丁酉至庚子条，第2673页。
② 孙沔：《上仁宗乞纳后之礼稍缓其期·景祐元年五月上》，赵汝愚编，北京大学中国中古史研究中心校点整理：《宋朝诸臣奏议》下册，《礼乐门》，第1003—1004页。据该奏的小注所记，郭皇后因吕夷简罢相事而招吕怀恨，于是吕与阎文应合谋，潜后而教仁宗废之。不久仁宗后悔，有复立之意。吕夷简在八月上表议立新后，九月力主立曹氏，这都是为了阻止郭后复位。
③ 《长编》卷一一五，景祐元年八月甲子条，第2693页。

大病。仁宗少年好色，郭后被废后，每晚都令尚美人和杨美人侍寝，不加节制，参政宋绶直言规谏，仁宗也不理会，结果乐极生悲。戊辰（十一），"上不豫"，累日不能进食。时任南京留守推官的石介（1005—1045），致书刚从天平军节度回朝复任枢相的王曾，说仁宗"既废郭皇后，宠幸尚美人，宫庭传言，道路流布。或说圣人好近女室，渐有失德。自七月、八月来，所闻又甚，或言倡优日戏上前，妇人朋淫宫内，饮酒无时节，钟鼓连昼夜。近有人说圣体因是尝有不豫"。辛未（十四），仁宗病情加剧，于是以星变为由，下诏大赦，并避正殿，又减常膳，出内藏库钱优赏在京将士。复诏辅臣在延和殿奏事，而诸司事权暂教辅臣处分。仁宗病情加重，"中外忧惧，皆归罪二美人"。翌日（壬申，十五），事闻于章惠杨太后，即劝仁宗不要再近二女，但他仍不肯割舍。这时已升任入内都知的阎文应，一直侍候皇帝。仁宗落到这个景况，他责无旁贷，于是也从旁规劝仁宗听从杨太后之说，不要再行幸二美人。仁宗经受不了阎的不断进言，答应遣出二美人。阎文应马上命人用毡车将二美人载走，二人泣涕，不停求告而不愿行。阎文应大怒，毫不理会二人曾深受仁宗宠幸，掌掴二人之面颊，骂曰："宫婢尚何言！"即驱使二人登车，赶出宫门。朝廷当日再下诏："顷以中闱，有亏善道，降处次妃之位，仍从别馆之居。尚尔严宸，末叶彝制。郭氏宜令于外宅居止，更不入内。美人尚氏令于洞真宫披戴，永不入内。美人杨氏于别宅安置。"仁宗这时病重，不太可能下诏，以其名义下诏的当是杨太后，她大概听从吕夷简和阎文应的主意，不只逐走尚、杨二人，还一并将郭皇后逐出宫外。诏书明言将会另立皇后："顾厥位以难虚，必惟贤而是择，当求德阀，以称坤仪。属于勋旧之家，兼咨甲冠之族，将行聘纳。"八月甲戌（十七），因尚美人失宠，其父尚继斌、从父尚继恩、尚继能均除名。两天后，三人均被编管外州。九月戊申（廿二），又诏入内内侍省以所估值之尚氏家财二十余万贯，赐三司充军费。尚家富贵化成一场春梦。①十月癸亥（初七），当年力主废后的范讽，被新知广东转运使庞籍劾奏交通尚继斌及其他不法事。仁宗总算宽大，只命范讽归还所借官府银器，没有追究他交结尚美人之父。②

阎文应在宫中的权势，在逐走二美人一事上可见一斑。仁宗沉溺酒色，几乎丧命，阎身为仁宗最贴身的入内都知，难辞其咎。犹幸宫中尚有杨太后作主，而且仁宗得到真宗幼妹，他的嫡亲姑母魏国大长公主（即荆国献穆大长公主，988—1051）所推荐的翰林医学许希以针诊治，逐渐康复。九月丁酉（十一），仁宗御正殿并复常膳。③朝廷风波不断之时，范仲淹在不到一年内，历知睦州、苏州、明州（今浙江宁波市）。庚子（十四），仁宗命他复知苏州。范在苏州任内，治理水患，特别是将五河疏浚道入太湖。④

---

① 将郭皇后等三人逐出宫外的诏书亦载于《宋大诏令集》，这道诏书不知是谁人手笔，对于郭皇后的批评比以前将她贬为净妃的一道要严厉得多。见《宋大诏令集》卷二〇，《皇后下·废黜·净妃等外宅诏·景祐元年八月壬申》，第95页；《涑水记闻》卷三，第109条，"尚杨二美人得宠"，第59—60页；《长编》卷一一五，景祐元年八月戊辰至丙子条，第2694—2697页；九月戊申条，第2702页；《宋朝诸臣奏议》下册，《礼乐门》，余靖：《上仁宗乞纳后之礼稍缓其期·景祐元年九月上》，第1003页。余靖（1000—1064）在景祐元年九月所上之奏，录有八月壬申（十五）仁宗的诏敕。据司马光所记，当时担任尚药奉御的是皇城使宋安道。传闻何来，司马光没有注明。
② 《长编》卷一一五，景祐元年十月癸亥条，第2703页。
③ 《长编》卷一一五，景祐元年九月戊戌至丁酉条，第2698—2699页。
④ 《长编》卷一一五，景祐元年九月丁酉至庚子条，第2699页。关于范仲淹在苏州治理水患的功绩，于2011年故世的陈学霖教授（1938—2011）有一篇精辟的文章考论。参阅陈学霖：《范仲淹典治地方的贡献——从苏州治水说起》，原

仁宗康复，宰执大臣即请他再立后。廷臣中秘书丞余靖（1000—1064）仍以章献刘太后之丧为理由，上奏请延缓立后的日期。①仁宗原本属意出身寿州（今安徽寿县）的茶商陈氏之女。宰相吕夷简、枢相王曾、参政宋绶、副枢蔡齐以及侍御史知杂杨偕及同知谏院郭劝，以陈氏女出身寒微，俱表反对。仁宗仍想坚持己见，阎文应之子勾当御药阎士良随侍在侧，力陈仁宗若纳奴仆之女为皇后，将愧见公卿大夫。仁宗最后听从臣下意见，九月甲辰（十八）下诏立勋臣曹彬（931—999）的孙女曹氏（1016—1079）为皇后。翌日，命次相李迪为册礼使，参政王随副之，参政宋绶撰写册文并书册宝。②阎文应在此事的取态上，与吕夷简可说是里应

载张希清、范国强主编：《范仲淹研究文集》（五），北京：北京大学出版社，2009年，第1—22页。现收入陈学霖：《宋明史论丛》，香港：香港中文大学出版社，2012年，第53—75页。据陈氏的研究，原本宋制官员不能出任本籍的地方官，范仲淹是苏州人，而仁宗两度用他知苏州，是赏识他的才华。范仲淹调知苏州之初，曾致书吕夷简，称他"屡改剧藩之寄，莫非名部之行。宗族相荣，搢绅改观。此盖相公仁钧大播，量泽兼包。示噩噩之公朝，存坦坦之言路"。范仲淹治水告一段落后，又上书吕夷简，详细报告治水经过，并感谢吕的支持。这时范、吕二人尚未交恶。见《范仲淹全集》上册，《范文正公文集》卷一一，《书·上吕相公并呈中丞谘目·知苏州时》，第264—266页；中册，《范文正公别集》卷四，《移苏州谢两府启》，第518页。本文一位评审人认为，范仲淹上书给吕夷简不过是官样文章，其实二人已交恶。不过，笔者认为以范仲淹的为人，特别是他的量度恢弘，这时不见得就以吕夷简为敌。

① 《宋朝诸臣奏议》下册，《礼乐门》，余靖：《上仁宗乞纳后之礼稍缓其期·景祐元年九月上》，第1003页。
② 《涑水记闻》卷三，第89条，"梅询置足惜马"，第48页；卷一〇，第284条，"仁宗欲纳陈子诚女为后"，第183—184页；《长编》卷一一五，景祐元年九月辛丑至乙巳条，第2700—2701页。司马光所以知道阎士良劝仁宗不纳陈氏女为后，原来是孙器之闻诸阎士良，而孙是司马光好友，《司马光集》中即有多处载司马光赠他的诗。因此获悉此事。此外，《涑水记闻》卷三有一则关于侍读梅询（965—1040）的佚事，司马光也记来自孙器之的口述。见司马光撰，李之亮笺注：《司马温公集编年笺注》第一册，卷二，《古诗一·河上督役怀器之寄呈公明叔度时器之鞫狱沧州》，第57—58页；卷六，《律诗一·和孙器之清风楼》，第366—367页；卷七，《律诗二·孙器之奉使淮浙至江为书见寄以诗谢之

外合，阎士良不过是秉承其父意旨行事。在废郭后和立曹后两事上，阎文应的影响力教人侧目。

十月癸酉（十七），仁宗将废后郭氏名号从净妃玉京冲妙仙师清悟，改为金庭教主冲静元师。美人杨氏听入道，赐名宗妙。二人并居于安和院，院名赐名瑶华宫。①这位移居瑶华宫的金庭教主，身处冷宫，独欠安和。十一月己丑（初三），曹氏册封为皇后，家人及三代均获封赠。②

十二月己卯（廿三），一向以谦谨自持的首席内臣宣庆使、忠州防御使、入内都知的蓝继宗，以老疾自请罢都知。仁宗允其请，特授景福殿使、加邕州观察使。③蓝继宗引退，阎文应遂成为内侍两省执掌实权的最高级内臣，在宫中权势日盛。

不少投机文臣争相交结依附阎文应，如度支判官、工部郎中许申得到阎文应的支持，获宋廷同意他的以药化铁与铜杂铸铜钱的方案。然而方案并未收效，"性诡谲"的许申，在景祐二年正月就自请出为江南东路转运使，三月就任，即请用其法于江州（今江西九江市）铸钱。景祐元年五月再任三司使的程琳采纳其议，于是朝廷诏许申在江州铸钱百万。据说人皆知其非，但他有程琳以至阎文应等为后盾，计谋得售。天章阁待制孙祖德上奏反对，仁宗不听，反

五首》，第494—496页；《喜孙器之来自共城》，第504—505页。至于孙器之是何人？笔者认为当是官至光禄少卿、曾撰《集马相书》的孙珪（？—1080后），而不是注司马光集的人据别字索引而胡乱推论的孙琏。关于孙器之即孙珪的考证，可参见本书第八篇《北宋阎氏内臣世家第三、四代人物阎士良与阎安》。

① 《长编》卷一一五，景祐元年十月癸酉条，第2704—2705页。
② 《长编》卷一一五，景祐元年十一月己丑至十二月己未条，第2706—2707页。
③ 《长编》卷一一五，景祐元年十二月己卯条，第2709页；《宋会要辑稿》第四册，《仪制十三·内侍追赠·赠节度使》，第2569页。蓝继宗以景福殿使、英州观察使卒于景祐三年正月，赠安德军节度使。

而在二月癸未（廿八）将孙出知兖州（今山东济宁市兖州区）。①

景祐二年二月戊辰（十三），次相李迪因受姻家范讽牵累，加上争权而为吕夷简暗中排挤，罢相降知密州（今山东诸城市）。枢相王曾复任次相。三月己丑（初五），可能是出于王曾的推荐，范仲淹自苏州召还，并自左司谏擢拜天章阁待制、礼部员外郎，位列侍从。史称范仲淹召还后，"益论时政阙失，而大臣权幸多忌恶之"。这里的"大臣"，多半指吕夷简，而权幸很有可能包括阎文应在内。②

四月戊辰（十五），朝廷命首相吕夷简、次相王曾任都大管勾铸造大乐编钟，参政宋绶、蔡齐和盛度同都大管勾。自景祐元年十月壬午（廿六）以来，已负责校正音律的集贤校理李照，则与内臣入内东头供奉官、勾当御药院邓保信（？—1055后）专监铸造，阎文应出任提举官。李照晓得吕夷简以下的宰执大臣不过是挂虚衔，阎文应才是实官，即一意迎合。五月庚寅（初七），李照上《九乳编钟图》，交出第一份成绩单，得到仁宗的认可，编钟就依李照的意见铸造。六月辛酉（初九），左司谏姚仲孙（？—1037后）上奏，提出不同意见，但仁宗已同意李照的做法，没有将姚的章奏下

---

① 《长编》卷一一六，景祐二年正月壬寅条，第2718—2719页；《宋史》卷二九九，《孙祖德传》，第9928页。景祐元年十月初一，许申以工部郎中权度支判官；三年（1036）十一月甲申（初十），自江东转运使徙湖南转运使。
② 范仲淹在苏州获知得到擢升为礼部员外郎及天章阁待制后，即拜表谢恩。谢表称"改中台之华序，进内阁之清班，尽出高明，殊登秘近"。他自陈"臣独愧非才，首当清问。危言多犯，孤立自持。斧钺居前，雷霆在上，敢避枢机之祸，终乖药石之良"。表明会克尽言职，以报君恩。见《范仲淹全集》上册，卷一六，《表·苏州谢就除礼部员外郎充天章阁待制表》，第388—389页；《欧阳修全集》卷二一，《碑铭三首·资政殿学士户部侍郎文正范公神道碑铭》，第333页；《长编》卷一一六，景祐二年二月丁卯至戊辰条，第2721—2723页；三月己丑条，第2724页。

有司讨论。①

仁宗对阎文应的宠信有加，六月丁丑（廿五），将他自入内都知擢为都知之首的入内都都知。阎为何忽然升官？据《图画见闻志》所载，阎文应在景祐中，向仁宗呈上他购自民间一幅描画真宗及刘太后真容的功德画像。该画为画师高文进所绘，阎文应一见即认出在画中执香炉的正是真宗御像，而捧花盆的就是刘太后真容。该画本来供养在刘太后阁中别置的小佛堂内，刘太后每日凌晨都焚香恭拜。阎文应得画后马上进呈仁宗，仁宗"对之瞻慕慨容，移刻方罢"。仁宗命将此画藏于御府，并赏给阎文应白金二百。不知阎文应这次献宝，与他升官有否直接关系？②

李照的工作不断为朝臣非议。七月庚子（十九），侍御史曹修睦上奏李照所改历代乐颇为迂诞，而所费又甚广，请付有司按劾。仁宗以李照所作钟磬音韵与众音相谐，只诏罢其增造，不加以处分。这时知杭州郑向又推荐镇南节度推官阮逸（？—1054后），称他颇通音律，并上其所著的《乐论》十二篇和《律管》十三篇。仁宗诏令阮赴阙。③李照得到阎文应的支持，宠眷未衰。八月己巳（十八），仁宗御崇政殿，召辅臣观新乐后，命李照同修乐书。④

---

① 《长编》卷一一五，景祐元年十月壬午条，第2705页；卷一一六，景祐二年二月丙辰朔条，第2720页；四月戊辰条，第2727—2728页；五月庚寅至辛卯条，第2730—2731页；六月辛酉至乙丑条，第2736—2737页；《宋会要辑稿》第一册，《乐二·律吕二》，第355页；《宋史》卷一二六，《乐志一》，第2937、2948、2956页。早在景祐二年正月，仁宗已命李照和内臣邓保信监督群工，将滁州取到的羊头秬黍改作金石，又命度支判官集贤校理聂冠卿（988—1042）监督，而阎文应以入内都知的身份董其事。

② 郭若虚撰，邓白注：《图画见闻志》卷六，《近事·慈氏像》，成都：四川美术出版社，1986年，第336—337页；《长编》卷一一六，景祐二年六月丁丑条，第2739页。

③ 《长编》卷一一七，景祐二年七月庚子条，第2746页。

④ 《长编》卷一一七，景祐二年八月己巳条，第2753页。

丙子（廿五），仁宗命阎文应所领的入内内侍省会同太常礼院裁定衮冕制度，命先绘图以闻。翌日（丁丑，廿六），仁宗内出《景祐乐髓新经》六篇赐群臣，显然满意阎文应及李照等的工作。九月辛巳（初一），李照请改太常所用之柷的配画，从时花改为青龙、朱雀等五物。他又与邓保信新作铜方响五架，仁宗诏教坊准声以授诸乐器。然而这些新作，后来却证实不合乐工所用。丁酉（十七），因造新乐成，并因阎文应推言其功，李照自祠部员外郎迁刑部员外郎并赐三品服；入内供奉官、勾当御药院邓保信加礼宾副使。其实李照自造的新乐笙、竽、琴、瑟、筀箫等十二种乐具，均不可用。李照只靠迎合阎文应得到升官，议者嗤其为人。景祐四年（1037），谏官余靖上奏，批评"李照学无师法，自传损益，又挟阎文应以为内助，故得纷然恣其偏见，而律度疏长，钟声振作，不守古制，不可垂法"。①

这里附带一提，在八月己卯（廿八），仁宗将因反对废后而被贬兖州的孔道辅擢为龙图阁直学士，并公开赞扬，说众人献诗虽多，不及孔道辅一言。廷臣于是觉得当日孔道辅被斥退，并不是仁宗本意。仁宗先后召回及擢升范、孔二人，间接表示他后悔当日废后之举。②

九月己酉（廿九），仁宗诏以旧玉清昭应宫所在，修建潞王等宫院，并赐名睦亲宅。由三司使程琳总其事，阎文应、内侍省内侍副都知张永和（？—1038后）及外戚子弟引进副使王克基（？—

---

① 《长编》卷一一七，景祐二年八月丙子至九月丁酉条，第2754—2757页；余靖：《上仁宗议李照所定乐》，《宋朝诸臣奏议》下册，卷九六，《礼乐门》，第1037页。
② 《长编》卷一一七，景祐二年八月己卯条，第2754页。

1045后）典领工作。①

十一月戊子（初八），废为金庭教主的郭皇后猝然长逝，死因不明。据司马光引述王陶和丁讽（？—1075后）的说法，郭后被废为金庭教主，阎文应奉旨授予敕书道服。郭皇后不虞有此，大为愤怒，口出怨言。阎文应不理郭后的反应，立时将她逐出宫门，以车送往瑶华宫。不久，仁宗后悔因一时之忿及听信阎文应等的谗言，做出废后的决定。大概一场大病，让他觉得今是昨非，于是多次遣使往瑶华宫慰问郭后。据载他一日游后园，看到郭后的肩舆，凄然动起旧情，亲撰乐府辞《庆金枝曲》，派小黄门赐郭后，并传话予郭后说："当复召汝。"郭后以乐府辞相和答，语甚凄怆，仁宗大为感动。据《东都事略》和《宋史》郭皇后传所记，郭皇后向仁宗提出，若再召见，须百官立班受册方去。其坚执不从令仁宗难以马上将她重召入宫。阎文应从小黄门处知道仁宗旧情未断，虽然已改立曹皇后，仍有可能重召郭后返宫，那时一宫两后就不知如何处置。据载阎文应和吕夷简都忌惮郭皇后复位，会对他们报复。不知是否阎文应个人的歹念，竟趁着郭皇后小病，奉仁宗命赐酒及药，与太医前往诊视时，使医官"寘毒"，"遂酖之"。郭后中毒疾发时，阎将她迁往嘉庆院。据说郭皇后虽疾甚，尚未气绝，阎文应竟以她不救，给棺敛埋。本来只是身染小病的郭皇后，数日间竟然不治。郭皇后离奇的死亡，引来宫廷内外议论纷纷，怀疑是阎文应下

---

① 王克基是太祖功臣王审琦（925—974）曾孙、太祖长驸马王承衍（947—998）孙，王世隆子，王克明（？—1033后）兄。参见《宋史》卷二五〇，《王审琦传附王承衍》，第8817—8818页；《宋会要辑稿》第一册，《帝系四·宗室杂录一》，第100—101页；《长编》卷一一七，景祐二年九月戊申至己酉条，第2757—2758页。

的毒手，也许阎文应掩饰得法，也许无人敢提出检查郭后的尸首，结果真相无法查明。当郭后暴崩时，仁宗正为南郊大典而在斋宫行礼，不及闻噩耗；后来得报，深深伤悼之余，下令以皇后之礼殡葬亡妻于佛寺。为了补偿所欠郭后的恩情，仁宗特别擢升后兄西京左藏库使、昌州刺史郭中和为昌州团练使，内殿崇班、阁门祗候郭中庸为礼宾副使、度支判官。郭后之死，据载仁宗没有想到是阎文应所为。天圣五年状元、右正言、直集贤院王尧臣（1003—1058）首先上奏，指郭皇后暴卒前数日，已闻悉宫中备办棺木，实在教人怀疑。他请交此事予御史台，查究为郭皇后诊治的医者，以释天下之疑。然仁宗却不报。对于郭皇后之死，群书皆言为阎文应所害，《宋史·阎文应传》更明确地说郭"后暴崩，实文应之为也"。[①]

---

① 《隆平集校证》卷八，《参知政事·王尧臣传》，第266—267页；《涑水记闻》卷五，第138条，"郭后薨"，第86—87页；卷八，第232条，"郭后之废"，第157—158页；第243条，"允初痴骏"，第163页；卷九，第251条，"皇子坚辞新命"，第167页；《司马温公集编年笺注》第二册，卷一一，《律诗六·送丁正臣知蔡州》，第243—244页；《送丁正臣通判复州》，第271—272页；卷一二，《送景仁至丁正臣园寄主人》，第353页；《欧阳修全集》第二册，卷三三，《墓志五首·尚书户部侍郎参知政事赠右仆射文安王公墓志铭》，第482—483页；《长编》卷一一七，景祐二年十一月戊子条，第2762页；卷一二五，宝元二年十一月丁酉条，第2939—2940页；卷一八四，嘉祐元年十二月丙辰条，第4461页；卷二五九，熙宁八年正月庚子条，第6310—6315页；《东都事略》卷一三，第6页下—7页上；卷七〇，《王尧臣传》，《世家一·仁宗废后郭氏》，第1页下—2页上；卷一二〇，《宦者传·阎文应》，第4页下；《宋会要辑稿》第三册，《礼二十八·五生帝感生帝》，第1301页；第八册，《职官六十五·黜降官二》，第4817、4820页；第十册，《选举三十一·召试除职》，第5857—5858页；《宋史》卷二四二，《后妃传·仁宗郭皇后》，第8619—8620页；卷二九二，《丁度传》，第9764—9765页；《王尧臣传》，第9772页；卷四六八，《宦者传三·阎文应》，第13656页；范镇撰，汝沛点校：《东斋记事》卷二，北京：中华书局，1980年，第16页。丁正臣即丁讽，仁宗朝参政丁度之子，与司马光交好。《司马光集》收有赠他的诗三首。丁度负责郭后葬礼，丁讽告诉司马光有关郭皇后之死的传闻，很有可能来自其父。丁讽《宋史》无传，只在其父传后有数字介绍，事

阎文应涉嫌谋害郭皇后，仁宗不知何故，仍予包庇，不肯彻查。连负责医治郭皇后的医官也没有受到处分。这是此一冤案最不可解之处。吕夷简与阎文应等合谋废郭后，但要说他授意阎文应下毒手，似乎不太可能。吕夷简后来不断受到范仲淹等弹劾，却从没有被人指控参与谋害郭皇后。似乎阎文应是此案的唯一嫌犯，阎胆大包天，行此恶事，在宋初的内臣中可算是史无前例。

阎文应一向专恣，常矫仁宗的旨意付外，执政惧他的权势，特别是因仁宗对他宠信无比，一向都不敢违逆。然而这次他干出如此伤天害理的事，言官激于义愤，交相上章痛劾。不过，没有确实证据足以指控阎文应谋害郭皇后，右司谏姚仲孙和高若讷（997—1055）只有劾他在仁宗宿斋太庙时，曾高声叱责医官，声闻行在。二人也指出，郭后之死，内外都怀疑是阎文应下毒，为释群疑，平息众愤，请仁宗将阎文应、士良父子逐出朝廷。仁宗碍于众议，在十二月辛亥（初一）下旨，解除阎文应入内都都知之职，出为秦州（今甘肃天水市）钤辖，两日后（癸丑，初三）改郓州钤辖。惟将他的本官自昭宣使、恩州团练使加一级为昭宣使、嘉州防御使，作

迹散见于《长编》和《宋会要辑稿》《司马光集》。根据史料，他在宝元二年十一月丁酉（初十），以小过在奉礼郎官上被罚铜四斤。庆历八年（1048）九月己卯（廿一），以父罢参政所得恩典，得以光禄寺丞试赋诗于学士院，而获擢馆阁校勘。嘉祐元年（1056）十一月，擢至太子中允、集贤校理。据《送丁正臣知蔡州》一诗，他在治平元年（1064）知蔡州（今河南汝南县）。熙宁三年（1070）八月乙酉（廿八），他与侍御史知杂、判刑部刘述（？—1070后）坐没有依刑典判狱，自金部郎中集贤校理权判刑部责降通判复州（今湖北天门市）。《送丁正臣通判复州》便是司马光为他贬复州时所作。熙宁八年（1075）正月丙午（十三），丁讽受攻击新法的郑侠（1041—1119）连累，自司封郎中集贤校理判检院落职贬监无为军（今安徽巢湖市）酒税。《涑水记闻》卷八及卷九另有两条记他引述英宗为皇子时的佚事。据与丁讽有交情的范镇所记，丁亦通音律，好收集牙笛。

为补偿。阎士良也罢勾当御药院，以擢一级为内殿崇班作补偿。阎文应却以有疾在身，不肯离开京师。姚仲孙见此，即再论奏，请将阎逐出朝，但仁宗对阎仍不加以贬逐。范仲淹这时忍无可忍，决心拼死劾奏阎文应之罪。他请入对前不食，并将家事尽付长子范纯祐（1024—1063），声言"我今上疏言斥君侧宵人，必得罪以死"，"吾不胜，必死之"，誓与阎文应不俱生。第二天，范仲淹入对，尽将阎文应的罪恶奏知仁宗，"上始知"阎之大罪。在范仲淹拼死劾奏下，仁宗无法再包庇阎文应，终于将他逐出京师，毕其一生不再召还。①虽然范仲淹无法将这个罪恶滔天的权阉处以极刑，为郭皇后申冤，但将这个满朝廷臣都惧怕的大珰打倒，实是他平生一大快意之事。这次范仲淹能一举成功，除了言官齐心协力外，相信也得到次相元老王曾背后的襄助。②

① 据富弼所撰的范仲淹墓志铭，阎文应因为范仲淹劾奏，仁宗"遽命窜文应岭南，寻死于道"。然据李焘所考，阎文应并未贬岭南，亦非死于道。关于范仲淹入奏的经过，嘉祐四年（1059）三月登进士第、原籍安州安陆（今湖北安陆市）的王得臣（1036—1116）的《麈史》有一则详细的记载，王得臣称得自"毅夫"所述。按毅夫当是同样籍属安州安陆、皇祐五年（1053）状元、神宗朝官至翰林学士权知开封府的郑獬（1022—1072）。这则记述没有点阎文应的名，也没有明言阎谋害郭皇后的事，但一看内容就知说的是他。记云："范文正好论事，仁宗朝有内侍怙势作威，倾动中外。文正时尹京，乃抗疏列其罪欲上，凡数夕，环步于庭，以筹其事。家有藏书预言兵者悉焚之，戒其子纯祐等曰：'我今上疏言斥君侧宵人，必得罪以死。我既死，汝辈勿复仕宦，但于坟侧教授为业。'既奏，神文嘉纳，为罢黜内侍。圣贤相遇，千载一时矣。毅夫云。"参见《范仲淹全集》中册，《附录一·传记》，富弼撰：《范文正公仲淹墓志铭》，第819页；《欧阳修全集》第二册，卷二一，《碑铭三首·资政殿学士户部侍郎文正范公神道碑》，第333页；《长编》卷一一七，景祐二年十二月辛亥条，第2764—2765页；卷一一八，景祐三年五月丙戌条，第2783页；《宋史》卷二八八，《高若讷传》，第9685页；卷三〇〇《姚仲孙传》，第9971页；卷四六八，《宦者传三·阎文应》，第13656页；王得臣撰，俞宗宪点校：《麈史》卷上，第17页。

② 本文一位评审人认为范仲淹拼死劾奏阎文应，主要不为阎文应下毒之事，也不专为郭皇后申冤。笔者不明白的是，据群书所记，范仲淹之所以义愤填膺，正

景祐三年（1036）正月壬辰（十三），仁宗追册废后郭氏为皇后，命知制诰丁度（990—1053）、内侍押班蓝元用（？—1055）同护葬事。丁酉（十八），葬郭后于奉先资福院侧，卤簿及仪物均用太祖孝章皇后（952—995）故事，作为对郭皇后被废而惨死的补偿。另外，仁宗也接受王尧臣及同知礼院王拱辰（1012—1085）的意见，以郭皇后既复位，她在殡期间，仁宗就不应在上元观灯。仁宗并下令在郭后下葬日停止张灯一夕，以表哀思。①

景祐二年十二月癸亥（十三），范仲淹自吏部员外郎权知开封府后，因直言论政，又不受吕夷简笼络，开罪了吕夷简。吕在仁宗前劾他"越职言事，荐引朋党，离间君臣"。范不服，也上章论奏。仁宗这时仍需倚仗吕夷简，于是在景祐三年五月丙戌（初九），将范罢知饶州（今江西鄱阳县）。秘书丞、集贤校理余靖为范被贬抱不平，上言说："仲淹前所言事，在陛下母子夫妇之间，犹以其合典礼，故加优奖。今坐讥讽大臣，重加谴责。倘其言未协圣虑，在陛下听与不听尔，安可以为罪乎？"据余靖所言，仁宗赞赏范仲淹为郭后申冤。至于吕夷简，因范仲淹的严劾，让他失去了阎文应这一宫中最大的奥援，他厌恶范仲淹以至要将他再度逐出朝廷，是可以理解的。②

为了郭皇后死得不明不白。范仲淹挺身而出，就是因为阎文应罪大恶极。倘若阎文应犯了其他过失，他大可以像王尧臣和高若讷那样，以阎文应失礼事弹劾，而不用以死相争。笔者认为当年范带头反对仁宗废郭后，事后当会知道阎文应教唆仁宗废后，这时宫内外传闻阎加害郭后，以范文正公的个性，自然会产生与阎不共戴天的强烈怒气，拼死与阎抗争。

① 《长编》卷一一八，景祐三年正月壬辰至丁酉条，第2774页；《宋史》卷一〇，《仁宗纪二》，第201页；《隆平集校证》卷八，《参知政事·王尧臣传》，第267页。
② 《长编》卷一一七，景祐二年十二月癸亥条，第2766页；卷一一八，景祐三年五月丙戌至辛卯条，第2783—2785页。

阎文应因犯众怒,始终没有还朝的机会。他在景祐四年四月乙丑(廿三),自郓州徙潞州钤辖;宝元二年(1039)九月癸卯(十五),卒于相州(今河南安阳市)钤辖任上,得年若干不详。仁宗念旧,追赠他邠州观察使。范仲淹与他,一正一邪,二人在景祐三年以后倒再没有交锋。①

总结阎文应一生的经历,他虽是内臣世家的"贵二代",却有多方面的治事才干,包括治河、守边、修缮宫殿太庙、护理丧葬、编修乐典。从其职分而论,他似较近于"文宦"。然从另一角度看,他行事霸道专横,名字虽有"文"字,却没有一点文臣欣赏的气质,而且与多数文臣为敌。称他为"文宦"实有点勉强。若将他归类为"武宦",他虽与其父一样,数度出任地方兵职,也曾往桂州代宋廷犒赏征宜州的将士,却从未立下任何汗马功劳,说他是"武宦",似更为勉强。称他为"权阉",似乎还是最合适。他后来以帝后的宠信,步步高升,位至入内都都知,成为首席内臣,却没有学到其父那样安分谦谨,反而刻意交结朝臣以固宠,行事又乖张狂妄,最后干出弑后的大恶。虽然得到仁宗包庇,没有被处以极刑,但一辈子却背负弑后的罪名,遗臭后世。一个值得思考的问题是,宋代颇多出身内臣世家的权阉,他们与父辈比较,行事较不安分,性情类多狂妄。他们是否也像普通富贵人家的子弟,因父兄的溺爱而骄纵?因内臣家庭的资料匮乏,我们暂无法推知。

---

① 《东都事略》卷一二〇,《宦者传·阎文应》,第5页上;《宋会要辑稿》第四册,《仪制十三·内侍追赠·赠观察使》,第2570页;《长编》卷一一七,景祐二年十二月辛亥朔条,第2765页。

四、余论

从太宗朝开始，有不少不守本分，恃仗帝后宠信，勾结朝臣的高级内臣，专权任事。幸而宋廷主流文臣，尤其是言官，都能齐心协力，群起抗争，迫使帝后让步，对这些权阉的不法行为加以惩治，压制他们的气焰。太宗朝权阉宣政使王继恩（？—999），勾结参政李昌龄（937—1008）、知制诰胡旦（955？—1034？），秉承明德李皇后（960—1004）的意旨，企图废立真宗。幸而被太宗誉为"大事不糊涂"的首相吕端（935—1000），在关键时刻制服王继恩一党，才化解一场重大政治危机。① 真宗对于任用内臣比较清醒，不让他们专权任事。就是勾结佞臣王钦若（962—1025）、丁谓（966—1037）等而被宋人称为"五鬼"的权阉景福殿使刘承珪（950—1013），也受到宰相王旦（957—1017）的有力抑制。② 真宗晚年宠信的权阉、委以辅佐立为太子的仁宗春坊事的入内副都知周怀政（979—1020），以为可以专权任事，却在权力斗争中败

---

① 关于吕端的相业及生平事迹、治国思想，特别是他制服王继恩的手段，可参阅张其凡：《吕端与宋初的黄老思想》，原载邓广铭、郦家驹主编：《宋史研究论文集》（1982年宋史年会会刊），郑州：河南人民出版社，1984年，第385—411页；收入张其凡：《宋代人物论稿》，上海：上海人民出版社，2009年，第267—287页。
② 关于刘承珪的事迹，可参阅《宋史》卷四六六，《宦者传一·刘承规》，第13608—13610页。近期的相关研究可参见李鸿渊：《宋初宦官刘承规传论》，《西安电子科技大学学报（社会科学版）》2009年第4期，第100—104页。至于王旦的生平事迹与相业，包括不允授刘承珪节度使，以抑制内臣之权势，可参阅王瑞来：《宰相故事：士大夫政治下的权力场》，第二章《寻常作为，塑造皇权："平世之良相"王旦》，第41—75页。

在依附刘太后一党的丁谓、钱惟演、曹利用手下，命丧黄泉。①

刘太后是北宋内臣开始势力膨胀与以及作恶的罪魁祸首。她专权任事，像历代临朝称制的女主一样，都以她身旁宠信的内臣作为耳目，辅以亲信的外戚，并收买愿意输诚的朝臣。刘太后摄政十二年，以一大批行为不端的内臣为耳目打手，包括罪恶滔滔、勾结宰相丁谓的雷允恭（？—1022），以及害死枢密使曹利用的罗崇勋和杨怀敏（？—1050）。幸而宰相王曾和枢密使曹利用对这股恶势力毫不妥协，时加抑制，才不致让后党势力坐大。当然，王、曹二人也付出了代价，被刘太后罢免以至贬死。②

仁宗亲政后，在很多地方一改刘太后旧政；不过，他宠信内臣和外戚，以反制文臣集团的做法，却和刘太后同出一辙。阎文应父子就是他亲政前期最宠信的内臣。③幸而朝中主流文臣，特别是有风骨有时望的言官，继承他们前辈的优良传统，敢于与帝后宠信、位高权重的权阉抗争。王曾器重的范仲淹便是其中佼佼者，他才被召还朝出任地位不高的言官，就敢于与首席内臣阎文应抗争。整个仁宗朝虽然权阉辈出，但朝臣相与抗争的力量也很大，迫使仁宗不得不妥协，不敢过分包庇奴才。权阉与朝臣的长期交锋，可说是仁宗朝政治的特色；而范文正公与权阉阎文应的斗争，也就是仁宗朝

---

① 周怀政事迹参见《宋史》卷四六六，《宦者传一·周怀政》，第13614—13617页。笔者论曹利用事迹一篇旧文，也有部分章节考论周怀政败死的始末。参见何冠环：《曹利用之死》，第238—246页。
② 王曾借着打倒丁谓的机会，也让刘太后处死雷允恭。曹利用任枢使时，对这帮内臣也毫不客气，加以严治。二人因为打击内臣势力，被刘太后先后罢免，曹利用还被内臣害死。见何冠环：《曹利用之死》，第250—273页。
③ 本文的一位评审者曾质疑，阎文应既得宠于刘太后，何以仁宗亲政后仍获重用？笔者认为，阎文应的厉害处，正在于他能左右逢源，就像与他朋比为奸的吕夷简一样，既得到刘太后的欢心，又得到仁宗的宠信。

朝臣抗击内臣成功的一个典范。①

范仲淹在郭皇后被废及后来离奇死亡之事上，与吕夷简及阎文应激烈抗争，因事涉仁宗责任的敏感问题，我们从有限、讳莫如深的宋人记录中所见到的，只可能是这一场宫廷悲剧的冰山一角：我们看见的，只是范仲淹与吕夷简的长期斗争，以及他与阎文应短暂的交锋；看不见的，是这场悲剧背后一些不为人察觉的隐情。宋人的记载一直开脱仁宗的责任，说他一直不知郭后的死因。然而，教人不解的是，为何仁宗一直不肯依从王尧臣等的合理建议，彻查郭后暴卒的原因。我们找不到仁宗后来惩治负责医治郭后的医官的记载（除非有关记载事后全被毁掉）。即使范仲淹拼死入对及上奏，仁宗仍只是罢免阎文应入内都都知的职位，降为郓州钤辖，逐出京师。阎在相州病死时，却又追封他官位。仁宗为何如此包庇这个涉嫌杀害发妻的奴才？是否有不可告人的隐衷？

郭皇后之死，其实是仁宗间接造成的，他在感情上拖泥带水，与郭皇后的关系是"道是无情却有情"。起初和郭后一样，发小儿脾气，不听群臣的忠言，坚持以小故废后。跟着又后悔，然后又给郭皇后写情诗，并派小黄门慰问，许诺重召她回宫，那就给郭皇后得以复位的空指望，而向仁宗提出要在群臣面前重新册为皇后才肯回宫。偏偏仁宗思虑不周，先前已错听吕夷简及阎文应的谗言废后，后来又不省悟吕夷简力促他册立新后的私心，匆匆册立新

---

① 本文一位评审人建议笔者关注"宋代强大的士大夫政治遏制了宦官势力的增长。范仲淹与阎文应的抗争，当是绝好的一例"。其实本文在余论一节已多番强调这点。整个宋代，至少在北宋，是否真的强大的士大夫政治遏制了宦官势力的增长，尚待严谨的考证发明，特别是充分的个案研究，不能够以宏观的角度简单视之。像宦官势力高涨的徽宗朝，就看不出士大夫的力量有多大。

后。册立曹后后，论理他又怎能复立郭后，造成一宫两后的局面？然而，仁宗的任性妄为以至于"天威难测"，从他晚年专宠张贵妃（1024—1054），待遇礼数甚至超过曹皇后，而视曹皇后为无物，可思过半。他后来大概不想重蹈废郭皇后的覆辙，而曹皇后又没有失德，才没有再作出废后之举。不过，张贵妃死时，他又不理体制，一意孤行地将她追册为温成皇后。① 从仁宗晚年这一举措去测度，他有可能会在景祐二年底，因一时冲动而复立郭氏为皇后。事实上，事过境迁，特别是在景祐三年十一月杨太后死后，仁宗又复召尚美人和杨美人回宫，最后还恢复她们的封号。若郭皇后肯忍耐，大概真的可以像尚、杨二美人一样在有利的时机得到复召和复位，而不致发生那样的悲剧。②

阎文应下手谋害郭皇后，在宋人笔下铁案难翻。他的儿子阎士良后来对人陈述他阻止陈氏女为皇后的"功劳"时，也没有（可能不敢）为其父翻案，洗脱害死郭后的恶名。阎文应真的是丧尽天良兼胆大包天，为了怕郭后复位报怨而下此毒手？还是另有人背后

---

① 关于仁宗与张贵妃的不寻常爱情，以及张家权势得以扩展的最近期的研究，可参阅张明华：《北宋宫廷的〈长恨歌〉——宋仁宗与张贵妃宫廷爱情研究》，《咸宁学院学报》2012年第1期，第22—26页。本文一位评审人质疑，仁宗既有意复召郭皇后，应该在册立曹皇后前，而不应造成可能出现的一宫二后局面。笔者认为正是仁宗处事优柔寡断，行事任性而感情上拖泥带水的悲剧个性，造成郭皇后被废而横死的悲剧。评审人以为"这种情形就宋代的历史逻辑而言也行不通"，不察仁宗本人就是这样一个喜欢不按成制办事的君主。

② 《长编》卷一一九，景祐三年十一月戊寅至戊戌条，第2811—2812页；卷一六八，皇祐二年七月丁亥条，第4048页；卷一六九，皇祐二年十月乙亥条，第4063页。章惠杨太后卒于景祐三年十一月戊寅（初四）。尚美人大概在以后复召入宫。仁宗在十七年后的皇祐二年（1050）七月丁亥（初二）赠她为充仪，她当在皇祐二年七月前已逝世。至于杨美人也在皇祐二年十月复位为婕妤，大概较早前也得到复召。

指使他干此恶事？与他同谋废后的吕夷简似乎最有嫌疑。然而正如前文所论，吕夷简老谋深算，也看重身后之名及子孙利益①，谋害皇后的事一旦东窗事发，是要灭族的。西汉霍光（？—前68）妻毒害宣帝许皇后（前89—前71）的下场他怎会不知？曹皇后已立，吕夷简只要与群臣合力阻止郭后复位即可，没有理由做出谋害郭后的蠢事。事实上，他的政敌包括范仲淹等后来用各种理由攻击他，却始终没有翻出郭后被害的旧账加诸他的头上。故此，笔者相信吕没有指使阎文应谋害郭皇后。当然，范仲淹打倒吕在宫中的同盟阎文应，吕肯定怀恨在心；但范仲淹痛击阎文应，指控他谋害郭皇后，又间接教吕夷简得以开脱害死郭后的指控，也许在这一点吕应该感激范。

仁宗当然更不会指使阎文应下此毒手。我们找不到指控仁宗杀害发妻的动机。笔者以为，唯一可以解释阎文应杀人动机的，是阎文应自作聪明，以为他把那纠缠不休，将仁宗弄得进退两难的郭后清除掉，正如他之前把尚、杨二美人以雷霆手段赶走那样，就是忠心报主的表现。然而真的是他自作主张？还是受人指使？刘太后过世后，宫中最有说话分量、仁宗不能不听的长辈，只有令阎文应逐走尚、杨二美人的章惠杨太后。也只有杨太后事涉其中，才教仁宗与识得利害的宰执大臣投鼠忌器，不敢彻查郭后被害之事。我们很

---

① 关于吕夷简从政的智术，以及河南吕氏因他居相位而兴盛，以及他诸子后人继续在宋廷掌权的情况，同门挚友王章伟博士出版的大作有精辟的论述，值得研究宋代家族史，特别是河南吕氏的同道参考。参见王章伟：《近世社会的形成——宋代的士族与民间信仰》上册，《士族篇》，《宋代新门阀——河南吕氏家族研究》；第二章《河南吕氏家族之发展》；第三章《科举、宦途与家势》，新北：花木兰文化出版社，2017年。

难想象,杨太后会狠下心来指使阎文应"铲除"教仁宗进退失据的"祸水"。当真如此,我们只能慨叹宋宫的无情。①

研究唐代宦官历史的学者,都会熟知唐宦官的内部权争。阎文应垮台,有没有宋宫内臣内斗的因素在内?阎文应父子权势熏天时,地位尚在他之上的,只有病废在家的景福殿使蓝继宗。蓝继宗景祐三年正月逝世前,是否会透过他时任内侍押班的儿子,后奉命护葬郭后事的蓝元用,纠集反对阎文应的内臣力量,并给范仲淹等通风报信,协助范等打倒阎文应?笔者在考论蓝继宗生平的旧文中,即曾怀疑蓝继宗在杨太后下令逐走尚、杨二人之事上起过幕后策动的作用。当时位在阎文应之下的高级内臣,包括入内副都知张永和(宝元元年八月升都知)、入内副都知皇甫继明(?—1047)、内侍副都知王守忠(?—1054)、入内押班王惟忠(?—1041)、岑守素、刘从愿(?—1048)、内侍押班史崇信(?—1038后)、内侍押班蓝元用(后擢入内副都知)、内侍押班任文庆等②,他们与阎的关系和立场如何,文献无征,不易确定,但当是

---

① 章惠杨太后在真宗朝以婉仪而进淑妃,侍奉刘皇后甚谨,史称她"通敏有智思,周旋奉顺后无所忤,后亲爱之,故妃虽贵幸,终不以为己间"。刘皇后因此命她抚育仁宗。故仁宗称刘太后为大孃孃,称杨太后为小孃孃。仁宗幼时,起居饮食都由杨太后照料,"拥佑扶持,恩意勤备",史称她"性慈仁,谦谨寡过"。依此描述,她不像狠心杀媳的恶姑。仁宗除尊她为保庆太后外,在她故世后,谥号曰庄惠,祝册文并称"孝子嗣皇帝",又对她的族人加官晋爵。她与仁宗虽非亲生母子,但情同骨肉。她果真为了仁宗的管治而断然做出违反人性的事,那当是非常可悲的。见《长编》卷八二,大中祥符七年三月丁未条,第1868—1869页;六月壬申条,第1881页;《宋史》卷二四二,《后妃传上·真宗杨淑妃》,第8617—8618页。

② 《长编》卷一九〇,天圣八年六月癸未朔条,第2540页;卷一一五,景祐元年十月癸亥条,第2703页;卷一一八,景祐三年正月壬辰条,第2774页;二月甲寅条,第2776页;五月辛卯条,第2785页;卷一一九,景祐三年八月辛未条,第2800页;十月癸亥条,第2809页;卷一二二,宝元元年八月丁亥条,第2878

阎文应垮台的一项不宜忽略的因素。

除章惠杨太后以外,在仁宗废后、立曹后以至郭后暴卒的事上,还有两个仁宗的至亲也实在不应忽略:第一个是推荐医师救了仁宗一命的荆国大长公主,一个是仁宗最尊礼的八叔荆王元俨(985—1044)。二人都是亲贵中可以平衡杨太后影响力,以至保护仁宗的重要人物,他们也是仁宗最信赖的至亲。然而,二人在景祐初年的宫廷风波中如何表态,我们所知的却很有限。

同样值得探讨的是范、吕之争以外的朝臣权争。笔者以为,范仲淹等人敢于挑战吕夷简和阎文应,他们背后其实有反对或与吕夷简政见不合的另一文官集团的支持。呼出欲出的就是本来名位、声望高于吕夷简的元老重臣、回朝后屈居吕之下的次相李迪、王曾及他们的支持者。吕夷简在朝中其实不能一手遮天,特别是王曾及其门生故吏,常在关键时刻影响了仁宗的决定和朝政的方向。是故,笔者认为从明道末年至景祐年间的宋廷权争,不能简单视为吕夷简与范仲淹之争,或宰相与台谏之争。事实上,王曾和吕夷简集团的权争,在景祐四年(1037)四月便白热化,二人互相攻讦,仁宗无

页;卷一二六,康定元年二月己丑条,第2972页;卷一二八,康定元年八月癸未朔条,第3031页;《宋史》卷四六七,《宦者传二·杨守珍》,第13631—13632页;《宋会要辑稿》第九册,《选举十七·武举一》,第5587页。按王惟忠在景祐元年十月癸亥(初七)以入内押班往相度河决,到康定元年(1040)八月癸未朔(初一),已迁入内都知、右骐骥使、象州防御使。王守忠则在景祐三年五月辛卯(十四)以内侍副都知、仪鸾使领雅州刺史,命为澶州修河都钤辖。十月癸亥(十九)升任皇城使。他在康定元年(1040)二月己丑(初四)则已自入内副都知领梓州观察使为陕西都钤辖。另在天圣末年宋廷的高级内臣尚有内侍省右班副都知内园使杨守珍(?—1030后),但他在天圣八年(1030)六月后的事迹不详,很可能在天圣末年或明道初年已卒,关于蓝继宗在杨太后逐走尚、杨两美人事上的态度的讨论,可参见本书第四篇《北宋内臣蓝继宗事迹考》。

奈,在是月甲子(廿二),将二人双双罢免。①

最后,从阎文应的个案,我们可以思考宋代内臣家族的问题。研究唐代内臣的学者,早就注意内臣家族的问题。②宋代内臣因史料匮乏,过去学者难以在这问题上着手。笔者过去所撰写的几篇内臣研究文章,从蓝继宗父子到董仲永等三人,都揭示宋代内臣存在的"世家"。依笔者管见,宫中的内臣地位从来不平等,高级内臣的养子比普通黄门养子在出仕及升迁方面有很大的优势,即出身内臣世家的小黄门更容易晋升高位。阎文应就是一个范例,他是内臣阎氏世家的第二代,养父阎承翰官至入内都知,他凭着内臣"贵二代"的恩荫与优势,得以亲近帝后,成为帝后宠信的近侍,最后凭着迎合帝后、勾结廷臣的手段,加上本身一点治事才干,得以擢至内臣之首的入内都知,这是寻常小黄门不易得到的机遇。阎文应的官位比养父阎承翰更高,权势更大,惟不幸的是,他的罪愆也极大。至于他的养子"阎三代"阎士良,也很早便被选为勾当御药,成为仁宗身旁宠信的内臣,虽然一度因父被重贬而出外,最后也被召回,步步高升,位至廉州团练使。他的权位及恶行虽然稍逊其父,但并非善类,不断招致廷臣言官的纠弹。③

---

① 《长编》卷一二〇,景祐四年四月甲子条,第2826—2827页。
② 较近期的相关研究有杜文玉:《论墓志在古代家族史研究中的价值——以唐代宦官家族为中心》,载赵振华主编:《洛阳出土墓志研究文集》,北京:朝华出版社,2002年,第169—179页。
③ 好像御史包拯早在庆历四年(1044)八月,已奏劾时任蔡州驻泊都监的阎士良强买马牛及乞取钱物等不法事七十五状,而赵抃(1008—1084)也在至和二年(1055)七月己未(初三),以御史弹奏阎士良"为性狡黠,自来与中外大臣交相结托,久在河北张皇事势,天下具知,及历任曾有赃罪至徒";反对授他带御器械。又御史吕景初(?—1061后)在嘉祐三年(1058)七月,揭发知雄州马怀德厚贿阎士良,让他在入奏事时为他美言。时任同知通进银台司兼门下封驳事的何剡(1004—1072),也在嘉祐四年(1059)十二月劾奏阎士良"好

至于阎氏内臣世家第四代的情况，阎士良有子阎安（？—1106后），在徽宗朝（1082—1135，1100—1126在位）官至入内内侍省都知，延续了阎氏在宋宫政治的影响力，其父子之事迹将在本书第八篇《北宋阎氏内臣世家第三、四代人物阎士良与阎安》详述。

修订附记

本文原刊于《中国文化研究所学报》2014年第58期，第65—88页。现增补一些史料，主要观点不变。

作威福，昨又与边臣公行贿赂"，"恣作威福，骚扰边臣，不可不虑也"，反对他出任鄜延路都钤辖。见《长编》卷一八〇，至和二年七月丙戌条，第4362—4363页；卷一八七，嘉祐三年七月己丑条，第4517页；卷一九〇，嘉祐四年十二月癸未条，第4602页；包拯撰，杨国宜整理：《包拯集编年校补》卷一，《请勘阎士良》，合肥：黄山书社，1989年，第25页。

第八篇　北宋阎氏内臣世家第三、四代人物阎士良与阎安

一、导言

本文是笔者研究北宋阎氏内臣世家的第三部分。阎氏第一代的阎承翰、第二代的阎文应在真宗及仁宗朝均分别官至北宋内臣的最高职位入内内侍省都知和都都知，尤其阎文应更是权倾朝野。①第三代的阎士良（？—1079后）以担任仁宗近侍的御药而深获仁宗宠信②，惟当其父罄竹难书之恶行，不容于以范仲淹为首的文臣集团而被罢都知职逐出朝廷时，阎士良也被一并被逐离宫禁。仁宗后来重新委他以多处地方兵职，他到神宗时官至皇城使领团练使，但言官文臣始终不放过他，一再劾奏他的过失。为此，他虽有干才，

---

① 关于阎承翰及阎文应的事迹，参见本书第六篇《宋初高级内臣阎承翰事迹考》；第七篇《小文臣与大宦官：范仲淹与仁宗朝权阉阎文应之交锋》。
② 关于御药院在宋代内臣机构中的重要角色，以及给事御药院的内臣如知御药院等人，因亲近皇帝而获得宠信的情况，最近期的研究可参见程民生：《宋代御药院探秘》，《文史哲》2014年第6期，第80—96页。另苏州大学的丁义珏博士近期亦在程氏一文的成果上进一步研究御药院，并于2016年8月在广州举行的宋史年会上报告初步研究成果。

尤其是治河屯田之才；但始终无法回朝担任父祖曾担任的两省内臣都知或押班等主官之高职。他的儿子阎安（？—1106后）却获重用，在哲宗及徽宗朝，先后获委为内侍省押班及入内内侍省押班之主官职务。北宋内臣四代都出任高职，阎氏可说是一个特例。据现存史料，宋代内臣家世可考超过四代以上的，计有两宋之交的内臣董仲永（1104—1165）、郑景纯（1091—1137）、杨良孺（1111—1164）及李中立（1087—1164），但他们并没有像阎氏那样四代均位高权重。①故北宋阎氏内臣确可称为内臣世家，值得研究宋代内臣的学者注意。

因阎士良前半生事迹已在《小文臣与大宦官：范仲淹与仁宗朝权阉阎文应之交锋》一文论及，故本文集中讨论他在其父贬死后之事迹。又《宋史》及《东都事略》均未为阎士良及阎安父子立传，仅在阎文应传后道及阎士良向仁宗进言反对陈氏女为后一事，而未有记他以后的事迹。②本文即据《长编》《宋会要辑稿》及宋人文集笔记等相关史料，考述阎氏父子之事迹。又本文所述之内臣父子，均为养父子关系。

二、阎士良在仁宗朝后期之事迹

阎士良在景祐二年（1035）十二月辛亥（初一）随着阎文应被

---

① 董、郑、杨、李四人均有墓志铭传世，他们的家世及生平事迹可参见本书第九篇《曹勋〈松隐集〉所收的三篇宋代内臣墓志铭》和第十篇《两宋之际内臣李中立事迹考》。

② 王称：《东都事略》卷一二〇，《宦者传·阎文应》，第4页上—5页上；《宋史》卷四六八，《宦者传三·阎文应》，第13656页。

罢入内都都知,他也被罢御药离开京师,以入内供奉官获晋升一级为大使臣的内殿崇班作为补偿。阎文应在宝元二年(1039)九月癸卯(十五)卒于相州(今河南安阳市),阎士良大概奉其柩归葬京师(今河南开封市)。①

仁宗虽然对阎士良眷宠未衰,但碍于文臣和言官的反对,始终未召阎回宫供职,庆历三年(1043)八月丁未(十三),阎父的大对头范仲淹召入参政,他更不可能回朝。②庆历四年(1044)六月壬子(廿二)范仲淹以在朝中推行新政不顺,自请出宣抚陕西河东获准。③不过,阎士良并未因范的离开朝廷而获召回,反而因与文臣相争而被责。阎在被罢御药时官内殿崇班,到庆历四年前他已越过大使臣而获晋升诸司副使最低一阶的供备库副使并担任蔡州(今河南汝南县)驻泊都监的兵职,他恃仁宗之宠信而"颇挟势骄倨",历任的蔡州守臣都争相巴结而"颇优礼之"。但阎不料到在庆历三年新知蔡州的司勋员外郎、前宰相陈尧佐(963—1044)之子陈述古(?—1090)偏偏不买他的账。阎因心怀愤恨,要找机会教训陈。这年(庆历三年)冬天,蔡州所降的雨一接触树木便结成冰。陈就评论此一异常天象说:"是所谓木稼,亦木介也。木有稼,达官怕。木介,革兵之象,其占在国家。"阎听到陈这一番

---

① 本书第七篇《小文臣与大宦官:范仲淹与仁宗朝权阉阎文应之交锋》;夏竦:《文庄集》,文渊阁《四库全书》本卷二六,《碑铭·传法院碑铭》,第4页。据夏竦撰于景祐二年(1035)六月的《传法院碑铭》所记,阎士良当时以御药院入内供奉官担任监译佛经的工作。他在同年十二月与父阎文应被逐出朝,获加的官即是入内供奉官高一阶的内殿崇班。
② 《宋史》卷一一,《仁宗纪三》,第216页。
③ 《长编》卷一五〇,庆历四年六月壬子条,第3636—363页;《宋史》卷一一,《仁宗纪三》,第218页。

话，就乘机断章取义地奏报仁宗，说陈指斥朝廷。陈可不是省油的灯，当知道阎向他暗施毒箭时，就向仁宗上奏，揭发阎的不法事共八十七状。朝臣都不值阎所为，一面倒支持陈，结果阎被定罪，贬至许州（今河南许昌市）。阎当然不服，他再上奏劾陈私役兵士恣横不公之事。这时任监察御史的包拯上奏称蔡州官员人吏及僧尼均举报阎强买赢马牛羊，以及索取钱物共七十五条罪状，请求勘问阎士良。仁宗在言官的压力下，无法包庇阎，于是命监察御史刘湜（？—1055后）及许州通判、太常博士张士安再往蔡州审鞫他。四年八月己酉（二十），宋廷作出判决：阎坐受所监临赃罪成，夺二官自供备库副使降为大使臣的内殿崇班，而陈述古也以指控阎的罪名不实被罚铜七斤罢知蔡州。①

阎士良与陈述古相争，双双都受责，但陈只被罚铜及罢职，阎却被夺二官，从诸司副使降为大使臣，成为输家。他不省悟其父的恶行在宋廷文臣心中一直未去，却恃仁宗的恩宠而不识谦退，想报复陈述古，却反过头来被文臣和言官打倒，实在愚不可及。附带一谈，是年九月戊辰（初十），与阎文应当年朋比的前任相臣吕夷简（979—1044）卒于郑州，而在不足一月后，在十月辛卯（初三），另一元老重臣陈尧佐也病逝。论交情阎士良大概会往离许州不远的郑州拜祭吕夷简的，至于陈门他大概不会去自讨没趣。②

阎士良从庆历四年八月后到皇祐元年（1049）十二月前的仕历

---

① 《长编》卷一五一，庆历四年八月戊申条，第3687页；包拯撰，杨国宜整理：《包拯集编年校补》卷一，《请勘阎士良》，第25页；《宋会要辑稿》第八册，《职官六十四·黜降官一》，第4792页。
② 《长编》卷一五二，庆历四年九月戊辰条，第3698—3699页；十月辛卯条，第3707页。

不详，宋廷在庆历五年（1045）二月戊子（初一）纳枢密副使韩琦（1008—1075）之议，分遣内臣宫苑使周惟德等八人往诸路选汰羸兵。三年后，在庆历八年（1048）二月壬申（初四）再派内臣如京使陈延达等六人往诸路简选兵编入上军。在这两次选兵差使，阎士良均榜上无名。同样，从庆历七年（1047）十二月辛丑（初一），到庆历八年闰正月辛丑（初二）宋廷所派平定贝州（今河北清河县）王则（？—1048）之乱的内臣将校中，也没有阎士良的份。①似乎阎士良并未获宋廷委以重任。

然到皇祐元年十二月庚申朔（初一），阎士良却以崇仪副使获委权高阳关（今河北高阳县东旧城）钤辖兼管勾河北屯田事这一重要兵职，接替先前自高阳关钤辖入召拜内侍省副都知的昭宣使、眉州防御使杨怀敏（？—1049）。这时的宰相和枢密使分别是文彦博（1006—1097）和庞籍（988—1063），没有二人的同意，就是仁宗如何属意阎士良，阎也不能获得这一项重要的兵职，虽然阎以官低而只是权领，并未真除。②考阎士良在庆历四年八月被贬为内殿崇班，到皇祐元年十二月回升为诸司副使第十六阶的崇仪副使，共升了八级。他是如何升迁的？史所不载他有何功绩。大概又是仁宗皇恩浩荡。高阳关旧称关南，是宋防御辽国的边防重镇，而钤辖是一路的高级兵职，只在都部署、部署及都钤辖之下。阎能膺

---

① 《长编》卷一五四，庆历五年二月戊子朔条，第3744页；卷一六一，庆历七年十一月戊戌条至丁巳条，第3890—3893页；卷一六二，庆历八年正月甲戌至闰正月辛丑条，第3902—3906页；卷一六三，庆历八年二月壬申条，第3918页。
② 《长编》卷一六六，皇祐元年五月壬辰朔条，第3999页；卷一六七，皇祐元年十一月戊戌至十二月壬戌条，第4022—4023页。杨怀敏在皇祐元年五月壬辰朔（初一）自昭宣使眉州防御使高阳关路钤辖兼管勾河北沿边安抚使。

此要职，宋廷大概看上他管理屯田方面的才能，而不是他的统军能力。阎士良的祖父阎承翰及父阎文应是治河及屯田的专家[①]，他显然学会了其祖及其父这番本事，故被宋廷委以重任。他在神宗熙宁六年（1073）十二月、熙宁八年（1075）二月及熙宁九年（1076）五月三番上奏论治河屯田之策，充分证明他是这方面的干才。[②]

阎士良在皇祐元年正月前至是年底的顶头上司知瀛州（今河北河间市）是礼部侍郎、翰林侍读学士、兼龙图阁学士王拱辰（1012—1085）。[③]据《长编》及《宋史·程戬传》的记载，继王拱辰出任知瀛州很有可能是后来拜参知政事及枢密副使官至宣徽南院使、武安军节度使的程戬（997—1066），他曾折节交结阎士良，甚至令妻子出见。按程戬曾在皇祐二年二月前至皇祐四年七月前知瀛州，二书所记他交结阎士良当是在这时。[④]

[①] 关于阎承翰及阎文应在真宗及仁宗朝于河北河南治河并屯田的事功，可参本书第六篇《宋初高级内臣阎承翰事迹考》和第七篇《小文臣与大宦官：范仲淹与仁宗朝权阉阎文应之交锋》。

[②] 《长编》卷二六〇，熙宁八年二月辛卯条，第6350页；《宋会要辑稿》第十册，《食货四·屯田杂录》，第6033页；第十五册，《兵二十八·备边二》，第9215、9217页。

[③] 《长编》卷一六六，皇祐元年正月甲辰条，第3981—3982页；五月壬辰朔条，第3999页；卷一六七，皇祐元年十一月壬寅条，第4022页；卷一六八，皇祐二年二月乙丑条，第4033页。王拱辰于皇祐二年二月乙丑（初八）已徙任河东路安抚使，他大概在皇祐元年底或二年初离开瀛州，接替在皇祐元年十一月壬寅（十三）逝世的宣徽北院使、判并州的奉国节度使郑戬（992—1049）。

[④] 《宋史》卷一二，《仁宗纪四》，第230页；卷二九二，《程戬传》，第9755—9757页；《长编》卷一六四，庆历八年四月壬申条，第3943页；卷一六六，皇祐元年正月甲辰条，第3981—3982页；卷一六七，皇祐元年十月壬午条，第4019页；卷一七二，皇祐四年三月丁未条，第4138页；卷二七〇，治平三年正月乙亥条，第5022页；张方平撰，郑涵点校：《张方平集》，《乐全集》卷三六，《赠太尉谥曰康穆程公神道碑铭并序》，郑州：中州古籍出版社，2000年，第604页。据程戬神道碑、《长编》及《宋史》本传所记，程戬在庆历八年正月贝州王则之乱后因曾推荐贼首的知贝州张得一而被贬职，四月壬申（初四）先自知益州（今四川成都市）贬知凤翔府（今陕西宝鸡市凤翔区），然后

皇祐二年（1050）十月癸亥（初九），仁宗擢升首席内臣景福殿使、武信军节度观察留后、入内内侍省都知王守忠（？—1054）为延福宫使、入内内侍省都都知。①这是当年阎文应所获的最高职位。于阎士良而言，晋为两省主官最低的押班尚是遥遥无期，更不用说都都知这高位了。

值得一提的是，故相吕夷简次子吕公弼（998—1073）在是年二月授河北转运使，他在任上，"通御河，漕粟实塞下。又置铁冶，佐经用，减近边屯兵，使就食京东，以省支移。诸州增壮城兵，专给版筑，以宽民役，又蠲冗赋及民负责不能偿者数以百万计，而官用亦饶"。因他这番政绩，仁宗以他为能，皇祐三年（1051）四月辛丑（廿一），将他自河北转运使、工部郎中、直史馆擢为天章阁待制、河北都转运使。吕的职权上也包括监督阎的工作。②在程戡及吕公弼两人辖下，阎士良在高阳关及河北屯田治水的工作似乎没有什么阻滞。阎在这几年间又擢升五阶为六宅副使。而其父的大敌范仲淹也在皇祐四年（1052）五月丁卯（廿三）卒

在皇祐元年正月甲辰（十一）前再徙知河中府（今山西永济市西），大概在十月再徙永兴军（今陕西西安市），接替不愿去永兴军的给事中刘沆（995—1060）。到皇祐二年二月前迁左司郎中，领瀛州高阳关路马步军都部署、安抚使，接替调往河东的王拱辰。他甫到任，就迁左谏议大夫。皇祐二年九月宋廷祀明堂覃庆，迁给事中。稍后辽使到高阳关，却称疾以纱巾见。程戡坚持辽使要见面就一定要遵礼，若称疾就不如不见。辽使见程坚持，就具冠服如仪相见。仁宗闻之大为嘉许，不久召还命知审官院。他在皇祐四年十二月丁丑（初六），冉以端明殿学士出知益州。结合包拯在四年七月戊申（初五）继知瀛州之事，程戡当在皇祐四年七月前已从瀛州召回知审官院。程戡成为阎士良的上司，当在皇祐二年二月前到皇祐四年七月前。

① 《长编》卷一六九，皇祐二年十月癸亥条，第4063页。
② 《长编》卷一七〇，皇祐三年四月辛丑条，第4089页；卷一七一，皇祐三年九月己未条，第4109页。考吕公弼在皇祐三年九月己未（十一），曾奉诏赴京师议论修河之事。

于徐州①；不过，在是年三月丁未（初二）继吕公弼任河北都转运使，并在七月戊申（初五）再接程戡升为高阳关路安抚使、知瀛州，对阎素无好感的包拯，因阎再超擢为诸司正使的崇仪使，就上奏反对成为他僚属的阎升官，并对阎自从在蔡州任上得罪以来的表现，以及他在河北治河屯田的工作所带来之负面效果清算一番：

> 臣等伏见六宅副使阎士良除授崇仪使，周测缘繇，中外疑惑。盖自明堂覃恩之后，臣僚非著灼然功效，未尝有超越迁转者。按士良先任蔡州都监日，以不法坐罪黜降，不逾数年，复升职任。今又不次骤正使名，物议喧然，以为不可。且河朔塘水当无事之时，亦可助边防之固，但存旧制，公私为便。顷岁杨怀敏兴修不已，大为民患，累有臣僚论列，遂令依旧。自士良继领是职，访闻复以创置屯田为名，疏决水势，飘浸乡邨，沿塞居民，尤被其苦。况逐州军自属长吏等笔构，岂假更设斯局！兼士良到阙奏事，仅及两月，迁延不去，必是以此为功，邀求进秩，既得之后，何所不至！寖开侥幸之路，或构戎虏之隙，则为害不细。伏望圣慈特许追夺前命，以戒将来，及移士良与别路差遣，庶免向去别启衅端。②

---

① 《长编》卷一七二，皇祐四年五月丁卯条，第4146页。
② 《长编》卷一七二，皇祐四年三月丁未条，第4133—4138页；四月壬午条，第4141页；《包拯集编年校补》卷一，《论阎士良转官》，第26—27页；《宋史》卷一二，《仁宗纪》，第229—230、235页。考包拯在皇祐四年三月丁未（初二），以兵部员外郎、天章阁待制、知谏院擢为龙图阁直学士为河北都转运使。他在七月戊申（初五）徙知瀛州兼高阳关路安抚使，成为阎士良的直属上司。包拯此奏上于何年月未有说明，本书的校补者杨国宜先生怀疑在至和二年（1055）七月。笔者认为此奏最有可能上于皇祐四年七月戊申（初五）至五年中（按包拯在皇祐五年以丧子请闲郡而调知扬州。包拯在此奏力请将阎士良

包拯的上言似乎改变不了阎士良的升官，仁宗坚持要给他宠爱的内臣恩典，许多时候宋廷文臣言官也反对不了。好像在皇祐五年九月壬辰（廿六），仁宗便史无前例地将他东宫随龙之人、入内内侍省都都知王守忠晋为入内内侍省、内侍省都都知，一人兼领二省。谏官韩绛（1012—1088）反对不报，殿中侍御史俞希孟（？—1054后）最后只能争得仁宗同意下不为例。①故仁宗坚持要超擢阎士良，包拯也就无法阻止。

事实上包拯本人也在皇祐五年中以丧子而自请离开瀛州，改知内地的扬州，大概在至和元年（1054）十一月前再徙原籍庐州（今安徽合肥市），对阻止阎士良升官之事已无能为力。②在至和元年六月前继任知瀛州兼高阳关路安抚使的，据赵抃（1008—1084）、《宋史·陈升之传》及《宋会要辑稿》所记，是天章阁待制、河北都转运使陈旭（即陈升之，1011—1079）。据称陈与阎士良妓妾多

---

① 徙往别路，又痛陈阎士良在河北治河屯田之害，他若非成为阎的顶头上司，就不会不在其位而论其政。又奏中提及明堂覃恩，考仁宗在皇祐二年九月辛亥（廿七）举行明堂大典礼成，大赦天下，百官进秩一等。并下诏："自今内降指挥，百司执奏毋辄行。敢因缘干请者，谏官、御史察举之。"包拯所说明堂覃恩当指此事。按仁宗在皇祐五年（1053）十一月己巳（初四）祀天地于圜丘并大赦天下和加恩百官。若阎士良迁官在此时，包拯就当会提到圜丘大典。故笔者认为包拯此奏当上于皇祐四年七月至五年初。又原本接包拯河北都转运使一职的是右谏议大夫天章阁待制李柬之（？—1073），但诏命未下就为御史所劾。宋廷在四月壬午（初七），就改命吏部郎中、龙图阁直学士、知徐州孙沔（996—1066）代为河北都转运使，而将李柬之徙知澶州（今河南濮阳市）。一番周折，包拯留任河北都指运使到七月才徙知瀛州兼高阳关路安抚使。《长编》卷一七五，皇祐五年九月壬辰条，第4234页。
② 《宋史》卷三一六，《包拯传》，第10316—10317页；《长编》卷一七七，至和元年十一月丙寅条，第4290页；卷一八一，至和二年十二月庚寅条，第4385页。包拯在皇祐五年哪一月离瀛州赴扬州不详，估计是五年初。按至和元年十一月丙寅（初七）工部郎中、天章阁待制、淮南江浙荆湖制置发运使许元徙知扬州，大概是接包拯扬州之任。包拯在至和二年十二月庚寅（初七）坐保任之失自知庐州被责降知池州时，已知庐州多时。

次饮宴，交相结托，得以迁龙图阁直学士知成德军（即镇州、真定府，今河北正定县）。而阎士良大概就得到陈的表功，得到晋升。①阎士良大概在皇祐五年十一月丁丑（十二），因宋廷祭天地于圜丘之大典而加恩百官，还在崇仪使之上加领康州刺史。知制诰王珪（1019—1085）奉命撰写制书，将他的守边治河的劳绩称美一番，尤其突出他对仁宗的忠心，言事无隐：

> 敕某：古之刺史盖方伯之寄，而其任且重也；然今遥领之命，参用武干，非功辑而资茂者，未易授焉。以尔端锐介悟，事朕有年。朕之轩闼近侍之臣甚众，若尔之论事，慷慨而不顾者则几希其人，日者护北陲而复濬塘涘，缮亭障，积有岁月之劳，兹用锡尔以郡符，其益思所以经远之画，以宽予忧边，时维尔忠荩之报。可。②

皇祐六年（即至和元年，1054）正月癸酉（初八），仁宗极

---

① 赵抃：《清献集》卷九，《奏状同唐介王陶论陈旭乞寝罢除命·十二月四日》，文渊阁《四库全书》本，第16—17页；《奏札论陈旭乞待罪·正月二十七日》，第26页下—28页上；《宋史》卷三一二，《陈升之传》，第10237页；《宋会要辑稿》第七册，《职官四十一之九十一·安抚使》，第4045页。陈旭（按《宋会要辑稿》作后来改名的陈升之）在至和元年六月甲辰（十二），以高阳关路都部署（按《宋会要辑稿》写作"都总管"以避英宗之讳）兼安抚使知瀛州上言，请下雄州及沿边安抚司，今后每本查探事宜，并关报本路安抚司。宋廷从其请。据此条记载可知陈旭于至和元年六月前已继任知瀛州。
② 《长编》卷一七五，皇祐五年十一月丁卯至丁丑条，第4238—4239页；王珪：《华阳集》卷三四，《崇仪使阎士良可康州刺史制》，第5页。王珪这篇制文撰写的年月并未注明，据《宋会要辑稿》的记载，他在皇祐五年正月癸丑（十二）已任知制诰，相信这篇制文当写于皇祐五年正月后。参见《宋会要辑稿》第九册，《选举一·贡举一》，第5252页。

宠爱的张贵妃（1024—1054）病逝，仁宗不理礼制，要将她追册为温成皇后，并加恩张氏家人。言官御史多人反对无效，只好请求补外职或告假。言官力量一下子大为削弱。仁宗随后又坚持要给病重的首席内臣王守忠加节度使，言官们也只能妥协同意真除王为节度观察留后。① 仁宗在三月庚辰（十六）改元至和，因张贵妃追册温成皇后有劳的内臣入内押班石全彬（？—1070），成为仁宗最宠信的内臣，十一月壬午（廿三），石被擢为入内副都知。知制诰刘敞（1019—1068）封还制书词头，向仁宗力陈不可。仁宗暂时将任命搁下，但三月后，仁宗仍将石晋升为入内副都知。② 仁宗在至和二年（1055），就不理言官的反对，将他宠信的一大批内臣包括阎士良擢升。

三月辛未（十三）及丙子（十八），仁宗将九员高级内臣，包括石全彬分别加官及晋为两省副都知或押班。③ 阎士良是仁宗的心

---

① 《长编》卷一七六，至和元年正月癸酉至癸巳条，第4249—4252页。仁宗极宠王守忠，当王在至和元年（1054）正月病重而求节度使官时，仁宗许之。宰相梁适（1000—1070）与御史中丞孙抃（996—1064）力争不可，仁宗才妥协，只真除王为低一阶的节度观察留后。言官仍反对要上疏抗争时，王在第二天便死了，群臣只好作罢。
② 《长编》卷一七六，至和元年三月庚辰条，第4256页；卷一七七，至和元年十一月壬午条，第4291—4292页。
③ 仁宗首先在三月辛未（十三），将内侍右班副都知昭宣使果州团练使邓保吉（？—1067）调任入内副都知，然后在五天后（丙子，十八）再将邓保吉及另一员入内副都知宫苑使营州防御使任守忠（990—1068）一同擢为宣政使。而另一员入内副都知左骐骥使英州刺史史志聪（？—1061后）则擢领忠州团练使。石全彬则由入内押班宫苑使利州观察使擢为入内副都知。而原来的两员内侍押班皇城使果州防御使武继隆（？—1058后）、左骐骥使荣州防御使邓保信（？—1061后）就擢为内侍副都知。三员内侍押班王从善（？—1056后）、邓宣言（？—1056后）及于德源就获得加官：王从善自文思使果州团练使晋为北作坊使，邓宣言在内藏库使彭州刺史上加授洛使，于德源在荣州刺史上加授北作坊使。邓保吉与王从善在是月十二月戊子（初五），先后被委为修河都钤辖。王从善在嘉祐元年六月辛酉（十六）却以修河失利被贬为濮州都监。

腹内臣,他在皇祐四年擢任崇仪使并领康州刺史后,就已真除高阳关路钤辖。宋廷在至和二年五月甲申(廿七)下诏罢河北、河东、陕西三路知州兼路分钤辖、都监,若知州为正任团练使以上就只为本州部署,诸司使以上就为本州钤辖,其余就管勾本州驻泊兵马公事。宋廷这番规定,就巩固了阎士良在高阳关路钤辖的地位。①

仁宗下一个要擢升的心腹内臣当然是阎士良,七月初,仁宗降指挥授阎士良带御器械。仁宗的用意是授阎带御器械一职,阎士良就拥有可以出任两省押班的必须资历,可以回朝出任两省押班。侍御史范师道(?—1062后)、殿中侍御史吕景初(?—1061)、右司谏马遵(?—1056后)及殿中侍御史赵抃均看出仁宗的心意,纷纷上言反对。素有铁面御史之称而弹劾不避权幸的赵抃,在是月己未(初三)便上奏乞罢阎士良带御器械:

> 臣等窃闻内臣阎士良已得指挥带御器械,伏睹前年郭申锡上言,内臣旧制,须经边任五年,又带御器械五年,仍限五十岁以上,及历任无赃私罪,方预选充押班。寻闻陛下听纳,中外传播,以为得宜。盖欲得老成谨畏无过之人,在陛下左右。闻诏密院,常令执守施行。今来诏墨未干,已闻除士良带御器械。窃以御带职名,多是承例叙迁押班,须是自御带之任,便须选老成谨畏无过之人。况士良为性狡黠,自来与中外大臣交相结托,久在河北,张皇事势,天下具知,及历任曾有赃罪至

参见《长编》卷一七九,至和二年三月辛未至丙子条,第4322—4333页;卷一八一,至和二年十二月戊子条,第4385页;卷一八二,嘉祐元年六月辛酉条,第4411页;卷一八四,嘉祐元年九月庚辰条,第4448页。
① 《长编》卷一七九,至和二年五月甲申条,第4341页。

徒。今来密院殊无执守，首禀著令，所有士良新命，乞赐寝罢，别择善良，以惩劝陛下左右之人。

赵抃所言句句有理，仁宗碍于公议，只好收回成命，阎士良就做不成两省押班。①从赵抃此奏，让我们知道他是年尚未到五十，而不少中外臣僚都看在他是仁宗心腹，刻意巴结他；不过，朝中言官直臣如赵抃，就防微杜渐，不让他有机会返回宫中，像其父阎文应那样专权任事。

仁宗于翌年（嘉祐元年，1056）正月甲寅朔（初一）忽然得病，且胡言乱语，庚寅（初七），当宰相文彦博率百官入内东门小殿问安时，仁宗从宫中走出来并大呼曹皇后（1016—1079）及他素来不喜的内臣张茂则（1016—1094）谋害他。幸而文彦博处置有方，而入内副都知史志聪及邓保吉都是素来谨愿的人，都愿听从文彦博及次相富弼（1004—1083）的意见，让两府大臣留宿殿中，以备不虞，并同意两府大臣往寝殿见仁宗。仁宗终于在二月甲辰（廿二）康复，并御延和殿见群臣。一场政治危机暂时化解。四月甲戌（廿八），仁宗以诸内臣在他患病期间给事有劳，入内副都知石全彬自利州观察使升一级领宁远军留后，任守忠自营州防御使升一级领洋

---

① 《长编》卷一七七，至和元年九月辛酉条，第4278页；壬申条，第4280页，卷一七九，至和二年四月丙辰条，第4333—4334页；卷一八〇，至和二年七月丙戌条，第4362—4363页；卷一八三，嘉祐元年八月丙寅条，第4438页；赵抃：《清献集》卷七，《奏状乞罢内臣阎士良带御器械·七月三日》，第22页上—23页上；《宋史》卷三二〇，《范师道传》，第10027页。考《宋史·范师道传》记，"宦官石全彬、阎士良升进，皆尝奏数其罪"，当指这次反对阎授带御器械事。

州观察使,史志聪自忠州团练使升一级领嘉州防御使。①我们不能想象,若阎士良当日授带御器械而不久再获擢为押班,他会否像史志聪及邓保吉等这样从善如流。九月丁未(廿八),两省主官便出了一个空缺:石全彬晋升为宣庆使、武信军留后而罢入内副都知,他的遗缺就由原内侍押班邓宣言补上。而到十月甲辰(十四),内侍押班王从善再以修河无功,从北作坊使果州团练使贬为文思使。他的押班职位似也不保。若阎士良拥有带御器械的资格,说不定他这次便有机会补上邓宣言或王从善的押班职位。②当然,一向嫉恶的龙图阁直学士、刑部郎中包拯,就在十二月壬子(初五)从江宁府(今江苏南京市)召入,加授右司郎中权知开封府,并在嘉祐三年(1058)六月庚戌(十一),再以右谏议大夫权御史中丞。阎士良遇上包拯,他入朝的机会就大打折扣。按包拯甫就新职,就上奏仁宗指出"近年内臣禄秩权任,优崇稍过,恐非所以保全之也。以陛下英明神断,有罪必罚,此辈或不敢为大过,然在制之于渐,庶免贻患"。他力请仁宗依真宗的遗训,对内臣凡事更加裁抑。包拯在七月丁亥(十九)再获领转运使、提点刑狱考课院。③

包拯还未出手,他的副手、当年有份劾奏阎士良、已晋升为

---

① 《长编》卷一八二,嘉祐元年正月甲寅至二月丙午条,第4394—4397页;四月甲戌条,第4405—4406页;卷一八七,嘉祐三年六月丙寅条,第4515页。按史志聪在嘉祐三年六月丙寅(廿七)前已擢为入内都知,位在两员入内副都知任守忠及邓保吉之上。
② 《长编》卷一八四,嘉祐元年九月丁未条,第4449页;十月甲辰条,第4456—4457页。宋廷派往查察修河的除了有铁面御史之称的殿中侍御史里行吴中复(1011—1079)外,还有文思副使带御器械邓守恭。邓守恭可能就是取代了阎士良带御器械职位的内臣。
③ 《长编》卷一八七,嘉祐三年六月庚戌条,第4512—4513页;七月丁亥条,第4517页。

侍御史知杂事的吕景初,就在七月己丑(廿一)劾奏知雄州(今河北雄县)、舒州团练使马怀德(1009—1064),趁着阎士良入朝奏事的机会,以名贵的牛黄、麝脐厚赂他,希望阎在仁宗前为他说好话。结果马怀德被降一阶为四方馆使、英州刺史。而阎士良就自高阳关路钤辖、北作坊使、廉州团练使降七阶为崇仪使且罢去钤辖兵职。这里值得说一下,阎士良在至和二年时官崇仪使领康州刺史高阳关路钤辖,虽然因赵抃等的反对做不成带御器械,也补不上押班之职,但到嘉祐三年短短四年多,他就擢升为北作坊使领廉州团练使,仁宗待他的确不薄。这次御史劾他受贿,结果他被责降,官职差不多回到至和二年时的级别,为的是他恃宠贪贿的性格不改。包拯任御史中丞后对仁宗说的话,绝非无的放矢。①

宋廷言官对专横不法的高级内臣一直穷追猛打,并非只针对阎士良一人。嘉祐三年十月己未(廿二),谏官奏劾内侍副都知、昭宣使、果州防御使武继隆故出内侍省吏阑入御在所之死罪,另又私役兵匠计庸至百二十二匹,并接受洪福寺僧馈赠事,查明属实,降职为单州(今山东单县东南)都监,后改海州(今江苏连云港市)都监,并罢内侍副都知逐出宋宫。翰林学士兼侍读学士赵概(997—1083)因与武继隆提举诸司库务,也受牵连为御史所劾,庚申(廿三),被罚铜三十斤。②

嘉祐四年六月己丑(廿七),仁宗特擢文思副使、内侍押班甘昭吉(?—1063后)为内侍副都知,填补武继隆之缺。甘字祐之,

---

① 《长编》卷一八七,嘉祐三年七月己丑条,第4517页;《宋会辑稿》第八册,《职官六十五·黜降官二》,第4807页;《宋史》卷三二三,《马怀德传》,第10467页。
② 《长编》卷一八八,嘉祐三年十月己未至庚申条,第4530—4531页。

是开封人,初以内殿崇班为京东路都巡检,因平定齐州(今山东济南市)武卫军叛乱有功,特迁供备库副使、带御器械。因有带御器械的资格,后来内侍押班有缺,仁宗记起他在齐州之功,就特授之。甘的例子让我们更清楚看到当年言官为何反对授阎士良带御器械,为的是阻止他出任两省押班。①

十月癸酉(十二)宋廷大祫于太庙,大赦天下。戊寅(十七),加恩百官。仁宗趁这个机会,将两员心腹内臣复官:武继隆复官为海州都监、昭宣使、果州防御使;阎士良复官为北作坊使、廉州团练使、京东西路钤辖。十二月癸未(廿二),仁宗又将武继隆的兵职升为京东西路钤辖,阎士良的兵职升调为鄜延路都钤辖。同知通进银台司兼门下封驳事何郯(1005—1073)反对此一任命,他奏称:"二人前罪犯至重,遇恩复官,已为优厚,今于差遣各似未允。况继隆素非善良,早年不尽心于陛下,已降充江州监当,不可授之一道兵权。士良好作威福,昨又与边臣公行赂遗,今不可复委以边任。伏望圣明上存国体,下慰人言,开至公之路,抑近幸之势,继隆改除一州钤辖,士良授与近里州军差遣。"何郯再翻二人的旧账,忧虑二人获授新的一路兵职会带来的祸害:"众议喧传,云向时保州之乱,因继隆本州官僚素有忿隙,尝以言语激发军心,致成后患。当时其事在远,朝廷不知,不曾推究其实,然众口云,自今未息,事深可疑。今授以一道兵权,尝被罪谪,必怀怨望。若旧恶不悛,又以一言摇众逞憾,则为害非细。士良恣作威福,骚扰

---

① 《长编》卷一八九,嘉祐四年六月己丑条,第4571页;《宋史》卷四六七,《宦者传二·甘昭吉》,第13636页。

边臣,不可不虑也。"①

然何郯的进言改变不了武继隆及阎士良的任命,仁宗坚持授与两名心腹内臣重要兵职。监察御史里行王陶(1020—1080)在翌年(嘉祐五年)正月辛亥(廿一)上奏,指阎士良性狡黠,过去多次生事,把他置于边地的鄜延路不妥。仁宗接纳王陶的劝谏,将阎恢复为京东西路都钤辖。至于武继隆是否调为鄜延路钤辖待考。②

言官继续反对仁宗厚待内臣,是年十一月辛卯(初六),殿中侍御史吕诲(1014—1071)批评管勾御药院的四名内臣入内供奉官王保信、王保宁、邓保寿、王世宁,所除授的官竟至遥领的团练使及刺史,实在骇人听闻。他引述前朝成例,指他们无功无劳,只可给他们平转官职。更提出"属边疆多事之际,恐因此内臣无功进秩,提兵授律者不肯用命"。他进一步批评过去勾当御药院可迁官至遥领团练使的"暗转"制度。另外,他又弹劾枢密使宋庠(997—1066)曾交结王保宁,暗中求他援助,认为王保宁等获迁官,正是宋庠失职。结果宋庠在言官的弹劾下,在是月辛丑(十六),被罢枢出为河阳三城节度使、同平章事、判郑州。而由参知政事曾公亮(999—1078)继为枢密使,另以枢密副使张昇(992—1077)、孙抃为参知政事,翰林学士欧阳修(1007—

---

① 《长编》卷一八九,嘉祐四年四月丙子条,第4561页;卷一九〇,嘉祐四年十月戊寅条,第4596页;十二月癸未条,第4602页;《宋史》卷一二,《仁宗纪四》,第245页;龚鼎臣:《东原录》,文渊阁《四库全书》本,第31页。何郯于嘉祐四年四月丙子(十二)自吏部郎中天章阁待制授同知银台司兼门下封驳事。他在奏中称武、阎二人以恩复官,当指嘉祐四年十月戊寅(十七)文武百官并以祫享赦书加恩的一次。
② 《长编》卷一九〇,嘉祐四年七月丙申条,第4577页;十二月癸未条,第4602页;卷一九一,嘉祐五年正月辛亥条,第4611页。王陶在嘉祐四年七月丙申(初四),因御史中丞韩绛的举荐,自太子中允擢为监察御史里行。

1072）、枢密直学士陈旭、御史中丞赵概就擢为枢密副使。①

殿中侍御史赵抃反对陈旭升任枢密副使，他在十二月丁巳（初二）上奏，指陈旭"趣向多门，进取由径，内则结宦官之援，外则收小人之情"。他在两天后（己未，初四），联合知谏院唐介（1010—1069）与监察御史里行王陶上奏，请仁宗收回授陈旭枢副之任。他在此奏中翻陈旭知瀛州兼高阳关路安抚使时的旧账，还正式点了阎士良的名，说陈旭与时任高阳关路钤辖的阎士良及妓妾多番宴饮，交相结托而得到援引升任龙图阁直学士知成德军。赵见仁宗不纳其言，再在嘉祐六年（1061）正月辛亥（廿七）再上第三奏，再次指控陈旭在瀛州日与阎士良妓妾多次宴饮交结而获优迁之事。可仁宗并不接纳。②

四月辛酉（初八），阎士良的对头包拯除三司使，而劾奏过阎的王陶却因仁宗不肯撤回任命陈旭为枢密副使的任命，称疾在告并请罢言职，仁宗许之，且在庚午（十七）命他出知卫州（今河南卫辉市）。不过，包拯在出任三司使十九天后（庚辰，廿七），陈旭被言官劾交结内臣王世宁等得官而被罢，包拯就获次补为枢密副使。③

---

① 《长编》卷一九二，嘉祐五年十一月辛卯至辛丑条，第4649—4651页；《宋史》卷一二，《仁宗纪四》，第246页。
② 赵抃：《清献集》卷九，《奏状乞罢陈旭枢密副使·十二月二日》，第16页；《奏状同唐介王陶论陈旭乞寝罢除命·十二月四日》，第16—17页；《奏札论陈旭乞待罪·正月二十七日》，第26—28页。
③ 《长编》卷一九三，嘉祐六年四月辛酉至庚辰条，第4665—4666页；《宋史》卷三一二，《陈升之传》，第10237页。按言官包括殿中侍御史吕诲、知谏院唐介、右司谏赵抃及侍御史知杂事范师道继续交章论奏陈旭交结内臣史志聪、王世宁以谋得枢密副使职。仁宗听了陈旭的自辩，既罢陈旭枢副出为资政殿学士知定州（今河北定州市），又尽罢吕诲四人之言职，并令他们出守外郡。按李焘在此条的注中言及朱史的《唐介传》称陈旭交结阎士良得官，他疑所谓陈旭交结阎士良，疑为史志聪之误，虽然陈旭在瀛州交结阎士良是事实。

第八篇　北宋阎氏内臣世家第三、四代人物阎士良与阎安　331

言官对不法的内臣继续穷追猛打，已升任入内副都知的邓保信在八月丙寅（十六），被御史陈洙（？—1061后）及谏官龚鼎臣（1009—1086）劾他所举的术士董吉能点化黄金为欺罔，于是被罢副都知出为许州钤辖。仁宗随即以供备库使、忠州刺史、带御器械苏安静（？—1061后）补为内侍押班。但知谏院司马光（1019—1086）及龚鼎臣以苏安静年未过五十，不应废格而委任之。仁宗不报。司马光再在翌日（丁卯，十七）上奏，引述太宗不肯授有功的内臣王继恩（？—999）为宣徽使的故事，劝谏仁宗要效法祖宗之制。①

邓保信罢副都知后，入内都知史志聪因买后苑枯木，却私役亲从官，其从官却被枯木仆中其足而死。殿中侍御史韩缜（1019—1097）劾他私役亲从官，使禁卫之严纪废弛。事下开封府审理，但开封府的司录参军吕璹（？—1061后）不怕史的权势，穷究其罪。案具，仁宗只好在十一月庚申（十一）罢史志聪都知，令其提举集禧观之闲职。②

因言官势大，动辄上奏引例反对仁宗破格任用内臣，仁宗只好妥协。他在是年本来想次补资格已够的心腹内臣文思使带御器械李继和（1013—1072）为内侍押班，但李才四十九岁，还差一年，为免言官说话。仁宗等到翌年（嘉祐七年，1062）正月乙卯（初七）才任他为内侍押班。③在此气氛下，仁宗要用一直为言官文臣所敌视的阎士良为押班或副都知，当会十分困难。因劾陈旭交结内臣而

① 《长编》卷一九四，嘉祐六年八月丙寅至丁卯条，第4701、4707—4708页。
② 《长编》卷一九五，嘉祐六年十一月庚申条，第4730页。
③ 《长编》卷一九六，嘉祐七年正月乙卯条，第4737页；《宋史》卷四五八，《宦者传三·李继和》，第13651页。李继和后来擢为入内副都知，惟擢升年月不详。

被外放的言官王陶、范师道在三月丙辰（初九）前已回朝复职。他们一定反对内臣如阎士良出任要职的。虽然阎士良所畏惧的包拯，已在五月庚午（廿四）卒于枢密副使任上，但多数的文臣和言官仍不会轻易放过他们。另一铁面御史赵抃便在七月甲子（十九）回朝为礼部员外郎兼侍御史知杂事。①

仁宗于嘉祐八年（1063）三月辛未（廿九）暴崩，首相韩琦扶立英宗继位。仁宗所宠信的内臣、名位最高的宣庆使石全彬在四月癸酉（初二）奉命提举制造仁宗梓宫，他以画样进御。英宗诏务为坚完，不可过有华饰。②英宗对内臣两省的人事，首先擢升曾侍候他的管勾皇子位的昭宣使、端州刺史右班副都知石全育（？—1071）为入内副都知领原州团练使。本来制度上都知四人，当时已有任守忠、邓保吉、甘昭吉及李允恭供职，英宗仍补上石全育，并诏后有缺勿补。仁宗晚年的四名都知，除了甘昭吉因英宗即位之夕以直禁中翊卫有劳，并向英宗表忠而得到超擢自文思副使为供备库使康州刺史外，其余三人均不获英宗信任。阎士良是仁宗的人，一朝天子一朝臣，他补上都知的机会就不大。③

总结阎士良在仁宗朝后期的仕历，算不上得志。虽然仁宗对他

---

① 《长编》卷一九六，嘉祐七年三月丙辰条，第4744页；五月庚午条，第4762页；卷一九七，嘉祐七年七月甲子条，第4769页。
② 《长编》卷一九八，嘉祐八年三月辛未至四月癸酉条，第4792—4794页。
③ 《长编》卷一九八，嘉祐八年五月癸卯条，第4806页；六月癸巳至戊戌条，第4815—4816页；《宋史》卷四六七，《宦者传二·甘昭吉》，第13636—13637页。甘昭吉因英宗的信任，在六月癸巳（廿三），获任永昭陵使。他很会说话，说："臣本孤微，无左右之举，而先帝知臣朴直，自小官拔用至此，分当从葬，今愿得洒扫陵寝足矣。"英宗以他为忠，故授他充永昭陵使之命，负责仁宗陵墓之修建重任。甘在修毕永昭陵后上表辞职，以左龙武军大将军致仕。他敦实慎密，为人所称道。

宠眷不替，而一些投机文臣武将如马怀德、程戬及陈旭也交结他，但更多的言官文臣对他的不法行为穷追猛打，反对仁宗不按制度擢升他，也用尽办法阻止他升任两省押班都知，以防范他据此权位，像其父阎文应当年那样在朝廷内外弄权。阎文应的恶行昭彰，宋廷文臣未有忘记，阎士良不晓收敛，自然成为众矢之的。

三、阎士良在英宗、神宗朝的事迹

英宗在嘉祐八年十月甲午（廿七）葬仁宗于永昭陵后，同日擢用仁宗生前不喜的内臣皇城使果州团练使张茂则为内侍省押班。起居舍人同知谏院吕诲、知谏院司马光反对，以祖宗旧制，内臣年未及五十不得为内侍省押班，张茂则年方四十八，不符合祖制。他们认为英宗刚即位，应守祖宗法度，以驭左右之臣，示天下以大公。若张果有才干，可以等两年后才任，怕开此一例，内臣攀援求进者多。惟英宗没有听从。①

阎士良在仁宗晚年到英宗即位时已迁官至左骐骥使、廉州团练使、真定府钤辖。他在真定府钤辖任上，却干扰主帅的权力，以危法陷军校。他甚至屡诋其顶头上司知成德军兼真定府路安抚使张揆（995—1074）。张不值他所为，就劾奏他的不法事。治平元年（1064）四月乙酉（十九），阎坐在真定府钤辖上，当英宗即位，

---

① 《长编》卷一九九，嘉祐八年七月乙巳条，第4822页；十月甲午条，第4829—4830页；《宋史》卷四六七，《宦者传二·张茂则》，第13641页。张茂则在仁宗一次发病，半夜率先应召入寝宫，他以扶卫有劳，仁宗欲委以押班之职，他明智地力辞，并求补外职，他获转官宫苑使、果州团练使出为永兴军路钤辖。到英宗即位才召入为内侍押班。

朝廷遣使来告，并赐诏书衣带时，他却以疾不来迎拜接受，反而居家宴客自若。他没有像张茂则那样受英宗眷顾，宋廷就将他自左骐骥使、廉州团练使、真定府钤辖，降四阶为北作坊使，徙为闲郡的滁州兵马都监。①

司马光等继续努力裁抑弄权的内臣，仁宗宠信的内臣宣政使、入内都知任守忠，本已不为英宗所喜，在司马光、吕诲交章劾奏下，八月丙辰（廿三），被重贬自安静军留后为保信军节度副使、蕲州（今湖北蕲春县）安置，他被指在英宗即位得疾而曹太后垂帘期间，是离间英宗及曹太后的祸首。司马光在翌日（丁巳，廿四），又力陈英宗以内臣的差遣尽归都知司委派不妥，他以任守忠就是以此权势背公立私，"奉之者坐获进擢，忤之者立致排摈，威福之柄尽在其手，使宫禁之中，畏惮其人过于人主，罪盈恶积"。他请英宗从今以后，除内臣常程差遣依旧令都知司定差外，其他宫中机构差遣如勾当御药院、内东门、龙图、天章阁、后苑、化成殿及延福宫等处，以及非时差管勾里外要切公事的人，都由英宗亲自选擢。总之，宋廷文臣与言官趁着英宗继位，而英宗对仁宗宠信的内臣并无好感之际，就提出种种裁抑内臣的措施。②

不过，英宗仍在治平元年十二月戊申（十七）委内侍省押班文思副使王昭明（？—1064后）为环庆路驻泊兵马钤辖并专管勾本路

---

① 《宋会要辑稿》第八册，《职官六十五·黜降官二》，第4810页；《宋史》卷三三三，《张掞传》，第10699页。
② 《长编》卷二二〇，治平元年八月丙寅至丁巳条，第4897—4902页；《宋史》卷四六八，《宦者传三·任守忠》，第13657页；《宋会要辑稿》第四册，《仪制十三·内侍追赠·赠大将军》，第2571页。任的另一罪状是擅取奉宸库金珠数万两以献皇后而受赏赐。他被重贬后，久之起为左武卫将军致仕，于熙宁元年（1068）十月卒，年七十九，神宗赠他左千牛卫大将军。

兼管勾鄜延路蕃部公事，驻于庆州（今甘肃庆城县）。另一员内臣供备库副使带御器械李若愚（？—1072后）为泾原路权驻泊兵马钤辖，专管勾本路兼权管勾秦凤路蕃部公事，驻于渭州（今甘肃平凉市）。知谏院吕诲、同知谏院傅尧俞（1024—1091）及侍御史赵瞻（？—1090）上奏反对委用内臣预边事。知延州程戡也反对王昭明等专管蕃部事。但英宗不肯收回成命。在英宗心目中，委任有武干的内臣出任沿边重要兵职是无碍的。在此思路下，与王昭明、李若愚资历相当的阎士良，在英宗朝虽无法回朝出任押班或都知，但获委沿边重要兵职却是顺理成章的。①

顺带一谈，治平二年（1065）二月辛丑（十一），与阎士良有旧的龙图阁直学士吕公弼获擢为权三司使，七月辛巳（廿三）再擢为枢密副使。当年与他有过节的陈述古则在二月丙午（十六），却坐权知渭州日，擅移泾原路副总管刘几（1008—1088）权知凤翔府，并劾刘罪，但宋廷后来查明陈按问失实。司马光为此严劾他，宋廷于是将他从陕西都转运使、光禄卿降为少府监贬知忻州。五月癸亥（初四），当年与阎士良交结而被言官所劾的陈旭终于获擢为枢密副使，吕诲一再上奏反对未果。②以上这些人事变动，似乎都是阎士良所乐见的。治平二年十一月壬申（十六），宋廷祀天地于圜丘，大赦天下，又册皇太后及皇后。阎士良当在此时获得复官的恩典。③

与阎士良曾交结的宣徽南院使、武安军节度使程戡在治平三

---

① 《长编》卷二三〇，治平元年十二月戊申条，第4925—4927页。
② 《长编》卷二四〇，治平二年二月辛丑至丙午条，第4947—4949页；卷二五〇，治平二年五月癸亥条，第4963—4964页；七月辛巳条，第4979页。
③ 《长编》卷二六〇，治平二年十一月壬申条，第5007页。

年正月乙亥（二十）卒于延州任上。①阎士良少了一个引为奥援的边臣。不过，对内臣们有利的是，从治平三年正月至三月底，宋廷发生英宗生父濮王允让（995—1059）该得什么名号的所谓"濮议"。首相韩琦、参政欧阳修备受由侍御史知杂事吕诲为首的言官攻击，甚至牵扯了曹太后。最后以罢黜吕诲等言官收场。②文臣们内斗不息，就无暇顾及裁抑内臣。当朝臣斗得不亦乐乎时，自即位以来一直健康欠佳的英宗在是年底病重，十二月壬寅（廿二）在韩琦力请下立神宗为太子。延至翌年（四年，1067）正月丁巳（初八）驾崩。神宗在韩琦等扶持下继位。③

胸有大志且雄心勃勃的神宗继位后，很快便实行多项兴革，阎士良先受惠于英宗病重及神宗继位后的两次大赦；不过，阎士良在朝中的人脉有限，他要到熙宁中才有机会被委任要职。

据现存的安徽滁州市琅琊山摩崖石刻所记，阎士良在治平四年十一月丁亥（十三）与新知潭州（今湖南长沙市）、右谏议大夫燕度（？—1070），及其弟知滁州司农少卿燕雍同游琅琊山。阎以属吏身份书于石上。据此可知阎士良在治平四年十一月仍在滁州，至于他的官位有否因多次的恩赦而恢复为左骐骥使及钤辖，就暂不可考。④按燕度曾于嘉祐六年九月前至治平元年前后任河北转运使，

---

① 《长编》卷二七〇，治平三年正月乙亥条，第5021—5022页。
② 《长编》卷二七〇，治平三年正月壬午条至三月辛未条，第5023—5044页；
③ 《长编》卷二八〇，治平三年十二月辛丑至癸卯条，第5068—5069页；卷二九〇，治平四年正月丁巳至戊午条，第5073—5074页。
④ 据《安徽文化网》所记，阎士良题名的刻石，在琅琊山琅琊寺祇园西山石屏路西侧，拜经台西侧巨石之上。点击网址：http://www.ahage.net/bbs/read.php?tid=81062.html。考这则题名，清徐乃昌（1869—1946）所纂《安徽通志稿·金石古物考十二》曾有著录，惟该石印本将阎士良的名字"士良"讹作"衮"，据徐氏所记，他未见此石刻的拓本，而是据《滁州志》录入，故有此失。今日

他曾受命与张茂则等相度水情。他与阎士良可能是旧僚友,他在治平四年十月辛亥(初六)前已以户部副使太常少卿加右谏议大夫知潭州。他在十一月丁亥(十三)未赴潭州任前先到滁州看望亲弟,并同游琅琊山。可惜他到潭州后不久,大概在熙宁元年便以过被黜。他大概死于熙宁初年。①

下文所附的琅琊山摩崖石刻,是现存仅有的阎士良题名:

【原文】

皇宋治平四年岁次丁亥十一月十有三日丁亥右谏议大夫新知潭州燕度与弟郡守司农少卿雍同游琅耶山属吏阎士良书

图8-1 阎士良题名琅耶山摩崖石刻

① 赖网上可见的原刻石,可确知阎士良这时随燕度兄弟游琅琊山。参见徐乃昌纂:《安徽通志稿》,《金石古物考十二》,"燕度题名·在滁县琅琊山",载《宋代石刻文献全编》第二册,第502页。

《宋史》卷二九八,《燕肃传附燕度传》,第9910—9911页;《长编》,卷一九五,嘉祐六年九月丙子条,第4720页;卷二一四,熙宁三年八月丙子条,第5211页;郑獬:《郧溪集》卷四,《户部副使太常少卿燕度可右谏议大夫知潭州制》,文渊阁《四库全书》本,第22页;《宋会要辑稿》第十一册,《食货三十六·榷易》,第6801页;王安石撰,李之亮笺注:《王荆公文集笺注》上册,卷一一,《内制·赐特放谏大夫知潭州燕度待罪诏》,成都:巴蜀书社,2005年,第365页;李壁:《王荆公诗注》卷二五,《河势》,文渊阁《四库全书》本,第3页。燕度字唐卿,燕肃(961—1040)子,《宋史》有传。他在皇祐至和年间,曾权河北转运副使,后来在嘉祐末年擢河北转运使。按王安石撰的制文写于熙宁元年,故燕度罢职也当在熙宁元年。他卒年不详,《长编》在熙宁三年八月丙子(十九)记"右谏议大夫燕逵卒",疑即燕度。至于其弟燕雍生平不详,明人所编的《万姓统谱》记他在治平十四年以司农少卿知滁州,显然是治平四年的讹写。参见凌迪知:《万姓统谱》卷二八,文渊阁《四库全书》本,第8页上。

阎士良与神宗以及王安石（1021—1086）都没有什么渊源，故熙宁以后他一直没有被召还朝。虽然曾与他大有过节的龙图阁直学士张掞，在熙宁三年（1070）八月庚午（十三）被侍御史知杂事谢景温（1021—1097）所劾而告老。而当年劾奏他的何郯也在熙宁五年（1072）正月辛丑（廿二）也以尚书右丞致仕卒。可与阎有旧的吕公弼也因反对王安石推行新法，早在七月壬辰（初四）罢枢密使出知太原府。另宰相陈升之（即陈旭）也因与王安石意见不合，给王多次凌辱而在九月辛卯（初四）求解职。①阎士良这时朝中无人援引，虽然宋宫名位最高的内臣石全育、石全彬及李继和在熙宁三年七月、十月及熙宁五年五月相继去世，与三人资格相当的阎却不获召回。②考在熙宁四年到五年间，担任两省都知的高级内臣计有入内副都知、宣政使嘉州防御使张若水（？—1076）〔按张在熙宁六年九月戊申（初八）前已擢入内都知〕、入内副都知张茂则〔按张在熙宁五年九月己酉（初四）已擢入内都知宣庆使〕、宣庆使

---

① 《长编》卷二一〇，熙宁三年四月丁卯条，第5095页；卷二一三，熙宁三年七月壬辰条，第5166页；卷二一四，熙宁三年八月庚午条，第5202页；卷二百一五，熙宁三年九月辛卯条，第5234页；卷二一八，熙宁三年十二月丁卯条，第5301页；卷二二九，熙宁五年正月辛丑条，第5572页；《宋史》卷一四，《神宗纪一》，第272页。按王安石圣眷特隆，虽是参政，但权势在宰相陈升之上〔按陈在熙宁二年十月丙申（初三）拜相〕，王更是在年十二月丁卯（十一）自参政拜相。

② 宣庆使、入内副都知、遂州观察使石全育在熙宁三年七月丁酉（初九）以老病求退，神宗特授他领昭武军留后提举东太一宫。然后是延福宫使、武信军留后石全彬在同年十月戊辰（十一）卒，宋廷赠太尉、定武军节度使谥恭傅。石全育在熙宁四年十一月甲辰（廿三）卒，宋廷赠太尉彰德军节度使谥勤僖。宣庆使、文州团练使、入内副都知李继和则在熙宁五年五月己亥（二十）卒。参见《长编》卷二一三，熙宁三年七月丁酉条，第5172页；卷二一六，熙宁三年十月戊辰条，第5255页；卷二二八，熙宁四年十一月甲辰条，第5545页；卷二三五，熙宁五年五月己亥条，第5664页；《宋会要辑稿》第四册，《仪制十三·内侍追赠·内侍赠二官、赠节度使》，第2569页。

入内副都知李继和（按李卒于熙宁五年五月），以及在五年三月辛丑（廿一）已任内侍押班七年而获王安石支持得以擢为内侍右班副都知的如京使邓德诚（？—1072后）等人。两省押班则有上文提到的王昭明〔按王在熙宁七年十二月甲申（廿一）前已迁入内都知〕、李若愚、苏利涉（？—1082）〔按苏在熙宁六年七月丁未（初六）自内侍押班升右班副都知〕及蓝元震（？—1077）〔按蓝在五年十月甲辰（廿九）自皇城使、昭州团练使入内押班迁入内副都知〕。①他们其实并不比阎士良资深。阎士良朝中欠缺人脉，幸而靠治河的本事才在后来得以被委以重任，不致被投闲置散。

熙宁四年七月辛卯（初八），河决大名府（今河北大名县）第五埽。甲辰（廿一），神宗以黄河决堤，水入御河，而北行未

---

① 《长编》卷二二一，熙宁四年三月癸巳条，第5375页；卷二二五，熙宁四年七月甲辰条，第5490页；卷二二八，熙宁四年十一月甲申条，第5542页；卷二二九，熙宁五年正月丁酉条，第5569页；卷二三一，熙宁五年三月辛丑条，第5618页；卷二三三，熙宁五年五月己亥条，第5664页；卷二三八，熙宁五年九月己酉条，第5793页；卷二三九，熙宁五年十月甲辰条，第5822页；卷二四六，熙宁六年七月丁未条，第5977页；卷二五八，熙宁七年十二月甲申条，第6303页；《宋史》卷一四，《神宗纪一》，第269页；卷四六七，《宦者传二·张茂则》，第13641页；卷四六八，《宦者传三·苏利涉》，第13654页。熙宁元年七月壬午（十二）恩州（即贝州）及冀州（今河北衡水市冀州区）河决，张茂则与司马光察视恩、冀、深、瀛四州生堤及六塔河、二股河利害，以劳迁入内副都知。他在熙宁六年九月戊申（初八）已擢入内都知。而据神宗御批，蓝元震从内侍押班除入内押班，到熙宁五年十月已五年余，即是说他早在治平四年底已任入内押班。神宗称他"自擢领近职，忠勤谨畏"，故给他特迁为入内副都知。至于苏利涉，在熙宁六年七月从内侍押班升右班副都知时，诏称自今两省押班，五年没有阙失便除副都知。据此可推论苏利涉在熙宁元年七月已任内侍押班。至于高居简任押班之年月待考。又邓德诚在治平四年四月乙丑（十八）已任内侍押班（按《宋会要·礼二九》讹写邓的职位为"内殿押班"），充英宗灵驾的行宫四面巡检。参见《宋会要辑稿》第三册，《礼二十九·历代大行丧礼上·英宗》，第1349页。

止，命入内副都知张茂则乘驿与相关官员相度水情以闻。八月丁巳（初五），张茂则覆奏，请以开封府判官宋昌言（？—1078后）及内臣外都水监丞、河北兴修水利程昉（？—1076）同领役事。丙寅（十四）重臣判大名府的韩琦上奏，以黄河泛滥大名府全地，他自请处分。神宗见事态严重，下令河北提点刑狱司监劾河防的当职官员。从八月底至九月初，黄河已溢澶州（今河南濮阳市）曹村，滑州（今河南滑县）埽也危急，另郓州（今山东东平县州城镇）也有黄河决水入故道。①

程昉主张塞河：以疏道塘水灌溉深州（今河北深州市）农田。并道引葫芦河，自乐寿（今河北献县，距河间市30公里）之东至沧州二百里，塞孟家口，开乾宁军（今河北青县）直河，作桥于真定府的中渡。另外自卫州之王供埽引道沙河入御河，以扩阔运输之路。②王安石支持程昉这套治河方略，认为中书所以用程昉，因治河事无人熟悉，又无人肯担当。而与程昉不和的李若愚，在熙宁五年正月丁酉（十七）却被奉王安石意旨行事的侍御史知杂事邓绾（1028—1086）劾其违祖制，以劳绩求官其子。李得不到王安石及枢密使文彦博的支持，就请解押班职。当神宗批评程性行轻易，又

---

① 《长编》卷二二五，熙宁四年七月辛卯条，第5475页；甲辰条，第5490页；卷二二六，熙宁四年八月丁巳条，第5500页；丙寅条，第5504—5505页；八月己卯至九月丙戌条，第5510—5511页；《宋史》卷四六八，《宦者传三·程昉》，第13653页。程昉是开封人，以小黄门累迁至西京左藏库副使。他在熙宁初年任河北屯田都监，当河决于枣强时，他将二股河道之，使为锯牙，下以升落塞决口，以功加带器械。当时河决南胡北流，与御河合为一。他教二股河东流，御河就浅淀。他以开浚之功，迁宫苑副使。他又塞漳河，作浮梁于洺州（今河北邯郸市永年区东南）。他又兼任外都水丞，奉诏商议兴修水利。他是公认的内臣治河专家。
② 《宋史》卷四六八，《宦者传三·程昉》，第13653页。

说李请辞押班是为了与程不协时,王安石就一一为程辩护。三月丙申(十六),宋廷以塞大名府第五埽决口,道黄河入新开的二股河有功,赐银程昉等。四月辛未(廿二),张茂则上奏治河毕功,诏赐张等以下御筵于大名府。治河工作与修整河北塘泊以屯田的工作分不开,王安石当称许程昉前在开封府界提辖淤田,救护孔固湾斗门有劳时,神宗却告诉他与程昉不协的李若愚称病,而推荐另一内臣陈舜臣代替他管勾塘泊,王安石自然极力反对李推荐别人分掉程的权力。①

李若愚推荐资浅的陈舜臣不成,七月癸未(初六)就推荐已复官为左骐骥使、廉州团练使的阎士良代为河北同提点制置屯田使。李自己则以疾罢职改授提举奉天寺。②阎的资历及治河屯田的本事,教王安石反对无从。

就在阎士良出任新职后不久,七月丙申(十九),辽人通牒指控代州(今山西代县)守臣侵暴之事,又指雄州修馆驿作箭窗和女墙。神宗君臣息事宁人,下令拆毁这些工事,不过神宗并不降罪知雄州张利一(?—1093后),王安石认为是枢密使文彦博等为张掩盖罪过。雄州在闰七月戊申(初一)上奏,称辽军巡马又越过拒马河,已差官率兵驱逐辽骑出界。王安石不满张利一的做法,认为发公文交涉即可。他批评张利一生事,说他添置弓手不依旧规,

---

① 《长编》卷二二九,熙宁五年正月辛卯至丁酉条,第5568—5570页;壬寅条,第5572—5575页;卷二三一,熙宁五年三月丙申条,第5612页;卷二三二,熙宁五年四月辛未条,第5634—5635页。
② 《长编》卷二三五,熙宁五年七月癸未条,第5700页;戊戌条,第5713—5714页。王安石一直在神宗面前攻击李若愚奸罔,但神宗不信。当王临上奏《塘泊图》而表扬李若愚治塘泊之劳时,神宗就嘉许李不伐其功。王安石见此,就继续攻击李交结朝臣。阎士良的任命,相信出于李若愚的推荐,以分程昉之权。

又修驿以致北界骚动，王说给张转官再任，不是要他经略辽国，而是要边境安帖无事，主张惩责他。丙辰（初九），张利一上奏，反对宋廷尽罢雄州的乡巡弓手，认为这样辽的巡马过河会日多，宋辽间的两属人户会被占。王安石坚称张利一生事，留在雄州不当，主张撤换他。神宗无奈，庚申（十三），听从王安石的意见，将张罢知雄州兼罚铜二十斤。因王安石之荐，客省使、文州防御使冯行己（1008—1091）自代州徙知雄州，另以皇城使、端州防御使枢密副都承旨李绶（？—1093后）为西上阁门使知代州，并责降张利一麾下巡检赵用等人。①

张利一虽被调职，但在冯行己未接任前，仍于甲子（十七）上言罢乡弓手会招致辽人巡马过河。己巳（廿二），枢密院送上太原的报告，探得辽欲用兵力移口铺于拒马河南十五里安置，但王安石仍认为不必担忧。八月丁丑（初一），张利一上奏请求通牒辽方处理巡马过河事，但王安石不理众人的意见，坚持不必处理。五天后（壬午，初六），王安石更向神宗力言雄州缴进辽方从涿州（今河北涿州市）发来的通牒，牒文语甚激切，皆由张利一先前通牒涿州所言非理，而张非理侵犯辽界的事极多。王安石一面倒的指责张利一失职，连枢密使文彦博及参政王珪都不同意。两天后（甲申，初七）王安石再次批评张利一生事，而文彦博坚称张利一无错。最后神宗令雄州将牒本进呈。②

---

① 《长编》卷二三五，熙宁五年七月丙申条，第5711—5712页；卷二三六，熙宁五年闰七月戊申朔条，第5725—5726页；甲寅条，第5730—5731页；丙辰条，第5733—5736页；庚申条，第5739—5741页。
② 《长编》卷二三六，熙宁五年闰七月甲子条，第5745页；己巳条，第5751—5752页；卷二三七，熙宁五年八月丁丑朔条，第5757—5758页；壬午至甲申条，第5761—5763页。

阎士良在这次雄州争议中，扮演了一定角色。神宗委派他和其藩邸旧人龙图阁直学士知瀛州孙永（？—1087）往雄州调查张利一所奏是否属实。可阎士良与孙永所奏不同，孙永一直奏告张利一不当通牒辽方。而阎士良就上奏同意张利一的主张。神宗于是在癸巳（十七），派他的心腹内臣李舜举（？—1082）再往雄州查究真相。①神宗大概以阎士良正在河北提点制置屯田，就派他往雄州查张利一的事。很有可能是与王安石意见不合的文彦博推荐他的；不过，他在多年后重获神宗信任则是事实。

尽管文彦博等支持张利一的意见，认为雄州奏报辽巡骑过河，若不通牒辽方制止，只怕辽方会乘机添置口铺地。王安石仍然以张利一生事，并以新知雄州冯行己在九月丁未（初二）的奏报，称添差弓手骚扰百姓，引来百姓怨咨，才会引辽骑过河。虽然文彦博一再力争，但王安石仍怪罪张利一。神宗尚在犹豫时，李舜举的回奏却一面倒地批评张利一，指辽方并无移口铺之意，而乡巡弓手又扰害百姓，又说当雄州罢乡巡后，辽巡兵就没有来扰，边民乃安。神宗听了李的回奏后，就接受王安石的意见，庚申（十五），将张利一降职为皇城使达州刺史、卫州钤辖。然讽刺的是，丁卯（廿二），冯行己却奏上辽骑过河并未停止，他请通牒辽方制止。王安石无奈地表示，通牒辽方不妨，然辽骑过河也无害。②这场风波，

---

① 《长编》卷二三五，熙宁五年七月戊子条，第5700—5703页；卷二三七，熙宁五年八月甲申条，第5763页；已巳条，第5771页；卷二四三，熙宁六年二月丁未条，第5911页。孙永在熙宁六年（1073）三月丁未（初四）自知瀛州召为权知开封府加枢密直学士。据载他召入前在瀛州两年，则在熙宁五年他正知瀛州兼高阳路安抚使。

② 《长编》卷二三七，熙宁五年八月丁酉条，第5772页；卷二三八，熙宁五年九月丁未条，第5790—5792页；庚申条，第5798—5799页；丁卯条，第5802页；卷

随着张利一贬官及宋廷息事宁人而结束。事后看来，张利一没有错，为他说话的阎士良也没有偏私，反而是王安石主观认定可以对辽退让，以换取时间以全力拓展西边。

宋廷在九月戊申（初三），嘉奖治河有功之臣僚：同管勾外都水监丞程昉自崇仪使擢西作坊使，大理寺丞李宜之迁右赞善大夫，驾部员外郎知洺州黄秉与堂除差遣，以赏修漳河之劳。翌日（己酉，初四），宣政使、入内副都知张茂则迁宣庆使晋入内都知，库部郎中宋昌言、虞部郎中王令图并迁一官。程昉再超擢为皇城使端州刺史，以赏塞大名府永济县决河之功。程昉官符如火，王安石还建议除他押班，但神宗却以程虽尽力，但"性气不中，又好把持人"而不允所请。①

王安石对宋宫内臣的态度迥异，推荐阎士良代己的李若愚，因解内侍押班而获枢密院特令提举庆基殿并添支二十千。十月壬辰（十七），王安石即为此向神宗提出异议，指李若愚朋比外廷为奸，又说他奸邪尤难知，这次李以疾解职，只合给他提点庆基殿及添支十支；不过，王安石却对治河有功的程昉大加推荐，称他功多赏不厚，最后请给程昉钤辖的资格，三年后除都钤辖，神宗同意

二五七，熙宁七年十月丙子条，第6273页。讽刺的是，冯行己奏罢雄州乡巡弓手后。辽骑过河如故，屡渔界河，偷取舟船。后来冯行己就请求复置乡弓手以杜绝侵争之端。

① 《长编》卷二三八，熙宁五年九月戊申至己酉条，第5793—5795页。据李焘所记，张茂则在治河方面，坚持以塞河方法而不是众人所论之通河。神宗命他董其役，而命程昉营办材料于河旁诸州，据说或取于公，或售于私，人不加赋而诸河之费已足。自熙宁五年二月甲寅（初四）开工至四月丁卯（十八）毕功。河深十一尺，广四百尺。刚浚河则稍稍障其决水，至河成而决口亦塞。张的治河才干和功劳，不在程昉之下。

其请。①

因议者以河北地平坦，自保州（今河北保定市）东虽以塘泊隔阻敌骑，而西至满城（今河北保定市满城区）仅二百里，属无险可守，当年敌军入寇便取道于此。议者认为应在此植榆为塞，他日可依此为固，阻挡敌骑奔突。于是宋廷在十一月甲子（十九），命圣眷方隆的程昉与河北缘边安抚司屯田司一同商度沧州界塘泊利害，并查察边吴淀滩地是否可令人户栽种桑枣榆柳。②当时沧州北三堂等塘泊为黄河所注，其后大河改道而塘泊遂淤淀。程昉请开琵琶湾，引黄河水灌之。程昉的方案，当时担任河北同提点制置屯田使的阎士良并不表态。他要等待程昉治河不成才出手。③

宋廷在河北开展的水利工程并不顺利，产生的问题不少，不少廷臣并不完全同意程昉的治河方略。熙宁六年（1073）五月癸丑（十一），河北路察访副使赵子几便上言深州安平县（今河北安平县）及永宁军（今河北蠡县），以及祁州界开滹沱新河，侵凿了民田，请求免民税，得到宋廷的同意。辛酉（十九），赵子几及河北路察访使曾孝宽（1025—1090）均上言，指先前建议在河北沿边植桑榆杂木，既阻敌骑又可给邦国之用的方案甚为扰民。赵子几又批评程昉造镇州中渡浮桥不便，请差监司体量。神宗诏下程昉研究，王安石则一力袒护程昉，指责赵子几出使河北却专攻击程昉，又说

---

① 《长编》卷二三九，熙宁五年十月壬辰条，第5812—5814页。
② 《长编》卷二四〇，熙宁五年十一月甲子条，第5834页。
③ 《宋会要辑稿》第十册，《食货七·水利上》，第6129页；第十二册，《食货六十一·水利杂录》，第7508页；第十五册，《兵二十八·备边二》，第9215页；《长编》卷二四八，熙宁六年十二月癸酉条，第6053页。

程昉营职奉公,故为人所嫉妒。①然而,与王安石政见不合的陈升之所主持的枢密院却主张罢去程昉,以孔嗣宗代之,惟神宗以王安石反对而不纳。宋廷在七月庚午(廿九)大幅修订先前程昉所行的栽桑法,不许派人下乡,以点检为名而骚扰人民,另又罢去所差的管勾提举官。②

八月己丑(十八),程昉又请于在保定军(今河北文安县)旧滹沱河南岸台山口东南疏一川,行七十里至乾宁军界,汇于御河,就可无塘泺填淤之患。神宗诏权发遣河北两路提刑公事屯田员外郎李南公(1025—1107)与程昉及屯田司详细商量置堰限。若无妨碍,即命程昉计开河功料,另命阎士良负责的屯田司检视塘泺有否泄涨水以闻。③

李南公及阎士良奉命检视,最后他们上奏以程的方案不可行。阎士良建言宜堰水绝御河,而引西塘水灌之。神宗从其请。熙宁六年十二月壬申(初四),李南公上言,经商度扑桩口,请添灌东塘等。宋廷即在翌日(癸酉,初五)诏屯田司阎士良专门督修扑桩口(按《宋史》作朴桩口),增灌东塘淀泺此一工程。④

神宗与王安石对阎士良的治河能力似乎不大清楚,仍对程昉治

---

① 《长编》卷二四五,熙宁六年五月癸丑至辛酉条,第5951—5955页。
② 《长编》卷二四四,熙宁六年四月己亥条,第5944—5955页;卷二四六,熙宁六年七月庚午条,第5987页;《宋史》卷一五,《神宗纪二》,第282页。考陈升之早在熙宁五年十二月壬午(初八)已复任枢密使。虽然文彦博在熙宁六年四月己亥(廿六)罢枢密使,但陈升之仍在枢府力抗王安石。
③ 《长编》卷二四六,熙宁六年八月己丑条,第5994页。
④ 《宋会要辑稿》第十册,《食货七·水利上》,第6129页;第十二册,《食货六十一·水利杂录》,第7508页;第十五册,《兵二十八·备边二》,第9215页;《长编》卷二四八,熙宁六年十二月壬申条,第6053页;《宋史》卷九五,《河渠志五·塘泺》,第2362页。

河充满信心。可不少文臣却对程昉的工作大有保留。是年十二月,提举河北路常平等事韩宗师(?—1098)便劾程道引滹沱河水淤田,却造成堤坏水溢,大大伤害了民稼,另劾他欺罔共十六罪。神宗命程昉回答韩的指控。熙宁七年(1074)正月甲子(廿六),程昉覆奏呈至,王安石竭力为程辩护,反指韩宗师做法不妥,坚称程昉为宋廷增淤田四千顷。神宗提出程昉日前修漳河,但闻说漳河年年都决堤,而程昉近期负责监修滹沱河,却有始无终。赖王安石多方为程昉解释,神宗仍信任程昉的治河工作。程昉稍后又上奏请在沧州增修西流河堤,引黄河水淤田种稻,添灌塘泊,并在深州开引滹沱河水淤田,另开回胡卢河,并回滹沱河下尾。①

王安石虽在四月丙戌(十九)罢相知江宁府,惟其支持者韩绛继任宰相,仍然继续王安石的治河政策。②程昉在十月丙子(十二)获升一级加领达州团练使,以赏其开河之功,却惹来御史盛陶(1033—1099)的猛烈弹劾,指他"挟第五埽塞决河之功,专为己力,假朝廷威势,恐动州县,故纵壕寨,徒属骚扰不法"。盛陶再说他"所开共城县御河,颇费人户水硙,多用民力,不见成功。又议开沁河,因察访官案行,始知不当"。总之,盛陶批评程昉开河,实劳民伤财而收效不大。③盛陶的劾奏似乎未动摇神宗对程昉的信心,十一月己亥(初五),以汴水依旧阻塞,即命程昉火速前往处理解决。程昉却没有亲自前往,癸卯(初九),他被御

---

① 《长编》卷二四九,熙宁七年正月甲子条,第6073—6076页。
② 《宋史》卷一五,《神宗纪二》,第285页。
③ 《长编》卷二五七,熙宁七年十月丙子条,第6273—6275页;《宋史》卷四六八,《宦者传三·程昉》,第13653页。

史所劾而薄责罚铜三十斤。①值得一提的是，当程昉治河受到质疑时，早在六月丁丑（十一），河北沿边安抚司奏上《制置沿边浚陂筑堤道条式图》，请付边郡屯田司，又请于沿边军城植柳种麻，以备边用。宋廷均采纳之。②以上两项可能都是阎士良的建议。

宋廷在十一月己未（廿五）祀天地于圜丘，大赦天下。十二月丁卯（初四）诏文武官加恩。阎士良大概以此恩典，加上在河北修河之劳，在翌年（熙宁八年，1075）正月庚戌（十七）以皇城使、廉州团练使、河北同提点制置屯田使恢复五路都钤辖的资序，获得内臣所授的最高兵职。神宗因重视屯田工作，故久其任，以责成他担任屯田之工作。③不过，阎士良在河北治河工作的角色，仍居于程昉之下。特别是在二月癸酉（十一），王安石复相后。④

河北西路察访使沈括（1031—1095）在二月上奏，指出保州杜城以东有塘水阻隔，人们未尝在意那处正是敌骑偷袭的地方。他说近日历视边境，见保州以东、顺安军（今河北高阳县东旧城）以西，有平川横亘三十余里，南北径直全无险阻。敌军可以不经州县，以大军方阵长驱，从永宁军以东直入深州和冀州，如入无人之地。定州只守杜城之西，宋军尚未移动应战，敌骑已越过高阳关。倘敌人从定州入寇，定州守军必依西山扼其归路，但敌军却可束甲直趋顺安军。定州的宋军虽众，但兵未动而敌军已出塞。他上奏

---

① 《长编》卷二五八，熙宁七年十一月己亥条，第6288页；癸卯条，第6290页。
② 《宋史》卷九五，《河渠志五·塘泺》，第2362页。
③ 《宋会要辑稿》第十册，《食货四·屯田杂录一》，第6032页；第十三册，《食货六十三·屯田杂录一》，第7635页；《长编》卷二五九，熙宁八年正月庚戌条，第6317页。
④ 《长编》卷二六〇，熙宁八年二月癸酉条，第6336页。

查察得保州西至九顷塘七里以来,及保州东阳村堤以东至臧村堤度三十里,在庆历中皆曾筑堤储水,今日遗迹尚在。沈括认为若稍加修整,西纳曹河、鲍河诸水,则杜城以东塘险相属。敌军出入就只有北平县(即北平寨,今河北保定市满城区北漕河上)一路。如此定州之兵就可依险为阵,犄角牵制,滹沱河横沠为阻,就可以制其前,塘河之流可决,就足以断其后。为必胜之术。沈括并且具图进呈。收到沈括的计议,神宗心动,即委派阎士良驰往保州察视研究。①

神宗委阎士良以重任,是看上了他修河屯田以至御边的经验。阎不久提交了详细的报告:

> 检视保州西至九顷塘,及保州东阳村堤以东至臧村堤,若增接修完,柜蓄诸河,以成险阻,委实利便。然旧基盖官中隳废二十余年,悉委民间。究详九顷塘东及杨(阳)村堤,其间亦有官地。臧村堤一带乃有徐河,预完堤坊,更伺夏秋雨涨水,不日成功,内交互民田,渐而收买。其孙村堤西至杨村堤,地势污下,曾支官钱收买。其后有保州牙吏李知自陈上件地土系官牧羊地,赵滋知保州日,遂却追还元给价钱,地资俵民,其地内亦可寻旧田屯分水河,沿河种稻,渐成险固,或当缓急壅决诸河,以制奔突。

阎士良这份合情合理的覆奏得到神宗的接受,宋廷即诏相关地

---

① 《长编》卷二六〇,熙宁八年二月辛卯条,第6349—6350页;《宋会要辑稿》第十五册,《兵二十八·备边二》,第9217页。

方内有侵占民田的话,就在官田内拨还,或按其价值给钱,并命地方具奏所占民田的顷数以闻。神宗命定州借出封桩钱万缗,委阎士良买下保州东阳等村淤下地种稻作塘,以扼西山路,并令定州路安抚司总管。①

程昉依旧进行他的修河工程,四月戊寅(十七),他请自滹沱、葫芦两河引水淤溉滹沱南岸魏公、孝仁两乡瘠地一万五千余顷,以及自永静军(今河北东光县)双陵道口引河水淤溉北岸曲淀等村瘠地一万二千余顷,请待明年动工。他的请求获得神宗接纳。②闰四月乙未(初四),陈升之罢枢密使,对于程昉自然是少了阻力,对阎士良而言却是少了朝中的奥援。③

神宗在五月甲戌(十四),以入内副都知张若水久病求罢,就擢升在西边有战功的入内东头供奉官、寄昭宣使、嘉州防御使李宪(1042—1092)为入内押班替补。辛巳(廿一),李宪获委勾当皇城司。丙戌(廿六),入内都知张茂则自宣庆使擢为景福殿使,成为名位最高的内臣。④大概朝中无人举荐,阎士良看着别人升官,他却始终补不上押班。

---

① 《长编》卷二六〇,熙宁八年二月辛卯条,第6349—6350页;《宋会要辑稿》第十五册,《兵二十八·备边二》,第9217—9219页。
② 《长编》卷二六二,熙宁八年四月戊寅条,第6400页。
③ 《长编》卷二六三,熙宁八年闰四月乙未条,第6425页;卷二九七,元丰二年四月丁巳条,第7233页。陈升之在元丰二年(1079)四月丁巳(十九)致仕,二日后卒。
④ 《长编》卷二六四,熙宁八年五月甲戌条,第6465页;辛巳条,第6476页;丙戌条,第6478页;卷二六五,熙宁八年六月乙卯条,第6516页;卷二七六,熙宁九年六月癸巳条,第6747页;卷三九〇,元丰三年十月癸亥条,第7505页。张若水在熙宁八年六月乙卯(廿五)以病求罢获准,改耀州观察使依旧提举四园苑。他在一年后,在熙宁九年六月乙巳(十五)卒。另张茂则在元丰三年十月癸亥(初五)再擢为内臣极品的延福宫使。

这边厢的程昉又大展拳脚，六月己酉（十九），他与权知都水监丞刘璯（？—1077后）上言请开沙河，称王供埽下有沙河故迹，可以开广，取黄河之水灌，转入枯河，在黄河堤置斗门启闭，其利有五。他奏称开河用工五十六万七千余，发卒一万，兴役一月可成。神宗从其请。①

熙宁九年（1076）三月戊寅（廿三），河北屯田司上奏报告开引滹沱河注入边吴淀、宜子淀等的情况。五月丁卯（十二），阎士良再以河北同提点制置屯田使上奏，详述保州工程的进展，特别是请开发叫呼泉等泉水：

> 窃闻保州界自景祐中杨怀敏勾当屯田司日，厚以才利召募人，指抉西山被民填塞泉眼去处。臣常以谕保州曹偃。今偃访得云翼卒康进画到地图，仍称保塞县小郎村刘第六地内有泉源，盈亩有余，号叫呼泉，匿在土中。当州南约二里，有积年候河一道，上自本县界，下至运粮河。及边吴淀内，东西约及百里，每遇旱岁，河内微有流水，或至断绝。今欲开导此泉，令入候河及运粮河，四时常流，增注塘泊。及本村别有泉数十道。臣常寻访二河上流，未得其处。今乞委保州曹偃相度，收买泉源地，量兴兵役，疏导旧泉，增助边防，诚为永利。

宋廷将阎的奏议送河北沿边安抚司，安抚司稍后委权通判保州辛公佑（？—1080后）研究此一方案。辛公佑往保塞县大静乡庞村

---

① 《长编》卷二六五，熙宁八年六月己酉条，第6492页。

实地勘察后,回奏沿候河向上约三十里以来,沿北岸有泉眼大小不等,计有泉三十余处,他以为若行开发,只依旧来垠岸开出河身,其水通流,下接运粮河,可以增注塘泊。至于所有侵占的民田,可以比较侧近的田土,优给其值收买,实为利便。至于阎士良提及的叫呼泉,他亦不反对探查明白其源流,然后收买。原则上辛公佑同意阎的方案,宋廷于是下诏河北沿边安抚司关报河北屯田司及合属去处施行此一工程。①

阎士良正在开河屯田事上费尽心力时,五月庚辰(廿五),宋廷再擢升西京左藏库使高居简(?—1081)、西作坊使·嘉州团练使·带御器械王中正(1026—1099)并为内侍押班,王授勾当皇城司。②这一次又没有补上阎士良为押班。

阎士良在治河方面的竞争对手程昉在七月壬午(廿九)罢同管勾外都水监丞,起初令他都大制置河北河防水利,并依制置屯田使例施行。宋廷后来改变主意,诏制置河北河防水利更不置司,其职事并依外都水监丞例施行。很明显削了程昉的权力。程昉八月两次上奏表功,也一再受到神宗冷待。③程昉一直挟王安石之势,对同僚及属下多所陵慢,他治水所报之功绩其实多有虚报,大概王安

① 《宋会要辑稿》第十册,《食货四·屯田杂录》,第6032—6033页;第十三册,《食货六十三·屯田杂录》,第7635—7637页。
② 《长编》卷二七三,熙宁九年三月庚辰条,第6695页;五月戊午条,第6722页;卷二七九,熙宁九年十一月癸酉条,第6822页。王再在十一月癸酉(廿一)以平茂州(今四川茂县)蕃部功再擢为昭宣使、内侍副都知,与一子转官。
③ 《长编》卷二七七,熙宁九年七月壬午条,第6772页;八月丙戌条,第6774页;壬子条,第6780页。宋廷在八月丙戌(初三)命程昉往淮南路查察有否可兴水利之处,中书本来奏差程昉制置淮南路水利,但神宗表示不须加制置之名。是月壬子(廿九),程昉以提举开卫州界运河上奏开运河之进展。中书请赏程功,但神宗诏河北西路提点刑狱司查明程昉所奏属实才取旨。显然程昉已不像以前圣眷特隆。

石看出程不再蒙神宗圣眷，就疏远他。程得不到君相的支持，加上工作压力及同僚的敌视，在九月丙寅（十三）"忧死"。宋廷因其死而罢都大制置河防水利司。①神宗顾念他任水事有功，就赠他耀州观察使，官其二子，赐宅一区。他和阎士良都官至皇城使及团练使，却始终不获擢为两省押班。

程昉死了，王安石亦失了神宗的信任而在翌月（十月）丙午（廿三）罢相出判江宁府。枢密使吴充（1021—1080）及参政王珪继任宰相，知成都府、资政殿学士冯京（1021—1094）召还擢为知枢密院事。②除了王珪当年为阎士良写过制文勉强有点渊源外，吴充和冯京都与阎士良无甚关系，而且阎士良年事已高，他很快也罢职。

元老重臣判大名府文彦博在是月连番上奏，痛劾程昉主持的卫州界王供埽开旧沙河，以通黄河行航运的工程作用有限，又以开引黄河通御河不便。③倘程昉不死，他也难承受朝臣对他的严厉责难。

阎士良在十二月甲午（十二）罢河北同屯田制置一职，宋廷派文思使谢禹珪为高阳关都监兼河北屯田司都监，代替阎的工作。而阎负责的保州水塘的工作，就交给是年十月己丑（初六）知保州的张利一主管，并由薛向（1016—1081）提举。④

---

① 《长编》卷二七七，熙宁九年九月丙寅条，第6782页；《宋史》卷四六八，《宦者传三·程昉》，第13653—13654页。据载程昉还恃王安石的支持而陵慢过元老重臣韩琦。
② 《长编》卷二七八，熙宁九年十月壬辰条，第6799—6798页；丙午条，第6803—6805页。
③ 《长编》卷二七八，熙宁九年十月辛亥条，第6810—6813页。
④ 《长编》卷二七八，熙宁九年十月己丑条，第6796页；卷二七九，熙宁九年十二

熙宁十年（1077）三月甲寅（初四），宣庆使康州防御使内侍右班副都知王守规（？—1077）和皇城使忠州防御使入内副都知蓝元震卒后，到元丰元年（1078），宋宫内臣地位最高的是景福殿使利州观察使入内都知张茂则、入内都知王昭明、宣政使宜州防御使入内副都知李宪、昭宣使嘉州团练使入内副都知王中正、皇城使海州团练使入内副都知苏利涉。① 押班一级则有文思使内侍押班张恭礼（？—1080）和西京左藏库使内侍押班石得一（？—1096）。② 而一众高级内臣中，自从程昉死而阎士良罢后，懂得河务的只剩下张茂则。七月丙子（廿八）因黄河大决于澶州曹村下埽，共灌县四十五，坏官亭民舍数万，田三十万顷。澶州乞求遣官救护，宋廷于是命张茂则与权同判都水监刘瑑一同往查究如何闭塞河患。八

月甲午条，第6835页；卷二八○，熙宁十年正月甲子条，第6852页；卷二九三，元丰元年十月壬寅朔条，第7146页；《宋会要辑稿》第十五册，《兵二十八·备边二》，第9219页。谢禹珪接任后，宋廷在熙宁十年正月甲子（十三）诏已差官修筑河北破缺塘堤，以收水柜势，又信安军（今河北霸州市东24公里信安镇）等处因塘水减涸退出的田土，已召人耕佃的并令起遣。宋廷命谢与河北东路提点刑狱韩正彦检画图以闻。

① 《长编》卷二八○，熙宁十年二月戊申条，第6874页；卷二八一，熙宁十年三月甲寅条，第6881页；卷二八二，熙宁十年五月壬戌条，第6904页；卷二八三，熙宁十年七月丁巳条，第6935页；卷二八五，熙宁十年十一月辛酉至癸亥条，第6990—6991页；卷二八七，元丰元年正月戊午条，第7013页。神宗在熙宁十年三月甲寅（初四）以王守规和蓝元震"检身清修，奉上勤谨，十年左右，始终不渝"，就优赠王为昭武军留后。而在五月壬戌（十三），昭宣使、嘉州防御使、入内押班李宪以攻讨山后生羌擒杀其酋冷鸡朴之功，超擢为宣政使、宜州防御使入内副都知。另王中正在同年丁巳（初九）前，已从内侍副都知迁入内副都知。王中正及李宪在十一月辛酉（十四）及癸亥（十六）以军功再分别加领果州防御使和宣州观察使。而苏利涉在元丰元年正月戊午（十二）再自领达州刺史迁海州团练使。神宗以苏事英宗藩邸故有此特命。

② 《长编》卷二九八，元丰二年五月丙戌条，第7248页；六月癸丑条，第7256页。张恭礼在元丰二年（1079）五月丙戌（十九）卒，他是神宗藩邸旧人，神宗赠张为邠州观察使。石得一在元丰二年六月癸丑（十六）取代入内副都知苏利涉勾当皇城司。

月戊寅（初一）并诏河北路体量安抚使安焘（1031—1115）安置水灾民于高阜加以赈济。九月庚午（廿三），委张茂则、刘瑾及在八月癸卯（廿六）自知冀州、库部郎中再判都水监宋昌言负责塞曹村决口。①

宋廷用人之际，不知何故，不但没有考虑起用阎士良治水患，反而在是年十一月戊辰（廿一）将阎士良夺两官及勒停其职，以复州录事参军万延之托雄州榷场官吏私买物帛，而阎士良上报其事不实。②接替阎士良的河北屯田都监谢禹珪，能力比阎士良差得多，元丰元年（1078）八月癸丑（十二），谢被神宗斥"为性诞率，建画职事，多无规绳"。③

阎士良在元丰二年（1079）后的事迹不详，考《长编》在元祐二年（1087）五月乙亥（廿四），记宋廷诏姚麟（？—1105）罚铜八斤，以殿前司言步军司擅自勾抽捧日军指挥人救父之过，将姚处分。李焘在小注引述当时任御史的孙升（1038—1099）的文集所载劾姚麟章，称"十一月四日朝旨，姚麟罚铜八斤，放王道依旧收管。臣访闻初晋用，于内臣阎士良处送酒并封状与姚麟，麟遂违法放停上件伪造黄纸签符配军王道事状甚明"。又说姚"掌握侍卫，出入禁庭，而交通内臣，不遵诏令，如放停配军王道止一事

---

① 《长编》卷二八三，熙宁十年七月丙子条，第6941—6942页；卷二八四，熙宁十年八月戊寅朔条，第6945页；癸卯条，第6957页；卷二八四，熙宁十年九月庚午条，第6964页；卷二八七，元丰元年正月甲子条，第7016页。惟神宗以人内内侍省阙官，在元丰元年正月甲子（十八），又将张茂则召还。
② 《长编》卷二八五，熙宁十年十一月戊辰条，第6991页。
③ 《长编》卷二九一，元丰元年八月癸丑条，第7119页；《宋会要辑稿》第十册，《食货四·屯田杂录》，第6034页。

尔"。①即是说姚麟因交结贿赂阎士良，才得到晋用。而他执掌禁军后，仍交结内臣。究竟姚麟在什么时候和地点交结阎士良？阎士良是否在元丰二年以后还朝？而在朝中援引姚麟？

姚麟在熙宁七年七月甲辰（初八）以破踏白城（今甘肃积石山县银川镇）功迁皇城使。熙宁八年七月戊子（廿八）授泾原路第三将。八月丙申（初七）委为辽国母生辰副使。熙宁十年五月庚申（十一），他以前军将随李宪破生羌冷鸡朴（？—1077）有功，擢西上閤门使英州刺史。八月己丑（十二），他再被委为辽主生辰国信使，两度出使辽邦。他使还后，到元丰三年（1080）四月乙未（初二）前一直任知德顺军（今宁夏隆德县）。他到元丰四年（1081）六月壬午（廿七），以东上閤门使英州刺史权环庆路总管。八月乙卯朔（初一）权泾原路总管，准备出师西夏。十月以泾原路副总管统兵出界，合军五路攻夏。惟至十二月辛酉（初九）兵败还军渭州，丁卯（十五）被降职三官。元丰五年（1082）正月甲辰（廿二）改充泾原钤辖。二月癸亥（十一）因李宪的推荐，获宋廷委权知兰州。七月壬寅（廿三）徙知镇戎军（今宁夏固原市）。到了元丰六年（1083）三月乙巳（三十），得经略使卢秉（？—1092）所荐，才复官为西上閤门使。闰六月戊子（十四）再以功自东上閤门使受赏银。到元丰七年（1084）四月甲申（十五）再以功擢四方馆使领荣州团练使。他在元祐初年擢威州团练使龙神卫四厢都指挥使，元祐三年（1088）七月丙辰（十二）自捧日天武四厢都指挥使威州团练使兼权马步军司为步军都虞候。则他在元祐二年五

---

① 《长编》卷四一〇，元祐二年五月乙亥条，第9770页。

月被罚铜时,当已自龙神卫四厢或捧日天武四厢都指挥使权马步军司事。①

据《宋史》姚麟本传及上面从《长编》所记姚麟擢管军前的仕历,实在看不到他与阎士良有何渊源,反而他一直受李宪提拔推荐。孙升的劾章说姚麟交结阎士良以晋身的事实如何,有待详考。

阎士良生卒年均不载,他的墓志铭(若有)亦未发现。他在景祐二年(1035)已任御药院入内供奉官,仁宗在至和二年(1055)曾打算授他带御器械以便稍后授他内侍押班。考宋制内臣升任押班,除非有特大军功,正常情况须达五十岁而有带御器械的资历。据此,可以推论阎士良在至和二年应接近五十岁,到元丰二年(1079),他应该不少于七十四岁,故他在元丰二年致仕或病卒均甚有可能。他在元祐年间帮助姚麟晋升管军的可能性不高。惟一可能是他透过在元丰三年已出仕的儿子阎安打通关节。有关阎安的仕历下节将详论。

宋廷文臣对阎士良多不存好感,少数与阎士良有交往的文臣除了上文所提到的陈旭(升之)、程戡外,也许吕公弼和阎士良在滁

---

① 《长编》卷二五四,熙宁七年七月甲辰条,第6220—6221页;卷二六六,熙宁八年七月戊子条,第6536—6537页;卷二六七,熙宁八年八月丙申条,第6545页;卷二八二,熙宁十年五月庚申条,第6903—6904页;卷二八四,熙宁十年八月己丑条,第6952页;卷三三〇,元丰三年四月乙未条,第7357页;卷三一三,元丰四年六月壬午条,第7594页;卷三一五,元丰四年八月乙卯朔条,第7615页;卷三一七,元丰四年十月壬戌条,第7667页;乙丑条,第7677页;卷三二一,元丰四年十二月辛酉条,第7741页;丁卯条,第7744页;卷二二二,元丰五年正月甲辰条,第7765页;卷二二三,元丰五年二月癸亥条,第7783页;卷三二八,元丰五年七月壬寅条,第7906页;卷三三〇,元丰六年三月乙巳条,第8042页;卷三三六,元丰六年闰六月戊子条,第8098页;卷三四五,元丰七年四月甲申条,第8275页;卷四一二,元祐三年七月丙辰条,第10027页;《宋史》卷三四九,《姚麟传》,第11058—11059页。

州同游的同僚燕雍及其兄燕度也有不错的交情。值得注意的是，司马光的《涑水记闻》有两条传闻注明为阎士良所告，其中卷一的一条记太祖于建隆元年（960）平定李筠的经过，清楚注明是阎士良相告，而卷一〇的一条则记阎士良劝仁宗不要立陈氏女为后，则是阎告诉司马光好友孙器之，而孙稍后转告司马光的。①据此，阎士良与司马光及孙器之当有一定交情。

司马光在何时何地听阎士良讲述太祖平李筠（？—960）的故事？暂难确定。至于司马光的好友孙器之，笔者认为当是官至光禄少卿、曾撰《集马相书》的孙珪（？—1080后），而不是注司马光集的人据别字索引而胡乱推论的孙琏。②

孙珪《宋史》无传，《宋会要辑稿》及《长编》记他在治平

---

① 司马光撰，邓广铭、张希清点校：《涑水记闻》卷一，第19条，"李筠谋反"，第8—9页；卷一〇，第284条，"仁宗欲纳陈子诚女为后"，第183页；《长编》卷一一五，景祐元年八月辛丑至乙巳条，第2700—2701页；卷四七二，元祐七年四月戊午条。第11264页。按阎士良所述太祖征李筠的事，相信得自其祖阎承翰。而仁宗立后的事则是阎士良所亲历。阎士良反对仁宗立陈氏女的事，《长编》卷一一五景祐元年八月辛丑条的小注称据司马光《涑水记闻》所记，而同卷八月乙巳条小注则引王岩叟（1044—1094）《元祐系年录》，亦记阎士良儿子阎安也向高太后述说当年阎士良对仁宗的劝谏，内容也与《涑水记闻》大略相同。又李焘将景祐元年八月乙巳条小注的内容再覆述于元祐七年（1092）四月戊午（初六）条的正文。
② 李之亮据司马光集所收的多首司马光寄赠"器之"或"孙器之"的诗，认为《涑水记闻》所提到的孙器之就是司马光集中所赠诗的同一人。事实上《涑水记闻》卷三有一则关于侍读梅询（965—1040）的佚事，司马光也记来自孙器之的口述。这则口述对孙器之的真实名字的考证很有参考价值（下文将详述）。参见司马光撰，李之亮笺注：《司马温公集编年笺注》卷二，《古诗一·河上督役怀器之寄呈公明叔度时器之鞫狱沧州》，第57—58页；卷六，《律诗一·和孙器之清风楼》，第366—367页；卷七，《律诗二·孙器之奉使淮浙至江为书见寄以诗谢之五首》，第494—496页；《喜孙器之来自共城》，第504—505页；《涑水记闻》卷三，第89条，"梅询罟足惜马"，第48页；陈振孙撰，徐小蛮、顾美华点校：《直斋书录解题》卷一二，《形法类·集马相书一卷》，上海：上海古籍出版社，1987年，第380页。

四年六月乙丑（十九）以屯田郎中监牧司判官往河东相度置监之事。熙宁三年八月癸亥（初六），以屯田郎中权淮南转运副使，与太常博士集贤校理权开封府判官刘瑾（？—1086）两易其任，因神宗不满他奏事欠妥。九月辛丑（十四），又将他出为湖北转运副使。熙宁五年六月辛未（廿三）前，他又转任荆湖路转运副使。熙宁七年八月丙子（十一）前，他再已调任夔州路转运使。元丰元年二月丁卯（廿二），他在江南东路转运使任上，奉旨到江宁府王安石家，宣示宋廷已准许王罢节度使之请。讽刺的是，元丰三年九月丙寅（初七），他因与王安石弟、江南东路权发遣提点刑狱王安上（？—1099后）互讼不实，从江南东路转运使太常少卿上追两官勒停。①他以后的仕历不详。据《直斋书录解题》卷一二所记，他官至光禄少卿并撰有《集马相书》一卷。按孙珪自太常少卿追两官勒停，当是降为光禄少卿停职。

据上所述，孙珪是和司马光同时代的人，他撰有《集马相书》，与他曾以监牧司判官往河东相度置监的身份很吻合。而《涑水记闻》卷三记孙器之对司马光言及梅询"有所爱马，每夜令五人相代牵马将之，不系于柱，恐其萦绊伤之故也。又夜中数自出视之。尝牵马将乘，抚其鞍曰：贱畜，我已薄命矣，汝岂无分被绣鞯

---

① 《宋会要辑稿》第六册，《职官二十三·群牧司》，第3648—3649页；第八册，《职官六十六·黜降官三》，第4830页；《长编》卷二一四，熙宁三年八月癸亥条，第5200页；卷二一五，熙宁三年九月辛丑条，第5239—5240页；卷二三四，熙宁五年六月辛未条，第5683—5684页；卷二五五，熙宁七年八月丙子条，第6235页；卷二九五，元丰元年十二月壬戌条，第7188页；卷三八〇，元丰三年九月丙寅条，第7480页；《王荆公文集笺注》中册，卷二一，《表·孙珪传宣许罢节钺谢表》，第792—793页。

邪"?① 司马光笔下的孙器之，当是精于马政及能相马的孙珪。司马光的《和孙器之清风楼》五律的首两句云："贤侯宴枚马，歌鼓事繁华"便提到马。而司马光的《孙器之奉使淮浙至江为书见寄以诗谢之五首》提到孙器之使淮浙，也正与孙珪屡任淮南江东转运使的仕历吻合。②

据上所考，传述阎士良劝止仁宗立陈氏女为后的孙器之，当即孙珪无异。然孙珪是在何时何地听得此则宫廷秘闻？据司马光在熙宁二年所撰《河上督役怀器之寄呈公明叔度时器之鞫狱沧州》的五言古诗所记，孙珪当时正在沧州审理案件。他会否在这时与已复官的阎士良有机会见面？孙珪是卫州人，他会否在家居时曾与阎士良见面？这都是我们暂时难以确定的事。

阎士良因其父的恶名，故一直被宋廷文臣所防范以至敌视。他偶有行差踏错，便为文臣与言官严劾，虽然仁宗一直想召用他，但一直为文臣所反对。而英宗与神宗与他并无渊源，故并未将他擢升为两省押班或都知。终其一生，因多次被贬降职，最后官阶只及诸司使臣的最高阶皇城使及领团练使，连专授高级内臣的班官最低一阶的昭宣使也达不到。

阎士良当然不是循规蹈矩的人，他一再被文臣言官弹劾，即因其贪贿受赇的劣行所致。宋廷文臣在仁宗后期成功将阎士良逐出朝廷，不让他还朝掌权，也反映出自仁宗晚年到神宗朝文臣抗衡内臣势力的成功。当范仲淹当年以死相搏，才将权倾朝野的阎文应驱逐

---

① 《涑水记闻》卷三，第89条，"梅询置足惜马"，第48页。
② 《司马温公集编年笺注》卷六，《律诗一·和孙器之清风楼》，第366—367页；卷七，《律诗二·孙器之奉使淮浙至江为书见寄以诗谢之五首》，第494—496页。按司马光在律诗二称孙器之家在卫州。

出朝。而以包拯、何剡等为首的言官后来却毫不费劲便将阎士良贬逐出外。

阎士良虽然无任何战功，却在治河屯田方面颇有才干，可惜未被神宗及王安石尽用其才。他曾将治河的心得，撰成《黄河利害》一书。此书大概藏于宋宫，后为金人所得。明昌五年（1194）正月，金章宗（1168—1208，1189—1208在位）与群臣讨论治理黄河水患的问题时，章宗便以阎士良此书一帙付参知政事马琪（？—1197后），并评说："此书所言亦有可用者，今以赐卿。"①可惜此书不传。

据宋人笔记所载，阎士良还工于画龙，称："今人画龙形状，甚近君（指阎士良）所画，奇谲怪诡，果何据也？""君此画甚异，岂龙形状果若异兽耶？""然则为此图者，所谓不随流俗者也。"②虽然阎士良一辈子都担任都监、钤辖等兵职，属于内臣中的"武宦"，却有一定的文化修养。

四、阎安在神宗、哲宗朝的事迹

阎安是阎士良目前可考的养子③，他在何年月受荫出仕？暂未

---

① 脱脱：《金史》卷二七，《河渠志》，北京：中华书局点校本，1975年，第675—676页。阎士良《黄河利害》一书似乎不传。考清雍正三年（1725）出版的《行水金鉴》一书，曾引述《金史》此一条，但未有言此书仍传世。参见傅泽洪主编、郑元庆编辑：《行水金鉴》卷一五，文渊阁《四库全书》本，第11页。
② 董逌：《广川画跋》，载于安澜编：《画品丛书》卷五，《书阎士良画龙》，上海：上海人民美术出版社，1982年，第298页。
③ 李焘早在景祐元年八月乙巳条的小注，已清楚记高太后说"仁皇圣明，御药阎安说得子细。其父士良，当时正亲近"。然后在元祐七年四月戊午条的正文又

可考。最早记他任职是在元丰三年九月乙酉（廿六），他以勾当内东门司奉命往澶州编排点检封桩九军军器什物，并具析该等军器依样与否，以及可用不可用以闻。宋廷命军器监发给元样。①

阎安从澶州回来后，在闰九月庚戌（廿一）前，又被派往位于巩县（今河南巩义市）的三陵查察该处的土地使用。神宗似乎对他的工作不甚满意，批示"陵寝重事，今守吏不法如此，不可不痛加惩治。昨差阎安止是点检驱磨，初无指挥根究。可选一强毅官，就置司根究取勘以闻"。②

阎安当时虽是低级内臣，但担任勾当内东门司的职务并获委出任不同外差，可见他也是神宗看得上的人。阎士良在熙宁及元丰初年，若要侦知朝中宫中的情况，阎安显然是理想的人选。可惜这方面的史料阙如。当然，阎安要在宫中立足，自然少不了养父的教导。

宋宫的高级内臣人事在元丰四年（1081）到元丰五年（1082）有不少变动，其中多人因自然或非自然理由逝世：忠州刺史内侍押班高居简在四年正月甲寅（廿六）卒③，然后是神宗一直宠信的内侍押班李舜举，在元丰五年九月戊戌（二十）枉死于永乐城（在今

重复说明。参见《长编》卷一一五，景祐元年八月乙巳条，第2700—2701页；卷四七二，元祐七年四月戊午条，第11264页。

① 《长编》卷三八〇，元丰三年九月乙酉条，第7486页。按另一内臣入内东头供奉官勾当御药院窦仕宣（？—1081后）则被派往北京大名府执行相同任务。
② 《长编》卷三九〇，元丰三年闰九月庚戌条，第7498页。
③ 《长编》卷三一一，元丰四年正月辛亥至甲寅条，第7541—7542页；《宋会要辑稿》第四册，《仪制十三·内侍追赠·赠观察使》，第2570—2571页。《宋会要辑稿》记张恭礼卒于元丰三年五月，惟据《长编》，张早于元丰二年五月卒。高居简在四年正月辛亥（廿三）以疾请解押班职，神宗许之并授他遥郡团练使提举西太一宫，不想到在三天后（甲寅，廿六）便病卒，宋廷赠他耀州观察使。

陕西大盐湾乡，无定河东岸，董秀珍一说在陕西米脂县龙镇马湖峪村，无定河西岸，南距米脂城25公里，北距故银州城25公里）。李舜举也来自内臣世家，曾祖父是太宗朝高级内臣宣庆使李神福（947—1010）。他与阎安一样是第四代内臣，年龄及资历都比阎安高，本来是内臣的明日之星，有望擢至更高的都知官位，却不幸横死。①五年十月丙辰（初九），皇城使海州团练使入内副都知苏利涉也病死。②

神宗以两省押班、都知亡故多人，先在七月庚子（廿一）以内侍副都知吉州刺史西京左藏库使石得一升任入内副都知，另擢东作坊使嘉州刺史带御器械刘有方（？—1100后）为内侍押班。③十月戊午（十一），再以英宗藩邸旧人西京左藏库使果州刺史张允诚（？—1083）为内侍押班。不过，张允诚只做了半年，在元丰六年（1083）四月丙寅（廿一）便逝世。④

---

① 《长编》卷三一四，元丰四年七月甲辰条，第7606页；卷三二七，元丰五年六月壬戌条，第7877页；卷三二九，元丰五年九月戊戌条，第7927页；卷三三〇，元丰五年十月乙丑条，第7955页；《宋史》卷四四六，《宦者传一·李神福、李神祐》，第13605—13606页；卷四六七，《宦者传二·李舜举》，第13644—13655页。李舜举字公辅，是李神福的曾孙，仁宗朝已补小黄门出仕。他在元丰四年七月甲辰（十九）前早已擢为文思使文州刺史内侍押班，到元丰五年六月壬戌（十二）再领嘉州团练使。他在永兴城之役阵亡后，宋廷给他很厚恩恤，是年十月乙丑（十八），宋廷赠他昭化军节度使，赐谥忠愍，推恩二十资。李舜举子李充迁十资，自三班借职为供备库副使；兄李舜聪五资，自左藏库使为皇城使遥郡团练使，兄李舜钦并侄各迁一资，舜举妻任氏特封夫人。

② 《长编》卷三三〇，元丰五年十月丙辰条，第7949页；《宋会要辑稿》第四册，《仪制十三·内侍追赠·赠节度察使》，第2569—2570页。神宗以苏利涉是英宗旧人，便赠他奉国节度使，谥勤懿，特官其子孙六人，妻封崇德郡夫人。

③ 《长编》卷三二八，元丰五年七月庚子条，第7904页；《宋会要辑稿》第七册，《职官三十六·内侍省》，第3897页。

④ 《长编》卷三三〇，元丰五年十月戊午条，第7950页；卷三三四，元丰六年四月丙寅条，第8051页；卷三三九，元丰六年九月乙巳条，第8160页；《宋会要辑稿》第四册，《仪制十三·内侍追赠·赠留后》，第2570页。神宗赠张允诚

内臣中军功最高的入内副都知李宪在元丰五年（1082）六月乙卯（初五）再以泾原路进筑城寨之功迁景福殿使武信军留后。不过，他在元丰六年（1083）二月丙辰（初十）以过降一阶为宣庆使。到四月庚午（廿五），他又复为景福殿使，高级内臣中，他名位仅次于入内都知延福宫使张茂则。①

　　阎安资历尚浅，他要升任押班还要一段日子及机遇。元丰七年（1084）七月辛丑（初四），神宗遣派官员往河北、河东路依格按阅第一番保甲事艺时，阎安以入内内侍省东头供奉官、勾当内东门司与四方馆使、唐州刺史曹诵（？—1102后）往河北东西路。②

　　神宗在元丰八年（1085）初病重，三月戊戌（初五）去世。他极赏识而有军功的内臣李宪以坐奏边功不实，早于三月甲午朔（初一）即被罢去入内副都知一职。在神宗去世及哲宗继位的关键时刻，宫中一应时务由首席内臣入内都都知张茂则主持，未出任何乱子。高太后（1032—1093）临朝听政后，即擢升张为内侍省都都知。辛丑（初八），高太后擢升内侍押班梁从吉（？—1090）及刘有方为入内押班，皇城使利州刺史带御器械赵世长（？—1095）擢为内侍押班。己未（廿六），宋廷命梁从吉接替李宪入内内侍省的职任。③

为奉国军留后，赐钱千缗、绢百五十匹。高太后加赠钱二百缗，推恩他家人六人。九月乙巳（初三），宋廷录张允诚子左班殿直张铉为右侍禁，孙张之雄、张之纯并为三班奉职。按《长编》卷三三九，元丰六年九月乙巳条记张允诚为入内押班。

① 《长编》卷三二一，元丰四年十二月己巳条，第7746页；卷三二七，元丰五年六月乙卯条，第7873页；卷三三三，元丰六年二月丙辰条，第8018页；卷三三四，元丰六年四月庚午条，第8054页。
② 《长编》卷三四七，元丰七年七月辛丑条，第8322页。
③ 《长编》卷三五二，元丰八年三月甲午条，第8448页；卷三五三，元丰八年三

高太后在四月辛未（初八），继续更调内臣的职务，入内内侍省中多名内臣令转出，包括宋用臣（？—1100）、阎守懃（？—1104后）以及李宪子李毂（？—1127后）等。原本勾当内东门司的阎安被委代替勾当御药院刘惟简（？—1096）。其父当年正是任勾当御药院成为仁宗亲近的内臣。阎安又担任乃父曾任的近侍职位，而有较好的机会进一步升迁。①

高太后在六月戊子（廿六），命入内副都知石得一为神宗永裕陵使，而以宋用臣副之。十一月壬寅（十二），高太后以石得一已充任工作繁剧的永裕陵使为理由，而罢去他入内副都知及其他遥领差遣。石得一所提举监教马军所、提举训练皇城司亲从亲事官射弓等差遣，均委梁从吉管勾，而同文馆所的工作就由刘有方负责。宋用臣亦在甲辰（十四）自永裕陵副使、宣政使降为皇城使、登州防御使监滁州酒税务，逐出京师。②

高太后更新内廷人事，清除神宗所宠信的内臣，对于阎安的晋

月乙未至戊戌条，第8455—8456页；辛丑条，第8460页；己未条，第8463页；卷三五六，元丰八年五月甲午条，第8507页；卷三五九，元丰八年八月丁亥条，第8586页；卷三六三，元丰八年十二月甲申条，第8683页；《宋史》卷四六七，《宦者传二·梁从吉》，第13645页。梁从吉何时任内侍押班不载，大概是元丰七年时。他在元丰四年五月甲午（初二），以昭宣使昌州刺史入内押班代宋用臣提举皇城司。宋廷在是年八月丁亥（廿六）诏嘉奖张茂则"宿卫宫省，更历四朝，清谨忠勤，宜在褒劝"，特以其子左藏库副使张巽（？—1102后）为西上阁门副使。十二月甲申（廿四）宋廷更将他自延福宫使宁国军留后入内都知迁为内侍省都都知，成为名位最高的内臣。另此条将赵世长误写作赵世良，参见《长编》卷三九一，元祐元年十一月戊午条，第9509页。
① 《长编》卷三五四，元丰八年四月辛未条，第8473页。
② 《长编》卷三五七，元丰八年六月戊子条，第8549页；卷三六一，元丰八年十一月壬寅至甲辰条，第8637—8639页；卷三六四，元祐元年正月癸卯条，第8710—8711页。宋廷在元祐元年正月癸卯（十四）再追究宋用臣在导洛河通汴河及京城所出纳的违法事。当刘有方在同日请以张茂则的亲嫌避职时，高太后却诏不需回避，高太后对两名内臣的不同处理具见其爱恶。

升自然是难得的机会。

元祐元年（1086）闰二月乙卯（廿七），高太后任朝议大夫试吏部尚书兼侍讲范纯仁（1027—1101）为中大夫同知枢密院事。范纯仁随即上札子恳辞。高太后再在三月己未（初二）由学士院降诏不允所请。范再请收回成命，高太后再在三天后（壬戌，初五）命阎安以入内供奉官勾当御药院到范家封回范的辞职札子。讽刺的是，阎安的祖父阎文应是范纯仁父范仲淹的死对头，高太后却特别派阎安到范家宣旨。①

神宗朝最有权势之一的内臣延福宫使李宪，在四月辛卯（初四）知几地以病请致仕获准，宋廷许他于西京洛阳居住。两天后（癸巳，初六）罢相多年的王安石卒于江宁府。②不过，言官并不放过李宪等，因御史中丞刘挚（1030—1098）及殿中侍御史林旦（？—1091后）的严劾，宋廷在乙巳（十八）诏李宪降留后一官提举明道宫，王中正特降遥郡团练刺史两官，提举太极观，并本处居住。戊申（廿一），宋用臣徙监太平州（今安徽当涂县）茶盐矾酒税务。五月壬戌（初六），林旦上言请收回赐李宪及宋用臣的园宅，又罢免石得一于御前忠佐司之亲随。八月丁酉（十二），右司谏王岩叟（1044—1094）和王觌（？—1103后）又再次严劾宋用臣，己亥（十四），右司谏苏辙（1039—1112）上言，认为李宪及

---

① 《长编》卷三七〇，元祐元年闰二月乙卯条，第8944页；卷七一，元祐元年三月辛未条，第8998—8999页；卷三七二，元祐元年三月壬申条，第9001—9002页；范纯仁：《范忠宣集》卷七，《辞免枢密第一札子》《第二札子》《第三札子》，文渊阁《四库全书》本，第10—12页。
② 《长编》卷三七四，元祐元年四月辛卯至癸巳条，第9069页。

王中正贪墨骄横及败军失律,不该给他们优渥的待遇。①

高太后除了借言官的力量,清除神宗宠信的内臣外,她也同时提拔赏识的内臣。八月癸卯(十八),两名入内东头供奉官勾当御药院冯宗道(？—1098)及梁惟简(？—1097后)均除内侍押班,冯授见寄右骐骥使,梁授见寄文思副使。冯是哲宗的随龙人,梁在高太后殿只应近二十年,均各有功绩,故获得擢升押班。高太后又以入内押班梁从吉久更边任,宣力居多,特与转遥郡团练使并迁入内副都知,而内侍押班昭宣使嘉州刺史刘有方就特除内侍省右班副都知。丁未(廿二),又命冯、梁二人并添差勾当皇城司。九月壬申(十七),梁从吉自文思副使擢为皇城副使。十月丙戌(初二),高太后还要将梁加领遥郡团练使。权中书舍人苏辙反对,他以梁在数月间已三度超擢:最初自御药超擢至带御器械及内侍省押班,然后又改寄文思副使权入内押班事,再以特恩自文思副使转皇城副使,随后又以特旨转供备库使,现时又以罢本殿祗候转一官。苏辙力言旧制只合迁西京左藏库使,现在竟超越文思、左藏、皇城使三资,迳授领遥郡刺史,实在于理不合。高太后知道理亏,就收回成命。但在庚寅(初六)仍命梁管勾景灵宫。②与冯宗道及梁惟简相比,阎安的资历其实相当,只是他和帝后渊源不深,他要升迁

---

① 《长编》卷三七五,元祐元年四月乙巳条,第9105—9109页;卷三七六,元祐元年四月戊申条,第9113页;卷三七七,元祐元年五月壬戌条,第9156—9157页;卷三八五,元祐元年八月丁酉条,第9377—9379页;己亥条,第9382页。

② 《长编》卷三八五,元祐元年八月癸卯条,第9389页;卷三八六,元祐元年八月丁未条;第9396页;卷三八八,元祐元年九月壬申条,第9431页;卷三八九,元祐元年十月丙戌条,第9450—9452页;庚寅条,第9455页;卷四一七,元祐三年十一月己未条,第10127页。按刘有方在元祐三年十一月己未(十七)已自宣政使嘉州刺史领荣州团练使。

就要等机会了。

十一月戊午（初四），御史中丞刘挚获擢为尚书右丞，他依例两次上书辞免。时任勾当御药院的阎安就奉高太后命赍降诏书，不允刘挚所请。最后刘挚接受任命。①就在同日，内侍押班利州刺史赵世长自皇城使迁一官为昭宣使。冯宗道则在元祐二年（1087）三月庚午（十八），自右骐骥使内侍押班权管勾入内押班公事迁皇城使，七月癸酉（廿四）再加领惠州刺史。八月乙巳（廿六），高太后终于将梁惟简从供备库使升为西京左藏库使，十月甲申（初六）并加领嘉州刺史。早已失势被言官痛劾的石得一，则早在元祐元年十二月戊申（廿四）以左藏库使管勾崇福宫上卒。当刑部在二年六月辛卯（十一）提出李宪已到时候检举牵叙时，宋廷却诏再等一期才取旨。神宗朝得宠的内臣现时已成为无人理会的闲人。②

宋宫的内臣荣枯有别，元祐三年（1088）闰十二月戊申（初六），李宪再以提举明道宫任满，授右千牛卫上将军分司南京应天府（今河南商丘市），陈州（今河南周口市淮阳区）居住。高太后对他已算宽大，宋廷文臣却一直不放过他，不让他以优渥的官位致仕。另一员失势的内臣宋用臣也是文臣攻击的目标。③

---

① 刘挚撰，裴汝诚、陈晓平点校：《忠肃集》卷二，《札子·再辞免尚书右丞札子》，北京：中华书局，2002年，第45页；《宋史》卷一七，《哲宗纪一》，第323页。
② 《长编》卷三九一，元祐元年十一月戊午条，第9509页；卷三九三，元祐元年十二月戊申条，第9579页；卷三九六，元祐二年三月庚午条，第9658页；卷四三〇，元祐二年七月癸酉条，第9822页；卷四四〇，元祐二年八月乙巳条，第9850页；卷四六〇，元祐二年十月甲申条，第9876页。
③ 《长编》卷四一九，元祐三年闰十二月戊申条，第10147页；卷四五二，元祐五年十二月壬戌条，第10843页；卷四六四，元祐六年八月癸丑条，第11091—11092页；卷四六五，元祐六年闰八月庚辰条，第11114页。李宪在元祐五年十二月壬辰（初二）又复为延福宫使宣州观察使提举明道宫。到元祐六年八月

高太后宠信的内臣就步步高升：内侍副都知永州团练使梁从吉在元祐四年（1089）四月己未（十九）再加领康州防御使，而内侍押班冯宗道也在十月庚戌（十四）自皇城使迁昭宣使。另内侍押班和州刺史赵世长在元祐五年（1090）四月己亥（初四）即擢为内侍右班副都知。丁巳（廿二），冯宗道再自入内押班惠州刺史迁遥郡团练使，而入内押班梁惟简就从西京左藏库使迁文思使。六月庚戌（十七），内侍副都知刘有方自宣政使迁宣庆使。十月己亥（初八）赵世长再自昭宣使擢宣政使。不过，帝眷正隆的入内副都知梁从吉却在同月乙巳（十四）卒，宋廷赠他感德军节度使，谥敏恪。宋廷内臣仍以张茂则为首，元祐五年十一月壬戌（初二），宋廷仍以他再任勾当皇城司，执掌皇城保安的大权。①

阎安的同僚纷纷加官高升之时，阎安却原地踏步，既没有升官，也没有获得什么重要差使。据《长编》所记，他在元祐四年六月戊辰（廿九），因左谏议大夫梁焘（1034—1097）的上言，高太后改派他押赐哲宗九弟大宁郡王俿（1082—1106）生日礼物。他的

癸丑（廿六），宋廷又从其请，授他右武卫上将军致仕。两天后，中书舍人孙升反对，于是宋廷又收回成命。宋用臣在六年闰八月庚辰（廿四）本来给叙为忠州刺史，却给给事中范祖禹（1041—1098）封还诏书。

① 《长编》卷四二五，元祐四年四月己未条，第10285页；卷四三四，元祐四年十月庚戌条，第10464页；卷四四一，元祐五年四月己亥条，第10611页；丁巳条，第10623页；卷四四三，元祐五年六月庚戌条，第10666页；卷四四九，元祐五年十月己亥条，第10791页；乙巳条，第10793页；卷四五〇，元祐五年十一月壬戌条，第10808页；卷四七四，元祐七年六月甲子条，第11303页；卷四七九，元祐七年十二月甲子条，第11402页。关于张茂则这时的职位，《长编》有时记入内都知，甚至是入内副都知。当为讹写。张应是内侍都知或入内都知。又《长编》记赵世长在元祐七年六月甲子（十二）以入内副都知领忠州团练使，但在同年十二月甲子（十六）则记他以内侍省左班副都知勾当御厨。

职衔仍是入内供奉官勾当御药院。元祐五年八月癸巳（初一），当宰相刘挚请辞相位时，高太后又命他往曹氏园陪同刘挚入宫见驾，不许刘辞职。元祐六年（1091）三月庚申朔（初一），高太后又命他陪同留身奏事已久的尚书右丞苏辙返回中书省。①与其父祖的行事张扬跋扈有很大不同，阎安行事小心谨慎，也不急于求进。值得一提的是，与其父曾有过节的文臣陈述古在元祐五年六月庚申（廿七）以右谏议大夫致仕上卒。②

元祐六年三月癸酉（十四），高太后以《神宗实录》修成，赏赐有功臣僚，内臣受赏的有都大管勾之入内都都知张茂则，张与男一名获迁一官；稍后又改为其孙或侄有一官人一名迁一官。而担任承受之职的内侍押班梁惟简、入内东头供奉官管勾御药院寄供备库使陈衍（？—1098）等均获迁一官。阎安大概没有参与其事，故没有得什么奖赏。③

阎安虽然没有晋身押班之职，但他仍以勾当御药院侍候帝后。元祐七年（1092）四月，高太后与宰执大臣商议为哲宗选后。宰相吕大防（1027—1097）因签书枢密院事王岩叟力主选后不取于勋德之家，无以服人心。吕大防便提到仁宗曾一度考虑选茶商陈子城女为后。高太后于是表示："仁皇圣明，御药阎安具知子细。其父士良当时正亲近。"她复述仁宗当时叫阎士良贺他选得皇后，当阎士

---

① 《长编》卷四二九，元祐四年六月戊辰条，第10377页；卷四四六，元祐五年八月丁酉条小注，第10732页；卷四五六，元祐六年三月庚申朔条，第10918页；《宋史》卷二四六，《宗室传三·吴王佖》，第8722页；《宋会要辑稿》第七册，《职官三十六·内侍省》，第3898页。
② 《长编》卷四四三，元祐五年六月庚申条，第10676页。
③ 《长编》卷四五六，元祐六年三月癸酉至乙亥条，第10921—10922页。

良知道皇后选自陈子城家后,就力谏仁宗不可,指出陈子城的官职是以钱买来的。仁宗于是改变主意。高太后告诉吕大防等,仁宗立后的事出自独断,并非与宰相吕夷简商量后的结果,她认同选后不可取于商人家。她对宰执点了阎安父子的名,称阎安具知仁宗最后不立陈氏女为皇后事的仔细,可推知阎安也算是高太后及哲宗的近侍内臣。①

神宗两名有军功的内臣,李宪首先于元祐七年六月戊寅(廿六)卒。王中正在元祐八年(1093)正月庚寅(十二)前已复叙为文州刺史昭宣使,但只担任提举太极观的闲差,不再受到任用。他在哲宗亲政后,稍获迁叙,但未获起用,于元符二年(1099)三月己巳(廿六)以昭宣使嘉州团练使提举太清宫卒。②

高太后在元祐八年九月戊寅(初三)逝世,哲宗委任张茂则以入内都都知为山陵都大管勾并行宫事,负责高太后的葬事。哲宗很快便罢黜祖母所用的旧党臣僚,而复用新党。③哲宗也清除太后宠信的内臣,重用自己随龙的心腹内臣。阎安幸而在元祐年间,算不上是高太后亲信的内臣,而他一向谨慎,故在哲宗绍圣、元符年间,安然度过。

哲宗在十月亲政始,即起用他的随龙人刘惟简(?—1096)及

---

① 《长编》卷四七二,元祐七年四月戊午条,第11264—11265页;张林:《元祐政治中的"仁宗之法"》,《历史教学问题》2015年第3期,第96页。张林认为高太后在选后事上引述仁宗的话,无非是对臣僚宣布,选后之事应由帝后决定,与外朝无关。
② 《长编》卷四七四,元祐七年六月戊寅条,第11313—11315页;卷四八〇,元祐八年正月庚寅条,第11418页;卷五七〇,元符二年三月己巳条,第12090页。
③ 《宋史》卷一七,《哲宗纪一》,第336—337页;卷一八,《哲宗纪二》,第339—343页;《宋会要辑稿》第三册,《礼三十三·后丧·宣仁圣烈皇后》,第1479—1481页。

梁从政（？—1106后）为内侍押班。更特别重新起用被元祐旧臣重劾的宋用臣为内侍押班领瀛州刺史。他又擢用刘有方子刘瑗（？—1100后）、李宪子李毂及王中正子等人为入内供奉官，苏辙、范祖禹等均反对哲宗擢用他所亲近的内侍，但哲宗不理。①

哲宗对在高太后当政时得宠的内臣则区别处理，绍圣元年（1094）闰四月丁亥（十七），他下诏将曾为神宗随龙人的赵世长等迁秩赏赐有差（按赵卒于绍圣二年三月）。七月丁巳（十八）他先将高太后宠信而他痛恨的内臣陈衍编管白州（今广西博白县）。二年（1095）十一月甲寅（廿二）再将侍候高太后多年的梁惟简除名全州（今广西全州县）安置。三年（1096）正月丁巳（廿六）再将陈衍重贬至朱崖军（今海南三亚市）。绍圣四年（1097）五月己未（初六），梁惟简子梁弼（？—1105后）、陈衍子陈恂（？—1105后）均除名，送琼州（今海南海口市）编管。同月甲子

---

① 刘惟简却在绍圣三年三月以昭宣使康州刺史卒于入内押班任上。哲宗赠他安化军留后。据《宋史全文》所记，在元祐八年十一月，枢密院出刘瑗以下十人姓名，并换入内供奉官。三省将有过犯的冯景、黄某二人，以及正在持服的刘瑗及李毂二人除去，其余六人全数按哲宗旨意升迁。苏辙以哲宗亲政，士大夫尚未进用一人，却推恩近侍实在不妥。哲宗不但不从，还在数日后以刘惟简为龙之人，除内侍省押班，梁从政为内侍省都知，吴靖方带御器械。中书舍人吕希纯（？—1105）反对。哲宗解释禁中缺人，兼有近例。苏辙坚持此举影响人心。哲宗妥协，说暂缓这任命，等祔庙才再施行此恩典。范祖禹又上言这次所召之内臣，除了李宪之外，还有王中正之子，认为这会招致非议。但哲宗不报。范请对，但哲宗依旧不肯收回成命。考《宋史全文》所记刘惟简、梁从政擢押班及都知在十一月疑有误，二人当在十月已任。而梁只任押班并非都知。又据《宣和画谱》所记，刘瑗为刘有方子，字伯玉，他是哲宗及徽宗从龙之人，其父性喜书画，家藏万卷，而他也能作云林泉石之画，大概以此为徽宗所喜。参见《宋史》卷四六七，《宦者传二·宋用臣、刘从简》，第13641—13642、13646—13647页；李埴撰，燕永成校正：《皇宋十朝纲要校正》卷一三，第359页；《宋会要辑稿》第四册，《仪制十三·内侍追赠·赠留后》，第2570页；佚名撰，汪圣铎点校：《宋史全文》卷一三下，《宋哲宗三》，第875—876页；佚名撰，俞剑华注释：《宣和画谱》卷一二，南京：江苏美术出版社，2007年，第278—279页。

（十一），陈衍子陈慥放南恩州（今广东阳江市）编管。陈衍并梁惟简屋宅、产业、园地及钱物根抄没入官，在京的产业拨与后苑房廊所，京城外的就拨与提举常平司，在外州县者拨与转运司，宋廷严令如有隐漏减落，许人陈告。以章惇（1035—1105）为首的宰辅在同月己巳（十六），迎合哲宗之意，痛劾"梁惟简、陈衍在元祐时，内挟党类，外交权臣，邪谋诡计，无所不至"。他们以梁、陈二人尚有亲戚供职禁中，主张将二人的亲戚及素所亲厚的人驱逐。哲宗准奏，自入内东头供奉官苏舜民、冯章等十九人均被重贬。甚得高太后信任的首席内臣张茂则大概死于绍圣元年初，才免遭贬逐，但仍被追贬为左监门卫将军。①至于阎安，本来也算是高太后信任之人，绍圣四年的内臣大清洗，他却能逃过一劫，可见他平日行事谨慎，不招人忌。

哲宗信任的内臣就不次受到奖赏，绍圣四年七月戊辰（十七），哲宗以是月甲子（十三）夜，入内押班冯世宁（1051—

---

① 《宋史·张茂则传》记张茂则卒年七十九，按他在嘉祐八年时年四十八，以此推算，他到绍圣元年刚是七十九，他当卒于绍圣元年。按道学名臣杨时（1053—1135）称张茂则是宦官的贤者。记他在元祐间曾请诸公啜茶观画，惟正叔（即程颐，1033—1107）不往，辞之曰他不识画，亦不喜茶。杨时说好像程颐真是去不得。据此，可见张茂则与旧党臣僚的关系不错。另哲宗赠赵世长崇信军留后，到绍圣四年五月戊寅（廿五），以他是随龙之人就特与恩泽五资。梁惟简与陈衍之子到元符三年七月辛未（初六），才被徽宗自海南赦还。参见《宋史》卷一八，《哲宗纪二》，第340、343页；卷四六七，《宦者传二·张茂则》，第13641页；《皇宋十朝纲要校正》卷一三，第362页；卷一四，第368页；《宋会要辑稿》第四册，《仪制十三·内侍追赠·赠留后》，第2570页；《长编》卷四八七，绍圣四年五月己未条，第11567页；甲子条，第11569—11570页；己巳条，第11574—11575页；卷四八八，绍圣四年五月戊寅条，第11591页；曾布撰，顾宏义点校：《曾公遗录》卷九，北京：中华书局，2016年，第290页；杨时撰，林海权校理：《杨时集》卷一三，《语录四》，北京：中华书局，2018年，第392页。

1117）、蓝从熙（？—1113后）救火有功，冯授宣政使，蓝授宣庆使，二人辞免，哲宗仍降诏奖谕及各赐银绢五百两疋，另有功的内臣自刘友端以下三十三人均获赏。十一月甲子（十四），哲宗再加冯世宁遥郡防御使，以赏其劳。① 阎安虽然没有得到什么恩赏，但他总算避过一次又一次的宫闱斗争之灾厄。

元符元年（1098）三月戊午（初九），章惇与蔡卞（1048—1117）及邢恕（？—1104后）合谋，并勾结内臣郝随（？—1109），诬陷侍奉高太后的内臣皇城使勾当御药院张士良（？—1106后）与陈衍，隐匿臣僚请太后还政哲宗的奏章，又暗中与宰相吕大防往来等不法事。章又指使翰林学士承旨蔡京（1047—1126）等上奏痛劾"司马光、刘挚、吕大防等忘先帝厚恩，弃君臣之义，乘时伺便，冒利无耻，交结中人张茂则、梁惟简、陈衍之徒，躐取高位，快其忿心。尽变先帝已成之法，分布党与，悉据要权，公肆诋诬，无所忌惮"。点了已死及远贬的内臣张、梁、陈三人的名。本来章惇要迫张士良诬告高太后曾有废哲宗之意，但张宁死不从。加上向太后（1046—1101）及哲宗生母朱太妃（即钦成朱皇后，1052—1102）极力劝阻，哲宗觉悟，不肯听从章惇要追废高太后的坏主意。章惇只好以张士良交结陈衍，请将他编管于白州。哲宗痛恨陈衍，下诏将陈衍处死于贬所朱崖军。② 阎安侥幸没被哲宗及章惇列为高太后的亲信，故得免于难，而且稍后获得擢升。

四月庚子（廿二），哲宗擢升宣庆使荣州防御使入内押班梁

---

① 《长编》卷四八九，绍圣四年七月戊辰条，第11613页；卷四九三，绍圣四年十一月甲子条，第11696页。蓝从熙何时擢押班不详。
② 《长编》卷四九五，元符元年三月戊午条，第11773—11780页；《皇宋十朝纲要校正》卷一四，《哲宗》，第373页。

从政为入内副都知，昭宣使康州团练使内侍押班吴靖方（？—1098后）领莱州防御使。他所宠信的入内副都知宣政使冯宗道却于是年六月丙戌（初九）卒，哲宗特赠冯为安德军节度使，谥良恪。①阎安几经等待，终于在是月己丑（十二）以皇城使高州刺史带御器械的资格补上内侍押班，到八月丙申（廿一），又特以磨勘而自皇城使升昭宣使。②他获得亡父终身得不到的押班职位，并获亡父得不到的班官昭宣使。根据宋宫制度，阎没有特别军功，他出任押班需在年五十以上。以此推论，阎安在元符元年应年过五十。

阎安获授内侍押班后第一份外差，是在八月癸卯（廿八）代替入内供奉官勾当内东门司、李宪之子李毂按阅开封界京东路将兵。③按阎一向在内廷侍奉，甚少担任此类与军事有关的差使。

哲宗继续擢升他的心腹内臣，十一月癸丑（初九），入内副都知梁从政再自宣庆使迁景福殿使。元符二年（1099）二月丙子（初三），入内押班冯世宁自昭宣使迁宣庆使依前领忻州防御使，入内押班蓝从熙自宣政使迁宣庆使领邵州防御使，另入内东头供奉官寄左藏库使刘瑗、供备库使郝随、皇城使石璘、供备库使武球、西京左藏库副使吴遵道各特进秩一等，已故的入内副都知冯宗道及入内押班刘惟简各特与有服亲有官人一资。他们都是哲宗的随龙人故得到恩赏。④

---

① 《长编》卷四九七，元符元年四月庚子条，第11834页；卷四九九，元符元年六月丙戌条，第11876页；卷五一〇，元符元年八月辛卯条，第11937页。按吴靖方何时擢押班不详，又哲宗在是年八月辛卯（十六）以冯宗道是他随龙之人，就以他的遗表所求给特恩六人。
② 《长编》卷四九九，元祐元年六月己丑条，第11880页。
③ 《长编》卷五一〇，元符元年八月癸卯条，第11945页。
④ 《长编》卷五四〇，元符元年十一月癸丑条，第12001页；卷五六〇，元符二年

五月乙丑（廿三），哲宗又以弟申王佖及端王佶（即徽宗）出居外第，恩赏一大批内臣。大概见到众内臣受赏，阎安按捺不住，就在翌日（丙寅，廿四）透过枢密院上奏，请求因任御药院及带御器械的年劳而升赏。哲宗本来令减他二年磨勘，但知枢密院事曾布（1036—1107）不同意，认为阎获授押班已是迁擢，现时他要叙日前的差遣而求赏，实在不合，也未到时限，过去并无先例。哲宗同意曾布的意见，于是阎安升官不成。①

　　哲宗在元符二年六月丙申（廿五）再擢升内侍押班吴靖方自昭宣使为宣政使。七月甲寅（十三），再以年劳擢入内副都知宣庆使雄州防御使刘有方为景福殿使。八月己丑（十九），哲宗先擢吴靖方为内侍右班副都知，乙未（廿五）在曾布的美言下，哲宗又将吴迁入内副都知。九月庚子朔（初一），哲宗将入内押班冯世宁加明州观察使，入内押班蓝从熙加密州观察使。本来曾布认为都知才加遥郡防御使，押班加遥郡观察使只怕不顺。但当哲宗称二人任祗应，与他人不同，而且提到比二人资浅的刘瑗、郝随等已领遥郡刺史时，曾布就不反对了。哲宗任人惟亲，曾布迎合上意，阎安不是哲宗的亲信，自然升迁比人慢了。②

二月丙子条，第12050页。
① 《长编》卷五一〇，元符二年五月乙丑至丙寅条，第12146—12147页；《曾公遗录》卷七，第46页。又按申王佖即大宁郡王，生于元丰五年七月，而徽宗生于元丰五年十月，申王比徽宗年长三月。
② 《长编》卷五一一，元符二年六月丙申条，第12169页；卷五一三，元符二年七月甲寅条，第12199页；卷五一四，元符二年八月己丑条，第12222页；乙未条，第12229页；卷五一五，元符二年九月庚子条，第12235页。按蓝从熙在闰九月乙亥（初六）再以磨勘改景福殿使。而刘瑗也在同月戊寅（初九）迁昭宣使，寄资河东第九第十三将都巡检。参见《曾公遗录》卷八，第99、102—104、118—119页。

阎安在九月壬戌（廿三）自陈劳绩，哲宗许他以勾当御药院及皇城司的服侍年月减扣磨勘年月。闰九月庚午朔（初一），哲宗将他自昭宣使升一级为宣政使。惟仍遥领高州刺史不变。①

十一月丁亥（十九），哲宗再以磨勘将入内副都知梁从政从景福殿使晋为延福宫使，并称许他在先朝任使，颇晓事，称数年后磨勘再加他观察使。然而，梁等不到这一天，他的主子在元符三年（1100）正月己卯（十二）因长期的纵欲，加上子越王及女懿宁公主接连夭折之痛而暴卒，得年才二十五。因哲宗死时已无子［按哲宗独子越王在元符二年八月戊寅（初八）生，于元符二年闰九月乙未（廿六）卒］，故向太后在曾布等的支持下，否决章惇立哲宗同母弟简王（即蔡王，1083—1106）之议，而立徽宗继位。②

哲宗一朝，从元丰八年三月至元祐八年九月的八年半，是高太后垂帘掌政的时期，神宗所用的新党大臣尽遭贬逐，而重用以司马光、吕公著（1018—1089）为首的旧党大臣，而尽罢新法。而神宗所宠信的内臣也大半失宠，高太后用的是她亲信的内臣。旧党大臣一方面对新党大臣穷追猛打，也不放过以李宪、王中正为代表的神宗得宠内臣，同时旧党内部也互相倾轧，宫内朝外权争不断。阎安既不属于神宗宠信的内臣，也不是高太后特别欣赏的人，在太

---

① 《长编》卷五一六，元符二年闰九月庚午朔条，第12263页；《曾公遗录》卷八，第115—116页。
② 《长编》卷五一八，元符二年十一月丁亥条，第12335页；卷五二〇，元符三年正月己卯条，第12356—12358页；《宋史》卷一九，《徽宗纪一》，第357—358页。曾布的遗录记载了哲宗在元符二年五月至三年正月病逝的病况，曾布甚至在十二月戊午（廿一）入对时直言哲宗"伤气莫甚于情欲"，说他"气血方刚，于燕和之际，稍加节慎，至稍安和，无所不可"。参见《曾公遗录》卷七，第42—43、54、72—74页；卷八，第94—99、120—128、145、157—160页；卷九，第171—181页。

后当政的时期，他在宫中只是毫不起眼的一员内臣。他谨慎安分地当差，乃得避过改朝换代的人事清洗。高太后逝世，哲宗亲政后，因长期受到祖母压抑，就一反元祐之政，重新起用以章惇、曾布为首的新党大臣，将旧党大臣尽数贬斥，甚至在绍圣三年（1096）九月废掉祖母为他所立的孟皇后（1073—1131）。高太后所亲信的内臣自然大部分被他贬逐甚至被杀，而任用随龙亲信内臣执掌宫禁事务。阎安虽然不算哲宗的亲信内臣，但当一大批元祐高级内臣被贬后，他凭着资历终于在元符元年六月补上两省职最低的内侍押班。他在哲宗亲政的六年多（元祐八年九月至元符三年正月），没有什么事功，也没有什么恶行。他不像梁从政、郝随、苏珪那样陷害孟皇后，①更没有在哲宗病重至逝世的敏感时刻牵涉到哲宗诸弟角逐帝位的明争暗斗中，因此到徽宗即位后，仍能平平安安地在宫中继续当差。

五、阎安在徽宗朝的事迹

帝王术高超的徽宗，击败了章惇支持的简王而登大宝后，他请扶他上位的向太后垂帘听政，并静观时局。向太后当政后，第一宗要务当然是为哲宗营造山陵，首相章惇被任为山陵使，入内副都知吴靖方和入内押班蓝从熙命管勾山陵事，入内押班冯世宁提举制造梓宫兼按行山陵使。已升为宣庆使的阎安，也获委为按行山陵副使，而另一内侍押班宣庆使宋用臣也获委为修奉山陵都监。三

---

① 《皇宋十朝纲要校正》卷一四，《哲宗》，第369页；《宋史》卷二四三，《后妃传下·哲宗昭慈圣献孟皇后》，第8632—8633页。

月己巳（初二），入内副都知梁从政获委为按行山陵使，左藏库使罗允和副之。癸未（十六），宋用臣以修陵之劳，获擢升为入内副都知。不过，他却在四月辛亥（十五）卒于任上。同月癸丑（十七），梁从政命为修奉山陵钤辖。①张邦炜教授认为向太后与徽宗派章惇为山陵使，是为了调虎离山。②大概派梁从政修陵，也是为了将他调离宋宫。曾布早在三月辛巳（十四）便对徽宗揭发梁从政在哲宗病笃时，勾结章惇，内怀反侧，而梁握有亲兵，认为不可置之左右。癸未（十六），徽宗即向曾布表示，他已向向太后禀告曾的看法，并得到向太后的同意，将梁从政逐去。③

因内侍省缺人，左藏库使带御器械张承鉴早在正月乙酉（十八）已获升为内侍押班接替宋用臣的职务。同月庚寅（廿三），徽宗的随龙人昭宣使刘瑗特授宣政使遥郡防御使授入内副都知，而其父刘有方则升为入内都知。而之前被黜降的内臣东头供奉官管勾西京嵩山崇福宫阎守懃，就被召还授寄左藏库副使添差勾当御药院。④

---

① 《长编》卷五二〇，元符三年正月庚辰条，第12370—12371页；癸未条，第12374页；《宋会要辑稿》第三册，《礼二十九·历代大行丧礼上·哲宗》，第1359—1361页；《礼三十七·哲宗永泰陵》，第1564页；《曾公遗录》卷九，第176、185—186、227、248页。
② 张邦炜：《宋徽宗初年的政争——以蔡王府狱为中心》，《西北师大学报（社会科学版）》2004年第1期，第3页。
③ 《曾公遗录》卷九，第225—227页。
④ 《长编》卷五二〇，元符三年正月乙酉条，第12376—12377页；庚寅条，第12381页；《曾公遗录》卷九，第189、192—193、199、203、253页；《宋会要辑稿》第七册，《职官三十六·内侍省》，第3899页。刘瑗在元符三年四月辛酉（廿五）以徽宗元子（即钦宗，1100—1156，1126—1127在位）庆诞，随龙人推恩，并无先例地特授寄延福宫使晋州观察使，另阎守懃授遥郡史，李彀授遥团练使，均各减二年半磨勘。刘有方在元符三年九月己卯（十六）以入内都知迁一官，而刘瑗则在同月壬午（十九）亦迁一官。据此，刘氏父子二人在元

从二月开始，向太后为元祐旧臣平反。二月癸丑（十六），韩琦长子、属于旧党的吏部尚书韩忠彦（1038—1109）拜门下侍郎，资政殿大学士黄履（？—1101）为尚书右丞。癸亥（廿六），被贬多年的元祐旧臣范纯仁等二十八人并复官，量移他州的十二人，予宫观者三人，得郡及差遣的十三人。三月甲戌（初七），许刘挚及梁焘归葬。同月徽宗用曾布等之推荐，擢用在元符晚年被贬的龚夬为殿中侍御史，陈瓘（1057—1122）为右正言，邹浩（1060—1111）为左正言。徽宗说特别欣赏邹浩痛劾章惇的奏章。四月甲辰（初八），韩忠彦拜左仆射兼中书侍郎，礼部尚书李清臣（1032—1102）拜门下侍郎，翰林学士蒋之奇（1031—1104）同知枢密院事。丁巳（廿一）诏范纯仁复官宫观，苏轼（1037—1101）许徙内郡居住。五月丙子（初十），恢复废后孟氏为元祐皇后。己丑（廿三），追复文彦博、王珪、司马光、吕公著、吕大防及刘挚三十三人官。辛卯（廿五），还司马光等致仕遗表恩。①

向太后为旧党平反之同时，也向新党诸臣包括哲宗所宠的内臣开刀。二月壬戌（廿五），向太后及徽宗将哲宗宠信的内臣管勾御药院郝随与刘友端，授外任宫观而逐出宫。章惇等问原因，徽宗就称禁中营造过当，并非哲宗原意，是他两人所为，故逐出。②五月乙酉（十九），尚书左丞蔡卞罢知江宁府。六月丙午（十一）龙图阁待制邢恕责散官分司西京，均州（今湖北丹江口市）居住。

符三年正月徽宗即位时当已分别任入内都知及副都知。
① 《宋史》卷一九，《徽宗纪一》，第358—359页；《皇宋十朝纲要校正》卷一四，第379—380页；《宋史全文》卷一四，《宋徽宗》，第915—916页。
② 《皇宋十朝纲要校正》卷一四，第379页；《宋会要辑稿》第七册，《职官三十六·内侍省》，第3898页。

九月辛未（初八），反对徽宗继统的章惇罢相知越州（今浙江绍兴市）。己卯（十六），章惇党羽知扬州蹇序辰、知潭州安惇（1042—1104）除名放归田里，文及甫（文彦博第六子）责监衡州（今湖南衡阳市），蔡渭监全州酒税。甲申（廿一），蔡卞再落职提举洞霄宫，太平州（今安徽当涂县）居住。十月丙申（初三），翰林学士承旨蔡京出知江宁府，章惇被重贬为武昌军节度副使、安置潭州。丁酉（初四）韩忠彦升为左仆射兼门下侍郎，投向向太后及徽宗的曾布则在壬寅（初九）擢为右仆射兼门下侍郎。十一月庚午（初八），章惇另一党羽知太原府林希（1034—1101）落端明殿学士降知扬州，蔡京也落职提举洞霄宫，蔡卞再分司南京降中大夫池州居住。戊寅（十六），观文殿学士安焘知枢密院事，而黄履在两天后罢右丞。元符旧臣除了曾布及其附从者外，尽数被逐出朝。宋廷暂时由韩忠彦为首的旧党及以曾布为首的新党共同秉政。①

除了前述的郝随及刘友端被贬外，哲宗所宠的内臣在元符三年徽宗继位后至建中靖国元年（1101）这年半相继给言官痛劾。入内副都知梁从政当然是第一个要被清除的内臣。不过，徽宗要等哲宗的山陵事毕，也要借重言官的手除去梁从政。

阎安不但平安无事，而且不断加官升职。他首先自高州刺史迁遥郡团练使。刚在二月辛酉（廿四）自新州召还朝的邹浩为他撰写制文，特别表扬他"久侍宫闱，备陈忠力，严晬容而增饰，罄夙夜以施劳"：

---

① 《宋史》卷一九，《徽宗纪一》，第359—360页；《皇宋十朝纲要校正》卷一四，第379—381页。

> 敕：朕内屏玩好之具，外斥土木之功。嘉与万邦，同臻康靖。至于寅奉列圣，则苟可以致隆者，未尝不勉焉，所以伸孝敬也，助成此志，岂不宜褒？具官某，久侍宫闱，备陈忠力，严畔容而增饰，罄夙夜以施劳。肆迁团结之荣，宠异班联之寄，往帅而属，共迪官常，以承朕承先无所作为之意。①

阎安在五月庚寅（廿四）由向太后特批迁入内押班。六月甲辰（初九），他因权提举修内司，就罢去山陵行宫巡检一职，而由内侍押班乐士宣（？—1118后）代其职。同日冯世宁亦以磨勘升延福宫使。丙辰（廿一），阎再任皇城司。②他在稍后又因提举修内司及皇城司的功绩而获得转官成州团练使的嘉奖，这次又是邹浩当制：

> 朕承天下之休，服祖宗之训，惟名与器，未尝假人，有以取之，亦克用劝。具官某，比缘委任，能罄才谋，表励众工，交修乃事，成我奉先之志，繄尔率职之勤，宜有褒迁，用旌绩效。兵团重寄，遥领为荣。其益慎于初终，以永绥于宠禄。③

---

① 邹浩：《道乡集》卷一五，《内侍省押班阎安转团使制》，文渊阁《四库全书》本，第10页；《皇宋十朝纲要校正》卷一四，第378页；《宋史》卷三四五，《邹浩传》，第10957—10958页；《曾公遗录》卷九，第274页。按邹浩召还后复为右正言迁左司谏，再改起居舍人，然后任中书舍人。他撰写此篇制文的具体月日不详，考阎安在同年五月庚寅（廿四）迁入内押班，则他当在元符三年四月至五月间擢内侍押班。

② 《曾公遗录》卷九，第274、280、286页。

③ 《道乡集》卷一八，《内侍阎安转官制》，第10页上；《宋会要辑稿》第七册，《职官三十六·内侍省》，第3899页。按阎安这次转遥领哪州的团练使及此制撰写的具体年月，制文所写不详。《宋会要辑稿》记阎安在建中靖国元年七月丁亥（廿八）自宣庆使成州团练使责授高州刺史，则他这次领的团练使当是成

向太后早在元符三年七月丙寅朔（初一）还政徽宗，她在十二月甲午（初二）不豫，到建中靖国元年（1101）正月甲戌（十三）逝世，徽宗乃完全掌握大权。①向太后之丧，徽宗命入内都知梁从政管勾殿蕟事，而阎安以入内押班监造梓宫。丁丑（十六）徽宗诏以曾布为山陵使，而以梁从政为山陵修奉都监，入内副都知冯世宁为按行山陵使，阎安与入内东头供奉官管勾御药院阎守懃并都大管勾山陵事。②

向太后山陵事毕，徽宗在二月丁巳（廿六）以右正言任伯雨（？—1105后）之言再将章惇远贬为雷州（今广东雷州市）司户参军。任也奏劾蔡卞，但徽宗并没有听从。③三月庚辰（十九），徽宗以韩忠彦的劾奏，将章惇在宫中最大的党羽梁从政罢入内都知，并降授荣州防御使，只保留他的延福宫使，授提举亳州明道宫，本处居住。韩忠彦称向太后说，他曾召梁从政询及定策之事，梁意在党附章惇。梁现时在君侧，正应屏黜。邹浩撰写他的罪状也是说他"佐佑章惇"。侍御史陈次升（1044—1119）以梁的责轻，继续上奏劾之。④徽宗再在七月壬戌（初三），为打击当日皇位角逐者

团练使。
① 《宋史》卷一九，《徽宗纪一》，第359—361页。
② 《宋会要辑稿》第三册，《礼三十三·后丧三·钦圣宪肃皇后》，第1488页；《礼三十七·后陵·钦圣宪肃皇后陵》，第1595页。
③ 《宋史》卷一九，《徽宗纪一》，第361页；《皇宋十朝纲要校正》卷一六，《徽宗》，第430页。
④ 《宋会要辑稿》第四册，《仪制十三·内侍追赠》，第2569页；第八册，《职官六十七·黜降官四》，第4866页；第九册，《选举四之一·贡举杂录二》，第5317页；第十册，《选举三十三·特恩除职一》，第5896页；慕容彦逢：《摛文堂集》卷四，文渊阁《四库全书》本，《延福宫使福州观察使梁从政可观察留后依前延福宫使制》《观察使冯世宁可节度观察留后制》，第20页；《附录：慕容彦逢墓志铭（蒋璨撰）》，第4页下—8页下；邹浩：《道乡集》

蔡王似，而策划了一场"蔡王府狱"，结果蔡王及其依附者均被清洗，徽宗的皇位得以巩固。①

在这场"蔡王府狱"中，当时任管勾蔡王府的阎安也受到牵连，七月丁亥（廿八），他以府吏邓铎有狂悖之言而不能伺察之过，自宣庆使成州团练使入内押班责授高州刺史。②

徽宗知道阎安没有责任，大概在年底前便将他复职转官。阎安与邹浩特别有缘，这次又是邹当制，邹强调阎安"顾总护于缮修，著勤劳于夙夜"的劳绩：

> 赏以劝功，罚以惩罪，朕操是柄，以御群臣。虽在宫闱，亦不偏废。具官某，顷缘失察，尝降官联，顾总护于缮修，著勤劳于夙夜。不俟期年之叙，特还御侮之崇，服我恩荣，益图

卷一五，《入内都押梁从政降官制》，第6页上；陈次升：《谠论集》卷五，《弹奏内侍梁从政》，文渊阁《四库全书》本，第1页上—2页上；《奏弹内侍郝随》，第2页；《奏弹内侍刘瑗》，第2页下—5页下。陈次升上奏反对郝随特复三官，而复用刘瑗，但徽宗不理。另慕容彦逢为梁从政及冯世宁撰有两度升任节度观察留后的制文，惟撰写具体年月不详。据《慕容彦逢墓志铭》及《宋会要辑稿》所记，慕容彦逢在崇宁元年为奉议郎太学博士，后历秘书省校书郎、监察御史兼权殿中侍御史，再除左正言及左司谏，不久再擢中书舍人。他在崇宁三年（1104）以母丧解职，服阙后复中书舍人。大观元年（1107）权翰林学士，不久授兵部改吏部侍郎。这两道制文当是他两度任中书舍人时所撰。他初任中书舍人当在崇宁二年（1103）至三年初，再任中书舍人当在崇宁五年（1106）至大观元年初。又制文称冯世宁已历官试八年有余，按冯世宁早在绍圣四年已任押班，若说他已在省八年，则他升官当在崇宁四年后。按冯在政和七年（1017）七月卒时为内客省使彰化军节度观察留后致仕，他当早在大观年间已领节度观察留后。疑梁、冯这两道制文撰于崇宁五年到大观元年初，而梁从政早在崇宁五年前已得以自荣州防御使复官为福州观察使，稍后更晋为节度观察留后。

① 张邦炜：《宋徽宗初年的政争——以蔡王府狱为中心》，第1—6页；《皇宋十朝纲要校正》卷一六，第431—432页。
② 《宋会要辑稿》第七册，《职官三十六·内侍省》，第3899页。

报效。①

十一月戊寅（廿一）始，徽宗举行南郊祭典，阎安与升任都知的阎守懃全程侍从，后来二人又奉命侍候曾布出墉门②，可见徽宗对他宠眷不衰。

徽宗在翌年（1102）改元崇宁，恢复新法。二月甲午（初九）以在元祐初年被贬死的新党宰相蔡确（1037—1093）配享哲宗庙廷。五月庚申（初六）罢韩忠彦。庚午（十六），降司马光等官。庚辰（廿六）复用蔡京为尚书右丞。值得注意的是，是月辛巳（廿一）徽宗颁下诏书，开列元祐并元符末的责降人名单，除了韩忠彦、苏辙等一众文臣外，还有内臣九人，包括张茂则子张巽、张士良、曾焘、赵约、谭扆、杨偁、陈恂、张琳和裴彦臣（？—1106后）。徽宗下诏三省籍记，他们都不得给予在京差遣。闰六月壬戌（初九），罢曾布。七月戊子（初五）蔡京拜相并下诏焚元祐法。九月丁酉（十五）方才升任都知阎守懃却被劾在哲宗逝世之初，与另一内臣裴彦臣向曾布通风报信。徽宗于是将他贬黜，舒州（今安徽潜山市）安置。乙亥（十七），徽宗再批示这些元祐责籍及元符末叙复过当的人，不得与在京差遣。此时徽宗已大权在握，全面否定元祐之政，到崇宁二年（1103）底，旧党大臣几乎全数被

---

① 邹浩：《道乡集》卷一八，《入内阎安转官制》，第13页上；《宋会要辑稿》第三册，《礼三十七·后陵·钦成皇后陵》，第1597页。此制文称"不俟期年之叙"，当指阎安复官仍在建中靖国元年底。按邹浩在崇宁元年二月已迁兵部侍郎，他此制文当撰于建中靖国元年底。
② 《宋史》卷一九，《徽宗纪一》，第362—363页；王明清：《挥麈录》，《后录》卷一，上海：上海书店出版社，2001年，第48—49页。

远贬。①

徽宗于崇宁二年五月丙戌（初八），改入内内侍省都知为知入内内侍省事，副都知为同知入内内侍省事，押班为签书入内内侍省事。这时宋宫的高级内臣除阎安外，还有蓝从熙、刘瑗、郝随、冯世宁等人。②

徽宗与蔡京等在崇宁三年（1104）四月甲辰朔（初一），下诏尚书省勘会党人子弟，不问有官无官，都令在外居住，不得擅到京师。内臣中张琳安置南安军（今江西大余县），郑居简信州（今江西上饶市信州区西北），曾焘歙州（今安徽歙县），裴彦臣池州，王化基高州（今广东高州市），邓世昌密州（今山东诸城市），李穆金州（今陕西安康市），李公弼濠州（今安徽凤阳县），王化臣青州，冯说徐州，王道韶州（今广东韶关市），阎守懃全州。落职宫观居住的则有张士良于南京应天府，责降的有左藏库使谭扆为添差蕲州都监，延福宫使知入内省事郝随落职提举醴泉观。到六月甲辰（初三）诏将元符末奸党并入元祐党籍，其中列入奸党的内臣有梁惟简、陈衍、张士良、梁知新、李倬、谭扆、窦钺、赵约、黄卿、冯说、曾焘、苏舜民、杨偁、梁弼、陈恂、张茂则、张琳、裴彦臣、李偁、阎守懃、王绂、李穆、蔡克明（？—1106后）、王化基、王道、邓世昌、郑居简、张祐、王化臣等二十九人。其中张茂

---

① 《宋史》卷一九，《徽宗纪一》，第363—368页；《宋史全文》卷一四，《宋徽宗》，第927页。
② 《宋会要辑稿》第七册，《职官三十六·内侍省》，第3899页；《皇宋十朝纲要校正》卷一六，第439页；杨仲良：《皇宋通鉴长编纪事本末》卷一二一，《徽宗皇帝·禁元祐党人上》，第3639—3641、3647—3656页。按已故多年的入内都知张茂则也在是年五月追回已复的赠官。另刘瑗之父、名位最高的入内都知刘有方大概在崇宁二年前已逝。

则、梁知新、梁惟简、李偁及陈衍等已死多时。①

徽宗在崇宁四年（1105）九月，以九鼎成之恩典，给被贬的元祐党人量移贬所，内臣都蒙恩稍得迁回近地。贬黜多时的郝随也在崇宁五年（1106）正月癸丑（二十）因大赦天下令任便居住。另一随龙人张士良也在二月己卯（十六）许任便居住。徽宗在三月戊戌（初六）诏元祐党碑石拆毁后出籍的臣僚的处置，其中内臣分三等处置，除第三等外，其余不可到京师。第一等内臣有已死的张茂则、梁惟简、陈衍和仍在生的王化基，第三等只有张祐，其余都入第二等。这些被安置于远郡的内臣虽不能回京，但总算可以自由居住。②

比起这些贬黜于穷乡远处的内臣，阎安是幸运的，在崇宁初年的内臣大整肃中，他都能安然无事，他并未被视为元祐奸党或元符奸党，徽宗对他虽不算宠信有加，但从未将他罢黜。他不群不党，不与文臣交结，是他成为宋宫内臣中不倒翁的主要原因。

阎安事迹最后见载的，是他在崇宁五年（1106）二月戊寅（十五），他以知入内内侍省事上奏：

---

① 《宋史全文》卷一四，《宋徽宗》，第930—932页；《皇宋通鉴长编纪事本末》卷一二二，《徽宗皇帝·禁元祐党人下》，第3675—3704页。徽宗稍后又将李偁及阎守懃之子弟李洵仁及阎休给予外路远处监当差遣，李洵仁落阁门祗候，阎休落寄班祗候。
② 《皇宋通鉴长编纪事本末》卷一二四，《徽宗皇帝·追复元祐党人》，第3727—3732、第3746—3749、第3753—3754页。一众被贬内臣中，王道获移郴州，早前被贬的陈恂自南恩州移峡州（今湖北宜昌市），梁弼自琼州移归州（今湖北秭归县），阎守懃移涟水军（今江苏涟水县），王化基移全州，蔡克明自桂阳监（今湖南桂阳县）移饶州（今江西鄱阳县），郑居简自邵州（今湖南邵阳市）移滁州，冯说移汝州（今河南汝州市），裴彦臣移广德军（今安徽广德县），李穆移邓州（今河南邓州市），邓世昌移唐州（今河南唐河县），王化臣移济州（今山东巨野县南）。

见勾当皇城司,招子弟刺填亲从、亲事官阙额。自祖宗以来,止是招刺在京军班子弟。后来准朝旨,许招在京诸班直军民换受前班,并品官之家子弟,及在京禁军减充剩员子弟亲属。窃缘百姓子弟非土著人,其所从来,不能尽知,杂行会问,亦虑不实,恐奸恶之人窜名其间。乞自今不许招收百姓。

阎安执掌皇城司多年,洞悉个中情况,他合理的请求,为徽宗所接受。①

考阎安在元符元年擢内侍押班,若他在是年已达五十岁,到崇宁五年他任知入内内侍省事时,他应至少五十九岁。他在崇宁五年以后的仕历如何?何时逝世?得年多少?因尚未发现其墓志铭或神道碑,就难以确知。他位至都知,应有养子继承,但也是文献无征。阎氏内臣世家第五代的情况,有待新出土的文献加以发明。

总括来说,阎安在徽宗朝的仕途较顺,虽曾因蔡王府狱一度被牵连降职,但很快又复官。他虽然不是徽宗随龙之人,但在宫中任职勤劳而又安分,徽宗最后也将他擢升到入内都知的高位。值得注意的是,他从未被文臣或言官弹劾,反而在邹浩笔下三度都有好评。这与其父阎士良几乎一辈子被文臣痛劾,有极大的不同。

最后值得注意的是,当阎安执掌内廷时,徽宗朝最有权势之一的内臣童贯(1054—1126)已出头,在崇宁二年正月以入内东头供奉官奉徽宗命佐王厚(1054—1106)征青唐,因收复青唐之功,在崇宁三年(1104)五月已从昭宣使累迁延福宫使定武军留后,名

---

① 《宋会要辑稿》第七册,《职官三十四·皇城司》,第3866页。

位已在阎安之上。又如李毂及"自崇宁后日有宠"而后来权势甚大的杨戬（？—1121）也后来居上。①阎安素性安分，与同僚蓝从熙、冯世宁、郝随、刘瑗之辈并无竞争，加上主子一意纵容，他也就默默无言，任他辖下的宋宫内臣恃宠用事。宋徽宗一朝的宦祸，王曾瑜教授曾撰《宋徽宗时的宦官群》一文详考个中原委及群宦的事迹，另汪圣铎教授也撰《北宋灭亡与宦官——驳北宋无"阉祸"论》一文，析论徽宗朝宦祸。王、汪两位均一致认为宦祸主要是徽宗宠信纵容所致。②阎安作为其中一员都知，纵然看出问题，他也是有心无力的。徽宗朝的宦祸，早种于徽宗即位初，透过阎安在徽宗朝的经历，我们也许能看到冰山的一角。

六、余论

北宋阎氏内臣第三代的阎士良及其子第四代的阎安，虽然没有

---

① 《宋史》卷四六八，《宦者传三·童贯》，第13658—13659页。关于童贯在崇宁初年征青唐的战功，可参见何冠环：《北宋绥州高氏蕃官将门研究》，载氏著：《北宋武将研究续编》中册，新北：花木兰文化出版社，2016年，第454—459页。以童贯生平事迹为题的研究并不多，较近期的研究只有张云筝一篇短文，可参张云筝：《童贯——北宋末年对外政策的思想者与执行者》，《北京教育学院学报》2011年第5期，第65—68页。另外美国学者Don J.Wyatt在一篇讨论宋代尚武精神的体现时，除以柳开（948—1001）及范仲淹为例外，也以十五页（包括注释）的篇幅论析童贯的军旅生涯。不过，该文以议论为主，并没有（也不能）详考童贯的生平事迹。参见Nicola Di Cosmo（ed.），*Military Culture in Imperial China*, Cambridge, Massachusetts: Harvard University Press, 2009, Chapter 8, "Unsung Men of War: Acculturated Embodiments of the Martial Ethos in the Song Dynasty", "Compromised Embodiments: Tong Guan"（by Don J. Wyatt），pp.207—218, 364—366.
② 王曾瑜：《宋徽宗时的宦官群》，《隋唐辽宋金元史论丛》第五辑，2015年，第141—186页；汪圣铎：《北宋灭亡与宦官——驳北宋无"阉祸"论》，《铜仁学院学报》2016年第1期，第115—126页。

墓志铭、神道碑或传记传世，但他们的生平事迹尚可在宋人的史料中勾寻。阎士良与其父阎文应才性相近，都是极有干才却又行事强悍以至霸道，阎士良尤其承继了祖父阎承翰及其父的治河屯田的才能，他也像父祖一样长期出任边郡的兵职至都钤辖，以才能区分，他属于内臣中的武宦。他是仁宗近侍的御药出身的内臣，更凭着父荫及相当的才能，本来应该很顺利地循资格升任内臣两省的押班都知的高位。但其父与文臣集团交恶在前，而言官这时竭力防止内臣弄权于后，加上他行事不检点，给人拿着把柄，于是屡遭贬降，无法在仁宗之世出人头地。到英宗、神宗继位，他与二帝素无渊源，而朝中也没有人脉，他能够在神宗之世被委河北治河屯田之职，已算没有被投闲置散。他终身不获召入两省出任押班，仕途上又大大比不上其祖其父。

阎安做人安分，任事勤奋的性情又似其曾祖阎承翰，但他一辈子多在宫中任职，从勾当御药院、勾当内东门司、提举修内司、勾当皇城司到两度担任修陵工作，甚少到京师以外地方供职，更从未像父祖屡任兵职，也不见他有治河屯田的家传本事。从职务而言，他似近于文宦。他在神宗朝出仕，从神宗至徽宗四朝，文臣党争激烈，而朝臣又多勾结内臣，加上哲宗、徽宗继位问题的暗涌，教宫内朝外均凶险频生。阎安在此险恶环境中，却聪明地从未介入文臣党争，也于继统纷争置身事外。结果他能平安度过，并能官至入内都知而得以善终。他的处世之道，从此一角度观之，又比其父其祖优胜。

阎氏内臣世家，从太祖朝阎承翰出仕，到第四代的阎安位居都知而终，阎氏四代人在宋宫经历八朝超过一百四十年，而除阎士良外，都能担任都知的重要职位，可说是宋代内臣研究一个值得注意的个案例子。希望将来能发现新的史料，增加我们对阎氏内臣世家以至其他内臣世家的认识。

谈到宋代内臣世家的问题，其实宋代内臣都像唐代一样出现过不少绵延三代以上的世家[①]，只是宋代内臣不像唐代以及明清两代有大量直接史料如墓志铭传世，让我们得以知悉相关的内臣家族资料，而像阎氏内臣世家四代均为高级内臣，且有相当的史料传世，却是为数不多的特例。

修订附记

本文曾于2017年6月9日至10日在香港举行的"纪念孙国栋教授暨唐宋史国际学术研讨会"宣读，现补充一些资料及改正一些错别字，主要观点不变。

[①] 台湾唐史学者陈弱水便在他的专文谈过唐代内臣世家的现象，他也引述大陆学者陈仲安所撰的《唐代后期的宦官世家》，载《唐史学会论文集》，西安：陕西人民出版，1986年。参见陈弱水：《唐代长安的宦官社群——特论其与军人的关系》，《唐研究》第15卷，北京：北京大学出版社，2009年，第171—198页。

第九篇　曹勋《松隐集》所收的三篇内臣墓志铭

一、导言

研究宋代内臣的学者，时常感到文献不足的困难。除了《东都事略·宦者传》两卷及《宋史·宦者传》四卷外，[①]我们只能从宋代重要史籍如《续资治通鉴长编》《宋会要辑稿》《三朝北盟会编》《建炎以来系年要录》等梳理拾取宋代内臣事迹的片段。至于

---

① 《宋史》卷四六六至四六九，《宦者传一至四》，第13599—13676页；王称：《东都事略》卷一二〇，《宦者传·王继恩、刘承规、秦翰、张崇贵、周怀政、雷允恭、阎文应、阎士良、任守忠、李宪、王中正、宋用臣》，第1849—1862页；卷一二一，《宦者传·童贯、梁师成》，第1863—1876页。按《宋史·宦者传》四卷共收两宋内臣五十三人的传记，为《东都事略·宦者传》两卷的三倍。又明人毛一公（？—1620后）所撰的《历代内侍考》的宋内臣部分，全抄《宋史·宦者传》，只在个别内臣的传后加上评论，并没有增加任何新资料。而清人陆心源（1834—1894）所编纂的《宋史翼》，根据《宣和画谱》《续资治通鉴长编》《皇宋通鉴长编纪事本末》等书，辑有《宦者传》一卷，共收录岑宗旦以下内臣十四人，惟该书并没有提供新的内臣史料。参见毛一公撰：《历代内侍考》卷一〇至一二，第98—129页；陆心源辑，吴伯雄点校：《宋史翼》卷三九，《列传第三十九·宦者》，杭州：浙江古籍出版社，2016年，第1034—1046页。

传世的宋人文集中，目前仅见的宋代内臣墓志铭，只有两宋之际曹勋（1098—1174）的文集《松隐文集》卷三所收的三篇内臣墓志铭：《董太尉墓志·乾道元年八月》（约2037字）、《郑门司墓铭·绍兴二十七年十二月》（约1484字）和《干办内东门司杨公墓志铭·乾道元年三月》（约1137字），以及与曹勋同时的儒臣孙觌（1081—1169）的文集《鸿庆居士集》所收的一篇内臣墓志铭《宋故武功大夫李公墓志铭》（约1962字）。①笔者遍阅新版的《全宋文》三百六十册，除了上述四篇墓志铭外，尚不见有其他的宋代内臣墓志铭著录；而目前出土的宋代碑铭，亦未有所见。故曹勋及孙觌所撰而得以传世的四篇内臣墓志铭，实在非常罕有难得，对于研究宋代内臣的事迹及面貌，有很大的价值。本文先考论曹勋所撰的三篇内臣墓志铭，至于孙觌的一篇，将另文考论（参见本书第十篇）。

该三篇墓志铭的撰写人曹勋，《宋史》卷三七九有传；三篇墓志铭的墓主董太尉董仲永（1104—1165）、郑门司郑景纯（1091—1137）、杨干办东门司杨良孺（1111—1164），却都不见于《宋

---

① 参见曹勋：《松隐集》卷三六，《董太尉墓志·乾道元年八月》《郑门司墓铭·绍兴二十七年十二月》和《干办内东门司杨公墓志铭·乾道元年三月》，文渊阁《四库全书》本。最新版排印点校的《全宋文》亦收有曹勋的《松隐集》及这三篇内臣墓志铭，所用的底本是《嘉业堂丛书》本，而与文渊阁《四库全书》本校勘而成。参见《全宋文》第一百九十一册，卷四二〇八，《曹勋九·董太尉墓志·乾道元年八月》《郑门司墓铭·绍兴二十七年十二月》《干办内东门司杨公墓志铭·乾道元年三月》，第133—142页。为方便读者查阅，本文所引用的《松隐集》三篇墓志铭，仍采用《四库全书》本。至于孙觌所撰的一篇李中立墓志铭，参见孙觌：《鸿庆居士集》卷三九，《宋故武功大夫李公墓志铭》，文渊阁《四库全书》本，第11页上—18页下；《全宋文》第一百六十一册，卷三四九五，《孙觌七八·宋故武功大夫李公墓志铭》，第116—120页。

史·宦者传》中。三人中，论年纪，以郑景纯最年长，惟得年亦最短；论官职，董仲永官位最高，官至入内内侍省押班，领昭庆军承宣使〔按承宣使在政和七年（1117）六月自节度观察留后改〕，位列高级内臣；而郑景纯亦官至承宣使；至于杨良孺则官至武功大夫、干办内东门司，属于中级内臣。①

在考论这三篇罕见的宋代内臣墓志铭前，自然得考究作者曹勋的生平事迹及他所处的特别环境。目前学术界对曹勋及其父曹组（？—1121后）的诗词乐府研究很多，光是有关的硕士论文就有五篇，较近期的一篇是2009年厦门大学中文系刘志华所撰的《曹勋诗歌研究》。刘氏在其论文第一章"曹勋生平研究"四节里已详述曹勋的时代背景、事迹、交游和著述。而友人美国学者蔡涵墨教授（Charles Hartman）最近更发表一篇论曹勋与"太祖誓约"传说的专论，将曹勋在两宋之际所扮演的关键角色一一道出。②珠玉在前，本文不拟再考述曹勋的生平，仅就相关的地方交待曹勋的生平事迹。

本文首先根据这三篇墓志铭提供的史料，并参照其他有关史料，考述董仲永等三人的事迹，并以此为据论析宋代内臣的相关制度以及这三篇墓铭的史料价值。然后从曹勋特别的仕历，论析内臣墓志铭的撰写问题，最后讨论为何宋代内臣墓志铭罕见的可能原因。

---

① 《宋史》卷二一，《徽宗纪三》，第398页。
② 参见刘志华：《曹勋诗歌研究》，厦门大学硕士论文，2009年，第1—84页；蔡涵墨（Charles Hartman）：《曹勋与"太祖誓约"的传说》，《中国史研究》2016年第4期，第89—116页。按刘志华所作的曹勋交游考，并无董仲永（号湛然居士）等三位内臣，刘志华似乎没有充分利用曹勋《松隐集》所收的九篇墓志铭所提供的相关史料。另蔡涵墨一文曾引用本文学报版所论曹勋撰写墓志铭的类别（见该文注21）。

二、董仲永事迹考

　　据董仲永的墓志铭记载，董仲永字德之，世为开封人。曾祖父名董居正，赠左金吾卫将军。至于是否内臣，暂难确定。祖父名董之纯，官至中卫大夫领康州观察使。按中卫大夫本为高级内臣之宣政使，政和二年（1112）改，则董之纯可知为高级内臣。董之纯妻任氏，封安康郡夫人。董仲永父名董舜臣（？—1111后），赠宁远军节度使、少保。据慕容彦逢（1067—1117）文集所载，董舜臣大概在政和初年官入内文思使。迁官制文称他"出入禁庭，谨恪可尚"，董仲永后来服侍内庭，就甚有父风。其母郑氏，封福国夫人。据董仲永自述，他的"父祖皆显仕。祖母任氏，介玉之亲。母郑氏，子约之妹"。据曹勋所记，"（任）介玉、（郑）子约，皆当代北司名臣"。① 宋代内臣，特别是高级内臣，朝廷许其养子。有些养子继为内臣，不阉的则在外任职。董仲永的曾祖以降，父子之间是否有血亲关系，有待确定。不过，可以肯定的是，董之纯、

---

① 《宋史》卷一六八，《职官志六·入内内侍省内侍省》，第3940页；曹勋：《松隐集》卷三六，《董太尉墓志》，第5、9—10页。考政和年间一直权翰林学士的慕容彦逢，先后为董舜臣撰写两道转官的制文，其一是董自入内西京左藏库使升入内文思使，另一则是董自入内文思使转一官（当是入内崇仪使）。董仲永在政和二年（1112）服除，按宋人守制，特别是宫中内臣，可能以月代年，而不是守足三年孝。以此推论，慕容彦逢为董舜臣撰写这两道制文最迟在政和二年初，推测董舜臣在政和元年（1111）或政和二年初卒。慕容彦逢代宋廷称许董舜臣的劳绩，云："刉司省之臣，职任亲近，会课应法，朕岂弭忘。"又云："尔出入禁庭，谨恪可尚，军器建局，率职有劳。"参见慕容彦逢：《摛文堂集》卷六，《入内西京左藏库使董舜臣可入内文思使制》，第10页；卷七，《入内文思使董舜臣可转一官制》，第12—13页。

董舜臣及董仲永祖孙三代均为内臣。董之纯与董舜臣，董舜臣与董仲永，可能都是养父子关系。至于福国夫人郑氏，究竟是董仲永的亲生母亲，还只是养母，也难确考。虽然董仲永与父祖未必有血亲关系，但他出身于内臣世家则无疑。

据墓志铭所载，董仲永卒于孝宗乾道元年（1165）七月丙辰（初九），得年六十二，上推年岁，他当生于徽宗崇宁三年（1104）。但墓志铭又称政和二年他十四岁，则又似当生于哲宗元符二年（1099）。他生于何年，墓志铭所记前后矛盾。笔者怀疑"政和二年"是"政和七年"之讹，他当生于崇宁三年。董仲永居于开封甘泉坊小货行，自幼"从学事佛，修种种功德，无不感应"。从他后来补授内臣之职，当是自小被董舜臣收养的小黄门。曹勋记他"幼而端谨，不为儿嬉事，便若成人"，为此，得到董舜臣和郑氏的特别钟爱，胜过其他儿子（当都是养子）。董舜臣以南郊大典之推恩，向宋廷要求补授董仲永为入内内侍省左班殿直。①董舜臣夫妇不久相继逝世，据曹勋所记，董仲永如传说中的大孝子董永一样，"年在髫龀，连丁家艰，哀恸过情，形体骨立"。亲故劝勉他以"门户大事，方且在己，何至毁瘠若此"？他于是履行守孝之礼，到了政和七年服除，这年他十四岁，入宫任入内内侍省左

---

① 《松隐集》卷三六，《董太尉墓志》，第5、9页。考徽宗朝，在崇宁三年后、政和二年前举行之南郊大典，计有崇宁三年十一月及大观四年（1110）十一月的祀昊天上帝于圜丘。倘董仲永在崇宁三年十一月前生，董舜臣可能在同年十一月赶及为他乞恩。而据本书396页注①所考，董舜臣当卒于政和元年或二年初。董仲永受封，在崇宁三年或大观四年都有可能，而大观四年的可能性较高。参见《宋史》卷一九，《徽宗纪一》，第370页；卷二〇，《徽宗纪二》，第385页。

班殿直之职。①

重和元年（1118）九月，宫廷发生火灾，董仲永奋身扑救，得到众人的称赏，以首功获迁为右侍禁。②钦宗（1100—1156，1126—1127在位）即位，他再获推恩迁西头供奉官。靖康之难，董仲永侥幸身免，并追随高宗（1107—1187，1127—1162在位）左右。他晚年自述平生，即云："政和入仕，所经变故，皆全身远祸，以重佛道书经之力。"建炎元年（1127）四月，高宗即位于应天府（今河南商丘市），董仲永再转官为东头供奉官。建炎二年（1128），他扈从高宗至扬州，以劳转修武郎兼睿思殿祗候。他成为高宗近身内臣后，"益自刻励，早夜不懈。渡江而南，劳能为多"，未几，又迁官为敦武郎。③

绍兴初年，董仲永奉委干办延福宫，延福宫奠基建造之事，

① 董舜臣夫妇何时逝世，董仲永墓志铭没有明言。正如本书第396页注①所考，董舜臣很有可能在政和元年初逝世。参见《松隐集》卷三六，《董太尉墓志》，第5页下。又宋廷在政和二年九月更定入内内侍省及内侍省的官称，其中以左班殿直易内侍高品。以此推之，董仲永出仕，当在政和二年九月以后。参见《宋史》卷一六六，《职官志六》，第3940页。
② 《松隐集》卷三六，《董太尉墓志》，第5、10页。关于宋宫失火事，董仲永墓志没有记具体年月。除墓志正文外，四言铭文又再说"回禄偶煽，扑护袛恪"。据《皇宋十朝纲要校正》及《文献通考》的记载，宋宫在重和元年九月，"掖庭大火，自甲夜达晓，大雨如倾，火益炽，凡爇五千余间，后苑广圣宫及宫人所居几尽，焚死者甚众"，"盛传是夜上微宿于外"。疑董仲永墓志记他奋勇救火即指此事。参见马端临撰，上海师范大学古籍研究所暨华东师范大学古籍研究所点校：《文献通考》第十二册，卷二九八，《物异考四·火灾》，北京：中华书局点校本，2011年，第8125页；《皇宋十朝纲要校正》卷一八，第508页。
③ 修武郎为武阶名，属大使臣第二阶列，政和二年九月自内殿崇班改，宋制东头供奉官有功即迁内殿崇班。敦武郎即内殿承制，亦在政和二年九月改，是大使臣之最高阶。参见龚延明：《宋代官制辞典》，第十一编《阶官类》，"敦武郎、修武郎"条，第596页。参见《松隐集》卷三六，《董太尉墓志》，第5—6、9页；《宋史》卷二四，《高宗纪一》，第442、450页；卷二五，《高宗纪二》，第453页。

都由他经办，不过他知道谦退，不敢居功。后来他请求休致，寓居于苏州。两年后，高宗以董能处理繁剧之务，起用为干办后苑。翌年，迁天章阁兼翰林司驼坊供奉。绍兴十一年（1141），高宗上显仁韦太后（1080—1159）册宝，以功再迁官一等。绍兴十三年（1143）闰四月，高宗立贵妃吴氏（1115—1197）为皇后，董又以修制中宫册宝之功及皇后受册推恩，迁武功大夫领遥郡刺史。①

董仲永除了有治剧的才干外，还有音乐造诣，高宗因此稍后委他干办钧容直，掌管宫廷的乐部。据曹勋的描述，他"整齐钧奏，绵蕝庆礼，箫韶悉备，律吕和雅"。他领道的乐部奏出谐和的乐韵，高宗大为赞赏，又转其秩以赏其劳。后来因他负责邮递工作既不稽迟，又无差错，高宗再优迁他团练使。稍后，再命他管理教坊，未几又擢入内内侍省所辖的勾当内东门司，负责承受机密实封上奏文书等重要职务，再被任命主管孝宗的潜邸，得到高宗的看重和信任。②

董仲永稍后又被委监督迁移承元殿神御往景灵宫，以劳绩得

---

① 《松隐集》卷三六，《董太尉墓志》，第6页上；《宋史》卷二九，《高宗纪六》，第547页；卷三〇，《高宗纪七》，第558页。
② 《松隐集》卷三六，《董太尉墓志》，第6页。内东门司是入内内侍省中拥有实权的官司，其建置沿革、职掌、序位及编制，可参阅《宋会要辑稿》第七册，《职官三十六·内侍省·内东门司》，第3903—3904页；龚延明：《宋代职官辞典》，第一编《皇帝制度类·九、宦官门》，"内东门司"条，北京：中华书局，1997年，第65页。关于钧容直的重组，据《皇宋中兴纪事本末》的记载，在绍兴九年（1139）四月，殿前司招募钧容乐工，但高宗只允留旧人，不得增加新人，并且说："朕未尝好世俗之乐，少颇善弹琴，自居谅闇，久亦忘之。"同书又载绍兴十四年（1144）正月，钧容直请推赏，高宗表示依已降的指挥办理。从时间来说，这次钧容直获赏，与董仲永担任干办钧容直获赏之时吻合。参见熊克：《皇朝中兴纪事本末》卷四八，绍兴九年四月庚午条，北京：北京图书馆出版社，2005年，第2页；卷六三，绍兴十四年正月乙未条，第2页。

到厚赏，优迁横班使臣。再以经营中宫及家庙之劳，转横班使臣之左武大夫（即政和二年前的东上阁门使）。两年后迁观察使。三年后，即绍兴二十二年（1152），委为入内内侍省之干办御药院，成为高宗贴身亲信的内臣。四年后，即绍兴二十六年（1156），擢为昭庆军承宣使。是年中，他加带御器械。据《道藏》所记，在绍兴二十八年（1158）中，他以干办御药院的身份，曾奉高宗生母显仁韦太后之命，向治愈太后眼疾的高士皇甫坦（？—1178）赠金，助其建庵。同年十二月辛亥（廿五），他以左武大夫、昭庆军承宣使、带御器械，与另一内臣吴亢（？—1158后）升任内侍省押班，位列高级内臣。稍后他兼管亲贤宅。绍兴二十九年（1159）十一月庚寅（初十），韦太后丧礼差不多完成时，董仲永以劳兼权入内内侍省押班。十二月丁卯（十七），延福宫使、德庆军承宣使、入内内侍省押班张去为（？—1179后）擢为入内内侍省副都知时，董即依次真除入内内侍省押班。董仲永为人谦退谨慎，自言"材本孤远，躐寘省庭，极职之下，岂宜久处"？于绍兴三十年（1160）六月己巳（二十二）以疾求退。高宗准其所请，改授他提举佑神观，免其朝请。①

---

① 《松隐集》卷三六，《董太尉墓志》，第6页下—7页上；李心传编撰，胡坤点校：《建炎以来系年要录》卷一八〇，绍兴二十八年十二月辛亥条，第3467页；卷一八三，绍兴二十九年十一月庚寅条，第3537—3538页；十二月丁卯条，第3544页；卷一八五，绍兴三十年六月己巳条，第3585页；赵道一编，卢国龙点校：《历世真仙体道通鉴续编》卷三，《皇甫坦》，收入张继禹主编：《中华道藏》第四十七册，《洞真部纪传类》，北京：华夏出版社，2004年，第599—600页。据汪圣铎的研究，绍兴十三年宋高宗在临安重建了安放北宋诸帝神御的景灵宫，以后又在绍兴十八年（1148）及绍兴二十一年（1151）扩建。董仲永奉命监督迁移诸帝神御景灵宫，当在绍兴十三年以后。参见汪圣铎：《宋代政教关系研究》，第六章《新的平衡——宋高宗、孝宗、光宗时期》，北京：人民出版社，2010年，第220—221页。御药院本职掌为按验宫廷

绍兴三十二年（1162）六月丙子（十一），高宗禅位于孝宗，退居德寿宫。孝宗以董仲永勤奋，并得高宗信任，翌日（丁丑，十二）命他提点德寿宫。这份差事不易办，三天后（庚辰，十五），董即上言请求增派检点文字使臣一人、主管文字使臣二人、书写二人，并要求增加宫内人员俸钱，以及订明他们的任期和迁转条例。孝宗准奏。八月癸酉（初九），孝宗奉上太上皇后册宝，德寿宫内侍官张去为奉宝置于座前，董仲永则负责读册之礼。从此时开始，董仲永与张去为同侍高宗于德寿宫凡五载，但董仲永厌倦宫禁之生活，期望"与同志访寻云水，择山林佳处，为终年之游"。乾道元年（1167）三月戊辰（廿五），董再次求退获准。本来孝宗授他两浙东路总管，后改授他提举佑神观，并免奉朝请。然而他安享晚年不多久，同年七月，忽然染疾，一日之间，身子便垮下来。亲人用尽各种方法为他疗治，均告无效，延至七月丙辰（初九），便在私第病逝。他临终时正襟危坐，似若屏绝念虑，隐约听他诵念《心经》，家人稍不闻他呼吸，原来已逝去，得年六十二。八月庚寅（十四），董仲永子孙将他葬于临安府（今浙江杭州市）钱塘县履泰乡赐寺净严佛刹，与他先亡故的夫人赵氏合穴。孝宗特赐他水银、龙脑以殓，被尊为太上皇帝的高宗又加赐秘器赗赠。因他遥领的官至昭庆军承宣使，又任入内内侍省押班的高位，故曹勋

的秘方真伪，应时配置药品，以供奉皇帝及宫中之用，兼供职皇帝行幸扶侍左右，奉行礼仪，传宣诏命及奉使督视等事，担任勾当、干办御药院的内臣，为宋室君主最亲近的内臣。关于御药院及干办御药院的建置沿革、职掌、序位及编制，可参阅龚延明：《宋代职官辞典》，第一编《皇帝制度类·九、宦官门》，"御药院"条，第64—65页。近期的相关著作，可参阅程民生：《宋代御药院探秘》，《文史哲》2014年第6期，第80—96页。

称他为"董太尉"。①

据董的墓志铭记载，他妻儿子女以至女婿孙儿齐全，倘不知道他是内臣，还以为他是寻常官员。自然，他的儿女都是收养的，并无血亲关系。至于他的孙儿，似乎是他的养子的养子，也是内臣身份。他的案例让我们知道宋代内臣，尤其是高级内臣，都有"妻"有"室"，然后有"儿"有"女"。②

董仲永妻子赵氏是内臣尚食奉御赵舜贤之女，相信也是赵的养女。据称她"治家严而有礼，梱内之政晏如也"。她亡于董仲永逝世之前，但卒年不详，也不载得年多少。董仲永有三个养子，都是内臣。最长的名董原，早死，官至忠训郎（即政和改制前的左侍禁）阁门祗候。次子名董寿宁，官入内内侍省高品，以疾罢废在家。幼子名董寿祺（？—1181后），在董仲永卒时官武翼郎（即政和改制前的供备库副使）兼阁门宣赞舍人、干办御前忠佐军头引见司，是董氏内臣世家的继承人。他大概在淳熙八年（1181）或九年

---

① 《松隐集》卷三六，《董太尉墓志》，第5页上、第7页上；《宋史》卷三二，《高宗纪九》，第611页；卷三三，《孝宗纪一》，第617—618页；卷四六九，《宦者传四·张去为》，第13671页；《宋会要辑稿》第三册，《礼四十九·尊号十》，第1798—1800页；第八册，《职官五十三·提举德寿宫》，第4461—4463页、《职官五十四·宫观使》，第4473—4476页。按宋孝宗在绍兴三十二年六月乙亥（初十）增置德寿宫提点、干办等官，董仲永当是此时受命。提点德寿宫的，还有董仲永的上司张去为，以及入内内侍省东头供奉官陈子常等多人。顺便一提，宋孝宗是两宋诸帝中对佛教最偏爱的，他对董仲永恤典特厚，可能是因为董仲永是内臣中有名的佛门大德。关于宋孝宗好佛的事实，可参阅汪圣铎：《宋代政教关系研究》，第六章第二节《宋孝宗对佛教的偏爱》，第226—237页。

② 内臣有"妻"有"室"，秦汉以来已有之。唐代宦官娶妻亦很普遍，从唐代宦官墓志铭即可见。宋元以后，仍沿袭此一风俗，只是史料记载不多，这三篇墓志铭即提供了宋代宦官娶妻的例证。明清有关宦官娶妻成家的史料则甚少。参见杜婉言：《中国宦官史》，第二章《宦官生活一瞥》，台北：文津出版社，1996年，第67—75页。

（1182）曾接待到阙的金国使人而获转一官。① 董仲永有女九人，夫婿都是任诸司副使至三班使臣的中下级武官，计长女适武翼郎、权发遣两浙西路兵马钤辖赵伯驹（？—1162后）。赵伯驹字千里，是太祖长子燕王德昭（951—979）第四子舒国公惟忠（？—1015）一房的后人，擅于画。据曹勋《径山罗汉记》一文所记，"湛然（即董仲永）有婿监榷货务赵伯驹，禀天潢之秀，擅丹青之誉，规摹人物，效法顾陆"。董过世后，赵伯驹将妻父的历官行实详细写下，交给曹勋作为撰写墓志铭的根据。次女适修武郎阁门祗候沈衎，再次的适武德郎（政和改制后由宫苑副使、左右骐骥副使、内藏库副使等改）卢师忠、忠训郎郭忠、高椿、保义郎（即政和改制前的右班殿直）杨大亨、承节郎（即政和改制前的三班奉职）萧曛、赖嗣昌、成忠郎（即政和改制前的左班殿直）姚谔。董仲永有孙儿三人，分别是见任保义郎的董珏（？—1204后）和董珪，以及见任承节郎的董璟。董有孙女三人，在他卒时尚年轻未嫁。②

① 崔敦诗：《崔舍人西垣类稿》卷二，《魏庭瓛董寿祺应奉金国人使到阙及一十番与转一官制》，丛书集成初编本，上海：商务印书馆，1936年，第13页。按崔敦诗在淳熙八年任中书舍人，九年卒。他撰这道制文应在这两年间。
② 《松隐集》卷三〇，《径山罗汉记》，第10页上；《径山续画罗汉记》，第11页下—12页上；卷三三，《跋赵千里画石勒长跪图》，第8页下—9页上；卷三六，《董太尉墓志》，第7页；《宋史》卷二一七，《宗室世系表三》，第5871页；卷二一八，《宗室世系表四》，第6071页；卷二四四，《宗室传一·燕王德昭》，第8676页；《宋会要辑稿》第六册，《职官十六·军器所》，第3443页。按赵伯驹祖为赠嘉国公赵令畤，父亲为再赠大中大夫赵子笈。曹勋的文集里有几篇题跋都提到赵伯驹，说与"今浙西路马步军总管赵公希远及其兄千里交游甚久"，又说"向者千里尝为径山杲禅师画五百大士百轴，举世以为荣"。按曹勋写《径山续罗汉记》于乾道九年（1173）夏，那时赵伯驹已过世。关于赵伯驹的事迹，美国宋史学者贾志扬（John W.Chaffee）在其研究宋代宗室的专著，以一页半的篇幅加以论述。参见贾志扬著，赵冬梅译：《天潢贵胄：宋代宗室史》，第十章《结论》，南京：江苏人民出版社，2005年，第264—265页。此条资料蒙本文匿名审稿人提供，谨此致谢。最近期

第九篇　曹勋《松隐集》所收的三篇内臣墓志铭　403

董仲永的后人事迹史籍所载不多，其婿杨大亨，据《宋会要辑稿》及《三朝北盟会编》所载，颇有战功。他在绍兴三十二年（1161）闰二月癸酉（初六），隶陕西抗金名将吴璘（1102—1167）麾下，以右军第一正将，率李安等统军攻打五鬼山金寨，并与后军同统制田升与统领胡洪、赵丰、陈涛，第六将冯超等攻打大散关（今陕西宝鸡市西南17公里大散岭上）正门、水门、御爱山金寨，自二更一拥上山，并力攻击，与金人战斗至四更时，克复大散关。金兵败走宝鸡，宋军复占和尚原（今陕西宝鸡市西南）。[①]

至于其孙儿董珏，有二事值得一谈，据《宋会要·职官七十二》的记载，在淳熙四年（1177）十二月，董以阁门寄班的低级武臣之身，路上遇上抗金名将韩世忠（1089—1051）子、户部尚书韩彦古（？—1178后），却没有依制回避。韩大怒，将他擒至其家，脱去衣服，缚于庭中，大肆凌辱。韩彦古此事做得过分，后为

的相关研究，可参阅徐建融：《宋代绘画研究十论》，第九章《赵令穰与赵伯驹》，上海：上海大学出版社，2008年，第193—236页。作者以二十四页的篇幅详尽论述赵伯驹及其弟赵伯骕（1124—1182）的生平事迹和艺术特点，并附有赵所绘的画八幅及赵伯骕画一幅。徐氏似乎不知道赵伯驹是内臣董仲永的女婿。又据谢稚柳的考证，赵伯驹传世的书画中，有一卷题为赵伯驹的《六马图》，是从伪满洲国长春伪宫流散的原故宫书画。该卷末有"千里"款印，"千里"是赵的号。不过，谢氏认为这个署款是伪添上的。此图与北宋大画家李公麟（1049—1106）著名的《五马图》很接近，应是李的手笔。参见谢稚柳：《北宋李公麟的山水画派兼论赵伯驹〈六马图卷〉》《鉴余杂稿》，上海：上海人民美术出版社，1989年，第108—109页。又据《宋会要·职官十六》所记，董仲永的次女婿沈衍在隆兴元年（1163）三月，以阁门祗候充军器所提辖官。但右正言周揆上言，以军器所官员已多，反对再任沈为提辖官。孝宗从其请。沈到董仲永过世时仍官阁门祗候。

① 《宋会要辑稿》第十五册，《兵十四·便宜行事》，第8902页；徐梦莘：《三朝北盟会编》卷二五〇，《炎兴中帙一百五十》，绍兴三十二年闰二月十六日癸未条，上海：上海古籍出版社影印清光绪三十四年许涵度刻本，1987年，第1793页。

言官所知而被劾，贬官送临江军（今江西樟树市西）居住。①

另一件值得注意的事，据董仲永婿赵伯驹弟、和州防御使赵伯骕（1124—1182）的神道碑所载，他的第五女适训武郎董珏。这个董珏当就是在淳熙四年被韩彦古责打的小使臣董珏。按周必大（1126—1204）为赵伯骕撰写神道碑在赵死后廿二年的嘉泰四年（1204），他提到的董珏当时的武阶是由大使臣内殿承制改的训武郎，他经历多年，好不容易才迁至此一官阶。另外，宗室赵伯骕肯将女儿下嫁给董，而他所带都是寻常武臣的阶官，他应该不是内臣。而董珏娶祖父婿弟宗室之女，也是内臣与宗室通婚的另一例证。②

在曹勋笔下，董仲永是一个聪明世故，行事谨慎而又天性仁厚的内臣长者。所谓"天资仁厚，赋性敏达"，从徽宗到孝宗，祸乱接踵而来，而内臣权势由极盛至衰败，他却能"历事四朝，夷险一致。恩礼每加优渥，服勤益殚夙夜。始终富贵，无矜伐之色；周

---

① 《宋会要辑稿》第八册，《职官七十二·黜降官九》，第4969页。按阁门寄班一职，疑即阁门看班祗候。据龚延明所考，该职由三班院选仕族子弟供奉官以下至殿直小使臣充，位次阁门祗候。董珏在董仲永卒时官保义郎。按保义郎为武阶名，属小使臣八阶列。政和二年九月由右班殿直改。绍兴定为入品武阶五十二阶的第五十阶，位次于成忠郎，正九品。董珏以九品的保义郎任阁门看班祗候是合制度的。参见龚延明：《宋代官制辞典》，第七编《皇宫京城禁卫侍卫机构类·二、皇城司与横行五司门》，"阁门看班祗候"条，第424页；第十一编《阶官类·七、武官阶官门之三·政和以后武选官阶》，"保义郎"条，第596页。又韩彦古为韩世忠子，可参见周必大：《文忠集》卷一二三，《辞免润笔札子》，文渊阁《四库全书》本，第6页下。

② 周必大：《文忠集》卷七〇，《和州防御使赠少师赵公伯骕神道碑·嘉泰四年》，第9页上—15页上（董珏事见第13页下）。按训武郎原名敦武郎，武阶名，属大使臣二阶列。政和二年九月由内殿承制改。绍兴定为入品武阶五十二阶的四十三阶，位次武翼郎（原供备库副使），正八品。光宗即位，避帝讳"惇"改为训武郎。参见龚延明：《宋代官制辞典》，第十一编《阶官类·七、武官阶官门之三·政和以后武选官阶》，"训武郎"条，第596页。

旋禁省,有谨畏之称"。曹勋大大称许他办事时"领职不懈,办事约己",而对人就"轻财好施,周人之急,有苦必济,片善不遗,为之恐不力,闻之惟恐后。四方贫乏客寓疾病者,皆投诚倚办"。曹勋对董之善行,归之于他笃信佛教所致。据曹勋所述,董仲永自幼信佛,身居内臣显位时,"出囊中万数,创浮图,营佛庙,预置絮袄楮衾,囷廪积粟,遇冬月即密遗饥冻之民,岁终往往自亦无余。间阎有男女婚嫁,贫不成礼者,必装以遣之"。他又懂得广结善缘,对于官员"士至铨曹,有无粮以日给,及已受成命,而无仆马费者,悉出财以赒其用,识与不识皆与之。至于贫病于旅邸,必先济以财,然后遣医疗疾,日问安否。或道路死而未殓,必与棺椁衣衾,遣亲信葬藏之"。作为佛门大德,董仲永又建一净坊"因果院"于临安府城东,凡没有人收殓的遗骨,都放置其中,岁时设斋经诵,令僧人追荐亡魂。至于里巷之人生计不继或有病无医的,向董门求助,都来者不拒。当闻知外地有行善之人或事,他都会命人持香茗经卷及供奉僧人的费用,加以资助。据曹勋所说,他的善行大名,"以是善类无远近宗之"。董仲永亲历兵祸,劫后余生,加上笃信佛陀,乃为江淮一带死于刀兵的军民亲自书写《度人经》《金刚经》,刻于五块石幢上,分置江淮两岸,并且说:"草木风雨,助二经之音,亦可超度亡魂。"曹勋赞叹他"设意慈爱,盖众人思虑素所不及者"。①

据《钱氏私志》所记,在绍兴年间,杭州吴山有一大井,每年有不慎落水死者。董仲永见此,即率众作大方木,以石版盖合井

---

① 《松隐集》卷三六,《董太尉墓志》,第7页下—9页上。

口，人们只能吊下水桶取水，于是再无人掉井而死。①董仲永行善之举，受人称颂。

曹勋在绍兴三十年（1160）正月甲午（十五）和在乾道九年（1173）夏分别撰写的《径山罗汉记》和《径山续画罗汉记》，详细记载董仲永与赵伯驹翁婿二人怎样为径山杲禅师（即大慧宗杲，1089—1163）的道场画五百罗汉百轴，于是"举世以为荣，观备佛事，伊蒲之供者，寺无虚日，盖人得争先睹之为快"。后来不慎失火，仅存三十轴。据杨惠南所考，董仲永与曹勋都是南宋看话禅倡道人宗杲的追随者。据祖咏《大慧普觉禅师（按即宗杲）年谱》所记，宗杲在绍兴二十七年（1157）"示内都知董德之入道颂"，绍兴三十年给董仲永写《假山跋》。宗杲在隆兴元年（1163）八月圆寂时，董仲永与曹勋等名公巨卿三十余人参与悼念的法事。据汪圣铎的研究，宋孝宗未继位前，已与宗杲有很密切的交往。宗杲在秦桧（1090—1155）当权时，以支持抗金名臣张九成（1092—1159）而被追毁僧牒，编置衡州（今湖南衡阳市），绍兴二十年（1150）再贬梅州。秦桧病死后，乃获准北归，并恢复僧牒。孝宗于绍兴三十年被立为太子后，宗杲即甚受孝宗优礼。据杨氏所考，宋廷主战派的主脑、在孝宗继位获得起用的张浚（1097—1164），与宗杲都是临济宗杨岐派祖师克勤禅师（1062—1135）的弟子。与宗杲交往的名公巨卿，如李光（1078—1159）、吕本中（1084—1145）等人，多与张浚一样，同属主战派。然则与宗杲等密切来往的董仲永，对金和战的立场和态度又如何？②

----

① 钱世昭：《钱氏私志》，文渊阁《四库全书》本，第10页下。
② 《松隐集》卷三〇，《径山罗汉记》，第9页上—11页下；《径山续画罗汉

据《越中金石志》卷八所载，董仲永以"已定居士"（按董墓志铭记他自号"湛然居士"，这里又作"已定居士"，不知是否他最初的号）之名义，在绍兴二年（1132）七月癸酉（十五）中元日于杭州六和塔的观世音经像碑记留下他"稽首合掌说偈赞"文一道，隐约流露他不向金人屈膝的一点心迹：

> 真观、清净观，广大智慧观，悲观及慈观，常愿常瞻仰。叹佛功德，上祝今上皇帝圣寿无疆，二圣早还京阙，天眷共保千祥，四海晏清，兵戈永息，风调雨顺，国泰民安，法界众生，同霑利乐。

据晓常所记，董仲永曾布施小字《观音经》，后来经书湮没，善缘中辍。董仲永就在是年命工匠刊经于石，用以传播经文；他又求得李伯时墨本的菩萨妙像，一同刻石，作为布施。又据曹勋《六

记》，第11页下—14页下；杨惠南：《看话禅和南宋主战派之间的交涉》，《中华佛学学报》1994年第7月，第192—193页；祖咏：《大慧普觉禅师年谱》上册，收入殷梦霞编：《佛教名人年谱》上册，北京：北京图书馆出版社，2003年1月，第191、200、207—208页；汪圣铎：《宋代政教关系研究》，第六章第二节《三、宋孝宗与径山宗杲等》，第229—231页。据南宋沙门普济的记述，孝宗为普安郡王时，曾"遣内都监入山谒师（宗杲），师作偈为献。及在建邸，复遣内知客诣山，供五百应真，请师说法，祝延圣寿"。孝宗所遣的内都监，应是师从宗杲的内侍门司黄节彦，而供五百罗汉的内知客当是董仲永。参见释普济撰，苏渊雷点校：《五灯会元》卷一九，《南岳下十五世·昭觉勤禅师法嗣·径山宗杲禅师》，第1274—1275页；卷二〇，《南岳下十六世·径山杲禅师法嗣·门司黄彦节居士》，北京：中华书局，1984年，第1353—1354页。又近期研究大慧宗杲的，可参阅方新蓉：《大慧宗杲与两宋诗禅世界》，北京：中华书局，2013年。该书曾谈及宗杲与曹勋及董仲永的交往，惟方氏误将董仲永与另一内臣"门司黄彦节""内都监黄彦节"视为士大夫。见该书第三章《宗杲与两宋士大夫关系考略》，第94、99、136页及《附录》，第371—372页。

和塔记》所述，二十年后，即绍兴二十二年（1152），在殿帅和义郡王杨存中（1102—1166）牵头下，董仲永又"以家之器用，衣物咸舍以供费"，资助重修六和塔。为了广结善缘，董仲永从不吝啬家财。①

董仲永也曾出资建供本家诵经祈祷的香火院，据《咸淳临安志》所记，董仲永在绍兴二十九年（1159）建寺，奏请充其家的香火院，高宗允准，并赐额名净严广报院。②

董仲永信佛之外，晚年又爱读《易经》。他得到邵康节（即邵雍，1011—1077）之学后，将室名改为"安乐窝"，并求得高宗为题书榜。他又经营小圃，名为"杏庄"，与宾客炷香品茗，佳时吟咏，开怀畅饮。倘没有人相伴同游，他就独自游遍名山胜地，即使千里之远，也不畏惮。董仲永自号"湛然居士"，他出游仍大显大德本色。据载他"遇仙佛道场，必作严供而回。手书佛经满四大部藏。其他经咒，镂板印施，莫可数计"。碰上荒年失收，死于疫病者众多，董仲永有不忍人之心，打算对亡魂超度，就出资于四名刹举行水陆法会。凡是佛经中的秘语，可资冥福的，就命加以刊印然后焚化。可惜这一善缘还未完成，董仲永便逝去。据载董仲永在年前就有预感，在一次燕坐时，忽然命女婿高椿执笔，写下近似

---

① 《松隐集》卷三〇，《六和塔记·大宋临安府重建月轮山寿宁院塔》，第5页下—7页上；《全宋文》卷四三七五，《董仲永·六和塔观世音经像碑记·绍兴二年七月》，第78—79页；潜说友：《咸淳临安志》，载《宋元方志丛刊》卷八二，《寺观八·六和塔》，北京：中华书局，1990年，第4118页。据网上检索所得，这一宋代的观音经碑尚保存于杭州的六和塔壁间，计四列，一百三十三行，小楷乃董仲永所书，碑上还刻有李伯时绘画的观音大士小像，旁边有绍兴二年的题跋。

② 《咸淳临安志》卷七九，《寺观五·寺院·自涌金门至钱湖门》，第4082页。

遗言，自述平生的一番话，并附上一副偈言："年次甲申，无着无尘。心中了了，道德全真。"按董生于崇宁三年，岁次甲申；他逝世前的一年隆兴二年（1164），也是甲申年。他命人将偈言藏于箧笥中，家人都不解其故，死后家人开笥观之，才发觉他的预言果然灵验。①

据曹勋所记，当董仲永的下葬日确定后，幼子董寿祺带同赵伯驹所撰的董氏行状往见曹勋，请曹"幸为先君铭于幽阡，庶信后人，而尽子道"，言讫泣涕不止。曹勋以他与董仲永相交已久，而且甚喜他的仁心，就没有推辞，于是据董氏行状"尽载所记，文不加点"。最后系以四言铭文，记录他一生事迹，并称许他的功德云：

> 猗嗟董公，蔼著仁风。逮事四朝，惟勤惟恭。秉操玉立，遇物心通。四十年间，仁化在中。束发筮仕，入侍殿阁。一节以趋，中外咸乐。回禄偶煽，扑护祗恪。自尔简在，繁剧是托。建炎御极，被遇殊专。给事严秘，军檄兼宣。总治钧奏，备乐闻天。宫苑华要，峻从内迁。复以劳能，职拱坤殿。日在众务，冠佩不燕。遂擢东扉，时谓更练。序进省闼，力丐祠馆。天子悯之，赐以优游。静寄山房，放意林丘。忘怀觞咏，莫问朋俦。为善不足，力继前修。恤孤拯贫，济饥念死。扶生疗疾，送终掩骴。无告寒士，道人禅子。弗间市道，率若在己。以身方旸，急人之烦。以我履霜，知人之寒。想望矜嗟，

---

① 《松隐集》卷三六，《董太尉墓志》，第9页上—10页上。

施不为难。棺殓衣被,蓄以赴艰。成性存存,默契深造。数得方外,至言妙道。脱屣之际,屈伸臂了。方恨无语,遗辞在蕙。呜呼仁人,世善毕臻。拟寿松乔,倏忽春云。净严赐刹,哀哉高坟。无愧俯仰,尚鉴斯文。①

曹勋笔下董仲永的生平功德,自然免不了溢美之词,而对于董在宋宫内外四十年所经历的凶险事情和他避过的方法,墓铭中就只字不提,或只轻轻带过。尚身在局中的曹勋,自然对这些高度敏感的事讳莫如深。

董仲永在宁宗(1168—1224,1194—1224在位)时蒙宋廷追赠节度使,当制的蔡幼学(1154—1217)撰写制文,再次表扬他的德行,当是宋廷对他的肯定:

名器之崇,国家所重。眷言近侍,久事先朝,追锡徽章,盖循旧典。具官某,恪恭匪懈,谦下自将。亲逢高庙之中兴,夙预内廷之器使。备宣忠力,浸服显荣。虽不见其人,已岁时之浸远;而有劳于国,岂赠恤之可忘。爰疏将钺之荣,以贲泉扃之邃。尚时精爽,克对宠灵。②

---

① 《松隐集》卷三三,《题邝太尉枇杷洞》,第3页下—4页上;卷三六,《董太尉墓志》,第10页上—11页上。曹勋与董仲永相交的事,还可见其集中《题邝太尉枇杷洞》一篇,记曹与董,以及邝仲询并第六弟朝直,与赵安国、杨子正、李功遂、王与善及三茅高士张达道、桐柏王虚中与刘景文会于枇杷洞之晚翠庵,而由曹勋书游迹于石壁上。
② 蔡幼学:《育德堂外制》卷一,《董仲永赠节度使制》,《续修四库全书》本,上海:上海古籍出版社,2002年,第7页上。考蔡幼学在嘉定元年(1208)三月庚辰(十一)时任朝散大夫试中书舍人兼侍讲,这篇制文当撰于嘉定元年三月前后。参见《宋会要辑稿》第五册,《崇儒七·经筵》,第2899页。

三、郑景纯事迹考

据其墓志铭所记,郑景纯原名郑康祖,宣和七年(1125)三月以足疾乞求宫观,徽宗特赐郑景纯之名。他字梦得,世为开封人。他出于内臣世家,曾祖父郑守钧,以内侍供职,于太宗太平兴国五年(980)奉诏于京师的太平兴国寺大殿的西面,度地建传法译经院,给天竺僧息灾及法天等译经。译经院到七年(982)六月始建成。端拱二年(989),太宗又命他领兵卒重建普安禅院〔始建于后周显德中(约957)〕,监造法华千佛、地藏不动尊等佛阁共六百三十区。他后来累赠官少师。①

郑景纯的祖父郑志明,累赠官左金吾卫上将军。父亲郑昭绪,累赠官开府仪同三司。母亲孙氏,封永平郡夫人。以上各人生平事迹无考,从郑守钧到郑景纯四代,像董仲永的父祖情况一样,都应是养父与养子的关系,而非血亲。考郑景纯于绍兴七年(1137)八月甲午(初四)卒,得年四十七。上推年岁,他当生于哲宗元祐六年(1091)。②

建中靖国元年(1101),郑景纯以父荫补入内黄门。崇宁二年(1103),年十三便正式入仕。他在崇宁至大观年间(1102—

---

① 《松隐集》卷三六,《郑门司墓铭》,第11页上—12页上;袁裦撰,俞钢、王彩燕整理:《枫窗小牍》,收入戴建国主编:《全宋笔记》第四编第五册,卷下,郑州:大象出版社,2008年,第244页;《宋会要辑稿》第十六册,《道释二·释院·传法院、普安院》,第9998、10004页;《长编》卷二三,太平兴国七年六月丙子条,第522—523页;夏竦:《文庄集》卷二六,《传法院碑铭》,第2页。

② 《松隐集》卷三六,《郑门司墓铭》,第11页下。

1110）以劳绩，从小小的入内黄门经六迁擢至供奉官，据称他"皆独被恩遇，最蒙眷奖"，是徽宗宠信的内臣。从政和至宣和初年（1111—1119），他经九迁擢至武节大夫、忠州刺史、直睿思殿。依曹勋的说法，他很受徽宗的信任，"当平居时，宫壸之选，殊号难致。公奉清闲之燕，出入谨密，朝夕不懈，受知徽宗皇帝，日跻显仕"。大观二年（1108）正月后，郑景纯兼任徽宗第三子嘉王赵楷（1101—1130）府及蕃衍宅承受。宣和三年（1121），特迁为右武大夫、保信军承宣使。宣和七年（1125）三月，他以足疾为理由，请求补外宫观，以便就医。徽宗准其请，特授他提举西京嵩山崇福宫，又赐他郑景纯之名。次年，即靖康元年（1126），又迁拱卫大夫。郑景纯得到徽宗宠信，可能还因他工书法，据载他"喜学楷法，酷好虞永兴（虞世南，558—638）书，作字清劲，体制超迈，知法书者宗之"。徽宗精通书法，正得以投其所好。徽宗的宠臣中，蔡京（1047—1126）以书法闻名于世，以下如梁师成（？—1126）甚至可以模仿徽宗御书，连高俅（？—1126）也是"笔札颇工"的人。郑景纯能书，就较其他内臣易得徽宗所知。曹勋说他迁官迅速，连超数等，又获徽宗赐名，当时"人皆荣之"，却有夸大之嫌。徽宗宠信的内臣极多，相比之下，郑景纯的地位与权势，与徽宗真正宠信且授以大权的内臣如童贯（1054—1126）、梁师成、杨戬（？—1121）、谭稹（？—1126后）、李彦（？—1126）等，相去甚远。①

---

① 《松隐集》卷三六，《郑门司墓铭》，第11页下—12页上、第13页下—14页上。武节大夫是武阶官，在政和二年由诸司使臣的庄宅使、六宅使及文思使改。右武大夫，由横班使臣的西上閤门使改。至于拱卫大夫，则由四方馆使及昭宣使改。参见龚延明：《宋代官制辞典》，第十一编《阶官类·七、武官

宣和七年十二月钦宗继位后，一朝天子一朝臣，受徽宗信用的郑景纯知几，不但没有希冀再获得进用，还在靖康元年二月左右，明智地与另一内臣乐忱上书，称祖宗朝凡内臣升迁，均当寄资至带御器械，到获授内侍省及入内内侍省官，才正领所授，然后"日直殿庐，摄事禁掖"。他要求依从旧制，将他们的职级降低，钦宗自然准奏。同月，他从承宣使、拱卫大夫降两阶为武节大夫、文州防御使。①事实上，钦宗继位后，为了争夺权力，与尊为太上皇的徽宗失和。诚如王曾瑜所形容，他们"父子参商"。②郑景纯是徽宗宠信，并且一度是钦宗储位竞争者嘉王楷的亲信内臣，当然需要加

阶门之三·政和以后武选官阶》，"拱卫大夫、右武大夫、武节大夫"条，第594页。徽宗第三子赵楷初名赵焕，始封魏国公，崇宁元年（1102）十一月进高密郡王，大观二年（1108）正月晋位嘉王。他在重和元年（1118）闰九月封郓王，深受徽宗宠爱，一度有望成为太子。靖康之难被掳去北方，于建炎四年（1130）七月前已死。按郑景纯任嘉王府承宣，当在大观二年（1108）正月后。参见《宋史》卷一九，《徽宗纪一》，第365—366页；卷二〇，《徽宗纪二》，第380页；卷二一，《徽宗纪三》，第401页；卷二四六，《宗室传四·郓王楷》，第8725页；卷四六八，《宦者传三·梁师成》，第13662—13663页；《建炎以来系年要录》卷三五，建炎四年七月乙卯条，第798—799页。关于高俅笔札颇工的本事和他得宠的原因，可参阅何冠环：《水浒传第一反派高俅事迹新考》，载氏著：《北宋武将研究》，香港：中华书局，2003年，第505—550页。

① 《松隐集》卷三六，《郑门司墓铭》，第12页下。按承宣使次为观察使，再次为防御使，郑景纯在遥领的使职降了两级；至于他原来阶官拱卫大夫为正六品，降授的阶官武节大夫则为正七品，低了两级。据《宋会要辑稿》所载，钦宗在靖康元年二月丁巳（廿一）诏，"内侍官陈乞寄资复祖宗法，除省官已降指挥外，所有转出或致仕，已立新格，缘其间参照未备，可依下项：已转出或致仕者依此，其合改正之人，令入内、内侍两省具名申尚书省，给降付身"。据此诏所述，郑景纯等上书，当在靖康元年二月丁巳（廿一）前。本来依钦宗这次所定的换官表，郑景纯原来的拱卫大夫应降为武经大夫（政和二年改制前的西京左藏库使），可他只降为武节大夫，大概是钦宗特恩之故。至于他遥郡的承宣使，就依制降为防御使。参《宋会要辑稿》第七册，《职官三十六·内侍省》，第3900页。

② 参阅王曾瑜：《宋徽宗和钦宗父子参商》，原载《庆祝杨向奎先生教研六十年论文集》，石家庄：河北教育出版社，1998年，收入王曾瑜：《丝毫编》，保定：河北大学出版社，2009年，第146—157页。

倍小心谨慎，以免招致钦宗的疑忌。①

郑景纯是如何逃过靖康元年二月和高宗建炎三年（1129）三月发生的明受之变两次大杀内臣之厄，墓志铭没有记载。只记他在建炎三年以"覃恩"，自武节大夫升两阶为武功大夫，遥郡仍为文州防御使，另特差为两浙西路兵马都监。既谓"覃恩"，相信他最早要到是年四月后，明受之变平定后才获高宗授职。②

郑景纯任两浙西路兵马都监，一直至绍兴四年（1134），然后召入任干办龙图阁、天章阁、宝文阁、显谟阁、徽猷阁事。本来依制度，需要经干办延福宫及后苑两阶，才可以授干办龙图诸阁事；但高宗以他"为一时耆宿，老于文学，欲器使之"，予以超擢。过不了一两年，高宗又擢他为机要的干办内东门司兼提点六宫事务。当时宋廷与金人交兵，保护宫廷安全是第一要务。郑景纯做得称职，"条画有方，更历施设"。然而在绍兴七年八月初，他忽然得疾不起，身体变得虚弱。高宗得知，即命他的儿子郑开暂时停职，前往侍疾。景纯吩咐诸子后事后，于八月甲午（初四）去世，得年才四十七。他最后的官职差遣是武功大夫、文州防御使、寄资入内

---

① 对于钦宗与弟郓王赵楷的关系，张邦炜称为"兄弟阋墙"；至于徽宗与钦宗后来的关系，张氏称之为"父子反目"。对整个靖康元年徽宗、钦宗及赵楷之关系，张氏则称之为"靖康内讧"。有关钦宗与赵楷在徽宗朝储位之争，以及钦宗继位后与徽宗反目的始末，可参阅张邦炜：《靖康内讧解析》，《四川师范大学学报（社会科学版）》2001年第3期，第69—82页。
② 《松隐集》卷三六，《郑门司墓铭》，第12页下；《宋史》卷二五，《高宗纪二》，第462—465页。建炎三年三月苗刘之变中，乱军一共杀内臣百余人，至四月乱平，高宗复位。关于靖康元年及建炎三年两次宋廷及军民大杀内臣的始末，可参阅张邦炜：《南宋宦官权势的削弱》，原载张邦炜：《宋代皇亲与政治》，成都：四川人民出版社，1993年，增补后载张邦炜：《宋代政治文化史论》，北京：人民出版社，2005年，第76—97页。补充一点，武功大夫在政和二年九月自诸司正使之首的皇城使改。

内侍省东头供奉官、干办内东门司、提点六宫一行事务，故曹勋称他为"郑门司"，比董仲永的官职稍低。①

不知何故，郑景纯殁后二十年，即绍兴二十七年（1157）十二月壬寅（初十），才下葬于临安府钱塘县履泰乡胭脂岭大监坞之原。董仲永在八年后下葬的履泰乡赐寺，与郑墓距离有多远，无从查考。②

郑景纯与董仲永一样，虽是内臣，但名义上的妻儿孙婿众多。他的妻子牛氏，封安康郡夫人。有养子三人，长子名郑甡，绍兴二十七年十二月任入内西头供奉官。次子名郑开，见任入内内侍省东头供奉官、睿思殿祗候、干办后苑、干办翰林司。三子名郑朋，见任武经郎、閤门宣赞舍人、干办御前忠佐军头引见司（按从郑朋的官职去看，他可能不是内臣）。郑景纯有养女二人，长婿是同属内臣的武功大夫、寄资入内内侍省东头供奉官、实录院主管诸司兼监门杨兴祖（？—1170后）；二女婿刘纲（？—1160）出身将门，南宋初年以能战善守闻名，时任左武大夫、贵州防御使、两浙东路马步军都总管（刘纲事迹详见本文附录）。郑景纯有孙四人，长孙名郑邦美（？—1192后），见任入内内侍省内侍高班。其次为郑邦直，任承信郎。再次为郑邦义，未仕。第四名郑邦宪（？—1189后），任入内内侍省内侍黄门。有孙女三人，长孙女婿是入内内侍

---

① 《松隐集》卷三六，《郑门司墓铭》，第11页上—13页上。
② 《松隐集》卷三六，《郑门司墓铭》，第15页下。关于郑景纯下葬的胭脂岭的位置，据《淳祐临安志》卷八的记载，胭脂岭"在九里松曲院路之西，土色独红，因以名之。路不险峻，过岭则通大小麦岭"。然而大监坞的位置则不载，也没有言及该处有内臣墓穴。参见施谔：《淳祐临安志》卷八，（与《乾道临安志》合本，称为《南宋临安两志》）《城内外诸岭》，杭州：浙江人民出版社，1983年，第165页。

省内侍高班、听唤上名梁彬（？—1189后），次孙女婿是入内内侍省高品续康伯（？—1207后）。最小的则仍未出嫁。郑景纯的亲属中，所谓儿孙都是养子养孙，并无血亲的关系。值得注意的是，郑的女婿及孙女婿中，除了二女婿刘纲不是内臣外，其余三人都是内臣。参照董仲永的案例（按董的祖母及母亲均为内臣之女），宋宫的内臣家族相互婚配，是普遍的现象。①

郑景纯的三个儿子，长子郑甡以后的事迹不详。次子郑开，曾在绍兴十三年十一月甲戌（廿二），以接受侍卫步军司统领张守忠（？—1165）的贿赂，与之交通，而自入内东头供奉官、睿思殿祗候职上除名，并发往衡州安置。不过，他在绍兴二十七年十二月前，早已官复原职，并且由他出面请曹勋撰写郑景纯的墓志铭。幼子郑朋在绍兴二十七年十一月乙丑（初三），即郑景纯下葬的一个月前，以阁门宣赞舍人的身份，随同太常少卿孙道夫（？—1157后）出使金国，担任贺金主完颜亮（1122—1161，1149—1161在位）的金国正旦副使。他似乎不及参加亡父的下葬礼，以后的事迹也不详。②

至于他的两个孙儿郑邦美及郑邦宪的事迹，则略见于周必大

---

① 《松隐集》卷三六，《郑门司墓铭》，第13页。贿赂郑开的张守忠，在绍兴三十二年后一直担任主管侍卫马军司公事，直到乾道元年。他是一员能将，所谓交通内臣，可能是政敌为了打击他而罗织的罪名。他在绍兴二十七年以后的事迹，参见《宋会要辑稿》第四册，《礼六十二·赏赐二》，第2154页；第十四册，《兵九·出师三·金国》，第8785页。
② 《建炎以来系年要录》卷一五○，绍兴十三年十一月甲戌条，第2837页；卷一七八，绍兴二十七年十一月乙丑条，第3407页；《松隐集》卷三六，《郑门司墓铭》，第15页上。郑景纯墓志铭云："一日，苑使公持公履历，泣见，谓先公尝与子之先君有同僚之契，今者志文，非子尚谁？"这里的"苑使公"当指其时任干办后苑干办翰林的郑开。

的记载。据周的记录,郑邦美先后于乾道六年(1170)十月丁未(初一)、十月丙子(三十)、十一月丁丑(初一)、十一月丁亥(十一),以入内内侍省东头供奉官、睿思殿祗候、干办龙图、天章、宝文、显谟、徽猷、敷文阁、干办讲筵阁兼承受干办万寿观的官职,代孝宗于万寿观纯福殿为高宗开启灵宝道场祈福。另外,据抗金名将吴璘的碑文记载,孝宗于乾道元年四月,曾遣郑邦美劳问吴璘。他在光宗绍熙元年(1090)二月己丑(初五),以奉上孝宗尊号"寿圣皇帝"的册宝礼毕,以大礼承受之劳特与阶官上转行两官。据《咸淳临安志》的记载,他在绍熙壬子(即三年,1192)请建本家的香火院,并获赐额名"荣先资福院"。据此知他也笃信佛教。他被称为"节使",可能后来获追封为节度使。惟他在绍熙三年以后事迹不详。①

郑邦宪则于淳熙十年(1183)五月至淳熙十一年(1184)九月,九度作为钦差向周必大宣旨:第一次在淳熙十年五月辛未(初八)前,谕周必大付还步帅翟安道飞虎军刺填军额文字一件。第二次在十年七月丁亥(廿五)前,奉旨赐周必大原予大将、吴璘子吴挺(1138—1193)的御札副本。第三次在淳熙十一年三月丁酉(初八)前,奉旨付给周必大广西利害文字一宗。第四次在同年四月己未(初一)前,奉旨交给周有关蔡勘文字一件。第五次在六月

---

① 周必大:《文忠集》卷首,《年谱》,第32页下;卷一一四,《玉堂类稿十四》,《万寿观纯福殿开启太上皇帝本命月道场青词》,第12页上—14页上;《万寿观纯福殿开启太上皇帝本命日道场青词》,第14页上—15页上;杜大珪:《名臣碑传琬琰之集上》卷一四,《吴武顺王璘安民保蜀定功同德之碑》(王曮撰),第16页上;《宋会要辑稿》第三册,《礼四十九·尊号十二》,第1819页;《咸淳临安志》卷七九,《寺观五·寺院·自涌金门至钱湖门》,第4082页。

癸酉（十六）前，奉旨交给周一件李彦颖（？—1184后）的文字。第六次在六月癸未（廿六）前，交付马帅雷世贤（？—1185后）的札子回奏。第七次在七月己酉（廿三）前，付给周一张极不快便的弩，要周交给负责人夏俊改善。第八次在九月辛亥（廿六）前，奉旨交付萧鹧巴（哲伯）所陈乞的赵善蕴添差文字一件。第九次在十一月乙巳（二十）前，他又奉旨赐周必大蜀三帅吴挺、彭杲（1126—1191）、傅钧三将之奏及孝宗的批示。周必大在他所撰的《思陵录》，又记载在淳熙十五年（1188）正月甲寅（十八），当高宗逝世百日，孝宗命郑邦宪询问一些关于放房钱的问题。翌年（淳熙十六年，1189）正月癸卯（十二），孝宗又命他宣押想辞职的宰相周必大赴国忌行香。郑当时的职位是御药，可以推知他在淳熙十年至十六年，一直是孝宗近身的御药内臣。他后来的事迹暂不可考。①

郑景纯的两个女婿，长婿杨兴祖于绍兴二十八年（1158）八月辛丑（十四）宋廷置国史院时，以入内内侍省东头供奉官，充国史院主管诸司。孝宗继位后，他受到重用，步步高升。到乾道六年（1170）正月丁丑（廿六），他以入内内侍省寄资中侍大夫（即政

---

① 周必大：《文忠集》卷首，《年谱》，第26页下；卷一四六，《奉诏录一》，《飞虎军军额回奏·淳熙十年五月八日》，第8页下—9页上；《宣示吴挺御札回奏·同施枢密·淳熙十年七月二十五日》，第13页下—14页上；《淳熙十一年三月八日·同日回奏》，第26页下；卷一四七，《奉诏录二》，《付下蔡勘文字回奏·淳熙十一年四月一日》，第1页上；《李彦颖文字回奏·淳熙十一年六月十六日》《雷世贤札子回奏·淳熙十一年六月二十六日》，第13页下；《夏俊弩样回奏·淳熙十一年七月二十三日》，第16页下；《萧鹧巴陈乞回奏·淳熙十一年九月二十六日》，第19页上；卷一四七，《奉诏录二》，《付下蜀中三帅札子并录白御笔回奏·十一月二十日》，第23页下—24页上；卷一七二，《思陵录上》，第58页下。

和二年改制前的景福殿使)、保宁军承宣使,特差充任徽宗永祐陵攒宫都监,其名位已在妻父之上。①次女婿刘纲仕途得意,在绍兴二十八年后更官运亨通,最后位至左武大夫、武康军承宣使(详见附录)。

郑景纯的两个孙女婿梁彬和续康伯均是内臣,后来都受宋廷重用。淳熙二年(1175)十月,孝宗在玉津园与臣下比射,孝宗特命梁彬赐周必大弓箭例物。淳熙三年(1176)再命梁谕周必大于回程平江府(即苏州)时赐御宴。淳熙四年(1177),孝宗再命梁谕周必大于回程盱眙军时赐御宴。另孝宗又命续康伯诣尚书省赐周必大宰执以下喜书御宴口宣。淳熙六年(1179),梁彬再奉命宣周必大于回程镇江府时赐御宴。淳熙十五年二月丁丑(十一),孝宗又命梁持金国庙讳一纸予宰执,去议定刚去世的高宗庙号。四月辛未(初五),孝宗又命梁彬抚问刚奉安高宗梓宫回来的周必大,并赐他银合茶药银两。梁彬是孝宗亲信的内臣,当孝宗在淳熙十六年(1189)二月壬戌(初二)禅位光宗(1147—1200,1189—1194在位),素服移驾至重华宫(即高宗原居的德寿宫改)时,陪同的内臣就有梁彬。梁彬因光宗继位获特迁横班使臣,后来的仕历及事迹不详。②

---

① 《宋会要辑稿》第六册,《职官十八·秘书省·国史院》,第3503页;第八册,《职官五十七·俸禄杂录下》,第4606页;周必大:《文忠集》卷一一三,《玉堂类稿十三》,《淳熙三年·朝辞讫解驿赐酒果·内侍杨庆祖》,第30页下。考周必大所言及的内侍杨庆祖,疑即杨兴祖。
② 《宋史》卷三五,《孝宗纪三》,第691页;周必大:《文忠集》卷首,《年谱·淳熙十五年戊申》,第31页下;卷一一二,《玉堂类稿十二》,《尚书省赐宰执以下喜书御宴口宣·淳熙四年内侍续康伯》,第21页;卷一一三,《玉堂类稿十三》,《淳熙六年·回程镇江府赐御宴·内侍梁彬》,第20页下;《玉津园特弓赐弓箭例物口宣三·内侍梁彬》,第27页下;《淳熙三年·回程平江府赐御

续康伯后来也擢为高级内臣。他在光宗绍熙五年（1194）七月乙亥（十六），即以入内内侍省押班之职，担任孝宗永祐陵山陵施行工程的覆按副使。癸未（廿四），又担任孝宗攒宫修奉钤辖。宁宗庆元六年（1200）八月戊辰（十六），他又出任光宗的山陵钤辖。开禧元年（1205）四月癸丑（廿六），他以宁宗杨皇后（1162—1232）归谒家庙推恩，以皇后本阁提举官转阶官。开禧三年（1207）五月辛卯（十六），孝宗成肃谢皇后（？—1207）逝世，续康伯以都大主管丧事有劳，获特转两官。①

在曹勋的笔下，郑景纯和董仲永一样，都是小心谨慎、做事不惮勤劳、安分守己而又亲近士大夫的内臣，所以"历事累朝，皆蒙擢用，不以寻常见遇，盖其操履纯正，德归于厚"。曹勋特别指出他供职嘉王府时，老于世故，"口不及俗务，言不及世态"，只是劝勉嘉王为善，教他"日不辍废诵读，闲暇必规于孝谨之道"，并"令亲诗书，致王修饰肃谨"，总之要让嘉王做到一个贤王的榜样。徽宗对他教导爱子之方法自然大为满意，故郑每次谒见徽宗，

宴》，第32页上；《淳熙四年·回程盱眙军赐御宴·内侍梁彬》，第37页上；卷一七二，《思陵录上》，第70页下；卷一七三，《思陵录下》，第19页下—20页上；陈傅良：《止斋集》卷二二，《缴奏内侍张安仁转官第二状》，文渊阁《四库全书》本，第3页下—5页上。

① 《宋会要辑稿》第一册，《后妃一·皇后皇太后·成肃谢皇后、恭圣仁烈杨皇后》，第254—255页；《后妃二·皇后皇太后杂录三·皇后杂录》，第300页；第三册，《礼三十·历代大行丧礼下·孝宗·光宗》，第1373—1374，1399页；《礼三十七·帝陵》，第1570页；《全宋文》第二百八十九册，卷六五七六，《蔡幼学七》，《缴结绝成肃皇后主管丧事所袝庙推赏指挥状》，第286—287页；《宋史》卷三八，《宁宗纪二》，第745页；卷二四三，《后妃传下·孝宗成肃谢皇后》，第8652—8653页；楼钥：《攻媿集》卷四八，《阁仲续康伯修奉攒宫传宣抚问并赐银知茶药及唱赐一行官吏等犒设口宣》，文渊阁《四库全书》本，第4页上。

都得到嘉赏。曹勋指出，郑景纯对徽宗"每有宠数，每辞之。公智思凝远，绝人数等"。

郑的智思还可从其处理人事问题看到，曹勋引述曾有嘉王府属有才而不得见用者，郑景纯就向嘉王密陈此人的文章及行谊，并说自己当居于此人之下。此人因此得到升迁，后来知道是郑所推荐，就要向郑当面道谢，郑拒而不见。郑"甄别士类，不收私恩"的原则，正是其智慧所在。①

郑景纯不像董仲永笃信佛陀，而是"居家力学不倦，书史为乐，日亲士大夫，讲说大义，凡经籍隐奥与古人成败，无不该通。自少及长，敦尚儒素"，俨然一个儒生。他不以权势傲人，而喜与士人交游。食客虽不断前来拜谒，他仍精神奕奕，了无倦色。生活俭朴，"凡追逐绮靡，畋游狗马之好，一切未始经意"。如前文所提到，他喜书画，擅于鉴赏。据曹勋所记，有人送他一幅雪满群山的图画，他命座中客题名。客人都想讨好郑，希望拟一个好名字，故此迟疑不决。郑随口说道："却暑图可乎？"举座都赞叹命名之妙。②

曹勋在墓铭中又盛称郑景纯教子有方，其子均卓荦不群，其中次子郑开（苑使公）"雅继父风，入侍玉华，兼领要务，以廉谨称"；三子郑朋（宣赞公）"束带立朝，多被抡选。馆客入觐，持礼出疆，浐受付委，为时闻人"。曹勋又称他们兄弟和睦相处，同居而无间，受到搢绅的称许。考诸二人可见之事迹，郑开在绍兴十三年被指收受贿赂而被重责，倘不是遭人陷害，就与廉谨之名不

---

① 《松隐集》卷三六，《郑门司墓铭》，第14页上—14页下。
② 《松隐集》卷三六，《郑门司墓铭》，第13页—14页下。

符;至于郑朋在绍兴二十七年十二月被选出使金国,倒是符合"多被抡选"之语。①

曹勋愿意为郑景纯撰写墓志铭的原因,是因郑开的泣求。据曹所述,一日郑开拿着郑景纯的履历来见他,说:"先公尝与子之先君〔曹组〕有同契之谊,今者志文,非子尚谁属?"曹勋以他昔日在朝廷,熟悉郑景纯的行事,故此为他写墓志铭实为义不容辞的事。在郑景纯的墓志的结尾,曹勋写了以下的四言铭文颂扬郑的一生:

> 於皇徽考,乃圣乃神。在帝左右,必惟其人。伟矣郑公,名蔼搢绅。问学之富,首被选抡。维公秉德,中外乐易。所以造道,博约申止。事上则忠,睦族曰悌。摄职从政,廉以行己。殿阁禁严,扬历方崇。亟擢东扉,遂神天聪。旦夕顾问,侃然纳忠。有猷有为,方付委公。胡为不淑,弗假以寿。帝曰惜哉,所用未究。令子克绍,新阡方茂。千载视石,尚庆厥后。②

与董仲永相比,郑景纯与曹勋的私交没有董与曹那么深,而郑又早死,故此在曹勋文集,没有看到其他有关郑景纯的记载。不过,曹仍肯为郑写墓志铭,一方面是郑开的交情,另一方面也是敬重郑景纯人品所致。在郑的墓志铭中,对一些政治敏感的事情,如嘉王与钦宗储位的竞逐、徽宗与钦宗的参商,以及高宗初年明

---

① 《松隐集》卷三六,《郑门司墓铭》,第14页下。
② 《松隐集》卷三六,《郑门司墓铭》,第15页。

受之变，曹勋同样讳莫如深。尤其为何郑景纯殁后不能下葬，要等到二十多年后才入土立碑写铭？郑景纯的子婿，包括属于韩世忠（1089—1151）部将的刘纲在内，在郑殁后的十多年一直郁郁不得志，甚至被削官编管，要到绍兴二十三年（1153）前后才稍得任用，更要到绍兴二十七年郑景纯入土时，才算得上出头。原因何在？令人狐疑，曹勋却一字不提。是否与秦桧当权，他们受到逼迫有关？这些问题，均值得思考。

此外，郑氏内臣家族，从太宗的郑守钧到郑邦美兄弟，绵延六代，从北宋初至南宋中期逾二百年，他们虽非真有血缘关系的家族，但作为宋代内臣的案例，实在是一个很不凡的内臣世家，值得研究宋代家族问题的学者注意。

四、杨良孺事迹考

据杨的墓志铭所记，杨良孺字子正，里籍不详。他卒于隆兴二年（1164）四月戊辰（十四），得年五十四。上推年岁，则其当生于徽宗政和元年（1111）。在董、郑、杨三人中，杨年龄最幼。他也是出身于内臣世家，曾祖父杨怀悯，累官金吾卫上将军。曾祖母马氏，封安康郡夫人。祖父杨元卿（？—1079），墓志铭记他累官至供备库副使，但据《长编》所记，他最后官至庄宅副使。他在神宗熙宁十年（1077）四月辛卯（十二），在邕州永平寨主、供备库副使任上，与知钦州、西京左藏库副使刘初（？—1077后），以招降广源、苏茂州首领有功，各迁七资。杨元卿在元丰元年（1078）闰正月前后，担任广南西路经略司勾当公事，曾经拒绝接收交趾李乾德（李仁宗，1066—1127，1072—1127在位）向宋请和的奏表。神宗在同月丁酉（廿二），命他速受表附奏以闻。令人贡使发遣赴阙，至于画定疆界和送还人口的事，就别听宋廷处分。杨后来担任靠近交趾的顺州（即广源州，今越南高平省广渊县）都监，升为庄宅副使。他在元丰二年（1179）十月前在顺州任上逝世。宋廷恩恤，给他官一子。杨元卿死前曾上遗表，宋廷特准其请，杨良孺之父杨延宗（？—1116后）大概因此得以出仕，其妻张氏也封秀容郡夫人。①杨良孺的母亲彭氏，封恭人。杨延宗虽然官位不高，在政和、宣和年间只做到由三班使臣担任的麟府路走马承受，但曹勋对他大大称许，说"宣政间近卫多名公贤者，往往赋性凝远，识度绝人，临事不苟，为一世效"，杨延宗就是其中表表者。杨延宗最可称道的事，就是能在行伍中识拔张俊（1086—1154）和韩世忠。据

① 《松隐集》卷三六，《干办内东门司杨公墓志铭·乾道元年三月》，第16页；《宋会要辑稿》第七册，《职官四十一·走马承受公事》，第4067页；第十六册，《蕃夷四·交趾》，第9793页；《长编》卷二八一，熙宁十年四月辛卯条，第6891页；卷二八七，元丰元年闰正月丁酉条，第7033页；卷三〇〇，元丰二年十月丁未条，第7310—7311页。顺州是神宗所谓荒远瘴疠之地，宋廷每年成兵三千人，十损五六，而所筑的堡寨，深入在交趾境内，粮运阻绝。在顺州死于任上的官员除了杨元卿外，还有权发遣广南西路都监张吉、权管勾广南路经略司机宜文字刘子民，疑都是染上瘴疠而病死的。宋廷权衡利害后，在这年十月放弃顺州，以其地给交趾。又据司马光（1019—1086）所记，皇祐四年（1052）七月，余靖（1000—1064）受命讨侬智高（？—1053后），余募人能擒侬智高，有孔目官杨元卿及进士石镇等十人皆献策请行。余靖一一问之，以杨元卿之策最善。他说西山诸蛮凡六十族，都侬附侬智高，而他本人知其中一族，愿意去说该族来降，若一族归附，使之谕其他各族，若都听命，侬智高则失助成擒了。余靖即命他携黄牛与盐出往说之。其中二族果然随杨元卿来降。余靖都补二族首领为教练使，慰劳犒宴，厚赐遣之。于是诸族转相说谕，稍稍来降。这个孔目官杨元卿似乎很熟悉这一地区的族情和地理，皇祐四年距熙宁十年有二十五年，这个杨元卿有一点可能与杨良孺祖父元卿是同一人。惜司马光没有说助余靖的杨元卿后来授什么官以及其他事迹。参见司马光撰，邓广铭、张希清校注：《涑水记闻》卷一三，第370条，"获侬智高母"，第263页。

说杨延宗对二人以殊礼相待，又教他们守纪，劝勉二人为善，又暗中加以赒济。他勉励二人精习戎事，立志建功，他日必可建立非常的功勋，切勿因贫穷而自暴自弃。据曹勋所记，二人自此遵照杨延宗之教诲，尽弃市井陋习，改行仁义之道。三十年后，张、韩二人果然立下大功，并得封王。后来二人见到杨良孺，感念杨延宗的知遇之恩，都对他礼敬不已，并说："知人之鉴，无若阿父。我辈非公教养，何得致身如此！"①

杨良孺建炎初年入仕，墓铭说他"日侍清禁，备著勤绩"。当时烽火不息，军务繁忙，所谓"赤白囊封，无日不至"。他供职仪鸾司，扈从应奉于高宗左右，做到"略无阙失"。他又兼供职于内廷的殿阁，早晚听召，故常常不能归家，却越见恭勤，因而得到高宗的宠信，二十年间凡五迁至干办内东门司。他在内东门司供职两年，以疾求罢，最后得到高宗允许，并加武功大夫，出为提举佑神观。据曹勋的说法，他得到高宗的信用，原因是他"少时尚气节，奉宸之外，与世寡偶"，闲暇时就只喜欢弹琴弄阮，或读诗书作文辞，即是说他不群不党。杨当官任事，很有原则，"苟一决于心，虽群议纷然，莫能撼也"。他又"勤职奉法，守正向公"，故此高

---

① 考杨延宗在公务上很认真，《宋会要辑稿》记他在政和六年（1116）四月甲子（初一），以麟府路走马承受公事向枢密院申报公事，云："伏睹《走马敕》，诸称帅司者，谓经略、安抚、都总管、钤辖司，又令帅司被受御前发下朱红金字牌。因季奏赍赴枢密院送纳。契勘有知府折可大并似此等处，遇有躬受到御前发下朱红金字牌，合与不合计会赍赴朝廷送纳？"宋廷诏并令走马承受赍擎赴阙送纳，诸路似此去处依此。考在政和六年七月甲辰（十三），宋廷改诸路走马承受公事为廉访使者，故曹勋在墓志铭称杨延宗为陕右廉访。参见《松隐集》卷三六，《干办内东门司杨公墓志铭·乾道元年三月》，第15页下—16页下。

宗一直让他留在仪鸾司，不易他人。①

曹勋记杨良孺罢职出居宫观后，过着优游自在的生活。平时整治居所，种植松竹花木，又与亲朋饮酒赋诗，据说时有佳句，为同辈所称许。听到远方有道的人，就不畏路途遥远，也不管寒暑，亲身前往寻访。曹勋赞叹他"物外之性，尤超然自得，殆将与造物者游于无何有之乡。人徒见其寻访高胜，远适名山，不知其寓兴所在，实趋名教中乐地"。若说董仲永是大德居士，郑景纯接近一纯儒，则曹勋笔下的杨良孺就是一个道家的追慕者。据曹勋所记，杨良孺中年开始，"放怀交游，孜孜雅道，日有课程，惟恐不逮"。退休宫观后，就"多作善缘"。他与什么有名的高士往来，曹勋没有记载，但他肯定敬仰道家之旨。至于是否进一步信奉道教，暂无可考。②

杨良孺在隆兴二年四月戊辰（十四）无疾而终，得年才五十四。曹勋记其逝世，很有道家的味道。据载他本来打算在是年的秋天，往访桐柏山的异人。他在逝世前数日，忽然计算起这年收支的多寡，又将箱箧所存的财产登录在簿籍上，并且对随从说："人生贵在知足，知足则不辱，乐在自适，自适则心逸。倘营为不止，且老境见逼，岁不我与，吾将曷以哉？所欲惠遗儿曹者，既足养吾身者又备，尚安所事？"随从都不解他这番好像交待后事的话。四月戊辰（十四），他吃过早饭，散步消食后，就回房稍歇。家人不觉得他有什么疾病，也看不到他有何异样，就如平时睡眠一样。仆从到了平时叫他起床的时候，才发觉他已无疾而终，好像道

---

① 《松隐集》卷三六，《干办内东门司杨公墓志铭·乾道元年三月》，第16页下—17页上、第18页上。
② 《松隐集》卷三六，《干办内东门司杨公墓志铭·乾道元年三月》，第17页下。

家"奄然脱去"。当时识与不识的人,都很悼惜,慨叹其寿不永,而其材未有尽用。曹勋说:"非涉道者,畴克尔?"因杨平素待亲友以诚,待骨肉以信,待人接物以诚,故此士人喜与他过从,而交口称誉。杨的家人在乾道元年三月庚申(十一),将他葬于钱塘县方家坞其母的祖茔,送葬者络绎不绝。①

杨良孺与董仲永、郑景纯一样,娶妻养子。其妻彭氏,封宜人。养子二人,长子杨震(?—1171后),曹勋称许他"受性中和,乐于为善,过庭筮仕,绰有父风"。正是他泣求曹勋,称"公尝与先人游处,多得平日行事",而请得曹为其父撰写墓志铭。杨震后来也在入内内侍省任使臣之职。据《宋会要辑稿》所载,乾道七年(1171)十一月己亥(廿九),宋廷以他居于皇城之下而遗下颇大之火种,将他责降一官。他其后的事迹不详。从现有史料看,似乎曹勋对他是太褒奖了。次子名杨需,据称"日亲翰墨,不坠先世"。似乎没有出仕,后来的事迹也不详。②

曹勋也一样为杨良孺写下四言铭文,总结及称扬他的功德:

猗嗟杨公,忠厚致身。持己以廉,及物以仁。密侍禁严,踰三十春。夷险一节,惟忠与勤。眷顾日隆,职业逾新。领

---

① 《松隐集》卷三六,《干办内东门司杨公墓志铭·乾道元年三月》,第17页下—18页上。
② 《松隐集》卷三六,《干办内东门司杨公墓志铭·乾道元年三月》;《宋会要辑稿》第四册,《仪制十一·武臣追赠·留后》,第2543页;第五册,《瑞异二·火灾之三十六》,第2643页。考杨良孺的长子杨震与钦宗的宫僚、高级内臣安德军节度留后、知入内内侍省,约卒于政和五年(1115)杨震(?—1115)同名。参见汪藻撰,王智勇笺注:《靖康要录笺注》卷一,成都:四川大学出版社,2008年,第5、8、20页。

局幕帘，万数新陈。晨夕出纳，条目其振。帝谓勤恪，浖授莫伦。峻迁异渥，超逸绝尘。序进东扉，习与德邻。忽谓荣禄，岂宜久遵？抗章黼扆，竟回万钧。得就闲旷，藜杖幅巾。籩豆亲友，寓意松筠。设醴情话，访道求真。性方天适，遽躩厥屯。有子嗣德，惟孝惟纯。长湖之侧，石廪藏神。朋旧泣涕，瞻彼烟云。过而式者，有感斯文。①

五、从曹勋三篇内臣墓志铭看宋代内臣制度

曹勋所撰的三篇内臣墓志铭，除了提供董仲永等三人一生重要事迹的珍贵记录外，另一个重要的史料价值，是让我们具体而微地知道宋代高级内臣的"家庭"结构状况，那是《东都事略·宦者传》及《宋史·宦者传》所没有记载的。宋代内臣容许收养儿子，传宗接代，并以荫补继任内臣的职务，服事宋廷，这在过往已有学者做过相当研究。②这三篇墓志铭更进一步让我们知道，和唐代内臣一样，不少宋代内臣还有娶妻，而内臣家庭经常通婚，即内臣的妻子常常是其他内臣的养女或姊妹（包括血亲的和非血亲的）。内臣收养女儿，故此又有女婿。内臣的女婿既有内臣，也有像董仲永的长婿，属赵宋宗室的赵伯驹，以及郑景纯的女婿，出身将家的武将刘纲。内臣的养子因育有养女孙，故又有孙女婿。总之，内臣的

---

① 《松隐集》卷三六，《干办内东门司杨公墓志铭·乾道元年三月》，第18页下—19页上。
② 关于宋代内臣养子及荫补制度，可参阅游彪：《宋代荫补制度研究》，第九章《宋代宦官养子及荫补制度》，第248—268页。

亲属既有内臣，也有非内臣。从这三个内臣个案，我们可以知道，不少宋代内臣透过养子的制度，用上同一个姓氏，一代一代的绵延下去，虽然他们并非血亲。就好像董仲永三人，从曾祖父算起，一直到其孙儿，至少有六代内臣在宋廷服事，俨然内臣世家。①本篇正好与本书所考论的两个内臣世家蓝氏与阎氏相互参照比较。②

董仲永等三人一生经历了哲宗至孝宗五朝，出仕则在徽宗、钦宗、高宗和孝宗两宋之际。墓志铭记录了他们较详细的仕历，那正好给研究两宋之际的内臣制度提供了例证。据《宋史·职官志》及《宋会要辑稿·职官》所载，政和二年改定入内内侍省及内侍省各级官职，其中拱卫大夫易昭宣使，供奉官易内东头供奉官，左侍禁易内西头供奉官，右侍禁易内侍殿头，左班殿直易内侍高品；但到了钦宗靖康元年，又恢复旧称。另政和二年同时更定武阶官名，其中内殿崇班改为修武郎，内殿承制改为敦武郎，庄宅、六宅、文思使改武节大夫，皇城使改为武功大夫，西上閤门使改右武大夫，东上閤门使改为左武大夫。又靖康元年二月，钦宗恢复内臣寄资制度，徽宗朝高阶的内臣，其武阶官及遥郡均降等。③董仲永的仕历，正与上述的记载吻合。他在政和二年入仕，即好授改制后的

---

① 唐代内臣娶妻及养子的情况，可参阅陈弱水：《唐代长安的宦官社群——特论其与军人的关系》，《唐研究》第十五卷，第185—188页；王守栋：《唐代宦官政治》，北京：中国社会科学出版社，2009年，第92—97页。
② 顺带一谈，研究唐代内臣的学者也从唐代内臣墓志铭所记载的内臣家庭状况，注意到内臣世家的问题。可参阅景亚鹂：《唐代后期宦官世家考略——读唐吴德埇及妻女等墓志》，载《纪念西安碑林九百二十周年华诞国际学术研讨会论文集》，北京：文物出版社，2008年，第357—374页。
③ 《宋史》卷一六八，《职官志六·入内内侍省内侍省》，第3939—3940页；卷一六九，《职官九·叙迁之制》，第4054—4057页；《宋会要辑稿》第七册，《职官三十六·内侍省》，第3901页。

入内内侍省左班殿直。重和元年九月，因扑灭宫火有功，晋为右侍禁。钦宗即位，恢复旧称，他即转为西头供奉官。高宗即位，转东头供奉官，翌年转武阶官为修武郎，稍后再迁为敦武郎。绍兴十三年以功迁武功大夫，然后再迁左武大夫。至于他的遥郡官，也完全符合通例，由刺史、团练使、观察使，最后至承宣使，惟一失载的是他有否经防御使一阶。

至于郑景纯的仕历，也与上述的制度吻合。他在政和后，任为供奉官。宣和初年，迁武节大夫领忠州刺史。三年，转右武大夫、保信军承宣使。七年，授拱卫大夫。靖康元年二月，请求恢复内臣寄资之制，降授为武节大夫、文州防御使。高宗即位，回升为武功大夫，遥郡不变。

杨良孺之仕历，所记较简略。他在高宗朝阶至武功大夫，也符合南宋初年的内臣官制。董仲永等三人亲属的两省官称，包括董仲永次子董寿宁的入内内侍省高品，郑景纯长子郑甡的入内西头供奉官，次子郑开的入内内侍省东头供奉官，长婿杨兴祖的寄资入内内侍省东头供奉官，长孙郑邦美的入内内侍省内侍高班，四孙郑邦宪的入内内侍省内侍黄门，长孙婿梁彬的入内内侍省内侍高班，次孙婿续康伯的入内内侍省内侍高品，都符合高宗、孝宗朝的制度。

对我们了解两宋之际的内臣制度有参考价值的，还有董仲永三人所任的各种内廷差遣。他们三人都曾任干办内东门司，而郑、杨的墓铭还冠以他们干办内东门司的官名。据《宋会要辑稿》所记，"内东门司，掌受机密实封奏牍，及取索库务宝货之名物贡献之品数，市易之件直以纳于内中，并给皇亲赐衣节料之物，内中修造筵宴之事。旧止名内东门取索司，景德三年二月改今名，勾当官二人，以入内内侍充"。①内东门司是入内内侍省中，地位及权势仅次于御药院的机构。《宋史·宦者传》所收的两宋重要内臣五十三人中，就有仁宗朝的高居简、哲宗朝的陈衍，孝宗朝的甘昺，曾任干办内东门司。②董仲永等三人任职内东门司的权势地位的案例，正可补充《宋史》记载内东门司的不足。据熊克的记载，建炎二年七月戊子（初六）时任内东门司的内侍王嗣昌，被高宗交吏部问罪，罪名是"为门司，好大言国政，与邵成章为死党，不可不斥"。又据《建炎以来系年要录》及《挥麈录》的记载，王嗣昌知悉不少宫廷秘闻，包括隆祐孟太后（1073—1131）当年被废的原因。③我们从王嗣昌的案例，可以看到内东门司正是可以接触到"国政"的内廷要署，高宗自然不能容忍被指"大言"的王嗣昌。董仲永等三人能得到委任干办内东门司，正因他们行事均小心谨慎、不群不党所致。

董仲永在内廷的各样差遣，还有干办延福宫、干办后苑、天章阁兼翰林司驼坊经奉、干办钧容直、铃辖教坊、提点德寿宫。

---

① 《宋会要辑稿》第七册，《职官三十六·内侍省·内东门司》，第3903—3904页。
② 《宋史》卷四六八，《宦者传三·陈衍、高居简》，第13650、13652页；卷四六九，《宦者传四·甘昺、董宋臣》，第13673、13675—13676页。周密（1232—1298）的《齐东野语》曾记南宋末年权阉董宋臣（？—1263后）亦曾任内东门司，但《宋史》本传却失载。参见周密撰，张茂鹏点校：《齐东野语》卷七，《洪君畴》，北京：中华书局，1983年，第120—121页。董宋臣的全衔是"入内内侍省东头供奉官干办内东门司"。又高居简、陈衍及董仲永在任干办内东门司后，再任权位更大的干办御药院。
③ 熊克：《皇朝中兴纪事本末》卷六，建炎二年七月戊子条，第1页下；《建炎以来系年要录》卷一六，建炎二年七月戊子条，第396页；卷三六，建炎四年八月庚辰条，第813页；王明清：《挥麈录》，《后录》卷一，第104条，"祖宗规模宏远"，第41页；第116条，"曾布等议复瑶华本末"，第44—48页。按王明清注明这两则掌故都是王嗣昌说的，而为李心传及熊克所取。

其中他钩容直及教坊的差遣的记载，可让我们知道在南宋初年，宫廷教坊与军乐的重组同时进行，而同由知音律的董仲永一人执掌，成效是"时乐府草创，公整齐钧奏，绵蕝庆礼，箫韶悉备，律吕和雅"。①郑景纯在徽宗朝最重要的差遣是任嘉王府及蕃衍宅承受，他在任上可以推荐王府人事，可以规劝嘉王，俨然是王府的总管。对于了解宋代王府由内臣担任承受官的职权，郑景纯的个案有参考价值。郑景纯又担任干办龙图、天章、宝文、显谟、徽猷等阁的差遣。据墓铭所记，本来制度上内臣要先经干办延福宫及后苑两阶，才可干办龙图、天章诸阁，郑景纯破格迳授干办龙图诸阁。证诸董仲永的例子，董是先授干办延福宫，再授干办后苑，然后干办天章阁，一级一级迁转，不似郑景纯跳了两级差遣。郑景纯另一特别的差遣，是提点六宫事务，这当是不常设的差遣。至于杨良孺墓铭记他"公职仪鸾司，扈从应奉左右，略无阙失"，当是干办仪鸾司。考徽宗设殿中省，辖六尚局。钦宗即位，罢六尚局，以尚舍局归仪鸾司，原本编制内的监官内臣四员，未有记载是否保留在仪鸾司内。杨良孺的例子可以旁证在南宋初年，仪鸾司仍由内臣出任监官。②

董仲永等三人的内臣子婿，也担任一些值得注意的差遣，例如董仲永的三子董寿祺和郑景纯的三子郑朋均任干办御前忠佐军头引见司。郑景纯的长婿杨兴祖，曾任实录院主管诸司兼监门官，孙女

---

① 《松隐集》卷三六，《董太尉墓志》，第6页。
② 《松隐集》卷三六，《干办内东门司杨公墓志铭·乾道元年三月》，第16页下；《宋会要辑稿》第六册，《职官十九·殿中省之二、三、六》，第3547—3550页。关于仪鸾司的职掌及编制，可参阅龚延明：《宋代官制辞典》，第五编《元丰正名后中枢机构类之二·五、卫尉寺门》，"仪鸾司"条，第307页。

婿梁彬以入内内侍省侍高班而带"听唤上名"的特别差遣。这都是少有的内臣差遣,值得研究宋代内臣制度的学者注意。

最后值得一提的是内臣与宗室通婚的问题:很难想象天潢贵胄的大宋宗室会和地位卑贱的内臣通婚,然而本文的宗室赵伯驹娶内臣董仲永女这案例,却教人疑问,这是一个特例,还是规例早已不被严格遵守?在没有更多的史料佐证下,我们对此只能存疑。①

六、曹勋的三篇内臣墓志铭所揭露的徽钦高三朝政事

董仲永三人以近侍内臣之身,经历徽钦高孝四朝,理应知晓这四朝,特别是徽钦高三朝的许多重大事件,但当我们仔细阅读这三篇墓志铭,所揭露的秘闻隐事却并不太多。许多关键的事情和人物,例如靖康之难、明受之变、绍兴和议、金亮南侵等重大军国大事,以及秦桧当国、岳飞(1104—1142)冤死等大事,曹勋不是轻轻略过,就是一字不提,给人讳莫如深的感觉。甚至如前文所提到的,为何郑景纯死后二十年才得入土立碑?为何郑开在绍兴十三年被罢废?这些牵涉到墓主及其亲属的事,曹勋均不作任何解释。当然,我们充分理解,曹勋撰写这三篇墓志铭时,秦桧虽死,高宗仍健在,秦的党羽仍未尽去,倘若触及那些政治敏感的人与事,对曹勋本人及三位内臣的亲属都是有害无益的。应人之请撰写墓志铭,本来就不能畅所欲言,只宜隐恶扬善,绝不能揭人私隐。不过,仔

---

① 贾志扬专著的有关章节,并没有考察这个问题,大概赵伯驹的特有例子未有受到注意。参见贾志扬著,赵冬梅译:《天潢贵胄:宋代宗室史》,第七章《居所与特权·婚姻与姻亲》,第157—162页。

细阅读这三篇墓志铭，我们发现仍有数处地方，补充或提供了徽钦高三朝一些政事的新说法或旁证。①

首先，董仲永的墓志提到他在政和出仕后，曾在宫廷奋力救火而受大赏。此则说法旁证了仅见于《皇宋十朝纲要校正》及《文献通考》所载，发生于重和元年那次据说徽宗刚好离宫微行的宫廷大火。其次，郑景纯的墓志铭提到他任职嘉王府的一些作为，以及他在钦宗即位后自动要求降阶的做法，给人侧面看到徽宗父子兄弟在这期间暗中角逐权力，导致臣下不求进取，只想明哲保身。第三，杨良孺的墓铭提及张俊与韩世忠仍在行伍时，既有"里巷之习"，又因家贫而颇欲自暴自弃，兼行不善之事，而需人"力加绳检"。证诸韩世忠的墓志铭及神道碑所载，韩"家贫无生产业，嗜酒豪纵，不治绳检，间从人赀贷，累券千数。遇出战，则跃一马先登，捕首虏驰还，得金币偿之，率以为常"。"少长，风骨伟岸，能骑生马驹。诸豪里中恶少年皆俛首不敢出气，则争为之服役。或负债不偿者，王辄为偿，负者后闻，亟持所偿愧谢，里俗为之一变。有冤抑，不以谒郡县，而谒诸王，咸得其平。由是名闻关陕。尝过米脂寨姻家会饮，日已夕而关闭，王怒，以臂拉门，关键应手而断"。杨良孺墓铭所言，正与韩世忠墓铭合。张俊的神道碑则简略

---

① 曹勋子曹耜（1137—1197）在绍熙元年（1190）四月撰写其父之《松隐集》后序，提到曹勋的仕途坎坷，说他在靖康之难，随徽宗北狩，然后携密旨南返，但随后"遭权臣斥逐，坎壈欹嶔，垂二十年。守官温陵，奉文母丘夫人甘旨。艰窘中作《荔子》《棋局传》及古乐府等文，受知郡帅谢大参任伯，礼遇优厚"。曹勋晚年得到高宗与孝宗的眷宠，但他知足，未及年就请休致。曹勋因为自身的经历，行文谨慎，不触及政治敏感的人与事，这是可以理解的。参见《全宋文》第二百六十八册，卷六〇六四，《曹耜·松隐集后序》，第409—410页。

地说他"既壮,负气节,善骑射,里豪不能诎",与杨良孺墓铭所记也没有矛盾。至于二人与杨延宗及杨良孺父子的深厚渊源,群书包括张、韩二人的神道碑、墓志铭均没有记载,惟有韩世忠的神道碑,称"当时识者知王器量宏远矣"。这个识者是否就是杨延宗?惟杨良孺墓志铭所记,识拔韩世忠前程远大的,就至少有杨延宗。《宋史》许多地方的记载,都称南宋初年诸将与内臣不睦,好像高宗所宠信的内臣冯益便欺凌过张俊,而明受之变,就是起于内臣凌辱将校所致;[1]但观杨良孺的墓志铭所载,也有个别的内臣与武臣交好。事实上,董仲永好几个女婿都是武将,而郑景纯的次婿刘纲,更是韩世忠的得力部将。故此,我们可以推论,南宋初内臣与武将的关系有好有坏,不能一概而论。

《宋史·宦者传》评论南宋的内臣的人品时,曾概括地说:"南渡后,内侍可称者惟邵成章与(关)礼云。"当然,《宋史·宦者传》仅著录南宋内臣十一人,所谓内侍多不可称,是基于有限的样本,殊不可信。[2]虽然曹勋撰写董仲永三人的墓志铭有溢美之嫌,但三人都是忠厚长者,从不滥权好货,并且行事小心谨慎,安分守己。他们也有相当的文艺修养,广交善人士子,多行善

---

[1] 《宋史》卷四六九,《宦者传四·冯益》,第13679页;《全宋文》第一百六十一册,卷三四九一,《孙觌七十四·宋故扬武翊运功臣太师镇南武宁国军节度使充醴泉观使咸安郡王致仕赠通义郡王韩公墓志铭》,第50页;《全宋文》第二百四十一册,卷五三九一,《赵雄二·韩忠武王世忠中兴佐命定国元勋之碑》,第245—46页;周麟之:《海陵集》卷二三,《张循王神道碑》,文渊阁《四库全书》本,第11页。补充一点,邓广铭撰于1942年的《韩世忠年谱》,旁征博引,惟未有引用杨良孺墓志铭中有关韩世忠早年事迹的记载。参见邓广铭:《韩世忠年谱》,北京:读书·生活·新知三联书店,2007年,第1—16页。
[2] 《宋史》卷四六九,《宦者传四·关礼》,第13675页。

事,这都是事实。高宗一朝的内臣,不尽是蓝珪(?—1129)、康履(?—1129)、冯益、张去为这些王曾瑜斥之为"城狐社鼠"之辈,事实上也有王氏称之为内臣君子的黄彦节(?—1142后)及白锷(?—1144后),①以及本文所论的董仲永等三人。可惜,《宋史》编者对于南宋的内臣着墨太少,而《松隐集》的三篇完整的内臣的墓志铭又罕为人注意,故令人错以为南宋内臣多是小人。曹勋的三篇内臣墓志铭及本书第十篇孙觌的一篇内臣墓志铭,正好补充《宋史》记载南宋内臣的严重阙漏,纠正了所谓南渡后内臣多不可称的偏见。

七、余论:传世的宋代内臣墓志铭为何罕见

本文一开始就提出一个问题,为何宋代传世的内臣墓志铭仅有曹勋和孙觌所撰的四篇?宋代印刷术发达,士大夫为人撰写碑铭成为风尚,今日传世的内臣墓志铭竟只有这四篇,实在不成比例。与宋代同时的辽、夏、金传世文献,仅见的两篇内臣墓志铭就是辽高级内臣冯从顺(967—1023)与李知顺(975—1028)的墓志铭。冯、李二人本为宋的低级内臣,在宋真宗初年先后为辽军所俘,后受到辽圣宗(972—1031,982—1031在位)及辽承天萧太后(953—1009)的宠信,久侍辽廷,并擢为高级内臣。②与辽、

---

① 王曾瑜:《城狐社鼠——宋高宗时的宦官与医官王继先》,原载《四川大学学报》1995年第2期,收入氏著:《岳飞和南宋前期政治与军事研究》,开封:河南大学出版社,2002年,第567—591页。
② 辽代传世文献方面,笔者检索了:陈述辑校:《全辽文》,向南(杨森)编:《辽代石刻文编》,石家庄:河北教育出版社,1995年;向南、张国庆、李宇

夏、金一样由少数民族统治,一统中国的蒙元政权,同样未见内臣墓志铭。①相较之下,唐代及明代的情况,就与宋代大相径庭。据王寿南《唐代的宦官》一书所征引的唐内臣墓志铭及神道碑,数量即超过四十种;而据陈弱水最近期的研究,收入《唐代墓志汇编》和《唐代墓志汇编续集》的唐代内臣及其家人的墓志,也分别有二十八篇和五十七篇之多;另外《全唐文补遗》第三辑也收有许多内臣及其妻子的墓志。至于梁绍杰的《明代宦官碑传录》,1997年出版时已收入明代内臣墓志铭及神道碑逾一百篇;而据梁教授后来相告,此书未有收录及最近出土的明代内臣碑铭,尚有一百五十多篇,合共二百五十多篇。②我们首先考察的,是否政治的因素影响了宋代内臣墓志铭的撰写?宋代内臣的权势,除了徽宗一朝大为膨

峰辑注:《辽代石刻文续编》,沈阳:辽宁人民出版社,2010年。笔者在撰写本文初稿时阅读文献有欠仔细,竟漏看了收在《辽代石刻文编》的《李知顺墓志》。2010年8月20—21日,笔者参加在武汉举行的中国宋史研究会年会,得便向辽史专家西北大学王善军教授请教。王教授指出在《辽代石刻文编》实收有一篇辽内臣墓志铭。笔者在会议后返港,随即从头翻阅该书,果然找到收于《辽圣宗编》的《李知顺墓志》,于此谨向王善军教授致谢。稍后笔者重新阅读以上的辽代文献,并参考宋人史料,考出同样收录于《辽代石刻文编》有墓志铭传世的冯从顺,也是内臣。参见《辽代石刻文编》,《圣宗编》《冯从顺墓志·太平三年》,第169—172页;《李知顺墓志·太平八年》,第187—90页。至于西夏传世汉文文献方面,笔者检索了韩荫晟编:《党项与西夏资料汇编》,银川:宁夏人民出版社,2000年。至于金代传世汉文文献方面,笔者检索了:张金吾编纂:《金文最》,北京:中华书局,1990年,均无所获。关于冯、李二人生平事迹,可参见本书第二篇《两个被遗忘的北宋降辽内臣冯从顺与李知顺事迹考》。

① 负责编纂《全元文》的北京师范大学李军教授赐告,元代文献未见收录元代的内臣墓志铭。她指出,蒙古人不像汉人重男女之防,宫中差役不需像汉人宫廷必用阉人,故相对而言,元宫中阉人数量不如宋宫,故留下墓志铭的机会也不高。

② 王寿南:《唐代的宦官》,台北:商务印书馆,2004年,第30—37、168—170页;陈弱水:《唐代长安的宦官社群——特论其与军人的关系》,第171—174页;梁绍杰辑录:《明代宦官碑传录》,香港:香港大学中文系,1997年。

胀外，整体而言是较唐、明为薄弱，士大夫在多数时间并不需要讨好内臣，或奉君命为内臣撰写墓志铭。这很有可能造成士大夫并不主动去为内臣撰写墓志铭。真宗大中祥符四年（1011）六月，内供奉官张承素请为他的亡父、曾在西边有功的高级内臣内侍省左右班都知张崇贵（951—1001）立神道碑。真宗当时的反应是"中官立碑，恐无体例，如李神福、窦神兴曾立碑即听"。①此事下文如何，连李焘也不清楚，只在注文中说："此见《会要》，李、窦立碑事，当考。"似乎宋廷并不热衷于为高级内臣立神道碑。至于朝臣为内臣写墓志铭，宋廷可能也是既不反对，也不支持。曹勋为董仲永等三人撰写墓志铭，看来纯因个人交情，或者有共同宗教信仰，又或者同样爱好诗文书画律吕，特别是曹勋长期担任内廷要职干办皇城司及枢密副都承旨，和董仲永等多有往来，并非泛泛之交；加上三人亲属的苦求，而董等三人都是内臣中的长者，值得曹勋表扬其才德，这才"义不容辞"。②

从宋代士大夫的主流意见去看，他们都主张严厉约束内臣，态度上甚至鄙视内臣。③我们可以推论，他们不会轻易为内臣撰写墓铭，故此传世的内臣墓志铭数量上就远远比不上唐明两代。曹勋

---

① 《宋会要辑稿》第七册，《职官三十六·内侍省》，第3890页；《长编》卷七六，大中祥符四年六月丙寅条，第1727页。
② 据楼钥为曹勋子曹粗所撰的墓志铭所描述，曹勋"奉佛老甚谨，即小石建精舍以延往来"；"出入禁中，手擅笔墨而谨畏无比，有万石君之风。避远权势，辞谢宠荣"。参见楼钥：《攻媿集》卷一三〇，《工部郎中曹公墓志铭·代汪尚书》，第10页。
③ 好像在绍兴四年七月，内侍李廙在大将韩世忠家宴饮，他大概酒醉，竟误伤了弓匠。事下大理寺，殿中侍御史魏矼上言："内侍出入宫禁而狠戾发于杯酒，乃至如此，其于防微杜渐，岂得不过分之虑。"魏矼指出在建炎三年曾禁内侍不得交通主兵官及预朝政，如有违以军法处。请高宗申严其制，以管束内臣。参见《皇朝中兴纪事本末》卷三〇，绍兴四年七月乙亥条，第2页下。

的个案当是一个特例。从曹勋的仕历去看，他虽然获赐进士第，但从靖康元年起，就以阁门宣赞舍人除武义大夫的武阶官身份进入仕途。他随徽宗入金廷，后来逃归并带回徽宗传位高宗的手诏，以后两度出使金廷，接回高宗生母韦太后及徽宗梓宫，得到高宗及孝宗的宠信，担任枢密副都承旨、提举皇城司的要职，其后步步高升，直至建节加太尉晋开府仪同三司。他虽然工诗善文，但一生做的全是武官，与文官沾不上边。①另外值得注意的是，曹勋的文集共收墓志铭九篇，除了三篇内臣墓志铭外，三篇是外戚的墓志铭，三篇是佛门大德的墓志铭②，并无为士大夫之家撰写墓铭。虽然曹勋的交游不乏士大夫，但在时人眼中，他并不属于主流的士大夫官僚。因此他也就没有士大夫的心理包袱，只依自己的意愿，为相熟有交情的内臣撰写墓志铭。

梁绍杰教授见告，他发现多种明代嘉靖版的明人文集，比起万历版的同一部文集，竟然多出了不少内臣碑铭，换句话说，万历时的文集编纂者有意删落旧本的内臣碑铭。据他猜测，万历时期的文臣对内臣的观感变差，雅不愿先人文集有为内臣撰写墓志铭的痕迹。宋代的情况是否与明代的情况雷同？文献不足征，难以断定。首先，宋人文集传世虽然数量很多，但不传的更多，我们不能断

---

① 《宋史》卷三七九，《曹勋传》，第11700—11701页。
② 曹勋为外戚撰写的三篇墓志铭，分别为高宗吴皇后两个亲弟大宁郡王吴益（1124—1171）、新兴郡王吴盖（1125—1166），以及高宗唐婕妤的祖母永嘉郡太夫人唐氏（1066—1150）。而为佛门大德所写的三篇墓志铭，分别为道昌禅师（1090—1171）、证悟大师（？—1158）和海印法师（1094—1148）。参见《松隐集》卷三五，《大宁郡王吴公墓铭》，第1页上—3页下；《新兴郡王吴公墓铭》，第3页下—6页上；《净慈道昌禅师塔铭》，第6页上—9页下；《天竺证悟智公塔铭》，第9页下—15页上；《华严塔铭》，第15页上—18页上；卷三六，《永嘉郡太夫人唐氏墓铭》，第1页上—5页上。

言,那些不传的文集里,特别那些声名不响、社会地位不高的士人的文集里,没有收录内臣的墓志铭。此外墓志铭不同于神道碑,它随先人骸骨埋葬地下,若非后人发掘,不易为人所知,遑论拓录行世。今日宋代人物墓志铭时有出土,焉知未来不会发现数量可观的内臣墓志铭?董仲永三人的坟墓均葬在杭州所属的钱塘县履泰乡和方家坞,似乎此处多有南宋内臣的坟塚。将来考古的新发现,也许能帮助我们了解宋代内臣墓志铭撰写的情况,增加我们对宋代内臣的整体认识。

最后,值得一提的是,据笔者目前所知,域外的越南汉喃文献,倒保存了至少两通与董仲永等三人约略同时的越南李朝内臣墓志铭《皇越太傅刘君墓志》及《皇越太傅弟墓志》。它们的墓主是越南李朝神宗(李阳焕,1116—1138,1127—1138在位)朝名位最高的内臣、入内内侍省都都知刘庆潭(1068—1136)及其弟太傅刘庆波。据耿慧玲的研究,刘庆谭及刘庆波的墓志石已不存,现存的是二人家乡龙兴府刘舍社(今越南太平省兴河县)的里长陈文转与当地乡绅于二十世纪抄写的本子,收入远东学院及汉喃研究院编《越南汉喃铭文汇编》第一集第二十号,以及台湾中正大学及河内汉喃研究院编《越南汉喃铭文汇编》第二集。刘庆谭出身内臣家庭,生于越南李圣宗(李日尊,1023—1072,1054—1072在位)龙章天嗣三年(即天贶宝象元年,亦即宋神宗熙宁元年,1068),卒于李神宗天彰宝嗣四年(宋高宗绍兴六年,1136)。历侍李仁宗(李乾德)及李神宗,以佐李神宗继位而得赏高位。他得年六十九,最后的阶勋爵邑及官职是"皇越光禄大夫、推诚佐理功臣、入内内侍省都都知、节度使同三司平章事、上柱国、开国公、食邑六千家、食封三千户、遥受上源洞中江镇、太尉加太傅",几乎全仿照宋朝的制度。至于刘庆波,因墓铭残缺不全,生卒年均不详。据另一传世文献《二刘太傅神事状》(亦收入《越南汉喃铭文汇编》第一集)所记,他在李仁宗天符庆寿元年(1127)时任职内人火头,相当于禁卫队长。于李神宗天顺初年(约1127—1128),也以"翊赞功进太傅","后卒于官"。①

笔者不熟悉越南的传世汉文文献,对于与宋代同时的高丽王朝的传世汉文文献所知也不多,暂难进一步论证高丽及越南这两处汉化甚深的异域,其内臣墓志铭撰写的情况;不过,上面所引述与宋代同时的辽朝出土文献《冯从顺墓志铭》与《李知顺墓志铭》,和越南李朝汉喃文献中传世的《刘庆潭墓志铭》及《刘庆波墓志铭》,已能从侧面旁证宋代内臣墓志铭并非绝无仅有,而是从北到南,从汉地到异域均有,只待我们进一步的发掘和探究。

附录:刘纲事迹考

郑景纯的二女婿刘纲世为泗州(今安徽泗县)人,父为滁濠镇抚使刘位(?—1130)。建炎三年(1129)十一月,刘纲与岳飞等统制官十七人将兵三万与过江的金兵作战。四年(1130)三月,以在淮河御金兵来犯有功,自修武郎迁武德郎阁门宣赞舍人。六月戊寅(初八),其父被贼兵张文孝所杀,宋廷即以刘纲代知泗州。八

---

① 参见耿慧玲:《越南李朝太傅刘氏兄弟墓志考证及其历史意义——中越政治文化比较研究》,原载《朝阳学报》2000年第5期,收入耿慧玲:《越南史论——金石资料之历史文化比较》,台北:新文丰出版公司,2004年,第3—63页。

月，他以泗州缺粮率兵奔溧阳。九月庚子（初一），他以滁濠镇抚使上言宋廷，称本军阙食，事在危急。宋廷急诏建康府（今江苏南京市）赐米二千斛接济其军，但令他不得渡江。但这时刘纲已等不及，率所部自采石渡江，屯于溧阳。军队因为缺粮，就往往抄掠民间以自给。宋廷另外又接纳他的请求，将泗州招信县（今安徽明光市）割属濠州（今安徽凤阳县），让他继续统领自招信县招来的泗州民兵。在言官的严词劾奏下，刘纲仍不肯率部赴滁濠本镇。①

绍兴元年（1131）三月，宋廷再下令刘纲自建康府雨花台率部返回滁濠本镇，但他始终没有成行。五月，他麾下的左军统制王惟忠等以所部土人数千渡江北去，他只剩下淮北军数千人。这时有剧盗王才据濠州之横涧山为寨，纵兵剽掠，并杀权知滁州梅迪俊。刘纲见事不可为，就自请宋廷将他麾下的中军牙兵数千人押赴行在，编入神武中军。八月戊寅（十四），宋廷以刘纲违旨，没率兵还镇，罪本该诛，念其父忠劳，就将刘纲贬责为两浙东路兵马副钤辖。②

绍兴三年（1133）四月，淮南宣抚使韩世忠以刘纲为淮泗土人，熟知地理，请宋廷将刘纲归他麾下使用。刘纲遂改任淮南兵马

---

① 参见《宋史》卷二六，《高宗纪三》，第479、482页；《宋会要辑稿》第十五册，《方域六·州县升降废置二·泗州》，第9386—9387页；《建炎以来系年要录》卷二九，建炎三年十一月壬戌条，第672页；卷三二，建炎四年三月辛未条，第740页；卷三四，建炎四年六月戊寅条，第782页；卷三七，建炎四年九月庚子至甲辰条，第827—829页。
② 《建炎以来系年要录》卷四三，绍兴元年三月己未条，第921页；卷四四，绍兴元年五月丙午、癸亥条，第941、946—947页；卷四六，绍兴元年八月戊寅条，第977页；《三朝北盟会编》下册，卷一四六，《炎兴下帙四十六》，绍兴元年四月十六日条，第1064页。据《会编》所记，刘纲曾率自招信县所募的军兵，在雨花台击败欲来建康府合军、反复无常的真扬镇抚使郭仲威，逼他返回扬州本镇。他击败郭仲威的月日不详，疑在绍兴元年三月前。

都监。五月，韩世忠请宋廷令刘纲率部兵五百人屯守泗上，而统制官解元（1089—1142）以二千人守泗州。①

绍兴四年五月甲子（十五），刘纲以閤门宣赞舍人添差浙东路兵马都监，改充淮南东路兵马钤辖，驻扎泗州。十一月丙午（初一），宋廷委他权通判泗州，但此时泗州已为金人所占。金人退兵后，宋廷即以他知泗州，阶官擢为武功大夫。刘纲擅于守城，一再奏请宋廷许他发滁州民夫修建城池，虽然宋廷反对的人很多，但得到高宗的批准。六年（1136）正月乙酉（十七），刘纲祖母过世，他请解官守制，但州人上书挽留。五日后（庚寅，廿二），宋廷特许他免守制留任。七月，伪齐刘豫（1073—1146）在山东揭刊榜文，称高宗宠信的内臣御药冯益遣人收买飞鸽，因有不逊之语。刘纲将榜文交给大臣张浚上缴宋廷，张浚以此理由要求高宗斩冯益以释谤。最后高宗将冯益遣出浙东。七年（1137）十月戊戌（初九），即郑景纯殁后两月，刘纲率守军击退来犯的伪齐兵马，泗州得保无虞。十二月乙亥（十八），京东路宣抚处置使司奏他守城有功，特授他遥郡文州刺史。②

绍兴九年（1139）宋金第一次议和后，刘纲被罢知泗州，出为

---

① 《宋史》卷二八，《高宗纪五》，第532页；《宋会要辑稿》第十四册，《兵五·屯戍上》，第8708页；第十六册，《方域九·修城下·泗州城》，第9449—9450页；《建炎以来系年要录》卷六四，绍兴三年四月丙申条，第1264页；卷六五，绍兴三年五月己卯条，第1282页。据《宋会要辑稿》所载，刘纲早在绍兴三年十二月，已奏请调滁州民夫修泗州城，既得旨施行，但言者纷纷上奏以为此举有妨农事，但高宗仍支持修城之议。

② 《建炎以来系年要录》卷七六，绍兴四年五月甲子条，第1449页；卷八二，绍兴四年十一月丙午条，第1549页；卷九七，绍兴六年正月乙酉条，第1854页；卷一一五，绍兴七年十月戊戌条，第2150页；卷一一七，绍兴七年十二月癸未条，第2185—2186页；《皇朝中兴纪事本末》卷三八，绍兴六年七月癸酉条，第1页；《宋会要辑稿》第十五册，《兵十八·军赏一》，第8996页。

提举台州崇道观。十年（1140）三月癸未（初八），宋金战云再起时，宋廷再次起用他，依旧以武功大夫、文州刺史、阁门宣赞舍人为应天府路马步军副总管，统率忠锐第四军。四月丙寅（廿二），命他知宿州，阶官晋为贵州团练使。六月戊申（初五），他率兵至符离（今安徽宿州市东北），但守臣景祥以城叛，他无法制止宋军南逃，只好退守泗州，但宋廷仍命他经画宿州。十一年（1141）六月，他往镇江府谒见岳飞，指出泗州在淮河之北，城郭不固，兵员及粮食均不足，倘金兵来犯，应该弃城还是坚守？岳飞借询问刘纲镇江的别名，间接表示他不会放弃泗州。刘纲敬服而返。八月，以前知扬州刘光远失职，宋廷将刘纲自泗州调知扬州兼主管淮南东路安抚司公事总领节制本路诸州水寨民兵，这时他的阶官已升为荣州团练使。同月，岳飞被罢枢密副使职。十月初一，泗州被金人攻陷。同月底，韩世忠罢枢密使职。十二月癸巳（廿九），岳飞父子以反对和议被冤杀。十二年（1142）正月，宋廷向金称臣请和，泗州及唐州（今河南唐河县）等四州割予金人。刘纲大概心灰意冷，也许亦是明哲保身，于是年五月甲辰（十二）以疾请退。宋廷因授他提举台州崇道观。①

刘纲投闲置散八载，直到绍兴二十二年（1152）十一月才被

---

① 《宋史》卷二九，《高宗纪六》，第550—551页；《建炎以来系年要录》卷一三四，绍兴十年三月癸未条，第2507—2508页；卷一三五，绍兴十年四月丙寅条，第2517页；卷一三六，绍兴十年六月戊申条，第2542页；卷一四一，绍兴十一年八月丙寅条，第2655页；卷一四五，绍兴十二年五月甲辰条，第2733页；《三朝北盟会编》下册，卷二〇〇，《炎兴下帙一百》，绍兴十年五月二十五日条，第1445页；卷二六〇，《炎兴下帙一百六》，绍兴十一年六月十六日条，第1484页；卷二八〇，《炎兴下帙一百八》，绍兴十二年正月十六日条，第1499页。

重召,任为江西马步军副总管,并且在二十三年(1153)二月癸未(廿四),以平定盗贼有功得迁二官。二十七年(1157)十二月,刘纲再迁为左武大夫、贵州防御使、两浙东路马步军都总管。二十八年(1158)三月丙戌(廿六),他自左武大夫、和州防御使、两浙东路马步军副总管知鼎州(今湖南常德市)。二十九年(1159)二月丁酉(十二),改任添差两浙西路马步军副都总管,派往临安府驻扎。癸丑(廿八),再调为淮南西路马步军副都总管,兼权知淮西重镇庐州(今安徽合肥市)。闰六月甲戌(廿二),宋廷给他以真除之俸。十二月己卯(廿九),资政殿学士、知潭州(今湖南长沙市)魏良臣向宋廷推荐刘纲,称许他"临戎果敢,驭众严明",高宗令枢密院记下他的姓名。这时刘纲在庐州招募淮西民近百万,上奏宋廷他们皆可练为精兵。①

绍兴三十年(1160)二月辛亥(初二),已迁为左武大夫、洪州观察使、淮南西路马步军副都总管兼权知庐州的刘纲,再官升一级,改领武康军承宣使知庐州。宋廷以他摄庐州帅事踰年而称职,所以给他真除帅职,并且迁官作为赏功。二月丙子(廿七),他在兼主管淮南西路安抚司公事任上言,称他被旨与逐路帅漕使臣,共同研究如何使两淮、荆襄无旷土。他大力推许淮西运判张祁的良方,称"近日淮西运判张祁迁民于近江之和州和无为军,修补圩土,濬治港渎,起盖屋宇,置办牛具,分田给种,使之就耕,见招

---

① 《建炎以来系年要录》卷一六三,绍兴二十二年十一月丁巳条,第3112—3113页;卷一六四,绍兴二十三年二月癸未条,第3119页;卷一七九,绍兴二十八年三月丙戌条,第3431页;卷一八一,绍兴二十九年二月丁酉、癸丑条,第3476、3479页;卷一八二,绍兴二十九年闰六月甲戌条,第3515页;卷一八三,绍兴二十九年十二月己卯条,第3545—3546页。

募游乎之人，欲立地分，相继开垦，若行之经久，必有成效"。他又指出张祁的做法与淮东运副魏安行向宋廷所请的垦田措施相近。宋廷接纳他的建议。六月己未（十二），刘调知扬州，但他未到任便在七月戊寅（初二）卒于左武大夫、武康军承宣使、新知扬州任上，高宗对刘纲有很高的评价，称赞他"在淮西团结民社，措置有方"，可惜他"未到扬州，闻已物故，深可伤悯"。宋廷于十月再赐其家银绢二百匹两（《宋会要辑稿》作一百匹两），作为恩恤。①

刘纲是南宋初年韩世忠麾下一员擅长守城的能将，与岳飞亦颇有渊源，而他是内臣郑景纯的女婿，是值得注意的事。《宋史》没有为他立传，未免可惜。

修订附记

本文原刊于《中国文化研究所学报》2011年第52期，第33—63页。当时失考孙觌的《鸿庆居士集》还收有一篇两宋之际的内臣李中立（1087—1164）的墓志铭，故本文旧题《现存的三篇宋代内臣墓志铭》并不符事实，故本文相应修正题目为《曹勋《松隐集》的三篇内臣墓志铭》。另本文初稿时尚未考出与李知顺同样有墓志铭出土而传世的冯从顺亦为内臣，现亦加以修订，并补入一些初稿未及引用之资料，以及修正初稿一些错误的地方。

---

① 《宋会要辑稿》第三册，《礼四十四·赙赠》，第1705页；第十册，《食货一·农田二》，第5972页；《建炎以来系年要录》卷一八四，绍兴三十年二月辛亥条，第3555页；卷一八五，绍兴三十年六月己未条，第3584页；七月戊寅、己卯条，第3586页。

宋火保世綉公像并

公諱勛字世绪以父祖為康思殿
應制用是補承仕即陞進士甲科
累官太尉開府儀同三司致贈少
保唐殿與宋北狩後持御衣香肇頓
高宗公都指揮兵間捐者勞勁故
崇始終公都置執放淳厚恩遠無
微世忤物之隠以肆殿朗也言世
謹而梁廉妾行惟敏而去祖疎明
譙虛以治心勤禮鋭以持身改出
以官經戚忠入以善事成早公以
忠孝從政宋北狩意必持死蚊御
死轍百官死職士大夫死行間
也公常曰當今効敢果育無葵
皆破砕所取爵位者耳使戒當一
面捷敢萬之兵必擒頡利以報天
子此公平日志也
　　　資政殿大學士黄治撰

像賛

國之遺老時之清臣啟教圖畫凡族
惠觀真儀神明其心詒終厥德

　　　　　　　趙汝愚撰

图9-1　曹勋像

图9-2 浙江临海市西大岙村南岙山麓曹勋墓前石马

图9-3 曹勋所绘高宗出生至称帝各种瑞异之《瑞应图》

图9-4 董仲永长婿赵伯驹所画之《汉宫图》

第十篇　两宋之际内臣李中立事迹考

一、前言

笔者数年前曾撰《现存的三篇宋代内臣墓志铭》一文，当时误以为现存宋人文集中仅有曹勋的《松隐集》保存有这三篇内臣墓志铭。①后蒙苏州大学丁义珏博士在2014年1月赐告，他的北大学弟曹杰先生在孙觌（1081—1169）的《鸿庆居士集》找到第四篇宋代内臣墓志铭《宋故武功大夫李公墓志铭》。笔者马上检阅该文集，细阅这篇长达1962字的内臣墓志铭。②笔者稍后询问两位后起之秀会否就该墓铭作一番考释，丁、曹两位随即表示暂无打算。依笔者

---

① 该文《现存的三篇宋代内臣墓志铭》原刊于《中国文化研究所学报》2011年第52期，第33—63页。经修订后现收入本书第九篇《曹勋〈松隐集〉的三篇内臣墓志铭》。
② 参见孙觌：《鸿庆居士集》卷三九，《宋故武功大夫李公墓志铭》，第12页下—18页下；《全宋文》一百六十一册，卷三四九五，《孙觌七八·宋故武功大夫李公墓志铭》，第116—120页。按《全宋文》以常州先哲遗书本《鸿庆居士文集》《宋孙仲益内简尺牍》为底本，以《四库全书》本、傅增湘校本等为校本，因版本较好，故本文采《全宋文》所录之《宋故武功大夫李公墓志铭》。

之见,此篇墓志铭的主人李中立(字从之)(1087—1164),他在徽宗朝众多权势迫人的内臣群中,虽然名不见经传,也无重大事功或过恶;惟据此墓铭考述其生平事迹,特别他在两宋之际的经历,再可补充笔者前文的一些看法。特别是从岳珂(1183—1243)对孙觌撰写李中立墓志铭的批评,可以解释宋代内臣墓志铭所以寥寥可数,其中一个原因是主流士大夫不以为内臣撰写墓志铭为是。另一方面,本文希望透过墓铭作者孙觌与李中立的关系,从另一角度略窥宋代士大夫与内臣的关系。虽然前人对孙觌的生平事迹考述已不少[1],但孙、李二人关系颇密切,故本文在考述李中立事迹之余,也将孙觌在徽钦高孝四朝的仕宦经历附于其后,以兹比较儒臣与内臣在两宋之际的乱世其行事立身之道的异同。

---

[1] 关于孙觌事迹的研究,最近期的中文著作有孙觌纪念馆编:《孙觌研究文集》,上海:上海古籍出版社,2006年。该书共收文章六十二篇及序五篇。其中陈晓兰《孙觌生平及其文集评考》,与晏飞《孙觌年谱简编》,最有参考价值。而英文著作有Charles Hartman(蔡涵墨),"The Reluctant Historian: Sun Ti, Chu His and the Fall of Northern Sung", Toung Pao, LXXXIX (89)(2003), pp. 100—148; Lik-hang Tsui(徐力恒),"Literati Networks in Song China as Seen From Letters: Preliminary Observations From Epistolary Sources by Sun Di"(conference paper, unpublished, 2010)。按蔡涵墨一文的中译《无奈的史家:孙觌、朱熹与北宋灭亡的历史》(宋彦升译),现收入氏著:《历史的严妆:解读道学阴影下的南宋史学》,北京:中华书局,2016年,第217—267、514页。另徐力恒在2015年在牛津大学提交的博士论文的第三章亦专门讨论孙觌撰写墓志铭诸问题,惟徐氏没有特别注意李中立的墓志铭。参见Lik-hang Tsui, *Writing Letters in Song China*(960—1279):*A Study of its Political, Social and Cultural Uses*,(PhD Dissertation, unpublished, University of Oxford, 2015), Chapter Three: "Letters as Communication about Life and Death: Epitaph Writing and Other Requests in Sun Di's Letters", pp. 71—105.

二、李中立的家世及徽宗、钦宗朝仕宦经历

孙觌所撰的《宋故武功大夫李公墓志铭》没有记载这位字从之的李姓内臣本名。笔者据李中立最后官至利州观察使及后来复直睿思殿的线索，从与孙觌同时的周必大（1126—1204）的《文忠集》卷一七一《乾道壬辰南归录》及《宋会要·方域三》一条资料，考出李从之本名李中立。①

他籍隶开封府祥符县（今河南开封市祥符区）。他在《东都事略·宦者传》及《宋史·宦者传》均无传，生平事迹亦不载于他书，赖孙觌这篇墓志铭得以知其生平大概。他卒于宋孝宗隆兴二年（1164）二月癸未（廿八），得年七十八。以此上推，他当生于哲宗元祐二年（1087）。他出身于内臣世家，其曾祖父（按当为养曾祖父，以下同）李言，官至入内内侍省东头供奉官。祖父李舜俞，赠右监门卫将军。父李镇（？—1111后），赠保信军节度使。他的母亲孙氏，封建安郡夫人。他在徽宗崇宁元年（1102）十六岁之时，以父任为内黄门。墓志称他年少老成，"年甫十六岁，姿庄重有防畛，往来两宫，目不忤视，进止有常处"。②

---

① 《宋故武功大夫李公墓志铭》，第118—119页；周必大：《文忠集》卷一七一，《乾道壬辰南归录》，三月辛巳条，第9页下—10页上；《宋会要辑稿》第十五册，《方域三·资善堂》，第9311页。
② 李中立的祖父李舜俞，与神宗朝著名内臣、阵亡于元丰五年（1082）九月戊戌（二十）永乐城（今陕西榆林市东南上盐湾乡上盐湾村）之役的内侍押班李舜举（？—1082）名字相近。据《续资治通鉴长编》所载，李舜举死后，宋廷恩恤他的家人，包括其子李充，其兄皇城使、惠州团练使提举府界盗贼巡检公事李舜聪（？—1083后）和李舜钦，其侄李瑜等人。惟李舜俞与李镇不在名单中。暂无其他记载证明李舜俞与李舜举的关系。另在仁宗至和元年（1054）正

值得一提的是，在政和元年（1111）至七年（1117）担任翰林学士的慕容彦逢（1067—1117）在政和年间所撰的制文《尚衣奉御李镇可转一官制》的内臣李镇，甚有可能就是李中立父李镇。该制文云：

> 敕：具官某，尔职在尚衣，掌于冕服，夙夜祇事，勤恪可称。序进厥官，惟以示劝。钦予时命，尚其勉哉！可。①

慕容彦逢笔下的尚衣奉御李镇，他"夙夜祇事，勤恪可称"，就与下面所述的李中立相近，他当是李之父无疑。可惜制文没有提到他进什么官。李中立能获父任为内黄门，则李镇的官位似不太低。②

他在宫中，先担任徽宗日常起居进膳的直睿思殿之符宝郎，掌珍藏符宝，后担任殿中省奉御。③

月壬申（初七），有内臣李舜卿（？—1054后）侍仁宗，他是否出于李舜举一族或与李舜俞一族也未能确定。另孙氏是否其生母？抑或是养母，暂难确定。参见《宋故武功大夫李公墓志铭》，第117页；《长编》卷一七六，至和元年正月壬申条，第4248页；卷三三〇，元丰五年十月乙丑条，第7955页；卷三三一，元丰五年十一月庚辰条，第7968页；卷三三四，元丰六年三月己丑条小注，第8034页；卷三四〇，元丰六年十月癸巳条，第8191页；《宋会要辑稿》第八册，《职官六十六·黜降官三》，第4839页。

① 慕容彦逢：《摛文堂集》卷七，《尚衣奉御李镇可转一官制》，第6页下。按此制文的具体撰写年月不详，疑在政和五年前后。
② 据龚延明的考证，崇宁二年（1103）二月置尚衣局，隶殿中省，有管勾官一人，典御二人，奉御四人，掌供御衣服冠冕之事，以内臣充。参见龚延明：《宋代官制辞典》，第四编《元丰正名后中枢机构类之一·五、殿中省门》，"尚衣局"条，第265页。
③ 据《宋会要辑稿》所记，睿思殿造于神宗熙宁八年（1075）。徽宗效法神宗及哲宗故事，昼日不居寝殿，而以睿思殿时为讲礼及进膳之所。又徽宗在崇宁二年（1103）正月丁亥（初七），诏殿中省置六尚局，分别是尚食、尚药、尚酝、尚衣、尚舍及尚辇。其中新置的尚酝局供御酒酝之事。蔡京（1047—1126）在崇宁三年（1104）上《修成殿中省六尚局供奉库务敕令格式》并《看

他显然颇得徽宗的信任，孙觌说他"奉御出入禁闼逾二纪，未尝以一告挂吏议"，可见他行事小心谨慎。① 大概在宣和五年（1123），徽宗十三子华原郡王赵朴（按群书亦写作赵朴，1109—1124）出阁，徽宗问谁人可以侍奉华原郡王。当看到侍奉一旁的李中立时，就说"无以易卿矣"，即命李中立以入内武功大夫忠州刺史兼任华原府都监。② 不过，李中立侍奉的华原郡王却享年不永，据《宋会要辑稿》所载，他在宣和五年十一月丁卯（十八）卒。③ 而《靖康稗史·开封府状》记，金人在靖康二年（1127）二

　　详。究竟李中立担任殿中省哪一局的奉御？墓志铭没有清楚记载。《宋会要·礼四十五》有一则记载，称在政和五年（1115）九月戊寅（十二），殿中省上言，指东上阁门奏，该月甲戌（初八）集英殿宴，教坊未喝酒遍，却有尚酝局奉御李弼，不合赴揭盏位失仪。殿中省提出检视《殿中省通用敕》，所有应奉失设若稽缓者即杖八十；不过，以李弼从未经亲近差遣，疑有别的缘故。宋廷接受殿中省的求情，只命李弼依法赎罚，然后换司圉奉御。考这次犯事的尚酝奉御李弼，同是李姓内臣，与李中立即贤与不肖有别。惟李中立所担任的殿中省奉御，大概与这个李弼的尚酝奉御是相近的。参见《宋会要辑稿》第三册，《礼四十五·宴享》，第1730页；第六册，《职官十九·殿中省》，第3547页；《职官二十一·光禄寺》，第3608页；第十五册，《方域一·东京杂录》，第9274、9277页。

① 《宋故武功大夫李公墓志铭》，第117页。
② 据《宋史·宗室传》所记，徽宗有三十一子，后来追封仪王的华原郡王朴为徽宗第十三子。据《宋会要辑稿》及《皇宋十朝纲要校正》所记，他生于大观三年（1109）五月，八月赐名。授镇洮军节度使、检校太尉，封雍国公。政和三年（1113）五月更定官制，改授检校太保。到宣和五年（1123）二月丁酉（十三），改静难军节度使，加开府仪同三司，进封华原郡王。这年他十五岁，已达出阁之龄，封王就第，故徽宗命李中立为华原府都监。又考华原郡王兄长肃王枢（1103—1127）在宣和四年（1122）三月上奏，他的王府都监内臣杨端及王褒，官职分别是入内武功大夫康州防御使和入内武功大夫贵州刺史。与李中立的官职相同。李中立的阶官，当也是入内武功大夫。参见《宋史》卷二二，《徽宗纪四》，第411页；卷二四六，《宗室传三·徽宗诸子》，第8725页；《皇宋十朝纲要校正》卷一五，《徽宗·皇子二十九·华原郡王朴》，第394页；《宋会要辑稿》第一册，《帝系一·皇子诸王五》，第28页；《帝系二·皇子诸王杂录》，第50页。
③ 《宋史》卷二二，《徽宗纪四》，第413页；《宋会要辑稿》第三册，《礼四十一·亲临宗戚大臣丧》，第1632页。考《宋会要辑稿》记徽宗在宣和五年

月要开封府上呈宋宗室名单,将他们掳去塞北。开封府奏状便说"邠王、仪王早先薨逝","仪王朴十九岁"。按《宋会要辑稿》称华原郡王"薨,追封仪王"。可知仪王就是华原郡王。①

华原郡王死后,值得注意的是,李中立又担任时封康王(即高宗,1107—1187,1127—1162在位)的宫僚。高宗在宣和二年(1120)正月庚申(十九)封广平郡王。宣和三年(1121)十二月壬子(廿二)进封康王。宣和四年(1122)出就外第。李中立大概不是一开始就被委为高宗的宫僚,要到华原郡王在宣和五年十一月死后,才转任康邸。据墓志铭所记,高宗后来委任他为孝宗的宫僚时,就说李曾为康邸旧臣。他这层渊源,故后来得到高宗的信用。②

李中立在宣和初年也颇得当时的皇太子(即钦宗,1100—1156,1126—1127在位)的信任。据墓志铭所记,在宣和中,河泛石堤,大水暴集于城下。徽宗命皇太子登上城楼视水,命李中立随行。有申屠生等三十六人扣马向钦宗说,只要用他的厌胜之法,就可以令水干涸。但试之不验,钦宗大怒,说:"妄言无行之徒,侥幸水落以贪大功,以冒重赏。"打算奏上徽宗将他们诛杀。李中立从容谏劝钦宗,说:"罔上之罪,死有余诛,而灾变如此,宜加原

十二月壬寅(廿三)临华原郡王丧,距《宋史》所记其逝一月有多,未知何故。疑《宋会要辑稿》记其丧日有误。
① 《宋会要辑稿》第一册,《帝系一·皇子诸王五》,第32页;确庵、耐庵编,崔文印笺证:《靖康稗史笺证》,《开封府状笺证》,北京:中华书局,1988年,第89、96页。按华原郡王(仪王)生于大观三年,到靖康二年(1127),若不计他已死,虚龄可以说是十九岁,勉强吻合《开封府状》十九岁的说法,他比高宗少两岁。
② 《宋故武功大夫李公墓志铭》,第118页;《宋史》卷二四,《高宗纪一》,第439页。

贷，以塞大异。"钦宗纳其言而没杀这班江湖术士。可惜钦宗没有吸收这次教训，后来竟然相信江湖骗子郭京六甲神兵退敌的鬼话。孙觌后来评论此事时，感慨当金兵入寇，朝廷始议杀一二大臣之误国者，他说当时将相逢钦宗之怒，无一言相救，此例一开，于是并及其党。他说他们若知晓李中立当日劝谏钦宗不杀之风范，就应该惭愧了。其实孙觌本人在钦宗朝正是猛烈建言要诛误国大臣之言官；但他后来却自食其果，被指为朋党而遭贬。①

李中立在徽宗一朝的仕历，算是无风无浪，他侍徽宗二纪廿四

---

① 京城这场大水发生于宣和哪一年月？程民生教授考证在宣和年间只有在宣和元年（1119）夏京师曾发生大水。按是年夏京师因大雨而发生严重的水灾。五月，"大雨。水骤高十丈，犯都城，自西北牟驰冈连万胜门外马监，居民尽没"，"水至益猛，直冒安上、南薰诸门，城守凡半月。"按李中立墓志称水灾发生于"宣和中"，宣和共有七年，一般"宣和中"指宣和三年至五年。但据程氏的考证，宣和三年至五年京师并没有发生大水。故孙觌笔下这场大水，是否群书所记宣和元年夏这一场京师大水？按李中立墓志铭称钦宗为皇太子，钦宗册为皇太子在宣和五年二月。但孙觌行文，称钦宗为皇太子，不必一定指宣和五年二月之后的钦宗。又据蔡絛（？—1146后）《铁围山丛谈》卷五所记，"宣和岁己亥夏，都邑大水，几冒入城隅，高至五七丈，久之方退"；以及卷六所记："宣和元年夏五月，都邑大水。未作前，雨数日连夕如倾"，"后十余日，大水至"。另据《宾退录》所引由耿延禧（？—1136）所撰的《林灵素传》所记，"宣和元年三月，京师大水临城，上（徽宗）令中贵同灵素登城治水。敕之，水势不退，回奏：'臣非不能治水，一者事乃天道，二者水自太子而得，但令太子拜之，可信也。'遂遣太子登城，赐御香，设四拜，水退四丈。是夜水尽退，京城之民，皆仰太子圣德"。据此，笔者认为孙觌笔下这场水灾当是指宣和元年春夏的一场罕见的水灾。所谓"宣和中"疑是"宣和初"的讹写或误记。参见《宋故武功大夫李公墓志铭》，第119页；程民生：《北宋开封气象编年史》，《宋徽宗宣和元年己亥（1119年）》，北京：人民出版社，2012年，第351—352页；蔡絛撰，冯惠民、沈锡麟点校：《铁围山丛谈》卷五，北京：中华书局，1983年，第92页；卷六，第115页。按蔡絛这两则记载，蒙黄启江学长赐告，谨此致谢。据黄学长之研究，这场大水，《宾退录》系于宣和元年三月，而徽宗宠信的道士林灵素（1077—1121）以"厌胜"之术治水失败，导致他失宠垮台。黄学长以《宾退录》所记有误，大水应在宣和元年五月。参见赵与时撰，齐治平校点：《宾退录》卷一，第4—5页；黄启江：《泗水大圣与松雪道人：宋元社会菁英的佛教信仰与佛教文化》，台北：学生书局，2009年，第38—47页。

年,最后累官武功大夫、忠州刺史,比起他许多得宠的同辈,说不上显赫,不过也就逃过改朝换代遭受清算之劫。①

据孙觌的描述,李中立淡泊名利,一心向佛,"方少年时,给事宫省,固应酣豢酒池肉林富贵之乐,而淡然不受一尘之染。闲遇休沐,则从老师宿学问出世法,修无上道,布衣蔬食,不御酒肉,盖五十八年"。而尤不可及的,他不像孙觌所说"政和、宣和时,北司诸贵更用事,本兵柄,执国命,或冠枢省,为帝师,或位公孤,号隐相,士大夫操簋执贽,奔走其门,谓之捷径"。即呼之欲出的权阉童贯(1054—1126)、梁师成(?—1126)那样招权纳势,而是"畏远权势,不立争地,侍帝侧无私谒,出公门无外交,杜门却扫,人莫见其面"。于是得到佛门同道有识之士的交口称许,说"李公在家出家,住世出世,殆是过去佛僧也"。②

宣和七年(1125),金人以宋败盟为借口,在十二月戊戌

---

① 李中立从最低级的内黄门累迁武功大夫的具体年月不详,武功大夫即政和二年(1112)九月改定官制前西班诸司使臣之首的皇城使。又宋廷在靖康元年二月壬子(十六)下诏:"内侍特旨令转出或致仕者,并与换官,已转出者改正。仍今后内侍并转至武功大夫止,余令条具闻奏。"是见宋廷在钦宗继位后不轻易给内臣升官。这也许是李中立的阶官止于武功大夫一级。参见汪藻撰、王智勇笺注:《靖康要录笺注》上册,卷二,第337页。关于宋廷改定官制的诏令,参见不著撰人编、司义祖点校:《宋大诏令集》卷一六三,《政事十六、官制四·改武选官名诏·政和二年九月二十五日》,第620—621页。
② 《宋故武功大夫李公墓志铭》,第116—117页。按太学生陈东(1086—1127)在宣和七年十二月甲子(廿七)上书,便指责专权任事的梁师成,说他"外示恭谨,中存险诈,假忠行佞,借贤济奸,盗我儒名,高自标榜,要立名号,众称为'隐相'",与结为姻亲的童贯等内外相结。另蔡京之子蔡絛在他的《铁围山丛谈》卷六也历数徽宗一朝宦官,以梁师成及童贯为首之过恶,并言文臣皆依附宦者以晋身。不过,蔡絛却没有说其父一样勾结宦官,反说蔡京力遏宦官势力。参见杨仲良:《皇宋通鉴长编纪事本末》卷一四八,《钦宗皇帝·诛六贼》,第4457—4474页;蔡絛:《铁围山丛谈》卷六,第109—111页。按蔡絛此条资料,亦为黄启江学长赐告,谨此致谢。

朔（初一）两路南侵，庚申（廿三），徽宗禅位钦宗，退居太上皇。①钦宗在翌年改元靖康。新君继位后，徽宗所宠的近臣内侍很快便失势，而曾遭打压的旧党臣僚就得到复职。与李中立有交的孙觌，在宣和七年三月与另外五人，被人劾奉元祐之学，并罢守宫祠。才九个月，便在靖康元年正月戊辰（初二）自国子司业除侍御史。而在翌日（己巳，初三）恶名昭著、被太学生陈东指为"宣和六贼"之一的内臣翊卫大夫、安德军承宣使李彦（？—1126）就首被钦宗开刀赐死，并籍其家财。②李中立的主子徽宗在心腹近臣的怂恿下，当金兵渡过黄河后而尚未兵临开封城下前，就在初三夜与太上皇后、皇子、帝姬等，在蔡攸（1077—1126）、童贯、高伸（？—1126）、高俅（？—1126）等心腹及内侍护卫下，率胜捷军及禁军各三千出通津门离京南逃。③

　　李中立并没有随徽宗南逃，他留在人心惶惶的京师。当时朝臣分做两派，大部分宰执主张迁都以避金人之锋，以太常少卿李纲（1083—1140）为首的朝臣则主张坚守京师以待勤王军入援。钦宗受徽宗南逃的影响，对坚守京师毫无信心。据《靖康要录》的记载，当李纲与宰执在钦宗前争论是否迁都时，有领京城所在的一名内侍陈良弼从内殿走出，对钦宗奏称"京城楼橹创修，百未及一二。又城东樊家冈一带，濠河浅狭，决难保守"。钦宗即命李纲

---

① 《皇宋十朝纲要校正》下册，卷一八，《徽宗》，第538—539页。
② 《靖康要录笺注》上册，卷一，第74—75、86—87页；《皇宋十朝纲要校正》下册，卷一八，《徽宗》，第536页；卷一九，《钦宗》，第559—560页；《皇宋通鉴长编纪事本末》卷一四八，《钦宗皇帝·诛六贼》，第4466—4468页。
③ 《靖康要录笺注》卷一，第93—96页；《皇宋十朝纲要校正》下册，卷一九，《钦宗》，第560页《建炎以来系年要录》（以下简称《要录》）卷一，第12页。

与同知枢密院事蔡懋（？—1134）及陈良弼前往新城（即外城）东壁遍观城壕，然后回奏。蔡懋回奏城濠浅狭不可守，李纲却认为虽然楼橹未备，但城壁高，不必楼橹亦可守。至于濠河虽浅，但若以精兵强弩据守亦可保无虞。钦宗给李纲说服，同意坚守待援。并且任李纲为尚书右丞亲征行营使，负责京师四壁守具。宋廷"以百步法分兵备御。每壁用正兵万二千余人，修楼橹，挂毡席，安炮坐，设弩床，运砖石，施燎炬，垂檑木，备火油，凡防守之具无不毕备"。京师四壁各以侍从官、宗室、武臣为提举官，而诸门皆有内臣、大小使臣分地以守。据载从正月辛未（初五）至癸酉（初七），治战守之具粗毕。①

正月癸酉（初七），金兵已兵临开封城下，至京城西北，屯牟驰冈天驷监。金兵当晚已进攻宣泽门。甲戌（初八），金人遣使议和，钦宗派同知枢密院事李梲、驾部员外郎郑望之等使金军议和。乙亥（初九），金人攻通天、景阳门甚急。又攻陈桥、封丘、卫州门。李纲登城督战，自卯时至未、申时，报称杀敌数千（当然是夸大其词），金兵乃退。另金兵又攻西水门，以火船数十只顺汴河相继而下。宋军募敢死士二千人列布于城下，击破火船。但城北守将河东河北路制置使何灌（1065—1126）却战死。②

丙子（初十），钦宗派皇弟康王（高宗）及少宰张邦昌（1081—1127）使金议和，庚辰（十四）二人始行。③作为高宗宫

---

① 《靖康要录笺注》卷一，第97—99、106、112—113页。
② 《靖康要录笺注》卷一，第112—113、117—118页；《皇宋十朝纲要校正》下册，卷一九，《钦宗》，第560页。二月辛丑（初五），以太学生上书，钦宗一度罢内侍守城。
③ 《皇宋十朝纲要校正》下册，卷一九，《钦宗》，第561页；《宋史》卷二三，《钦宗纪》，第423页。

僚的李中立并没有随行。据李中立墓志铭所记，李中立在靖康初受命"分治京城楼橹守御之具"，而后以功进某州团练使。①李中立在徽宗末年已官武功大夫、忠州刺史。以他的官位，他奉命守城，应担任四壁提举官。他立了什么战功而可以升一级为团练使？墓志铭没有说清楚。是不是他在正月初九这场攻防恶战立功受赏？宋廷在三月癸未（十七），因知枢密院事李纲奏，将京城四壁提举守御官以下计八百八十三人等第推恩。②李中立很有可能就是在此时获赏功升授遥领的团练使。

关于内臣监造楼橹守御之具的问题，时任国子祭酒大儒杨时（1053—1135）却在靖康元年正月两度上书钦宗，切论不可复用内臣。在他第二通书奏，他点了两名内臣梁平与李毂（？—1127后），严厉指出：

> 梁平、李毂之徒，皆持权自若，气焰复炽，未识陛下亦尝察其所以然否乎？臣谨按梁平尝为大理寺、开封府承受，结为阴狱，杀无罪之人不可数计。罪盈恶贯，人所切齿，陛下之所知。今复处之御药院，果何意邪？李毂尝管干京城，监造军器，奸欺侵蠹，无所不至。近兴复濠之役，调夫数万，减克口食，残虐百端，役夫至于踣踣逃亡，亦不可胜计。近在国门之外，陛下其亦闻之乎？③

----

① 《宋故武功大夫李公墓志铭》，第117页。
② 《靖康要录笺注》卷四，第513页。
③ 杨时：《上钦宗论不可复近奄人·第二状·靖康元年正月上》，载《宋朝诸臣奏议》上册，卷六三，《百官门·内侍下》，704—705页；《靖康要录笺注》卷一三，第1347页；《要录》卷一一，建炎元年十二月庚午条，第290页。

从杨时的奏状看,被宋廷委任治守城器具的内臣不少,与李中立同姓李的内臣、李宪(1042—1092)子李毂便是负责管干京城城濠的人,但是像李中立那样尽心守城有功的内臣不多,而像李毂乘机以权谋私的人却是多数。杨时提出省台寺监百执事其实并不乏人,为何要用这些内臣而蹈徽宗朝的覆辙?他指出内臣如邵成章(?—1129后)者,虽人或称之,以他贤于其徒,但他认为"此曹纵贤,亦不可用,但使之服扫除,通诏令可也"。杨氏之论,代表主流朝臣的意见。故此,钦宗在二月辛丑(初五)下诏罢内侍守城。①在宋廷反对内臣的气氛下,李中立即使曾立功,也不获重用。

勤王军在正月甲申(十八)陆续抵达,钦宗坚守京师的信心大增,特别是素有威名的宿将种师道(1051—1126)率陕西路泾原、秦凤兵号称二十万及时赶到。甲午(廿八),太学生陈东再上书请诛蔡京(1047—1126)等六贼。钦宗早在戊寅(十二)令于内侍之家包括童贯之家取银五百万两、金一百万两,并将徽宗最宠信的内臣、六贼之一的梁师成责授彰化军节度副使、华州(今陕西华阴

李毂是神宗朝著名内臣李宪的养子,在宣和末官检校少保、庆远军节度、醴泉观使直保和殿。他后来在靖康元年秋末又奉命阅兵城外的刘家寺,他取兵器、炮坐、炮石置于寺中,却不数算。闰十一月癸巳(初二),金兵攻占刘家寺,尽取李毂存放的军用物资。己亥(初八)宋廷将他除名勒停。杨时当日奏劾他可说有先见之明。他后来在高宗即位后,在建炎元年十二月庚午(十五)又获复用为入内客省使、保庆军承宣使、添差入内内侍省都知,高宗将他改名为李志道。但右谏议大夫卫肤敏(1081—1129)上言指他在徽宗朝用事最久,其弄权怙宠,势可炙手。一时达官贵人多出其门。又说他挠法害政,以乱天下,认为其恶不在童贯、谭稹及梁师成之下,反对复用他。高宗最后接受卫之劝谏,在同月癸酉(十八)收回成命。李宪父子的事迹,笔者已有专著考论。

① 杨时:《上钦宗论不可复近奄人·第二状·靖康元年正月上》,载《宋朝诸臣奏议》上册,第705页;《皇宋十朝纲要校正》下册,卷一九,《钦宗》,第562页。

市）安置。乙未（廿九），钦宗将他赐死于八角镇。①

二月丙午（初十），金兵在收取宋人给予金银及答允割太原府、中山府（即定州，今河北定州市）及河间府（即瀛州，今河北河间市）三镇等苛刻条件后退兵。②贼过兴兵，宋廷将矛头指向宣和六贼尚存的另外四人。身为御史的孙觌在二月甲寅（十八）、壬戌（廿六）、三月丁卯（初一）先后多番上奏，严劾蔡京、蔡攸父子及童贯等人。钦宗准奏，三人均被重贬。权倾一时的蔡太师蔡京在七月甲申（二十）死于潭州（今湖南长沙市）。八月丙辰（廿三），童贯被诛于南雄州（今广东南雄市）。九月，蔡攸也被赐死于永州。徽宗朝三大权阉李彦、梁师成及童贯到这时已先后被诛③；不过，行事刚猛，对宣和六贼穷追猛打的孙觌，却因言太学生伏阙事开罪了少宰吴敏（？—1132）。三月庚午（初四），他以妄论太学生伏阙上书事，被罢侍御史职，责知和州（今安徽和县）。癸未（十七），他被勒令马上离开京师。六月戊戌（初三），当其政敌李纲罢知枢密院事，出为河北河东宣抚使，率兵援救被金兵包围多时的太原后两月，再因吴敏罢相，而主和派新任中书侍郎唐恪（？—1127）等上台后，孙觌获召回朝，并在八月丁巳（廿四）复职侍御史。他这时又专附和议，并晋至中书舍人。在宋

---

① 《靖康要录笺注》卷一，第140—143、191页；《皇宋十朝纲要校正》下册，卷一九，《钦宗》，第561页；《皇宋通鉴长编纪事本末》卷一四八，《钦宗皇帝·诛六贼》，第4470—4472页。
② 《靖康要录笺注》卷二，第294页。
③ 《皇宋通鉴长编纪事本末》卷一四八，《钦宗皇帝·诛六贼》，第4472—4474页；《皇宋十朝纲要校正》下册，卷一九，《钦宗》，第562—563页；《宋史》卷四七二，《奸臣传二·蔡京》，第13727页；《靖康要录笺注》卷三，第386—387、391—393、424—425页。在靖康元年二月辛酉（廿五），另一权阉梁方平也以黄河失守之罪被诛。

人笔下，孙觌为人反复投机，他在这段日子与李中立有否交往，就史所不载。①

因钦宗君臣处事乖张，进退无方，并且不能选派真的有能力的大将统兵救援重镇太原。九月甲戌（初十），金兵便攻克太原，东西两路会师。当金兵已过汜水关（即虎牢关或武牢关，在洛阳以东，今河南省荥阳市市区西北16公里的汜水镇境内），即将兵临开封城下时，宋廷派兵设防。孙觌这时上言应接受金人条件，放弃三关故地，以纾一时之急。他的进言却激怒了宰相唐恪，将他斥责。是月壬午（廿一），令他担任东壁提举官，他麾下共统兵三万人及使臣部将数百员。金兵第一次围城时有份治守城械具的李中立，这次有否获委以守城之任，则未见载。乙酉（廿四）金兵再临开封城，闰十一月癸巳（初二），孙觌被劾守东壁时支军粮及赏赐不平，自中书舍人降三官为承务郎罢职，由王时雍（？—1127）代

---

① 《靖康要录笺注》卷一，第77页；卷三，第440—441页；卷四，第508页；卷五，第599页；卷七，第811页；卷八，第861、866页；卷十，第1042、1049页；《宋会要辑稿》第六册，《职官十八·秘书省一》，第3481页；第八册，《职官六十一·对换官》，第4713页；第九册，《选举四·贡举杂录二》，第5321页；《选举十二·宏词科》，第5498页；第十册，《选举二十·试官》，第5635页；《宋史》卷二三，《钦宗纪》，第424页；《全宋文》第一百五十八册，卷三四二五，《孙觌八·侍御史论太学诸生伏阙札子·靖康元年》，第466—467页；第一百五十九册，卷三四二六，《孙觌九·辩受伪官状·建炎元年六月》，第17页。据《宋会要辑稿》的记载，孙觌在大观三年（1109）登进士第，政和四年（1114）三月试词学兼茂科，考入次等授秘书省正字，七年（1117）时任秘书省校书郎。当时提举秘书省的正是他后来痛劾的蔡攸。孙在宣和六年（1124）正月以朝奉郎都官员外郎获任贡举点校试卷官。孙在靖康元年二月戊戌（初二）在金人围城而宋军战败，李纲被罢御营使时，太学生伏阙请留李，孙觌却劾李纲要君，又危言太学生将再伏阙为变。吴敏等宰执以他所言不实。三月庚午（初四）以妄言太学生伏阙，于癸未（十七）黜知利州（今四川广元市），后以监察御史胡舜陟（1083—1143）上奏才获召还。他在建炎元年（1127）六月上奏自辩受伪官时，便称自"靖康元年八月和州召还，十月蒙恩召试中书舍人兼侍讲资善堂撰文官。十二月初三日权直学士院"。

之。孙有自知之明，两天后上书宰相何㮚，称"某以眇然一书生，岂可使之驾御群黥，守卫城壁"？宋军苦守一月，钦宗君臣竟相信江湖骗子郭京声称可以"六甲神兵"破敌的妖言，开门迎战，金兵得以轻易破城，宋守军全面溃败。闰十一月丙辰（廿五），开封终于失陷。十二月壬戌（初一），孙觌奉命草拟降表，向金人求和称藩。但金帅完颜宗翰（1080—1137）不纳。未几，徽宗、钦宗及宗室数百人尽被金人掳去。孙觌也在被掳之列。①

三、李中立在高宗、孝宗朝之事迹

金人在靖康二年（即建炎元年）正月丁巳（廿七），在军前取内侍五十人（一说四十五人），各问其职掌后，晚上遣还三十六人，并声称只索取徽宗所任用的内臣。二月甲戌（十四），金人再索取内侍、司天台、僧道及各样奉侍人等，至庚辰（二十）方暂止。②李中立居然侥幸未被金人选中，较早前被乱兵所杀的内侍梁揆十七人中，也没有他的份儿。大概在金人退兵北还后，李中立与

---

① 《皇宋十朝纲要校正》下册，卷一九，《钦宗》，第569—575页；《皇宋通鉴长编纪事本末》卷一四九，《钦宗皇帝·二圣北狩》，第4475—4487页；《靖康要录笺注》卷九，第911—912页；卷一三，第1284—1285，1326；1387—1393页；卷一四，第1437—1438页；《要录》，靖康元年十二月壬戌朔条，第19—20页；辛丑条，第26—27页；甲辰条，第28—29页；《全宋文》第一百五十九册，卷三四二六，《孙觌九·辩受伪官状·建炎元年六月》，第17页；卷三四三〇，《孙觌十三·上何丞相札子一·靖康元年闰十一月四日》，第68—69页；《宋会要辑稿》第八册，《职官六十九·黜降官六》，第4913页。据载内侍辈尤其相信郭京的六甲神术可破金兵。在城破时，内侍黄经臣跃入火中而死。

② 《皇宋通鉴长编纪事本末》卷一四九，《钦宗皇帝·二圣北狩》，第4485—4486页。

家人遁出危城，逃难南方，最后隐于苏州附近之太湖洞庭山（今太湖东南）。他在苏州，自号皎然居士。劫后余生，据其墓志所记，他本来有北归之意；但宋室一直无法匡复中原，故终其一生，他无法重返开封故里。①值得我们注意的是，李中立与其家人在何年何月，是城破前抑城破后逃离京师？另外，李家又怎样携同偌大的家财南逃至苏州并隐于洞庭山？这一重要事实，孙觌在李的墓志铭却并没有交待，是否讳莫如深？

　　孙觌本来被拘禁金营。三月乙巳（十五），被金人立为楚帝的张邦昌向金人请求将他释回。八天后（癸丑，廿三）孙获释返京城。四月辛酉（初二），张邦昌命他直学士院。四月丁卯（初八），他与谢克家（1063—1134）秉张邦昌命奉传国宝往南京应天府（今河南商丘市）迎立高宗。五月庚寅（初一），高宗继位。②孙觌留任中书舍人，然是月甲午（初五）李纲拜相。孙自知不容于李纲，癸丑（廿四），就自请罢舍人职。高宗因授他徽猷阁待制出知秀州（今浙江嘉兴市）。六月癸亥（初五），李纲追究张邦昌僭逆之罪，孙以曾在伪廷供职，被责安置归州（今湖北秭归县）。③不过，李纲很快便罢相，他的政敌殿中侍御史张浚（1097—1164）在十月甲子（初八）上奏论李纲之罪，其中一罪就是杜塞言路，把台谏官包括孙觌在内的言官罢斥。十一月庚寅（初四），孙觌因张

---

① 《宋故武功大夫李公墓志铭》，第117页。
② 《靖康要录笺注》卷一五，第1463页；卷一六，第1661、1701、1752、1763、1791、1822页。
③ 《宋史》卷二四，《高宗纪一》，第445页；《要录》卷五，建炎元年五月辛卯条，第134页；甲午条，第137页；癸丑条，第154页；卷六，建炎元年六月癸亥条，第168—170页；《宋会要辑稿》第八册，《职官七十·黜降官七》，第4916页。

浚的进言,自降授承务郎充徽猷阁待制复朝奉郎试中书舍人。建炎二年(1128)正月乙巳(二十),因孙觌的要求,高宗授他充显谟阁待制知平江府(即苏州)。他有自知之明,兼且为自己屡受攻击自辩,就向高宗申述他在靖康中先后劾奏蔡京、蔡攸父子罪状,劾奏蔡行父子弃官而去,奏论李纲不知兵,以及论太学诸生诱众伏阙为乱等事,声称之前受到他劾奏的人或其党,为了报复,就以他为打击目标。故此,他选择离开朝廷以避祸。不过,他热衷功名,并没有真的想引退。他出守平江府才半年,七月乙未(十三),被贬为提举杭州洞霄宫的谢克家上疏自辩,力称他并未附从张邦昌,又自表奉国宝至济州献高宗之功。高宗接受继任宰相的黄潜善(1078—1130)、汪伯彦(1069—1141)的推荐,孙觌得以因人成事,与谢克家同被召赴行在。不过,两天后(丁酉,十五),殿中侍御史马伸(?—1128)看不过眼,奏劾二人"趋操不正,奸佞相济,小人之雄者也",又指责二人在靖康年间,与李擢、王时雍等七人结为死党,附耿南仲倡和议,若有人不主和议,就群起而辱骂之,并威吓要将不顺从的人执送金营,故人皆畏其险。马伸又说孙觌接受金人女乐,于是草降表时极其笔力以媚金人。马伸痛劾谢、孙二人是负国之贼,宜加远窜,请高宗不要再用二人,但奏入不报。八月戊午(初六),孙觌以显谟阁待制试给事中。马伸在庚申(初八)再上奏反对孙的任命,但仍然疏入不报。马伸在九月癸未(初二)因以上言劾黄、汪二人,先被罢御史职,再被责降奉议郎监濮州酒务,并被促上路而贬死道中。①

---

① 《要录》卷一〇,建炎元年十月甲子条,第265—266页;十一月庚寅条,第273页;卷一二,建炎二年正月乙巳条,第315页;卷一六,建炎二年七月乙未至

孙觌继续获得高宗重用，十月壬戌（十一），因他的上奏，加上黄潜善的推荐，高宗诏他以给事中与翰林学士叶梦得（1077—1148）、中书舍人张澂（？—1143）讨论常平法，条具取旨。十一月丙戌（初六），孙再擢为试吏部侍郎仍权直学士院。建炎三年（1129）三月辛巳（初三），孙再晋试户部尚书。①

当孙觌在朝中得意时，才不过四十余岁、正当盛年的李中立在建炎初年没有归朝，而是南迁至洞庭山。他出家资，在洞庭东山稍北之处营建墓圹，买地二十亩，亲手植松柏环绕之。又在旁建一佛寺，寺中"重门步廊，穹堂奥殿，斋庖、宿庐、庤库之属仅万础"，寺内塑有佛菩萨像数十座，又建窣堵波塔高三百尺。他又营建一大经藏，收藏佛经五千四十八卷，均是"宝奁钿轴，纳之匦中"。他作为大檀越，在附近买田十顷，以收入供养僧俗千余众。他请得高宗赐其佛寺名"华严禅院"，选一时名僧主理之。按此寺规模不小，所费不菲，很有可能李中立早在开封城破前，已将资产转移江南，不似许多内臣在开封城破前后被抄家籍没财产。他知几

庚戌条，第397—399页；卷一七，建炎二年八月戊午至庚申条，第404—406页；甲戌条，第408页；九月癸未条，第410页；卷二〇，建炎三年二月乙亥条，第473—474页。据《宋史》所载，孙觌与谢克家本来都是蔡攸所引用，后来孙觌反过来奏劾蔡。参见《宋史》卷三七九，《陈公辅传》，第11693页；卷四五五，《忠义传十·马伸》，第13366页。

① 《要录》卷一八，建炎二年十月壬戌条，第418页；十一月丙戌条，第424页；卷二一，建炎三年三月辛巳条，第482页；《宋会要辑稿》第五册，《职官一·三省》，第2964页；第六册，《职官八·吏部一》，第3236页；第七册，《职官四十三·提举常平仓农田水利差役》，第4119页。建炎三年四月庚申（十三），宰相吕颐浩（1071—1039）上奏，以奉旨将元祐中司马光（1019—1086）等请并省奏状，召侍从赴都堂，限当日参详。吕请以时任户部尚书的孙觌等九员臣僚参详，以确定可否遵行。孙觌在同日回奏，称参详并省，内六曹吏部郎官三选各一员，司勋、司封、考功各一员，吏人则减三分之一。

之举，教他南迁后，能保有如此家当而可以经营此一禅寺。①

李中立所隐居的洞庭山华严禅院在什么地方？据周必大所记，他在乾道壬辰（八年，1172）三月辛巳（十三），即李中立殁后八年，"粥罢，同乡老下山行二里，观韩王坟（即韩世忠在苏州之坟），欲登舟过宝华，而天气晴和，忽有游杭坞之兴。遂与大兄呼车往焉。约十里，度小砚岭，入唐子明侍郎（指唐煇，？—1145）坟庵。又二、三里至白马窟窿禅寺（后唐会昌六年置）。饭讫行数里，至梦里皇第宅，联属者豪民夏氏也，又数里过支坞岭，遂至法华院，本皆荒山，中官利州观察使致仕李中立造茔于此"。据此，可知李中立的坟墓，就是在苏州不远的支坞岭的法华院内。至于李中立墓志铭所记李氏修建的华严禅院，与周必大所记李坟茔所在的法华院，是否在同一地方待考。据周必大所记，李中立"捐家赀数千万，创精舍，十年而成。四山环抱，宛若化城三门，为阁七间，华丽拟宫阙，其间栋宇瓦砌种植，皆称是主僧庆深聚徒数十，富足无求，亦清福也。门外数百步，即太湖，极目弥天之浸"。周必大记他在此"徘徊不忍去，饮茶于塔院，登李侯（即李中立）之丘，读孙仲益（即孙觌）所为铭。主僧具饭，投宿客馆"。②据此

---

① 《宋故武功大夫李公墓志铭》，第117页。
② 《淳祐玉峰志》卷中所记，"唐煇子明，礼部侍郎"，即周必大所称的唐子明侍郎。唐煇，字子明，登政和五年进士第。在绍兴四年（1134）六月己卯（初一）已官左谏议大夫，七月庚戌（初三）试给事中兼侍讲。十月己丑（十四）已自礼部侍郎权兵部侍郎，十一月癸亥（初六）高宗幸平江府，他又以礼部侍郎自昆山入见，他请令沿江守令赒恤淮南士民渡江者，仍许借官舍以住，得到高宗同意。十二月丁丑（初三），他又以礼部侍郎与另外数人同班入见，以敌骑临江故。绍兴五年（1135）三月丁丑（初四），他以礼部侍郎兼侍讲上言论酒税太高。他罢职后在绍兴十五年（1145）八月甲戌（初一）以徽猷阁直学士提举江州太平观卒。他最后官至礼部侍郎，故周必大称他为唐侍郎。参见周必大：《文忠集》卷一七一，《乾道壬辰南归录》，三月辛巳条，第9页下—10

可知，李中立经营其近苏州而面向太湖的精舍，所费极多，以他一个中等官阶的内臣，却能有偌大家财，亦可旁证徽宗朝内臣势力之大。孙觌没有说李中立为官如何清廉，只是李中立较为安分，不像童贯、李彦、梁师成等如此招摇，后来给钦宗通通抄家而已。[①]孙觌在建炎二年正月至七月知平江府，他在这半年有否与苏州相距不远的洞庭山的李中立往来，墓志铭未有记载。

就在李中立努力经营其在太湖旁的精舍时，宋廷却面临重大危机。首先在建炎三年三月癸未（初五），就在孙觌升官两天后，扈从的禁军统制苗傅（？—1129）及刘正彦（？—1129）因不满新除的签书枢密院事王渊（1077—1129）及高宗宠信的入内内侍

页上；《要录》卷七七，绍兴四年六月己卯朔条，第1455页；卷七八，七月庚戌条，第1469页；卷八一，十月己丑条，第1534页；卷八二，十一月癸亥条，第1558页；卷八三，十二月丁丑条，第1571页；卷八七，绍兴五年三月丁丑条，第1659—1660页；卷一五四，绍兴十五年八月甲戌条，第2907页。项公泽修，凌万顷、边实纂：《淳祐玉峰志》，载中华书局编辑部编：《宋元方志丛刊》第一册，卷中，《进士题名·政和五年榜》，北京：中华书局，1990年，第1072页。又关于法华院的可能所在地，参见前文的考证。

① 李彦不知收敛的事，据王明清（1127—1204后）在绍兴初年听一个邢钤辖与一个老内臣赵舜辅言及徽宗朝在延福宫的故事。据说有一次主管京师西城所的李彦过门，向坐于延福宫门下的谭稹与梁师成敬礼。谭问梁早来有否听徽宗的玉音，是否可畏？梁对在旁的赵舜辅说，刚才见李彦于榻前纳西城所羡余的三百万缗。徽宗警告李彦说："李彦，李彦，莫教做弄。一火大贼来，斩却你头后怎奈何。"结果，不数年，在钦宗即位后，李彦便以横敛被诛。关于这个老内侍赵舜辅，《宋会要辑稿·职官六十九》记他在宣和三年（1121）八月庚子（初八），以内侍省祇候内品、扬州建隆寺章武殿香火使臣，被告官劾他强买民田和干预政事，被宋廷革其职。据《要录》，他在建炎元年十二月甲子（初九）以入内高品，与扬州兵马都监徐洪被言官劾他进逸而被诏监押出都门。据此可见赵舜辅在徽宗朝虽是一个地位不高的内臣，但有一点权便聚敛，而到高宗朝也一样不安分。参见王明清：《挥麈录》，《挥麈后录》卷一一，第298条，"谭稹、梁师成言及早来玉音可畏"，第171—172页；《宋会要辑稿》第八册，《职官六十九·黜降官六》，第4901页；《要录》卷一一，建炎元年十二月甲子条，第287—288页。

押班康履（？—1129），发动兵变，先杀王渊，再迫高宗退位并杀康履以下专权内臣多人。叛军逼高宗禅位其年方三岁的独子元懿太子（1127—1129），而由隆祐孟太后（1073—1131）听政，改元明受，史称明受之变或苗刘之变。孙觌在兵变中奉宰相朱胜非（1082—1144）之命与叛军周旋。乱事在七月辛巳（初五）以苗、刘二人伏诛，高宗复位后平定。然十天后（丁亥，十五），被册为太子的元懿太子却夭亡，稍后，金人又大举南侵。①壬寅（廿六），因金人即将南侵，高宗先请孟太后从杭州率六宫先往洪州（今江西南昌市）。闰八月壬寅（廿六）高宗从建康府（今江苏南京市）出发前往浙西，经镇江府往平江府。孙觌在苗刘之乱平后，以龙图阁直学士出知平江府。九月己未（十四），言官却劾孙在平江拘催民间崇宁以来青苗积欠，民苦其扰。又劾他曾建议行王安石常平聚敛之法。高宗于是将他罢职，改由资政殿学士李邴（1085—1146）代知平江府。高宗在十月戊寅（初三）离开平江，壬辰（十七）抵越州（今浙江绍兴市）。②

据李中立墓志所记，高宗驻会稽（即越州），即遣使召其藩邸旧人李中立来见。使者见到李中立时，李正"被短褐，杂庸保，持锄莳药圃中"。高宗有召，虽然非李所愿，但也即日更衣就道。

---

① 《要录》卷二一，建炎三年三月壬午至甲申条，第483—490页；卷二二，四月戊申朔条，第539页；卷二五，七月辛巳条，第587页；《宋史》卷二五，《高宗纪二》，第462—467页；《皇宋十朝纲要校正》下册，卷二一，《高宗》，第584页。

② 《皇宋十朝纲要校正》下册，卷二一，《高宗》，第617页；《宋史》卷二五，《高宗纪二》，第467—469页；卷二四六，《宗室传三·高宗元懿太子》，第8730页；《要录》卷二七，建炎三年闰八月戊寅条，第614页；卷二八，十月戊寅条，壬辰条，第656—657页。

高宗见到他后，即命他供奉殿庐，尽复其旧职。先高宗离开行在的孟太后，在十一月壬子（初八），因金兵来犯洪州，就在辛酉（十七）经吉州（今江西吉安市），乙丑（廿一）再连夜乘舟南走，前往虔州（今江西赣州市）。因金人追赶得急，原护卫孟太后的兵将都溃散，孟太后与元懿太子母潘贤妃（？—1148）以农夫肩舆而行才抵虔州。而高宗也在是月己巳（初一）离开越州往明州（今浙江宁波市）。十二月初，高宗抵明州，甲申（十二），高宗乘船出海逃避金兵。建炎四年（1130）三月甲子（廿二）金兵退后，高宗才自温州返回明州，四月癸未（十二），返回越州并驻跸于此。高宗遣御营司都统辛企宗（？—1145后）、带御器械潘永思将兵万人迎孟太后东归。①据李中立墓志铭所记，高宗以孟太后幸江表久不得问，有旨择使。这时金骑虽退，暂时不再渡江，但仍据有两淮，道路仍难行。李中立即慨然请行，乘一轺车，"间关兵火盗贼中，山行水宿，驰二千里，得平江之报还奏"。据《建炎以来系年要录》及《宋史》所记，高宗一度失去了孟太后等人的消息，在建炎四年（1130）正月己酉（初六）"诏遣使自海道至福

---

① 《宋故武功大夫李公墓志铭》，第117—118页；《皇宋十朝纲要校正》下册，卷二一，《高宗》，第583—584、617—620页；《要录》卷二九，建炎三年十一月辛酉条，第672页；乙丑条，第674页；《宋史》卷二六，《高宗纪三》，第477页；卷二四三，《后妃传下·高宗潘贤妃》，第8648页；卷二四六，《宗室传三·高宗元懿太子》，第8730页。考《宋史》以高宗派辛企宗奉迎孟太后东归在三月甲寅（十二）。又潘贤妃为开封人，父潘永寿为翰林直医局官，高宗在康邸时纳之。建炎元年六月辛未（十三），她为高宗在南京应天府诞下他一生惟一的儿子赵旉。九月己亥（十二），高宗封赵旉为检校少保、集庆军节度使魏国公。高宗本来在这时想将潘氏立为皇后，但尚书右丞吕好问（1064—1131）谏止之，高宗因封她为潘贤妃。赵旉于三年七月丁亥（十五）夭亡，高宗追封为元懿太子。潘贤妃曾从孟太后于江西。这次高宗派去迎接她们回来的潘永思，很有可能是她的叔父辈。

建虔州,问隆祐皇太后舣舟所在。上虑太后径入闽、广,乃遣使问安焉"。"遂命中书舍人李正民(?—1151)来朝谒"。相信李中立就是高宗所选派打探孟后等人行踪的使者之一。①高宗安返越州后,范宗尹(1099—1136)拜相,以赦书加恩给被贬诸臣自李纲以下,七月乙丑(廿五),孙觌自朝奉郎复职为徽猷阁待制。稍后又有言者称孙觌曾草降表,罪不当赦。高宗乃诏俟一赦后再取旨。②

八月庚辰(初十),孟太后一行返抵高宗驻跸的越州(绍兴府)。③高宗翌年改元绍兴(1131),四月庚辰(十四),孟太后崩于越州,六月壬申(初七),高宗追册她为皇太后曰昭慈献烈。壬午(十七)权攒于越州。八月丁丑(十三)祔神主于温州太庙。④从迎接孟太后返越州行在的庆典,到她崩逝所举行的丧礼,李中立大概都有参与。当大礼完成后,李中立次子李畴派往闽中任官,李对儿子说"此行不可失",原来他想借儿子外放福建的机会求退。他随即向高宗求请祠职,高宗允准,特授他提举西京崇福宫。高宗在绍兴二年(1132)正月丙午(十四)从越州抵杭州(临安府)后,自此以杭州为行都。李中立求祠职,相信在高宗定都杭州之后。

---

① 《宋故武功大夫李公墓志铭》,第118页;《宋史》卷二六,《高宗纪三》,第475页;卷二四三,《后妃传二·哲宗昭慈圣献孟皇后》,第8636—8637页;《要录》卷三一,建炎四年正月己酉条,第706页;乙丑条,第711页。按高宗在建炎四年正月乙丑(廿七),派中书舍人李正民为两浙湖南江西抚谕使,诣孟太后问安。
② 《要录》卷三五,建炎四年七月乙丑条,第802页;《宋史》卷三六三,《范宗尹传》,第11325页
③ 《要录》卷三六,建炎四年八月庚辰条,第813页。
④ 《宋史》卷二六,《高宗纪三》,第487—488、490页;《要录》卷四三,绍兴元年四月庚辰至丙戌条,第928—930页;卷四四,五月己亥条,第936—937页;癸卯条,第939页;卷四五,六月壬申条,第952页;己卯条,第955页;壬午条,第957页;卷四六,七月己酉条,第969页。

李中立陪同儿子赴福建之任，据载他"拄策褰衣，上天姥峰，径天台，抵雁荡。游览殆遍，遂次莆田。穿云涉水，穷日夜不厌。闲遇幽栖绝俗之士，谈禅问法，乐而忘归。又将束装问番禺路"。据上文所提的莆田，李氏父子当是前往兴化军的莆田。①

孙觌早在绍兴元年二月前已以龙图阁待制知临安府。他与李中立是否在杭州见面？暂无可考。这年二月辛巳（十四），从金国归来的秦桧（1091—1155）拜参政，孙觌以启相贺，有曰："尽室航海，复还中州，四方传闻，感涕交下。汉苏武节旄尽落，止得属国；唐杜甫麻鞋入见，乃拜拾遗。未有如公，独参大政。"秦桧看了大怒，认为孙在讥讽他。②孙也不为宰相吕颐浩（1071—1039）所喜，结果他在十月甲子朔（初一）被罢职为提举江州太平观。吕、秦二人却不放过孙，他们利用吏部侍郎李光（1078—1159）先前上疏劾孙觌知临安府时，盗用助军钱四万缗之事，将孙下大理寺，并落龙图阁待制。狱成，孙觌以众证坐以经文纸札之类馈过客，计值千八百缗。有司论孙觌自盗当处死。高宗诏免死及决刺，除名象州羁管，所过发卒护送，连坐流徒者三十余人。孙在象州被流放了两年，他在绍兴四年（1134）上书申诉其枉得直，高宗下刑部重议，刑部言孙觌所犯未尝置对，只是据众证定罪，于法意人情实在未尽。高宗接纳刑部的意见，在八月戊寅朔（初一），诏释孙觌，并任他自便居住。据《桂胜》一书的记载，他在十月北归经过桂州（今广西桂林市），桂州一班地方官自经略安抚刘彦适、提点

---

① 《宋故武功大夫李公墓志铭》，第118页；《宋史》卷二七，《高宗纪四》，第495页。
② 《要录》卷四二，绍兴元年二月辛巳条，第903页；《全宋文》第一百五十九册，卷三四四二，《孙觌二十五·与秦参政会之帖二》，第252页。

刑狱董芬、转运副使陈兖、转运判官赵子岩等于是月丁亥（十二）与之同游七星山，壬辰（十七），又饯孙于独秀山蒙亭。丙申（廿一），孙返常州前，众人又于伏波山八桂堂为他饯行。孙觌还在桂州七星山留下五言古诗两首以抒被贬南方的怀抱。①

孙觌赦还不久，九月乙丑（十九），金兵与刘豫（1073—1146）的伪齐已议入寇，金、齐的骑兵自泗州攻滁州，步兵自楚州（今江苏淮安市）攻承州（今江苏高邮市）。宋廷震恐，臣僚有劝高宗他幸，惟新任宰相赵鼎（1085—1147）力持不走他方。壬申（廿六），金、齐联军分道渡淮。十月丙子（初一），高宗下旨亲征。面对金兵的攻势，宋兵总算尚能应付，大将韩世忠（1089—1151）在十月戊子（十三）败敌于大仪镇（今江苏仪征市大仪镇）。解元也败金兵于承州。但金兵在丙申（廿一）攻占濠州（今安徽凤阳县），十一月丙午朔（初一）又攻克泗州，戊午（十三）再克滁州。宋军坚持抵抗，金兵终于在十二月癸卯（廿九）撤出占领已四十七日的滁州，而在翌年（绍兴五年，1135）正月乙巳朔（初一）撤出濠州。二月壬午（初八），高宗一行从平江府返抵临安府。总算度过一场危机。孙觌也在闰二月乙巳朔（初一）获叙左奉议郎。②

---

① 《要录》卷四八，绍兴元年十月甲子朔条，第1001页；卷五三，绍兴二年四月丁酉条，第1099页；卷七九，绍兴四年八月戊寅朔条，第1488页；李光：《庄简集》卷一一，《论孙觌劄子》，文渊阁《四库全书》本，第15页下—第17页上；《宋史》卷二七，《高宗纪四》，第497页；张鸣凤编，杜海军、阎春点校：《桂胜》卷一，《独秀山·题名》，北京：中华书局，2016年、第16页；卷五，《伏波山·题名》，第69页；卷六，《七星山·诗·题名》，第84、101、105页。考《桂胜》卷六记桂州众官吏于绍兴四年七月己未（十二）与孙觌同游于七星山，疑七月是十月之讹。

② 《要录》卷八〇，绍兴四年九月乙丑条，第1512—1514页；壬申条，第1518页；

孙觌在李中立墓志铭曾记载这次金兵南犯时，他和李中立的情况。他记："绍兴初，胡马数万屯宿、泗，淮海大震。吴人惩建炎暴尸喋血之祸，争具舟车，徙避深山大泽旷绝无人处。"这时已获赦而归隐太湖的孙觌，则说："予亦诣洞庭西山访寻佛舍，得水月院，侨寓其中。当是时，观察李公（按指李中立）卧东山，筑室凿井，若将终焉。予唶曰：中贵人入则侍帷幄，依日月之光，出则持梁嚙肥，享玉食华屋之奉。一旦决焉舍去，练布榝杖，与渔樵农圃为伍，而自肆于山水间，此高蹈一世之士。"孙觌说他也想"摄衣起从之，而东、西二山块湖中，徒步不能达，至是声问始相闻"。而他说李中立也欣然有招隐之意，但未几宋金议和，而两淮皆安堵，竟无缘见到李中立，以为大恨。① 孙觌集中有《洞庭西山小湖观音教院灵泉赞》一文，显然孙在墓铭提到的水月院即是洞庭西山的观音教院。而李中立所居的就是周必大所提的东山法华院附近。②

卷八一，十月丙子朔条，第1523页；戊子条，第1531页；己丑条，第1534页；丙申条，第1539页；卷八二，十一月丙午朔条，第1549页；戊午条，第1556页；卷八三，十二月癸卯条，第1583页；卷八四，绍兴五年正月乙巳朔条，第1587页；卷八五，二月壬午条，第1610页；卷八六，闰二月乙巳朔条，第1633页。

① 据周必大所记，孙觌在"绍兴而后遭口语，斥居象郡。久之，归隐太湖上，舍蚕蛮而狎鸥鹭，去茅苇而友松菊。于是翻北堂万卷之钞，袖明光起草之手，默观物化，吟咏情性。烟波万顷，纳之胸次，风云变态，日接于前，如是二纪"。可知他遇赦而归隐太湖。参见《宋故武功大夫李公墓志铭》，第116页；周必大：《文忠集》卷五三，《孙尚书鸿庆集序》，第5页下─6页上。

② 《全宋文》第一百六十册，卷三四八四，《孙觌六十七·洞庭西山小湖观音教院灵泉赞》，第435页；周必大：《文忠集》卷一七一，《乾道壬辰南归录》，三月辛巳条，第10页上。据范成大《吴郡志》卷三四所记，洞庭西山小湖观音教院，在吴县西南一百五十里，即旧小湖院。而范成大在同卷所记，在吴县西七十里洞庭东山，有大中祥符五年（1012）自只园改名的法海寺，另外又有在长洲县（今江苏苏州市吴中区）西北七里彩云桥西的半塘法华院，寺中有雉儿

为何孙觌说竟不能在洞庭东山见到李中立？墓志铭说"而上遣金字牌趣还，复直睿思殿兼持侍官。今上（孝宗）出阁日，一诣资善堂，太上皇（高宗）曰：'宫僚当得老成详练有德有言之士，藩邸旧臣如华原府都监李某，此其选也。'又兼资善堂干办官。诸臣方悟上召公之意"。《宋会要辑稿·方域三·资善堂》记："（绍兴五年）五月二十三日，诏：已建资善堂，提点官差主管讲筵所邵谔，干办官差睿思殿祗候使臣李中立。"据此两条记载，可以知道是年已四十九岁的李中立在绍兴五年五月被高宗急召还朝，担任年方九岁的孝宗的宫僚。这也从侧面看到高宗拣选孝宗为嗣的苦心，连他身边的内臣也特意找可靠的担任。①

李中立可不恋栈宫中侍奉，过了一段时间，在绍兴六年（1136），趁着奏事殿中，就对高宗泣求说："臣齿发缺坏，重以足疾不可治，不复侍左右矣。愿赐骸骨以毕余年。"高宗听后恻然，大概李中立这时真的身体不好，高宗见他去意甚坚，就除授他

  塔。按法华院在绍兴七年重修，吻合李中立墓志铭所记李在绍兴七年致仕后开始营建佛寺的记载。这座法华院是否周必大所记李中立墓茔所在的法华院，待考。参见范成大撰，陆振岳校点：《吴郡志》卷三四，《郭外寺》，南京：江苏古籍出版社，1986年，第509—511页。

① 《宋会要辑稿》第十五册，《方域三·资善堂》，第9310—9311页；《宋故武功大夫李公墓志铭》，第118页；《要录》卷八九，绍兴五年五月辛巳条，第1713页；己亥条，第1727—1728页；卷九〇，六月己酉条，第1736页。高宗在绍兴五年五月辛巳（初八），诏择日晋封孝宗自防御使为节度使，封国公，并出就资善堂听读。高宗谕宰相赵鼎以下他选立孝宗之意，称许孝宗天资特异，在宫中俨如成人，由他亲自教道。高宗又称许孝宗极强记。孝宗在五月己亥（廿六）自贵州防御使为保庆军节度使，封建国公。高宗特别挑选宗正少卿兼直史馆范冲（？—1141）为资善堂翊善，起居郎兼侍讲朱震兼资善堂赞读。关于高宗选立孝宗的问题，何忠礼教授的一篇近作，充分论证高宗的思虑周到。参见何忠礼：《略论宋高宗的禅位》，载姜锡东主编：《宋史研究论丛》第十三辑，保定：河北大学出版社，2012年，第114—125页。

提举台州崇道观,罢宫中职务。李中立在绍兴七年(1137)更上书告老,高宗许他守本官武功大夫致仕,这年他才五十一岁。他获准退休后,置家于湖州吴兴县(今浙江湖州市吴兴区)和德清县(今浙江德清县)境上,然后返回他在洞庭东山旧庐,以诵佛书及供养僧徒为事。他又喜欢收藏良药,以给有需要的人。他施药数年,许多人一早便登门求药。李中立因此说:"吾不忍此一方疾痛呻吟之感吾耳,吾制方药疗之。"因他颇知医理,有见从其他各州县来求药的越来越多,李中立干脆经营一药肆,"凡山区海聚、殊方绝域金石草木之英、象、犀、龙、麝之珍,鸡首、豨苓、牛溲、马勃之贱,皆聚而有之"。他雇用徒众数百人,按古医方书炮制烹炼之法数百种,合成各种药剂。他计费取值,不求赢利。据称从浙东至两淮二江数十州的众多病人,得到他所制之药,一饮而见效。孙觌称许他"殆是仁人用心,固自有物以相之耶"。①李中立用他的偌大家财,设肆制药,以惠民众,与他建禅寺养僧徒之作为,可以说是他修行的一体两面。好像李中立以经营药肆来布施积福,在宋代内臣中可说是罕见一例。李中立从何学得经营药肆之道,惜孙觌没有详言。②徽宗朝权倾朝野的内臣梁师成号"隐相",但梁的"隐"

---

① 《宋故武功大夫李公墓志铭》,第118页。
② 据杜正贤的研究,南宋时期的药局有官办与私人两种,由政府经营的太平惠民局,承自北宋开封的制度。近年在杭州发现两处南宋的制药坊的遗址,一处为1996年2月在杭州市上城区惠民路北侧发现的惠民路制药作坊遗址,一处为2005年在杭州市第四人民医院附近的白马庙巷制药作坊遗址。据杜氏的考证,白马庙制药作坊距离不远的严官巷,曾有为孝宗治疗痢疾的医师严防御(授防御使)。为奖励他,孝宗将御医用来研药的金杵臼赐予严,于是后世称严防御的药铺为"金杵臼严防御家",严官巷也因此得名,杜氏认为白马庙制药作坊遗址处于严官巷一带,与严防御的药铺可能存在一定关系。另此两药坊大概建于孝宗时。李中立要开设药肆,他可能参考开封或杭州这些有规模的药坊来开设其药肆。参见杜正贤:《南宋都城临安研究——以考古为中心》下册,第十一章第二

与李中立的"隐"可说是大异：前者是隐身在朝堂后操纵朝政的权阉，后者却是隐于山野，后来开设药肆周济百姓，有点大隐隐于市的大德。

孙觌曾经开罪的秦桧从绍兴七年正月复任为枢密使，到绍兴八年（1138）晋拜右仆射同平章事仍兼枢密使。当他两大政敌张浚及赵鼎相继罢相远贬后，秦桧就一直独相至绍兴二十五年（1155）十月卒。①孙觌在秦桧当政时不获召用，虽然他交结众多权贵，包括与秦桧为姻亲的外戚信安郡王孟忠厚（？—1157），但并未得到以主和议而得以当权的秦桧的起用。他在给孟忠厚的第七帖说他"辞去十五六年，曳居王门者众矣，衰老独无一迹。今兹暂偈里中，尤欲及公未还政路，汲汲图一见"，隐见他那种不甘寂寞之情。②比起李中立自请致仕，归隐田园，就人各有志了。

孙觌以秦桧当政，畏祸深居二十余年。他在绍兴十三年

节《南宋制药作坊遗址》，上海：上海古籍出版社，2016年，第516—523页。

① 《皇宋十朝纲要校正》下册，卷二三，《高宗》，第665、667—668页；卷二四，《高宗》，第702页。
② 孟忠厚是隆祐孟太后兄子，奉孟太后命持书迎立高宗，故深获高宗信任宠用，封信安郡王。绍兴十二年（1142）九月乙未（初六）拜枢密使。他虽与秦桧为友婿，但秦实心忌之。是月秦不欲任徽宗之山陵使，就于丙申（初七）改荐孟充任。到十一月庚戌（廿二）山陵事毕，秦使言官以故事论列，就奏请依典故罢孟枢职，令他出判福州，十二月庚午（十二）改建康府，后再改绍兴府。到秦桧死，孟才被召还。孙觌在文集中收有二十二通与孟之通信。其中第一通云："使闻制除出殿京口"，考《宋史·孟忠厚传》记孟在绍兴九年判镇江府。则孙觌第一通与孟忠厚帖当写于绍兴九年。第十三帖云："某去岁迎拜梓宫于城东三十里外，执事舟楫在焉。望见前驱，冀得伏阙道左。"可知孙在绍兴十三年再修书孟忠厚。参见《宋史》卷四六五，《外戚传下·孟忠厚》，第13585—13587页；《要录》卷一四六，绍兴十二年九月乙未至丙申条，第2765页；卷一四七，十一月庚戌条，第2784页；十二月庚午条，第2786页；《全宋文》第一百六十册，卷三四六二，《孙觌四十五》《与信安郡王孟少傅》（一至廿二帖），第84—91页。

(1143）以郊恩得到复叙为奉议郎。但在绍兴二十年（1150）八月己未（十六），当秦桧进呈前侍从见在谪籍人时，高宗表示孙觌及莫俦（1089—1164）等尚在近地，说应该令他们远去，以言官尝论之，认为他们是奸臣逆子，应当屏迹。绍兴二十五年（1155）十二月甲申（十一）高宗召回与孙有交情的孟忠厚，并令孟押百官班。这大概给孙一大希望。不过，绍兴二十六年（1156）正月戊午（十六），孟出判平江府，没有留在朝中。孙觌要等到五月戊申（初八），当新任宰执沈该（？—1166）、万俟卨（1083—1157）及汤思退（1117—1164）等进呈御史台详看责降及事故的前宰执并侍从官十五人情犯，请或叙复职名，或给还致仕恩泽。高宗同意，将赵鼎以下给予恩典时，孙就上书自诉。六月壬午（十二），宋廷给他复官左朝奉郎。他仍不满足，在十一月辛巳（十三）再上书自诉，宋廷就复他右文殿修撰、提举江州太平兴国宫。孙随即对沈该、万俟卨及汤思退等宰执多人卑词致谢。直至绍兴三十年（1160）四月丁卯（十九），他才上书告老，宋廷复他敷文阁待制致仕，惟三日后又不行。直至绍兴三十一年（1161）八月癸卯（初三），孙才取得以敷文阁待制致仕，是年他已八十。翌年（绍兴三十二年）二月戊申（十一），高宗路过常州荆溪馆（今江苏常州青果巷一带），孙觌获召入见。①

---

① 《宋会要辑稿》第九册，《职官七十六·追复旧官》，第5134页；《要录》卷一六一，绍兴二十年八月己未条，第3056页；卷一七〇，绍兴二十五年十二月甲申条，第3238页；戊申条，第3250页；卷一七一，绍兴二十六年正月戊午条，第3257页；卷一七二，五月戊申条，第3296页；卷一七三，六月壬午条，第3306—3307页；卷一七五，十一月辛巳条，第3357页；卷一八五，绍兴三十年四月丁卯条，第3573页；卷一九二，绍兴三十一年八月癸卯条，第3719页；卷一九七，绍兴三十二年二月戊申条，第3873页；《宋史》卷三一，《高宗纪

李中立依旧隐于吕山。绍兴二十八年（1158），其三子李畯升朝官，刚遇到十一月己卯（廿三）高宗合祀天地于圜丘大典而行的大赦。李中立于是从遥领的团练使官授正任吉州刺史。翌年（绍兴二十九年，1159）正月丙辰朔（初一），以韦太后（1080—1159）的八十大寿，高宗诣慈宁殿行庆寿礼，因加恩群臣，李中立再进果州团练使。绍兴三十一年（1161）九月辛未（初二），高宗祀徽宗于明堂以配上帝，并大赦天下。李中立再以恩典晋和州防御使。绍兴三十二年（1162）当金主亮（1122—1161，1150—1161）南侵失败，高宗在六月丙子（十一）禅位孝宗。孝宗登位后大赦天下，李中立又以恩典迁利州观察使。这是他一生最高的官位。而其三子李畯也在九月辛丑（初八）自武经郎，以修制奉上高宗所居的德寿宫册宝，而获转一官。①

八》，第584—586、593页。孙觌在绍兴二十六年连续写了多通书启向宰相沈该、万俟卨、枢密使汤思退、参政程克俊、张纲（1083—1166）、同知枢密院事陈诚之等多人，感谢他们给他复官。到绍兴三十年，他获除敷文阁待制致仕，又向在九月甲午（十九）已擢为左仆射的汤思退写信致谢。参见《全宋文》第一五九册，卷三四三五，《孙觌十八》《复官谢沈相启·绍兴二十六年》，第149—150页；《谢万俟相启·绍兴二十六年》，第150—151页；《谢汤枢密启·绍兴二十六年》，第151—152页；《谢程参政启·绍兴二十六年》，第152—153页；《谢张参政启·绍兴二十六年》，第153—154页；《谢陈枢密启·绍兴二十六年》，第154—155页；《谢韩尚书启·绍兴二十六年》，第155页；卷三四三六，《孙觌十九·复修撰宫观谢沈相启》，第163页；《谢左相除敷文阁待制致仕启》，第174—175页。

① 《宋故武功大夫李公墓志铭》，第118—119页；《宋史》卷三一，《高宗纪八》，第590—591、602、611页；《要录》卷一八一，绍兴二十九年正月丙辰朔条，第3471页；周必大：《文忠集》卷九七，《掖垣类稿四·成忠郎安知和、杨继勋，秉义郎曹辅，武功郎江昌朝，武经郎李畯，秉义郎张士坚，并该修制奉上德寿宫册宝赏，各转一官·绍兴三十二年九月八日》，第14页下—15页上。按武经郎属诸司副使八阶列，政和二年九月由西京左藏库副使改，绍兴定为入品武阶之第四十阶，从七品。李畯转一官，应是从内园副使及洛苑副使等改的武略郎。参见龚延明：《宋代官制辞典》，第十一编《阶官类·七、武官阶门之三：政和以后武选官阶》，"武略郎、武经郎"条，第595页。

隆兴二年（1164）二月癸未（廿八），据说当天李中立感微疾，命人揭西方佛像于前，他洁手焚香，瞑然而逝，得年七十八。四月庚午（十六），他的儿孙奉他的灵柩，祔葬于平江府吴县（今江苏苏州市吴中区）南宫乡觉城山、其续配郭夫人之墓旁，据说这是他自卜的墓地，亦是数年后周必大经过的法华院李氏墓地。相信是他在世最长的第三子、武义大夫监南岳庙李畯，请得孙觌为其父撰写墓志铭，然后下葬。①

据李中立墓志铭所载，他虽是内臣，仍有妻子作配。元配封恭人宋氏，续配封令人郭氏。他有四子，当然都是养子：长子出家为僧，法号"法空"，次子李畤，官至秉义郎阁门祗候，二人皆早逝。三子李畯，李中立卒时官武义大夫、监潭州南岳庙。四子李善，官奉议郎、知徽州绩溪县（今安徽绩溪县）事。李中立有女二人，长适武经大夫、阁门宣赞舍人蓝师夔，次适承节郎冯晖。他有孙男八人：长曰李作朋，官右承节郎、严州桐庐县（今浙江桐庐县）尉；次曰李作舟，官保义郎监婺州（今浙江金华市）都税务；次曰李作肃，官保义郎监严州淳安县（今浙江淳安县）税；次曰李作霖，官保义郎监行在翰林门司；次曰李作义、李作哲，应进士举，再次李作成、李作德尚幼。他有孙女二人：适黄讷、史绍祖。

---

① 《宋故武功大夫李公墓志铭》，第117、119页。据王謇《宋平江城坊考》所记，李中立墓所在的吴县南宫乡是吴县二十都之一，在吴县之西，其治的新安里，在县西长沙山。惟觉城山所在待考。参见王謇撰，张维明校理：《宋平江城坊考》，《附录·乡都》，南京：江苏古籍出版社，1986年，第267、271—272页。又据明王鏊《姑苏志》的记载，"利州观察使李立（脱去中字）墓在法华院，孙觌铭"，可旁证周必大的记载无误。参见王鏊：《姑苏志》卷三四，《塚墓》，文渊阁《四库全书》本，第22页下。

另有曾孙男女五人。①

李中立来自内臣世家,他的养子养孙,依照宋代内臣收养子之习惯,可以是阉子,也可以是普通人。从他们的官职,除了孙李作霖官行在翰林门司,似是内臣外,其他不易判断是否内臣。其中担任文官的四子李善及长孙李作朋,肯定不是内臣。而两个应举的孙儿李作义和李作哲,也肯定不是内臣。李的儿孙女婿的事迹均无考,都不是有事功的人物。幸有这篇传世的墓志铭,才把他们的姓名记录下来。另给研究宋代内臣家族的学者,提供第四份(若加上降辽的内臣冯从顺和李知顺,就是第六份)完整的内臣家族成员资料。

---

① 武经大夫属诸司正使八阶列,政和二年九月由西京左藏库使改,绍兴时定为入品武阶五十二阶的第二十阶,位次武略大夫,正七品。武义大夫则由西京作坊使、东西染院使、礼宾使改。绍兴时定为入品武阶五十二阶之第二十一阶,位次于武经大夫,正七品。李畯两年前才擢为武略郎的诸司副使阶列,现时所领的武义大夫,已位列诸司正使,算是超擢,可能因李中立之恩恤所得。至于秉义郎则由西头供奉官改,绍兴时定为入品武阶五十二阶之四十六阶,从八品。而保义郎由右班殿直改,为入品武阶之五十阶。承节郎由三班奉职改,为入品武阶之五十一阶,从九品。至于属文阶官的奉议郎则由太常、秘书、殿中丞及著作郎改,为文臣寄禄官三十阶之第二十四阶。又刘一止(1078—1160)的文集收有蓝师夔除阁门宣赞舍人制文一道,按刘一止任中书舍人在绍兴年间,即蓝师夔在绍兴中已任此职,直至李中立逝世。按阁门宣赞舍人在政和六年(1116)八月由阁门通事舍人改,以武臣担任,属于横行五司官属的差遣。蓝师夔以武经大夫任阁门宣赞舍人,是武臣的优选,惜蓝师夔以后的事迹不详。参见刘一止:《苕溪集》卷三六,《蓝师夔除阁门宣赞舍人》,文渊阁《四库全书》本,第5页下;龚延明:《宋代官制辞典》,第七编《皇宫京城禁卫侍奉机构类·二、皇城司与横行五司门》,"阁门宣赞舍人"条,第423页;第十一编《阶官类·三、文阶官门之二:元丰新制文臣寄禄官阶》,"奉议郎"条,第572页;《阶官类·七、武阶官门之三:政和以后武选官阶》,"武经大夫、武义大夫、秉义郎"条,第594、596页。

四、结论：儒臣与内臣

为李中立撰写墓志铭的孙觌，按照为人写墓志铭的习惯，对墓主李中立称誉备至，除了称许李中立"持心忠恕，事君亲，交僚友，待族姻，御使卒，惟有一诚。寡言笑，一语出而终身可复"外，在墓铭总结李中立生平则云：

> 权门众趋，蠹蠹聚蚊。暴謷铩翩，卒徇以身。哀乐相因，如屈伸肘。壑谷潭潭，门上生莠。富贵于我，视空中云。得马失马，孰为戚欣？猗欤李公，高蹈一世。人勉而天，不见愠喜。靖共一德，历践四朝。如砥柱立，不震不摇。进直殿庐，为中常侍。退处山林，作大居士。乘应舍栰，泛不系舟。现自在身，得逍遥游。国忠粗报，能事已毕。乞身而去，以全吾璧。觉城之原，万木苍苍。公归在天，体魄所藏。既善吾生，亦善吾死，死而不忘，以永千祀。①

关于孙觌为李中立撰写墓志铭之事，抗金名将岳飞（1103—1142）的孙儿岳珂在其笔记《桯史》有一段很有意思的评论，岳珂注意到孙觌这一则特别的墓志铭：

> 孙仲益觌《鸿庆集》，太半铭志，一时文名猎猎起，四

---

① 《宋故武功大夫李公墓志铭》，第119—120页。

方争辇金帛请，日至不暇给。今集中多云云，盖谀墓之常，不足咤。独有武功大夫李公碑列其间，乃俨然一珰矣，亟称其高风绝识，自以不获见之为大恨，言必称公，殊不怍于宋用臣之论谥也。其铭曰："靖共一德，历践四朝。如砥柱立，不震不摇。"亦太侈云。余在故府时，有同朝士为某人作行状，言者摘其事，以为士大夫不忍为，即日罢去，事颇相类，仲益盖幸而不及于议也。①

岳珂在这则评论指出，孙觌为李中立撰写墓志铭，当不是为李的亲属的丰厚润笔金而像他一贯的作风随便为墓主歌功颂德，而是确为李之高风所感而为文；不过，岳珂却将孙颂赞李中立之论，比作宋神宗朝权阉宋用臣（？—1100）在徽宗初年卒时所获过当之论谥，而甚不同意孙觌的做法。②岳珂提到他有同僚曾为某人（当也是内臣）作行状，却被言者攻击，说士大夫不忍为此，因而导致此一朝士被罢去。岳说此事与孙为李作墓志铭颇类似，只是孙觌幸

---

① 岳珂撰，吴企明点校：《桯史》卷六，《鸿庆铭墓》，北京：中华书局，1981年，第70页。
② 宋用臣字正卿，开封人。《宋史》本传称他为人有清思强力，神宗建东西府及筑京城，建尚书省，起太学，立原庙，道洛水通汴河，大小工役，都由他负责。他性敏给而善传诏令，故神宗多访以外事，其同列均靠他以进，而朝士没有廉节的，都谄媚依附他，权势震赫一时，积劳至登州防御使加宣政使。元祐初年，他被旧党大臣斥为内臣四凶之一，被贬官夺职，但哲宗亲政后，他在绍圣初年又召为内侍押班。徽宗即位，迁入内副都知蔡州观察使为永泰陵修奉钤辖，卒于修陵上，赠安化军节度使，谥僖敏。当时谥议称宋用臣为"广平宋公"，有"天子念公之劳，久徙于外"之语。御史中丞丰稷（1033—1108）论奏，以为凡称公的皆须耆宿、大臣与乡党有德之士，所谓"念公之劳，久徙于外"，乃古周公之事，于宋用臣实非所宜言。徽宗纳之，只令赐谥，论者是之。岳珂评论孙觌为李中立作墓铭，开口称公，闭口称公，即引宋用臣之事以非之。参见《宋史》卷四六七，《宦者传二·宋用臣》，第13641—13642页。

运地没被言者议论。依岳珂所言，孙觌为内臣作墓铭，是冒着被朝士攻击的风险的。大概宋廷主流士大夫认为不值得为这些刑余之人撰写墓志铭，更不应为他们说好话。孙觌为李中立撰墓志铭而被岳珂批评的事，也许可以提供另一旁证，为何宋代内臣墓志铭如此罕见于宋人文集。当然，众所周知，岳珂对孙觌有极大成见，既因孙觌为有份诬杀其祖岳飞的万俟卨撰写墓志铭，"以谀墓取足，虽贸易是非，至以得不偿愿，作启讥骂，笔于王明清之录，天下传以为笑"，更为了孙写韩世忠墓志时，把岳飞写为"跋扈"，比之为在靖康之难中降敌而杀害忠良的悍将范琼（？—1129）。这就难怪岳珂对孙觌为李中立写墓志铭，也要大加批评了。① 当然，朝臣中好

---

① 岳珂为祖父辨诬时，就指熊克（？—1188后）修《中兴小历》时，有关万俟卨所上劾奏岳飞之两道奏疏，都出于孙觌为万俟卨所写的墓志。他对孙觌批评其祖父跋扈，而比之为范琼尤其不能接受。他严厉批评孙觌，说："夫人之贤不肖，天下固有公论，而非一人之私可以臆决也。"他说："夫吕颐浩之元勋，而吕惠卿之误国，莫俦之附房，其为人皆不待言而见。觌之序惠卿，则谓魁，名硕实，为世大儒，而自愿托名其文。志莫俦则惜其投闲置散，老死不用，而谓朝堂为非。是其识固可想矣。至于颐浩则直指为山东噉枣栗一氓，是岂复有是非之公哉！觌之取舍如此，则诋先臣以跋扈，固无怪者。"他批评孙觌"以苟掯万俟卨之恶而笔之，（熊）克以轻信孙觌之志而述之"，于是造成岳飞山阳之诬。他根恶孙觌可谓溢于辞表。参见岳珂撰，王曾瑜校注：《鄂国金佗稡编校注》卷二三，《吁天辨诬卷三·山阳辨》，北京：中华书局，1989年，第1061—1062页。又关于孙觌为人作墓志，得润笔甚富，所以家益丰的情况，王明清引述翟无逸的说法，记孙为他原籍的一个晋陵主簿之父作墓铭，此人先派人向孙觌致意，说"文成，缣帛良粟，各当以千濡毫也"。于是孙觌欣然落笔，且大大溢美其人之父。墓铭写好，这个晋陵主簿却食言，只以纸笔、龙涎香、建茶代其数，并作启多谢孙。孙极为不堪，就以四六词报之，其略云："米五斗而作传，绢千匹以成碑，古或有之，今未见也。立道旁碣，虽无愧词；谀墓中人，遂为虚语。"岳珂所言王明清之录，就是指此事。可见当时宋人将孙觌为人写碑以求财，作为笑谈。参见王明清：《挥麈录》，《后录》卷一一，第276条，"孙仲益作墓碑"，第165页。又孙觌所撰万俟卨墓铭记万俟卨劾奏"岳飞议弃两淮地，专守大江以南"，"飞提重兵十余万，无横草之劳，但言弃两淮以动朝廷，此不臣之渐"的重话，以及其撰韩世忠墓铭时，称"岳飞、范琼辈皆以跋扈赐死"一语，可参见《全宋文》第一百六十一

像为孙觌文集写序的周必大,却和孙觌一样,对李中立崇敬之余,又"登李侯之丘,读孙仲益所为铭",①可见朝臣中对内臣态度并非铁板一块。

孙觌与李中立一为儒臣,一为内臣。在两宋乱离之际,他们均难得享高寿,孙得年八十九,而李享寿七十八。他们都笃信佛陀,前者号鸿庆居士,②后者号皎然居士。为此因缘,他们结为知己。二人在宋室南渡后,均退隐深山。不过李中立是知几弃官而去,孙觌却是畏祸逃亡深山。李中立在徽宗朝,虽然不比梁师成、童贯、李彦以至杨戬(?—1121)、谭稹(?—1126后)那些权势熏天的同僚得宠,但他的安分守己与治事才干,仍为徽宗所赏,委为近侍的睿思殿祗候,并先后委为华原郡王赵朴的王府都监,以及高宗的藩邸臣属。因他的安分与知几,在钦宗继位后,他没有像梁师成等成为文臣清算的对象,当宣和诸权阉相继被诛及抄家后,他还可以带着偌大的家财与家人安然逃往江南,建立他在深山的安乐窝。孙觌为他写墓志铭时,歌颂赞扬他乐善好施,供僧建寺,经营药肆;却没有说明李的财富从何而得。从李中立的个案,可以看到在徽宗

册,卷三四九〇,《孙觌七三》《宋故特进观文殿大学士河南郡开国公致仕赠少师万俟公墓志铭》,第44页;卷三四九一,《孙觌七四》《宋故扬武翊运功臣太师镇南武安宁国军节度使充醴泉宫使咸安郡王致仕赠通义郡王韩公墓志铭》,第54页。

① 周必大:《文忠集》卷一七一,《乾道壬辰南归录》,三月辛巳条,第10页。
② 周必大:《文忠集》卷五三,《孙尚书鸿庆集序》,第7页上。据周必大所记,孙觌生于元丰辛酉(四年),因曾以龙图阁学士提举南京鸿庆宫,故自号鸿庆居士。他在孝宗朝,尝命编类蔡京、王黼(1079—1126)等事实上之史官。周必大在乾道丁亥(三年,1167)还在阳羡(今江苏宜兴市)见到他,孙当时已八十七。他语及前朝旧事,还健论滔滔。据《文献通考》所记,他卒于乾道己丑(二年),得年八十九。参见陈振孙撰,徐小蛮、顾美华点校:《直斋书录解题》卷一八,《别集类下·鸿庆集四十二卷》,第527页。

朝有权势的内臣无不广积财宝，只是童贯之流倒台得快，搜括来的财富成为钦宗以及金人的战利品而已。

因李中立曾为高宗的藩邸旧臣，当高宗一批信任宠信的内臣如康履等被苗刘叛军所杀，李毂被言官痛劾而不获高宗复用后，高宗就想起他的藩邸旧人、能干而安分的李中立。知道他的下落后，就征他入朝，委以重任，包括后来打探隆祐太后下落的任务。他一度求退，可高宗仍要急召他回来，担任他选定的继承人孝宗的宫僚。若李中立热衷功名，以高宗对他的信任，他大可留在宋宫中执事，成为入内都知。但他选择退隐，以疾为由求致仕，他才过半百，后来享年七十八，当日称疾告退，不过是借口。他没有像不少内臣在杭州大造园林，①他宁可回到隐居之洞庭山，经营他的药肆，以及参禅念佛，而得以脱离宫廷政治的漩涡。

他这番用心，孙觌在其墓铭中都能含蓄地表达出来，然而讽刺的是，孙觌经历靖康之难的惨痛，以及徽钦高三朝人事更替时文臣之间的激烈倾轧，他还是多次不甘寂寞，退了又复出，出了又被迫退下，当秦桧死后，他就一再上书申诉，要求宋廷恢复他的官职。在宋人笔下，他除了热衷于入仕外，还是一个甚有争议的人物。朱熹（1130—1200）对他所撰的钦宗朝历史甚有意见，认为后来洪迈（1123—1202）修钦宗纪多本于孙觌所记，附耿南仲而恶李纲，实

---

① 据鲍沁星的研究，在杭州有：1.掌管皇家园林的内侍蒋氏建造的蒋苑使园；2.宋孝宗、光宗朝内侍陈源（？—1194后）所造的适安园、琼花园；3.内侍张知省（即知入内内侍省事，应即张去为，？—1179后）所造的总宜园；4.宋理宗内侍卢允升所造园；5.高宗内侍裴禧所造的裴园；6.孝宗朝入内押班甘昪（？—1189后）所造的湖曲园。参见鲍沁星：《南宋园林史》，第五章《南宋私家园林》，上海：上海古籍出版社，2016年，第178—182页。

所纪失实，而不足取，对他修钦宗降表之媚词更是不能接受。[①]我们看他的文集中保存的大量与权贵来往的信件，可以看出他一直心有不甘，希望重新回到权力的前台。他到七十九岁，为官五十二年后才上表请致仕，翌年，以"年逾八十，尚玷吏籍，疾病衰残，耳目昏瞶，犬马之力不复自效"，才愿意致仕。[②]他并没有像他笔下的内臣李中立一样，五十一岁便请告退。李刻意远离政治，孙却不思引年求退，仍汲汲于仕进。贤与不肖，自有公论。

就在李中立殁后二年，在乾道二年（1166）四月丙戌（十三），殿中侍御史王伯庠严劾孙觌，痛斥他：

> 觌在宣和间，被遇徽宗皇帝，浸阶通显；钦宗皇帝擢授中书舍人，蒙恩最厚。及京城失守，车驾出城，觌于时不能尽主辱臣死之节，乃背恩卖国，取媚虏首。抚其事实，臣子所不忍言。太上皇帝扩天地覆载之恩，拔拭收用，位至尚书，授以方面。而觌天资小人，不能自改，又以赃罪除名勒停，窜斥岭外。遇赦放还，累经叙复，不带左字。为觌者自当屏迹人间，岂敢复施颜面见士大夫，而蝇营狗媚，攀援进取，既复修撰，又复待制。如觌之背君卖国，不忠不义，而处以侍从，可乎？乞降睿旨，将觌落职远贬，以为人臣不忠不义之戒。

[①] 《宋史》卷三七三，《洪迈传》，第11574页；朱熹撰，郭齐、尹波点校：《朱熹集》卷七一，《杂著·记孙觌事》，成都：四川教育出版社，1996年，第3690页。
[②] 《全宋文》第一五八册，卷三四二四，《孙觌七》，《乞致仕状》《乞致仕札子》，第448—449页。

孝宗准奏，将孙觌落敷文阁待制职，只是未将他远贬。①孙觌在李中立的墓铭，一再表扬李的淡泊功名的高节；讽刺的是，他却被人严劾恋栈功名。他曾自称"交旧委作墓志、行状数十家，不受一金之馈"；但宋人都说他靠为人撰写充满谀词的墓志及行状致富。②孙觌是一代的儒臣，然从人品和识见上，依笔者之见，反而不及这一位靠他所撰的墓铭才为我们所知的内臣李中立。

就像笔者在本书第九篇所考述的三位内臣董仲永（1104—1165）、郑景纯（1091—1137）及杨良孺（1111—1164）一样，李中立是一位在两宋之际评价正面，而生平事迹罕有在正史记载的内臣。他的生平事迹以及家族资料有幸靠着文集所录的墓志铭得以保存下来。为他撰写墓志铭的孙觌，偏偏是备受争论的儒臣。似乎只有非主流的文臣，才愿意为文臣所轻视的内臣撰写墓志铭，而且加以表扬，而非带有偏见的丑化。

最后值得一提的是，王曾瑜教授最近（2015）所撰的《宋徽宗时的宦官群》一篇力作，给本文提供了极佳的参考资料，它除了析论徽宗纵容宠信内臣的祸害外，更分别考述童贯、梁师成、李彦、杨戬、梁方平、谭稹、李彀、邵成章等三十名徽宗朝内臣的事迹。③也许李中立在徽宗朝的事迹不显，且没有明显过恶，他虽有

---

① 《宋会要辑稿》第八册，《职官七十一·黜降官八》，第4954页。
② 《全宋文》第一五九册，卷三四二八，《孙觌十一·与侍御书》，第34页。
③ 王曾瑜：《宋徽宗时的宦官群》，载《隋唐辽宋金元史论丛》第五辑，2015年，第141—186页。考王氏所考的徽宗朝内臣，以论童贯生平最详，次为梁师成。童梁等八人外，所论内臣尚有郝随（？—1109）、刘友端（？—1113后）、蓝从熙（？—1119后）、童师敏（？—1115后）、贾详（？—1116后）、李彀、何䜣（？—1118后）、王仍（？—1126）、邓文诰（？—1119后）、张见道（1091—？）、王珣、张佑（？—1113后）、杨球（？—1126）、李琮（？—1137后）、梁平（？—1126后）、邓珪（？—1127后）、

墓志铭传世，但仍不在王教授所论之徽宗内臣之列。

近来学界不少人倡导"问题意识"，认为理论架构至为重要，重视宏观的论述，这自然是治史的一途；但宋代内臣直接的史料像墓志铭、行状的太少，要透过内臣个案研究、微观论述，以作为宏观论述的基础，实在不易。希望未来能有机会在文集，特别是出土文献发现更多内臣墓志铭资料，以严谨的史事考证功夫，让我们对宋代内臣种种有更坚实及深入的认识。

修订附记

本文原刊《新亚学报》2016年第33卷，第129—163页。除了增补一些新资料，也改正一些错别字。修订本文时，蒙香港大学朱铭坚博士赐告，笔者在初稿提到与孙觌多有书信往还的李主管（字举之），并非李中立，而是李擢之子李益能。因据此而删去该条。

李遘、冯浩（？—1120）、石如冈（？—1126）、黄经臣（？—1126）、王若冲（？—1127后）、卢公裔（？—1135后）、白锷（？—1143后）等二十二人。他们不少人在南宋尚在，而当中如邵成章还有君子之誉，而黄经臣则殉难而死，不全是贪恶之徒。不过，王氏失考李遘其实是李毂的讹写。

参考书目

一、史源

1. 房玄龄（579—648）：《晋书》，北京：中华书局点校本，1974年。
2. 魏徵（580—643）等撰：《隋书》，北京：中华书局，1973年。
3. 释赞宁（919—1001）撰，范祥雍（1913—1993）点校：《宋高僧传》，北京：中华书局，1987年。
4. 乐史（930—1001）撰，王文楚等点校：《太平寰宇记》，北京：中华书局，2007年。
5. 钱俨（937—1003）：《吴越备史》，文渊阁《四库全书》本。
6. 钱若水（960—1003）修，范学辉校注：《宋太宗皇帝实录校注》，北京：中华书局，2012年。
7. 呼延遘（？—1024后）：《皇宋故金紫光禄大夫检校刑部尚书左羽林大将军致仕兼御史大夫轻车都尉□□户杨府君墓志铭并序》，大宋金石录网：http://blog.sina.com.cn/s/blog_de5296c70101pabk.html.
8. 王曾（978—1038）撰，张剑光、孙励整理：《王文正公笔录》，载朱易安、戴建国等编：《全宋笔记》第一编第三册，郑州：大象出版社，2003年。
9. 夏竦（985—1051）：《文庄集》，文渊阁《四库全书》本。
10. 范仲淹（989—1052）撰，李勇先、王蓉贵校点：《范仲淹全集》，成都：四川大学出版社，2002年。
11. 钱彦远（994—1050）：《宋故彭城钱府君墓志铭》，《新出吴越钱氏墓志》，大宋金石录网：http://blog.sina.com.cn/s/blog_de5296c70101pabk.html.
12. 包拯（999—1062）撰，杨国宜整理：《包拯集编年校补》，合肥：黄山书社，1989年。
13. 宋庠（996—1066）：《元宪集》，文渊阁《四库全书》本。

14.胡宿（995—1067）：《文恭集》，文渊阁《四库全书》本。

15.曾公亮（999—1078）编：《武经总要》，北京：解放军出版社据明金陵书林唐富春刻本影印，1994年。

16.文莹（？—1060后）撰，郑世刚（1931—2024）、杨立扬点校：《湘山野录》（与《续湘山野录》《玉壶清话》合本），北京：中华书局，1984年。

17.欧阳修（1007—1072）撰，李逸安点校：《欧阳修全集》，北京：中华书局点校本，2001年。

18.郭若虚（？—1085后）撰，邓白注：《图画见闻志》，成都：四川美术出版社，1986年。

19.韩琦（1008—1075）撰，李之亮、徐正英笺注：《安阳集编年笺注》，成都：巴蜀书社，2000年。

20.赵抃（1008—1084）：《清献集》，文渊阁《四库全书》本。

21.范镇（1008—1088）撰，汝沛点校：《东斋记事》（与《春明退朝录》合本），北京：中华书局，1980年。

22.龚鼎臣（1009—1086）：《东原录》，文渊阁《四库全书》本。

23.宋敏求（1019—1079）撰，诚刚点校：《春明退朝录》（与《东斋记事》合本），北京：中华书局，1980年。

24.曾巩（1019—1083）撰，陈杏珍、晁继周点校：《曾巩集》，北京：中华书局，1984年。

25.曾巩撰，王瑞来校证：《隆平集校证》，北京：中华书局，2012年。

26.王珪（1019—1085）：《华阳集》，文渊阁《四库全书》本。

27.司马光（1019—1086）撰，王亦令点校：《稽古录》，北京：中国友谊出版公司，1987年。

28.司马光撰，邓广铭、张希清校注：《涑水记闻》，北京：中华书局点校本，1989年。

29.司马光撰，李之亮笺注：《司马温公集编年笺注》，成都：巴蜀书社，2009年。

30.司马光撰，李文泽、霞绍晖校点：《司马光集》，成都：四川大学出版社，2010年。

31.高承（？—1085后）撰，金圆、许沛藻点校：《事物纪原》，北京：中华书局，1989年。

32.孙逢吉（？—1086后）：《职官分纪》，文渊阁《四库全书》本。

33.吴处厚（？—1089后）撰，李

裕民点校:《青箱杂记》,北京:中华书局点校本,1985年。

34.苏颂（1020—1101）撰,王同策等点校:《苏魏公集》,北京:中华书局,1988年。

35.王安石（1021—1086）撰,李之亮笺注:《王荆公文集笺注》,成都:巴蜀书社,2005年。

36.郑獬（1022—1072）:《郧溪集》,文渊阁《四库全书》本。

37.王存（1023—1101）撰,王文楚、魏嵩山点校:《元丰九域志》,北京:中华书局,1984年。

38.范纯仁（1027—1101）:《范忠宣集》,文渊阁《四库全书》本。

39.刘挚（1030—1098）撰,裴汝诚、陈晓平点校:《忠肃集》,北京:中华书局,2002年。

40.沈括（1031—1095）:《长兴集》,文渊阁《四库全书》本。

41.王辟之（1031—1097后）撰,吕友仁点校:《渑水燕谈录》（与《归田录》合本）,北京:中华书局,1981年。

42.曾布（1036—1107）撰,顾宏义点校:《曾公遗录》,北京:中华书局,2016年。

43.王得臣（1036—1116）撰,俞宗宪点校:《麈史》,上海:上海古籍出版社,1986年。

44.范祖禹（1041—1098）:《范太史集》,文渊阁《四库全书》本。

45.陈次升（1044—1119）:《谠论集》,文渊阁《四库全书》本。

46.杨时（1053—1135）撰,林海权校理:《杨时集》,北京:中华书局,2018年。

47.邹浩（1060—1111）:《道乡集》,文渊阁《四库全书》本。

48.慕容彦逢（1067—1117）:《摛文堂集》,文渊阁《四库全书》本。

49.李光（1078—1159）:《庄简集》,文渊阁《四库全书》本。

50.汪藻（1079—1154）撰,王智勇笺注:《靖康要录笺注》,成都:四川大学出版社,2008年。

51.孙觌（1081—1169）:《鸿庆居士集》,文渊阁《四库全书》。

52.佚名撰,俞剑华注释:《宣和画谱》,南京:江苏美术出版社,2007年。

53.董逌（?—1120后）:《广川画跋》,载于安澜编:《画品丛书》,上海:上海人民美术出版社,1982年。

54.李攸（?—1134后）:《宋朝事实》,《国学基本丛书》本,上海：商务印书馆，1935年。

55.王铚（？—1144）撰，朱杰人点校：《默记》（与《燕翼诒谋录》合本），北京：中华书局，1981年。

56.江少虞（？—1145后）：《宋朝事实类苑》，上海：上海古籍出版社，1981年。

57.蔡絛（？—1146后）撰，冯惠民、沈锡麟点校：《铁围山丛谈》，北京：中华书局，1983年。

58.周麟之（？—1160后）：《海陵集》，文渊阁《四库全书》本。

59.钱世昭（？—1163后）：《钱氏私志》，文渊阁《四库全书》本。

60.胡仔（1110—1170）纂集，廖德明校点：《苕溪渔隐丛话》，北京：人民出版社，1981年。

61.吴曾（？—1170后）：《能改斋漫录》，上海：上海古籍出版社，1979年。

62.李焘（1115—1184）：《续资治通鉴长编》，北京：中华书局点校本，1979—1995年。

63.洪迈（1123—1202）撰，李昌宪整理：《夷坚志》，载戴建国主编：《全宋笔记》第九辑第三至第七册，郑州：大象出版社，2018年。

64.范成大（1126—1193）撰，陆振岳校点：《吴郡志》，南京：江苏古籍出版社，1986年。

65.周必大（1126—1204）：《文忠集》，文渊阁《四库全书》本。

66.徐梦莘：《三朝北盟会编》，上海：上海古籍出版社影印清光绪三十四年许涵度刻本，1987年。

67.王明清（1127—1204后）：《挥麈录》，上海：上海书店出版社，2001年。

68.朱熹（1130—1200）撰，郭齐、尹波点校：《朱熹集》，成都：四川教育出版社，1996年

69.祖咏（？—1183后）：《大慧普觉禅师年谱》，收入殷梦霞编：《佛教名人年谱》，北京：北京图书馆出版社，2003年。

70.杨仲良（？—1184后）：《皇宋通鉴长编纪事本末》，收入赵铁寒主编，《宋史资料萃编》第二辑，台北：文海出版社，1967年。

71.熊克（？—1188后）：《皇朝中兴纪事本末》，北京：北京图书馆出版社，2005年。

72.杜大珪（？—1194后）：《名臣碑传琬琰之集下》，文渊阁《四库全书》本。

73.陈傅良（1137—1203）：《止斋

集》,文渊阁《四库全书》本。

74. 赵汝愚(1140—1196)编,北京大学中国中古史研究中心校点整理:《宋朝诸臣奏议》,上海:上海古籍出版社,1999年。

75. 袁褧(?—1201后)撰,俞钢、王彩燕整理:《枫窗小牍》,收入戴建国主编:《全宋笔记》第四编第五册,郑州:大象出版社,2008年。

76. 章如愚(?—1206后)编撰:《山堂考索》,北京:中华书局影印明正德十六年(1521)建阳书林刘洪慎独斋本,1992年。

77. 楼钥(1137—1213):《攻媿集》,文渊阁《四库全书》本。

78. 崔敦诗(1139—1182):《崔舍人西垣类稿》,丛书集成初编本,上海:商务印书馆,1936年。

79. 徐自明(?—1220后)撰,王瑞来校补:《宋宰辅编年录校补》,北京:中华书局,1986年。

80. 王栐(?—1227后)撰,诚刚点校:《燕翼诒谋录》(与《默记》合本),北京:中华书局,1981年。

81. 蔡幼学(1154—1217):《育德堂外制》,《续修四库全书》本,上海:上海古籍出版社,2002年重印。

82. 李壁(1157—1222):《王荆公诗注》,文渊阁《四库全书》本。

83. 李埴(1161—1238)撰,燕永成校正:《皇宋十朝纲要校正》,北京:中华书局,2013年。

84. 王称(?—1200后):《东都事略》,收入赵铁寒主编:《宋史资料萃编》第一辑,台北:文海出版社,1967年。

85. 王明清(?—1203后)撰,汪新森、朱菊如校点:《玉照新志》(与《投辖录》合本),上海:上海籍出版社,1991年。

86. 张杲(1149—1227):《医说》,文渊阁《四库全书》本。

87. 林駉(?—1232):《古今源流至论续集》,文渊阁《四库全书》本。

88. 李心传(1166—1243)编撰,胡坤点校:《建炎以来系年要录》,北京:中华书局,2013年。

89. 陈均(1174—1244)编,许沛藻、金圆等点校:《皇朝编年纲目备要》,北京:中华书局,2006年。

90. 赵与时(1175—1231)撰,齐治平校点:《宾退录》,上海:上海古籍出版社,1983年。

91. 施谔（？—1252后）：《淳祐临安志》（与《乾道临安志》合本，称《南宋临安两志》），杭州：浙江人民出版社，1983年。

92. 释普济（？—1252后）撰，苏渊雷点校：《五灯会元》，北京：中华书局，1984年。

93. 陈振孙（1179—1262）撰，徐小蛮、顾美华点校：《直斋书录解题》，上海：上海古籍出版社，1987年。

94. 岳珂（1183—1243）撰，吴企明点校：《桯史》，北京：中华书局，1981年。

95. 岳珂编撰，王曾瑜校注：《鄂国金佗稡编校注》，北京：中华书局，1989年。

96. 姚勉（1216—1262）撰，曹诣珍、陈伟文校点：《姚勉集》，上海：上海古籍出版社，2012年。

97. 潜说友（1216—1277）：《咸淳临安志》，载《宋元方志丛刊》第四册，北京：中华书局，1990年。

98. 叶隆礼（？—1260后）撰，贾敬颜、林荣贵点校：《契丹国志》，北京：中华书局，2014年。

99. 马光祖（？—1269）编、周应合纂，王晓波校点：《景定建康志》，收入王晓波、李勇先、张保见、庄剑点校：《宋元珍稀地方志丛刊》甲编，成都：四川大学出版社，2007年。

100. 赵道一（？—1294后）编、卢国龙点校：《历世真仙体道通鉴续编》卷三，《皇甫坦》，收入张继禹主编：《中华道藏》第四十七册，《洞真部纪传类》，北京：华夏出版社，2004年。

101. 王应麟（1223—1296）：《玉海》，上海：上海书店据清光绪九年浙江书本刊本影印，1988年。

102. 周密（1232—1298）撰，张茂鹏点校：《齐东野语》，北京：中华书局，1983年。

103. 确庵、耐庵编，崔文印笺证：《靖康稗史笺证》，北京：中华书局，1988年。

104. 项公泽（？—1241后）修，凌万顷、边实纂：《淳祐玉峰志》，载中华书局编辑部编：《宋元方志丛刊》第一册，北京：中华书局，1990年。

105. 马端临（1254—1323）撰，上海师范大学古籍研究所暨华东师范大学古籍研究所点校：《文献通考》，北京：中华书局点校本，2011年。

106.俞希鲁（？—1334后）编纂，杨积庆等点校：《至顺镇江志》，南京：江苏古籍出版社，1990年。

107.佚名编，汪圣铎校点：《宋史全文》，北京：中华书局，2016年。

108.脱脱（1314—1356）等，刘浦江等修订：《辽史》，北京：中华书局点校修订本，2016年。

109.脱脱等：《金史》，北京：中华书局点校本，1975年。

110.脱脱等：《宋史》，北京：中华书局点校本，1977年。

111.陶宗仪（1329—1410）编：《说郛》，文渊阁《四库全书》本。

112.陈思（？—1264后）编，陈世隆补：《两宋名贤小集》，文渊阁《四库全书》本。

113.郑麟趾（1396—1478）等撰，孙晓主编：《高丽史》，重庆：西南师范大学出版社，2014年据韩国奎章阁藏光海君覆刻乙亥字本及明景泰二年（1451）朝鲜乙亥铜活字本等标点校勘本。

114.王鏊（1450—1524）：《姑苏志》，文渊阁《四库全书》本。

115.张鸣凤（？—1552后）编，杜海军、阎春点校：《桂胜》（与《桂故》合本）北京：中华书局，2016年。

116.杨慎（1488—1559）：《升庵集》，文渊阁《四库全书》本。

117.杨慎：《丹铅摘录》，文渊阁《四库全书》本。

118.凌迪知（1529—1600）：《万姓统谱》，文渊阁《四库全书》本。

119.冯琦（1558—1603）：《经济类编》，文渊阁《四库全书》本。

120.毛一公（？—1620后）撰：《历代内侍考》，载《续修四库全书》，上海：上海古籍出版社据浙江图书馆藏清抄本影印，2002年，第517册，《史部·传记类》卷十至十二，第98—129页。

121.吴任臣（1628—1689）编：《十国春秋》，文渊阁《四库全书》本。

122.傅泽洪（？—1725后）主编，郑元庆编辑：《行水金鉴》，文渊阁《四库全书》本。

123.王昶（1724—1806）辑：《金石萃编》，载国家图书馆善本金石组编：《宋代石刻文献全编》第三册，北京：北京图书馆出版社，2003年。

124. 徐松（1781—1848）辑，刘琳、刁忠民、舒大刚、尹波等校点：《宋会要辑稿》，上海：上海古籍出版社，2014年。

125. 吴广成（？—1825年后）撰，龚世俊等校证：《西夏书事校证》，兰州：甘肃文化出版社，1995年。

126. 梁廷枏（1796—1861）著，林梓宗校点：《南汉书》，广州：广东人民出版社，1981年。

127. 张金吾（1787—1829）编纂：《金文最》，北京：中华书局，1990年。

128. 陆心源（1834—1894）辑，吴伯雄点校：《宋史翼》，杭州：浙江古籍出版社，2016年。

129. 不著撰人编，司义祖点校：《宋大诏令集》，北京：中华书局，1962年。

130. 陈述（1911—1992）辑校：《全辽文》，北京：中华书局，1982年。

131. 金渭显：《高丽史中中韩关系史料汇编》，台北：食货出版社，1983年。

132. 栾贵明辑：《四库辑本别集拾遗》，北京：中华书局，1983年。

133. 韩荫晟（1919—2003）编：《党项与西夏资料汇编》，银川：宁夏人民出版社，2000年。

134. 傅璇琮（1933—2016）等编：《全宋诗》，北京：北京大学出版社，1993年。

135. 向南（杨森，1937—2012）主编：《辽代石刻文编》，石家庄：河北教育出版社，1995年

136. 中国文物研究所、陕西省古籍整理办公室编：《新中国出土墓志·陕西（壹）》，北京：文物出版社，2000年。

137. 刘蔚华主编：《石头上的儒家文献——曲阜碑文录》，济南：齐鲁书社，2001年。

138. 国家图书馆善本金石组编：《宋代石刻文献全编》，北京：北京图书馆出版社，2003年。

139. 曾枣庄、刘琳编：《全宋文》，上海：上海辞书出版社，合肥：安徽教育出版社，2006年。

140. 向南、张国庆、李宇峰辑注：《辽代石刻文续编》，沈阳：辽宁人民出版社，2010年。

141. 郭茂育、刘继保编著：《宋代墓志辑释》，郑州：中州古籍出版社，2016年。

二、专著及硕博士论文

1. 蔡东藩（1877—1945）：《宋史演义》，沈阳：辽宁出版集团图书部，2002年。
2. 王謇（1888—1969）撰，张维明校理：《宋平江城坊考》，南京：江苏古籍出版社，1986年。
3. 邓广铭（1907—1998）：《韩世忠年谱》，北京：生活·读书·新知三联书店，2007年。
4. 柴德赓（1908—1970）：《史学丛考》，北京：中华书局，1982年。
5. 谢稚柳（1910—1997）：《鉴余杂稿》，上海：上海人民美术出版社，1989年。
6. 前田正名（1921—1984）著，陈俊谋译：《河西历史地理学研究》，北京：中国藏学出版社，1993年。
7. 王德毅、昌彼得（1921—2011）等编：《宋人传记资料索引》，台北：鼎文书局，1974—1975年。
8. 金渭显：《契丹的东北政策——契丹与高丽女真关系之研究》，台北：华世出版社，1981年。
9. 王明荪：《宋辽金史论文稿》，台北：明文书局，1981年。
10. 严杰：《欧阳修年谱》，南京：南京出版社，1993年。
11. 何冠环：《宋初朋党与太平兴国三年进士》（修订本），上海：中西书局，2018年。
12. 江天健：《北宋市马之研究》，台北：台湾编译馆，1995年。
13. 刁忠民：《两宋御史中丞考》，成都：巴蜀书社，1995年。
14. 杜婉言：《中国宦官史》，台北：文津出版社，1996年。
15. 项春松：《辽代历史与考古》，呼和浩特：内蒙古人民出版社，1996年。
16. 龚延明：《宋代官制辞典》，北京：中华书局，1997年。
17. 乌成荫：《漫话辽中京》，赤峰：内蒙古科学技术出版社，1997年。
18. 河南省文物考古研究所编：《北宋皇陵》，郑州：中州古籍出版社，1997年。
19. 邓广铭：《北宋政治改革家王安石》，北京：人民出版社，1997年。

20.梁绍杰辑录:《明代宦官碑传录》,香港:香港大学中文系,1997年。

21.沈松勤:《北宋文人与党争——中国士大夫群体研究之一》,北京:人民出版社,1998年。

22.刁忠民:《宋代台谏制度研究》,成都:巴蜀书社,1999年。

23.李之亮:《宋川陕大郡守臣易替考》,成都:巴蜀书社,2001年。

24.李之亮:《宋两湖大郡守臣易替考》,成都:巴蜀书社,2001年。

25.漆侠(1923—2001):《王安石变法》(增订本),石家庄:河北人民出版社,2001年。

26.游彪:《宋代荫补制度研究》,北京:中国社会科学出版社,2001年。

27.罗家祥:《朋党之争与北宋政治》,武汉:华中师范大学出版社,2002年。

28.陈守忠:《宋史论略》,兰州:甘肃文化出版社,2002年。

29.盖之庸编著:《内蒙古辽代石刻文研究》,呼和浩特:内蒙古大学出版社,2002年。

30.卢启铉撰,金荣国译、金龟春译审:《高丽外交史》,延吉:延边大学出版社,2002年。

31.王曾瑜:《岳飞和南宋前期政治与军事研究》,开封:河南大学出版社,2002年。

32.何冠环:《北宋武将研究》,香港:中华书局,2003年。

33.曾瑞龙(1960—2003):《经略幽燕:宋辽战争军事灾难的战略分析》,香港:香港中文大学出版社,2003年。

34.耿慧玲:《越南史论——金石资料之历史文化比较》,台北:新文丰出版股份有限公司,2004年。

35.李华瑞:《王安石变法研究史》,北京:人民出版社,2004年。

36.王寿南:《唐代的宦官》,台北:商务印书馆,2004年。

37.张尧均:《韩琦研究》,载张其凡(1949—2016)主编:《北宋中后期政治探索》卷二,香港:华夏文化艺术出版社,2005年。

38.张邦炜:《宋代政治文化史论》,北京:人民出版社,2005年。

39.贾志扬著,赵冬梅译:《天潢贵胄:宋代宗室史》,南京:江苏人民出版社,2005年。

40.魏志江:《中韩关系史研究》,广州:中山大学出版社,

2006年。

41. 孙觌纪念馆编：《孙觌研究文集》，上海：上海古籍出版社，2006年。

42. 吴晓萍：《宋代外交制度研究》，合肥：安徽人民出版社，2006年。

43. 李之亮：《赵宋王朝》，南京：江苏文艺出版社，2007年。

44. 陈守忠：《河陇史地考述》，兰州：甘肃人民出版社，2007年。

45. 李伟国：《宋代财政与文献考论》，上海：上海古籍出版社，2007年。

46. 王德毅：《宋史研究论集》第二辑，台北：新文丰出版股份有限公司，2008年。

47. 徐建融：《宋代绘画研究十论》，上海：上海大学出版社，2008年。

48. 黄启江：《泗水大圣与松雪道人：宋元社会菁英的佛教信仰与佛教文化》，台北：学生书局，2009年。

49. 刘志华：《曹勋诗歌研究》，厦门大学硕士论文，2009年。

50. 王曾瑜：《丝毫编》，保定：河北大学出版社，2009年。

51. 田杰：《北宋宦官群体研究》，西北大学硕士论文，2009年。

52. 王守栋：《唐代宦官政治》，北京：中国社会科学出版社，2009年。

53. Nicola Di Cosmo (ed.), *Military Culture in Imperial China*, Cambridge, Massachusetts: Harvard University Press, 2009.

54. 赵振华：《洛阳古代铭刻文献研究》，西安：三秦出版社，2009年。

55. 王瑞来：《宰相故事：士大夫政治下的权力场》，北京：中华书局，2010年。

56. 汪圣铎：《宋代政教关系研究》，北京：人民出版社，2010年。

57. 李裕民：《宋人生卒行年考》，北京：中华书局，2010年。

58. 王民信（1928—2005）：《王民信高丽史研究论文集》，台北：台湾大学出版中心，2010年。

59. 程民生：《北宋开封气象编年史》，北京：人民出版社，2012年。

60. 王茜：《辽金宦官研究》，吉林大学硕士论文，2012年。

61. 诸葛忆兵：《范仲淹传》，北京：中华书局，2012年。

62. 程龙：《北宋粮食筹措与边防——以华北战区为例》，北京：

商务印书馆，2012年。

63.陈学霖（1938—2011）：《宋明史论丛》，香港：香港中文大学出版社，2012年。

64.何冠环：《攀龙附凤：北宋潞州上党李氏外戚研究》，香港：中华书局，2013年。

65.丁义珏：《北宋前期的宦官：立足于制度史的考察》，北京大学博士论文，2013年。

66.方新蓉：《大慧宗杲与两宋诗禅世界》，北京：中华书局，2013年。

67.林鹄：《辽史百官志考订》，北京：中华书局，2015年。

68.王瑞来：《知人论世：宋代人物考述》，太原：山西教育出版社，2015年。

69.Lik-hang Tsui（徐力恒），"Writing Letters in Song China（960—1279）: A Study of its Political, Social and Cultural Uses", PhD Dissertation, unpublished, University of Oxford, 2015.

70.《阎士良等题名》，安徽文化网http://www.ahage.net/bbs/read.php?tid—81062.html.

71.何冠环：《北宋武将研究续编》，新北：花木兰文化出版社，2016年。

72.蔡涵墨（Charles Hartman）著，宋彦升等译：《历史的严妆：解读道学阴影下的南宋史学》，北京：中华书局，2016年。

73.刘凤翥：《契丹寻踪——我的拓碑之路》，北京：商务印书馆，2016年。

74.鲍沁星：《南宋园林史》，上海：上海古籍出版社，2016年。

75.杜正贤：《南宋都城临安研究——以考古为中心》，上海：上海古籍出版社，2016年。

76.王章伟：《近世社会的形成——宋代的士族与民间信仰》，新北：花木兰文化出版社，2017年。

77.史风春：《辽朝后族诸问题研究》，北京：人民出版社，2017年。

三、期刊及论文集论文

1.赵振绩：《宋代屯田与边防重要性》，原载《中国文化复兴月刊》第3卷11期，后收入宋史座谈会编辑：《宋史研究集》第六辑，台北：中华丛书编辑委员会，1971年。

2.李逸友（1930—2002）：《辽李知顺墓志铭跋》，《内蒙古文物考古》1981年创刊号。

3.杨惠南：《看话禅和南宋主战派之间的交涉》，《中华佛学学报》1994年第7期。

4.周祚绍：《论黄庭坚和北宋党争》，《九江师专学报（哲学社会科学版）》1996年第2期。

5.柳立言：《以阉为将：宋初君主与士大夫对宦官角色的认定》，载宋史座谈会编：《宋史研究集》第二十六辑，台北：台湾编译馆，1997年。

6.任树民：《北宋西北边疆质院、御书院略考》，《西北民族研究》1997年第21期。

7.裴海燕：《北宋宦官参预经济活动述略》，《河北大学学报（哲学社会科学版）》1998年第4期。

8.叶国良：《辽金碑志考释十则》，《台大中文学报》1999年第11期。

9.赵雨乐：《宋初宦官制度考析》，载漆侠（1923—2001）、王天顺主编：《宋史研究论文集》，银川：宁夏人民出版社，1999年。

10.黄纯艳：《论北宋林特茶法改革》，《上海师范大学学报（社会科学版）》2000年第1期。

11.屈守元：《〈文选六臣注〉跋》，《文学遗产》2000年第1期。

12.刘浦江（1961—2015）：《〈金朝军制〉平议——兼评王曾瑜先生的辽金史研究》，《历史研究》2000年6期。

13.游彪、刘春悦：《宋代宦官养子及荫补制度》，《中国史研究》2001年第2期。

14.虞文霞：《丁谓与真宗时期的茶法改革》，《农业考古》2001年第2期。

15.张邦炜：《靖康内讧解析》，《四川师范大学学报（社会科学版）》2001年第3期。

16.杜文玉：《论墓志在古代家族史研究中的价值——以唐代宦官家族为中心》，载赵振华主编：《洛阳出土墓志研究文集》，北京：朝华出版社，2002年。

17.吴淑钿：《馆下谈诗探析》，《复旦大学学报（社会科学版）》2002年第6期。

18.王畅：《赵匡胤祖籍与上世陵寝问题辩证》，《河南教育学院学报（哲学社会科学版）》2003年第4期。

19. Charles Hartman（蔡涵墨），"The Reluctant Historian: Sun Ti, Chu His and the Fall of Northern Sung", Toung Pao, LXXXIX（89）（2003）.

20. 张邦炜：《宋徽宗初年的政争——以蔡王府狱为中心》，《西北师大学报（社会科学版）》2004年第1期。

21. 黄洁琼：《蔡襄与宋代的改革》，《哈尔滨学院学报》2004年第6期。

22. 孟宪玉：《萧挞览之死深探》，《乐山师范学院学报》2004年第9期。

23. 吴晓萍：《宋代国信所考论》，《南京大学学报（哲学·人文科学·社会科学）》2005年第2期。

24. 仝建平：《童贯曾任宣抚使而非宣徽使》，《晋阳学刊》2005年3期。

25. 程安庸：《晏殊评说》，《求索》2005年第4期。

26. 罗煜：《北宋与西夏关系史中的宦官群体浅析》，《湖南第一师范学报》2007年第3期。

27. 杨果、刘广丰：《宋仁宗郭皇后被废案探议》，《史学集刊》2008年第1期。

28. 陈金生：《北宋向吐蕃征质及其原因探析》，《西藏民族学院学报（哲学社会科学版）》2008年第2期。

29. 景亚鹂：《唐代后期宦官世家考略——读唐吴德墉及妻女等墓志》，载《纪念西安碑林九百二十周年华诞国际学术研讨会论文集》，北京：文物出版社，2008年。

30. 张邦炜：《关于赵抃治蜀》，载北京大学中国古代史研究中心主编：《邓广铭教授百年诞辰纪念论文集》，北京：中华书局，2008年。

31. 张国庆：《辽代丧葬礼俗补遗——皇帝为臣下遣使治丧》，《辽宁大学学报（哲学社会科学版）》2008年第6期。

32. 彭善国：《辽庆陵相关问题刍议》，《考古与文物》2008年4期。

33. 李鸿渊：《宋初宦官刘承规传论》，《西安电子科技大学学报（社会科学版）》2009年第4期。

34. 陈弱水：《唐代长安的宦官社群——特论其与军人的关系》，《唐研究》第十五卷，"长安学"

研究专号,北京:北京大学出版社,2009年。

35.张显运:《浅析北宋前期官营牧马业的兴盛及原因》,《东北师范大学学报(哲学社会科学版)》2010年第1期。

36.何旭娜:《浅谈李师中〈劝农事〉碑》,《黑龙江史志》2010年。

37.黄为放:《诸行宫都部署院初探》,《黑河学院学报》2010年第3期。

38.张国庆:《石刻所见辽代宫廷服务系统职官考——〈辽史百官志〉补遗之四》,《辽宁工程技术大学学报(社会科学版)》2010年6期。

39.杨玮燕:《宋辽对峙时期河北路水运的开发》,《文博》2010年第5期。

40.乔迅翔:《宋代将作监构成考述》,《华中建筑》2010年10期。

41.Lik—hang Tsui(徐力恒), "Literati Networks in Song China as Seen From Letters: Preliminary Observations From Epistolary Sources by Sun Di"(conference paper, unpublished, 2010).

42.张国庆、王家会:《石刻所见辽代行政系统职官考——〈辽史·百官志〉补遗之五》,《辽宁省博物馆馆刊》,2011年。

43.李宇峰:《〈辽代石刻档案研究〉补正》,《辽金历史与考古》第三辑,2011年。

44.张云筝:《童贯——北宋末年对外政策的思想者与执行者》,《北京教育学院学报》2011年第5期。

45.廖寅:《宋琪与宋太宗朝政治散论》,《北方论坛》2011年第4期。

46.张明华:《北宋宫廷的〈长恨歌〉——宋仁宗与张贵妃宫廷爱情研究》,《咸宁学院学报》2012年第1期。

47.张国庆:《石刻所见辽代中央行政系统职官考——〈辽史·百官志〉补遗之六》,《黑龙江民族丛刊》2012年第1期。

48.王艳:《宋代的章服赏赐》,《史学月刊》2012年第5期。

49.何忠礼:《略论宋高宗的禅位》,载姜锡东主编:《宋史研究论丛》第十三辑,保定:河北大学出版社,2012年。

50.张国庆:《辽与高丽关系演变中的使职差遣》,《辽金历史与考古》第四辑,2013年。

51. 孙伟祥：《试论辽代帝王陵寝的营造》，《内蒙古社会科学》2013年第4期。

52. 谷丽芬：《碑志所见辽代高官丧葬述略》，《辽金历史与考古》第五辑，2014年。

53. 陈俊达：《辽对高丽的第一次征伐新探》，《邢台学院学报》2014年第3期。

54. 孙伟祥：《辽朝供奉官考》，《地域性辽金史研究》第一辑，北京：中国社会科学出版社，2014年。

55. 程民生：《宋代御药院探秘》，《文史哲》2014年第6期。

56. 李艺：《圣宗时期辽与高丽的战争》，《辽宁教育行政学院学报》2015年第4期。

57. 陈俊达：《试析辽朝遣使高丽前期的阶段性特点（公元922—1038年）》，《齐齐哈尔大学学报（哲学社会科学版）》2015年第4期。

58. 张林：《元祐政治中的"仁宗之法"》，《历史教学问题》2015年第3期。

59. 汪圣铎：《北宋灭亡与宦官——驳北宋无"阉祸"论》，《铜仁学院学报》2016年第1期。

60. 聂丽娜：《北宋中期宦官官僚化一例：论李宪的拓边御夏》，载蔡崇禧等编：《研宋三集》，香港：香港研宋学会，2016年。

61. 藤本猛：《北宋时代における宦官世族——开封李氏の例を中心に——》，《清泉女子大学人文科学研究纪要》，2017年第38号。

62. 高扬：《宋辽瀛州莫州之战研究》（未刊稿）。

后　记

　　作者过去十余年一直致力于研究北宋武将，后来分兵两路，同时研究宋代的内臣，缘起于作者获邀参加几次学术会议。2003年6月18至19日，蒙家师陶晋生院士提议，学长东吴大学历史系主任黄兆强教授及刘静贞教授邀约，作者出席由东吴大学历史系及宋史座谈会合办，于台北东吴大学举行的"宋代墓志史料的文本分析与实证运用国际学术会议"。当时旧版的《全宋文》只出版了前五十册，作者阅读了前十册，发现内中收载了不少著录宋代内臣事迹的碑铭史料，颇为罕有。当时已有念头在宋代内臣问题上做一点探索性的研究，于是因应这次会议的主题，撰成本书第一篇原题为《〈全宋文〉所收碑铭之宋初内臣史料初考》的文章。在会上蒙宋代内臣研究的先驱王明荪教授赐予宝贵意见，王教授对作者这篇初探式文章的取向一目了然，他评说："何先生长久以来对宋代的文官、武官等官制研究成果，有目共睹，如今他又将注意力放在比较不同的族群——宦官。他从史料，特别从碑铭史料下手，是很有利的开始，奠定了这方面的扎实基础。""作者有意由内臣的资料来探讨或补充宦官其在宋代政、军、社会中所扮演之角色，此种构想颇有意义，期盼未来会有成果发表"。王教授的精切评论以及鼓励，加强了作者在往后的日子研究宋代内臣的信心。该文后来便刊于《东吴历史学报》2004年第11期。这是作者研究宋代内臣发表的

第一篇文章。

作者于2007年3月16至18日，获北京大学张希清教授邀请，参加在北京举行，由北京大学历史系暨北京大学中国古代史研究中心主办的"邓广铭教授百年诞辰国际学术研究会议"。因配合会议的主题，作者想起由邓广铭教授及张希清教授合注的宋代最重要笔记小说《涑水记闻》内有多条传闻，司马光记由内臣蓝元震转述自其父都知（邓教授注明即蓝继宗）。作者于是决定以此为出发点，以《北宋内臣蓝继宗、蓝元用、蓝元震事迹考》为题，详考蓝氏父子兄弟的事迹，以个案研究的取向，探讨这个甚有意义的内臣家族的历史。会上蒙陕西师范大学李裕民教授指正，也得到与会的陶老师及陈学霖教授（1938—2011）肯定研究的方向。会后陈教授代表他主编的《中国文化研究所学报》征稿，经与张希清教授协议，这篇会议论文经修改后，分拆成两篇，关于蓝元震部分，先刊于张希清教授主编的《邓广铭教授百年诞辰纪念论文集》（北京：中华书局，2008年），而蓝继宗与蓝元用部分则刊于《中国文化研究所学报》2010年第50期。从此时开始，作者便两线作战，分别研究宋代的武将，特别是外戚武将，以及宋代的内臣。

作者在2011年11月15至16日，参加在北京举行，由北京师范大学古籍与传统文化研究院主办，香港理工大学中国文化学系及中国社会科学院历史研究所合办的"第二届中国古文献与传统文化国际学术研讨会"，会上宣读了以《宋初内臣名将秦翰事迹考》为题的论文，翌年，蒙陈学霖教授采用，刊于《中国文化研究所学报》2012年第55期。

此后每逢参加学术会议，有机会及符合会议主题的，作者都会撰写与宋代内臣有关的文章。作者因阅读宋人文集，发现曹勋的《松隐集》收入罕有的三篇内臣墓志铭，于是据现存有关史料，撰成《现存的三篇宋代内臣墓志铭》一文，后刊于《中国文化研究所学报》2011年第52期。这是作者以内臣墓志铭考述内臣生平事迹的第一篇。教人感伤的是，一直认可作者宋代内臣研究的陈学霖教授却于是年6月仙逝。

2012年12月18日至19日，作者再蒙张希清教授邀请，参加在北京举行，由中国范仲淹研究会主办及北京大学历史文化研究中心协办的"第四届中国范仲淹国际学术论坛"，便以范文正公早年舍命抗争的对手大宦官入内都都知阎文应为题，撰写原题作《嫉恶如仇：范仲淹与仁宗朝权阉阎文应之交锋》，该文颇受好评，还获大会评选为该届优秀论文之一。该文后经修改后，易名为《小文臣与大宦官：范仲淹与仁宗朝权阉阎文应之交锋》，刊于《中国文化研究所学报》2014年第58期。因此次会议，作者便继研究蓝氏内臣家族后，着力研究阎氏内臣家族。

作者从2015年开始，又陆续撰写《宋初高级内臣阎承翰事迹考》（刊于《中国文化研究所学报》2015年第61期），考述阎氏内臣世家起家人阎承翰的事迹，2017年5月，又撰成《北宋阎氏内臣世家第三、四代人物阎士良与阎安》一文，于2017年6月9日至10日由香港树仁大学及新亚研究所合办的"纪念孙国栋教授暨唐宋史国际学术研讨会"上宣读，考述阎氏内臣世家的第三代及第四代的代表人物阎士良及阎安父子的事迹。与此同时，作者也据罕见的三篇内臣墓志铭，撰成《两宋之际内臣李中立事迹考》《两个被遗忘的北宋降辽内臣冯从顺与李知顺事迹考》两文，刊于《新亚学报》

2016年第33卷及2017第34卷。

本书的撰写,从2003年开始至2017年,前后历时十五年。另外,作者将会在不久的将来,刊行另一本研究北宋中期内臣李宪的专著。

本书得以结集出版,十分感谢花木兰文化出版社总编辑杜洁祥先生与董事长高小娟女史再次支持。作者有幸在2016年3月蒙两位接纳出版拙著《北宋武将研究续编》,该书编印俱佳,同道好评如潮。今次再蒙接纳出版是书,实感荣幸。

本书各篇的撰写,得蒙家师罗球庆教授与陶晋生院士的关注与鼓励,师恩浩大,自当加倍努力以报。学长何汉威教授与黄启江教授长期协助作者搜集有关资料,对拙文不时赐予宝贵意见,也感谢不已。

本书一半篇章,原载香港中文大学的《中国文化研究所学报》,衷心感谢该刊执行编辑、好友朱国藩博士一直为拙文的文字润饰,改正错误。

作者特别希望借此机会,衷心感谢二姐何合宽女史、三姐何添宽女史及四姐何添才女史多年来的爱护与启迪。回忆作者在中学修习欧洲史时,得力于阅读二姐所购的多册以英文撰写的欧洲史参考书。二姐思想开通性情温顺、任职社工,和善而有耐心。爱女思齐的成长,常得到她的辅导。三姐早年移居美西。我留学美国时,常以三姐家为居停,三姐与三姐夫梁展奇大哥对我照顾无微不至,而外甥正刚,好学不倦,与我均热爱书卷,甚慰我心。四姐与我年龄相近,自幼一同成长,我们同在香港中文大学联合书院肄业,并住相同的宿舍,有共同的朋友。她主修英国文学,我的英文写作常得她的指正。我留学时，曾有经济拮据之时，多得她及时接济。她温婉贤淑，先严晚年多病，她差不多衣不解带地全时间照料，教人敬佩。四姐夫陈乃国博士，亦是习史的同道，我们有共同兴趣，关系倍见亲切。

内子惠玲是作者最要感谢的，作者两年前退休后，她仍包容她的书呆子继续在灯下奋笔写作，而无怨言，继续悉心照料爱女思齐。她也愿意聆听我的"宋代公公故事"。

最后，作者谨以此书，纪念去年（2016年）与今年（2017年）先后仙逝的先严何祖胜大人、二姐夫黄建明大哥及先舅父陈燮沛大人，铭感他们在世时对我的教诲。

2017年12月15日

新版后记

本书初版由台湾花木兰文化事业有限公司于2018年3月出版。因该系列的书主要售予图书馆，除了宋史研究同道外，一般读者特别大陆的读者不易购得。有见及此，好友河北师范大学的谭徐锋教授，就建议笔者考虑出版简体字版，连同早前的《大将星摇：北宋武将新论》，谭兄一并推荐予四川人民出版社出版，乃得以简体字面目与大陆读者见面。

本书出版后，蒙好友北京师范大学游彪教授撰写书评，赐示书中的缺点及尚可一道之处。（按该书评先刊于《中国史研究动态》2019年第1期，第94—96页，内容有所删节，后原文刊于《宋史研究通讯》2019年第1期，第1—5页）盼望大陆版面世后，宋史研究同道能多加赐正。

宋代内臣研究的领域尚是处女地，去年始留意到研究宋徽宗著名的日本青年学者藤本猛，在2017年曾发表一篇考论开封李氏内臣家族的文章《北宋时代における宦官世族——开封李氏の例を中心に——》（载《清泉女子大学人文科学研究纪要》2017年第38号，第23—46页）。初版时漏引述，现时已在相关章节补上。另趁这次机会，笔者也将初版的错字尽量改正，并在个别章节，补充了初版漏引的资料。本书主要内容观点，并未有大的改动。

2020年由王凯和江疏影等合演的连续剧《清平乐》颇受宋史同道的注意，在本剧出现的仁宗朝内臣除了角色吃重的张茂则、梁怀吉外，还有邓保吉、任守忠、杨怀敏、阎文应、梁全一等人。有好友说，本剧的编剧倘若看到本书，可能会增加蓝继宗、蓝元震、阎文应、阎士良的戏份；也不会由任守忠由始至终担任入内都知，而由王守忠分担前期的戏份。不过，一出戏能出现那么多宋代内臣的名字，却是少见的。

  本书初版献呈的二姐何合宽女史，不幸于2019年3月以疾辞世，本书再版之时，笔者在此亦谨致哀思。

2021年6月25日识于香港惠安苑

补记：

  因各种原因，本书延至最近才印出清样。笔者第二本研究北宋内臣的专著《拓地降敌：北宋中叶内臣名将李宪研究》的简体字版，已先于2023年11月由重庆出版社出版，读者反应颇正面。据谭徐锋兄赐告，笔者第三本宋代内臣研究《功臣祸首：北宋末内臣童贯事迹考》的增订简体字版，也会在稍后面世。盼读者不吝赐正。

2024年9月22日识于香港惠安苑

再记：

  今早收到噩耗，为本书初版撰写书评的好友游彪教授，于今早1时在北京仙逝。十月和他通讯时，他说身体欠佳。上周收到消息，他病重入院多时，不想他遽归道山。宋史名家又少一人。去年八月还和他在北京畅聚，把盏论学。如今思来能不怅然。本书这一版想奉给他一览已不可及。

2024年12月8日午记于香港惠安苑

图书在版编目（CIP）数据

宫闱内外：宋代内臣研究/何冠环著. -- 成都：四川人民出版社，2025.5 --（论世衡史/谭徐锋主编）. -- ISBN 978-7-220-13603-0

Ⅰ.D691.42

中国国家版本馆CIP数据核字第2024EV0076号

GONGWEI NEIWAI:SONGDAI NEICHEN YANJIU

宫闱内外：宋代内臣研究

何冠环 著

出 版 人	黄立新
策划统筹	封 龙
责任编辑	葛 天
封面设计	周伟伟
版式设计	张迪茗
责任印制	周 奇
出版发行	四川人民出版社（成都市三色路238号）
网　　址	http://www.scpph.com
E-mail	scrmcbs@sina.com
新浪微博	@四川人民出版社
微信公众号	四川人民出版社
发行部业务电话	（028）86361653　86361656
防盗版举报电话	（028）86361661
照　　排	四川看熊猫杂志有限公司
印　　刷	成都东江印务有限公司
成品尺寸	145mm×210mm
印　　张	16.5
字　　数	400千
版　　次	2025年5月第1版
印　　次	2025年5月第1次印刷
书　　号	ISBN 978-7-220-13603-0
定　　价	89.00元

■版权所有·侵权必究

本书若出现印装质量问题，请与我社发行部联系调换

电话：（028）86361656

壹卷
YE BOOK

洞 见 人 和 时 代

官方微博：@壹卷YeBook
官方豆瓣：壹卷YeBook
微信公众号：壹卷YeBook
媒体联系：yebook2019@163.com

壹卷工作室
微信公众号